# DER INDUSTRIEFACHWIRT BUCH 2

**Buch 2**

Dipl.-Ökonom Rolf-R. Bergerhausen
Rechtsanwalt Dr. Jan Glockauer
Dipl.-Sozialökonom Henry Chr. Osenger
Dipl.-Ökonomin Elke-H. Schmidt M. A.

Herausgegeben von Elke-H. Schmidt M. A.

# Der Industriefachwirt

Lehrbuch zur Weiterbildung
Geprüfte Industriefachwirtin
Geprüfter Industriefachwirt

**Kosten- und Leistungsrechnung
Personalwirtschaft
Produktionswirtschaft
Materialwirtschaft
Absatzwirtschaft
Recht
Arbeitsmethodik**

Siebte, überarbeitete Auflage

Die Verfasser und ihre Buchabschnitte

Rolf-R. Bergerhausen 6
Jan Glockauer 7.9; 9.11 bis 9.12.1; 10
Henry Chr. Osenger 8
Elke-H. Schmidt 5; 7.1 bis 7.8; 9.1 bis 9.10; 9.12.2; 11

**Bibliografische Information Der Deutschen Bibliothek**

Die Deutsche Bibliothek verzeichnet diese Publikation in der Deutschen Nationalbibliografie; detaillierte bibliografische Daten sind im Internet über http://dnb.ddb.de abrufbar.

ISBN 3 88264 **411** 7

Alle Rechte vorbehalten
Nachdruck und fotomechanische Vervielfältigung sowie die elektronische Speicherung und Verbreitung, auch auszugsweise, verboten

© Copyright 2005 by
FELDHAUS VERLAG GmbH & Co. KG
Postfach 73 02 40, 22122 Hamburg
Telefon 040 679430-0 · Fax 040 67943030
www.feldhaus-verlag.de · post@feldhaus-verlag.de

Satz und Gestaltung: FELDHAUS VERLAG, Hamburg
Umschlaggestaltung: Joachim Reinhardt
Druck und Verarbeitung: WERTDRUCK, Hamburg
Gedruckt auf chlorfrei gebleichtem Papier

# Vorwort

Die Sicherung der Wettbewerbsfähigkeit ist eines der wichtigsten Unternehmensziele. Angesichts der fortschreitenden Globalisierung, der stetig wachsenden Innovationsgeschwindigkeit und der Menge an zu verarbeitenden Informationen müssen Handel und Industrie ihre sachlichen und personellen Mittel ständig weiterentwickeln, um im Wettbewerb erfolgreich abzuschneiden.

Vor diesem Hintergrund kommt der beruflichen Weiterbildung ein besonders hoher Stellenwert zu. Für die mittleren Führungsaufgaben in der Industrie sind »Geprüfte Industriefachwirte/Geprüfte Industriefachwirtinnen« nahezu unentbehrlich geworden. Den praxiserfahrenen und qualifizierten Fachwirten bieten sich daher ähnlich gute Aufstiegsmöglichkeiten wie etwa Hochschulabsolventen aus dem Bereich der Betriebswirtschaft.

Die Erstauflage des Werkes »Der Industriefachwirt« erschien 1993 als Ergebnis einer intensiven Zusammenarbeit zwischen Lehrgangsorganisatoren und Dozenten verschiedener Weiterbildungseinrichtungen. Auf der Grundlage des Rahmenstoffplans des DIHT entstand ein Standardwerk der Weiterbildung zum Industriefachwirt, das den geforderten Lehrstoff kompakt, aber doch vollständig vermittelt und sich in zahlreichen Vorbereitungslehrgängen auf die IHK-Abschlussprüfung seitdem bewährt hat.

Die Vorlage eines überarbeiteten Rahmenstoffplans im Jahre 1998 machte zunächst eine grundlegende Neufassung des Lehrwerks notwendig. Darüber hinaus erfolgten diverse weitere Anpassungen: Neue Erkenntnisse in der Industrie-Betriebsführung waren in alle Sachgebiete einzuarbeiten oder führten zu neuen Gewichtungen. Dies fand z. B. in der Aufnahme ausführlicher Darstellungen zum Projektmanagement seinen Niederschlag oder in neu gefassten Abschnitten zum Datenschutz, zum Qualitätsmanagement oder in Bezug auf neuere Methoden der Personalführung.

Die vorliegende siebte Auflage enthält Überarbeitungen geringeren Umfangs. Neu gefasst wurde lediglich der Abschnitt zur novellierten Gefahrstoffverordnung.

In allen Bereichen wird stets auf Aktualität geachtet. Auf einigen Gebieten, insbesondere der Datenverarbeitung und dem Steuerrecht, vollziehen sich die Entwicklungen jedoch mit so großer Dynamik, dass es ratsam ist, z. B. Fachzeitschriften ergänzend hinzuzuziehen.

Alle Autoren sind durch ihre Unterrichtserfahrung in der Erwachsenenbildung, ihre Mitwirkung in IHK-Fortbildungsprüfungsausschüssen und ihre tägliche berufliche Praxis ausgewiesen. Das Ergebnis ihrer Zusammenarbeit ist ein Lehrwerk, das sich besonders für den unterrichtsbegleitenden Einsatz eignet und den prüfungsrelevanten Stoff in der jeweils geforderten Aktualität und Intensität behandelt.

Wir wünschen den zukünftigen Industriefachwirten viel Erfolg!

Verlag und Herausgeberin

Kritik und Anregungen sind willkommen und können direkt an die Herausgeberin gerichtet werden:
mail@elkeschmidt.de

# Inhaltsverzeichnis
# BUCH 2

## 5 Kosten- und Leistungsrechnung

| | | |
|---|---|---|
| **5.1** | **Grundlagen der Kostenrechnung** | 23 |
| 5.1.1 | Standort der Kosten- und Leistungsrechnung im Unternehmen | 23 |
| 5.1.2 | Bedeutung der Kosten- und Leistungsrechnung für das Unternehmen | 23 |
| 5.1.3 | Aufgaben der Kosten- und Leistungsrechnung | 23 |
| 5.1.4 | Begriffe der Kosten- und Leistungsrechnung | 24 |
| 5.1.5 | Aufbau der Kosten- und Leistungsrechnung | 26 |
| **5.2** | **Kostenartenrechnung** | 27 |
| 5.2.1 | Aufgaben der Kostenartenrechnung | 27 |
| 5.2.2 | Gliederung der Kostenarten | 27 |
| 5.2.2.1 | Gliederungsmöglichkeiten | 27 |
| 5.2.2.2 | Gliederung nach Art der verbrauchten Produktionsfaktoren | 27 |
| 5.2.2.3 | Gliederung nach dem Verhalten bei Beschäftigungsänderungen | 27 |
| 5.2.2.4 | Gliederung nach der Art der Verrechnung | 30 |
| 5.2.3 | Organisation der Kostenartenrechnung | 30 |
| 5.2.3.1 | Kriterien der Kostenartenrechnung | 30 |
| 5.2.3.2 | Kostenartenplan | 30 |
| 5.2.3.3 | Betriebliche Kontierungsrichtlinien | 30 |
| 5.2.4 | Erfassung der einzelnen Kostenarten | 30 |
| 5.2.4.1 | Erfassung der Personalkosten | 31 |
| 5.2.4.2 | Erfassung der Materialkosten | 32 |
| 5.2.4.2.1 | Mengenermittlung | 32 |
| 5.2.4.2.2 | Mengenbewertung | 32 |
| 5.2.4.3 | Erfassung der Betriebsmittelkosten | 33 |
| 5.2.4.4 | Erfassung der Fremdleistungskosten | 35 |
| 5.2.4.5 | Erfassung der Kapitalkosten | 35 |
| 5.2.4.6 | Erfassung der Steuern | 36 |
| 5.2.4.7 | Erfassung der Wagnisse | 37 |
| **5.3** | **Kostenstellenrechnung** | 37 |
| 5.3.1 | Aufgaben der Kostenstellenrechnung | 37 |
| 5.3.2 | Organisation der Kostenstellenrechnung | 38 |
| 5.3.2.1 | Gliederungsmöglichkeiten für Kostenstellen | 38 |
| 5.3.2.2 | Gliederungsgrundsätze | 39 |
| 5.3.2.3 | Kostenstellenplan | 39 |
| 5.3.3 | Durchführung der Kostenstellenrechnung | 39 |
| 5.3.3.1 | Verteilung der Gemeinkosten | 40 |
| 5.3.3.2 | Innerbetriebliche Leistungsverrechnung | 41 |
| 5.3.3.2.1 | Hauptkostenstellenverfahren | 41 |
| 5.3.3.2.2 | Kostenstellenumlageverfahren | 41 |
| 5.3.3.2.3 | Kostenstellenausgleichsverfahren | 42 |
| 5.3.3.2.4 | Gleichungsverfahren | 42 |
| 5.3.4 | Formen der Kostenstellenrechnung | 43 |

| | | |
|---|---|---|
| 5.3.5 | Prozesskostenrechnung | 43 |
| 5.3.5.1 | Schwachstellen der traditionellen Kostenrechnung | 43 |
| 5.3.5.2 | Zielsetzung der Prozesskostenrechnung | 43 |
| 5.3.5.3 | Aufbau und Durchführung der Prozesskostenrechnung | 43 |
| **5.4** | **Kostenträgerrechnung** | **44** |
| 5.4.1 | Aufgaben der Kostenträgerrechnung | 44 |
| 5.4.2 | Organisation der Kostenträgerrechnung | 44 |
| 5.4.2.1 | Kostenträgergliederung | 45 |
| 5.4.2.2 | Kostenträgerstückrechnung | 45 |
| 5.4.2.3 | Kostenträgerzeitrechnung | 45 |
| 5.4.3 | Durchführung der Kostenträgerstückrechnung | 46 |
| 5.4.3.1 | Divisionskalkulation | 46 |
| 5.4.3.1.1 | Divisionskalkulation im engeren Sinne | 46 |
| 5.4.3.1.2 | Äquivalenzziffernrechnung | 47 |
| 5.4.3.2 | Zuschlagskalkulation | 47 |
| 5.4.3.3 | Kalkulation von Kuppelprodukten | 48 |
| 5.4.3.4 | Kalkulationszeitpunkte | 50 |
| 5.4.4 | Zielkostenkalkulation (target costing) | 50 |
| 5.4.4.1 | Schwachstellen der traditionellen Kalkulationsmethoden | 50 |
| 5.4.4.2 | Konzeption der Zielkostenrechnung | 50 |
| 5.4.4.3 | Durchführung der Zielkostenkalkulation | 50 |
| 5.4.5 | Durchführung der Kostenträgerzeitrechnung | 51 |
| 5.4.5.1 | Das Gesamtkostenverfahren | 51 |
| 5.4.5.2 | Das Umsatzkostenverfahren | 51 |
| **5.5** | **Plan- und Istkostenrechnung** | **52** |
| 5.5.1 | Systemüberblick | 52 |
| 5.5.2 | Plankostenrechnung | 53 |
| 5.5.2.1 | Systeme der Plankostenrechnung | 53 |
| 5.5.2.2 | Grundlagen der Kostenplanung und Kostenkontrolle | 54 |
| 5.5.2.3 | Planung der Kosten | 55 |
| 5.5.2.4 | Kontrolle der Kosten | 56 |
| 5.5.3 | Die Kostenrechnung als Controllinginstrument | 56 |
| 5.5.3.1 | Konzeption des Controlling | 56 |
| 5.5.3.2 | Instrumente des Controlling | 57 |
| 5.5.3.3 | Anforderungen an die Kostenrechnung als Controllinginstrument | 57 |
| 5.5.3.4 | Ausrichtung der Kostenrechnung auf das Controlling | 57 |
| **5.6** | **Voll- und Teilkostenrechnung** | **58** |
| 5.6.1 | Vollkostenrechnung | 58 |
| 5.6.2 | Kritik an der Vollkostenrechnung | 58 |
| 5.6.3 | Teilkostenrechnung | 59 |
| 5.6.3.1 | Deckungsbeitragsrechnung | 60 |
| 5.6.3.2 | Vor- und Nachteile der Deckungsbeitragsrechnung | 62 |
| 5.6.4 | Verfahren der Kostenauflösung | 62 |
| 5.6.5 | Gewinnschwellenanalyse | 63 |
| 5.6.6 | Das optimale Produktionsprogramm | 65 |
| 5.6.6.1 | Rechnung mit relevanten Kosten | 65 |
| 5.6.6.2 | Optimierung des Produktionsprogramms bei Kapazitätsengpässen | 66 |
| 5.6.7 | Zusatzaufträge | 66 |
| 5.6.8 | Preisuntergrenzenbestimmung | 67 |

# 6 Personalwirtschaft

| | | |
|---|---|---|
| **6.1** | **Personalpolitik und Personalplanung** | 69 |
| 6.1.1 | Personalpolitik | 69 |
| 6.1.1.1 | Einordnung der betrieblichen Personalwirtschaft | 69 |
| 6.1.1.2 | Einbindung der Personalpolitik in die Unternehmenspolitik | 71 |
| 6.1.2 | Personalplanung | 73 |
| 6.1.2.1 | Personalplanung als Teil der Unternehmensplanung | 73 |
| 6.1.2.2 | Arten der Personalplanung | 73 |
| 6.1.2.3 | Personalbedarfsanalyse | 74 |
| **6.2** | **Aufgaben und Organisation des betrieblichen Personalwesens** | 76 |
| 6.2.1 | Organisation des Personalwesens | 76 |
| 6.2.1.1 | Organisationsformen des betrieblichen Personalwesens | 76 |
| 6.2.1.2 | EDV im Personalwesen | 77 |
| 6.2.1.3 | EDV-gestützte Entscheidungshilfen in der Personalwirtschaft | 78 |
| 6.2.2 | Aufgaben des Personalwesens | 79 |
| 6.2.2.1 | Anforderungen an heutige Personalarbeit | 79 |
| 6.2.2.2 | Kernaufgaben des betrieblichen Personalwesens | 79 |
| 6.2.2.3 | Personalwesen: Dienstleistung und Qualitätsmanagement | 80 |
| 6.2.3 | Stellenbeschreibung: Aufbau und Inhalt | 82 |
| 6.2.4 | Personalbeschaffung und Personalauswahl | 85 |
| 6.2.4.1 | Möglichkeiten der Personalbeschaffung | 85 |
| 6.2.4.2 | Stellenanzeige | 86 |
| 6.2.4.3 | Stellenausschreibung | 86 |
| 6.2.4.4 | Methoden der Bewerberauswahl | 87 |
| 6.2.4.5 | Ablauf, Inhalt und Auswertung eines Vorstellungsgesprächs | 89 |
| 6.2.5 | Das Arbeitsverhältnis | 91 |
| 6.2.5.1 | Arten des Arbeitsverhältnisses | 91 |
| 6.2.5.2 | Arbeitsvertragsabschluss | 91 |
| 6.2.5.3 | Rechte und Pflichten des Arbeitnehmers und des Arbeitgebers | 92 |
| 6.2.5.4 | Beendigung des Arbeitsvertrages | 93 |
| 6.2.5.5 | Personalabbau | 95 |
| **6.3** | **Personalbeurteilung und Personalentwicklung** | 96 |
| 6.3.1 | Bedeutung der Personalentwicklung | 96 |
| 6.3.2 | Möglichkeiten der Mitarbeiterförderung | 97 |
| 6.3.3 | Aufgaben, Ziele und Anlässe der Personalbeurteilung | 97 |
| 6.3.4 | Arten und Phasen der Personalbeurteilung | 99 |
| **6.4** | **Entgeltformen** | 101 |
| 6.4.1 | Grundlagen, Einflüsse und Zielsetzungen leistungsgerechter Entgeltpolitik | 102 |
| 6.4.2 | Entgeltformen und Festlegung der Entgelthöhe | 104 |
| 6.4.3 | Entgeltabrechnung | 106 |
| **6.5** | **Führungsverhalten im Betrieb** | 107 |
| 6.5.1 | Führungsverhalten als Schlüsselqualifikation | 108 |
| 6.5.2 | Gruppenbeziehungen und Gruppenverhalten | 112 |
| 6.5.3 | Zeitgemäße Mitarbeiterführung | 116 |
| 6.5.4 | Information und Kommunikation | 124 |
| **6.6** | **Betriebliches Bildungswesen** | 128 |
| 6.6.1 | Bedeutung der betrieblichen Ausbildung | 128 |

| | | |
|---|---|---|
| 6.6.2 | Bedeutung der beruflichen Weiterbildung | 128 |
| 6.6.3 | Berufliche Weiterbildung: Organisation, Durchführung und Beratung | 129 |
| **6.7** | **Betriebliches Sozialwesen** | **132** |
| 6.7.1 | Ziele und Bedeutung betrieblicher Sozialpolitik | 132 |
| 6.7.2 | Aufbau betrieblicher Sozialpolitik | 132 |
| 6.7.3 | Betriebliche Altersversorgung | 133 |
| 6.7.3.1 | Interne Durchführungswege | 133 |
| 6.7.3.2 | Externe Durchführungswege | 134 |
| 6.7.3.3 | Die Anspruchssicherung | 136 |
| 6.7.4 | Betrieblicher Unfallschutz und betriebliche Gesundheitsvorsorge | 137 |
| 6.7.5 | Möglichkeiten zeitgemäßer betrieblicher Sozialpolitik | 138 |
| **6.8** | **Betriebliche Mitbestimmung** | **139** |
| 6.8.1 | Der Betriebsrat | 139 |
| 6.8.2 | Gesamt- und Konzernbetriebsrat | 139 |
| 6.8.3 | Jugend- und Auszubildendenvertretung | 140 |
| 6.8.4 | Betriebsversammlung | 140 |
| 6.8.5 | Betriebsvereinbarungen | 140 |
| 6.8.6 | Mitwirkung und Mitbestimmung | 141 |
| 6.8.7 | Arbeitnehmervertreter auf Unternehmensebene | 143 |
| 6.8.8 | Die Gewerkschaft im Betrieb | 144 |
| **6.9** | **Rechtsgrundlagen** | **144** |
| 6.9.1 | Arbeitsvertragsrecht | 144 |
| 6.9.2 | Arbeitnehmerschutz- und Berufsbildungsrecht | 148 |
| 6.9.3 | Koalitionsfreiheit und Tarifautonomie | 151 |
| 6.9.4 | Mitbestimmung in Betrieb und Unternehmen | 154 |
| 6.9.5 | Aufgaben und Bedeutung der Arbeitsgerichtsbarkeit | 158 |

# 7 Produktionswirtschaft

| | | |
|---|---|---|
| **7.1** | **Fertigungsplanung** | **159** |
| 7.1.1 | Der Werdegang eines Produktes | 159 |
| 7.1.1.1 | Produktforschung, -entwicklung und -gestaltung | 160 |
| 7.1.1.2 | Simultaneous Engineering | 161 |
| 7.1.1.3 | Konstruktionszeichnung und Konstruktionsstückliste | 161 |
| 7.1.2 | Fertigungsprogrammplanung | 163 |
| 7.1.2.1 | Langfristige Programmplanung | 163 |
| 7.1.2.2 | Mittelfristige Programmplanung | 164 |
| 7.1.2.3 | Kurzfristige Programmplanung | 164 |
| 7.1.2.4 | Vorarbeiten zur Fertigung | 164 |
| 7.1.2.4.1 | Auftragsvorbereitung | 164 |
| 7.1.2.4.2 | Stücklistenerstellung | 165 |
| 7.1.2.4.3 | Vorkalkulation | 167 |
| 7.1.3 | Einteilung der Fertigungsverfahren | 167 |
| 7.1.3.1 | Fertigungsdurchführung in unterschiedlichen Produktionstypen | 167 |
| 7.1.3.1.1 | Einzelfertigung | 168 |
| 7.1.3.1.2 | Serienfertigung | 168 |
| 7.1.3.1.3 | Sortenfertigung | 168 |
| 7.1.3.1.4 | Partie- und Chargenfertigung | 169 |
| 7.1.3.1.5 | Massenfertigung | 169 |

| | | |
|---|---|---|
| 7.1.3.1.6 | Kuppelproduktion | 169 |
| 7.1.3.2 | Fertigungsdurchführung bei unterschiedlicher Produktionsorganisation | 169 |
| 7.1.3.2.1 | Werkstattfertigung | 170 |
| 7.1.3.2.2 | Gruppenfertigung | 170 |
| 7.1.3.2.3 | Straßen- und Linienfertigung | 170 |
| 7.1.3.2.4 | Fließfertigung | 171 |
| 7.1.3.2.5 | Inselfertigung | 171 |
| 7.1.3.2.6 | Flexible Fertigung | 172 |
| 7.1.3.3 | Fertigungsdurchführung bei unterschiedlicher Produktionstechnik | 172 |
| 7.1.3.3.1 | Handarbeit | 172 |
| 7.1.3.3.2 | Mechanisierte Produktion | 173 |
| 7.1.3.3.3 | Automatisierte Produktion | 173 |
| 7.1.3.3.4 | Vollautomation | 173 |
| 7.1.4 | Arbeitsgestaltung | 173 |
| 7.1.4.1 | Grundlagen der Arbeitsgestaltung | 173 |
| 7.1.4.2 | Ergonomie und Arbeitsplatzgestaltung | 174 |
| 7.1.4.3 | Gestaltung von Arbeitsmitteln | 175 |
| | | |
| **7.2** | **Fertigungssteuerung** | **176** |
| 7.2.1 | Arbeitsstrukturierung | 176 |
| 7.2.2 | Vorbereitung des Fertigungsprozesses | 177 |
| 7.2.2.1 | Auftragsneustrukturierung | 177 |
| 7.2.2.2 | Terminplanung | 177 |
| 7.2.2.3 | Kapazitätsabstimmung | 178 |
| 7.2.2.4 | Bereitstellung der Produktionsfaktoren | 179 |
| 7.2.2.5 | Arbeitsverteilung und -überwachung | 181 |
| 7.2.3 | Fertigungssicherung | 181 |
| 7.2.3.1 | Störungserkennung und -beseitigung | 182 |
| 7.2.3.2 | Störungsvermeidung | 182 |
| 7.2.4 | Fertigungsablaufplanung | 183 |
| 7.2.4.1 | Arbeitsfolgeplanung | 183 |
| 7.2.4.2 | Arbeitspläne | 184 |
| 7.2.4.3 | Transportplanung | 185 |
| 7.2.4.4 | Informations- und Belegwesenplanung | 185 |
| 7.2.5 | Rationalisierung im Betrieb | 186 |
| 7.2.5.1 | Produktorientierte Rationalisierung | 186 |
| 7.2.5.2 | Verfahrensorientierte Rationalisierungsmaßnahmen | 186 |
| 7.2.5.3 | Montage- und demontagegerechte Produktgestaltung | 187 |
| 7.2.5.3.1 | Montagegerechte Produktgestaltung | 187 |
| 7.2.5.3.2 | Demontagegerechte Produktgestaltung | 187 |
| 7.2.5.4 | Optimierung der Fertigungstiefe | 188 |
| 7.2.5.5 | Kontinuierlicher Verbesserungsprozess | 189 |
| 7.2.5.6 | Computerintegrierte Fertigung | 189 |
| | | |
| **7.3** | **Personaldisposition** | **189** |
| | | |
| **7.4** | **Anlagenüberwachung** | **190** |
| 7.4.1 | Werktechnik und Technische Dienste | 190 |
| 7.4.2 | Instandhaltung | 190 |
| 7.4.3 | Total Productive Maintenance (TPM) | 190 |
| | | |
| **7.5** | **Fertigungsversorgung** | **191** |
| 7.5.1 | Betriebsmittelplanung | 191 |
| 7.5.2 | Materialbedarfsplanung | 192 |
| 7.5.3 | Personalbedarfsplanung | 194 |

| 7.6 | Fertigungskontrolle: Qualitätssicherung in der Produktion | 194 |
| --- | --- | --- |
| 7.6.1 | Aufgaben und Ziele der Fertigungskontrolle | 195 |
| 7.6.1.1 | Organisatorische Aspekte | 195 |
| 7.6.1.2 | Qualitätsplanung, -steuerung und -überwachung | 196 |
| 7.6.1.3 | Prüfmethoden | 196 |
| 7.6.2 | Gewährleistung, Garantie und Kulanz | 196 |
| | | |
| 7.7 | Zeitwirtschaft | 197 |
| 7.7.1 | Vorgabezeiten | 198 |
| 7.7.1.1 | Arbeitsablaufstudien | 198 |
| 7.7.1.2 | Zeitstudien (Stückzeitermittlung) | 198 |
| 7.7.1.3 | Systeme vorbestimmter Zeiten | 198 |
| 7.7.1.4 | Arbeitswertstudien | 199 |
| 7.7.2 | Durchlaufzeit | 200 |
| | | |
| 7.8 | Ökologische Aspekte der Produktion | 201 |
| | | |
| 7.9 | Rechtsgrundlagen | 202 |
| 7.9.1 | Der Rechtsschutz für Erzeugnisse – gewerblicher Rechtsschutz | 202 |
| 7.9.1.1 | Der Patentschutz | 202 |
| 7.9.1.1.1 | Voraussetzungen des Patentschutzes | 203 |
| 7.9.1.1.2 | Die Patenterteilung | 203 |
| 7.9.1.1.3 | Wirkungen des Patentschutzes | 204 |
| 7.9.1.2 | Der Gebrauchsmusterschutz | 204 |
| 7.9.1.2.1 | Voraussetzungen des Gebrauchsmusterschutzes | 205 |
| 7.9.1.2.2 | Wirkung des Gebrauchsmusterschutzes | 205 |
| 7.9.1.2.3 | Bedeutung des Gebrauchsmusterrechts neben dem Patentrecht | 206 |
| 7.9.1.3 | Der Markenschutz | 206 |
| 7.9.1.3.1 | Schutz einer Marke | 206 |
| 7.9.1.3.2 | Schutz von geschäftlichen Bezeichnungen | 208 |
| 7.9.1.3.3 | Schutz einer geografischen Herkunftsangabe | 209 |
| 7.9.1.3.4 | Zusammentreffen von mehreren Rechten nach dem Markengesetz | 209 |
| 7.9.1.4 | Der Geschmacksmusterschutz | 209 |
| 7.9.1.4.1 | Voraussetzungen des Geschmacksmusterschutzes | 210 |
| 7.9.1.4.2 | Wirkung des Geschmacksmusterschutzes | 210 |
| 7.9.1.5 | Übertragung der Schutzrechte | 211 |
| 7.9.1.5.1 | Unbeschränkte Übertragung | 211 |
| 7.9.1.5.2 | Beschränkte Übertragung – Lizenz | 211 |
| 7.9.1.5.3 | Zwangslizenz | 211 |
| 7.9.2 | Arbeitnehmererfindungen | 212 |
| 7.9.2.1 | Erfindungen im Sinne des Gesetzes über Arbeitnehmererfindungen (ArbEG) | 212 |
| 7.9.2.2 | Technische Verbesserungsvorschläge | 213 |
| 7.9.2.3 | Rechtsschutz | 213 |
| 7.9.3 | Verbraucherschutz bei fehlerhaften Produkten | 213 |
| 7.9.3.1 | Geräte- und Produktsicherheitsgesetz (GPSG) | 213 |
| 7.9.3.2 | Deliktische Produkthaftung | 214 |
| 7.9.4 | Arbeitsschutzrecht | 215 |
| 7.9.4.1 | Arbeitsschutzgesetz (ArbSchG) | 215 |
| 7.9.4.1.1 | Pflichten des Arbeitgebers | 216 |
| 7.9.4.1.2 | Pflichten der Beschäftigten | 217 |
| 7.9.4.2 | Arbeitssicherheitsgesetz (ASiG) | 217 |

| | | |
|---|---|---:|
| 7.9.4.3 | Arbeitsstättenverordnung (ArbStättV) | 217 |
| 7.9.4.4 | Gefahrstoffverordnung (GefStoffV) | 218 |
| 7.9.4.4.1 | Das Schutzstufen-Konzept | 218 |
| 7.9.4.4.2 | Begriffe und Einzelheiten der neuen Verordnung | 219 |

# 8 Materialwirtschaft

| | | |
|---|---|---:|
| **8.1** | **Bedarfsermittlung und -analyse** | **221** |
| 8.1.1 | Bedarfsarten | 222 |
| 8.1.1.1 | Der Primärbedarf | 223 |
| 8.1.1.2 | Der Sekundärbedarf | 223 |
| 8.1.1.3 | Der Tertiärbedarf | 223 |
| 8.1.1.4 | Der Brutto- und Nettobedarf | 223 |
| 8.1.2 | Methoden der Bedarfsermittlung | 224 |
| 8.1.2.1 | Deterministische Bedarfsermittlung | 224 |
| 8.1.2.1.1 | Stücklisten | 225 |
| 8.1.2.1.2 | Die analytische Bedarfsauflösung | 229 |
| 8.1.2.1.3 | Die synthetische Bedarfsauflösung | 232 |
| 8.1.2.2 | Die stochastische Bedarfsermittlung | 233 |
| 8.1.2.2.1 | Mittelwertbildung | 235 |
| 8.1.2.2.2 | Exponentielle Glättung 1. Ordnung | 236 |
| 8.1.2.2.3 | Fehlerberechnung mittels Standardabweichung | 237 |
| 8.1.2.2.4 | Die subjektive Schätzung | 240 |
| 8.1.3 | Bestellrechnung | 240 |
| 8.1.3.1 | Auftragsgesteuerte Dispositionsverfahren | 240 |
| 8.1.3.2 | Plangesteuerte Dispositionsverfahren | 241 |
| 8.1.3.3 | Verbrauchsgesteuerte Dispositionsverfahren | 241 |
| 8.1.3.3.1 | Bestellpunktverfahren | 242 |
| 8.1.3.3.2 | Bestellrhythmusverfahren | 243 |
| 8.1.3.4 | Die optimale Bestellmenge | 244 |
| 8.1.3.4.1 | Die Auswirkungen der Bestellmenge auf die Kosten der Beschaffung | 244 |
| 8.1.3.4.2 | Die optimale Bestellmenge (nach Andler) | 246 |
| 8.1.4 | Analyse der Materialien | 247 |
| 8.1.4.1 | ABC-Methode | 248 |
| 8.1.4.2 | XYZ-Methode | 251 |
| 8.1.4.3 | Wertanalyse | 251 |
| 8.1.5 | Vorratspolitik | 252 |
| 8.1.5.1 | Servicegrad | 252 |
| 8.1.5.2 | Sicherheitsbestände | 253 |
| 8.1.5.3 | Kostenbetrachtung | 254 |
| | | |
| **8.2** | **Aufgabe und Organisation der Materialwirtschaft** | **255** |
| 8.2.1 | Funktion der Materialwirtschaft | 255 |
| 8.2.1.1 | Disposition | 256 |
| 8.2.1.2 | Einkauf | 257 |
| 8.2.1.3 | Lager- und Vorratswirtschaft | 258 |
| 8.2.1.4 | Transport | 258 |
| 8.2.1.5 | Entsorgung | 259 |
| 8.2.2 | Die Bedeutung der Materialwirtschaft | 259 |
| 8.2.2.1 | Der Zielkonflikt zwischen Produktion, Absatz und Rechnungswesen | 259 |
| 8.2.2.2 | Kostenanteile der Materialwirtschaft | 260 |

| | | |
|---|---|---:|
| 8.2.2.3 | Einfluss auf das Unternehmensergebnis und die Liquidität | 260 |
| 8.2.3 | Organisationsformen der Materialwirtschaft | 261 |
| 8.2.3.1 | Die Stellung der Materialwirtschaft im Unternehmen | 261 |
| 8.2.3.2 | Eingliederung in die verschiedenen Führungsebenen | 261 |
| 8.2.4 | Organisationsbegriffe | 262 |
| 8.2.4.1 | Beschaffung | 262 |
| 8.2.4.2 | Logistik als Teil der Unternehmenspolitik | 263 |
| 8.2.4.3 | Logistik und Materialwirtschaft | 263 |
| 8.2.4.4 | Integrierte Materialwirtschaft | 263 |
| | | |
| **8.3** | **Der Beschaffungsmarkt** | **264** |
| 8.3.1 | Begriffe des Beschaffungsmarktes | 264 |
| 8.3.2 | Merkmale des Beschaffungsmarktes | 265 |
| 8.3.2.1 | Marktstrukturen | 265 |
| 8.3.2.2 | Marktformen | 265 |
| 8.3.2.3 | Marktseitenverhältnis | 265 |
| 8.3.3 | Beschaffungsmarktpolitik | 266 |
| 8.3.3.1 | Ziele der Beschaffungsmarktpolitik | 266 |
| 8.3.3.2 | Gegenstand der Beschaffungsmarktpolitik | 266 |
| 8.3.4 | Beschaffungsmarketing | 267 |
| 8.3.4.1 | Beschaffungsmarktprogramm | 267 |
| 8.3.4.2 | Beschaffungspreise und -konditionen | 267 |
| 8.3.4.3 | Beschaffungspartner | 267 |
| 8.3.4.4 | Beschaffungskommunikation | 268 |
| 8.3.5 | Beschaffungsmarktforschung | 268 |
| 8.3.5.1 | Aufgaben der Beschaffungsmarktforschung | 269 |
| 8.3.5.2 | Methoden der Beschaffungsmarktforschung | 269 |
| 8.3.5.3 | Beschaffungsmarktbeobachtung | 270 |
| 8.3.5.4 | Beschaffungsmarktanalyse | 270 |
| | | |
| **8.4** | **Einkaufsorganisation und -abwicklung** | **270** |
| 8.4.1 | Beschaffungspolitik als Teil der Unternehmenspolitik | 270 |
| 8.4.1.1 | Entscheidung zur Beschaffung | 271 |
| 8.4.1.2 | Beschaffungsstrategie | 271 |
| 8.4.1.3 | Festlegung der Beschaffungsform | 272 |
| 8.4.1.4 | Festlegung der Anzahl der Beschaffungsquellen | 272 |
| 8.4.1.5 | Entscheidung über die Beschaffungsregion | 272 |
| 8.4.2 | Versorgungskonzepte | 273 |
| 8.4.2.1 | Einzelbeschaffung | 273 |
| 8.4.2.2 | Vorratsbeschaffung | 274 |
| 8.4.2.3 | Produktionssynchrone Beschaffung | 274 |
| 8.4.3 | Belieferungskonzepte | 275 |
| 8.4.3.1 | Direktbelieferung | 275 |
| 8.4.3.2 | Lagerstufen | 275 |
| 8.4.4 | Speditionskonzepte | 275 |
| 8.4.4.1 | Montageeinheiten in der Nähe des Abnehmers | 276 |
| 8.4.4.2 | Gebietsspediteur | 276 |
| 8.4.4.3 | Ringspediteur | 276 |
| 8.4.4.4 | Logistikdienstleister | 277 |
| 8.4.5 | Einkaufsabwicklung | 277 |
| 8.4.5.1 | Angebotsauswahl | 278 |
| 8.4.5.2 | Auftragsvergabe | 280 |
| 8.4.5.3 | Bestellung | 280 |
| 8.4.5.4 | Rechtsfragen | 282 |

| | | |
|---|---|---|
| **8.5** | **Lagerwirtschaft** | 283 |
| 8.5.1 | Grundbegriffe | 283 |
| 8.5.1.1 | Aufgaben und Funktionen | 283 |
| 8.5.1.2 | Lagerarten | 284 |
| 8.5.2 | Lagergestaltung | 285 |
| 8.5.2.1 | Lagerbauart | 285 |
| 8.5.2.1.1 | Stufenbezogene Lager | 286 |
| 8.5.2.1.2 | Standortbezogene Lager | 286 |
| 8.5.2.1.3 | Gestaltungsbezogene Lager | 287 |
| 8.5.2.2 | Lagereinrichtung | 288 |
| 8.5.2.3 | Lagerordnung | 289 |
| 8.5.3 | Lagerverwaltung | 290 |
| 8.5.3.1 | Materialeingang | 290 |
| 8.5.3.2 | Ein- und Auslagermethoden | 291 |
| 8.5.3.3 | Bestandsführung | 291 |
| 8.5.3.3.1 | Fortschreiberechnung | 292 |
| 8.5.3.3.2 | Befundrechnung | 292 |
| 8.5.3.3.3 | Rückwärtsrechnung | 293 |
| 8.5.3.4 | Bestandsüberwachung | 293 |
| 8.5.3.5 | Bestandsbewertung | 294 |
| 8.5.4 | Kennzahlen der Lagerhaltung | 294 |
| | | |
| **8.6** | **Transportwesen** | 295 |
| 8.6.1 | Transportaufgaben | 295 |
| 8.6.1.1 | Innerbetriebliche Transportaufgaben | 295 |
| 8.6.1.2 | Außerbetriebliche Transportaufgaben | 295 |
| 8.6.2 | Transport- und Verkehrsmittel | 296 |
| 8.6.2.1 | Fördermittel | 296 |
| 8.6.2.2 | Flurförderzeuge | 297 |
| 8.6.2.3 | Transportmittel | 297 |
| 8.6.3 | Organisation des außerbetrieblichen Transports | 298 |
| 8.6.3.1 | Spediteur und Vermittler | 298 |
| 8.6.3.2 | Transportunternehmen und Logistik-Dienstleister | 299 |
| 8.6.4 | Verpackung | 300 |
| 8.6.4.1 | Grundlagen und Bedeutung der Verpackung | 300 |
| 8.6.4.2 | Logistikfunktionen der Verpackung | 301 |
| 8.6.4.3 | Verpackungstechnik | 302 |
| 8.6.5 | Transportkosten | 302 |
| | | |
| **8.7** | **Entsorgung und Wiederverwertung** | 303 |
| 8.7.1 | Ziele und Philosophie der Entsorgung und Wiederverwertung | 303 |
| 8.7.2 | Abfallvermeidung | 303 |
| 8.7.3 | Abfallverminderung | 303 |
| 8.7.4 | Abfallverwertung | 304 |
| 8.7.5 | Abfallbeseitigung | 304 |
| | | |
| **8.8** | **Rechtsgrundlagen** | 304 |

# 9 Absatzwirtschaft

| | | |
|---|---|---|
| **9.1** | **Marketing als Teil der Unternehmenskonzeption** | 305 |
| 9.1.1 | Begriff des Marketing | 305 |
| 9.1.2 | Marketing-Management | 306 |
| | | |
| **9.2** | **Marktkonzept und Marktstrategie** | 307 |
| 9.2.1 | Vom Marketing-Konzept zum Marketing-Mix | 307 |
| 9.2.1.1 | Das Marketing-Konzept | 307 |
| 9.2.1.2 | Das Marktkonzept | 307 |
| 9.2.1.3 | Marketing-Plan und Marketing-Strategie | 308 |
| 9.2.1.3.1 | Situationsanalyse | 308 |
| 9.2.1.3.2 | Festlegung der Planziele | 309 |
| 9.2.1.3.3 | Die Marketing-Strategie | 310 |
| 9.2.1.3.4 | Das Aktionsprogramm | 310 |
| 9.2.1.3.5 | Ergebnisprognose und Planfortschrittskontrollen | 311 |
| 9.2.1.4 | Marketing-Mix | 311 |
| 9.2.2 | Das absatzwirtschaftliche Instrumentarium | 312 |
| | | |
| **9.3** | **Aufgaben und Objekte der Marktforschung** | 312 |
| 9.3.1 | Bedarfsforschung und Konkurrenzforschung | 313 |
| 9.3.1.1 | Erforschung des Käuferverhaltens | 313 |
| 9.3.1.2 | Konkurrenzforschung | 314 |
| 9.3.2 | Methoden der Marktforschung | 315 |
| 9.3.2.1 | Sekundärforschung (Desk Research) | 315 |
| 9.3.2.2 | Primärforschung (Field Research) | 315 |
| | | |
| **9.4** | **Produkt- und Sortimentspolitik** | 317 |
| 9.4.1 | Produktgestaltung | 317 |
| 9.4.1.1 | Produktdifferenzierung | 317 |
| 9.4.1.1.1 | Produktinnovation | 317 |
| 9.4.1.1.2 | Produktvariation und Produktmodifikation | 318 |
| 9.4.1.2 | Phasen der Produktentwicklung | 319 |
| 9.4.1.3 | Der Lebenszyklus von Produkten | 320 |
| 9.4.2 | Programm- und Sortimentsgestaltung | 321 |
| 9.4.2.1 | Die Gestaltung von Handelssortimenten | 321 |
| 9.4.2.2 | Produktprogramme | 322 |
| 9.4.2.3 | Diversifikation | 322 |
| | | |
| **9.5** | **Preispolitik** | 323 |
| 9.5.1 | Preisdifferenzierung und -gestaltung | 323 |
| 9.5.2 | Rabatte und sonstige Konditionen | 325 |
| 9.5.2.1 | Rabatte | 325 |
| 9.5.2.2 | Konditionen | 326 |
| | | |
| **9.6** | **Absatzmethoden** | 327 |
| 9.6.1 | Aufgabe und Bedeutung der Distributionspolitik | 327 |
| 9.6.1.1 | Absatzmethoden, Absatzwege, Absatzformen | 327 |
| 9.6.1.2 | Absatzhelfer des Kaufmanns | 328 |
| 9.6.1.3 | Der Handel | 330 |
| 9.6.1.3.1 | Funktionen des Handels | 330 |
| 9.6.1.3.2 | Großhandel | 331 |
| 9.6.1.3.3 | Einzelhandel | 331 |
| 9.6.1.3.4 | Ketten und Einkaufsgenossenschaften | 332 |

| | | |
|---|---|---|
| 9.6.2 | Liefer- und Servicebereitschaft | 332 |
| 9.6.3 | Bestimmungsgrößen für den Aufbau eines Distributionssystems | 332 |
| 9.6.4 | Die Beziehungen zwischen Hersteller und Handel | 333 |
| 9.6.4.1 | Outsourcing von Distributionsleistungen | 334 |
| 9.6.4.2 | Warenlieferung durch »Just-in-Time« | 336 |
| 9.6.4.3 | Neue Kommunikationsmedien im Vertrieb | 336 |
| 9.6.4.3.1 | Service- und Bestell-Hotline | 337 |
| 9.6.4.3.2 | Online-Marketing | 337 |
| 9.6.4.3.3 | E-Commerce und virtuelle Marktplätze | 338 |
| 9.6.4.4 | Die Problematik von Umweltschutz und Verpackung | 338 |
| | | |
| **9.7** | **Verkaufsförderung** | **339** |
| 9.7.1 | Wesen und Mittel der Verkaufsförderung | 339 |
| 9.7.2 | Abgrenzung zwischen Verkaufsförderung und Werbung | 340 |
| | | |
| **9.8** | **Werbung und Öffentlichkeitsarbeit** | **340** |
| 9.8.1 | Kommunikationspolitik | 340 |
| 9.8.2 | Arten der Werbung | 341 |
| 9.8.3 | Grundsätze korrekter Werbung | 342 |
| 9.8.4 | Festlegung des Werbebudgets | 342 |
| 9.8.5 | Werbemittel und Werbeträger | 344 |
| 9.8.6 | Werbeerfolgskontrolle | 348 |
| 9.8.7 | Public Relations | 348 |
| 9.8.8 | Product Placement | 349 |
| 9.8.9 | Sponsoring | 349 |
| | | |
| **9.9** | **Verkauf** | **349** |
| 9.9.1 | Auftragseinholung und -bearbeitung | 350 |
| 9.9.2 | Bonitätsprüfung | 350 |
| 9.9.3 | Lieferbereitschaft und Lieferzeit | 350 |
| 9.9.4 | Kundendienst | 351 |
| | | |
| **9.10** | **Absatzkontrolle** | **351** |
| 9.10.1 | Ergebniskontrolle | 351 |
| 9.10.2 | Marketing-Audit | 352 |
| | | |
| **9.11** | **Verbraucherschutz** | **352** |
| 9.11.1 | Verbraucherinformation und Verbraucherberatung | 352 |
| 9.11.2 | Verbraucherschutz – gesetzliche Regelungen | 353 |
| | | |
| **9.12** | **Weitere Rechtsgrundlagen** | **354** |
| 9.12.1 | Wettbewerbsrecht | 354 |
| 9.12.1.1 | Gesetz gegen Wettbewerbsbeschränkungen (GWB) | 354 |
| 9.12.1.2 | Gesetz gegen den unlauteren Wettbewerb (UWG) | 355 |
| 9.12.1.2.1 | Beispiele unlauteren Wettbewerbs | 355 |
| 9.12.1.2.2 | Irreführende Werbung | 356 |
| 9.12.1.2.3 | Vergleichende Werbung | 356 |
| 9.12.1.2.4 | Unzumutbare Belästigungen | 357 |
| 9.12.1.2.5 | Rechtsfolgen von Wettbewerbsverstößen | 357 |
| 9.12.2 | Außenwirtschaftsrecht | 357 |
| 9.12.2.1 | Risiken und rechtlicher Rahmen des Außenhandels | 357 |
| 9.12.2.2 | Außenwirtschaftsgesetz und Außenwirtschaftsverordnung | 358 |

# 10 Recht

**10.1 Einführung in das Recht** — 361
10.1.1 Grundlagen und Aufbau der Rechtsordnung — 361
10.1.2 Verfassungsprinzipien und Grundrechte — 362
10.1.2.1 Verfassungsprinzipien — 362
10.1.2.2 Grundrechte — 363

**10.2 Bürgerliches Gesetzbuch** — 365
10.2.1 Grundsätze des Vertragsrechts — 365
10.2.1.1 Antrag und Annahme — 366
10.2.1.1.1 Der Antrag — 366
10.2.1.1.2 Die Annahme — 366
10.2.1.2 Die Willenserklärung — 367
10.2.1.3 Rechts- und Geschäftsfähigkeit — 367
10.2.1.3.1 Rechtsfähigkeit — 367
10.2.1.3.2 Geschäftsfähigkeit — 368
10.2.1.4 Stellvertretung und Vollmacht — 368
10.2.1.4.1 Innen- und Außenverhältnis — 368
10.2.1.4.2 Voraussetzungen für eine wirksame Stellvertretung — 369
10.2.1.5 Verjährung — 370
10.2.1.5.1 Dreijährige Verjährungsfrist — 370
10.2.1.5.2 Zehnjährige Verjährungsfrist — 370
10.2.1.5.3 Dreißigjährige Verjährungsfrist — 370
10.2.1.5.4 Abweichende Regelungen — 371
10.2.1.5.5 Hemmung und Neubeginn der Verjährung — 372
10.2.1.5.6 Verjährung vor der Schuldrechtsreform — 372
10.2.2 Schuldrecht — 373
10.2.2.1 Leistungsort und Leistungszeit — 374
10.2.2.1.1 Leistungsort — 374
10.2.2.1.2 Leistungszeit — 375
10.2.2.2 Stück- und Gattungsschulden — 375
10.2.2.3 Erfüllung und Aufrechnung — 376
10.2.2.3.1 Erfüllung — 376
10.2.2.3.2 Aufrechnung — 376
10.2.2.4 Leistungsstörungen – Verletzung von Vertragspflichten — 377
10.2.2.4.1 Nicht- oder Schlechtleistung — 377
10.2.2.4.2 Unmöglichkeit — 378
10.2.2.4.3 Verzug — 378
10.2.2.4.4 Gläubigerverzug — 379
10.2.2.4.5 Verletzung von Nebenpflichten und rechtsgeschäftsähnlichen Schuldverhältnissen — 379
10.2.2.5 Allgemeine Geschäftsbedingungen — 380
10.2.2.6 Fernabsatzverträge — 381
10.2.3 Besondere Verträge — 382
10.2.3.1 Kaufvertrag — 382
10.2.3.1.1 Gegenstand und Form des Kaufvertrages — 382
10.2.3.1.2 Pflichten und Rechte des Verkäufers — 382
10.2.3.1.3 Pflichten und Rechte des Käufers — 383
10.2.3.1.4 Verbrauchsgüterkauf — 384
10.2.3.1.5 Besondere Arten des Kaufvertrages — 384
10.2.3.1.6 Zahlungsvereinbarungen bei Kaufverträgen — 386
10.2.3.2 Werk- und Werklieferungsvertrag — 387
10.2.3.2.1 Werkvertrag — 387
10.2.3.2.2 Werklieferungsvertrag — 388

| | | |
|---|---|---|
| 10.2.3.3 | Kreditsicherheiten | 389 |
| 10.2.3.3.1 | Eigentumsvorbehalt | 389 |
| 10.2.3.3.2 | Pfandrecht | 390 |
| 10.2.3.3.3 | Sicherungsübereignung | 390 |
| 10.2.3.3.4 | Bürgschaft | 390 |
| 10.2.4 | Grundlegende Bestimmungen des Sachenrechts | 391 |
| 10.2.4.1 | Belastungen des Eigentums | 392 |
| 10.2.4.2 | Besitz, Erwerb und Verlust des Eigentums an beweglichen Sachen und Grundstücken | 392 |
| 10.2.4.2.1 | Besitz | 392 |
| 10.2.4.2.2 | Erwerb und Verlust des Eigentums an beweglichen Sachen | 392 |
| 10.2.4.2.3 | Erwerb und Verlust des Eigentums an Grundstücken | 393 |
| | | |
| **10.3** | **Verfahrens- und Vollstreckungsrecht** | **393** |
| 10.3.1 | Die Gerichtsbarkeit | 393 |
| 10.3.2 | Klage | 394 |
| 10.3.3 | Zivilprozessverfahren | 394 |
| 10.3.4 | Mahnverfahren | 395 |
| 10.3.5 | Einzel- und Gesamtvollstreckung | 396 |
| 10.3.5.1 | Einzelvollstreckung | 396 |
| 10.3.5.2 | Gesamtvollstreckung – Insolvenzverfahren | 396 |
| 10.3.6 | Verfahren zur Sicherung von Wechsel- und Scheckansprüchen | 398 |
| 10.3.6.1 | Wechselansprüche | 398 |
| 10.3.6.2 | Scheckansprüche | 399 |

# 11 Arbeitsmethodik

| | | |
|---|---|---|
| **11.1** | **Die Bedeutung der Arbeitsmethodik oder »Lernen zu lernen«** | **401** |
| **11.2** | **Aufnahme und Verarbeitung von Lerninformationen** | **402** |
| **11.3** | **Protokoll- und Berichtstechnik** | **404** |
| 11.3.1 | Das Protokoll | 404 |
| 11.3.2 | Der Bericht | 405 |
| **11.4** | **Darstellungs- und Gliederungstechniken** | **405** |
| **11.5** | **Lernen in der Gruppe** | **406** |
| **11.6** | **Methoden der Problemanalyse und Entscheidungsfindung** | **408** |
| **11.7** | **Grundlagen der Sprech- und Redetechnik** | **408** |
| 11.7.1 | Rhetorik | 408 |
| 11.7.2 | Die Vorbereitung einer Rede | 409 |
| **11.8** | **Neue Medien** | **410** |

## Literaturverzeichnis 413

## Stichwortverzeichnis 417

# Inhaltsübersicht
# BUCH 1

## 1 Volks- und betriebswirtschaftliche Grundlagen

1.1 Wirtschaftssysteme – Wirtschaftsordnungen
1.2 Wirtschaftskreislauf und volkswirtschaftliche Gesamtrechnung
1.3 Märkte und Preisbildung
1.4 Geld und Kredit
1.5 Konjunktur und Wirtschaftswachstum, Wirtschaftspolitik
1.6 Abgrenzung der Betriebswirtschaftslehre zur Volkswirtschaftslehre
1.7 Produktionsfaktoren im Betrieb
1.8 Betriebliche Funktionen und deren Zusammenwirken
1.9 Betriebswirtschaftliche Kennzahlen
1.10 Rechtliche Grundlagen

## 2 Elektronische Datenverarbeitung, Informations- und Kommunikationstechniken

2.1 Ziele des EDV-Einsatzes
2.2 Einsatzmöglichkeiten der EDV
2.3 Entwicklung und Bedeutung der EDV
2.4 Begriffe der Datenverarbeitung
2.5 Der Aufbau eines EDV-Systems
2.6 Datenerfassung
2.7 Grundbegriffe der Datenorganisation
2.8 Software
2.9 EDV – Anwendungsentwicklung
2.10 Datensicherung
2.11 Rechtsgrundlagen der EDV

## 3 Betriebliche Organisation und Unternehmensführung

3.1 Grundlagen der Planung und Organisation
3.2 Aufbauorganisation, Ablauforganisation und Projektmanagement
3.3 Führungstechniken
3.4 Planungs- und Analysemethoden
3.5 Die Wertanalyse
3.6 Statistik als unternehmenspolitisches Instrument
3.7 Rechtsgrundlagen

# 4 Jahresabschluss, Finanzierung und Steuern

4.1 Gliederung der Bilanz und der Gewinn- und Verlustrechnung
4.2 Bilanzierungs- und Bewertungsvorschriften für Wirtschaftsgüter
4.3 Finanzierung
4.4 Finanzierungsregeln
4.5 Finanzierungsarten
4.6 Grundbegriffe des Steuerrechts
4.7 Unternehmensbezogene Steuern

# 5 Kosten- und Leistungsrechnung

## 5.1 Grundlagen der Kostenrechnung

### 5.1.1 Standort der Kosten- und Leistungsrechnung im Unternehmen

Im betrieblichen Leistungserstellungsprozess entsteht die Leistung aus dem Einsatz und der Kombination von Produktionsfaktoren. Das betriebliche Rechnungswesen sorgt für eine mengen- und wertmäßige Erfassung des Produktionsprozesses und liefert damit die Voraussetzungen für seine Planung, Steuerung und Kontrolle.

Die Kostenrechnung ist dabei neben der Finanzbuchführung, der Betriebsstatistik und der Planungsrechnung ein Teilbereich des betrieblichen Rechnungswesens. Die ständige Kontrolle des Leistungserstellungsprozesses erfordert laufend Informationen über Höhe und Ursachen des Kostenanfalls. Steuerung und Planung sind zukunftsorientiert und benötigen ebenfalls Informationen für die zu fällenden Entscheidungen.

Die Kostenrechnung ist als Instrument der innerbetrieblichen Abrechnung eine kalkulatorische Rechnung. Sie will den Werteverbrauch und den Wertezuwachs im betrieblichen Leistungserstellungsprozess abbilden. Hierfür wird nicht auf Finanzbewegungen abgestellt, sondern auf Güterbewegungen.

### 5.1.2 Bedeutung der Kosten- und Leistungsrechnung für das Unternehmen

Das Ziel der Kostenerfassung ist die zahlenmäßige Bestimmung der Mengen und Preise der im Unternehmensprozess eingesetzten Kostengüter. Weiteres Ziel ist die Kostenverteilung, d. h. die Zuordnung der erfassten Kosten auf bestimmte Bezugsgrößen wie Leistungsperiode, Leistungsbereiche oder Leistungsarten. Die so gewonnenen Informationen können zur Entscheidung beitragen, ob sich der Betrieb z. B. bei Vorprodukten für eine Eigenfertigung oder für den Fremdbezug entschließen sollte (Fertigungstiefe), welcher Lagerbestand gehalten werden muss (optimale Lager- oder Bestellmengen – Annäherung an Just-in-Time Konzepte), welches Produktionsprogramm oder -verfahren ausgewählt wird, wie die optimale Losgröße festzulegen ist oder welche Anpassungen aus einer Änderung der Beschäftigung folgen müssen.

### 5.1.3 Aufgaben der Kosten- und Leistungsrechnung

Die Aufgaben der Kostenrechnung bestehen in der Erfassung, Verteilung und Zurechnung der Kosten mit dem Ziel der Kontrolle der Wirtschaftlichkeit, der Ermittlung der Selbstkosten und der Kalkulation der Angebotspreise, bzw. der eigenen Preisuntergrenze.

Hierzu sind, je nach spezieller Aufgabenstellung, Kostenrechnungssysteme entwickelt worden. Diese Systeme lassen sich nach dem Grad der Kostenverrechnung gliedern, d. h. nach der Frage, ob sämtliche Kosten (Vollkosten) oder nur bestimmte Kosten (Teilkosten) einbezogen werden sollen.

Eine weitere Möglichkeit der Untergliederung ergibt sich aus der Differenzierung, ob die tatsächlich angefallenen Kosten (Istkosten) einzubeziehen sind, oder ob etwa durchschnittliche Kosten mehrerer Abrechnungszeiträume (Normalkosten) in die Kostenrechnung einfließen sollen. Für zukunftsorientierte Rechnungen bilden geplante Kosten (Plankosten) eine dritte Gruppe.

### 5.1.4 Begriffe der Kosten- und Leistungsrechnung

Die Begriffe Kosten und Leistung sind die negativen und positiven Erfolgskomponenten der Kosten- und Leistungsrechnung. Kosten sind stets Güterverbrauch, der bestimmte betriebliche Leistungen hervorgerufen hat. Der Kostenbegriff ist durch drei Merkmale bestimmt:

- **Mengenmäßiger Verbrauch von Gütern und Dienstleistungen:** Der Leistungsverbrauch kann einmal direkt (und vollständig) in das Produkt eingehen (Verbrauchsgüter) oder nur mittelbar, wenn die Leistungen über einen längeren Zeitraum abgegeben werden (Gebrauchsgüter).
- **Leistungs(produkt-)bezogener Güterverbrauch:** Der Güterverzehr muss unmittelbar oder zumindest mittelbar eine Beziehung zur erstellten Leistung haben, nur dann hat er Kostencharakter.
- **Bewertung:** Zu der Erfassung des Mengengerüstes der Kosten tritt die Zuordnung der Preise. Es ergibt sich ein Kostenwert:

Kosten = Gütermenge x Güterpreis

**Aufwand** erfasst den Verbrauch aller Werte innerhalb einer Periode, also auch den neutralen Aufwand. Unter den neutralen Aufwand fällt der Werteverzehr, der mit der Leistungserstellung nichts zu tun hat. Zieht man vom gesamten Aufwand den neutralen Aufwand ab, erhält man den Zweckaufwand, das ist der ordentliche betriebliche Aufwand:

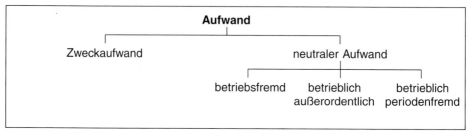

Gliederung der Aufwendungen

Der **betriebsfremde Aufwand** steht nicht im Zusammenhang mit der Leistungserstellung (z. B. Spende für Wohltätigkeitsveranstaltung). Der Aufwand kann aber auch betrieblich und **außerordentlich** sein (z. B. Schäden durch höhere Gewalt) oder betrieblich und **periodenfremd** (z. B. Steuernachzahlung aus Vorjahren, für die keine Rückstellung gebildet wurde).

Jedoch wird auch der **Zweckaufwand** nicht oder nur in abweichender Höhe als Kosten verrechnet, sondern durch besondere kalkulatorische Kosten ersetzt und/oder ergänzt. Ein Teil dieser **kalkulatorischen Kosten** wird als **Anderskosten** bezeichnet, weil die Werte aus der Finanzbuchführung eben »anders« übernommen werden (so wird häufig die steuerliche Abschreibung für die Kostenrechnung neu dargestellt, weil man die Nutzungsdauer genauer schätzt).

Andere kalkulatorische Kosten wie kalkulatorischer Unternehmerlohn, kalkulatorische Miete und kalkulatorische Eigenkapitalverzinsung haben sich in der Buchführung nicht als Aufwand niedergeschlagen, werden aber in der Kostenrechnung als **Zusatzkosten** verrechnet:

Gliederung der Kosten

Zieht man die kalkulatorischen Kosten nun von den Gesamtkosten ab, ergeben sich die so genannten **Grundkosten**, die dem Zweckaufwand entsprechen:

Aufwand und Kosten

Wie die Abbildung zeigt, decken sich Gesamtaufwand und Gesamtkosten nur teilweise. So stehen dem neutralen Aufwand keine Kosten gegenüber (z. B. bei Aufwendungen für ein Gebäude, das betrieblich nicht genutzt wird).

Aufwendungen und Kosten decken sich beim Zweckaufwand, der den Grundkosten entspricht. Hierzu zählen z. B. Aufwendungen für Material, Löhne, Energie und Fremdleistungen, die dem Betriebszweck dienen.

Gesamtaufwand und Gesamtkosten decken sich nicht im Bereich der kalkulatorischen Kosten: Diesen Kosten steht ganz oder teilweise kein Aufwand gegenüber.

*Beispiel:*
*Eine Stanzmaschine wird am 1.6.01 gekauft. Die Anschaffungskosten betragen 10.000 €. Die Abschreibung ermittelt sich nach § 7 Abs. 1 EStG bei einer Nutzungsdauer von 5 Jahren mit 20% = 2.000 € jährlich (davon 7/12 = 1.167 €) zuzüglich einer etwaigen Sonderabschreibung nach § 7 g EStG bis zu 2000 €. In der Kostenrechnung würde die Verrechnung dieser im Erstjahr besonders hohen Abschreibung zu Problemen führen, weil die Abschreibung des Erstjahres in den Angebotspreis kalkuliert werden würde, obwohl die Maschine im Jahr der Anschaffung gerade 7 Monate in Betrieb war. Nimmt man an, dass diese Maschine während ihrer gesamten Lebensdauer 6 Mio Stücke stanzt und von Juni bis Dezember 01 720.000 Stücke gestanzt wurden, ließe sich für kalkulatorische Zwecke die Abschreibung mit 72/600 von 10.000 €, also 1.200 € ermitteln. Von den in der Finanzbuchführung gebuchten Abschreibungen von 3.167 € gelangen lediglich 1.200 € in die Kostenrechnung, die Differenz von 1.967 € wäre in den neutralen Aufwand auszusondern.*

Ähnlich erfolgt die Abgrenzung von Leistung und Ertrag. **Ertrag** kann einmal der Betriebsertrag sein oder der neutrale Ertrag, wobei der neutrale Ertrag wieder mit der betrieblichen Leistung in keinem Zusammenhang steht (z. B. Wertpapiererträge). Betriebserträge sind Umsatzerlöse, aber auch innerbetriebliche Erträge (z. B. selbst erstellte Anlagen und/oder Erhöhung der Lagerbestände).

Der Begriff **Leistung** wird analog dem Kostenbegriff definiert als bewertete, im Produktionsprozess entstandene Leistung. Das kann einmal die Marktleistung (Güterproduktion) sein oder auch die innerbetriebliche Leistung (selbsterstellte Anlagen, selbst durchgeführte Reparaturen).

| | Gesamtaufwand (-ertrag) | | |
|---|---|---|---|
| neutraler Aufwand (Ertrag) | Zweckaufwand(-ertrag) | | |
| | als Kosten (Leistung) verrechnet | nicht als Kosten (Leistung) verrechnet | |
| | Grundkosten (-leistung) | Anderskosten (-leistung) | Zusatzkosten (-leistung) |
| | | kalkulatorische Kosten / Leistung | |
| | Gesamtkosten (-leistung) | | |

Leistung und Ertrag

## 5.1.5 Aufbau der Kosten- und Leistungsrechnung

Die Kosten werden zunächst in der **Kostenartenrechnung** erfasst und zweckentsprechend gegliedert. Dann erfolgt eine Aufteilung in Kosten, die der betrieblichen Leistung direkt zugerechnet werden können (Einzelkosten) und in diejenigen, die nicht direkt zurechenbar sind (Gemeinkosten).

Die **Kostenstellenrechnung** dient zur Verteilung der Kosten auf ihre Entstehungsbereiche (Kostenstellen).

Die **Kostenträgerrechnung** besteht aus der Kostenträgerstückrechnung (Kalkulation), in der die Gesamtkosten der betrieblichen Leistung ermittelt werden und der Kostenträgerzeitrechnung (Betriebsergebnisrechnung), die aus der Gegenüberstellung von Leistung und Kosten den betrieblichen Erfolg ermittelt. Da die Kostenträgerzeitrechnung regelmäßig für sehr kurze Zeiträume aufgestellt wird (Wochen, Monate), nennt man sie auch kurzfristige Erfolgsrechnung (**KER**) – eine ausführlichere Darstellung folgt in Abschnitt 5.4.2.3.

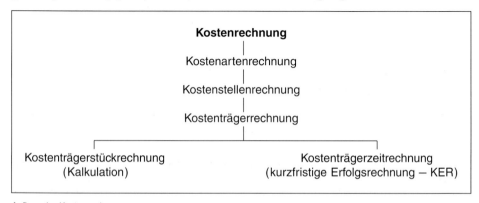

Aufbau der Kostenrechnung

## 5.2 Kostenartenrechnung

### 5.2.1 Aufgaben der Kostenartenrechnung

Die Kostenartenrechnung ist das Fundament der Betriebsbuchhaltung. Hier sind die Kosten »artenbezogen« zu erfassen, d. h. die neutralen Aufwendungen sind auszusondern und Zusatzkosten einzubeziehen.

Die Einteilung der Kostenarten kann nach den Kriterien der Zurechenbarkeit, der Abhängigkeit von der Beschäftigung und der betrieblichen Funktion erfolgen.

### 5.2.2 Gliederung der Kostenarten

#### 5.2.2.1 Gliederungsmöglichkeiten

Die gesamten Kostenarten einer Abrechnungsperiode lassen sich nach unterschiedlichen Kriterien unterteilen, nämlich nach

- der Art der verbrauchten Produktionsfaktoren,
- dem Verhalten bei Beschäftigungsänderungen,
- der Art der Verrechnung,
- den betrieblichen Funktionen,
- der Art der Erfassung,
- der Herkunft der Kostengüter.

#### 5.2.2.2 Gliederung nach Art der verbrauchten Produktionsfaktoren

Benutzt man als Gliederungsprinzip der Kostenarten die Art der verbrauchten Produktionsfaktoren, ergibt sich folgende Gliederung:

- Kosten für Personal (z. B. Arbeitsentgelt, Sozialabgaben, Provisionen, Abfindungen),
- Kosten für Material (z. B. Waren, Vorprodukte, Roh-, Hilfs-, Betriebsstoffe),
- Kosten für Fremdleistungen (Dienstleistungen wie Beratungskosten, Transportkosten),
- Kosten für Betriebsmittel (Maschinen, Werkzeuge, Betriebs- und Geschäftsausstattung),
- Kosten für Kapital (Fremdkapitalzinsen, Disagio, kalkulatorische Eigenkapitalzinsen),
- Kosten durch Steuern (Gewerbesteuer, Grundsteuer, Kraftfahrzeugsteuer),
- Kosten durch Wagnisse, soweit nicht versichert (Fertigungswagnis, Beständewagnis).

#### 5.2.2.3 Gliederung nach dem Verhalten bei Beschäftigungsänderungen

**Fixe Kosten** sind beschäftigungsunabhängig, d. h. die Kapazitätsauslastung hat keinerlei Einfluss auf die Entstehung der Kosten (absolut fixe Kosten, z. B. die Miete von Produktionsräumen).

**Sprungfixe** Kosten sind in bestimmten Auslastungsbereichen konstant. Mit steigender Auslastung erhöhen sie sich in Sprüngen, z. B. zu drei bereits ausgelasteten Arbeitnehmern erfolgt die Einstellung eines vierten. Bis die Auslastung auch dieses Arbeitnehmers erreicht ist, entstehen fixe Kosten auf dieser Beschäftigungsstufe.

## 5 Kosten- und Leistungsrechnung

Reagieren die Kosten direkt auf jede Beschäftigungsänderung, spricht man von **variablen Kosten**, die sich im gleichen Maße (proportional) zur Beschäftigung ändern können. Die Auswirkungen der Beschäftigungsänderung können aber auch stärker (progressiv) oder schwächer (degressiv) auf eine Änderung der Kosten einwirken.

Eine an der Ausbringungsmenge (output) gemessene Beschäftigungsänderung kann die Kosten unterschiedlich stark beeinflussen. Der Umfang der Kostenänderung auf eine bestimmte Beschäftigungsänderung kann durch den **Reagibilitätsgrad R** gemessen werden. Der Reagibilitätsgrad ergibt sich aus dem Verhältnis von relativer Änderung der Kosten zu relativer Änderung der Beschäftigung. Das Verhältnis von Kostenänderung und Kosten bestimmt dabei die relative Veränderung:

$$\text{Relative Kostenänderung} = \frac{\text{absolute Änderung}}{\text{unveränderte Basis}} = \frac{\triangle K}{K}$$

Entsprechend ermittelt sich die relative Änderung der Beschäftigung:

$$\text{Relative Beschäftigungsänderung} = \frac{\triangle B}{B}$$

$$\text{Reagibilitätsgrad R} = \frac{\triangle K}{K} : \frac{\triangle B}{B}$$

*Beispiel:*
*Die Beschäftigung bei einer Ausbringung von 3000 Einheiten wird um 300 Einheiten erhöht. Die bisherigen Kosten steigen von 2000 € auf 2500 € an. Für den Reagibilitätsgrad ergibt sich:*

$$R = \frac{500}{2000} : \frac{300}{3000} = 2{,}5$$

Je nach Reagibilitätsgrad lassen sich einteilen:

R > 1     variable, progressive Kosten
R = 1     variable, proportionale Kosten
0 < R < 1     variable, degressive Kosten
R = 0     fixe Kosten

Es folgen einige Darstellungen der verschiedenen Kostenverläufe, zunächst diejenigen der **fixen Kosten:**

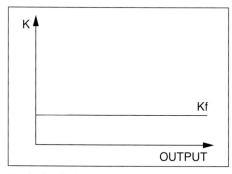
Absolut fixe Kosten

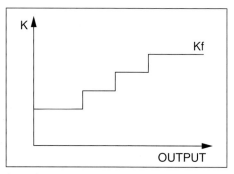
Sprungfixe Kosten

Die Fixkosten können noch unterteilt werden in Nutzkosten und Leerkosten. Zählt man z. B. die Miete von Produktionsräumen zu den Fixkosten und werden bei guter Auslastung alle Räumlichkeiten genutzt, sind die Fixkosten in vollem Umfang auch Nutzkosten. Sinkt die

Beschäftigung derart, dass 20% der Hallen leer stehen, betragen die Nutzkosten nur noch 80% der Fixkosten, der Rest entfällt auf Leerkosten. Die Fixkosten zählen regelmäßig zu den Gemeinkosten. Die variablen Kosten sind überwiegend Einzelkosten, es können aber auch variable Gemeinkosten vorkommen (z. B. Betriebsstoffe).

Die Verläufe **variabler Kosten** zeigen sich wie folgt:

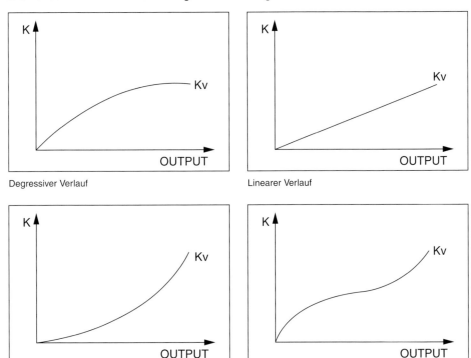

Je nach den vorliegenden Produktionsbedingungen kann bei den variablen Kosten auch ein kombinierter Kostenverlauf vorkommen (siehe die vorstehende Abbildung). Dieser kombinierte Kostenverlauf beginnt degressiv. Nach einem linearen Abschnitt schließt sich ein progressiver Verlauf an.

Die ältere Kostentheorie hat diesen Kostenverlauf aus Beobachtungen der Landwirtschaft gewonnen. So zeigte sich, dass sich durch den Einsatz von Dünger der Ertrag (output) steigern ließ. Der noch verhaltene Düngereinsatz führte zu progressiv steigenden Erträgen, damit also zu degressiv steigenden Kosten. Der weitere Einsatz von Düngemitteln ergab dann nur noch proportional anwachsende Erträge, bzw. proportional steigende Kosten. Wurde ein bestimmter Einsatz von Düngemitteln überschritten, ergaben sich nur noch degressiv steigende Erträge und damit auch progressiv steigende Kosten.

Die Beobachtungen der traditionellen Kostentheorie gehen auf die Mitte des 19. Jahrhunderts zurück. Untersuchungen der modernen Kostentheorie haben aber gezeigt, dass der kombinierte Kostenverlauf für den Industriebetrieb nicht typisch ist. Hier sind die Produktionsverhältnisse weitgehend von nicht austauschbaren und vorgegebenen Faktoreinsatzmengen bestimmt. Die Einsätze von Maschinen, Arbeitskraft, Material und Energie stehen in einem festen Verhältnis zueinander, die Produktionsfaktoreinsatzmengen sind weitgehend gegeneinander limitiert und entsprechen daher einem überwiegend linearen Kostenverlauf.

## 5.2.2.4 Gliederung nach der Art der Verrechnung

Die Gliederung erfolgt hier in **Einzelkosten** (direkt zurechenbar) und **Gemeinkosten** (indirekt, meist nur über Verteilungsschlüssel zurechenbar). Direkt zurechenbar können z. B. Material und Fertigungslöhne für ein Produkt sein. Das Gehalt des Materialeinkäufers, der für die gesamte Beschaffung zuständig ist, darf aber nur anteilig über einen Schlüssel diesem Produkt zugerechnet werden.

## 5.2.3 Organisation der Kostenartenrechnung

### 5.2.3.1 Kriterien der Kostenartenrechnung

Die Kostenartenrechnung dient der systematischen Erfassung sämtlicher Kosten und deren Unterteilung in die Kostenarten. Dabei wird man sich zunächst einer produktionsfaktorbezogenen Kostenartenbildung, also einer Einteilung nach Art der verbrauchten Produktionsfaktoren, bedienen.

Danach ergeben sich Kostenartengruppen wie z. B. Materialkosten, Lohnkosten, kalkulatorische Kosten. Die Bildung von Untergruppen bis hin zur Unterteilung in einzelne Kostenarten stellt noch eine weitere Verfeinerung dar.

### 5.2.3.2 Kostenartenplan

Die der Kostenartenrechnung nachfolgenden Kostenstellen- und Kostenträgerrechnungen bauen auf der Kostenartenrechnung auf. Daher ist zu beachten, dass sich Fehler z. B. in der Kostenartenbildung bzw. Zuordnung auch auf die nachgelagerten Ebenen der Kostenrechnung auswirken.

Insoweit empfiehlt sich die Bildung von Kostenartenplänen, die von den aus der Buchführung gebräuchlichen Kontenplänen (hier die Kontenklasse 4: Konten der Kostenarten) abgeleitet werden können. Dabei finden auch die Kontonummern Verwendung.

### 5.2.3.3 Betriebliche Kontierungsrichtlinien

Die Aufstellung des Kostenartenplans und besonderer Anwendungsrichtlinien muss so gestaltet sein, dass sich die wertverzehrenden betrieblichen Prozesse aufteilen und vollständig den aufgeführten Kostenarten zuordnen lassen, d. h. Kostenartennummer und Kostenartenbezeichnung müssen eine einwandfreie Zuordnung sicherstellen.

Konkretisierung und Beschreibung der Kostenartenbezeichnung ist Aufgabe der betrieblichen Kontierungsrichtlinien. Diese sollen, auch unter Verwendung von Beispielen, die zweifelsfreie und treffende Zuordnung gewährleisten.

## 5.2.4 Erfassung der einzelnen Kostenarten

Die Erfassung der einzelnen Kostenart zielt auf die Ermittlung des Werteverzehrs. Bei der differenzierten Werteerfassung werden die Kosten in die Komponenten Menge und Preis zerlegt. Dieses Vorgehen liefert einen höheren Informationsgehalt als die undifferenzierte Werteerfassung, denn es werden sowohl die Verbrauchsmengen als auch die zugrunde gelegten Preise sichtbar.

Werteveränderungen lassen sich auf Preis und/oder Mengenänderungen zurückführen. Man muss jedoch Menge und Preis ermitteln können, um die differenzierte Werteerfassung anzuwenden. Problemlos ist dieses z. B. bei Material- und Personalkosten. Aber auch kalkulatorische Kosten, wie z. B. die kalkulatorischen Zinsen, lassen sich leicht differenzieren. Nur wo die Kostenkomponenten nicht bestimmbar sind, muss man sich mit der undifferenzierten Werteerfassung begnügen, so z. B. beim kalkulatorischen Wagnis, welches nur undifferenziert mit einem Wert beziffert werden kann.

### 5.2.4.1 Erfassung der Personalkosten

Kosten, die durch die betriebliche Inanspruchnahme des Produktionsfaktors menschliche Arbeit unmittelbar oder auch nur mittelbar verursacht werden, zählen zu den Personalkosten. Die Erfassung dieser Kosten kann in der Regel differenziert, also nach Menge und Preis erfolgen. Wichtigstes Hilfsmittel ist dabei die **Lohn- und Gehaltsbuchführung**.

Wichtig für die Weitergabe an die Kostenstellen und Kostenträgerrechnung ist auch die Unterscheidung in direkt dem Kostenträger zurechenbare Löhne (z. B. Fertigungslöhne) und Gemeinkostenlöhne (Hilfslöhne), die dem Kostenträger nicht direkt zugerechnet werden können, sondern an die betreffende Kostenstelle weitergegeben werden.

Zu den Personalkosten zählen auch die gesetzlichen und vertraglichen Sozialkosten, also Feiertags-, Urlaubs- und Krankheitslöhne und natürlich auch die Arbeitgeberbeiträge zur Sozialversicherung. Freiwillige Sozialkosten (z. B. Kantinenzuschüsse) haben Gemeinkostencharakter und sind an die Kostenstellenrechnung zur Verteilung zu übergeben.

Die Bildung von Lohnkostenarten kann in Anlehnung an die Lohnabrechnung erfolgen, z. B. Tariflohn, Zulagen, Zuschläge, Urlaubs- und Feiertagslohn usw. Eine weitere Unterteilung in **Fertigungslöhne** und **Hilfslöhne** ist häufig. Fertigungslöhne stehen dabei in unmittelbarer Beziehung zur Herstellung, Hilfslöhne nur in mittelbarer (z. B. Betriebselektriker). Soweit die Personalkosten auf Kostenträger verrechnet werden können, bedient man sich der Einzellohnscheine (überwiegend bei Werkstättenfertigung), Bons (bei gleichartigen, wiederholbaren Arbeitsvorgängen) oder Lohnerfassungsblätter (arbeitnehmerbezogener Tätigkeitsbericht).

Alle übrigen Personalkosten werden regelmäßig auf Kostenstellen umgelegt. Bei Urlaubs- und Krankheitslohn empfiehlt sich die Umrechnung auf ein Jahr und entsprechender Zuschlag auf den Arbeitslohn, um Schwankungen der Arbeitskosten z. B. in Urlaubsmonaten zu vermeiden.

Bei Kapitalgesellschaften und überwiegend auch bei Personengesellschaften wird ein Geschäftsführergehalt und Mitarbeitsvergütung vereinbart. Diese erscheinen dann regelmäßig in der Finanzbuchführung. Bei Personengesellschaften kann es vorkommen, dass die Gesellschaftervergütung erst nach der Gewinnermittlung bei der Gewinnverteilung vorgenommen wird. Dann ist diese Vergütung wie bei den Einzelunternehmen in der Finanzbuchhaltung nicht enthalten. Für diese Fälle und auch bei unentgeltlich mitarbeitenden Familienangehörigen muss nach dem Opportunitätsgrundsatz eine übliche Vergütung als Kostenfaktor berücksichtigt werden.

Diese **Opportunitätskosten** müssen aus geeigneten Vergleichsmaßstäben abgeleitet werden (Tarif- oder Gehaltsklasse vergleichbarer Angestellter, Branchenvergleich). Standardisierungsversuche (z. B. die sog. Seifenformel, nach der das Gehalt das 18-fache der Wurzel aus dem Umsatz beträgt) haben sich nicht durchsetzen können, weil z.T. groteske Ergebnisse entstehen können.

Gleiche Überlegungen gelten übrigens für eigengenutzte Räumlichkeiten. Auch hier fordert der Opportunitätsgrundsatz den Ansatz einer Vergleichsmiete (vergl. Abschn. 5.2.4.4).

## 5.2.4.2 Erfassung der Materialkosten

### 5.2.4.2.1 Mengenermittlung

Da Materialeinkauf (Aufwand) und Materialverbrauch (Kosten) regelmäßig nicht übereinstimmen, setzt die Kostenerfassung die exakte Ermittlung des Materialverbrauchs voraus.

Der **Materialverbrauch** setzt sich zusammen aus dem Verbrauch von

- **Rohstoffen** (gehen als Hauptbestandteil in das Produkt ein, z. B. Stoff für Anzüge),
- **Hilfsstoffen** (gehen als Nebenbestandteil in das Produkt ein, z. B. Knöpfe und Garn),
- **Betriebsstoffen** (gehen nicht in das Produkt ein, werden aber im Betriebsprozess verbraucht, z. B. Schmierstoffe und Energie für die Nähmaschinen).

Der Materialverbrauch lässt sich bei Lagerentnahme durch Aufschreibungen ermitteln, genauere Verfahren verlangen aber nach einer Bestandskontrolle. Die **Skontraktionsmethode** ermittelt den Verbrauch aus einer Lagerbuchführung mit Hilfe von Materialentnahmescheinen, die durch Angaben über die Materialart, Kostenstelle und Kostenträger eine genaue Erfassung ermöglicht. Der Endbestand ermittelt sich buchmäßig:

    Anfangsbestand
    + Zugang
    – Abgang
    = Endbestand

Der so ermittelte Endbestand ist mit einer regelmäßigen, mindestens jährlichen körperlichen Bestandsaufnahme zu vergleichen. Ist keine Lagerbuchhaltung vorhanden, lässt sich der Verbrauch nach der **Inventurmethode** ermitteln:

    Anfangsbestand
    + Zugang
    – Endbestand
    = Abgang (= Verbrauch)

Der Endbestand wird dabei durch körperliche Bestandsaufnahme ermittelt. Bei der **Rückrechnungsmethode** wird aus den erzeugten Produkten auf die verbrauchten Materialien geschlossen. Für die Produktion von 200 Fahrrädern müssen auch 200 Lenker, Sättel usw. verbraucht worden sein; allerdings ist bei diesem Verfahren der Ausschuss gesondert zu erfassen.

### 5.2.4.2.2 Mengenbewertung

Nach der Ermittlung des Mengengerüsts ist im zweiten Schritt die Gütermenge zu bewerten. Hierzu bieten sich folgende Bewertungsmaßstäbe an:

Bewertungsmaßstäbe

Der **Anschaffungspreis** zeigt, was für die Güter am Tage der Anschaffung tatsächlich aufzuwenden war. Wenn sich aber zwischen Anschaffung und Verbrauch der Güter die Preise verändern, hat dies bei einer Bewertung zu Anschaffungspreisen keine Auswirkungen mehr, d. h. die Preisveränderung würde von der Kalkulation nicht mehr erfasst werden. Bei

Preisschwankungen kann daher die Mengenbewertung zum **Tagespreis** erfolgen, das ist der zu einem bestimmten Tag gültige Preis (Angebotstag, Verbrauchstag, Tag des Zahlungseingangs, Tag der Wiederbeschaffung). Diese Bewertung berücksichtigt zwar die Substanzerhaltung bei steigenden Preisen, kann aber bei häufig schwankenden Preisen auch sehr aufwendig sein. Daher werden häufig **Verrechnungspreise** gebildet. Diese werden aus Tagespreisen und Anschaffungspreisen für einen längeren Zeitraum festgelegt (auch kalkulatorische Werkstoffkosten genannt). Ist eine direkte Einzelbewertung nicht möglich (z. B. weil Heizöl aus mehreren Einkäufen in einem Tank vermischt ist), kann der Materialverbrauch auch nach **Durchschnittspreisen** angesetzt werden. Dabei wird der Durchschnitt nach den eingekauften Mengen gewichtet.

*Beispiel:*

| | | |
|---|---|---|
| Anfangsbestand | 1.000 ME x 5,00 € | = 5.000 € |
| + Zugang 1.3. | 200 ME x 5,10 € | = 1.020 € |
| + Zugang 10.8. | 600 ME x 5,30 € | = 3.180 € |
| + Zugang 3.9. | 300 ME x 5,20 € | = 1.560 € |
| = Summe | 2.100 ME | = 10.760 € |

Durchschnittspreis: 5,12 €

*Ergeben sich Differenzen zwischen Durchschnittspreisen oder Verrechnungspreisen und den tatsächlichen Anschaffungskosten, werden diese in der Kontenklasse 2 abgegrenzt:*

Verbrauch 20.9.    500 ME x 5,12 €  = 2.560 €

| Zahlungskonto Klasse 1 | | | Materialkonto Klasse 3 | | | |
|---|---|---|---|---|---|---|
| | 1.3. | 1.020 | 1.3. | 1.024 | 20.9. | 2.560 |
| | 10.8. | 3.180 | 10.8. | 3.072 | | |
| | 3.9. | 1.560 | 3.9. | 1.536 | | |

| Preisdifferenzen Klasse 2 | | | | Fertigungsmaterial Klasse 4 | | |
|---|---|---|---|---|---|---|
| 10.8. | 108 | 1.3. | 4 | 20.9. | 2.560 | |
| 3.9. | 24 | | | | | |

## 5.2.4.3 Erfassung der Betriebsmittelkosten

Während die bilanziellen Abschreibungen zur Verteilung der Anschaffungskosten bzw. als Bewertung von Vermögensgegenständen dienen, sollen die kalkulatorischen Abschreibungen unabhängig davon die durch die Bereitstellung und Nutzung der Anlagen entstehenden Aufwendungen zum Ausdruck bringen.

Für die Kostenrechnung kommen daher nur Wertminderungen in Frage, die unmittelbar oder mittelbar auf die wirtschaftliche oder technische Leistungsfähigkeit der Anlage einwirken. Der Rückfluss dieser Beträge über die Umsatzerlöse versetzt den Betrieb in die Lage, die verbrauchten Produktionsmittel wiederzubeschaffen. Die Bemessung der Abschreibungen kann nach den Anschaffungskosten erfolgen (nominelle Kapitalerhaltung), wenn diese relativ konstant sind. Bei steigenden Preisen wird von den Wiederbeschaffungskosten abgeschrieben (**substanzielle Kapitalerhaltung**).

Die Abschreibungsdauer richtet sich grundsätzlich nach dem Zeitraum, in dem das Anlagegut im Betrieb der Produktion dient. Die Abschreibung endet also nicht, wie in der Finanzbuchführung, nachdem sich die Anschaffungskosten amortisiert haben, sondern läuft solange, bis das Wirtschaftsgut aus dem Produktionsprozess ausscheidet (dabei kann die Summe der Abschreibungsbeträge dann über 100% betragen).

Bezüglich der Abschreibungsverfahren übernimmt man die des Bilanzrechtes, allerdings ohne satzmäßige Begrenzungen. Vielfach wird die Leistungsabschreibung vorgezogen. Sie setzt aber voraus, dass das gesamte Leistungspotential einigermaßen zuverlässig geschätzt werden kann. Bei der degressiven Abschreibung kommt es zu Beginn zu höheren Abschreibungsbeträgen die dann kontinuierlich abnehmen. Da erfahrungsgemäß die Reparaturkosten in der Folgezeit zunehmen, erhält man relativ konstante Betriebsmittelkosten als Summe von Abschreibungen und Reparaturkosten. Ebenfalls findet die lineare Abschreibung Anwendung. Das größte Schätzungsproblem liegt bei den Abschreibungsmethoden in der Bestimmung der Nutzungsdauer.

*Beispiel:*
*Ein LKW hat 160 T€ gekostet. Die Nutzungszeit wird mit 8 Jahren angenommen. Die Fahrleistung möge 400 Tkm betragen. Die Abschreibung für das Jahr 03 soll ermittelt werden.*

a) **lineare** Abschreibung: $\dfrac{160.000\ €}{8\ \text{Jahre}} = 20.000\ €/\text{Jahr}$

b) **degressive** Abschreibung bei einem angenommenen Satz von 30%:

$$\begin{array}{rr}
 & 160.000\ € \\
\times\ 30\% & -\ 48.000\ € \\
= & 112.000\ € \\
\times\ 30\% & -\ 33.600\ € \\
= & 78.400\ € \\
\times\ 30\% & -\ 23.520\ € = \text{Abschreibung Jahr 03}
\end{array}$$

c) **Leistungsabschreibung** bei Gesamtfahrleistung von 60.000 km im Jahr 03:

$$\dfrac{160.000\ €}{400.000\ €} \times 60.000\ € = 24.000\ €$$

Es ergeben sich also unterschiedliche Abschreibungsbeträge.

Grundsätzlich sollte das Abschreibungsverfahren gewählt werden, welches den tatsächlichen Wertverzehr am genauesten erfasst. Die Leistungsabschreibung als nutzungsorientiertes Verfahren wird daher bevorzugt. Bei diesem Verfahren ist eine Verrechnung auf Kostenträger auch eher möglich, weil die Kosten in Abhängigkeit der Beschäftigung ermittelt werden und auch teilweise als Einzelkosten erfasst werden können. Zurechnungsprobleme können sich aber bei unterschiedlicher Nutzung (z. B. Leerfahrten beim LKW) ergeben. Obwohl das Leistungspotential nutzungsabhängig verbraucht wird, erhält der Wertverzehr z. B. bei der linearen Abschreibung einen zeitlichen Bezug. Zeitbezogene Abschreibungen werden dennoch regelmäßig den Fixkosten zugerechnet. Unterschiede zwischen kalkulatorischen und bilanzmäßigen Abschreibungen müssen abgegrenzt werden.

*Beträgt die betriebsgewöhnliche Nutzungsdauer für die bilanzmäßige Abschreibung 5 Jahre und damit der Abschreibungssatz gem. § 7 Abs. 1 EStG 20%, ergibt sich die jährliche Abschreibung bei angenommenen Anschaffungskosten von 1.000 € mit 200 € p.a. Wird die Nutzungsdauer für die kalkulatorische Abschreibung aber mit 8 1/3 Jahren veranschlagt, ermittelt sich ein kalkulatorischer Abschreibungsbetrag von 120 € p.a.*

| Kontenklasse | 0 | 2 | 4 | 9 |
|---|---|---|---|---|
| Konto | Maschinen | Abschreibung Bilanz | kalkulatorische Abschreibung | GuV |
| Anschaffung | 1.000 S | | | |
| 20% AfA | 200 H ⟶ | 200 S | | |
| kalk. Abschreibung | | 120 H ⟶ | 120 S | |
| | | | 120 H ⟶ | 120 S |
| | | 80 H | | 80 S |

## 5.2.4.4 Erfassung der Fremdleistungskosten

Fremdleistungen kommen vor als Fremdreparatur oder technische Fremdleistung. Reparaturen an Grundstücken, Gebäuden, Maschinen und Anlagen lassen sich anhand der Eingangsrechnungen in der Regel einfach den betroffenen Kostenstellen zuordnen.

Problematisch kann die **zeitliche** Zuordnung sein: So kann bei Großreparaturen eine zeitliche Verteilung über mehrere Perioden geboten sein, obwohl diese im Bilanzrecht sofort als Aufwand behandelt werden können. Für die Kostenrechnung kann die zeitliche Verteilung in diesem Fall über eine Aktivierung und Abschreibung über mehrere Perioden erreicht werden.

Bei **technischen Fremdleistungen**, wie z. B. an Dritte vergebene Konstruktionen, kann eine direkte Zurechnung auf den Kostenträger als Einzelkosten vorkommen, wenn sie mit einem Auftrag oder einem Produkt im Zusammenhang stehen. Sind mehrere Aufträge oder Produkte Gegenstand der Fremdkonstruktion, kann eine Erfassung als Gemeinkosten der Konstruktionsabteilung erfolgen, soweit eine direkte Zuordnung nicht möglich ist.

Eine **kalkulatorische Miete** ist immer dann zu berücksichtigen, wenn das Unternehmen in eigenen Räumen betrieben wird und keine Mieten gezahlt werden. Die Bewertung der kalkulatorischen Miete orientiert sich an der Höhe des Mietaufwandes, der für die Nutzung von Dritten angemieteter vergleichbarer Räume anfallen würde. In diesem Zusammenhang wird von **Opportunitätskosten** gesprochen, denn die Miete, die man von anderer Stelle für diese Räume erhalten würde, wird in der Kostenrechnung erfasst und bewertet.

## 5.2.4.5 Erfassung der Kapitalkosten

Die ausreichende Bereitstellung von Kapital ist Voraussetzung für den Leistungserstellungsprozess. Die Zinsen für das Fremdkapital (einschließlich der Gesellschafterdarlehen und kapitalersetzender Darlehen) werden von der Finanzbuchführung bereits erfasst.

Die Kostenrechnung stellt auf den Einsatz des **betriebsnotwendigen Kapitals** ab und erfasst dessen kalkulatorische Verzinsung. Das betriebsnotwendige Kapital ermittelt sich aus dem **betriebsnotwendigen Vermögen.** Dabei wird das bilanzielle Anlage- und Umlaufvermögen korrigiert um die Vermögensgegenstände,

– die nicht betriebsnotwendig sind (z. B. Reservegrundstücke, spekulative Wertpapiere),

– die nicht in der Bilanz enthalten sind (z. B. selbstgeschaffene immaterielle Werte wie Know-how, Patente, Firmenwert bei Betriebsaufspaltungen).

Das betriebsnotwendige Vermögen wird dann vermindert um das so genannte **Abzugkapital**. Dabei handelt es sich um zinsfrei zur Verfügung gestelltes Fremdkapital wie Kundenanzahlungen, zinsfreie Verbindlichkeiten aus Lieferungen oder Leistungen u.a.

Ermittlung des betriebsnotwendigen Kapitals:

      bilanzielles Anlage- und Umlaufvermögen
       – nicht betriebsnotwendiges Anlage- und Umlaufvermögen
       + nicht bilanzierte (bilanzierbare) Vermögensgegenstände
      = betriebsnotwendiges Vermögen
      – Abzugkapital
      = betriebsnotwendiges Kapital

Es folgt ein Beispiel:

## 5 Kosten- und Leistungsrechnung

**Bilanzangaben per 31.12.01:**

| | |
|---|---|
| unbebaute Grundstücke | 150.000 € |
| Maschinen (Anschaffungskosten 600.000 €) | 250.000 € |
| GWG (Anschaffungskosten 10.000 €) | 0 € |
| Umlaufvermögen (1.1.01: 150.000 €) | 100.000 € |
| Eigenkapital | 200.000 € |
| Darlehen (7% Zinsen) | 100.000 € |
| Verbindlichkeiten aus Lieferungen (zinslos) | 130.000 € |
| Verbindlichkeiten Kreditinstitute (10% Zinsen) | 80.000 € |

Der Marktzins für langfristige Ausleihungen beträgt z. B. 7% und kann als kalkulatorischer Zinssatz herangezogen werden. Das Unternehmen verfügt über eine selbst entwickelte Rezeptur, die einen angenommenen Marktwert von 50.000 € besitzt.

**Ermittlung der kalkulatorischen Verzinsung:**
bilanzielles Anlage- und Umlaufvermögen

| | | |
|---|---|---|
| unbebaute Grundstücke | | 150.000 € |
| Maschinen | 600.000 € | |
| GWG | 10.000 € | |
| | 610.000 € | |
| Mittelwert aus Anschaffungskosten und Restbuchwert 0 | | 305.000 € |
| Umlaufvermögen (Durchschnitt aus Anfangs- und Endbestand) | | 125.000 € |
| nicht bilanzierbares Vermögen (Rezept) | | 50.000 € |
| = betriebsnotwendiges Vermögen | | 630.000 € |
| – Abzugkapital (Lieferantenverbindlichkeiten) | | 130.000 € |
| = betriebsnotwendiges Kapital | | 500.000 € |
| **x kalkulatorischer Zinssatz 7% = kalkulatorische Verzinsung** | | **35.000 €** |

davon
– sind **Grundkosten:** die gebuchten Darlehenszinsen von 7%, weil sie den kalkulatorischen entsprechen:     7.000 €
– sind **Anderskosten:** die 7% kalkulatorischen Zinsen auf die Verbindlichkeiten gegenüber Kreditinstituten; weil die Finanzbuchhaltung 10% ausgewiesen hat:     8.000 €
– ist der verbleibende Betrag den **Zusatzkosten** zuzurechnen, weil diese Beträge durch die Finanzbuchhaltung überhaupt nicht berücksichtigt worden sind:     20.000 €

Bei der Berechnung der Zinsen werden zwei Methoden unterschieden. Nach der **Restwertverzinsung** werden die kalkulatorischen Zinsen jeweils vom kalkulatorischen Restwert des betriebsnotwendigen Kapitals am Periodenende berechnet. Alternativ kann man die Zinsen auch nach der **Durchschnittswertmethode** berechnen, indem man den mittleren Kapitalstand zugrunde legt. Der mittlere Kapitalstand kann mit der Hälfte des Ausgangskapitals angenommen werden, die kalkulatorischen Zinsen errechnen sich mit einem konstanten Betrag, während sie bei der Restwertverzinsung mit abnehmenden Restwert auch geringer werden, allerdings auf höherem Niveau beginnen.

### 5.2.4.6 Erfassung der Steuern

Die zu erfassenden Steuern müssen Kostencharakter besitzen. Dafür kommt vornehmlich die Gewerbesteuer in Frage. Aber auch die Grundsteuer für betrieblich genutzten Grundbesitz, betrieblich verursachte Kraftfahrzeugsteuern und Versicherungsteuern gehören dazu. Einzelne Verbrauchsteuern können auch Kostencharakter haben (z. B. Mineralölsteuer).

### 5.2.4.7 Erfassung der Wagnisse

Jede unternehmerische Tätigkeit birgt die Gefahr von Verlusten. Die Risiken lassen sich einteilen in das allgemeine Unternehmerrisiko und spezielle Risiken. Das allgemeine Unternehmerrisiko (Inflation, Marktverschiebungen, Konjunktureinflüsse, technische Entwicklungen, öffentliche Marktbeeinflussung usw.) ist nicht kalkulierbar, sondern gilt als mit dem Gewinn abgegolten. Die speziellen Risiken haben ihre Ursache direkt in der betrieblichen Leistungserstellung.

Hierzu eine Übersicht:

| spezielle Risiken | Beispiele |
|---|---|
| Beständewagnis | Verderb, Veralterung, Preisverfall, Schwund |
| Anlagenwagnis | Schätzungsfehler bei der Bemessung der Nutzungsdauer, technische Mängel, Schäden |
| Fertigungswagnis | Vorgabenüberschreitungen, Gewährleistungen |
| Entwicklungswagnis | erfolglose Entwicklungs-, Forschungs-, Planungskosten |
| Vertriebswagnis | Transportrisiken, Forderungsrisiken, Währungsrisiken, Exporteinschränkungen |
| sonstige Wagnisse | Schäden durch höhere Gewalt (Sturm, Feuer, Havarie) oder menschliches Versagen (z. B. Programmierungsfehler, Datenerfassungsfehler) |

*Beispiel Beständewagnis:*
*Fertigungsmaterial in 5 Jahren*     1.500.000 €
*mengen- und wertmäßige Minderung in 5 Jahren*     15.000 €
*Wagniszuschlag*     1%
*Fertigungsmaterial eines Monats*     30.000 €
*Wagniszuschlag (kalkulatorisch) 1%*     300 €
*tatsächlich ermittelte Wertminderung (Aufwand GuV)*     180 €

Sind die Wagnisse versicherbar, erscheint die Versicherungsprämie bereits in den Grundkosten. Die nicht versicherten oder nichtversicherbaren Risiken (z. B. Programmierfehler) sind kalkulatorisch als eine Art der Eigenversicherung (auch **Selbstversicherungsprämie**) zu erfassen.

## 5.3 Kostenstellenrechnung

### 5.3.1 Aufgaben der Kostenstellenrechnung

Die Erfassung und Gliederung der Kosten war Aufgabe der Kostenartenrechnung zur Aussage über Art und Höhe der Kosten. Eine Verfeinerung ergibt sich durch die Kostenstellenrechnung, indem sie die Kosten in **Bereiche ihrer Entstehung** untergliedert. Dies ist besonders für die Verrechnung von Gemeinkosten von Bedeutung, die über die Aufbereitung in der Kostenstellenrechnung verursachungsgerecht auf die Kostenträger weiterverrechnet werden können.

Damit stellt die Kostenstellenrechnung die Verbindung zwischen Kostenarten- und Kostenträgerrechnung her; sie hat für die verursachungsgerechte Zuordnung und Kontrolle der Gemeinkosten zu sorgen.

Die Kontrolle der Wirtschaftlichkeit des Leistungserstellungsprozesses erfordert ebenfalls eine Abgrenzung einzelner Kostenentstehungsbereiche und deren gesonderte Überprüfung. Nur so können Abweichungen vom Wirtschaftlichkeitsziel lokalisiert werden.

Für Planung und Steuerung des Betriebsprozesses ermöglicht die Kostenstellenrechnung eine Ermittlung der jeweils entscheidungsrelevanten Kosten für die einzelnen Teilbereiche.

## 5.3.2 Organisation der Kostenstellenrechnung

Eine Kostenstelle umfasst einen betrieblichen Teilbereich, der kostenrechnerisch selbstständig abgerechnet werden kann. Hierzu ist es notwendig, diesen Teilbereich sinnvoll zuzuschneiden und abzugrenzen. Kostenstellen sind **Verantwortungsbereiche**, sie müssen kontrollierbar sein.

Es sind weiterhin genaue Maßstäbe bzw. Bezugsgrößen festzulegen (z. B. Anzahl Stücke, Stunden usw.). Eine zutreffende Verbuchung ist zu gewährleisten. Einteilung und Aufwand der Abrechnung unterliegen dabei auch dem ökonomischen Prinzip. Insoweit soll die Kostenrechnung die Wirtschaftlichkeit fördern und kontrollieren, aber nicht selbst zur Unwirtschaftlichkeit beitragen.

### 5.3.2.1 Gliederungsmöglichkeiten für Kostenstellen

Die organisatorische Einteilung des Betriebes in abgrenzbare Abrechnungseinheiten kann nach folgenden Kriterien erfolgen:

– Nach **betrieblichen Funktionen** (Beschaffung, Fertigung, Verwaltung und Vertrieb). Hiernach finden sich häufig die folgenden Kostenstellen:

  – Materialkostenstelle (Einkauf, Lager, Materialprüfung, innerbetrieblicher Transport durch materialwirtschaftliche Abteilung),
  – Fertigungskostenstelle (Montage, Lackiererei) mit evtl. vorgelagerten Kostenstellen (Arbeitsvorbereitung),
  – Verwaltungskostenstelle (Geschäftsführung, Rechnungswesen),
  – Vertriebskostenstelle (Verkauf, Werbung),
  – daneben werden allgemeine Kostenstellen auftreten, die dem gesamten Betrieb dienen und den genannten Hauptkostenstellen nur anteilig zugerechnet werden können (Energie, Sanitätsstelle, Werkschutz);

– Nach **örtlichen Gegebenheiten** (Werkstatt 1, Werkstatt 2);

– Nach **Verantwortungsbereichen** (Meisterbereich, Abteilungsleiterbereich, Hauptabteilungsleiterbereich): Teilweise decken sich die Verantwortungsbereiche mit den Funktionsbereichen, weil sie in Anlehnung an diese gegliedert wurden; unter dem Gesichtspunkt der Wirtschaftlichkeitskontrolle ergibt sich dabei gleichzeitig die Verantwortlichkeit für etwaige Kostenabweichungen von den Planvorgaben;

– Nach Arbeitsplätzen, Maschinengruppen, Erzeugnisgruppen oder einzelnen Aufträgen **(Vorgangskostenrechnung)**.

### 5.3.2.2 Gliederungsgrundsätze

Kostenstellen werden in Haupt-, Neben- und Hilfskostenstellen unterschieden. Die **Hauptkostenstellen** (auch Endkostenstelle oder Primärkostenstelle) umfassen unmittelbar den Fertigungsprozess. Nur mittelbar mit der Fertigung befasste Kostenstellen heißen **Hilfskostenstellen** (Hilfskostenstellen der Fertigung wie Reparaturwerkstatt, Materialprüfung, technisches Büro).

Allgemeine Kostenstellen (Energieversorgung, soziale Einrichtungen) und die Hilfskostenstellen werden auch als **Vorkostenstellen** (Sekundärkostenstellen) bezeichnet. Die Kosten der Vorkostenstellen werden dann auf die Endkostenstellen durch Umlage verteilt.

### 5.3.2.3 Kostenstellenplan

Die systematische Zuordnung der in einem Unternehmen gebildeten Kostenstellen erfolgt in einem Kostenstellenplan. Der Kostenstellenplan beinhaltet meist eine Kostenstellennummer mit der zutreffenden und eindeutigen Benennung der Kostenstelle, wobei die Systematik auch Änderungen und Ergänzungen ermöglichen muss.

## 5.3.3 Durchführung der Kostenstellenrechnung

Die Übernahme der Kostenarten auf die Kostenstellen kann kontenmäßig oder statisch tabellarisch (z. B. mit einem **Betriebsabrechnungsbogen – BAB**) erfolgen.

Die Kopfzeile des BAB enthält die einzelnen Kostenstellen, die Vorspalte die einzelnen Kostenarten:

| Kostenstellen (KS) / Kostenarten | Vorkostenstelle | Materialkostenstelle | Endkostenstelle | Verwaltungs-/ Vertriebskostenstelle |
|---|---|---|---|---|
| | Allgem. Hilfs-KS    KS | | Fertigungs- KS A B C D E | |
| Fertigungsmaterial Materialgemeinkosten Fertigungslöhne Gesamtkosten | | | | |

Kopfzeile und Vorspalte des Betriebsabrechnungsbogens (BAB)

Die Kostenarten werden aus der Kontenklasse 4 der Finanzbuchführung in den Betriebsabrechnungsbogen übernommen und verursachungsgerecht auf die Kostenstellen verteilt. Anschließend werden die Kosten der Hilfskostenstellen und der allgemeinen Kostenstellen auf die zugehörigen Hauptkostenstellen überwälzt, wobei aber auch die Kostenstellenbe- und -entlastungen aus einem innerbetrieblichen Leistungsaustausch zu berücksichtigen sind.

Aus der Relation von Einzel- und Gemeinkosten lassen sich die Gemeinkostenzuschläge ermitteln. Durch Einbeziehung von vorkalkulierten Normalkosten in den Betriebsabrechnungsbogen können durch Vergleich mit den tatsächlich entstandenen Istkosten **Kostenstellenunter-** oder **-überdeckungen** festgestellt werden.

# 5 Kosten- und Leistungsrechnung

Bei der Übernahme der Kostenartengemeinkosten aus der Kostenartenrechnung kann noch zwischen direkt zurechenbaren und nur indirekt zurechenbaren Kostenstellengemeinkosten unterschieden werden.

Die Kostenstelleneinzelkosten lassen sich anhand von **Belegen** der zugehörigen Kostenstelle zuordnen (z. B. Energiekosten nach Zählerständen, Fahrzeugkosten nach Fahrtenbüchern, Abschreibungen aus der Anlagenkartei, Hilfslöhne nach Lohnlisten).

Kostenstellengemeinkosten werden regelmäßig nach bestimmten mengen- oder wertmäßigen **Schlüsseln** verteilt (z. B. Anzahl der Beschäftigten, Maschinenstunden, Flächen, Gewichte, Umsätze, Bestände usw.).

| Kostenstelle und Kosten | | \multicolumn{7}{c}{Angaben zur Verteilung} | Verteilungsgrundlage |
|---|---|---|---|---|---|---|---|---|---|
| | | 100 | 200 | 300 | 400 | 500 | 600 | 700 | |
| Rohstoffe | 117.775 € | 0 | 0 | 0 | 40 | 50 | 0 | 0 | Verhältnis zueinander |
| Hilfsstoffe | 35.300 € | 0 | 0 | 1 | 13 | 16 | 0 | 0 | Verhältnis zueinander |
| Betriebsstoffe | 13.520 € | 0 | 1 | 1 | 10 | 8 | 0 | 0 | Verhältnis zueinander |
| Fertigungslöhne | 85.000 € | 0 | 0 | 0 | 15 | 18 | 0 | 0 | Verhältnis zueinander |
| Fertigungshilfslöhne | 16.905 € | 2 | 8 | 15 | 19 | 25 | 0 | 3 | Verhältnis zueinander |
| Gehälter | 15.000 € | 10 | 0 | 3 | 0 | 0 | 62 | 5 | Verhältnis zueinander |
| Gesetzliche soziale Aufwendungen | 22.000 € | | | | | | | | 17,9% der Löhne und Gehälter |
| Freiwillige soziale Aufwendungen | 8.000 € | | | | | | | | nach Köpfen |
| Energiekosten | 17.500 € | | | | | | | | in kWh |
| Instandhaltung durch Fremdfirma | 3.000 € | 0 | 0 | 700 | 500 | 900 | 900 | 0 | in € |
| Verkäuferprovision | 6.000 € | 0 | 0 | 0 | 0 | 0 | 0 | 100 | in Prozent |
| Miete für betriebliche Räume | 5.000 € | | | | | | | | nach m² Nutzfläche |
| Abschreibung | 20.000 € | 1 | 2 | 3 | 10 | 12 | 6 | 1 | Verhältnis zueinander |
| Telefon-/Portokosten | 7.000 € | 600 | 400 | 700 | 800 | 500 | 1500 | 2500 | in € |
| allgemeine Verwaltungskosten | 28.000 € | 3 | 1 | 4 | 5 | 5 | 10 | 2 | Verhältnis zueinander |
| **Gesamt** | **400.000 €** | | | | | | | | |

Kostenverteilung auf Kostenstellen

Für die Leistungserstellung wurden Kostenstellen mit den folgenden **Größenmerkmalen** eingerichtet:

| Nutzfläche | | Anzahl der Mitarbeiter | Energieverbrauch in kWh |
|---|---|---|---|
| 100 Allgemeiner Bereich | 30 m² | 1 | 4.000 |
| 200 Materialkostenstelle | 110 m² | 1 | 5.000 |
| 300 Fertigung 1 | 50 m² | 5 | 40.000 |
| 400 Fertigung 2 | 170 m² | 17 | 90.000 |
| 500 Fertigung 3 | 130 m² | 12 | 70.000 |
| 600 Verwaltung | 90 m² | 2 | 26.000 |
| 700 Vertrieb | 20 m² | 1 | 15.000 |

Verteilungsschlüssel

## 5.3.3.1 Verteilung der Gemeinkosten

Der Betriebsabrechnungsbogen ist die tabellarische Zusammenstellung der Kostenarten (Vorspalte) und der Kostenstellen (Kopfzeile) mit der Aufgabe, die Gemeinkosten auf die Kostenstellen zu verteilen und die Kosten der allgemeinen Kostenstellen auf nachgelagerte Kostenstellen sowie die Hilfskostenstellen auf die zugehörigen Hauptkostenstellen umzulegen. Außerdem sollen aus der Gegenüberstellung von Einzel- und Gemeinkosten Zuschlagsätze für die Gemeinkosten ermittelt werden.

Allgemein wird der **Gemeinkostenzuschlagssatz** ermittelt, indem man die betreffenden Gemeinkosten der Kostenstelle mit einer bestimmten Bezugsgröße dieser Kostenstelle ins

Verhältnis setzt. So ergibt sich der Materialgemeinkostenzuschlagssatz aus dem Verhältnis von Materialgemeinkosten zur Bezugsbasis der Materialeinzelkosten. Der Fertigungsgemeinkostenzuschlagssatz setzt die Fertigungsgemeinkosten ins Verhältnis zu den Fertigungslöhnen (Fertigungseinzelkosten). Entsprechend wird verfahren, wenn man den Gemeinkostenzuschlagssatz des Verwaltungsbereiches ermitteln will. Er ergibt sich als Quotient aus den Verwaltungsgemeinkosten und den Herstellungskosten der produzierten Erzeugnisse. Vertriebsgemeinkosten fallen im Zusammenhang mit den abgesetzten Erzeugnissen an. Insoweit bilden die abgesetzten Leistungen die Bezugsgröße für die Vertriebsgemeinkosten. Das Verhältnis gibt dann den Vertriebskostengemeinkostenzuschlagssatz an. Die Bildung weiterer Zuschlagssätze ist möglich, z. B. die Ermittlung eines Maschinenstundenverrechnungssatzes. Hier werden die maschinengebundenen Gemeinkosten mit der Maschinenlaufzeit ins Verhältnis gesetzt.

Die so ermittelten Verrechnungssätze haben ihre besondere Bedeutung für die **Kostenkontrolle**; denn die aktuellen Zuschlagssätze bilden in der Regel die Grundlage für die Normalkostenermittlung der Folgeperioden.

### 5.3.3.2    Innerbetriebliche Leistungsverrechnung

Der Industriebetrieb erstellt neben reinen Absatzleistungen auch Leistungen, die im eigenen Produktionsprozess wieder eingesetzt werden (Eigenleistungen wie selbst erstellte Anlagen, Reparaturen, eigene Energieerzeugung, EDV-Zentrale). Soweit diese Eigenleistungen **aktivierbar** sind, erfolgt die kostenmäßige Erfassung über die kalkulatorischen Abschreibungen und Zinsen. **Nicht aktivierungsfähige** innerbetriebliche Leistungen müssen zwischen den Kostenstellen verrechnet werden. Da diese Leistungen aber regelmäßig wechselseitig zwischen den einzelnen Kostenstellen erfolgen, ist eine gegenseitige Verrechnung erforderlich. Diese Verrechnung hat mit hinreichender Genauigkeit zu erfolgen; denn auch hier besteht die Aufgabe, neben der Kostenkontrolle nach wirtschaftlichen Gesichtspunkten zu entscheiden, ob die Eigenleistung oder der Fremdbezug dieser Leistung kostengünstiger ist. Für die innerbetriebliche Leistungsverrechnung sind verschiedene Verfahren entwickelt worden.

#### 5.3.3.2.1    Hauptkostenstellenverfahren

Bei diesem Verfahren wird unterstellt, dass nur Hauptkostenstellen bestehen und die in den Hilfskostenstellen entstehenden Kosten sofort denjenigen Hauptkostenstellen angelastet werden, für die die Hilfskostenstellen ihre Leistung überwiegend erbracht haben (**»Null-Verfahren«**).

Beim **Kostenartenverfahren** werden nur die Einzelkosten der innerbetrieblichen Leistung auf die empfangende Kostenstelle als Gemeinkosten weiterverrechnet, die Gemeinkosten der innerbetrieblichen Leistung aber nicht. Sie verbleiben bei der abgebenden Kostenstelle und bewirken die Gefahr überhöhter Gemeinkostenzuschläge bei dieser Kostenstelle.

#### 5.3.3.2.2    Kostenstellenumlageverfahren

Diese Verfahren verrechnen nicht nur die Einzelkosten, sondern auch die Gemeinkosten der innerbetrieblichen Leistungen.

Beim so genannten **Anbauverfahren** erfolgt die Gemeinkostenverrechnung von den Hilfskostenstellen zu den Hauptkostenstellen; eine Leistungsverrechnung von Hilfskostenstellen an andere Hilfskostenstellen erfolgt nicht, die Gemeinkostenverrechnung wird nur einseitig von den Hilfskostenstellen auf die Hauptkostenstellen vorgenommen. Die Einzelkosten werden leistungsbezogen auf die Hauptkostenstellen verrechnet.

## 5 Kosten- und Leistungsrechnung

Das **Treppenverfahren** verteilt die Stellenkosten der Vorkostenstelle stufenweise auf die empfangenden Kostenstellen, allerdings ebenfalls nur einseitig, was bei wechselseitigen Leistungsbeziehungen zwischen vor- und nachgelagerten Kostenstellen zwangsläufig zu ungenauen Ergebnissen führen muss.

Die Kostenumlage auf die empfangende Kostenstelle kann nach der in Anspruch genommenen Leistung (Kosten pro Einheit) oder mit bestimmten Schlüsseln (z. B. Werkschutz) erfolgen. Die Kosten der ersten Hilfskostenstelle werden dann hiernach anteilig auf die nächst folgende verrechnet. Diese werden dann wieder anteilig auf die dann folgende Stelle verrechnet usw.

| Kostenstellen / Kostenarten | Energie | Wasseraufbereitung | Fertigung 400 | Fertigung 500 |
|---|---|---|---|---|
| Energie, Gemeinkosten | 36.000 | 14.000 | 300.000 | 450.000 |
| Umlage Energie | → | 4.000 | 10.000 | 12.000 |
|  |  | 18.000 | 310.000 | 462.000 |
| Umlage Wasser |  | → | 4.000 | 7.000 |

Kostenstellenumlage

### 5.3.3.2.3 Kostenstellenausgleichsverfahren

Wie beim Kostenartenverfahren werden die Einzelkosten der innerbetrieblichen Leistung als Gemeinkosten bei der empfangenden Kostenstelle belastet. Die Gemeinkosten dieser Leistung, die noch bei der leistenden Stelle enthalten sind, werden dort als Gutschrift abgesetzt und der empfangenden Stelle belastet (dabei muss sich die Summe aller Be- und Entlastungen entsprechen).

### 5.3.3.2.4 Gleichungsverfahren

Die bisher beschriebenen Verfahren hatten den Nachteil, dass der gegenseitige Leistungsaustausch nicht oder nicht genau genug berücksichtigt wird. Die Erfassung gegenseitiger Leistungsbeziehungen kann in einem System von linearen Gleichungen erfolgen. Dabei werden so viele Gleichungen benötigt, wie Kostenstellen in die Berechnung einzubeziehen sind. Die Mengenkomponenten der Leistungen sind dabei bekannte Größen, die jeweiligen Kostensätze oder Verrechnungspreise sind Unbekannte.

*Beispiel:*
*Die Hilfskostenstelle A leistet an die Hilfskostenstelle B. Diese Leistung wird mit 500 Verrechnungseinheiten (VE) bewertet. Umgekehrt hat die Hilfskostenstelle A auch Leistungen im Werte von 400 VE von der Hilfskostenstelle B empfangen. Nimmt man die primären Kosten bei der Hilfskostenstelle A mit 8.000 € und die Gesamtleistung mit 1.500 VE sowie bei B mit 9.000 € und die Gesamtleistung mit 2.000 VE, ergibt sich:*

Hilfskostenstelle A: 8.000 € + 400 VE x k(b) = 1.500 VE x k(a)
Hilfskostenstelle B: 9.000 € + 500 VE x k(a) = 2.000 VE x k(b)

k = Kosten pro Verrechnungseinheit

Das Ergebnis ermittelt sich mit  k(a) = 7,00 €/VE und
 k(b) = 6,25 €/VE

Daraus lässt sich auch allgemein ein **Formelsystem** von linearen Gleichungen bilden, wobei gilt:

k (a-n)     = Kosten pro Verrechnungseinheit der Stelle a bis n
K (a-n)     = primäre Kosten der Stelle a bis n
m (a-n/a-n) = Anzahl der Verrechnungseinheiten von der Stelle a bis an die Stelle a bis n

$$K(a) = m(a/a) \times k(a) + m(b/a) \times k(b) + \ldots + m(n/a) \times k(n) = m(a) \times k(a)$$

$$K(b) = m(a/b) \times k(a) + m(b/b) \times k(b) + \ldots + m(n/b) \times k(n) = m(b) \times k(b)$$

## 5.3.4 Formen der Kostenstellenrechnung

Die Darstellung der Kostenartenzuordnung auf Kostenstellen und die innerbetriebliche Leistungsverrechnung kann kontenmäßig oder, wesentlich gebräuchlicher, tabellarisch in der Form eines Betriebsabrechnungsbogens erfolgen (vergl. Abschn. 5.3.3).

## 5.3.5 Prozesskostenrechnung

### 5.3.5.1 Schwachstellen der traditionellen Kostenrechnung

Die Kosten- und Leistungsrechnung soll durch Ermittlung der Kosten den Betriebsprozess dokumentieren, Instrumente für Planung und Steuerung dieser Prozesse bereitstellen sowie den Betriebsprozess durch Vergleich von Soll-Ist-Größen kontrollieren.

Ein Unternehmen ist dauernden Änderungen der Umwelt- und Rahmenbedingungen ausgesetzt und muss darauf flexibel reagieren können. Es ist zu verzeichnen, dass das Gewicht der Gemeinkosten in den letzten Jahren erheblich zugenommen hat und die doch grobe und wenig flexible Verrechnung der Gemeinkosten zum Problem geworden ist.

### 5.3.5.2 Zielsetzung der Prozesskostenrechnung

Die vorstehend beschriebenen Schwachstellen der traditionellen Kostenrechnung sind der Ausgangspunkt der Prozesskostenrechnung. Sie orientiert die Kostenverrechnung am einzelnen betrieblichen Prozess und will so genauere Kalkulationsgrundlagen bzw. Verrechnungssätze liefern.

Es handelt sich damit nicht um ein völlig neues Kostenrechnungssystem, sondern um eine Verfeinerung der bestehenden Modelle mit dem Schwerpunkt, kostentreibende Prozesse aufzuzeigen, insbesondere den Beitrag der Gemeinkosten dazu, sowie eine verursachungsgerechtere Gemeinkostenzurechnung zu erreichen.

### 5.3.5.3 Aufbau und Durchführung der Prozesskostenrechnung

Die Prozesskostenrechnung zerlegt das betriebliche Geschehen in einzelne Prozesse. Diese werden gemessen und bewertet und den Produkten zugerechnet. Die Analyse von Einzelprozessen führt dann zu einer gegebenenfalls kostenstellenübergreifenden Verdichtung, wobei Teilprozesse zu Hauptprozessen zusammengeführt werden. Schließlich wird der Hauptprozesskostensatz dem Kostenträger zugeordnet, geht also in die **Kalkulation** ein.

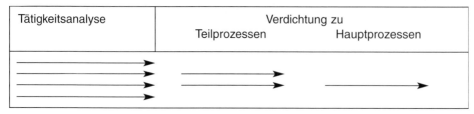

Prozesskostenrechnung

## 5.4 Kostenträgerrechnung

### 5.4.1 Aufgaben der Kostenträgerrechnung

Nach der Erfassung sämtlicher Kosten in der Kostenartenrechnung und Weiterverrechnung in der Kostenstellenrechnung werden im dritten Schritt die Kosten den Kostenträgern zugerechnet. Die Kostenträgerstückrechnung beantwortet die Frage, für welche einzelnen Leistungen (abgesetzte und eingelagerte Marktleistungen, aktivierbare und nicht aktivierbare innerbetrieblichen Leistungen) welche Kosten angefallen sind.

Die Ermittlung dieser Selbstkosten stellt wiederum die Grundlage der Angebotspreiskalkulation dar, insbesondere der Ermittlung der Preisuntergrenze. Zwar soll der Marktpreis langfristig die Gesamtkosten decken, die kurzfristige Preisuntergrenze liegt aber dort, wo zumindest die variablen Kosten gedeckt sind.

*Beispiel:*
*Ein Betrieb bietet zwei Produkte an. Das Produkt A verursacht 100 € variable Kosten und 50 € Fixkosten. Beträgt der Erlös lediglich 100 €, ergibt sich ein Verlust von 50 €. Das Produkt B kann bei einem Stückerlös von 200 €, variablen Kosten von 120 € und Fixkosten von 70 € (pro Stück) immerhin einen Stückgewinn von 10 € erzielen. Würde man jetzt die Produktion des Produktes A einstellen, entfielen die variablen Kosten vom Produkt A, die Fixkosten blieben aber bestehen und müssten von Produkt B mitgetragen werden. Bei gleichen Produktionsanteilen wären aus dem Stückerlös von B jetzt 120 € variable Kosten und 120 € fixe Kosten zu decken.*

### 5.4.2 Organisation der Kostenträgerrechnung

Die Zurechnung auf die Kostenträger hat folgende Prinzipien zu beachten:

– **Verursachungsprinzip:** Hiernach dürfen dem Kostenträger nur diejenigen Kosten zugerechnet werden, die er auch verursacht hat. Dies ist für die variablen Kosten unproblematisch feststellbar.

– **Durchschnittsprinzip:** Die Kosten, die nicht direkt nach dem Verursachungsprinzip zugerechnet werden können (in der Regel Gemeinkosten), werden nach bestimmten Durchschnittswerten bzw. Schlüsseln verteilt.

– **Kostentragfähigkeitsprinzip:** Hiernach werden die Kosten auf den Kostenträger nach dem Grad ihrer Belastbarkeit zugerechnet. Danach können Leistungen mit hohem Rohertrag stärker mit nicht direkt zurechenbaren Kosten belastet werden, als Leistungen mit geringem Rohertrag.

Für die Zurechnung der Kosten auf die Kostenträger gibt es verschiedene Verfahren, die aus der Abbildung deutlich werden.

Zurechnungsverfahren

## 5.4.2.1 Kostenträgergliederung

Hinsichtlich der Arten der Kostenträger können Hauptkostenträger, Nebenkostenträger und Hilfskostenträger unterschieden werden. Der Betriebszweck eines Unternehmens grenzt die **Hauptkostenträger** als am Absatzmarkt abzusetzende Leistung ab. **Nebenkostenträger** sind die Leistungen, die die Hauptleistung ergänzen, **Hilfskostenträger** umfassen innerbetriebliche Leistungen, die nicht zum Verkauf auf den Absatzmärkten bestimmt sind.

## 5.4.2.2 Kostenträgerstückrechnung

Die Auswahl eines der vorstehend beschriebenen Zurechnungsverfahren ist abhängig vom Produktionsverfahren: So lässt sich die einfache Divisionskalkulation nur auf ein einheitliches Produkt anwenden (z. B. Ein-Produkt-Unternehmen mit Massenfertigung), bei mehreren zu fertigenden Produkten findet die Zuschlagskalkulation Anwendung (Serienfertigung, Einzelfertigung).

Die Kalkulation von Kuppelprodukten erfordert wieder ein eigenes Kalkulationsverfahren: Es kommt darauf an, ob die Kuppelprodukte in einem bestimmten Zusammenhang stehen oder ob der Produktionsprozess ein Haupt- und ein Nebenprodukt liefert. Die Verteilungs- und die Restwertrechnung sind hierfür die gängigen Kalkulationsverfahren.

## 5.4.2.3 Kostenträgerzeitrechnung

Die kurzfristige Betriebserfolgsrechnung stellt für einen bestimmten, kurzen Zeitraum (Woche/Monat) Kosten und Leistungen gegenüber und ermittelt so den kurzfristigen Betriebserfolg (daher auch kurzfristige Erfolgsrechnung – **KER**).

Die Gewinn- und Verlustrechnung als Gesamterfolgsrechnung ermittelt den gesamten Erfolg und bedient sich dabei zwei verschiedener Verfahren (vergl. § 275 Abs. 2 und Abs. 3 HGB). Entsprechend wird bei der Kostenträgerzeitrechnung zur Ermittlung des Betriebserfolges verfahren:

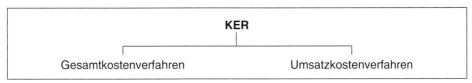

Kurzfristige Erfolgsrechnung

Gesamtkosten- und Umsatzkostenverfahren der kurzfristigen Erfolgsrechnung stimmen also nur prinzipiell mit den gleichlautenden Verfahren der Gewinn- und Verlustrechnung überein. Die Abrechnungsperiode beträgt regelmäßig ein Jahr, die der kurzfristigen Erfolgsrechnung ist wesentlich kürzer. Die Gegenüberstellung von Kosten und Leistung ist (im Gegensatz zu der von Aufwand und Ertrag) auch weitgehend frei von bilanzpolitischen Überlegungen. Formal ist die kurzfristige Erfolgsrechnung zudem nicht an das Kontensystem der Finanzbuchführung gebunden.

Gesamtkostenverfahren und Umsatzkostenverfahren werden in Abschnitt 5.4.5 noch ausführlicher dargestellt.

## 5.4.3 Durchführung der Kostenträgerstückrechnung

### 5.4.3.1 Divisionskalkulation

#### 5.4.3.1.1 Divisionskalkulation im engeren Sinne

Das Prinzip der Divisionsrechnung beruht auf der Division der Gesamtkosten (GK) durch die produzierte Menge (M). Als Ergebnis erhält man die Stückkosten (K):

$$K = \frac{GK}{M}$$

Diese Formel lässt sich nur auf ein einheitliches Produkt anwenden (Ein-Produkt-Unternehmen mit Massenfertigung). Außerdem dürfen Lagerbewegungen nicht auftreten; Kostenentstehung und Leistungserstellung müssen sich unmittelbar entsprechen. Bei mehrstufiger Produktion und Lagerbestandsveränderungen von Zwischenprodukten ist eine Kostenstellenrechnung erforderlich, die die Kosten je Fertigungsstufe ermittelt. Die Gesamtkosten je Fertigungsstufe werden dann durch die Anzahl der Zwischenprodukte jeder Stufe geteilt. Die so ermittelten Kosten werden an die nachfolgende Produktionsstufe weitergegeben. Daher wird dieses verfeinerte Verfahren auch **Stufen-Divisionsrechnung** (oder mehrstufige Divisionskalkulation) genannt.

*Beispiel:*
*Ein Betrieb produziert von einem Produkt 100 Stück in der Periode, abgesetzt werden können 110 Stück. Die Kosten betrugen:*

| | |
|---|---|
| *Werkstoffkosten* | *500 €* |
| *Fertigungslöhne* | *300 €* |
| *Summe* | *800 €* |
| *Verwaltungs- und Vertriebskosten* | *220 €* |
| *Gesamtkosten* | *1.020 €* |

*Selbstkosten bei einstufiger Divisionskalkulation:*

$$\frac{1.020}{100} = 10{,}20 \text{ €/Stück}$$

*Selbstkosten bei mehrstufiger Divisionskalkulation:*

$$\frac{800}{100} + \frac{220}{110} = 10{,}00 \text{ €/Stück}$$

## 5.4.3.1.2 Äquivalenzziffernrechnung

Für die Mehrproduktfertigung kann die Divisionsrechnung mit Äquivalenzziffern angewendet werden, sofern die Produkte fertigungstechnisch in einer festen Kostenrelation stehen (Sortenfertigung). Äquivalenzziffern sind Umrechnungsfaktoren. Die Produkte können hierdurch kostenrechnerisch angeglichen werden, indem man die Gesamtkosten durch die gewichteten Mengen dividiert: Die Gewichtung der Mengen erfolgt mit den meist aus Beobachtungen gewonnenen **Äquivalenzziffern**.

*Die Produktion von drei Produkten verursacht Gesamtkosten von insgesamt 40.000 €. Es sollen die Selbstkosten pro Stück und Sorte und die Gesamtkosten für jede Sorte ermittelt werden.*

| Sorte | produzierte Menge | Äquivalenzziffer | Verrechnungseinheit |
|---|---|---|---|
| A | 630 Stück | 1,0 | 630 VE |
| B | 600 Stück | 1,2 | 720 VE |
| C | 500 Stück | 1,3 | 650 VE |

$$\frac{\text{Gesamtkosten } 40.000\ \text{€}}{2.000\ \text{VE}} = 20\ \text{€/VE}$$

| Sorte | K/VE | Äquivalenzziffer | Stückkosten | produzierte Menge | Gesamtkosten |
|---|---|---|---|---|---|
| A | 20 € | 1,0 | 20 € | 630 Stück | 12.600 € |
| B | 20 € | 1,2 | 24 € | 600 Stück | 14.400 € |
| C | 20 € | 1,3 | 26 € | 500 Stück | 13.000 € |

*Summe: 40.000 €*

Durch Bildung von Kostenstellen kann analog der mehrstufigen Divisionsrechnung auch die Äquivalenzziffernrechnung zu einem mehrstufigen Verfahren ausgebaut werden.

## 5.4.3.2 Zuschlagskalkulation

Die Zuschlagskalkulation wird angewendet bei der Kostenberechnung verschiedenartiger Produkte (Serienfertigung, Einzelfertigung).

Die Kosten werden in Kostenträgereinzel- und Kostenträgergemeinkosten aufgeteilt. Die Einzelkosten lassen sich dem Kostenträger direkt zuordnen, die Gemeinkosten nur indirekt durch Anwendung von Zuschlagssätzen.

Bei der **summarischen Zuschlagsrechnung** basieren die Zuschlagssätze auf den Einzelkosten, z. B. auf den Lohneinzelkosten:

| | |
|---|---|
| Summe Lohneinzelkosten | 10.000 € |
| Summe Gemeinkosten | 15.000 € |
| Zuschlagssatz | 150% |
| *Die Ermittlung der Herstellungskosten ergibt:* | |
| Fertigungslohn | 600 € |
| Fertigungsmaterial | 800 € |
| Fertigungseinzelkosten | 1.400 € |
| Gemeinkostenzuschlag 150% auf den Fertigungslohn | 900 € |
| Herstellungskosten | 2.300 € |

Die gesamte Summe der Gemeinkosten wird auf eine einzige Basisbezugsgröße bezogen und ergibt dann einen einheitlichen Zuschlagssatz. Bei arbeitsintensiver Produktion werden die Lohneinzelkosten als Bezugsbasis gewählt, bei materialintensiver Fertigung die

Materialkosten. Dieses Vorgehen unterstellt einen linearen Zusammenhang zwischen sämtlichen verschiedenen Gemeinkosten und den jeweiligen Einzelkostenbezugsgrößen, der in der Realität allerdings nur im Ausnahmefall gegeben ist.

Im vorstehenden Beispiel ist der Gemeinkostenzuschlag auf Basis der Fertigungslöhne gebildet worden. Wenn man jetzt verschiedene Aufträge mit hohem oder niedrigem Fertigungslohnanteil vergleicht, kommt es zu unterschiedlicher Verrechnung von Gemeinkosten. Um dies einzuschränken, spaltet die **differenzierende Zuschlagskalkulation** die Gemeinkosten in Bereiche auf, um mehrere Bezugsgrundlagen für differenzierte Zuschlagssätze zu erhalten. Daraus leitet sich folgendes Kalkulationsschema ab:

```
  Fertigungsmaterial
+ Materialgemeinkosten
                           = Materialkosten
+ Fertigungslohn
+ Fertigungsgemeinkosten
                           = Fertigungskosten
+ Sondereinzelkosten der Fertigung
                           = Herstellkosten
+ Verwaltungsgemeinkosten
+ Vertriebsgemeinkosten
+ Sondereinzelkosten des Vertriebs
                           = Selbstkosten
```

Unter der Position »Fertigungsmaterial« sind Materialeinzelkosten aufgeführt. Aus dem Verhältnis der Materialgemeinkosten zu den Materialeinzelkosten leitet sich der betreffende Zuschlagssatz ab. Entsprechend wird bei den Fertigungsgemeinkosten in Bezug auf die Fertigungslöhne verfahren, wobei eine weitere Differenzierung nach einzelnen Fertigungsbereichen erfolgen kann. Die Verwaltungs- und Vertriebsgemeinkosten werden schließlich zur Zuschlagssatzbildung auf die Herstellkosten bezogen.

Die Genauigkeit der Ergebnisse hängt bei der Zuschlagskalkulation weitgehend von der Auswahl der Bezugsgrößen ab. Besonders wenn ein sehr hohes Gemeinkostenvolumen auf geringe Einzelkosten verteilt werden muss, multipliziert sich ein Fehler bei der Erfassung der Einzelkosten durch den enorm hohen Zuschlagssatz. Zur Vermeidung der Gefahr z.T. erheblicher Kalkulationsfehler wäre zu prüfen, inwieweit z. B. Maschinenstunden bei stark automatisierten Betrieben eine zuverlässigere Basisgröße darstellen als z. B. der Fertigungslohn.

Weiterhin muss bei Preisveränderungen der Produktionsfaktoren der jeweilige Zuschlagssatz neu berechnet werden, weil sonst z. B. bei einer Lohnerhöhung automatisch auch die Fertigungsgemeinkosten entsprechend höher ausfallen würden. Dadurch aber würden auch die Herstellungskosten steigen und zu höheren Verwaltungs- und Vertriebsgemeinkosten führen. Außerdem ist der Zusammenhang zwischen hohen Herstellungskosten und damit auch vergleichsweise hohen Verwaltungs- und Vertriebsgemeinkosten nicht immer realistisch: Warum sollte z. B. der allgemeine Verwaltungsaufwand bei der Herstellung von Handtaschen aus echtem Leder zwingend höher sein, als bei der Herstellung von Taschen aus Lederimitat?

### 5.4.3.3 Kalkulation von Kuppelprodukten

Bei der Kuppelproduktion werden aus **einem** Grundstoff (z. B. Erdöl) in **einem** Produktionsprozess gleichzeitig **mehrere** Erzeugnisse (z. B. Benzin, Diesel, schweres Heizöl) gewonnen. Die besondere Schwierigkeit besteht darin, die Gesamtkosten des Prozesses auf die einzelnen Kuppelprodukte zu verteilen.

## 5 Kosten- und Leistungsrechnung

Nach dem Verursachungsprinzip gelingt die Verteilung nicht, weil der gemeinsame Produktionsprozess nicht aufgeteilt werden kann, von den Vertriebskosten einmal abgesehen. Insoweit sind die Kosten nach dem **Tragfähigkeitsprinzip** oder dem **Durchschnittsprinzip** zuzurechnen.

Hiernach können zwei Verrechnungsmethoden der Kuppelproduktion unterschieden werden: die Verteilungsrechnung und die Restwertrechnung.

Stehen die Kuppelprodukte in einem gewissen proportionalen Zusammenhang, werden nach der **Verteilungsmethode** aus der Relation der Marktpreise zueinander Verhältniszahlen ermittelt. Auch Mengenrelationen und/oder technische Eigenschaften (z. B. der Brennwert) können ebenfalls als Verteilungsbasis herangezogen werden.

*Beispiel:*

| Produkt | Marktpreis | Verhältniszahl | produzierte Menge | Verrechnungs-einheiten |
|---|---|---|---|---|
| A | 50 € | 0,5 | 100 E | 50 |
| B | 60 € | 0,6 | 250 E | 150 |
| C | 30 € | 0,3 | 150 E | 45 |

Bei angenommenen Gesamtkosten von 22.050 € ergeben sich die Kosten pro Verrechnungseinheit mit 90 €/VE:

| Produkt | Kosten/VE | Gesamtkosten | Kosten/Stück |
|---|---|---|---|
| A | 90 € | 4.500 € | 45 € |
| B | 90 € | 13.500 € | 54 € |
| C | 90 € | 4.050 € | 27 € |

Entstehen im Produktionsprozess ein Hauptprodukt und Neben- oder Abfallprodukte, findet die **Restwertrechnung** (auch Subtraktionsmethode) Anwendung. Von den Gesamtkosten werden die Erlöse der Nebenprodukte abgezogen. Die restlichen Kosten werden voll auf das Hauptprodukt verrechnet.

*Die Gesamtkosten eines Kuppelprozesses betragen 80.000 €.*

*Das Produktionsergebnis beträgt:*

| Hauptprodukt | 9.060 ME |
|---|---|
| Nebenprodukt | 1.200 ME |
| Abfallprodukt | 300 ME |

*Für das Hauptprodukt werden am Markt 12 €/ME erzielt, das Nebenprodukt erlöst 2 €/ME. Das Abfallprodukt lässt sich nicht mehr verwerten, für die Beseitigung werden insgesamt 1.000 € berechnet. Im Anschluss an den Kuppelprozess entstehen weitere Kosten:*

| für das Hauptprodukt | 10.000 € |
|---|---|
| für das Nebenprodukt | 2.000 € |

*Die Stückkosten für das Hauptprodukt betragen:*

|   |   |
|---|---|
| Kosten des Kuppelprozesses | 80.000 € |
| − Erlöse aus dem Nebenprodukt | 2.400 € |
| + Kosten Nebenprodukt | 2.000 € |
| + Kosten Abfallprodukt | 1.000 € |
| + Kosten Hauptprodukt | 10.000 € |
| = Gesamtkosten Hauptprodukt | 90.600 € |

$$\text{Selbstkosten} = \frac{90.600\ €}{9.060\ St.} = 10\ €/\text{Stück}$$

#### 5.4.3.4 Kalkulationszeitpunkte

Geht man auf die Aufgaben der Kostenträgerrechnung zurück, nämlich die Schaffung von Grundlagen für preispolitische Entscheidungen, stellt sich die Frage nach dem Zeitpunkt, zu dem diese Informationen vorliegen müssen.

Die erste Notwendigkeit ergibt sich in der Angebotsphase: Ein Angebotspreis ist zu ermitteln. Dies erfolgt im Wege der **Vorkalkulation**.

Mit Erhalt des Angebots und einsetzender Produktion sind mögliche Abweichungen von der Vorkalkulation aufzuspüren. Dies wird in der **Zwischenkalkulation** berücksichtigt.

Mit Ablieferung des Produktes und Eingang des Kaufpreises ist aus der Rückschau die Angebotspreisfindung noch einmal kritisch zu überprüfen. Hierzu dient die **Nachkalkulation**, die im Gegensatz zur Vorkalkulation von tatsächlichen Werten ausgehen kann und nicht auf Schätzungen oder Prämissen angewiesen ist.

### 5.4.4 Zielkostenkalkulation (target costing)

#### 5.4.4.1 Schwachstellen der traditionellen Kalkulationsmethoden

Die traditionellen Kalkulationsmethoden vermitteln teilweise den Eindruck, dass allein die korrekte Ermittlung des Angebotspreises schon ausreicht, um dieses Produkt zu diesem am Markt anzubieten.

Insbesondere bei Massenprodukten und hoher Konkurrenz wäre es falsch, die Kostenrechnung zu fragen: »Was kostet das?«

Die Marktbedingungen lassen nur die Frage zu: »Was **darf** das kosten?«

#### 5.4.4.2 Konzeption der Zielkostenrechnung

Ist durch die Marktverhältnisse ein Marktpreis (Zielpreis) vorgegeben, so wird von diesem Zielpreis der Zielgewinn abgezogen und man erhält die Zielkosten **(target costs)**. Diese Zielkosten werden mit den kalkulierten Kosten **(drifting costs)** verglichen, und bei etwaigen Überschreitungen werden Anpassungsmaßnahmen ergriffen.

Somit ist die Zielkostenkalkulation eigentlich auch kein Kostenrechnungssystem, sondern eher eine marktorientierte Kostenplanung, Kostensteuerung und Kostenkontrolle.

#### 5.4.4.3 Durchführung der Zielkostenkalkulation

Die Ermittlung der target costs erfolgt in mehreren Schritten. Aus Marktdaten wird der erzielbare Umsatz ermittelt. Die erzielbaren Umsatzerlöse werden dann um die geforderte Rendite gekürzt und es ergeben sich die Zielkosten: Das sind die vom Markt erlaubten Kosten **(allowable costs)** der ganzen Produktion.

Diese sind jetzt herunterzubrechen (Kostenspaltung) auf die einzelne Einheit, auf Produktkomponenten oder Produktfunktionen. Als nächstes werden die kalkulierten Standardkosten (drifting costs) ermittelt und mit den allowable costs verglichen.

Soweit die drifting costs die allowable costs übersteigen, sind Kostensenkungsmaßnahmen zu ergreifen.

## 5.4.5 Durchführung der Kostenträgerzeitrechnung

### 5.4.5.1 Das Gesamtkostenverfahren

Das Gesamtkostenverfahren geht von den gesamten Kosten einer bestimmten Periode aus und stellt diese den entsprechenden Erlösen, korrigiert um Bestandsveränderungen, gegenüber:

    Umsatzerlöse
  − Kosten
  + Bestandsmehrungen
  − Bestandsminderungen

= Betriebserfolg

Wenn die Gewinn- und Verlustrechnung gem. § 275 Abs. 2 HGB nach dem Gesamtkostenverfahren gegliedert ist, lässt sich das Betriebsergebnis leicht aus der Finanzbuchhaltung ermitteln; allerdings ist insoweit die laufende Ermittlung und Fortschreibung der Bestände notwendig.

Die Bewertung der Lagerbestände setzt wiederum eine Kostenstellen- und Kostenträgerstückrechnung voraus. Zu beachten ist, dass die zu Herstellungskosten bewerteten Lagerbestände gemäß den handels- und steuerrechtlichen Bewertungsvorschriften keinen Gewinnzuschlag enthalten. Bei Umsatzerlösen von 0 € würde eine Bestandserhöhung zu einem Betriebsergebnis von ebenfalls »0« führen.

*Betriebsergebniskonto*

| | | | |
|---|---:|---|---:|
| Herstellungskosten | | Verkaufserlöse | 150 |
| der produzierten Leistungen | 100 | Bestandserhöhung durch | |
| Gemeinkosten | | Fertigungserzeugnisse | 20 |
| − Verwaltung | 8 | | |
| − Vertrieb | 12 | | |
| Bestandsminderung durch | | | |
| halbfertige Arbeiten | 10 | | |
| Betriebsergebnis | 40 | | |
| Summe | 170 | Summe | 170 |

Der einfachen Ableitung und dem geringen rechnerischen Aufwand steht aber eine relativ geringe Aussagekraft gegenüber: Es kann nur das Gesamtbetriebsergebnis ermittelt werden. (Die Kosten sind nach Kostenarten und die Erlöse nach Produktarten gegliedert; der Erfolg der einzelnen Kostenträger wird nicht gezeigt. Die Erlöse enthalten auch Bestandteile an Verkäufen von Produkten, die in Vorperioden erstellt worden sind, möglicherweise unter ganz anderer Kostensituation.)

### 5.4.5.2 Das Umsatzkostenverfahren

Beim Umsatzkostenverfahren werden die Kosten der abgesetzten Leistung an den Umsatzerlösen ohne Berücksichtigung etwaiger Bestandsveränderungen gemessen. Diese Art der Ermittlung des Umsatzerfolges bedarf keiner körperlichen Bestandsaufnahme.

    Umsatzerlöse
  − Selbstkosten der abgesetzten Leistung

= Betriebserfolg

Die Ableitung aus der Gewinn- und Verlustrechnung ist einfach, wenn der Betrieb nach § 275 Abs. 3 HGB gegliedert hat. Sind Umsatzerlöse und Umsatzkosten noch nach einzelnen Produktarten unterteilt, sind potentielle Erfolgsermittlungen für diese Arten möglich; es kann festgestellt werden, welcher Erfolgsanteil auf welche Erzeugnisart entfällt, also welchen Beitrag diese Art am Erfolg liefert.

| Betriebsergebniskonto | | | |
|---|---|---|---|
| Herstellungskosten der abgesetzten Leistungen | 90 | Verkaufserlöse | 150 |
| Gewinnkosten | | | |
| – Verwaltung | 8 | | |
| – Vertrieb | 12 | | |
| Betriebsergebnis | 40 | | |
| Summe | 150 | Summe | 150 |

## 5.5 Plan- und Istkostenrechnung

### 5.5.1 Systemüberblick

Bei der **Vollkostenrechnung** werden die gesamten Kosten auf die einzelnen Kostenträger – ohne besondere Differenzierung nach fixen und variablen Kosten oder Einzel- und Gemeinkosten – verteilt. Die Umlage der fixen Gemeinkosten ist aber problematisch, weil sie nicht direkt durch einzelne Leistungen verursacht werden.

Verteilt man die tatsächlich angefallenen Kosten auf die Kostenträger, spricht man von **Istkostenrechnung**. Sie ist Instrument der Nachkalkulation. Hierfür werden die genannten Kostenarten erfasst und über Kostenstellen auf die Kostenträger verrechnet, bzw. vollständig überwälzt. In dieser reinen Form werden die Kosten wie folgt definiert:

$$\text{Istkosten} = \text{Istmenge} \times \text{Istpreis}$$

Damit gehen aber sämtliche Zufallsschwankungen in die Berechnung ein und gefährden einen Perioden- oder Betriebsvergleich zu Lasten der Kontrolle der Wirtschaftlichkeit des Betriebsprozesses. Fraglich bleibt stets, ob aus einer rein vergangenheitsbezogenen Rechnung Entscheidungsgrundlagen für eine in die Zukunft gerichtete Planung abgeleitet werden können.

Die Kostenermittlung kann aber auch von Normalkosten ausgehen. Die **Normalkostenrechnung** basiert auf durchschnittlichen Istmengen und Istpreisen vergangener Perioden:

$$\text{Normalkosten} = \text{Normalmenge} \times \text{Normalpreis}$$

Der Durchschnitt wird durch statistische Mittelwertbildung vergangener Istwerte ermittelt, enthält also alle günstigen und ungünstigen Einflüsse der Vergangenheit (z. B. Mehrkosten aus Fehldispositionen). Die Mittelwerte können auch aktualisiert werden, indem man Veränderungen in den Kosteneinflussgrößen in die Berechnung einbezieht.

Istkosten und Normalkosten erfüllen die Ansprüche an Planung und Kontrolle der Kosten aber nur bedingt. Es fehlt die Vorgabe von Sollgrößen, auch fehlt die Einbeziehung zukünftig erwarteter Kosteneinflüsse.

Außerdem muss sich auch die Istkostenrechnung zahlreicher nur geschätzter Werte bedienen und sich mit Durchschnittsberechnungen begnügen (z. B. kalkulatorische Zinsen bei wechselnder Kapitalstruktur oder Preisschwankungen bei Faktorpreisen).

# 5 Kosten- und Leistungsrechnung

Wird die Kostenrechnung nicht nur auf Vergangenheitswerten, sondern auf erwarteten (geschätzten) Werten aufgebaut, gelangt man zur **Plankostenrechnung**. Die Plankosten ermittelt man dabei durch Schätzung des Werteverzehrs mengen- und wertmäßig (Prognose der Faktorpreise) sowie Annahme einer bestimmten Planbeschäftigung.

Es geht also nicht nur um im voraus geplante Kosten, sondern die Planansätze haben auch Vorgabecharakter. Damit soll die Kostenrechnung in die betriebliche Planung integriert und die Kontrolle der Wirtschaftlichkeit durch aussagefähige Soll-Ist-Vergleiche verbessert werden.

## 5.5.2 Plankostenrechnung

### 5.5.2.1 Systeme der Plankostenrechnung

Je nach zugrundegelegter Beschäftigungssituation wird zwischen starrer und flexibler Plankostenrechnung unterschieden.

Bei der **starren Plankostenrechnung** wird nur ein Beschäftigungsgrad auf Basis einer Normalbeschäftigung bestimmt und der Berechnung zu Grunde gelegt (z. B. verfügbare Fertigungsstunden, produzierte Stückzahlen). Die Kosten des Verwaltungs- und Vertriebsbereiches lassen sich in der Regel nur in einer Summe vorgeben. Die Plankosten (**PK**) ergeben sich dann aus der verbrauchten Faktormenge **m** multipliziert mit dem Faktorpreis **p**, jeweils für die einzelnen Produktionsfaktoren bei vorgegebener Beschäftigung:

$$(PK) = m \times p$$

Weichen vorgegebene Beschäftigung (**Bp**) und tatsächlich erreichte Beschäftigung (**Bi**) voneinander ab, werden die Plankosten mit der Beschäftigungsabweichung gewichtet. Das Ergebnis sind die verrechneten Plankosten (**PKv**):

$$PKv = PK \times Bi : Bp$$

Eine Kostenabweichung (**Ka**) ergibt sich immer dann, wenn die verrechneten Plankosten nicht mit den tatsächlich entstandenen Kosten (**Ki**) übereinstimmen:

$$Ka = Ki - PKv$$

*Beispiel:*
*Die Planbeschäftigung wurde auf 900 Fertigungsstunden pro Abrechnungszeitraum festgelegt. Die Plankosten ermitteln sich mit 27.000 €, pro Fertigungsstunde also 30 €. Nach Auftragsabwicklung ergibt sich, dass nur 800 Stunden für die Fertigung verbraucht worden sind, die verrechneten Plankosten betragen demnach 800 Std x 30 €/Std = 24.000 €. Die nachkalkulierten Istkosten werden mit insgesamt 25.600 € festgestellt; es ergibt sich also eine Kostenabweichung von 1.600 €.*

Die Planung der Basisbeschäftigung ist denn auch das Problem der starren Plankostenrechnung, aber auch die unterstellte Proportionalität der Vollkosten in Bezug auf den Beschäftigungsgrad. Letztlich ist die Ermittlung einer undifferenzierten Kostenabweichung wenig aussagekräftig.

Die **flexible Plankostenrechnung** auf Vollkostenbasis trennt zunächst nach fixen und variablen Bestandteilen der Plankosten. Die fixen Kosten sind vom Beschäftigungsgrad unabhängig, die variablen Kosten sind für alternative Beschäftigungssituationen zu ermitteln und auf die Istbeschäftigung zu beziehen:

$$\text{variable Sollkosten} = \text{variable Plankosten} \times \frac{\text{Istbeschäftigung}}{\text{Sollbeschäftigung}}$$

$$\text{Sollkosten} = \text{fixe Plankosten} + \text{variable Sollkosten}$$

# 5 Kosten- und Leistungsrechnung

Nach der **Variatormethode** können für bestimmte Beschäftigungssituationen die Sollkosten bestimmt werden, wobei der Beschäftigungsgrad jeweils um 10% variiert wird. Allerdings wird bei diesem Vorgehen ein linearer Kostenverlauf unterstellt.

$$\text{Variator} = \frac{\text{variable Plankosten} \times 10}{\text{Gesamtplankosten}}$$

*Betragen die fixen Plankosten 9.000 €, ermitteln sich die Sollkosten für eine Beschäftigung von 800 wie folgt:*

| | |
|---|---|
| Plankosten | 27.000 € |
| – fixe Plankosten | 9.000 € |
| = variable Plankosten bei einer Beschäftigung **B** (900) | 18.000 € |

$$\text{variable Sollkosten} = 18.000 \times \frac{800}{900} = 16.000\ \text{€}$$

Sollkosten = 9.000 € + 16.000 €     = 25.000 €

Ergänzend wird auf die nachfolgende Abbildung hingewiesen.

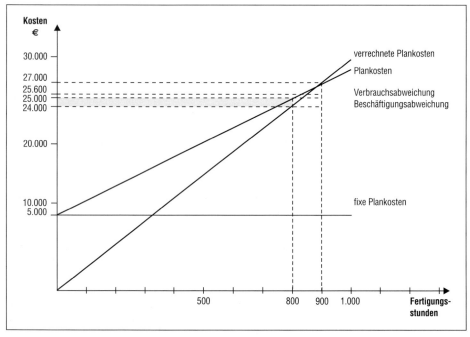

Plankostenrechnung und Abweichungsanalyse

## 5.5.2.2 Grundlagen der Kostenplanung und Kostenkontrolle

Plankostenrechnungen basieren auf der Verrechnung von Einzelkosten auf Kostenträger, Gemeinkosten werden lediglich im Betriebsergebnis berücksichtigt. Einzelkosten liegen vor, soweit sie dem Kostenträger direkt zugerechnet werden können (Kostenträgereinzelkosten). Die nicht zurechenbaren Kosten (Kostenträgergemeinkosten) können Kostenbestandteile beinhalten, die zwar nicht dem Kostenträger, doch aber einer Kostenstelle direkt zugerechnet werden können (Kostenstelleneinzelkosten). Auch der Kostenstelle nicht direkt zurechenbare Kosten stellen Kostenstellengemeinkosten dar. Insoweit beinhaltet die Verrechnung der Einzelkosten die Zurechnung der Kostenträger- und Kostenstelleneinzelkosten.

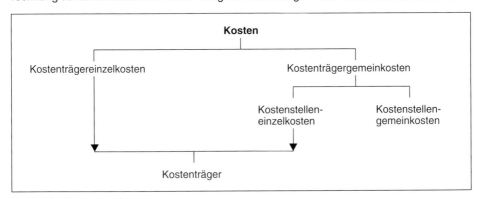

Struktur der Plankostenrechnung

### 5.5.2.3 Planung der Kosten

Die Planung erstreckt sich danach auf die Planung der gesamten Einzelkosten und der Kostenstellengemeinkosten. Weiterhin ist die Planleistung und die Planbeschäftigung zu bestimmen. Die Planung der Leistung umfasst die Planung von Umsatz und Bestandserhöhung sowie der innerbetrieblichen Leistung in Bezug auf eine vorgegebene Kapazität. Die Beschäftigungsplanung wird kostenstellenbezogen durchgeführt. Dabei ist die Kapazität jeder einzelnen Kostenstelle zu planen, bzw. die maximale Kapazität festzustellen. Jedoch ist hierbei Rücksicht auf die Kapazitäten anderer Kostenstellen zu nehmen und etwaige Engpässe sind einzubeziehen (z. B. wäre es wenig sinnvoll, mehr Fahrradsättel zu produzieren als Fahrradrahmen, es sei denn, die Sättel könnten an andere Fahrradhersteller verkauft werden). Die Planung der Einzelkosten bezieht sich hauptsächlich auf das Fertigungsmaterial, die Fertigungslöhne und Sondereinzelkosten. Bei der Planung der Gemeinkosten stehen fixe, variable sowie gemischte Gemeinkosten im Vordergrund.

Die Kostenplanung ist regelmäßig ein Teilplan der wirtschaftlichen Gesamtplanung eines Unternehmens. Sie hat für den Betrieb oder einzelne Betriebsbereiche die Kosten oder Kostenbestandteile zu ermitteln. Voraussetzung ist eine Festlegung der wichtigsten Kostenarten. Der erwartete Umsatz einzelner Produkte lässt Rückschlüsse auf den Materialeinsatz zu. Bei den Personalkosten kommen zu den Löhnen und Gehältern die Soziallasten und ggf. die Einbeziehung künftiger Lohnerhöhungen oder Arbeitszeitverkürzungen hinzu. Für die einzusetzenden Betriebsmittel muss festgestellt werden, welche Maschinen und Werkzeuge wann genutzt werden können; insbesondere bei mehreren Aufträgen hat eine terminbezogene Auslastungsplanung zu erfolgen. Zwar ist aufgrund der Komplexität die Einbindung der Plankostenrechnung in die betriebliche Gesamtplanung mit hohem Aufwand verbunden; die Einführung in einzelnen Teilschritten ist aber unter Beibehaltung der vorhandenen Kostenrechnung möglich. Da die Plankostenrechnung kostenstellenbezogen ist (Ermittlung der Kosten im Verursachungsbereich), kann die Integration auch schrittweise kostenstellenbezogen erfolgen. Die Grundplanung vollzieht sich in **drei Schritten**:

1. Schritt: **Festlegung** der Plankosten nach Kostenart und kostenstellenbezogen. Die festgestellten Mengen werden mit den erwarteten Faktorpreisen auf der Grundlage eines festgelegten Beschäftigungsgrades bewertet.

2. Schritt: **Vergleich** von Ist- und Plankosten und Ermittlung der Abweichungen. Liegen am Ende der Abrechnungsperiode die Istkosten auf Basis der Istbeschäftigung vor, werden diese mit den Plankosten verglichen, die sich beim Istbeschäftigungsgrad ergeben hätten. Eventuelle Abweichungen werden für jede Kostenstelle ermittelt.

3. Schritt: **Analyse** der Abweichungen; die Ursachen der Abweichungen sind festzustellen. Mögliche Gründe können in Preis-, Verbrauchs- oder Beschäftigungsabweichungen liegen (vgl. Abschn. 5.5.2.4).

### 5.5.2.4 Kontrolle der Kosten

Die Plankostenrechnung soll vornehmlich ein betriebliches Kontrollinstrument sein und die Differenzen zwischen geplanten und tatsächlich entstandenen Kosten aufzeigen und erläutern. Dabei führt sie die Differenzen auf drei mögliche Abweichungen zurück:

- Preisabweichungen,
- Verbrauchsabweichungen und
- Beschäftigungsabweichungen.

**Preisabweichungen** ergeben sich, wenn die Planpreise von den Istpreisen bei Beschaffung der Materialien abweichen, jeweils gewichtet mit der verbrauchten Menge:

>     Istmenge x Planpreis
>   − Istmenge x Istpreis
>   = Preisabweichung

**Verbrauchsabweichungen** ergeben sich als Differenz von Sollkosten der Beschäftigung (Planmenge x Planpreis beim Istbeschäftigungsgrad) und Istkosten (Istmenge x Planpreis beim Istbeschäftigungsgrad).

Die Gegenüberstellung der Sollkosten und der verrechneten Plankosten beim Istbeschäftigungsgrad ergibt die **Beschäftigungsabweichung**. Diese hat unmittelbare Auswirkung auf die Verteilung der Fixkosten. Liegt die Istbeschäftigung unter der Planbeschäftigung, sind die Fixkosten in Nutz- und Leerkosten zu unterteilen.

## 5.5.3 Die Kostenrechnung als Controllinginstrument

Bereits in der Einführung zu Kapitel 4 wurde unter der Überschrift »Wesen und Aufgaben des Rechnungswesens« auf die Rolle der Kostenrechnung als Controllinginstrument hingewiesen. Die folgenden Ausführungen sollen diesen Aspekt ergänzen und vertiefen.

### 5.5.3.1 Konzeption des Controlling

Die Informationsversorgung für das »Tagesgeschäft« ist in einem Unternehmen in der Regel problemlos, allerdings sind Routinevorgänge nicht Gegenstand des eigentlichen Führungsprozesses. Das sich rasch wandelnde Umfeld eines Unternehmens sorgt für viel komplexere Führungsprozesse. Die Anzahl der Aktivitäten im Prozess steigt, die zu berücksichtigenden Interessen und vor allem deren Konfliktgehalt wächst weiter an, die in einer Entscheidung zu berücksichtigenden Aspekte nehmen zu, eine Entscheidung reicht immer weiter in die Zukunft hinein.

Das Unternehmen muss daher eine operativ und strategisch ausgerichtete Führung besitzen. Die bisherige, auf die Existenzsicherung auf Basis des Gewinns ausgerichtete aktionsorientierte (operative) Führung muss um eine strategische Führung ergänzt werden, welche, an langfristiger Existenzsicherung durch Ausbau der Erfolgspotentiale eines Unternehmens orientiert ist.

### 5.5.3.2 Instrumente des Controlling

Zur Erfüllung der Aufgaben muss sich das Controlling bestimmter Instrumente oder Werkzeuge (auch »**tools**« genannt) bedienen. Zunächst gilt es, sich einen Überblick über das Informationssystem des Unternehmens zu verschaffen. Voraussetzung für Planung, Steuerung und Kontrolle des Unternehmensgeschehens ist ein funktionstüchtiges Informationssystem. Dabei sind die Fragen zu beantworten, welche Informationen für die Unternehmensführung notwendig sind, wie diese gewonnen, aufbereitet und weitergegeben werden. Werden die Informationen wahrgenommen, zutreffend interpretiert, oder möglicherweise wider besseren Wissens nicht weiterverfolgt?

Zur Sicherstellung des Informationsbedarfes dient ein Berichtswesen (»**Reporting**«), welches festlegt, was zu welchem Zeitpunkt an wen zu berichten ist. Ein Bericht gibt eine Zusammenfassung über die abgelaufene Periode (z. B. Monat, Quartal, Jahr) und enthält die wichtigsten Kennzahlen, ihre Veränderung und eine Kommentierung etwaiger Veränderungen. Als Form der Darstellung eignen sich neben der Auflistung von Kennzahlen auch tabellarische Zusammenstellungen und grafische Übersichten.

Wichtigstes Werkzeug des Controllers im operativen Bereich ist ein **controllinggerechtes Rechnungswesen**. Dieses besteht mindestens aus einer Finanzbuchhaltung, einer Kosten- und Leistungsrechnung sowie aus der betrieblichen Statistik. Die Buchhaltung hat den Nachweis über Vermögen und Schulden zu liefern und aus dem Vergleich des Vermögens zu Beginn und am Ende der Periode den Erfolg abzuleiten. Die Kosten- und Leistungsrechnung gehört zu den wichtigsten operativen Werkzeugen. Die verschiedenen Systeme der Kostenrechnung unterscheiden sich einmal im Ausmaß der Kostenzurechnung, d. h. ob tatsächlich alle anfallenden Kosten zugerechnet werden (Vollkostenrechnung), oder ob nur Teile der Kosten zu verrechnen sind (Teilkostenrechnung). Dabei können die tatsächlichen Kosten (Istkosten) verrechnet werden, oder aber ermittelte Durchschnittswerte an Kosten (Normalkostenrechnung). Eine Verrechnung zukünftiger, geplanter Kosten ist Gegenstand der Plankostenrechnung.

### 5.5.3.3 Anforderungen an die Kostenrechnung als Controllinginstrument

Da bei der Vollkostenrechnung keine Marktdaten berücksichtigt werden, ist diese Art der Kostenrechnung wenig für Controllingzwecke geeignet. In einem Verdrängungswettbewerb kann nicht davon ausgegangen werden, dass der zutreffend kalkulierte Preis auch vom Markt akzeptiert wird. Da außerdem eine Trennung von variablen und fixen Kosten fehlt, ergibt sich die besondere Gefahr einer fehlerhaften Preispolitik. Controllinggerechter sind Teilkostenrechnungssysteme, wie **direct costing**, Grenzplankostenrechnung und Deckungsbeitragsrechnung.

### 5.5.3.4 Ausrichtung der Kostenrechnung auf das Controlling

Eine Kostenkontrolle kann in drei Richtungen vorgenommen werden: Einmal kann im **Zeitvergleich** festgestellt werden, wie sich die Istkosten der betrachteten Periode von den Istkosten einer vergangenen Periode unterscheiden.

Über die Wirtschaftlichkeit sagt dieser Vergleich allerdings nichts aus. Insofern ist der Zeitvergleich für Controllingzwecke kaum geeignet. Eine weitere Möglichkeit wäre der **Betriebsvergleich**, d. h. der Vergleich der Kosten mit denen eines anderen Betriebes oder mit Branchenwerten. Der Betriebsvergleich setzt aber Zugänglichkeit und Vergleichbarkeit der Daten voraus.

Das Controlling konzentriert sich daher auf den **Soll-Ist-Vergleich**, d. h. die Plankosten werden den Istkosten gegenübergestellt, die Abweichung wird ermittelt und analysiert, d. h. es wird festgestellt, ob die Gesamtabweichung auf Preis-, Verbrauchs-, Beschäftigungs- oder sonstigen Abweichungen beruht. Der Analyse folgt die Erörterung mit den Verantwortlichen und die Einleitung von Steuerungsmaßnahmen.

Die einzelnen Werkzeuge des operativen Controllings können zu einem **Werkzeugkasten** zusammengefasst werden. Ausgehend von einem controllinggerechten betrieblichen Rechnungswesen (Finanzbuchhaltung, Kostenrechnung und Kalkulation) ist eine Unternehmensplanung einzuführen. Dazu kommt eine Deckungsbeitragsrechnung. Kostenverantwortungsbereiche sind zu bilden und in eine Hierarchie einzubinden. Das Reporting, die monatliche Berichterstattung, hat Abweichungen aufzuzeigen und ihre Ursachen zu erläutern. Festgelegte Kennzahlen und Kennzahlensysteme ergänzen den Werkzeugkasten. Besprechungen zu regelmäßig festgesetzten Terminen mit den Verantwortlichen bilden die Grundlage für die Einleitung von Steuerungsmaßnahmen.

## 5.6 Voll- und Teilkostenrechnung

### 5.6.1 Vollkostenrechnung

Die Vollkostenrechnung geht davon aus, dass alle angefallenen Kosten zur Verteilung auf die jeweiligen Kostenträger gelangen. Dazu muss man jedoch die Menge der Kostenträger kennen, bzw. hierüber entsprechende Annahmen machen. Zwar kann die Vollkostenrechnung zu einem rechnerisch korrekten Ergebnis, z. B. einem Angebotspreis, führen; unbeantwortet bleibt aber die Frage, ob der Markt diesen Preis überhaupt zulässt.

### 5.6.2 Kritik an der Vollkostenrechnung

Die Kostenrechnung hat die Aufgabe der Kostenkontrolle und soll Informationen für Planung und Entscheidung liefern. Diese Aufgabe kann von der Vollkostenrechnung, d. h. der Verrechnung aller Kosten auf die Leistungen, jedoch nicht zufriedenstellend gelöst werden. Problematisch bleibt die Verrechnung der Fixkosten und die Verteilung z.T. sehr großer Gemeinkosten auf kleine Bezugsgrößen; denn der Betrieb braucht die Information über die Aufteilung der Kosten in fixe und variable, damit er erkennen kann, welches Produkt welchen Beitrag zur Deckung der Fixkosten leisten kann. Trotzdem wird das System der Vollkostenrechnung in der Praxis häufig angewendet, von einigen gesetzlichen Vorschriften (LSP, VOB) sogar verlangt.

Die Problematik der Vollkostenrechnung soll anhand des im folgenden Abschnitt enthaltenen Beispiels verdeutlicht werden.

## 5.6.3 Teilkostenrechnung

Werden bei der Vollkostenrechnung alle Kosten auf die Leistung bezogen, sollen bei der Teilkostenrechnung nur Teile der Gesamtkosten auf die Kostenträger verrechnet werden. Auch die Teilkostenrechnung kann grundsätzlich auf Istkosten, Normalkosten oder Plankosten basieren, ebenso werden auch hier Kostenstellenbereiche gebildet. Es werden aber nur die Teile der Gesamtkosten auf die Kostenträger verrechnet, die sich zur Leistung proportional verhalten. Als Zwischenergebnis erhält man den **Deckungsbeitrag**. Erst von der Summe der Deckungsbeiträge (ggf. unterteilt nach den einzelnen Erzeugnisarten) erfolgt der Abzug der bisher noch unberücksichtigt gebliebenen Fixkosten.

*Beispiel:*

| | | |
|---|---|---:|
| Erzeugnis 1: | Erlös | 800 |
| | – variable Kosten | 300 |
| | = Deckungsbeitrag | 500 |
| Erzeugnis 2: | Erlös | 600 |
| | – variable Kosten | 400 |
| | = Deckungsbeitrag | 200 |
| Erzeugnis 3: | Erlös | 500 |
| | – variable Kosten | 300 |
| | = Deckungsbeitrag | 200 |
| Summe aller Deckungsbeiträge | | 900 |
| | – fixe Kosten | 500 |
| | **= Gesamtergebnis:** | **400** |

Bei einer **Vollkostenrechnung** würde sich ergeben:

| | | |
|---|---|---:|
| Erzeugnis 1: | Erlös | 800 |
| | – Kosten | 500 |
| | = Ergebnis | 300 |
| Erzeugnis 2: | Erlös | 600 |
| | – Kosten | 650 |
| | = Ergebnis | –50 |
| Erzeugnis 3: | Erlös | 500 |
| | – Kosten | 350 |
| | = Ergebnis | 150 |
| | **= Gesamtergebnis:** | **400** |

An diesem Beispiel lässt sich die Unzulänglichkeit der Vollkostenrechnung (vgl. Abschn. 5.6.2) verdeutlichen: Die Ergebnisse der Vollkostenrechnung legen die Schlussfolgerung nahe, das Erzeugnis 2 aus dem Produktionsprogramm zu streichen, um den Verlust von 50 zu vermeiden. Zu beachten ist aber, dass auch das Erzeugnis 2 einen Teil der Fixkosten mitzutragen hat, die bei der Einstellung der Produktion auf die verbleibenden Erzeugnisse 1 und 3 zu verrechnen wären.

| | |
|---|---:|
| Deckungsbeitrag Erzeugnis 1: | 500 |
| Deckungsbeitrag Erzeugnis 3: | 200 |
| Summe der Deckungsbeiträge | 700 |
| – fixe Kosten | 500 |
| **= Gesamtergebnis** | **200** |

## 5 Kosten- und Leistungsrechnung

*Diese Rechnung macht deutlich, dass die Aufgabe der Fertigung des Erzeugnisses 2 das Gesamtergebnis negativ berühren würde. Insoweit besteht die Gefahr, dass aus einer Vollkostenrechnung diese Abhängigkeiten nicht deutlich genug hervorgehen und deshalb die Gefahr von Fehlinterpretationen besteht.*

### 5.6.3.1 Deckungsbeitragsrechnung

Die einzelnen Teilkostenrechnungssysteme basieren entweder auf den variablen Kosten oder auf Einzelkosten. Die einstufige Deckungsbeitragsrechnung (direct costing) und die mehrstufige Deckungsbeitragsrechnung konzentrieren sich auf die Verrechnung der variablen Kosten und unterscheiden sich in der unterschiedlichen Einbeziehung der Fixkosten. Nur die Deckungsbeitragsrechnung mit relativen Einzelkosten stellt auf die Verrechnung speziell definierter Einzelkosten ab und bezieht die Verrechnung der Gemeinkosten ein.

**Einstufige Deckungsbeitragsrechnung (Direct Costing)**

Direct Costing legt Wert auf eine exakte Trennung der fixen und variablen Kosten. Der Erfolg ergibt sich, indem die Erlöse zunächst den variablen Kosten gegenübergestellt werden. Der dann verbleibende Betrag wird Deckungsbeitrag genannt; aus ihm sind die Fixkosten zu decken, der Rest stellt Erfolg oder Misserfolg dar.

    Erlöse
    – variable Kosten
    ―――――――――
    = Deckungsbeitrag
    – fixe Kosten
    ―――――――――
    = Erfolg

**Mehrstufige Deckungsbeitragsrechnung**

Die mehrstufige Deckungsbeitragsrechnung geht detaillierter vor, weil sie den Fixkostenblock nicht pauschal verrechnet, sondern die Fixkosten nach Schichten oder Bereichen einteilt und zuordnet.

    Erlöse
    – variable Kosten
    ―――――――――
    = Deckungsbeitrag I
    – Produktfixe Kosten
    ―――――――――
    = Deckungsbeitrag II
    – Produktgruppenfixe Kosten
    ―――――――――
    = Deckungsbeitrag III
    – Kostenstellenfixe Kosten
    ―――――――――
    = Deckungsbeitrag IV
    – Bereichsfixe Kosten
    ―――――――――
    = Deckungsbeitrag V
    – Unternehmensfixe Kosten
    ―――――――――
    = Erfolg

Die Fixkosten werden darauf untersucht, wo ihre Verursachung liegt (z. B. der Anteil der Fixkosten, der der Kostenstelle »Fertigung« zugerechnet werden kann, etwa ein Meistergehalt).

## 5 Kosten- und Leistungsrechnung

### Deckungsbeitragsrechnung mit relativen Einzelkosten

Ziel ist hierbei, die Fixkosten auf Bezugsgrößen zu verrechnen. Die Zurechnung wird erreicht durch eine Ausweitung des Begriffs der Einzelkosten und Einbeziehung der Fixkosten. Daher spricht man auch von »relativen Einzelkosten«. Im Prinzip ähnlich der mehrstufigen Deckungsbeitragsrechnung werden die relativen Einzelkosten Produkten, Produktgruppen, Kostenstellen, Betriebsbereichen und letztlich dem Gesamtbetrieb zugeordnet.

### Ermittlung von Deckungsbeiträgen und Nettoergebnissen

Deckungsbeiträge und Nettoergebnisse (auch Nettobetriebsergebnisse) können allgemein nach folgendem Schema ermittelt werden:

```
  Erlös
− variable Kosten
= Deckungsbeitrag
− Fixkosten
= Nettoerlös
```

*Beispiel:*
*Ein Fertigungsbetrieb stellt drei Maschinentypen **A**, **B** und **C** her. Die Produktion verursacht Fixkosten von 107.800 €. Die variablen Kosten betragen:*

| für das Produkt | A | B | C |
|---|---|---|---|
| Fertigungsmaterial | 1.200 | 1.500 | 1.900 |
| Fertigungslöhne | 800 | 1.200 | 1.200 |
| Gemeinkosten | 4.200 | 5.700 | 6.500 |
| variable Kosten/Stück | 6.200 | 8.400 | 9.600 |

*Die Produktionsmenge jeder Type beträgt bei **A** 20 Einheiten/Jahr, bei **B** 16 E/Jahr und bei **C** 22 E/Jahr. Alle Maschinen werden auch abgesetzt, für den Typ **A** werden 8.600, für **B** 12.800 und für **C** 12.300 erzielt.*

*Für jedes Produkt soll der Deckungsbeitrag pro Stück ermittelt werden. Der Deckungsbeitrag zeigt, welche Erlösteile für die Deckung der variablen Kosten verwendet werden, bzw. welcher Betrag zur Deckung der Fixkosten übrig bleibt. Bei mehreren Produktarten ist zunächst der Deckungsbeitrag pro Produktart festzustellen. Die Summe dieser einzelnen Deckungsbeiträge führt dann zum Gesamtdeckungsbeitrag. Werden von diesem die Fixkosten in Abzug gebracht, ergibt sich der Nettobetriebsgewinn/-verlust.*

*Ermittlung der Stückdeckungsbeiträge nach Produktart:*

| für das Produkt | A | B | C |
|---|---|---|---|
| Erlös | 8.600 | 12.800 | 12.300 |
| variable Kosten | 6.200 | 8.400 | 9.600 |
| Deckungsbeitrag | 2.400 | 4.400 | 2.700 |

*Für die produzierten Mengen ergeben sich dann folgende Deckungsbeiträge:*

| für das Produkt | A | B | C |
|---|---|---|---|
| Deckungsbeitrag | 48.000 | 70.400 | 59.400 |
| Gesamtdeckungsbeitrag | | | 177.800 |
| − Fixkosten | | | 107.800 |
| = Nettobetriebsgewinn | | | 70.000 |

5 Kosten- und Leistungsrechnung

Bei den Deckungsbeiträgen pro Stück ist zu erkennen, dass das Produkt **B** vor **C** und **A** den größten Deckungsbeitrag liefert. Zu prüfen ist, ob die Produktion des Gutes **B** nicht gesteigert, bzw. ob das Produktionsprogramm nicht entsprechend zu Lasten des Produktes **A** umgestellt werden kann, um einen höheren Nettobetriebsgewinn zu erreichen. Allerdings ist hierzu Voraussetzung, dass vom Produkt **B** auch auf dem Markt mehr abgesetzt werden kann. Die Produktion von zwei zusätzlichen Einheiten **B** und die entsprechende Verminderung der Produktion **A** um zwei Maschinen würde zu folgenden Ergebnissen führen:

| | |
|---|---|
| Gesamtdeckungsbeitrag | 181.800 |
| – Fixkosten | 107.800 |
| = Nettobetriebsgewinn | 74.000 |

Das Nettoergebnis wird also von der Produktionsumstellung **positiv** beeinflusst.

Würde der Markt nur eine zusätzliche Einheit **B** aufnehmen, sollte aber versucht werden eine weitere Maschine **C** zu Lasten der Produktion **A** abzusetzen. Bei Beschäftigungsrückgängen wird deutlich, dass zur Deckung der Fixkosten ausschließlich der Deckungsbeitrag zur Verfügung steht. Wird jetzt unterstellt, dass durch Preiskampf der Preis der Maschine **A** nur noch 6.200/E beträgt, stellt sich die Frage, ob die Produktion eingestellt werden sollte, weil der Marktpreis die Fixkosten nicht mehr deckt, also ein Verlust aus der Produktion **A** erzielt wird. Wird die Maschine **A** trotzdem in Höhe der variablen Kosten angeboten, ergibt sich daraus kein höherer Verlust, weil die Fixkosten in jedem Fall von den Produkten **B** und **C** zu tragen wären. Die Einstellung der Produktion würde diese Fixkosten in Leerkosten verwandeln.

### 5.6.3.2 Vor- und Nachteile der Deckungsbeitragsrechnung

Ziel der Vollkostenrechnung ist die vollständige Verrechnung der entstandenen Kosten auf die Kostenträger. Besonders die Zuordnung der Fixkosten erweist sich hierbei als problematisch. Der Vollkostenrechnung mangelt es weiter an einer hinreichenden Berücksichtigung von unterschiedlichen Beschäftigungsgraden. Die Teilkostenrechnung trennt hingegen in variable und fixe Kosten und stellt die beschäftigungsabhängigen Kosten in den Vordergrund, während die Fixkosten ohne die von der Vollkostenrechnung angestrebte Differenzierung vom Deckungsbeitrag abgezogen werden. Insoweit lässt sich die Teilkostenrechnung gerade bei kurzfristigen Entscheidungen, z. B. über die Auswirkungen von Zusatzaufträgen, von Eigen- oder Fremdfertigung anwenden, da der Fixkostenblock auf kurze Sicht regelmäßig nicht veränderbar ist.

## 5.6.4 Verfahren der Kostenauflösung

Die Teilkostenrechnungssysteme beruhen auf einer Trennung der Kosten in fixe und variable Bestandteile.

Diese Aufspaltung kann nach verschiedenen Kostenauflösungsverfahren erfolgen:

– buchtechnische Kostenspaltung,
– mathematische Methode,
– statistisch-grafische Kostenauflösung.

Bei der **buchtechnischen Kostenspaltung** werden die einzelnen Kosten darauf untersucht, wie sie auf Beschäftigungsänderungen reagieren. Ändern sich die Kosten proportional zur Beschäftigung, werden sie den variablen Kosten zugeordnet. Fixkosten reagieren nicht auf Beschäftigungsänderungen. Kosten, die nur unterproportionale Änderungen bei Beschäftigungsschwankungen aufweisen (semivariable Kosten), werden durch Schätzung aufgeteilt und den variablen und fixen Kosten jeweils anteilig zugeschlagen.

Grundlage der **mathematischen Methode** sind zwei verschiedene Beschäftigungssituationen, für die die Gesamtkosten festgestellt werden. Durch Differenzenbildung erhält man die durch die Beschäftigungsänderung (B2 – B1) verursachte Kostenänderung (K2 – K1). Setzt man diese Differenzen ins Verhältnis, ergibt sich als Quotient ein Satz der Kostenveränderung (Proportionalsatz P):

$$P = \frac{K2 - K1}{B2 - B1}$$

Dieses Verfahren wird daher auch als **Differenzen-Quotienten-Verfahren** bezeichnet.

Mathematisch wird ein linearer Kostenverlauf durch Definition zweier Geradenpunkte unterstellt. Bei jeder Beschäftigungssituation Bn kann ermittelt werden, welche Anteile an den Gesamtkosten Kn auf Fixkosten Kf und variable Kosten Kv entfallen:

$$Kn = Kf + P \times Bn$$
$$Kf = Kn - P \times Bn$$
$$Kv = Kn - Kf$$

Während das mathematische Kostenauflösungsverfahren lediglich zwei Beschäftigungssituationen untersucht (2 Punkte genügen zur Definition einer Geraden), geht die **statistisch-grafische-Kostenauflösung** von einer Vielzahl von Beschäftigungssituationen aus, für die die Gesamtkosten ermittelt werden.

Die grafische Darstellung führt zu einem **Streupunktdiagramm**, welches mittels **statistischer Regressionsanalyse** durch das Verfahren der kleinsten Quadrate näherungsweise auf eine Gerade zurückgeführt wird, d. h. die Summe der Quadrate aus den Abweichungen zu einer Geraden werden minimiert. Die Gerade hat die allgemeine Form:

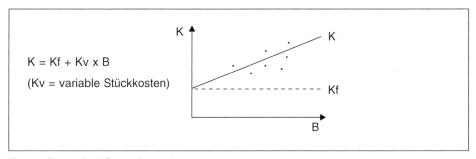

Kostenauflösung durch Regressionsanalyse

## 5.6.5 Gewinnschwellenanalyse

Der **Break-even-Point** kennzeichnet eine Situation, bei der die Verkaufserlöse gerade alle Kosten (fixe und variable) decken und der Verkauf einer weiteren Produkteinheit den ersten Gewinn liefern würde **(Gewinnschwelle)**.

Bei linearem Kostenverlauf ergäbe sich folgendes Bild:

## 5 Kosten- und Leistungsrechnung

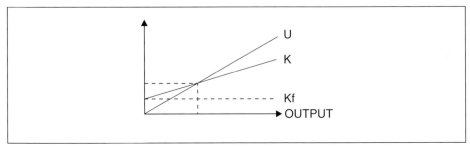

Gewinnschwelle bei linearem Kostenverlauf

Allgemein lässt sich dieser Punkt ermitteln, wenn man bei einer linearen Kostenfunktion den Gewinn G = 0 setzt:

$$G = U - K$$
$$K = Kv + Kf$$

Da sich die Kosten aus variablen und fixen Kosten zusammensetzen, die variablen Kosten aber in% des Umsatzes ausgedrückt werden können, gilt:

$$Kv = d \times U$$

Die Größe **d** drückt den Faktor aus, den die variablen Kosten vom Umsatz ausmachen, 1 − d ist der Faktor, den der Deckungsbeitrag vom Umsatz ausmacht:

$$\begin{aligned}\text{Gewinn (G)} &= U - K \\ &= U - Kv - Kf \\ &= U - dU - Kf \\ &= (1 - d)U - Kf\end{aligned}$$

Isoliert man die Größe U, erhält man:

$$U = \frac{G + Kf}{1 - d}$$

Bei G = 0 ermittelt sich der Break-even-Point mit

$$U = \frac{Kf}{1 - d}$$

*Beispiel:*
*Ein Ein-Produkt-Unternehmen weist Fixkosten von 100.000 € aus. Die variablen Kosten betragen 300 €/Stück, der Erlös für das Produkt beträgt 400 €/Stück. Die Produktionsmenge für den Break-even-Point soll ermittelt werden.*

| | |
|---|---|
| *Erlös* | *400 €/Stück* |
| *− variable Kosten* | *300 €/Stück* |
| *= Deckungsbeitrag* | *100 €/Stück* |
| *in % vom Erlös* | *100 : 400 = 0,25* |

$$U = \frac{100.000}{0,25} = 400.000\ €$$

*Es müssen also 1000 Produkteinheiten produziert werden, wenn die Gewinnschwelle erreicht werden soll.*

*Probe:*
*U =* 400.000 €
*– Kv = 300 x 1.000 =* 300.000 €
*– Kf =* 100.000 €
—————————————————
*= G =* 0 €

Wird nach der Anzahl der Produkteinheiten bei einem vorgegebenen Gewinn (G = 80 T€) gefragt, muss die Produktion umfassen:

$$U = \frac{G + Kf}{1 - d} = \frac{80.000 + 100.000}{0,25} = 720000 \text{ Einheiten}$$

## 5.6.6 Das optimale Produktionsprogramm

### 5.6.6.1 Rechnung mit relevanten Kosten

Eine entscheidungsorientierte, relative Deckungsbeitragsrechnung soll zeigen, wie sich die Durchführung bestimmter Maßnahmen oder die Änderung von Einflussgrößen im Erfolg und seinen Komponenten niederschlägt. Ziel ist die Ermittlung des relevanten Erfolges, also die Kenntnis über die Änderung des Gesamterfolges bei Durchführung einer bestimmten Maßnahme im Vergleich zum Unterlassen:

Relevanter Erlös
– relevante Kosten
—————————————————
= Erfolgsänderung

Die Abgrenzung der relevanten Kosten soll hier derart in die Kostenrechnung integriert werden, dass mühsame, zeitaufwendige und gesonderte Ermittlungen und Schätzungen bei den gebräuchlichen Voll- und Teilkostenrechnungssystemen vermieden werden. Die einzelnen Deckungsbeiträge der relativen Deckungsbeitragsrechnung lassen sich zu einem **Gesamtdeckungsbeitrag** zusammensetzen. Die einzelnen Erfolgsquellen und das Zusammenwirken partieller Erfolgsänderungen sind in der Gesamterfolgsrechnung sichtbar.

Die Rechnung mit relevanten Kosten ist eine Teilkostenrechnung. Man geht von der Überlegung aus, dass jede Entscheidung für sich (z. B. das Gut A zu produzieren) eine Untersuchung der dadurch verursachten Kosten in zurechenbare und nicht zurechenbare erforderlich macht. Die Zurechnung der Kosten kann sich bei jeder Entscheidung wieder anders darstellen. Es wird also **fallweise** bzw. auf Grundlage der entsprechenden Entscheidung eine Zuordnung der Kosten vorgenommen. Zurechenbare Kosten liegen dann vor, wenn sie sich einer Entscheidung oder verschiedenen identischen Entscheidungen zuordnen lassen (Identitätsprinzip). Kosten, die sich nicht derart zuordnen lassen, dürfen auch nicht verrechnet werden (Gemeinkosten). Es wird also nicht mehr untersucht, ob die nicht zurechenbaren Kosten im Prinzip Gemeinkostencharakter haben, sondern ob sie sich in Beziehung zu der einzelnen Entscheidung wie Gemeinkosten verhalten. Sie werden relativ zu einer bestimmten Bezugsgröße als Gemeinkosten klassifiziert. Umgekehrt werden nur relative Einzelkosten zugerechnet. Die Entwicklung dieser Rechnung geht auf RIEBEL zurück, der die Nachteile der Vollkostenrechnung vermeiden wollte, insbesondere die problematische und auf Schätzungen sowie Annahmen beruhende Schlüsselung der Gemeinkosten.

Ein Beispiel soll der Veranschaulichung dienen:

Für die Entwicklung und Markteinführung eines neuen Erzeugnisses sind insgesamt 500 T€ aufgewendet worden. Durch den Verkauf dieses Produktes konnten bereits 280 T€ dieser Kosten anteilig erwirtschaftet werden, als plötzlich neue technische Vorschriften ergehen. Die Umsetzung dieser Vorschriften bedingt technische Änderungen am Produkt, die weitere 150 T€ Entwicklungskosten auslösen würden. Es kann allerdings auch von einem prognostizierten anteiligen Erlös von 320 T€ ausgegangen werden.

Damit stellt sich die Frage, ob angesichts der insgesamt zu erwartenden Erlöse (280 T€ + 320 T€ = 600 T€) und Kosten (500 T€ + 150 T€ = 650 T€) die Produktion nicht doch eingestellt werden sollte. Diese Entscheidung zur Produktionseinstellung würde zu einem Gewinn von 0 € führen, die technische Umstellung und Fortsetzung der Produktion zu einem Gewinn von 320 T€ – 280 T€ = 40 T€. Zu beachten ist, dass die bereits aufgewendeten Kosten von 500 T€ und der partielle Erlös von 280 T€ nicht entscheidungsrelevant sind, weil Gegenstand der Entscheidung hier nur die Einstellung oder Fortsetzung der Produktion sein kann. Die bereits realisierten Kosten und Erträge sind von dieser Entscheidung nicht mehr zu beeinflussen.

### 5.6.6.2 Optimierung des Produktionsprogramms bei Kapazitätsengpässen

Wie schon in Buch 1, Abschnitt 3.4.3.2, dargelegt wurde, stellt sich in der betrieblichen Praxis sehr häufig das Problem, dass eine optimale Entscheidung bei gleichzeitig begrenzten Mitteln gefunden werden soll. Unter der Voraussetzung, dass sowohl die zu optimierende Funktion als auch die Nebenbedingungen einen linearen Verlauf aufweisen und dass die mit den einzelnen Produkten erzielbaren Deckungsbeiträge bekannt sind, kann eine Lösung mittels der Methode der linearen Programmierung gefunden werden. Abschnitt 3.4.3.2 enthält hierzu ein ausführliches Beispiel, auf das verwiesen werden soll.

## 5.6.7 Zusatzaufträge

Die Entscheidung über Zusatzaufträge setzt zunächst die Kenntnis über die zusätzlich anfallenden Kosten voraus. Der Vergleich mit den dann zusätzlich anfallenden Erträgen unterstützt diese Entscheidung. Allerdings sind, wie in dem Beispiel in Abschnitt 5.6.3.1 gezeigt, zahlreiche Modellannahmen und Interdependenzen zu beachten.

Den Kostenzuwachs, der bei Erhöhung der Beschäftigung (Ausbringungsmenge) um eine Einheit entsteht, bezeichnet man als **Grenzkosten**. Für die Kostenrechnung stehen also die beschäftigungsabhängigen Kosten im Vordergrund der Betrachtung. Mathematisch lassen sich die Grenzkosten als 1. Ableitung der Kostenfunktion ermitteln:

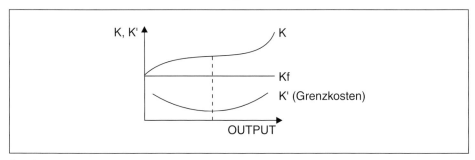

Grenzkosten

## 5.6.8 Preisuntergrenzenbestimmung

In der Praxis erweist sich in vielen Betrieben die Bestimmung der Preisuntergrenze als Problem und damit als Schwachstelle. Mit Preisuntergrenze ist der Verkaufspreis gemeint, bei dem ein Produkt gerade noch produziert und verkauft werden sollte. Dabei wird in eine langfristige und in eine kurzfristige Betrachtungsweise unterschieden. Klar ist, dass **langfristig** die Umsatzerlöse alle Kosten eines Produktes zumindest decken müssen, ansonsten würde sich kein Gewinn einstellen. Problematisch ist aber, welche Kosten nun einem Produkt verursachungsgerecht zugerechnet werden können und welche Planbetriebsgröße einer Zurechnung zugrunde gelegt wird. Hier erweist sich die herkömmliche Vollkostenrechnung als Schwachstelle, denn sie zeigt nicht, welche zusätzlichen Kosten für eine mehr produzierte Einheit anfallen bzw. welche Kostenveränderung sich aus einer Produktionseinschränkung um eine Einheit ergäbe.

Bei der Bestimmung der **kurzfristigen Preisuntergrenze** wird gefragt, welche zusätzlichen Kosten durch die Produktion einer zusätzlichen Einheit eines Produktes ausgelöst werden. Dabei werden die fixen Kosten bewusst vernachlässigt; sie spielen bei der Entscheidung grundsätzlich keine Rolle, da sie stets in gleicher Höhe anfallen und sich durch die zusätzliche Produktion nicht verändern würden, es sei denn, es handelt sich um sprungfixe Kosten. Die Kenntnis der kurzfristigen Preisuntergrenze ist vor allem wichtig bei nicht ausgelasteten Kapazitäten oder bei der Frage, ob Zusatzaufträge ausgeführt werden sollten.

Sind Leerkapazitäten vorhanden, muss man sich fragen, ob die Fixkosten, die auch ohne diese Produktion anfallen würden, in der kurzfristigen Preisuntergrenze kalkuliert sein müssen. Deckt der Preis die variablen Kosten vollständig und überdies einen Teil der Fixkosten, erhöht sich durch das Geschäft das Deckungsbeitragsvolumen. Allerdings muss darauf geachtet werden, dass durch dieses Verhalten der Marktpreis nicht dauerhaft nach unten gezogen wird. Bei ausgelastetem Betrieb und Nachfrage nach Zusatzaufträgen müssen die zusätzlichen Kosten bekannt sein. Die Auslastung sorgt bereits für eine Deckung der Fixkosten: Insoweit müsste, wenn die Gewinnsituation verbessert werden soll, ein Preis angesetzt werden, der die variablen Selbstkosten überschreitet.

# 6 Personalwirtschaft

## 6.1 Personalpolitik und Personalplanung

### 6.1.1 Personalpolitik

Derzeit machen immer mehr Unternehmen die Erfahrung, dass nur der erfolgreich bleibt, der schneller und insbesondere flexibler als die Konkurrenz ist. Wer dank niedriger Kosten sein Produkt am Markt preiswert anbieten kann, ist auch in der Lage, sich weiteren tiefgreifenden Veränderungen zu stellen. In diesem Zusammenhang sollen (hier) stellvertretend einige wesentliche Faktoren genannt werden:

Um dem wettbewerbsbedingten **Kostendruck** standhalten zu können, haben die Unternehmen die unterschiedlichsten Maßnahmen ergriffen. Eine mögliche Vorgehensweise ist die Rückbesinnung auf die Kernkompetenzen bei gleichzeitiger Verlagerung aller sonstigen Aufgaben nach außen, das so genannte **Outsourcing**. Die stärkere (eigen-)verantwortliche Einbindung der Mitarbeiter in die Produktion bei gleichzeitiger Beseitigung aller unnötigen Kostenverursacher wird als »schlanke Führung« bzw. **Lean Management** bezeichnet und kann allein oder ergänzend zum Outsourcing eingeführt werden.

Nach Vollendung des Europäischen Binnenmarktes, und angesichts der zunehmenden Konkurrenz und der Erschließung neuer Märkte in und aus Mittel- und Osteuropa und dem asiatischen Raum, hat der Wettbewerb neue Dimensionen erreicht: die **Globalisierung**.

Hinzu kommt der technisch-organisatorische Wandel im Bereich von Produktionsplanung und –steuerung (PPS), computergestützter Planung und Konstruktion (CAD, CAE, CAP) und computergesteuerter Werkzeugmaschinen (NC, CNC, DNC). Das Entwickeln von Computer-Netzwerken und die zunehmende Bedeutung des Internet gehören ebenso in das jetzige Zeitalter unserer **Informationsgesellschaft** wie Bildfernsehen und Videokonferenzen.

Die genannten Faktoren werden zukünftig noch an Einfluss gewinnen. Entwicklungsprozesse dieser Art werden in absehbarer Zeit eher zu- als abnehmen. Der Erfolg eines Unternehmens wird sich daher vermehrt auch an der Unternehmenspolitik und der daraus abgeleiteten **Personalpolitik** festmachen. Insofern kommt dem betrieblichen Personalwesen eine immer größere Bedeutung zu. Fragen des wirtschaftlichen Einsatzes von Personal und nach mehr Menschlichkeit im Arbeitsprozess stehen dabei im Vordergrund.

#### 6.1.1.1 Einordnung der betrieblichen Personalwirtschaft

Auf der einen Seite ist ein Unternehmen ein soziales Gebilde, weil darin Menschen arbeiten; auf der anderen Seite ist das Unternehmen ein technisches Gebilde (gemeint ist, dass das Unternehmen aus technischen Einrichtungen und Anlagen verschiedener Art besteht). Aus diesem Grund spricht man vom Unternehmen auch als einem »**sozio-technischen System**«.

Die Unternehmen verfolgen Ziele; daraus ergeben sich Aufgaben. Die ökonomischen Ziele von Unternehmen sind zum Beispiel Umsatz, Gewinn, Marktanteil und Qualitätsziele. Um diese Ziele zu erreichen, werden die vielfältigen, im Unternehmen anfallenden Aufgaben zu Aufgabengruppen zusammengefasst. Eine Gruppe von Aufgaben in einem Unternehmen wird als **Funktion** bezeichnet.

## 6 Personalwirtschaft

Einkauf, Beschaffung, Materialwirtschaft, Produktion sowie Absatz und Vertrieb bezeichnet man als Leistungsfunktionen, Finanzierung, Verwaltung und Organisation als geldwirtschaftliche Funktionen.

Die Personalwirtschaft ist zwar kein eigenständiger Hauptfunktionsbereich. Ihre Aufgaben, die oft über den Bestand eines Unternehmens (mit)entscheiden, werden funktionell im Bereich der Verwaltung und Organisation angesiedelt.

Als **Ziel der Personalwirtschaft** kann man die Sicherung des erforderlichen Personalbestandes sowie die Aufrechterhaltung der Leistungsfähigkeit und Leistungsbereitschaft der Menschen innerhalb eines Unternehmens bezeichnen. Im Rahmen dieser Zielsetzung muss auf der einen Seite eine kostenoptimale Bereitstellung des Produktionsfaktors Arbeit gewährleistet werden, andererseits unter Berücksichtigung sehr verschiedener Erwartungen des Produktionsfaktors Arbeit eine personalwirtschaftliche Motivation und Führung erfolgen. Diese beiden Zielsetzungen können sich widersprechen, und es ist Aufgabe der Personalwirtschaft, eine angemessene Lösung zu finden. Das wird in vielen Fällen nur in Form eines Kompromisses möglich sein, um innerbetriebliche Spannungen so weit wie möglich zu vermeiden.

Über das Verhalten von Menschen in einem Unternehmen gibt es in der Personalwirtschaft **drei Betrachtungsweisen:**

- Die Menschen als Mitglieder einer Gruppe werden als passive Instrumente betrachtet, die Arbeiten verrichten, Anweisungen entgegennehmen und die keine Aktionen initiieren sowie keinen Einfluss auf die Entscheidungsbildung im Betrieb ausüben. In einem solchen Fall spricht man von einer »**instrumentellen**« Betrachtung der Menschen im Betrieb.

- Die Arbeit wird ausschließlich als **Produktionsfaktor** angesehen. Der Mensch selbst verrichtet die ausführende Arbeit oder ist Gehilfe der Maschine. Ziel dieser Betrachtungsweise ist es, den Produktionsfaktor Arbeit möglichst optimal in den Betriebsablauf bzw. in den Produktionsprozess einzuordnen. Das geschieht mit Hilfe von genauen Zeit- und Methodenstudien menschlicher Arbeit, Optimierung der Werkzeuge auf wissenschaftlicher Grundlage und Lohnanreizsystemen. Zusammenfassend kann gesagt werden, dass diese Betrachtungsweise den arbeitenden Menschen lediglich als Instrument zur Erbringung einer bestimmten betrieblichen Leistung unter möglichst optimalem Einsatz sieht.

- Die Menschen als Mitglieder einer Gruppe haben Einstellungen, Werte und Ziele. Sie müssen zum Eintritt in die Gruppe und zur Leistung innerhalb der Gruppe motiviert werden. Dabei können unter Umständen Differenzen zwischen den persönlichen Zielen und den Zielen der Gruppe entstehen. Bei dieser Betrachtungsweise spricht man von der »**motivationalen**« Betrachtungsweise. Die entscheidenden Fragen bei der motivationalen Betrachtung sind folgende:
    - Wovon hängt die Motivation ab?
    - Wie können Motivationsfaktoren, soweit dies überhaupt möglich ist, durch das Unternehmen beeinflusst werden?

Die zu beachtenden Umstände spielen sich zum Teil im psychologischen Bereich ab. Betriebspsychologie und Betriebssoziologie sind daher inzwischen bedeutender Bestandteil der modernen Personalwirtschaft.

Das Ziel der Aufrechterhaltung der Leistungsfähigkeit und Leistungsbereitschaft des Menschen innerhalb eines Betriebes hängt auch von sozialen Einflussfaktoren ab, wie z. B. vom Führungsstil oder von der Bildung von formellen oder informellen Gruppen.

Ergebnisse von einfachen Untersuchungen auf diesem Gebiet haben ergeben, dass dadurch eine höhere Arbeitszufriedenheit erreicht werden kann (und diese zu höherer Leistung führt).

Die Menschen als Mitglieder einer Gruppe sind Entscheidungsträger und Problemlöser. Wahrnehmungs- und Denkprozesse stehen im Mittelpunkt bei der Erklärung des Verhaltens in der Gruppe. Der arbeitende Mensch wird bei dieser Betrachtungsweise als **Koalitionsmitglied** gesehen. Dabei wird die Gruppe als Koalition von Individuen begriffen. Als Koalitionsmitglieder gelten z. B. Manager und leitende Angestellte, wobei auch andere Koalitionen denkbar sind, stets aber auf annähernd gleiche Interessen bezogen.

Die Gruppen- oder Organisationsziele werden nicht alle als vorgegeben betrachtet, sondern die Mitglieder besitzen individuelle Ziele und legen die **Koalitionsziele** in einem umfassenden Verhandlungsprozess fest. Die Konflikte, die dabei zwischen Individual- und Gruppenzielen auftreten können, werden sowohl über monetäre als auch über nichtmonetäre »Ausgleichszahlungen« geregelt.

### 6.1.1.2 Einbindung der Personalpolitik in die Unternehmenspolitik

In die Strategie eines Unternehmens fließen die Ziele und Wertvorstellungen derjenigen Personen bzw. Gruppen ein, die einen maßgeblichen Einfluss auf die Unternehmenspolitik ausüben. Sind gemeinsame Wertvorstellungen bei diesen Trägern vorhanden, so lässt sich von einer **Unternehmensphilosophie** sprechen. Sie wird vor allem durch die Überzeugungen der Mitglieder des Top-Managements geprägt. Überlieferte Werte und Grundhaltungen gehören ebenso dazu wie persönliche »Theorien« über menschliches Verhalten. Beeinflusst werden diese Überzeugungen auch durch Außenimpulse, in denen sich aktuelle Probleme widerspiegeln. Dabei ergeben sich regelrechte »Modewellen«, wie vor einigen Jahren die Diskussion der Besonderheiten in japanischen Unternehmen zeigte.

Unter Unternehmensphilosophie versteht man ein System von Leitsätzen, deren Inhalte von Werten und Grundhaltungen bestimmt werden. Als wichtig angesehene Objekte werden »bewertet« und zur Leitidee erhoben.

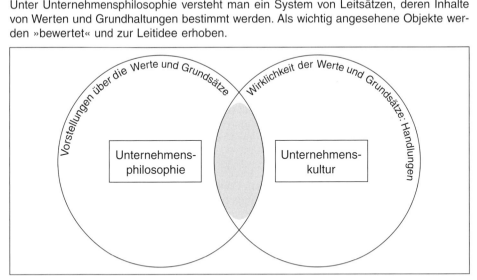

Unternehmensphilosophie und Unternehmenskultur

**Unternehmenskultur** ist der tägliche Umgang aller Mitarbeiter eines Unternehmens miteinander; er vermittelt eine Unternehmensidentität, die sich in der Gesamtheit der Werte und in der bewussten Weitergabe dieser Werte von den Führungspersonen an die ihnen unterstellten Mitarbeiter und umgekehrt ausdrückt. Je größer die Übereinstimmung zwischen der Philosophie und der tatsächlich gelebten Kultur ist (siehe Überschneidung), desto eher können die Leitbilder eines Unternehmens auch im Tagesgeschäft umgesetzt werden.

## 6 Personalwirtschaft

Vergangenheitsgeprägte Tradition (wie z. B. gelungene und misslungene Problemlösungen) und die gegenwärtige Situation des Systems Unternehmung mit den Werten und Einstellungen der Mitglieder prägen die Kultur und schaffen die Grundlage für die zukünftige Entwicklung neuer Ideen, Techniken oder Produkte.

Die **Unternehmensaufgabe** oder das **Leitbild** soll die Frage beantworten: Wozu sind wir da? Unternehmensaufgabe heißt, einen Kunden zu schaffen und dabei zu klären, für welche typische Zielgruppe (Art von Bedarf) man als Unternehmung angetreten sein will, was man dann aber auch typischerweise beherrschen muss (Potenzial). Das Leitbild ist also eine Funktionsbeschreibung der Unternehmung **(Mission, Auftrag)**; beispielsweise: Maßarbeit oder Massenfertigung; Fachgeschäft oder SB-Betrieb; öffentliche und/oder zivile Aufträge. Die Aufgabe formuliert, was zu tun ist. Ein Ziel besagt, was zu erreichen ist.

Für das Unternehmen gilt es, **das Richtige** zu tun (»doing the right thing«):

– Was könnte »ich« tun? (meine Unternehmens-Umwelt)
– Was kann »ich« tun ? (mein Unternehmens-Know-how)
– Was will »ich« tun ? (meine Unternehmens-Motivation)
– Was erwartet die Zielgruppe, das »ich« tue ? (mein Know-who)

Das **Unternehmensleitbild** ist ein Instrument der unternehmenspolitischen Rahmenplanung, das Unternehmensgrundsätze usw. in deutlicher Weise formulieren soll. In einem Leitbild werden Ziele festgeschrieben, wohin sich das Unternehmen in seinen wesentlichen Kernfeldern entwickeln soll.

Ein nach **außen** gerichtetes Unternehmensleitbild wird – insbesondere wenn es eine in erster Linie gefühlsmäßige Ansprache versucht – weitgehend Funktionen von Public Relations (PR) erfüllen. Ein nach **innen** gerichtetes Leitbild wird – sofern sich nicht eine Unternehmerpersönlichkeit mit besonderer Ausstrahlungskraft (Charisma) etabliert hat – im Allgemeinen eine vernunftmäßige Ansprache verwenden.

Ein Leitbild ist nicht die Sache einzelner Personen oder Gruppen eines Unternehmens. Das Leitbild geht alle interessierten Mitarbeiter an. Es kann sinnvoll nur im gegenseitigen Einvernehmen aller interessierten Kreise des Unternehmens entwickelt werden.

Zudem ist das Beschriebene ein breit angelegter Entwicklungsprozess. Auf diesem Weg muss das gemeinsame Verständnis für die zukünftige Ausrichtung des Unternehmens entstehen. Es kommt wesentlich darauf an, alle kreativen und kompetenten Kräfte eines Unternehmens aktiv einzubinden. Mitarbeiter werden sich nur dann mit den Zielen identifizieren, wenn sie am Prozess aktiv beteiligt sind (top down) und ihr Wissen in die Ergebnisse einfließt (bottom up).

Am Ende der Leitbilddiskussion müssen klare Ziele und eindeutige Beschlüsse stehen. Sie werden von allen Mitarbeitern mitgetragen. Denn: Gemeinsam erarbeitete Ziele sind zugleich Aufforderung zum gemeinsamen Handeln. Aus dem Leitbild kann das Unternehmen und der einzelne Mitarbeiter ein neues Selbstverständnis definieren. Das Leitbild liefert den verlässlichen Rahmen, der für die Arbeit des Einzelnen so dringend notwendig ist. Dadurch soll den Mitarbeitern eine **Orientierung** ermöglicht werden. Die **Identifikation** der Mitarbeiter mit dem Unternehmen wird verstärkt; eine anspruchsvolle, zugleich aber einhellige und realistische Zielvorstellung wird formuliert und **motiviert** die Mitarbeiter.

Die **Corporate Identity (C.I.)** ist Ausdruck der Unternehmensphilosophie und/oder des Unternehmensleitbildes. Die C.I. ist das nach innen und außen kommunizierte Erscheinungsbild (Selbstdarstellung und Verhaltensweise) einer Unternehmung. Das realisierte Ergebnis einer C.I.-Strategie ist das corporate image.

Generell ist es Aufgabe der **Personalpolitik**, die Unternehmenszielsetzungen im Personalbereich umzusetzen. Der obige Exkurs zeigt zudem: Wie die **Unternehmenspolitik**, so ist auch die Personalpolitik langfristig angelegt. Ihre Außenwirkung, z. B. das Unternehmen als potenzieller Arbeitgeber für eine Gemeinde, muss genauso beachtet werden wie die unmittelbare Verantwortung des Unternehmens für die regionale Gesellschaft. Nach innen gibt die Personalpolitik für die Mitarbeiter des Unternehmens den Rahmen vor, in dem sich das Personal mit bestimmten Handlungsspielräumen bewegen kann. Beispielsweise kann in der Personalpolitik eine Aussage zum im Unternehmen anzuwendenden Führungsstil getroffen (vgl. Abschn. 6.5.3) bzw. die im Unternehmen verfolgte Entgeltpolitik (vgl. Abschn. 6.4) festgelegt werden.

## 6.1.2 Personalplanung

### 6.1.2.1 Personalplanung als Teil der Unternehmensplanung

Unter Planung im Bereich der Personalwirtschaft versteht man die gesamten Maßnahmen und Entwicklungen im Rahmen der Personalverwaltung. Zur Sicherung des Unternehmens und der Gewinnmaximierung auf lange Sicht gehört gerade für den Produktionsfaktor Arbeit die gedankliche Vorwegnahme zukünftiger Entwicklungen. Von der Qualität der Personalplanung kann der Bestand des Unternehmens in entscheidender Form abhängig sein.

Personalplanung ist immer eingebettet in die Unternehmensplanung. Dabei sind allgemeine unternehmensbezogene (Personalgesamtheit) und individuelle mitarbeiterbezogene Gesichtspunkte (z. B. berufliche Entwicklung und Fortbildung) zu berücksichtigen.

Daneben muss Personalplanung als Teil der Unternehmensplanung auch äußere Faktoren wie das Konkurrenzverhalten, den Konjunkturverlauf, veränderte wirtschaftliche Daten und sich ändernde Marktstrukturen in die Überlegungen einbeziehen.

Personalplanung erstreckt sich über unterschiedliche Zeiträume. Von den Zielsetzungen des Unternehmens im kurz-, mittel- und langfristigen Bereich hängt es ab, wie die Steuerung der Personalplanung auch im Hinblick auf Personalentwicklungsmaßnahmen zu erfolgen hat. Dabei gelten die Regeln: Je länger die Fristigkeit, desto grober die Planung; je kurzfristiger der Planungszeitraum, desto genauer die Planung.

Im Hinblick auf das Unternehmensziel müssen im Bereich Personalplanung Entscheidungen getroffen werden hinsichtlich des **Personalbedarfs**, des **Personaleinsatzes**, der **Personalkosten**, der **Personalorganisation** und der **Personalaus- und -weiterbildung**.

Personalplanung hat die Aufgabe, dafür zu sorgen, dass zukünftig im Unternehmen benötigte Mitarbeiter

– in der erforderlichen Anzahl und Qualität,
– zum richtigen Zeitpunkt,
– am richtigen Ort und
– kostengünstig

zur Verfügung stehen.

### 6.1.2.2 Arten der Personalplanung

Die **Personalbedarfsplanung** ist ein gutes Beispiel für die Abhängigkeit der Personalplanung von anderen Teilplänen. Eine optimale Personalbedarfsplanung ist nur möglich, wenn aussagefähige Produkt- und Investitionsplanungen vorliegen. Nach diesen Kriterien ist eine Personalplanung sowohl in **quantitativer** Hinsicht als auch in **qualitativer** Hinsicht durchzuführen. Gerade durch die Einführung neuer Produktionsverfahren und Technologien kommt der qualitativen Personalplanung dabei eine immer größere Bedeutung zu.

Während die Planung des Personalbedarfs hauptsächlich mittel- und langfristig angelegt ist, ist die **Personaleinsatzplanung** für den kurzfristigen Bedarf von Bedeutung. Abhängig von der **Aufbauorganisation** ist die Planung des Personaleinsatzes unter Berücksichtigung einer optimalen Kombination aller Produktionsfaktoren eine der wesentlichen Aufgaben der Personalplanung, wobei stets gesetzliche und tarifvertragliche Bestimmungen zu berücksichtigen sind.

**Personalanpassungsplanung** umfasst alle Facetten der Personalfreisetzung. Deren Ursachen können extern und/oder betriebsintern begründet sein. Die Personalverantwortlichen sind seitens der Unternehmensführung frühzeitig in Freisetzungsmaßnahmen einzubinden. Man wird zunächst versuchen, so genannte »weiche Personalanpassungen« vorzunehmen, d. h. ohne Entlassungen auszukommen. Dazu gehören Maßnahmen **zeitlicher Art** (z. B. Überstundenabbau) und Personalabbau **ohne Entlassung** (indirekter Personalabbau z. B. durch Einstellungsstopp). Entlassungen/Kündigungen von Arbeitnehmern werden dem gegenüber als »harte Personalanpassungen« bezeichnet (vgl. Abschn. 6.2.5.5).

Die **Personalkostenplanung** hat sowohl im kurz- als auch im mittelfristigen Bereich eine große Bedeutung. Die Konkurrenzfähigkeit der lohnintensiven Betriebe hängt sehr entscheidend von der Personalkostenplanung ab. Gerade in einer Zeit, in der für die Konkurrenzfähigkeit der Volkswirtschaft ein Zusammenwachsen der Märkte insbesondere auch im nationalen Bereich notwendig ist, spielen die Personalkosten in der Kalkulation der Betriebe eine sehr große Rolle.

Zukünftig wird dieser Bereich für alle Unternehmen von noch größerer Bedeutung sein. Der Personalbereich hat seine Themenstellung betriebswirtschaftlich zu formulieren. Personalkostenplanung bedeutet für Kostenstellenverantwortliche also auch, dass in Verbindung mit Aufgaben, Maßnahmen und Kosten bestimmte Ziele zu erreichen sind. Hier bieten sich Ansatzpunkte für ein **Personal-Controlling**.

### 6.1.2.3 Personalbedarfsanalyse

Die im vorangegangenen Abschnitt beschriebene Personalplanung wird mit Hilfe von Instrumenten durchgeführt, die in der Betriebswirtschaft seit Jahrzehnten ihren festen Platz haben und in der betriebswirtschaftlichen Literatur ausführlich behandelt werden.

Um eine aussagefähige Personalplanung durchführen zu können, gibt es als wichtiges Hilfsmittel die Personalbedarfsanalyse.

Eine Bedarfsanalyse muss stets aufbauen auf

– der Sortimentsgestaltung des Unternehmens,

– der geplanten Ausweitung oder Zurücknahme der Betriebskapazitäten,

– den Veränderungen in der Aufbau- und Ablauforganisation des Unternehmens,

– der Veränderung der Fertigungsverfahren wegen der Einführung neuer Technologien.

Bei der Analyse des Personalbedarfs ist nach Ersatzbedarf, Neu-/Mehrbedarf, Minderbedarf und Nachholbedarf zu unterscheiden.

Für Mitarbeiter, die während der Planungsperiode aus dem Unternehmen ausscheiden, ist **Ersatzbedarf** bereitzuhalten. Die Analyse des Ersatzbedarfs für Pensionierung ist relativ leicht feststellbar. Schwieriger ist eine aussagefähige Planung für Fälle von Kündigungen und Entlassungen **(Fluktuation)**. Der Ersatzbedarf dient der Erhaltung des Personalbestands.

Beim **Nachholbedarf** handelt es sich um bislang unbesetzt gebliebene Stellen.

**Neubedarf** entsteht über den Ersatzbedarf hinaus. Wirtschaftliche, technologische oder soziale Gründe können die Veränderungen erforderlich machen. Der Neubedarf/Mehrbedarf deckt die Erweiterung des Personalbestandes ab. Dieser positive Personalbedarf führt zu einer **Beschaffungsplanung** (vgl. Abschn. 6.2.4).

Der Personal-**Minderbedarf** bzw. Personalüberhang hat ähnliche Gründe wie der o.g. Neubedarf – lediglich mit veränderten Vorzeichen. Ein Ersatzbedarf für die durch Fluktuation und Ruhestand entstandene Lücke ist nicht erforderlich. Statt dessen muss der voraussichtliche Bestand weiter um den erwarteten Personal-Minderbedarf reduziert werden. Ein personeller Überhang muss z. B. aufgrund von Rationalisierungsmaßnahmen abgebaut werden.

|   |     | Schema für eine Personalbedarfsanalyse |
|---|-----|----------------------------------------|
|   | (1) | gegenwärtig bestehende Stellen |
| + | (2) | Anzahl neuer Stellen im Planungszeitraum |
| − | (3) | Anzahl entfallender Stellen im Planungszeitraum |
| = | (4) | **Bruttopersonalbedarf** am Berechnungsstichtag |
|   | (5) | gegenwärtiger Personalbestand |
| − | (6) | zu erwartende Abgänge |
| + | (7) | bereits feststehende Zugänge |
| = | (8) | fortgeschriebender Personalbestand |
|   | (9) | **Nettopersonalbedarf** = Summe Zeile 4 abzüglich Summe Zeile 8 |

Personalbedarfsanalyse

Der **Bruttopersonalbedarf** ist die augenblickliche oder zukünftige Stellenzahl als personelle Gesamtkapazität. Der **fortgeschriebene Personalbestand** ist der zukünftig erwartete Personalbestand. Dabei muss berücksichtigt werden, dass, wie bereits geschildert, nur ein geringer Teil der Abgänge genau vorausplanbar ist. Der weitaus größere Teil der Personalabgänge kann nur anhand von Erfahrungswerten geschätzt werden. Bei den Zugängen handelt es sich z. B. um Rückkehrer von Hochschulen oder Universitäten oder um Rückkehrer von der Bundeswehr bzw. aus dem Zivildienst.

Der **Nettopersonalbedarf** gibt als Differenzgröße die personelle Überdeckung oder Unterdeckung an, die durch personalwirtschaftliche Maßnahmen beseitigt werden muss.

Eine weitere Möglichkeit der Personalbedarfsanalyse ist, über bestimmte Tätigkeitsmerkmale oder betriebswirtschaftliche Kennzahlen den Bedarf zu ermitteln. Jahresumsätze für Verkäufer, Kundenzahlen, Geschäftsvorfälle u. a. können solche Hilfsgrößen sein.

Des Weiteren sind Personalbedarfsanalysen anhand von **Arbeitsstudien** durchzuführen. Dabei stehen z. B. die Methoden und Erkenntnisse von **REFA** zur Verfügung. Letztlich kommt es auf die Struktur des einzelnen Unternehmens an, sodass auch andere Methoden wie Multimomentaufnahme, Frequenzstudie oder Bedarfsanalyse aufgrund von Zeitvorgaben möglich sind.

§ 92 des Betriebsverfassungsgesetzes (BetrVG) bestimmt, dass der Arbeitgeber den Betriebsrat rechtzeitig und umfassend über die Personalplanung, insbesondere über **personelle Maßnahmen** und Maßnahmen der Berufsbildung anhand von Unterlagen zu unterrichten hat.

Außerdem hat der Arbeitgeber mit dem Betriebsrat über Art und Umfang der erforderlichen Maßnahmen sowie Vermeidung von Härten zu beraten.

Darüber hinaus kann der Betriebsrat dem Arbeitgeber **Vorschläge** zur Einführung und Durchführung von Personalplanung machen.

Neben § 92 BetrVG sind Regelungen, die die Personalplanung betreffen, in weiteren Paragrafen dieses Abschnittes »Personelle Angelegenheiten« festgelegt. Dazu gehören

– Vorschläge des Betriebsrates zur Sicherung und Förderung der Beschäftigung (§ 92a),

– Alternativen zur Ausgliederung von Arbeit oder Vergabe an andere Unternehmen (§ 92a),

– Neue Vorschläge zum Produktions- und Investitionsprogramm (§ 92a),

– Ausschreibung von Arbeitsplätzen (§ 93),

– Einführung von Personalfragebogen und Beurteilungsgrundsätzen (§ 94),

– Auswahlrichtlinien bei Versetzungen, Umgruppierungen etc. (§ 95),

– weitere Fragen der Berufsbildung, Durchführung von Bildungsmaßnahmen (§§ 96 – 98),

– volles Mitbestimmungsrecht bei personellen Einzelmaßnahmen (§ 99).

## 6.2 Aufgaben und Organisation des betrieblichen Personalwesens

Der Begriff Personalwesen wird häufig synonym verwendet mit Personalwirtschaft und Personalmanagement. Die Begriffe stehen jedoch für unterschiedliche Entwicklungsphasen im Bereich Personalwesen, und damit ist eine synonyme Verwendung nicht ganz korrekt. Eine grundsätzliche und umfassende Klärung soll an dieser Stelle jedoch nicht erfolgen.

Im nachfolgenden Abschnitt werden die unterschiedlichen Entwicklungsphasen und die damit einhergehenden Aufgabenänderungen der betrieblichen Organisation des Personalwesens kurz skizziert.

### 6.2.1 Organisation des Personalwesens

#### 6.2.1.1 Organisationsformen des betrieblichen Personalwesens

Wie die folgende Übersicht der Entwicklungsphasen verdeutlicht, hat sich das betriebliche Personalwesen seit den 60er Jahren rasant weiterentwickelt. Neben einer enormen Steigerung der Aufgabenvielfalt (von der Aktenverwaltung bis zu Personalinformationssystemen) haben sich zudem wesentliche qualitative Veränderungen in der Personalarbeit ergeben: Personalreferenten sind Ansprechpartner und Dienstleister für die Mitarbeiter des Unternehmens.

Veränderungen in der Umwelt waren häufig Impulsgeber für sich wandelnde Anforderungen im Personalwesen. Neben den Neuerungen im wirtschaftlichen, sozialen und politischen Bereich hat besonders der technische Wandel zu durchgreifenden Veränderungen im Personalwesen geführt und wird im Weiteren als gesonderter Punkt dargestellt. Daneben nehmen neuere Management-(by-)Konzeptionen, Mitarbeiter-Motivation, Personalentwicklung, Kundenorientierung und Qualitätsmanagement im Personalbereich in jüngster Zeit breiteren Raum in der Tagesarbeit ein.

| Entwicklungsphasen des betrieblichen Personalwesens ||| 
|---|---|---|
| Zeitraum | Phase | Aufgabenschwerpunkte |
| bis ca. 1960 | Verwaltungs-Phase | – Personalverwaltung<br>– Personalaktenverwaltung |
| ab ca. 1960 | Anerkennungs-/<br>Etablierungs-Phase | hinzu kommen:<br>– betriebliche Sozialpolitik<br>  betriebliches Bildungswesen<br>– Spezialisierung,<br>  Zentralisierung des Personalwesens |
| ab ca. 1975 | Humanisierungs-Phase | hinzu kommen:<br>– Personalbetreuung<br>– Personalentwicklung<br>– Arbeitszeitmodelle<br>– Mitarbeiterführung |
| ab ca. 1985 | Ökonomisierungs-Phase | hinzu kommen:<br>– Entbürokratisierung<br>– Teilzeitarbeit<br>– Leiharbeit<br>– Unternehmenskultur,<br>  Organisationsentwicklung<br>– Personalcontrolling (ökon.)<br>– EDV-Einsatz |
| ab ca. 1995 | Wertschöpfungs-Phase | hinzu kommen:<br>– Outsourcing/Outplacement<br>– Internationalisierung<br>– Personalcontrolling (qual./QM)<br>– Mit-Arbeiter = Mit-Unternehmer<br>  = Mit-Verantwortung<br>– Personalinformationssysteme |

Die Entwicklung des betrieblichen Personalwesens

## 6.2.1.2 EDV im Personalwesen

Die Personalabrechnung ist die Basis für vielfältige Aktivitäten der Personalverwaltung. DV-gestützte Systeme der **Lohn- und Gehaltsabrechnung** sind eng verbunden mit **Zeiterfassungs-** und **Abrechnungssystemen**. Diese verarbeiten neben den Personalstammdaten auch Bewegungsdaten (z. B. Einmalzahlungen) und Fortschreibedaten (Urlaubs-/Zeitkonten). Wird der Aufbau eines integrierten Personalinformationssystems erwogen, bieten Softwarehäuser gerade für Großunternehmen Human-Resources-Module an. Diese orientieren sich an den Arbeitsablaufprozessen des Unternehmens und decken die gesamte Breite personalwirtschaftlicher Aufgabenbereiche ab. Dazu gehören auch das Ausstellen von Bescheinigungen/Bestätigungen, die Berechnung von **Betriebsrenten** und das Erstellen und die Analyse personalwirtschaftlicher **Statistiken/Kennzahlen**. Üblich sind die Ermittlung des Personalbestands, der Fehlzeiten und Fluktuation (vgl. Abschn. 6.1.2). Die Personalkosten in Zusammenhang zu den erbrachten Leistungen und den Arbeitszeiten zu setzen, fällt ebenso in diesen Bereich.

Mit Hilfe der Personalstatistiken soll das Personalgeschehen im Unternehmen transparent gemacht werden. Um personalwirtschaftliche Entscheidungen treffen zu können, müssen Unterlagen über die Fluktuationsrate und ggf. Fluktuationsursache, Fehlzeiten, Produktivität und deren Zusammenhang erarbeitet, ausgewertet und zur Verfügung gestellt werden.

Letztlich ist die Personalstatistik die statistische Erfassung aller Zustände und Veränderungen im Personalbereich. Ohne eine aussagefähige Personalstatistik ist eine Personalplanung nicht denkbar. Es sei in diesem Zusammenhang auf einen wichtigen Bereich der Personalplanung, die betriebliche Aus- und Weiterbildung, hingewiesen; die Ergebnisse in diesem Bereich müssen statistisch dargestellt werden. Selbstverständlich dient die Personalstatistik auch der Kontrolle, u. a. hinsichtlich der Personalplanung und des Einsatzes der Mitarbeiter.

Generell gilt: Personaldaten sind sensible Daten und daher besonders zu schützen. Das **Bundesdatenschutzgesetz (BDSG)** und die Datenschutzgesetze der einzelnen Bundesländer regeln den **betrieblichen Datenschutz**. Jeder Mitarbeiter hat das Recht auf Auskunft über die seine Person betreffenden und gespeicherten Daten. Sind diese fehlerhaft, kann der Mitarbeiter eine Sperrung oder Löschung erwirken. Außerdem hat der Betriebsrat ein Mitbestimmungsrecht, das sich in Betriebsvereinbarungen widerspiegelt und »Spielregeln« enthält, die bei der Verarbeitung von Personaldaten im Unternehmen zu beachten sind. Mitarbeiter, die mit personenbezogenen Daten in Kontakt kommen, wie z. B. die der Personalabteilung, werden besonders auf das Datengeheimnis verpflichtet.

### 6.2.1.3 EDV-gestützte Entscheidungshilfen in der Personalwirtschaft

In ständig zunehmendem Maße halten Textverarbeitung und Tabellenkalkulation Einzug bei den Personalreferenten; denn Personalwirtschaft als interner Dienstleister bedeutet auch, dass Arbeitsverträge, Korrespondenz und Zeugniserstellung für die Mitarbeiter ebenso in einer (Personal-) Hand liegen wie die Berechnung des Personalbestands, der Personalkosten und deren grafische Darstellung. Je nach Bedarf und Voraussetzungen im Unternehmen kommen als Lösungen prozessorientierte Module in »Großprogrammen« oder spezielle PC-Programme zum Einsatz.

In diesem Zusammenhang ist häufig von Personal-Controlling im Sinne von Überwachung des einzelnen Mitarbeiters die Rede. Diese Sichtweise wird dem Controllinggedanken keineswegs gerecht, denn mit »control« ist steuern und regeln gemeint. Das ist gleichwohl in der Technik so.

*Beispiel:*
*Eine Raumtemperatur soll einen bestimmten Zielwert haben, nämlich +20 Grad Celsius (= Zielsetzung/Planung). Überwacher ist ein Thermostat. Fällt die Temperatur ab (= Kontrolle), weil ein Fenster zu lange geöffnet wird (= Abweichungsanalyse), signalisiert der Thermostat dem Heizaggregat, dass es mehr heizen soll (= Steuerung). Das geschieht solange, bis die Zieltemperatur wieder stimmt. Controlling besteht also vor allem darin, auf Abweichungen (Temperaturabfall) zielorientiert zu reagieren (Heizaggregat springt an, um Raumtemperatur wieder auf Ziel +20 Grad Celsius zu erhöhen), also »Korrekturzündungen« vorzunehmen. Prinzipiell lassen sich Abweichungen nicht verhindern. Aber es sollte vermeidbar sein, dass es unangekündigte Abweichungen sind: Ohne Fahrplan wüsste man gar nicht, dass eine Verspätung entstanden ist (A. DEYHLE).*

Im Bereich des **Personal-Controlling** sind zwei unterschiedliche Aspekte zu berücksichtigen: Innerbetrieblich geht es um die Fragestellung des optimalen Einsatzes des vorhandenen Personals (z. B. nach Qualität und Anzahl) und der künftigen Personalentwicklung (z. B. Weiterqualifizierung, Job Rotation, Job Enrichment). Nach außen kann dieses zum Beispiel in einer besonderen Schulung der Mitarbeiter zur besseren Kundenorientierung seinen

Ausdruck finden. Die Ergebnisse dieser Investition sind dann im Rahmen von Maßnahmen regelmäßig auf ihre Umsetzung hin zu überprüfen (DV-unterstütztes Kennzahlensystem).

Für die Praxis bedeutet dies, dass zum einen jeder Mitarbeiter im Personalbereich und jeder Manager sein eigener Controller ist. Er hat zu realisieren, dass in Verbindung mit Aufgaben, Maßnahmen und Kosten bestimmte Ziele zu errechnen sind. Parallel dazu bietet das Personal-Controlling der Unternehmensplanung die Informationen zur Erstellung des Personalplans. Das strategische Personal-Controlling hat zum Ziel, die richtigen Dinge zu tun (»doing the right things«) und damit effektiv zu handeln. Operativ geht es darum, die Dinge richtig zu tun (»doing things right«) und zwar so, dass in der geplanten Zeit ein möglichst gutes Ergebnis erzielt wird (effizient).

## 6.2.2 Aufgaben des Personalwesens

### 6.2.2.1 Anforderungen an heutige Personalarbeit

Die Aufgaben der Personalabteilung haben sich in den letzten Jahrzehnten mehrfach gewandelt. Zu den traditionellen Verwaltungsaufgaben (wie Personalaktenführung, Gehaltsauszahlung etc.) kamen zahlreiche hinzu: Arbeitszeitmodelle, Mitarbeiterführung, Personalentwicklung, Outsourcing/Outplacement, Personalcontrolling usw. Auch qualitativ hat sich ein Wandel vollzogen. Wurde der Mitarbeiter früher eher als reiner Lohn-/Gehalts-Empfänger gesehen, wird er heute in vielen Großunternehmen stärker als »Kunde« der Personalabteilung empfunden. Letztere ist **Dienstleister** für nahezu alle anderen Abteilungen des Unternehmens und muss diesem Anspruch in der Erfüllung ihrer Aufgaben Rechnung tragen.

### 6.2.2.2 Kernaufgaben des betrieblichen Personalwesens

In kleineren und mittleren Unternehmen (KMU) trifft häufig der Firmeninhaber/Geschäftsführer die Entscheidungen im Personalbereich. Personalverwaltungsaufgaben werden durch eine Personalstelle oder extern durchgeführt.

Mittel- und Großbetriebe hingegen wickeln Personalaufgaben direkt in ihrer Personalabteilung ab. Dabei gehen Entwicklungen hin zu einer **Rundum-Betreuung** der Mitarbeiter durch die Personalreferenten. Neben traditionellen Personalverwaltungsaufgaben und der Lohn- und Gehaltsfindung rücken daher die folgenden Themenbereiche mehr in den Mittelpunkt.

- **Betreuungsfunktion:** Ansprechpartner für die Mitarbeiter in persönlichen, betrieblichen und tariflichen Fragen;
- **Beratungsfunktion:** Unterstützung der Führungskräfte bei der Personalauswahl und -entwicklung sowie in Konfliktfällen;
- **Betriebsrat:** Enge vertrauensvolle Kooperation zwischen Personalreferent und Betriebsrat;
- **Bedarfs-/Beschaffungsplanung:** Bedarfsermittlung, externe Beschaffung und/oder innerbetriebliche;
- **Einsatzplanung:** Unterstützung der Fachbereiche und Mitarbeiter beim adäquaten Ressourceneinsatz;
- **Personalentwicklungsplanung:** Maßnahmenplanung in Zusammenarbeit mit den Abteilungen (im Rahmen der Unternehmenszielsetzungen).

Eingebunden in die Unternehmensgesamtplanung ist es Aufgabe des Personalwesens, alle anderen Fachabteilungen dahingehend zu unterstützen, die vereinbarten Unternehmensziele zu erreichen.

### 6.2.2.3 Personalwesen: Dienstleistung und Qualitätsmanagement

Spricht man von Qualitätsmanagement, muss es Ziel sein, die Produkte und/oder Leistungen eines Unternehmens optimal mit den Kundenwünschen in Übereinstimmung zu bringen/zu koordinieren. Zentrale Fragen sind folglich: Was wollen die Kunden? Welche Dienstleistung bzw. welches Produkt entspricht dem Kundenbedarf und ist zudem kostengünstig? Dabei kommt es neben der reinen Produktqualität auf einen umfassenden Qualitätsbegriff an, das **Total Quality Management (TQM)**:

- Qualitäts-Ziele müssen gesetzt bzw. erarbeitet werden,
- Qualitäts-Planungen sind zeitlich (kurz-, mittel- oder langfristig) und quantitativ/qualitativ durchzuführen,
- Qualitätskontrollen liefern die Basis für eine
- Qualitätssteuerung, die aufgrund von Abweichungsanalysen laufend Verbesserungen im Qualitätsbereich anbringen kann.

In- und externe Kunden sind gleichermaßen zufriedenzustellen. Diese Anforderungen an das Qualitäts-Management sind detailliert zu beschreiben (Chr. MALORNY). Internationale Qualitätsnormen wie die ISO 9000 ff und das Europäische Qualitätsmodell **EFQM (European Foundation for Quality Management)** sind hier beispielhaft erwähnt.

Zentrale Steuerungsdimension in der Führung nach Qualitätsstandards ist die Vernetzung der Bausteine »Kundenorientierung«, »Mitarbeiterorientierung«, »Innovationsorientierung« sowie »Ziel- und Ergebnisorientierung«:

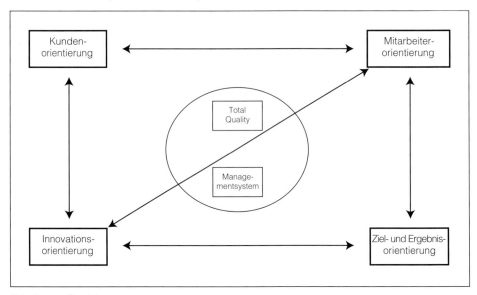

Orientierungs-Bausteine

Im Sinne des Qualitätsmanagements werden die **vier Elemente** Kunden-, Mitarbeiter-, Innovations- und Ziel- und Ergebnisorientierung derart miteinander in Beziehung gesetzt, dass Kommunikation und Information zwischen den Elementen ungehindert stattfindet und gemeinsame (neue) Potenziale aufgebaut und weiterentwickelt werden können. Die Vernetzung ist Voraussetzung für den Unternehmenserfolg. Prozessorientierte Vorgehensweisen bilden in diesem Zusammenhang die Abläufe bei der Erstellung einer Arbeit ab (K. W. WAGNER).

Welche Auswirkungen hat diese Entwicklung auf die Personalarbeit? **Betriebsinterne** Prozesse müssen abteilungs-/fachbereichsübergreifend so gestaltet werden, dass dem (internen) Kunden ein ausgeprägt qualitativ hochstehendes Produkt bzw. eine Dienstleistung angeboten werden kann. Der Personalbereich als Schnittstelle zwischen den Bereichen hat die Möglichkeit, aktiv auf die Qualität Einfluss zu nehmen. **Nach außen** präsentiert sich die Personalabteilung als Dienstleister und Transporteur von Anforderungen externer Einrichtungen an das Unternehmen.

Die Einbeziehung der Mitarbeiter auf breiter Front in die Optimierung der Qualität ist ein charakteristisches Merkmal, durch welches sich TQM-Ansätze von anderen Konzepten des Qualitätsmanagements unterscheiden (R. WUNDERER/V. GERIG/R. HAUSER). Fünf zentrale Komponenten des EFQM-Modells sind herauszustellen:

– Führung,
– Politik & Strategie,
– Mitarbeiterorientierung,
– Prozesse und
– Mitarbeiterzufriedenheit.

Im Rahmen der **Führungskomponente** soll die Frage beantwortet werden, **wie** das Führungsteam und alle anderen Führungskräfte umfassende Qualität als grundlegenden Prozess des Unternehmens für eine kontinuierliche Verbesserung initiieren, durchsetzen und reflektieren kann. Aufgabe aller Führungskräfte ist es, sich so zu verhalten, dass das Unternehmen zu umfassender Qualität geführt werden kann. Die Formulierung eines Unternehmensleitbildes bzw. einer Vision (vergl. Abschn. 6.1) und daraus abgeleitete (Qualitäts-) Ziele gehören ebenso dazu wie laufende Kontrollen in Form von **Audits** und ähnlichem. Dabei übernehmen die Führungskräfte eine aktive Rolle und sind Richtmaß für ihre Mitarbeiter im Qualitätsverbesserungsprozess.

Die Komponente **Politik & Strategie** legt den Daseinszweck, das Wertesystem, das Leitbild und die strategische Ausrichtung des Unternehmens sowie die Art und Weise der Verwirklichung dieser Aspekte fest. Damit werden den Führungskräften Orientierungsrahmen an die Hand gegeben, auf deren Grundlage sie über den Einsatz von Führungsinstrumenten (vgl. Abschn. 6.5) entscheiden können. Gleichzeitig bilden Politik & Strategie die Basis für die Einsatzplanung von »Human Resources« (HR).

**Mitarbeiterorientierung** als drittes Kriterium beschäftigt sich mit der Fragestellung, wie das Unternehmen das gesamte Potenzial seiner Mitarbeiter freisetzt, um seine Geschäftstätigkeit ständig zu verbessern. Zielsetzung ist dabei, HR-Potenziale

– zu identifizieren,
– zu planen und
– einzusetzen.

Das Unternehmen verpflichtet sich dabei, dem einzelnen Mitarbeiter die persönliche Entfaltung zu ermöglichen. Zusätzlich übernimmt es Verantwortung für die Beschäftigungs- und Wirtschaftslage am Standort. Unternehmenspolitik und Unternehmensstrategie bestimmen dementsprechend das HR-Management. Die Personalplanung als Teil der Unternehmensplanung ist darin eingebunden, umfasst die Gesamtheit aller Mitarbeiter des Unternehmens und mündet in einen Ausbildungs- und Personalentwicklungsplan. Daraus ergeben sich direkt auf den einzelnen Mitarbeiter abgestimmte Maßnahmen wie beispielsweise Schulung, Beförderung oder Versetzung.

Hauptaugenmerk des EFQM-Modells sind die **Führung durch Zielvereinbarung (MbO)**, die Förderung von Maßnahmen zur sozialen Sicherung, soziale Gerechtigkeit im Unternehmen und Flexibilisierung und/oder Individualisierung der Personalarbeit z. B. durch Einführung eines **Cafeteria-Systems** (vgl. Abschn. 6.7.5). **Informationsflüsse**, sowohl **topdown** als auch **bottom-up**, verbunden mit einem kommunikationsorientierten Mitarbeiterbild, runden diesen Punkt ab.

# 6 Personalwirtschaft

Das EFQM-Modell konzentriert sich beim vierten wichtigen Kriterium – den **Prozessen** – auf jene, denen bei der Sicherung kritischer Erfolgsfaktoren eine Schlüsselrolle zugewiesen wird:

- den Prozessen der eigentlichen Leistungserstellung und
- den Prozessen, die eng mit der Leistungserstellung verknüpft sind.

Es sollen Aussagen darüber gemacht werden, **wie** Prozesse identifiziert, überprüft und gegebenenfalls geändert werden, um eine ständige Verbesserung der Geschäftstätigkeit zu gewährleisten (**KVP** = Kontinuierliche Verbesserungsprozesse). Dabei gilt es ein Umfeld zu schaffen, das Innovation und Kreativität für Prozessverbesserungen fördert, und alle wertschöpfenden Tätigkeiten im Unternehmen zu managen.

**Mitarbeiterzufriedenheit** als fünfte Komponente beinhaltet, **was** das Unternehmen im Hinblick auf die Zufriedenheit seiner Mitarbeiter leistet. Dabei wird auf die Gesamtheit aller im Unternehmen beschäftigten Personen abgestellt und der/die Mitarbeiter als »qualitätskritische Ressource« angesehen.

Als Zufriedenheitsfaktoren werden im EFQM-Modell beispielsweise genannt:

- Beschäftigungsbedingungen,
- Entlohnungssysteme,
- Arbeitsumfeld,
- Rolle des Unternehmens in der Gesellschaft,
- Schulungs- und Weiterbildungsniveau,
- Personalfluktuation,
- Arbeitsunfallhäufigkeit,
- Inanspruchnahme betrieblicher Einrichtungen.

Neben der Teilnahme an Verbesserungsteams, ergonomischen Fragestellungen und gemeinsamer Karriereplanung und Laufbahnentwicklung geht es auch darum, im Rahmen der Kapazitätsauslastung eine dauerhafte Überlastung oder Unterforderung der Mitarbeiter zu vermeiden und im Rahmen ganzheitlicher Führungskonzepte zusätzlich den Aspekt der sinnorientierten Führung mit aufzunehmen (A. PIRCHER-FRIEDRICH).

## 6.2.3 Stellenbeschreibung: Aufbau und Inhalt

Eines der wichtigsten Instrumente der Personalplanung sind Stellenbeschreibungen.

Die aus der **Aufgabenanalyse** und **Aufgabensynthese** entstandenen Stellen sind die Grundlagen für die Beantwortung der Fragen, wieviel Personal für einen bestimmten Planungszeitraum benötigt wird, und welche Voraussetzungen die Mitarbeiter erfüllen müssen, um die definierten Stellen besetzen zu können.

Dabei ist es sehr wichtig, dass eine genaue Aufgabenanalyse vorgenommen wurde, d. h. dass der Fertigungs- oder Verwaltungsablauf in möglichst viele Teilaufgaben zerlegt und im Rahmen einer Aufgabensynthese eine sinnvolle Zusammenführung von gleichartigen oder sehr ähnlichen Teilaufgaben vorgenommen wurde.

In den Stellenbeschreibungen sind die Hauptinhalte und die Merkmale einer Stelle aufgeführt. Darüber hinaus ist aus der Stellenbeschreibung die hierarchische Einordnung des Stelleninhabers abzulesen.

Im Einzelnen sollten in einer Stellenbeschreibung die in der folgenden Abbildung dargestellten Kriterien aufgeführt sein:

# 6 Personalwirtschaft

| Thema | Inhalt |
|---|---|
| Stellen-Beschreibung | Schriftliche Zusammenfassung von Zielen, Aufgaben, Kompetenzen und Verantwortung der Stelle im Unternehmen |
| Stellen-Bezeichnung | Stellen-Name: Eindeutige Benennung der Stelle [St.-Nummer] |
| Stellen-Zweck / Ziel | Hat den Charakter eines Leitbildes für die Person, welche die Stelle besetzt; sie soll möglichst kurz und knapp (in einem Satz) Aussagen machen zu den Fragen:<br>– Warum gibt es die Stelle überhaupt?<br>– Welcher Beitrag wird zur Zweckerfüllung des gesamten Unternehmens erwartet?<br>– Welche Konsequenzen hat der Wegfall der Stelle? |
| Stellen-Einordnung<br>– Überstellung:<br>– Unterstellung: | Zur eindeutigen hierarchischen Einordnung sind anzugeben:<br>– vorgesetzte Stelle(n) disziplinarisch und fachlich von XY<br>– nachgeordnete Stelle(n) von: AB |
| Stellen-Aufgaben | Haupt-Aufgaben:<br>Zentrale fachliche Aufgaben sind zu nennen, die zur Erreichung des o. g. Zwecks persönlich erfüllt werden müssen:<br>– Planungs-, Entscheidungs-, Ausführungs- und Kontroll-Aufgaben<br>– (zudem z. B. auch Aufgaben aus Auflagen durch den Umweltschutz, gesetzl. Regelungen...)<br>Neben-Aufgaben:<br>Teilaufgaben, die zusammengefasst keine ganze Stelle »füllen«, die dennoch in der Nähe der Hauptaufgabe einer Stelle liegen<br>(diese werden häufig auch personenabhängig zugeordnet,<br>z. B. Mitarbeit in Projekten) |
| Stellen-Befugnisse | Die der Stelle zugewiesenen Kompetenzen:<br>Zeichnungsbefugnisse (Prokura, gemeinsame Kontovollmacht u.a.m.) |
| Stellen-Verantwortung | Diese sollte sich entsprechend der Stellen-Befugnisse ergeben:<br>Kostenverantwortung für Kostenarten und Kostenstellen oder Personalverantwortung für Personalstellen |
| Stellen-Vertretung<br>– vertritt:<br>– wird vertreten: | Klärung der Stellen-Vertretung (der eigenen und der Stellen, die vertreten werden): Wer wen vertritt bzw. durch wen vertreten wird |
| Stellen-Anforderungen<br>– Ausbildung:<br>– Erfahrung: | Anforderungen an die Leistungsfähigkeit und – bereitschaft des Stelleninhabers: Ausbildung, Fachkenntnisse, Erfahrung<br>Persönliche Eigenschaften, körperliche und geistige Fähigkeiten, Zusatzkenntnisse... |
| Kenntnisse | Erwähnenswerte Zusatzkenntnisse, besondere Kenntnisse, Fähigkeiten... |

Stellenbeschreibung

Bei der Erstellung von Stellenbeschreibungen ist stets der Grundsatz zu beachten, dass der Mitarbeiter aufgrund der Stellenbeschreibung gesucht werden muss (also mit Hilfe der Personalbedarfsanalyse) und die Stellenbeschreibung nicht nach einem vorhandenen Mitarbeiter erstellt werden darf!

Es folgt als Beispiel die Stellenbeschreibung »Außendienst-Gruppenleiter West«.

# 6 Personalwirtschaft

| Thema | Inhalt |
|---|---|
| Stellen-Bezeichnung | Außendienst-Gruppenleiter West (AD-GL West) [470201] |
| Stellen-Zweck/Ziel | Reibungsloser Ablauf der Aufgabenbearbeitung, optimale Unterstützung der zu betreuenden AD-Mitarbeiter, Einhaltung vertriebspolitischer Vorgaben kontrollieren |
| Stellen-Einordnung<br>– Unterstellung:<br>– Überstellung: | Abteilungsleiter (AL) Außendienst (AD)<br>Disziplinarisch und fachlich überstellt dem<br>– Sachbearbeiter (SB) Rheinland<br>– Sachbearbeiter (SB) Münsterland<br>– Sachbearbeiter (SB) Ruhrgebiet |
| Stellen-Aufgaben | Hauptaufgaben: Fachliche und disziplinarische Leitung der Gruppe (GL) Außendienst West<br>Planungsaufgaben: Bspw. Planung des Mitarbeitereinsatzes...<br>Entscheidungsaufgaben: Umsetzung der Mitarbeiter-Einsatz-Planung, Urlaubsregelung...<br>Durchführungsaufgaben: Wöchentl. Briefing der MA; mtl. Kostenübersicht an AL...<br>Kontroll-Aufgaben: Einhaltung Gruppen-Budget; Kostenstellenbudget überwachen; Arbeitsqualität dto...<br>Nebenaufgaben: EDV-Koordinator für die Abteilung |
| Stellen-Befugnisse | Zeichnungsbefugnis bis € 5.000,- gemäß Richtlinien für Gruppenleiter (RiGL) |
| Stellen-Verantwortung | gemäß Richtlinien für Gruppenleiter (RiGL) |
| Stellen-Vertretung<br>– vertritt:<br>– wird vertreten: | GL Nord<br>durch AL Außendienst, GL Nord |
| Stellen-Anforderungen<br>– Ausbildung:<br>– Erfahrung: | Industriefachwirt mit mittlerer Reife<br>Mehrjährige Erfahrungen im AD, erste Führungserfahrungen |
| Kenntnisse | EDV-Unterstützungsprogramm für den AD |

Beispiel einer Stellenbeschreibung

Stellenbeschreibungen ändern sich schnell. Ihre laufende Pflege ist daher recht aufwändig. Der Betriebsrat hat ein Anhörungsrecht.

Ein weiteres wichtiges Mittel der Personalplanung ist der **Stellenplan**. In ihm sind alle Stellen des Betriebes aufgeführt, wobei eine Rangordnung nach der Wichtigkeit der Besetzung vorgenommen werden kann. Im Stellenplan sind auch die Stellen genannt, die momentan nicht besetzt sind. Von daher ist ein Stellenplan stets ein personalwirtschaftlicher Idealzustand. Aufgabe der Personalplanung ist es dann, anhand des Stellenplanes eine bedarfsgerechte Analyse durchzuführen.

Darüber hinaus gibt es eine Reihe weiterer Instrumente der Personalplanung, z. B.

– **Stellenbesetzungspläne**,

– **Nachfolgepläne** oder

– **Laufbahnpläne**.

Welche Mittel und Instrumente letztlich für die Personalplanung eingesetzt werden, hängt sehr stark ab von der Größe, der Marktstellung und der Zielsetzung des Unternehmens.

## 6.2.4 Personalbeschaffung und Personalauswahl

Neben der Personalplanung kommt dem Bereich der Personalbeschaffung immer größere Bedeutung zu. Um den »**richtigen Beschaffungsweg**« zu wählen, müssen die Zielgruppen anforderungs- und arbeitsmarktgerecht gebildet werden. Das bedeutet, dass z. B. Sachbearbeiter oder Facharbeiter auf eine andere Weise als der kaufmännische Leiter oder der Betriebsleiter eines Unternehmens beschafft werden müssen.

Hinzu kommt, dass beispielsweise während eines konjunkturellen Aufschwungs mit relativer Vollbeschäftigung andere Maßnahmen notwendig sind als in Zeiten wirtschaftlicher Rezession, die meist mit erhöhter Arbeitslosigkeit verbunden sind.

### 6.2.4.1 Möglichkeiten der Personalbeschaffung

**Interner Arbeitsmarkt:** Grundsätzlich ist im Betriebsverfassungsgesetz festgelegt, dass für freie Stellen eine interne Ausschreibung durchgeführt wird. Der Ablauf der **innerbetrieblichen Stellenausschreibung** ist ebenfalls dort geregelt.

Neben den innerbetrieblichen Stellenausschreibungen für aktuell zu besetzende Stellen ist eine intensive Mitarbeiterschulung und Ausbildung im Hinblick auf den Personalbedarf von großer Wichtigkeit. Im Sinne einer **gesteuerten Personalentwicklung** bietet es sich an, **Auszubildende** in das Unternehmen zu übernehmen. Zur internen Personalbeschaffung zählt auch die Wiedereingliederung von **Berufsrückkehrern** und die Umwandlung von **Zeitverträgen** in unbefristete Arbeitsverhältnisse.

Kurzfristige Personalengpässe können durch **Überstunden** aufgefangen oder durch (zeitlich befristete) **Versetzungen** überbrückt werden.

**Externer Arbeitsmarkt:** Außerordentlich große Bedeutung haben in Deutschland **Stellenanzeigen** in regionalen und überregionalen Tageszeitungen und Fachzeitschriften. Die Stellenanzeigen werden entweder als Stellenangebote der Unternehmen oder als Stellengesuche von Bewerbern aufgegeben.

Ist der Personalbedarf nicht dringlich, bzw. besteht hohe Arbeitslosigkeit, können Unternehmen auch andere Wege der Personalbeschaffung einschlagen. Sie sammeln sog. »Blindbewerbungen«, in denen Kandidaten von sich aus den direkten Kontakt zu Unternehmen suchen und bauen sich wiederum auf diese Art einen Bewerberpool auf, auf den sie im Bedarfsfall zurückgreifen können.

Das staatliche Vermittlungsmonopol der **Bundesagentur für Arbeit** wurde zwar 1994 aufgehoben; dennoch müssen private Arbeitsvermittler vor Aufnahme einer Vermittlungstätigkeit die Erlaubnis der Bundesagentur einholen. So spielen weiterhin die Agenturen für Arbeit im jeweiligen regionalen Raum, die Zentralstelle für Arbeitsvermittlung für Führungskräfte und die Hochschulteams bei der Arbeitsvermittlung eine herausgehobene Rolle.

Kurzfristige Personalbedarfe (Urlaubs- und Krankheitsvertretungen, Auftrags- und Produktionsspitzen) werden häufig durch den Einsatz von **Zeitarbeitskräften** überbrückt.

**Unternehmens- und Personalberater** vermitteln insbesondere Fachspezialisten und Führungskräfte. Gerade in konjunkturell guten Zeiten wird der Bedarf an Hochqualifizierten auch durch Abwerbung von Personen aus ihren laufenden Arbeitsverhältnissen heraus betrieben, das so genannte »**Headhunting**« (Kopfjagd).

Weitere Möglichkeiten der Personalbeschaffung sind die direkte Einstellung im Personalbüro, die Einstellung durch Empfehlung von Mitarbeitern über Verwandte, Bekannte und Freunde, Anwerbung von Mitarbeitern bei Ausbildungsinstituten (z. B. Universitäten, Fachhochschulen und Aus- und Fortbildungszentren) sowie mittel- bis langfristige Imagewerbung über Seminare, Werbebroschüren, Rundfunk- und Fernsehwerbung u. a.

Heutzutage nutzen viele Unternehmen die Chancen des **Internet**, um einerseits für sich zu werben und andererseits dieses Medium als »Stellenbörse« für potentielle Bewerber zu öffnen. Insbesondere große und international tätige Betriebe gehen inzwischen diesen Weg; gilt es doch, technisch interessierte und versierte Kandidaten anzulocken und gleichzeitig deren Bereitschaft zur Nutzung neuer Medien zu testen. Auch die Agenturen für Arbeit sind dort zu finden.

### 6.2.4.2  Stellenanzeige

Bei der Stellenanzeige in Tages-/Wochenzeitungen und (Fach-)Zeitschriften wird das inserierende Unternehmen aktiv in der **externen Personalbeschaffung**. Dabei kommt es besonders darauf an, die Stellenanforderungen so exakt zu formulieren, dass sich nur potenziell geeignete Kandidaten auf die Annonce bewerben. Um dieses Ziel zu erreichen, ist auch die Wahl des richtigen Mediums und der richtige Anzeigentermin von großer Bedeutung.

Eine Stellenanzeige sollte – aufbauend auf der unternehmensbezogenen Stellenbeschreibung – nach dem so genannten »Kommunikationsmix« gestaltet werden:

**Informationen über das Unternehmen:** Neben dem genauen Firmennamen, dem Firmenlogo und der Branche werden Aussagen gemacht über Größe, Mitarbeiterzahl und Standort(e) des Unternehmens.

**Informationen über die zu besetzende Stelle:** Die Bezeichnung der Stelle, der genaue Aufgabenbereich, die Stellung in der Hierarchie und der Verantwortungsbereich sind hier aufzuführen. Für Bewerber ist es auch interessant zu erfahren, warum diese Stelle besetzt werden soll (neue Stelle, Beförderung/Pensionierung des bisherigen Stelleninhabers) und welche Entwicklungsmöglichkeiten sich bieten.

**Selektion geeigneter Bewerber:** Hier gilt es, die genaue Berufsbezeichnung, erforderliche Aus- und Fortbildungen und Berufserfahrungen aufzuführen. Besondere Kenntnisse und Fertigkeiten sind ebenso anzusprechen wie persönliche Eigenschaften.

**Akquisition potentieller Bewerber:** Für Bewerber ist es selbstverständlich interessant, welche Leistungen das inserierende Unternehmen anbietet. Daher sind Angaben zu Lohn/Gehalt, Arbeitszeitregelungen, betriebliche Sozialleistungen und über Rahmenbedingungen wie Schulsysteme, Freizeitwert und Verkehrsanbindungen ebenso zu nennen wie z. B. das Angebot zur Hilfe bei der Wohnungssuche.

**Aktion des Bewerbers:** In der Anzeige soll dargestellt werden, welche Maßnahmen vom Bewerber erwartet werden, damit es zu einer Kontaktaufnahme und einer eventuellen Einstellung kommt: Bewerbungsschreiben, tabellarischer Lebenslauf mit Lichtbild, Zeugnisse und die Bewerbungsfrist sowie Ansprechpartner und Telefonnummer für mögliche Vorabinformationen.

Die Stellenanzeige sollte durch ihr **Layout** für Aufmerksamkeit beim Leser sorgen. Neben den oben genannten Punkten sollte die Gestaltung auch die Firmenphilosophie widerspiegeln.

### 6.2.4.3  Stellenausschreibung

Personalbeschaffung auf dem **internen Arbeitsmarkt** hat für das Unternehmen mehrere Vorteile: Stellen können schneller besetzt werden, die Einarbeitungszeit wird verkürzt und erlichtert.

Weitere positive Aspekte sind die geringeren Personalbeschaffungskosten und die Motivation für Nachwuchskräfte. Stellenbesetzung aus den eigenen Reihen ist zudem ein Signal an die Mitarbeiter, Personalentwicklungskonzepte des Unternehmens auch in Anspruch zu nehmen und sich so bessere Aufstiegschancen zu erarbeiten.

Für alle Stellen, für die der Betriebsrat zuständig ist, kann nach § 93 BetrVG seitens des Betriebsrates eine interne Stellenausschreibung **verlangt** werden. Kommt der Arbeitgeber diesem Verlangen nicht nach, kann der Betriebsrat seine Zustimmung zu der vorgesehenen Besetzung des nicht ausgeschriebenen Arbeitsplatzes verweigern. Ist zeitlich parallel zu einer internen Ausschreibung eine externe Stellenanzeige erfolgt, haben alle Bewerber die gleichen Chancen.

---

**Innerbetriebliche Stellenausschreibung**

Beruf/Tätigkeit: ...........................
Aufgabenbeschreibung: ...........................

Berufsgruppen: ...........................
Abgeschlossene Berufausbildung als: ...........................

Kenntnisse/Erfahrungen: ...........................
Sonstige Anforderungen: ...........................
Führerschein: ...........................
Alter: ...........................
Arbeitsort: ...........................
Arbeitszeit: ...........................
Lohn/Gehalt: ...........................
Einstellungstermin: ...........................
Bewerbung bitte – an: ...........................
– bis zum: ...........................
Für Rückfragen: ...........................

Datum: ...........................   Unterschrift: ...........................

---

Muster für eine innerbetriebliche Stellenausschreibung

## 6.2.4.4 Methoden der Bewerberauswahl

Ziel aller Auswahlmethoden ist es, den »**geeignetsten Bewerber**« aus mehreren Bewerbungen auszuwählen. Diesem Vorhaben liegen folgende Annahmen und Voraussetzungen zugrunde:

– Die zu besetzenden Stellen haben unterschiedliche Anforderungen.
– Diese Anforderungen sind messbar.
– Verschiedene Bewerber haben unterschiedliche Eignungen für diese tellen.
– Diese Eignungen sind messbar.
– Es gibt bestimmte Eignungskombinationen.
– Je besser Fähigkeits- und Anforderungsprofil einander entsprechen, desto günstiger ist das Ergebnis, das in Leistungs- und Zufriedenheitsmessziffern ausgedrückt wird.

## 6 Personalwirtschaft

Ausgehend von diesen Grundsätzen der Personalauslese ist eine größtmögliche Objektivität notwendig. Die systematische Analyse der Bewerbungsunterlagen, rechtzeitiges Einschalten des Betriebsrats in das Personalausleseverfahren sowie die Festlegung des Auswahlprozesses und die Behandlung interner und externer Bewerbungen sind wichtige Stationen der Personalauslese.

Die Mitarbeiter eines Unternehmens können in vier **Mitarbeitergruppen** unterteilt werden:

- Gewerbliche Arbeitnehmer,
- Tarifangestellte,
- außertariflich Angestellte,
- leitende Angestellte.

Je nachdem für welche Mitarbeitergruppen Bewerber ausgewählt werden sollen, bieten sich verschiedene Auswahlmöglichkeiten an, z. B.

- Bewerbungsunterlagen,
- Vorstellungsgespräche,
- Eignungstests,
- Gruppenauswahlmethoden.

In vielen Fällen wird eine Kombination aus den verschiedenen Möglichkeiten gewählt.

Ziel des Auswahlverfahrens ist es, für die in einer Stellenbeschreibung festgelegten Aufgaben den am besten geeigneten Mitarbeiter unter den Bewerbern herauszufinden. Diese Aufgabe muss sehr sorgfältig vorbereitet und durchgeführt werden; denn wenn sich später herausstellt, dass der Mitarbeiter an seinem Arbeitsplatz z. B. über- oder unterfordert ist, entstehen Reibungsverluste.

### Bewerbungsunterlagen

Zu den Bewerbungsunterlagen gehören standardmäßig ein Anschreiben, ein Lebenslauf sowie Zeugnisse, getrennt nach Schul- und Arbeitszeugnissen sowie Nachweise/Zertifikate über erfolgreich absolvierte Fortbildungen.

Diese Unterlagen bilden den Maßstab für eine erste Vorauswahl. Viele Unternehmen lassen von den Bewerbern so genannte **Bewerbungsbögen** ausfüllen, so dass alle dieselben Fragen zu beantworten haben, wodurch eine bessere Vergleichbarkeit der Daten möglich ist. Diese Daten der Bewerbungsformulare können in Beziehung zu bestimmten Kriterien gesetzt werden, wie z. B. Beurteilung durch Vorgesetzte oder jeweilige Verweildauer.

Systematische Auswertungen könnten z. B. ergeben, dass solche Bewerber, die sich während ihres Studiums durch Betriebspraktika oder Engagements in der studentischen Selbstverwaltung aktiv gezeigt haben, später von ihren Vorgesetzten im Durchschnitt besser beurteilt werden als weniger aktive Bewerber.

### Vorstellungsgespräch

Das Vorstellungsgespräch ist die am meisten angewandte Auswahlmethode.

Dabei unterscheidet man

- freie Vorstellungsgespräche,
- strukturierte Vorstellungsgespräche,
- standardisierte Vorstellungsgespräche,
- situative Vorstellungsgespräche.

Auf Inhalt und Ablauf solcher Gespräche wird in Abschnitt 6.2.4.5 näher eingegangen.

**Eignungstests**

Bei den Einstellungstests kann man unterscheiden nach Intelligenztests, Fertigkeitentests, Leistungs- und Persönlichkeitstests (bei FELDHAUS erhältlich: »Grundwissen-Test«).

Bei **Intelligenztests** wird die Fähigkeit gemessen, bestimmte geistige Anfangsleistungen zu erbringen. Dabei unterscheidet man nach den Sektoren

– verbales Verständnis,
– Rechenfähigkeit,
– quantitatives Denken,
– Wahrnehmungsschnelligkeit,
– räumliches Sehen.

**Fertigkeitentests** sollen die Auswirkungen von Lernerfahrungen unter relativ unkontrollierten und unbekannten Bedingungen messen.

**Leistungstests** messen die Auswirkungen von Lernerfahrungen unter zumindest teilweise bekannten und kontrollierten Bedingungen.

Zu den **Persönlichkeitstests** gehören z. B. Interessentests, bei denen die Vorlieben oder Abneigungen für eine Vielzahl von Tätigkeiten, Gegenständen und Personen angekreuzt werden müssen.

**Gruppenauswahlmethoden**

Eine Gruppenauswahlmethode ist die so genannte **führerlose Gruppendiskussion**, wobei eine Gruppe von Bewerbern der engeren Wahl aufgefordert wird, ein allgemein interessierendes bzw. fachliches Thema in einer vorgegebenen Zeit zu diskutieren. Während der Diskussion beurteilen mehrere Beobachter die Diskussionsteilnehmer nach verschiedenen Kriterien, z. B. Sachbezogenheit, Dominanzstreben, Kreativität der Beiträge.

Eine weitere Möglichkeit der Gruppenauswahlmethoden ist das **Assessment Center**. Bei dieser Methode wird eine Bewerbergruppe meist über einen Zeitraum von einigen Tagen von mehreren Entscheidungsträgern des Einstellungsbetriebes bei der Lösung bestimmter, vorgegebener Probleme beurteilt. Wichtig ist, dass die vorgegebenen Probleme der späteren betrieblichen Praxis möglichst eng angenähert sind.

Zu den Gruppenauswahlmethoden gehören außerdem **Unternehmensplanspiele**. Dabei ist von einer Gruppe von Bewerbern ein Unternehmensplanspiel, das aus der betrieblichen Praxis heraus konzipiert worden ist, zu lösen. Diese Methode bietet sich an, wenn man gleichzeitig mehrere Bewerber für verschiedene Funktionsbereiche einstellen will.

Große Konzerne wie auch mittelständische Betriebe setzen neuerdings auf einen **Bewerber-Check am Telefon**. Ziel der Unternehmen ist es, beim Besetzen einer freien Stelle so wenig Zeit und Geld wie möglich aufzuwenden. Gute Bewerber erst nach Monaten identifizieren zu können, wäre für die Konzerne ein Wettbewerbsnachteil. Statt Hunderte schriftlicher Bewerbungen durcharbeiten zu müssen, lassen sich Personalchefs/Manager erste Kurzinformationen gleich am Telefon geben. Bei einem guten Eindruck wird der Bewerber zum Vorstellungsgespräch gebeten. Die Unternehmen nutzen dabei eigene Rekrutierungs-Softwareprogramme und Leitfäden für die Gesprächsführung.

### 6.2.4.5 Ablauf, Inhalt und Auswertung eines Vorstellungsgesprächs

Abhängig von der zu besetzenden Position in einem Unternehmen kann ein Vorstellungsgespräch mit einem oder mehreren Gesprächspartnern geführt werden.

## 6 Personalwirtschaft

Man unterscheidet vier Arten des Vorstellungsgesprächs:

– Bei einem **freien Vorstellungsgespräch** sind der Gesprächsablauf und Gesprächsinhalt nicht vorgegeben. Beide Seiten können sich flexibel der jeweiligen Situation anpassen.

– Beim **strukturierten Vorstellungsgespräch** ist ein bestimmter Rahmen, der in Form von Kernfragen definiert ist, vorgegeben. Diese Kernfragen sollten in jedem Fall gestellt werden. Im Übrigen sollte das Vorstellungsgespräch Freiräume für die Gestaltung des Gesprächs bieten.

– Das **standardisierte Vorstellungsgespräch** läuft nach einer genau festgelegten Form ab. Der Vorteil dieser Methode ist, dass die Antworten anhand von bestimmten Standards ausgewertet werden können. Im Verlauf des Vorstellungsgespräches erhält der Einstellende hauptsächlich folgende Informationen über den Bewerber: Eindruck über sein Verhalten (Stimme, Sprachgebrauch, Erscheinungsbild), biografische Daten (wobei die Lebensgeschichte Hinweise auf die eventuelle Eignung des Bewerbers liefert), Fachwissen (wobei entsprechende Fragen Aufschluss über die fachliche Eignung des Bewerbers geben sollen). Der Nachteil dieser Form liegt im starren Vorgehen und ist damit relativ ungeeignet, spontane Informationen vom Bewerber einzuholen.

– In jüngster Zeit findet das **situative Vorstellungsgespräch** häufiger Anwendung. Dabei werden dem Bewerber fiktive Problemdarstellungen, die ihn an seinem künftigen Arbeitsplatz erwarten könnten, vorgestellt. Es wird erwartet, dass der Kandidat Lösungsmöglichkeiten und deren Realisierungschancen aufzeigt.

Alle genannten Formen von Vorstellungsgesprächen bieten beiden Seiten die Möglichkeit, sich gegenseitig kennen zu lernen. Dabei spielen die wechselseitigen Kenntnisse – Lebenslauf und Zeugnisse auf der einen Seite, Geschäftsberichte/Zeitungsberichte und Veröffentlichungen auf der Unternehmensseite – die Basis für ein interessantes Gespräch. Der Gesprächsverlauf ist individuell unterschiedlich, lässt sich jedoch häufig in folgende Phasen aufteilen:

– **Gesprächseinstieg:** Begrüßung des Bewerbers und Vorstellung der weiteren Gesprächsteilnehmer, danach

  – Ausbildungsgang des Bewerbers (Schul-/Hochschulausbildung, Berufsausbildung, Praktika, Fort- und Weiterbildung);
  – beruflicher Werdegang des Bewerbers (berufliche Veränderungen, Stellenwechsel, derzeitige Tätigkeit/Position, Zukunftspläne);
  – persönliche Situation des Bewerbers (Familie, Mobilität, Hobbys);
  – Fragen des Bewerbers zur angebotenen Stelle (Einbindung in die Unternehmensorganisation, Mitarbeiterzahl, Führungsstil, Ziele/Perspektiven des Unternehmens);
  – Arbeitsvertragsverhandlungen (Lohn/Gehalt, betriebliche Sozialleistungen und Arbeitszeitregelungen).

– **Gesprächsende:** Ergebnisse zusammenfassen, weitere Vorgehensweise aufzeigen.

Für eine möglichst objektive Beurteilung der Vorstellungsgespräche ist es sinnvoll, Inhalte der Bewerbungsgespräche **schriftlich festzuhalten**.

Während des Gesprächs können wichtige Aussagen mit Hilfe von Notizen oder Standardbeurteilungsbögen festgehalten werden.

Später erfolgt die Auswertung in der Interviewerrunde, indem die genannten Informationen ausgetauscht und bewertet werden.

Abschließend wird evtl. – besonders wenn es sich um die Einstellung einer Führungskraft handelt – ein zweites oder drittes Gespräch vereinbart.

## 6.2.5 Das Arbeitsverhältnis

### 6.2.5.1 Arten des Arbeitsverhältnisses

Der Regelfall ist das **Normalarbeitsverhältnis** eines vollzeitbeschäftigten, unbefristet eingestellten Arbeitnehmers mit fester Arbeitszeit in einer Betriebsstätte.

Einige **Sonderformen** von Arbeitsverhältnissen:

- **Befristet Beschäftigte**, deren Arbeitsverhältnis automatisch ohne Ausspruch einer Kündigung endet (§ 3 Abs. 1 Teilzeit- und Befristungsgesetz – TzBfG).
- **Teilzeitbeschäftigte** sind Arbeitnehmer, deren regelmäßige Wochenarbeitszeit kürzer ist, als die regelmäßige Wochenarbeitszeit vergleichbarer vollbeschäftigter Arbeitnehmer (vgl. § 2 Abs. 1 TzBfG). Teilzeitarbeit **muss vereinbart** werden.
- **Flexible Teilzeitarbeit:** Die Arbeit nach Arbeitsanfall, die so genannte **KAPOVAZ** (kapazitätsorientierte variable Arbeitszeit), hat in den letzten Jahren besondere Bedeutung erlangt. Danach können Betriebe die Lage und Dauer der Arbeitszeit an den Arbeitsanfall anpassen. Ebenso wurden zunehmend **Jobsharing-Verträge** (Arbeitsplatzteilung – § 13 TzBfG) abgeschlossen. Zwei (oder mehr) Arbeitnehmer teilen sich an einem (oder mehreren) Arbeitsplätzen die Arbeitszeit. Beide Formen werden noch ausführlicher dargestellt.
- **Tele-Arbeit:** Wird ein Arbeitsplatz in der Wohnung des Arbeitnehmers eingerichtet, nennt man dies Tele-Arbeit. Zukunftsprognosen sind – auch unter Berücksichtigung neuerer Entwicklungen wie ISDN oder Internet – nur sehr schwer aufstellbar. Bis dato hat die Tele-Arbeit noch keine größere praktische Bedeutung erlangt.
- **Arbeitsverhältnis im Konzern:** Die Globalisierung der Märkte und die damit verbundenen Konzernbildungen führen immer häufiger zu konzernmäßigen Verflechtungen rechtlich selbstständiger Unternehmen. Betriebsverfassungsrechtlich gehört der Arbeitnehmer zu dem Betrieb, in dem er arbeitet. Er ist dort wahlberechtigt und wählbar. Es handelt sich um ein so genanntes gespaltenes Arbeitsverhältnis.

### 6.2.5.2 Arbeitsvertragsabschluss

Dem Abschluss eines Arbeitsverhältnisses gehen meistens Verhandlungen voraus. Im Rahmen der Einstellungsverhandlungen hat der Arbeitgeber zuvor den künftigen Mitarbeiter über die an ihn gestellten Anforderungen des neuen Arbeitsplatzes zu unterrichten und insbesondere auf mögliche gesundheitliche Belastungen hinzuweisen.

Der Arbeitnehmer hat gegenüber dem Arbeitgeber eine Offenbarungspflicht, sofern es um Angelegenheiten geht, die unmittelbar mit der Arbeitsaufnahme bzw. Arbeitsausführung zu tun haben. Kommt der Arbeitnehmer seiner Offenbarungspflicht – insbesondere auf eine zulässige Frage – nicht nach, kann der Arbeitgeber später den Arbeitsvertrag unter Umständen anfechten. Das Arbeitsverhältnis wird dann dadurch beendet, ohne dass es einer Kündigung bedarf.

Worüber jeder Arbeitnehmer seinen zukünftigen Arbeitgeber auf Befragen ausführlich informieren muss, sind seine beruflichen Fähigkeiten. Fragen über den Gesundheitszustand sind nur zulässig, soweit sie für die Arbeitsaufnahme von Bedeutung sind, etwa die Frage nach Allergien bei der Einstellung in einer Firma, die mit vielen chemischen Werkstoffen arbeitet. Stets unzulässig ist die Frage nach vorliegender Schwangerschaft, bisher noch zulässig ist die Frage nach einer Schwerbehinderung.

Für die Begründung des Arbeitsverhältnisses gibt es zwar keine besonderen Formvorschriften. Ein Arbeitsvertrag kann daher mündlich oder schriftlich erfolgen, wobei die Schriftform allerdings die Regel darstellt. Vom Arbeitgeber zu beachten ist jedoch die so genannte **Nachweispflicht** (vergl. § 2 Nachweisgesetz), die dem Arbeitnehmer gegenüber schriftlich zu erfolgen hat (Bestätigung der wesentlichen Punkte des Arbeitsvertrages nach Arbeitsantritt).

Besteht im Betrieb des Arbeitgebers ein Betriebsrat, so ist der Arbeitgeber verpflichtet, vor jeder Einstellung den Betriebsrat anzuhören. Dazu gehört, dass er Auskunft über die Person des Bewerbers, aber auch über die der Mitbewerber gibt. Der Betriebsrat kann die Zustimmung zur Einstellung verweigern, wenn er glaubt, dass einer der in § 99 Abs. 2 BetrVG festgelegten Gründe vorliegt. So kann der Betriebsrat seine Zustimmung verweigern, wenn zu befürchten ist, dass der Arbeitsplatz eines anderen Arbeitnehmers durch die Einstellung gefährdet ist oder wenn die beabsichtigte Einstellung gegen eine gesetzliche Bestimmung verstößt.

Durch den Arbeitsvertragsabschluss zwischen Arbeitgeber und Arbeitnehmer wird das Arbeitsverhältnis begründet. Gegenstand des Arbeitsvertrages sind Dienstleistungen (§ 611 Abs. 1 BGB). Der Arbeitsvertrag ist damit ein Unterfall des Dienstvertrages nach § 611 BGB, aber gleichzeitig der Hauptanwendungsfall. Ist zu klären, ob überhaupt ein Arbeits- oder Dienstvertrag vorliegt, muss entschieden werden, ob die Arbeit fremdbestimmt bzw. weisungsgebunden erfolgt oder selbstständig zu leisten ist (evtl. Scheinselbstständigkeit).

Der Arbeitgeber erlangt das Direktions-/Weisungsrecht und bestimmt im Rahmen geltender Vorschriften Art, Zeit und Ort der zu erbringenden Arbeitsleistung. Der Arbeitnehmer verpflichtet sich durch den Arbeitsvertrag zur Leistung von Arbeit nach diesen Weisungen und hat nach § 613 BGB seine Arbeitsleistung in Person zu erbringen, d. h. er kann sich nicht vertreten lassen (Unübertragbarkeit).

### 6.2.5.3 Rechte und Pflichten des Arbeitnehmers und des Arbeitgebers

Mit Abschluss des Arbeitsvertrages ergibt sich für den Arbeitnehmer die Pflicht zur Erbringung seiner vertraglich versprochenen Leistung, während der Arbeitgeber vor allen Dingen zur Zahlung des **vereinbarten Entgelts** verpflichtet ist.

Wie die Arbeitsleistungen zu erbringen sind und welchen Lohn der Arbeitnehmer dafür erhält, liegt grundsätzlich im Verhandlungsermessen der Parteien, die den Arbeitsvertrag abschließen, es sei denn, es gilt für sie ein bestimmter Tarifvertrag oder eine Betriebsvereinbarung mit genaueren Maßgaben.

Üblicherweise wird ein Arbeitsvertrag auf unbefristete Zeit abgeschlossen. Der Arbeitgeber ist jedoch auch berechtigt, befristete Verträge anzubieten, z. B. für eine Urlaubsvertretung, wegen Krankheit, künftiger Produktionssteigerung oder als Schwangerschaftsvertretung. Ohne solche sachlichen Gründe ist eine Befristung bis zu zwei Jahren zulässig (§ 14 Abs. 2 TzBfG). Befristete Arbeitsverträge enden, ohne dass es einer Kündigung bedarf, durch Zeitablauf oder »Zweckbefristung« (§ 15 TzBfG).

Ist der Arbeitsvertrag abgeschlossen, so ergibt sich für den Arbeitnehmer hieraus die **Arbeitspflicht**. Zu leisten hat er alle Arbeiten, zu denen er sich im Arbeitsvertrag verpflichtet hat. Je genauer die Tätigkeit im Arbeitsvertrag beschrieben ist, desto enger ist der Spielraum des Arbeitgebers, den Arbeitnehmer mit anderen Aufgaben im Rahmen seines **Weisungsrechts** zu betrauen.

Je allgemeiner hingegen im Arbeitsvertrag die auszuführenden Tätigkeiten des Mitarbeiters beschrieben sind, desto größer ist das Weisungsrecht des Arbeitgebers. Dabei ist jedoch zu berücksichtigen, dass in jedem Arbeitsverhältnis durch die langfristige Ausübung ein und derselben Tätigkeit eine Konkretisierung des Tätigkeitsbereiches eintritt.

Zur Arbeitsleistung ist der Arbeitnehmer **zeitlich** nur insoweit verpflichtet, wie dies im Arbeitsvertrag bestimmt oder tarifvertraglich festgelegt ist.

Die Qualität der zu erbringenden Arbeit ergibt sich aus der für die ausgeübte Tätigkeit üblicherweise erwarteten **Normalleistung**.

Der Arbeitnehmer hat während der gesamten Laufzeit des Arbeitsvertrages seine Arbeitsleistung zu erbringen, wobei diese Pflicht bei Vorlage besonderer Umstände entfällt, ohne dass dadurch gleichzeitig der Arbeitgeber von seiner Entgeltzahlungspflicht befreit wird. Dazu gehören u. a. die Urlaubszeiten, die Fehlzeiten wegen Krankheit und die Fehlzeiten wegen kurzfristiger anderer Verhinderungen (häufig in Tarifverträgen geregelt).

Erbringt ein Arbeitnehmer eine fehlerhafte Leistung, so ist der Arbeitgeber grundsätzlich nicht berechtigt, eine Lohnminderung vorzunehmen. Möglicherweise ergibt sich jedoch eine **Schadensersatzpflicht** des Arbeitnehmers, wenn dieser (grob) fahrlässig oder sogar vorsätzlich den Schaden aufgrund des Fehlers herbeigeführt hat. Es ist durch die arbeitsrechtliche Rechtsprechung anerkannt, dass eine volle Haftung des Arbeitnehmers jedoch nicht für jede Unachtsamkeit in Betracht kommt; bei leichter Fahrlässigkeit haftet er häufig gar nicht, bei mittlerer anteilig.

Neben dem monatlichen Lohn oder Gehalt erhält die Mehrzahl der Arbeitnehmer so genannte **Gratifikationen.** Eine Gratifikation ist eine Sonderzuwendung, die aufgrund eines besonderen Anlasses gewährt wird, wie z. B. Weihnachten, Urlaub und Jubiläen. Ein Rechtsanspruch auf diese Zahlungen kann sich für den Arbeitnehmer aus dem Arbeitsvertrag, der Betriebsvereinbarung oder dem Tarifvertrag ergeben. Selbst wenn der Anspruch nicht ausdrücklich vereinbart ist, ergibt sich für den Arbeitgeber eine Zahlungspflicht bereits dann, wenn er wiederholt und vorbehaltlos Gratifikationen gezahlt hat. Scheidet ein Arbeitnehmer durch Eigenkündigung nach Erhalt der Gratifikation aus, so ergibt sich für ihn eine Rückzahlungspflicht, soweit Entsprechendes vereinbart worden war.

Der Arbeitsvertrag ist ein **gegenseitiger** Vertrag, der den Arbeitgeber zur Zahlung des Lohnes verpflichtet, während der Arbeitnehmer seine Arbeitsleistung zu erbringen hat. In bestimmten Fällen entfällt jedoch die Erbringung der Arbeitsleistung, nicht aber die Entgeltzahlungspflicht des Arbeitgebers. Dazu gehört die Zahlungspflicht im **Krankheitsfall.** Bei unverschuldeter Arbeitsunfähigkeit infolge Krankheit hat der Arbeitnehmer einen gesetzlichen Anspruch auf Lohn- oder Gehaltsfortzahlung für die Dauer von sechs Wochen. Der Anspruch ergibt sich sowohl für Arbeiter als auch für Angestellte aus dem Entgeltfortzahlungsgesetz und wurde nach erfolgter Novellierung wieder von 80% auf 100% heraufgesetzt.

Nach dem Bundesurlaubsgesetz hat der Arbeitgeber jedem Arbeitnehmer einen **Jahresurlaub** von mindestens 24 Werktagen zu gewähren und das Entgelt während dieser Zeit ungekürzt weiterzuzahlen. Die Urlaubsdauer wird häufig durch den Arbeitsvertrag, Tarifverträge oder Betriebsvereinbarungen zugunsten der Arbeitnehmer verlängert.

Der Arbeitnehmer erwirbt diesen Urlaubsanspruch jedoch nicht gleich bei Eintritt in das Arbeitsverhältnis, sondern er muss eine Wartezeit von sechs Monaten durchlaufen. Der Arbeitgeber ist berechtigt, Betriebsferien festzulegen, allerdings muss er dabei die Interessen der Arbeitnehmer berücksichtigen, insbesondere die Lage der Schulferien.

Erkrankt ein Arbeitnehmer im Urlaub, so verlängert sich der Urlaub nicht automatisch um die Krankheitstage; dem Arbeitnehmer steht aber für die Dauer der Krankheit erneut Urlaub zu.

### 6.2.5.4 Beendigung des Arbeitsvertrages

Zur Beendigung kann es aus sehr unterschiedlichen Gründen kommen:

– Bei **Ablauf** eines befristeten Arbeitsvertrages bedarf es keiner Kündigung.
– Der Arbeitgeber kann durch **Anfechtung** das Arbeitsverhältnis mit sofortiger Wirkung durch einseitige Willenserklärung beenden (z. B. wegen arglistiger Täuschung seitens des Arbeitnehmers beim Einstellungsverfahren).

- Erreicht der Arbeitnehmer die im Arbeitsvertrag vereinbarte **Altersgrenze**, so endet der Arbeitsvertrag mit diesem Datum.
- Tritt **Berufs- oder Erwerbsunfähigkeit** ein, endet das Arbeitsverhältnis, wenn dies z. B. in Tarifverträgen geregelt ist, ansonsten durch Kündigung.
- Mit dem **Tod des Arbeitnehmers** endet das Arbeitsverhältnis.
- Das Arbeitsverhältnis endet durch **Kündigung** des Arbeitgebers oder Arbeitnehmers, hierzu ausführlicher im Folgenden.

Auch **ordentliche**, d. h. fristgerechte Kündigungen des Arbeitgebers sind oft nur möglich, wenn dem betreffenden Arbeitnehmer ein Fehlverhalten vorgeworfen werden kann. Dieses Fehlverhalten muss, um Rechtsfolgen herbeizuführen, dem Arbeitnehmer in Form einer **Abmahnung** schriftlich mitgeteilt werden. Die jeweiligen Vorwürfe sind dort **genau** zu beschreiben und zeitlich – auch bei diversen Vorfällen – zu präzisieren. Auf die **Folgen** bei erneuten Pflichtverletzungen (Kündigung des Arbeitsverhältnisses) ist hinzuweisen. Die Abmahnung sollte der Arbeitgeber sich quittieren lassen. Der Abmahnung ist in den meisten Fällen eine Verwarnung vorausgegangen, für die diese Formalien jedoch nicht gelten.

Beim Abmahnverfahren sind die betriebsverfassungsrechtlichen Vorschriften zu beachten. Die Einschaltung des Betriebsrats empfiehlt sich in jedem Fall.

Bei der ordentlichen Kündigung durch einen der Vertragspartner sind **Kündigungsfristen** zu berücksichtigen. Bestehen keine vertraglichen oder tariflichen Regelungen, gelten hinsichtlich der Fristen gesetzliche Bestimmungen. Diese legten lange Zeit für Arbeiter und für Angestellte unterschiedliche Fristen fest.

Am 15. Oktober 1993 ist die Neufassung des § 622 BGB (Kündigungsfristen bei Arbeitsverhältnissen) in Kraft getreten:

Danach beträgt die vom Arbeitgeber und vom Arbeitnehmer einzuhaltende Grundkündigungsfrist 4 Wochen zum 15. oder zum Ende eines Kalendermonats.

Diese Frist gilt einheitlich für Angestellte und Arbeiter.

Die verlängerten Kündigungsfristen für eine **Arbeitgeber**kündigung (§ 622 Abs. 2 BGB) betragen nach 2-jähriger Betriebszugehörigkeit 1 Monat, nach 5-jähriger Betriebszugehörigkeit 2 Monate, nach 8-jähriger Betriebszugehörigkeit 3 Monate, nach 10-jähriger Betriebszugehörigkeit 4 Monate, nach 12-jähriger Betriebszugehörigkeit 5 Monate, nach 15-jähriger Betriebszugehörigkeit 6 Monate und nach 20-jähriger Betriebszugehörigkeit 7 Monate, jeweils zum Monatsende. Bei der Berechnung der Beschäftigungsdauer werden Zeiten, die vor der Vollendung des 25. Lebensjahres des Arbeitnehmers liegen, nicht berücksichtigt.

Ein **Arbeitnehmer** kann unter Beachtung der Grundkündigungsfrist seinen Arbeitsvertrag unabhängig von der Dauer seiner Betriebszugehörigkeit auflösen.

Der Arbeitgeber hat bei Kündigungen eine Reihe gesetzlicher Vorschriften zu beachten. Dabei gibt es vielfältige Schutzvorschriften und Kündigungsverbote.

- Wenn das **Kündigungsschutzgesetz** anwendbar ist, sind Kündigungen nur dann wirksam, wenn sie sozial gerechtfertigt sind, d. h., wenn für die Kündigung ausreichende Gründe in der Person oder im Verhalten des Arbeitnehmers vorliegen oder aber dringende betriebliche Erfordernisse die Kündigung gerade dieses Arbeitnehmers rechtfertigen.
- Besonderen Kündigungsschutz genießen **Betriebsräte** und **Jugendvertreter** während ihrer Amtszeit. Das Kündigungsverbot wird ausgedehnt auf ein Jahr nach Ausübung dieses Amtes. Außerdem sind die Mitglieder eines Wahlvorstands und die Bewerber um einen Sitz im Betriebsrat bis zur Betriebsratswahl nicht kündbar.
- Werdenden Müttern und Wöchnerinnen darf bis zu 4 Monaten nach der Entbindung nach dem **Mutterschutzgesetz** nicht gekündigt werden (§ 9 MuSchG).

- Nach dem **Arbeitsplatzschutzgesetz** darf Wehr- und Ersatzdienstleistenden während ihrer Dienstzeit nicht gekündigt werden.
- Das **Sozialgesetzbuch IX** (früher: Schwerbehindertengesetz) verbietet die Kündigung von schwerbehinderten Menschen ohne vorherige Zustimmung des Integrationsamtes (früher: Hauptfürsorgestelle).
- Grundsätzlich sind alle Kündigungen des Arbeitgebers, die ohne vorherige Anhörung des **Betriebsrats** ausgesprochen werden, unwirksam (§ 102 BetrVG).

Die oben beschriebenen Kündigungsfristen und Kündigungsverbote gelten für ordentliche Kündigungen. **Außerordentliche (»fristlose«)** Kündigungen des Arbeitgebers bei Vorliegen eines wichtigen Grundes sind davon nicht berührt. Allerdings ist nach dem Betriebsverfassungsgesetz der Betriebsrat auch bei einer fristlosen Kündigung vor deren Ausspruch (unter Einhaltung bestimmter Fristen) zu hören. Fristlose Kündigungen sind immer dann möglich, wenn dem Arbeitnehmer schwere Pflichtverletzungen vorgeworfen werden können. Diebstahl oder andere Vermögensdelikte, erhebliche und ständige Arbeitsversäumnisse, grobe Beleidigungen, Arbeitsverweigerungen, Tätlichkeiten und ähnliche Verstöße führen am häufigsten zu gerechtfertigten fristlosen Kündigungen.

Eine Sonderform ist die **Änderungskündigung:** Diese ist nicht auf die Beendigung des Arbeitsverhältnisses ausgerichtet, sondern wird ausgesprochen, um eine Änderung von Arbeitsbedingungen herbeizuführen. Dazu können zählen: die Übertragung anderer Aufgaben innerhalb des Unternehmens und damit unter Umständen verbunden eine Umgruppierung innerhalb des bestehenden Tarifvertrages, die Veränderung der regelmäßigen täglichen oder wöchentlichen Arbeitszeit oder eine Änderung von sozialen Leistungen. Die Änderungskündigung beinhaltet, dass gleichzeitig mit der Kündigung die Fortsetzung des Arbeitsverhältnisses angeboten wird – allerdings eben unter anderen Bedingungen.

Für jede Kündigung ist die **Schriftform** zwingend; das Ensprechende gilt für Aufhebungsverträge (vergl. § 623 BGB).

Fühlt sich ein Arbeitnehmer durch eine Kündigung in seinen arbeitsvertraglichen Rechten beeinträchtigt, hat er die Möglichkeit, **binnen 3 Wochen** nach Zugang der Kündigung das **Arbeitsgericht** anzurufen. Ein Arbeitsgerichtsverfahren kann bei Vorliegen bestimmter Voraussetzungen über drei Instanzen geführt werden:

- Arbeitsgericht,
- Landesarbeitsgericht,
- Bundesarbeitsgericht.

Kündigungsschutzfragen werden außerdem in Abschnitt 6.9.1 behandelt; zum arbeitsgerichtlichen Verfahren siehe noch Abschnitt 6.9.5.

### 6.2.5.5 Personalabbau

Im Rahmen der Personalanpassungsplanung (vgl. Abschn. 6.1.2.2) ist bereits kurz auf die Thematik des Personalabbaus eingegangen worden. Drei abgestufte Maßnahmenbündel sind in diesem Zusammenhang interessant:

In einem Unternehmen wird man zunächst versuchen, so genannte **»weiche« Personalanpassungen** vorzunehmen, d. h. ohne Entlassungen auszukommen. Maßnahmen zeitlicher Art könnten in diesem Zusammenhang sein:

- Abbau von Überstunden,
- Befristete Verkürzung der Arbeitszeit (Kurzarbeit),
- Umwandlung von Voll- in Teilzeitarbeitsplätze,
- Versetzungen.

Während durch diese Maßnahmen noch keine direkten Personalbestandsänderungen erfolgen, kann in einem nächsten Schritt **Personalabbau ohne Entlassungen** erzielt werden. Dazu zählen

- Einstellungsstopps,
- Abbau von Leiharbeit,
- Nicht-Verlängerung befristeter Arbeitsverträge,
- Vorruhestandsvereinbarungen,
- Aufhebungsverträge/Outplacement.

Waren die genannten Vorgehensweisen ohne durchgreifenden Erfolg, verbleibt der Unternehmensleitung die Durchführung »**harter**« **Personalanpassungen** durch **Entlassungen:**

- Einzelentlassung (Kündigung durch den Arbeitgeber),
- Massenentlassung (mit/ohne Sozialplan).

In beiden Fällen sind die gesetzlichen Bestimmungen, insbesondere die Einhaltung von Kündigungsfristen, die Beteiligung des Betriebsrates und bei Massenentlassungen die Anzeige-/Begründungspflicht bei der Agentur für Arbeit zu beachten!

## 6.3 Personalbeurteilung und Personalentwicklung

### 6.3.1 Bedeutung der Personalentwicklung

Der Begriff Personalentwicklung hat in den letzten zehn Jahren rasante inhaltliche Veränderungen erfahren. Berücksichtigt man die jüngsten Entwicklungen (mehr Qualität von Produkten und Dienstleistungen nach innen und außen), wird der Wandel verständlicher:

- **Unternehmensphilosophie** mit ihrem Ausdruck von Normen, Werten und Einstellungen findet in der durch alle Mitarbeiter gelebten Unternehmenskultur ihre Umsetzung.
- **Unternehmensziele** werden in einem Atemzug mit Mitarbeiterbedürfnissen genannt.
- **Mitarbeiterpotenziale** werden ebenso ermittelt wie **Bildungsbedarfe**.
- Individuelle **Beratung** aller Mitarbeiter und/oder von Abteilungen/Fachbereichen im langfristigen Zielkorridor sind gefragt.
- **Wissen** und **Können** sind ein Teil des Ganzen – nun kommen als Ergänzung das **Dürfen** und **Möglichsein** und das **Machen** hinzu (vgl. 6.5.1).

Um diesen neuen Ansprüchen an die Mitarbeiter des Unternehmens gerecht werden zu können, musste die **berufliche Erstausbildung** und die **Fort- und Weiterbildung** verbessert sowie um neue Gesichtspunkte bzw. Themengebiete erweitert werden.

Die Personalabteilung als Dienstleister, der Mitarbeiter als Kunde, die Einflüsse des Qualitätsmanagements und vieles mehr zeigen sowohl den Unternehmen als auch den Mitarbeitern die Notwendigkeit, gemeinsam neue Ansätze und Ziele im Bereich der betrieblichen Bildung aufzustellen. Betriebsräte haben durch die §§ 96-98 BetrVG umfangreiche Mitbestimmungsrechte bei der Personalentwicklung eines Unternehmens und können Maßnahmen direkt vorschlagen.

Personalentwicklung bedeutet die systematische Förderung von Mitarbeitern und beinhaltet die Feststellung des Bildungsbedarfs sowie die Vermittlung neuer (Er-)Kenntnisse und Verhaltensweisen mit Hilfe geeigneter Methoden.

## 6.3.2 Möglichkeiten der Mitarbeiterförderung

Die Mitarbeiter des Unternehmens sollen im Rahmen der Personalentwicklung für laufende und zukünftige Aufgaben qualifiziert werden. Bereits mit Eintritt ins Unternehmen sollte eine Einschätzung des Mitarbeiter-Potenzials erfolgen und eine grobe Laufbahnplanung aufgestellt werden. **Nachwuchskräfteförderung** wird ebenso thematisiert wie **Nachfolgeplanungen**.

Neue Technologien, rasanter technischer Fortschritt, sich ändernde Wertvorstellungen, gesellschaftlich-struktureller Wandel und ständig steigende Informationsflut auf allen Gebieten erfordern ein Umdenken jedes Einzelnen: Der erlernte Beruf wird künftig »nur« Basis sein für ein lebenslanges Lernen.

Für die Unternehmen bedeutet es, die Konkurrenzfähigkeit und Marktbehauptung des Unternehmens durch qualifizierte und laufend fortgebildete Mitarbeiter absichern zu müssen. Voraussetzung für eine effiziente Mitarbeiterförderung bzw. Personalentwicklung ist, dass sich Unternehmen und Mitarbeiter über die im Rahmen der Unternehmensphilosophie aufgestellten Ziele und deren Erreichung geeinigt haben.

Der Mitarbeiter hat beispielsweise ein Interesse daran, dass

– seine erreichte Stellung gesichert wird,
– sein beruflicher Aufstieg gefördert wird,
– bisher ungenutzte Fähigkeiten erschlossen werden,
– seine Qualifikation an die Ansprüche des Arbeitsplatzes angepasst wird,
– ihm größere Verantwortung übertragen wird.

Die Unternehmensinteressen bestehen u. a. darin,

– teure Personalbeschaffungsmaßnahmen zu reduzieren,
– Fluktuationsraten zu senken,
– Schlüsselqualifikationen zu sichern und zu verbessern und
– das Firmenimage positiv zu beeinflussen.

Personalentwicklungsmaßnahmen binden nicht unerhebliche finanzielle Kapazitäten. Der Erfolg von Personalentwicklung ist zudem häufig nicht unmittelbar **direkt** messbar. In wirtschaftlich schwierigen Zeiten wird daher aus Kostengründen in Unternehmen auf Mitarbeiterförderung ganz oder teilweise verzichtet. Um dem zu begegnen, gibt es Modelle, in denen Betriebe sich mit ihren Mitarbeitern darauf geeinigt haben, dass das Unternehmen die Finanzierung einer Fortbildung übernimmt und der Mitarbeiter das Seminar zum Teil in seiner Freizeit besucht.

## 6.3.3 Aufgaben, Ziele und Anlässe der Personalbeurteilung

Ein Großteil deutscher Unternehmen, insbesondere die Großunternehmen, führen **periodisch** eine Personalbeurteilung durch. Sie dient einmal den Mitarbeitern, um zu erfahren, wie ihre Leistungen von den Verantwortlichen des Unternehmens beurteilt werden und zum anderen dem Unternehmen, um aufgrund von Beurteilungsgesprächen den optimalen Einsatz vornehmen zu können. Nicht zuletzt dient die Personalbeurteilung als Hilfsmittel bei der Festlegung einer leistungsgerechten Entlohnung.

Die Personalbeurteilung bildet die Informationsgrundlage für notwendige Maßnahmen und deren Erfolgsmessung im Rahmen der Personalentwicklung.

Darüber hinaus können Personalbeurteilungen Grundlage für **Beförderungen, Versetzungen** und **Entlassungen** sein. Personalbeurteilungen sind des Weiteren ein wesentliches Element zur optimalen Kommunikation zwischen Mitarbeitern und Vorgesetzten. Auch können sie als Leistungsmotivation dienen, wenn die Vergütung oder die Beförderung von dem Ergebnis der Personalbeurteilung beeinflusst werden. Außerdem kann eine periodische Personalbeurteilung auch das Ziel verfolgen, durch die erzwungene Offenlegung von anderenfalls im Verborgenen vorgenommenen stillschweigenden Beurteilungen dem Mitarbeiter die gewünschte und notwendige Rückmeldung darüber zu geben, wie er eingeschätzt wird.

Die Personalbeurteilung unterscheidet grundsätzlich zwischen der Beurteilung eines Arbeitsergebnisses und eines Arbeitsverhaltens.

Die am häufigsten vorkommenden Beurteilungskategorien und ihre Merkmale sind

- das **Leistungsergebnis,** das sich in Arbeitstempo, Arbeitsmenge und Arbeitsgüte ausdrückt;
- das **Führungsverhalten,** das an der Art und Intensität der Delegation, der Förderung der Mitarbeiter und des Führungsverhaltens gemessen werden kann;
- das **allgemeine Verhalten** des Mitarbeiters, das sich in der Zusammenarbeit, in der Belastbarkeit und in der Zuverlässigkeit des Mitarbeiters ausdrückt;
- die **angewandte Qualifikation,** die sich aus den Fachkenntnissen, dem Fachkönnen und dem Fachwissen des Mitarbeiters ergibt;
- das **Potenzial** des Mitarbeiters, ausgedrückt in Urteilsfähigkeit, Durchsetzungsvermögen und Dispositionsfähigkeit;
- die **Persönlichkeit** des Mitarbeiters, erkennbar durch seine Initiative, seine Auffassungsgabe und seine Kontaktfähigkeit.

Im Bereich der einzelnen Schritte der Personalbeurteilung ist das Gespräch mit dem Mitarbeiter das wichtigste Element.

Das Mitarbeitergespräch sollte immer vom Vorgesetzten geführt werden. Da das **Beurteilungsgespräch** einen sehr großen Einfluss auf die Motivation des Mitarbeiters haben kann und darüber hinaus Inhalt und Art der Beurteilungsgespräche auf das Betriebsklima wirken können, müssen die Gespräche mit einem hohen Maß an Verantwortungsbewusstsein geführt werden!

Das Beurteilungsgespräch dient dazu, dem Mitarbeiter das Ergebnis der Beurteilung mitzuteilen. Daneben hat es aber auch die Aufgabe, Schwachpunkte des Beurteilten zu erläutern und den Grundstein für eine Leistungsverbesserung zu legen.

Für den **Ablauf** eines Beurteilungsgespräches mit dem Mitarbeiter sind folgende Punkte zu berücksichtigen:

- Das Gespräch sollte nur zwischen dem Vorgesetzten und dem Beurteilten und in einer entspannten Atmosphäre stattfinden.
- Es müssen negative und positive Kriterien besprochen werden. Dabei ist es wichtig, dass sich Tadel stets auf die Sache bezieht und Lob auf die Person.
- Allgemeine und schematische Kritik muss vermieden werden.
- Dem Mitarbeiter muss die Möglichkeit gegeben werden, zum Ergebnis der Beurteilung Stellung zu nehmen.

Es muss generell versucht werden, gemeinsam mit dem Mitarbeiter über Möglichkeiten zu sprechen, Schwierigkeiten zu überwinden. Dazu gehört besonders, innerbetriebliche oder außerbetriebliche Fort- und Weiterbildungsmaßnahmen zu besprechen.

Der Erfolg eines Beurteilungsgespräches sowohl für den Mitarbeiter als auch für die Zielsetzung des Unternehmens hängt nicht zuletzt von einer vertrauensvollen, strukturierten Gesprächsführung ab.

Personalbeurteilung ist ein sehr sensibles Feld der Personalführung. Auf der einen Seite ist die Qualität der Mitarbeiter für die Erreichung des Unternehmenszieles von sehr großer Bedeutung; andererseits kommt es in der betrieblichen Praxis sehr oft zu Konflikten, die nicht zuletzt beim Mitarbeiter dadurch entstehen, dass er die Gefahr sieht, willkürlich behandelt zu werden.

Dies kann sowohl durch umfangreiche Vorbereitung und Schulung der beurteilenden Vorgesetzten vermieden werden, als auch durch die Offenlegung der Kriterien, nach denen eine Personalbeurteilung durchgeführt wird.

In §§ 82, 83 und 94 des BetrVG sind verbindliche Regelungen getroffen worden:

§ 82 BetrVG regelt das **Anhörungs- und Erörterungsrecht** des Arbeitnehmers. Dazu zählt das Recht des Arbeitnehmers, zu Maßnahmen des Arbeitgebers, die ihn betreffen, gehört zu werden. Darüber hinaus hat er das Recht, über die Beurteilung seiner Leistungen sowie die Möglichkeiten seiner beruflichen Entwicklung mit dem Arbeitgeber zu sprechen.

§ 83 BetrVG gewährt dem Arbeitnehmer das Recht, **Einsicht** in die über ihn geführten Personalakten zu nehmen.

In § 94 BetrVG ist die Einführung von **Personalfragebogen** und **Beurteilungsgrundsätzen** geregelt. Danach hat der Betriebsrat bei der Einführung ein Mitbestimmungsrecht.

Darüber hinaus befinden sich in fast allen Verbandstarifverträgen und Haustarifverträgen Regelungen über das Verfahren bei Personalbeurteilungen, aber auch in weiteren Gesetzen, wie z. B. in den Mitbestimmungsgesetzen.

## 6.3.4 Arten und Phasen der Personalbeurteilung

Es gibt eine Reihe verschiedener **Arten** der Personalbeurteilung. Sie alle können in der betrieblichen Praxis angewendet werden, wobei die Anwendbarkeit von der Größe und der Art eines Unternehmens abhängt.

**Beurteilung nach Leistungsstandard**

Grundlage einer solchen Beurteilung ist das Leistungsziel bzw. eine vom Unternehmen formulierte Idealvorstellung. Beide sind als Standards in der Stellenbeschreibung festgelegt und in Gruppen- oder Einzelgesprächen oder im Rahmen der Personalführung beschrieben. Die Beurteilung in dieser Form stellt dann einen Soll-/Ist-Vergleich dar.

**Freie Merkmalsbeurteilung**

Dieses Beurteilungssystem lässt dem Beurteiler die Möglichkeit, frei zu formulieren. Der Mitarbeiter wird hinsichtlich seiner Leistung, seines Verhaltens und anderer Kriterien beurteilt.

**Rangordnungsverfahren**

Bei dieser Art der Beurteilung werden die Mitarbeiter in eine Rangordnung gebracht. Dabei unterscheidet man nach der **summarischen** und der **analytischen** Methode. Bei der summarischen Beurteilung wird die Leistung des Mitarbeiters insgesamt betrachtet, bei der analytischen Methode werden einzelne Kriterien festgelegt und beurteilt. Durch die Ermittlung einer Wertsumme ergibt sich dann ein Gesamtergebnis.

Das Rangordnungsverfahren eignet sich besonders bei Gesamtbeurteilungen innerhalb eines Unternehmens. Dabei unterscheidet man in zwei verschiedene Formen, den Paarvergleich und die erzwungene Verteilung.

Beim **Paarvergleich** wird jeder Mitarbeiter, bezogen auf alle Merkmale mit allen anderen Mitarbeitern, verglichen. Ein Rangplatz ergibt sich dann aus der Häufigkeit, mit der ein Beurteilter als derjenige mit der besseren Leistung eingestuft wurde.

Bei der **erzwungenen Verteilung** wird dem Beurteiler eine Schätzskala, z. B. für die Leistung, vorgegeben und die Anzahl der Personen, die den einzelnen Skalenwerten zugeordnet werden sollen. Die Anzahl der Personen entspricht einer **Normalverteilungskurve**.

### Beurteilung durch Kennzeichnung vorgegebener Aussagepaare

Bei dieser Beurteilung unterscheiden wir

### Das Zwangswahlverfahren:

Dabei stellt man verschiedene Verhaltensbeschreibungen zusammen, von denen man annimmt, dass sie mit der Leistung oder dem Erfolg zusammenhängen. Danach bildet man jeweils Paare solcher Beschreibungen, die vom Beurteiler als etwa gleich vorteilhaft oder unvorteilhaft angesehen werden, bei denen aber ein großer Unterschied hinsichtlich ihres Zusammenhangs mit der Leistung oder dem Erfolg angenommen oder gar gemessen wird.

Der Beurteiler muss bei jedem dieser Paare diejenige Beschreibung ankreuzen, die seiner Meinung nach am ehesten auf den Beurteilten zutrifft. Zweck dieses Verfahrens ist es, bewusste Bevorzugungen oder Benachteiligungen durch den Beurteiler auszuschließen.

### Das Checklistverfahren:

Beim Checklistverfahren werden auf einer Liste mit Eigenschaftswörtern oder kurzen Verhaltensbeschreibungen die für die zu beurteilende Person zutreffenden Angaben angekreuzt. Die Auswertung erfolgt dann später durch andere Personen nach bestimmten Kriterien.

### Beurteilung nach der Methode der kritischen Vorfälle

Bezogen auf einen Arbeitsplatz soll der Beurteiler qualitative Merkmale dadurch quantifizieren, dass er die jeweils positiven und negativen Vorfälle festhält. Die Häufigkeit der positiven und negativen Fälle wird dann gezählt und aus dem Überwiegen der einen oder anderen Vorfallsart kann ein quantitatives Ergebnis gewonnen werden. Darüber hinaus können durch verschiedene Gewichtung die einzeln betrachteten Vorfälle hinsichtlich ihrer Bedeutung berücksichtigt werden.

### Beurteilung durch Einstufung

Diese Beurteilung stellt eine **Skalenwertbeschreibung** dar, für die Bewertungen von z. B. »sehr gut – gut – zufriedenstellend – schlecht« aufgestellt werden.

Der Beurteiler muss einen der vorgegebenen Skalenwerte ankreuzen und gibt damit seine Einschätzung an.

Um ein möglichst objektives Ergebnis der Personalbeurteilung zu erhalten, sind außerdem mehrere **Phasen** der Personalbeurteilung zu durchlaufen, die im Folgenden beschrieben werden sollen.

Die **erste Phase** ist die Zeit der **Beobachtung** des Mitarbeiters durch den Beurteiler. Dabei muss sichergestellt sein, dass der Beurteiler über einen längeren Zeitraum mit dem Mitarbeiter zusammenarbeitet und so den Mitarbeiter, ohne dass dieser sich kontrolliert fühlt, beobachten und dessen natürliches Verhalten feststellen kann.

Außerdem ist der Beobachtungszeitraum nicht zu kurz zu wählen, um eine Beobachtung zu verschiedenen Zeitpunkten und unter verschiedenen Situationen vornehmen zu können. Während der Beobachtungsphase sollte sich der Beurteiler über die Ergebnisse seiner Beobachtung laufend Aufzeichnungen anfertigen.

Die **zweite Phase** bezeichnet man als die **Beschreibungsphase.** In ihr werden die schriftlichen Aufzeichnungen zu einer Gesamtbeschreibung zusammengefasst. Dabei ist wichtig, dass alle während der Beobachtungsphase gemachten Erkenntnisse verwendet werden, um den Fehler zu vermeiden, die Beurteilung auf den lediglich kurz zurückliegenden Erkenntnissen aufzubauen.

In der **dritten Phase,** der **Bewertungsphase,** werden die in der Beschreibung festgelegten Erkenntnisse nach den oben beschriebenen Arten der Personalbeurteilungen bewertet. Daraus ergibt sich eine Gesamtbeurteilung, die zur Grundlage des notwendigen Beurteilungsgespräches dient.

Die **vierte Phase,** das **Beurteilungsgespräch,** ist ohne die vorangegangenen Schritte nicht durchführbar. Da der Mitarbeiter ein Recht auf das Beurteilungsgespräch hat, ist dies vom Vorgesetzten sehr sorgfältig vorzubereiten.

Die **fünfte Phase** der Personalbeurteilung ist die **Auswertung**. Da eine Personalbeurteilung Grundlage mehrerer personalwirtschaftlicher Entscheidungen sein kann, wie z. B. Festsetzung der Entlohnung oder Entscheidung über Beförderung oder Entlassung, ist die Auswertung ein sehr wichtiger Punkt der Personalbeurteilung. Ergebnis des Beurteilungsgespräches und Auswertung der Personalbeurteilung werden in die Personalakte übernommen.

## 6.4 Entgeltformen

Grundlage für eine (relative) Entgeltgerechtigkeit in einem Unternehmen ist die Übereinstimmung zwischen dem zu einer gewünschten Unternehmenskultur passenden Mitarbeiterverhalten und dem bestehenden Vergütungssystem.

Aus Arbeitgebersicht sind Löhne und Gehälter ein bedeutsamer Kostenfaktor. Dem Arbeitnehmer garantiert das Entgelt die Sicherung der Existenzgrundlage. Diese unterschiedliche Bewertung des Entgelts führt zu einem dauernden Spannungsfeld zwischen Unternehmer und Mitarbeiter. Dem muss Rechnung getragen werden:

Ziel ist es, eine gerechte Verteilung der Löhne und Gehälter zu gewährleisten.

Bei der Personalentlohnung ist das Mitbestimmungsrecht des Betriebsrats immer dann zu beachten, wenn keine gesetzlichen oder tariflichen Regelungen bestehen. § 77 Abs. 3 BetrVG besagt, dass Arbeitsentgelte und sonstige Arbeitsbedingungen, die (in der Regel) durch Tarifvertrag geregelt werden, nicht Gegenstand einer Betriebsvereinbarung sein können. § 87 Abs. 1 Ziffern 10 und 11 BetrVG regeln die verbleibenden Mitbestimmungsrechte des Betriebsrats bei der betrieblichen Lohngestaltung.

## 6.4.1 Grundlagen, Einflüsse und Zielsetzungen leistungsgerechter Entgeltpolitik

Entgelt ist die Vergütung für geleistete Arbeit. Die Produktivität des Einsatzes der menschlichen Arbeitskraft im Betrieb ist nicht nur von subjektiven und objektiven Bedingungen der Arbeit abhängig sondern auch von der Höhe des gezahlten Arbeitsentgeltes. Der Leistungswille des arbeitenden Menschen wird meistens erst dann voll wirksam, wenn er die Überzeugung hat, angemessen und gerecht entlohnt zu werden.

Die Frage nach der absoluten Lohngerechtigkeit kann nicht beantwortet werden, da es keinen objektiven Maßstab dafür gibt, was gerecht ist.

Um die menschliche Arbeitskraft dennoch unter nachvollziehbaren Kriterien entlohnen zu können, sucht man folglich nach einer relativen Lohngerechtigkeit. Diese ergibt sich durch Festlegung von Entgeltbeträgen in **Tarifverträgen** oder **Betriebsvereinbarungen**, die aufgrund von Verhandlungen zwischen Arbeitgebervertretern und Arbeitnehmervertretern zustande gekommen sind.

Für den Mitarbeiter ist das Entgelt ein Anreiz, seine Arbeitskraft zur Verfügung zu stellen. Es steht außer Zweifel, dass es eine eindeutige Beziehung zwischen Entgelt und Zufriedenheit gibt. Maßgebend ist jedoch häufig nicht die absolute Höhe des Entgeltes für einen Arbeitnehmer, sondern vielmehr der Vergleich des eigenen Entgelts zu Vergleichspersonen oder Vergleichsgruppen innerhalb eines Unternehmens.

Auf der anderen Seite ist das an den Mitarbeiter gezahlte Entgelt ein Kostenfaktor für das Unternehmen. Insofern spielt die Frage der Höhe des Entgeltes eine umso größere Rolle, je lohnintensiver die Produktion des Unternehmens ist.

Diese gegenteiligen Betrachtungsweisen des Entgelts gilt es aufzulösen, d. h. es für das Unternehmen wirtschaftlich und den Mitarbeitern gerecht zu gestalten.

Um zu einer relativen Lohngerechtigkeit zu kommen, gibt es **vier wesentliche Bestimmungsgrößen** für die Entgeltpolitik:

– das anforderungsgerechte Arbeitsentgelt,
– das leistungsgerechte Arbeitsentgelt,
– das verhaltensgerechte Arbeitsentgelt und
– das sozialgerechte Arbeitsentgelt.

**Anforderungsgerecht** ist eine Entlohnung, wenn sie sich nach den Anforderungen richtet, die Arbeitsverrichtung, Arbeitsplatz und Arbeitsbedingungen an den arbeitenden Menschen stellen. Welche Anforderungen im einzelnen Falle an den Arbeitenden gestellt werden, lässt sich durch Beobachtung am Arbeitsplatz ermitteln und in Stellenbeschreibungen festhalten.

Anforderungsgerecht wäre eine Entlohnung auch dann, wenn die verschiedenen Arbeiten entsprechend ihrem Schwierigkeitsgrad entlohnt würden. Dazu bedarf es einer **Arbeitsplatzbewertung**, mit deren Hilfe versucht wird, die unterschiedlichen Anforderungen zu ermitteln und verschiedene Anforderungsarten festzulegen.

**Leistungsgerecht** ist eine Entlohnung, wenn die individuell erbrachte Leistung bezahlt wird. Das setzt jedoch voraus, dass unterschiedliche Leistungen gemessen und bewertet werden können.

**Verhaltensgerecht** ist ein Entgelt, wenn nicht nur die eigentliche Leistung bezahlt wird, sondern im Vordergrund steht, auf welche Art und Weise ein Arbeitnehmer eine Leistung erbracht hat. In der betrieblichen Praxis wird eine verhaltensgerechte Entlohnung oft über Prämien, z. B. für Anwesenheit am Arbeitsplatz praktiziert.

**Sozialgerecht** ist eine Entlohnung, wenn z. B. Lebensalter, Familienstand, Zahl der Kinder, Dauer der Betriebszugehörigekeit berücksichtigt werden.

Weitere Bestimmungsgrößen sind das **arbeitsmarktgerechte** (durch Marktbeobachtung), das **erfolgsgerechte** (z. B. Gewinnbeteiligung) und das **qualifikationsgerechte Arbeitsentgelt** (Qualifikationsdatei).

Da, wie bereits ausgeführt, eine absolute Lohngerechtigkeit nicht möglich ist, empfiehlt es sich, die Entgeltpolitik eines Unternehmens auf allen dieser verschiedenen Bestimmungsgrößen aufzubauen.

Es gibt ohne Frage vielfältige Systeme der Arbeitsplatzbewertung. Die meisten dieser Systeme verwenden zwischen 8 und 15 Anforderungsarten. Bei einer größeren Zahl von Anforderungsarten bestünde die Gefahr, dass häufig die gleichen Anforderungen (nur mit anderen Worten) beschrieben würden. Bei einer zu geringen Zahl der Anforderungsarten entstünde eine unerwünschte Tendenz zur Nivellierung der einzelnen Arbeiten.

Man unterscheidet folgende **Hauptanforderungsarten:**
- Körperliche und geistige Anforderungen,
- Verantwortung,
- körperliche und geistige Belastung,
- Umgebungseinflüsse und Arbeitsbedingungen.

Sind die für die Bewertung einer Arbeit zu Grunde gelegten Anforderungsarten festgelegt, stellt sich die Frage, ob ihnen ein gleichgroßer prozentualer Anteil am Gesamtwert beigemessen werden soll oder ob sie verschieden zu gewichten sind. Fast jedes **analytische Arbeitsbewertungsverfahren** hat seine eigene Gewichtung, sofern nicht darauf verzichtet wird bzw. die Tarifpartner nicht eine bestimmte Gewichtung vereinbaren. Ein wissenschaftlicher Beweis für die Richtigkeit der Gewichtkeit ist nicht zu erbringen. Alle Annahmen beruhen auf Beobachtung und Erfahrung.

Bei der Bewertung der Anforderungsarten der im Betrieb vorkommenden Arbeiten kann so vorgegangen werden, dass man sämtliche Arbeitsverrichtungen einmal nach dem Können, dann nach der Verantwortung, der Arbeitsbelastung usw. ordnet. Diejenige Arbeit, bei der eine bestimmte Anforderungsart im Höchstmaß verlangt wird, erhält in dieser Anforderungsart den Wert 100. Umgekehrt erhält die in einer bestimmten Anforderungsart am niedrigsten gewertete Arbeit den Wert 0.

Von diesem analytischen Verfahren unterscheidet sich das **summarische Verfahren** zur Arbeitsplatzbewertung. Es ist dadurch gekennzeichnet, dass die Arbeitsverrichtungen als Ganzes bewertet werden. Damit ist dieses Verfahren wesentlich einfacher zu handhaben, birgt aber die Gefahr, dass es leicht zu schematisch wird. Bei der Rangfolge aller Verrichtungen entsteht die Frage, wie groß der Unterschied zwischen den aufeinander folgenden Arbeitsverrichtungen ist.

Bei den Arbeitsbewertungsverfahren steht der Arbeitsplatz mit seinen Anforderungen im Vordergrund und ist nicht zu verwechseln mit der Beurteilung des Mitarbeiters, bei der die persönlichen Leistungen bewertet werden.

| Arbeitsbewertungsverfahren | | |
|---|---|---|
| **Verfahren** | analytisch | summarisch |
| Reihung | Rangreihenverfahren | Rangfolgeverfahren |
| Stufung | Stufenwertzahlverfahren | Lohngruppenverfahren |

Arbeitsbewertungsverfahren

**Rangfolgeverfahren:** Alle Arbeitsplätze eines Unternehmens werden aufgelistet. Danach werden sie je nach Arbeitsschwierigkeit oder Bedeutung in eine Rangfolge gebracht. An der Spitze steht der Arbeitsplatz mit der höchsten Beanspruchung, der mit der niedrigsten Beanspruchung am Ende (Anwendung: kleinere Unternehmen mit mehreren gleichartigen Arbeitsplätzen).

**Lohngruppenverfahren:** Unterschiedliche Anforderungen und Schwierigkeitsgrade werden – durch inhaltliche Beschreibungen oder Beispiele erläutert – in mehreren Lohn- oder Gehaltsgruppen abgebildet. In diese werden dann die zu bewertenden Arbeiten eingeordnet (ca. 5-12 Entgeltgruppen).

**Rangreihenverfahren:** Für jede Anforderungsart wird eine Einordnung von der einfachsten bis zur schwierigsten Verrichtung vorgenommen, dann eine Rangreihe gebildet und nach Bedeutung gewichtet. Anschließend wird tarifiert, d. h. das Verhältnis von Arbeitswert zu Grundwert wird gemäß Tarifvertrag festgelegt.

**Stufenwertzahlverfahren:** In diesem Verfahren wird für jede einzelne Anforderungsart eine Punktwertreihe erstellt, wobei die einzelnen Stufen der Reihen genau definiert und durch Arbeitsbeispiele erklärt werden. Mit Hilfe von Gewichtungsfaktoren wird jede Anforderungsart gewichtet. Multipliziert man die jeweilige Stufenwertzahl mit dem Gewichtungsfaktor, so ergibt deren Summe die Gesamtwertzahl.

## 6.4.2 Entgeltformen und Festlegung der Entgelthöhe

Entgelt ist der Oberbegriff für unterschiedliche Vergütungsarten. Im täglichen Gebrauch spricht man bei der Vergütung von Arbeitern von Lohn und bei Angestellten von Gehalt. Typischerweise werden Löhne nach Zeit und/oder Leistung differenziert.

| Entgeltformen | | | | | | |
|---|---|---|---|---|---|---|
| Zeitlohn | | Akkordlohn | | Prämienlohn | | |
| **ohne** Leistungsbewertung | **mit** Leistungsbewertung | Einzelakkord | Gruppenakkord | Mengenprämie | Güteprämie |
| | | leistungsbezogenes Entgelt | | | | |

Entgeltformen

Der Zeitlohn **ohne** Leistungsbewertung bedeutet nicht, dass nur die gearbeitete Zeit vergütet wird, unabhängig von der erbrachten Leistung. Der Arbeitgeber hat schon eine Vorstellung davon, welche Leistung er von dem Mitarbeiter verlangen kann. Der Mitarbeiter kennt diese Vorstellungen ebenso.

**Zeitlohn**

Bezugsgröße für die Entlohnung im Zeitlohn ist die Zeit, die ein Arbeitnehmer arbeitswillig und arbeitsbereit am Arbeitsplatz ist. Bei einem Zeitlohn ohne mittelbaren Leistungsbezug ist es unerheblich, wie hoch der produktive Effekt des Arbeitnehmers ist. In der betrieblichen Praxis wird bei der Anwendung des Zeitlohnes jedoch eine bestimmte Leistung vorausgesetzt. Messbare Größe ist sie allerdings nicht.

Der Zeitlohn findet meist dort Anwendung, wo eine direkte Leistungsmessung nicht möglich ist, wo ein hohes Maß an die Qualität der Arbeit gelegt wird, wo eine hohe Unfallträchtigkeit herrscht oder eine kreative Leistung erforderlich ist.

Die Vorteile des Zeitlohnes liegen in der einfachen Abrechnung und im schonenden Umgang mit den Produktionsfaktoren »Betriebsmittel« und »Arbeitskraft«.

**Leistungslohn**

Beim Leistungslohn ist die Bezugsgröße die Leistung, entweder ausgedrückt als Menge oder als Zeit. Der Leistungslohn wird in der Praxis auch als **Akkordlohn** bezeichnet. Wird die Menge als Bezugsgröße zugrunde gelegt, spricht man vom Stück- oder Geldakkord. Wird die verbrauchte Zeit zur Herstellung einer bestimmten Menge zugrunde gelegt, spricht man vom Zeitakkord. Akkordlöhne können in Form eines Einzelakkords, eines Gruppenakkords oder eines Meisterakkords zur Anwendung kommen.

Der Leistungslohn kommt dort zur Anwendung, wo die erbrachte Leistung exakt gemessen werden kann. Zu seinen Vorteilen gehört der Anreiz des Arbeitnehmers zur Erzielung einer höheren Leistung. Nachteile dieser Entlohnungsform sind eine hohe Belastung der Produktionsfaktoren »Betriebsmittel« und »Arbeitskräfte«.

**Prämienlohn**

Der Prämienlohn kommt in seiner reinen Form kaum zur Anwendung. Bei der Zahlung von Prämienlohn handelt es sich in den meisten Fällen um eine Zusatzzahlung für besondere Tatbestände, wie z. B. bessere Ausnutzung der Rohstoffe, Terminunterschreitungen bei der Fertigstellung von Produktionsstücken oder Erreichung eines höheren Qualitätsstandards.

**Beteiligungslohn**

Der Beteiligungslohn kann ein Instrument sein, die Belegschaft enger an das Unternehmen zu binden.

Möglichkeiten des Beteiligungslohnes sind z. B.

– Beteiligung am Kapital, dann in der Regel in Form von Fonds,
– Beteiligung am Gewinn,
– Beteiligung am Erlös,
– Beteiligung am Deckungsbeitrag.

Welche Form der Entlohnung durch ein Unternehmen gewählt wird, ist einmal abhängig von der Art des Unternehmens und seiner Produktion, zum anderen von der wirtschaftlichen und sozialpolitischen Zielsetzung.

Nachstehend eine kurze Übersicht möglicher Vergütungssonderformen.

| Vergütungssonderformen | | |
|---|---|---|
| Gratifikation, Sondervergütung: | Erfolgsbeteiligung, Beteiligungslohn: | Erfolgsvergütung: |
| Weihnachten, Urlaub, Jubiläum | Gewinnbeteiligung, Ertragsbeteiligung, Leistungsbeteiligung | Vermittlungsprovision |

Sonderformen der Vergütung

# 6 Personalwirtschaft

Wie bereits erwähnt, sind Personalkosten ein sehr wichtiger Kostenfaktor in der Kalkulation eines Unternehmens. Ihre Ermittlung in der Lohn- und Gehaltsabrechnung bereitet wenig Schwierigkeiten, besonders weil sie üblicherweise durch EDV-Programme vorgenommen und die Ergebnisse in die Kostenrechnung übernommen werden. Dabei ist allerdings zu berücksichtigen, dass für die Kostenrechnung entsprechende Abgrenzungen vorgenommen werden.

Je nach Entlohnung können Löhne **fixe** Kosten oder **variable** Kosten sein:

- Beim **Zeitlohn** sind die Lohnkosten je Zeiteinheit konstant, sie nehmen jedoch bei steigender Leistungsmenge je Leistungseinheit ab.
- Beim **Stücklohn** sind die Lohnkosten pro Leistungseinheit konstant. Bei steigender Leistungsmenge steigen die Lohnkosten proportional an.

Lohnkosten können in der Betriebsabrechnung sowohl **Einzelkosten** als auch **Gemeinkosten** sein.

Während die Berechnung der Lohn- und Gehaltskosten im Rechnungswesen der Erfolgsrechnung dient, werden sie in der Kostenrechnung verursachungsgerecht angesetzt. Die Bedeutung der Personalkosten in der Kostenrechnung wurde ausführlich im Kapitel »Kosten- und Leistungsrechnung« behandelt.

## 6.4.3 Entgeltabrechnung

Wie bereits oben beschrieben, kann die Mitarbeitervergütung aus verschiedenen Elementen bestehen:

- einem anforderungs- und qualifikationsabhängigen **Grundentgelt**,
- arbeitssituationsbestimmten **Zulagen** (Schichtarbeit o.ä.),
- **Leistungszulagen**,
- **Sozialleistungen** und
- einer **Erfolgsbeteiligung**.

Die Beträge können Schwankungen unterliegen. Ermittelt wird zunächst das **Bruttoentgelt** für einen bestimmten Zeitraum (z. B. Monatsgehalt). Danach erfolgt die Berechnung des **Nettoentgelts**.

Der Arbeitgeber ist verpflichtet, Lohnsteuern an das zuständige Finanzamt und Sozialversicherungsabgaben an die zuständigen Sozialversicherungsträger abzuführen. Dazu zählen die Beiträge zur

- Rentenversicherung,
- Arbeitslosenversicherung,
- Krankenversicherung,
- Pflegeversicherung,
- Unfallversicherung.

Während die Unfallversicherung (Berufsgenossenschaft) zu 100% vom Arbeitgeber getragen wird, teilen sich Arbeitgeber und Arbeitnehmer die übrigen Beiträge je zur Hälfte. Die Beitragshöhe zur Krankenversicherung ist abhängig von der Höhe des Beitragssatzes der Krankenkasse, der der Arbeitnehmer angehört. Alle anderen aufgeführten Versicherungsbeiträge sind in ihrer Höhe gesetzlich geregelt.

Zur Berechnung des Nettoentgelts bzw. des tatsächlich **auszuzahlenden Betrages** folgen zwei Übersichten.

| Berechnung Nettoentgelt |
|---|
| **Bruttoentgelt** |
| ./. Lohnsteuer  (abhängig von Steuerklasse) |
| ./. Kirchensteuer  (abhängig von Kirchenzugehörigkeit und Bundesland) |
| ./. Solidaritätszuschlag  (in % der Lohnsteuer, gesetzlich geregelt) |
| ./. Rentenversicherung |
| ./. Pflegeversicherung |
| ./. Arbeitslosenversicherung |
| ./. Krankenversicherung |
| = **Nettoentgelt** |

Nettoentgelt-Berechnung

Dieser Nettobetrag ist nicht notwendigerweise auch der Betrag, der tatsächlich zur Auszahlung kommt. Hiervon können noch weitere (persönliche) Abzüge erfolgen.

| Berechnung Auszahlungsbetrag |
|---|
| **Nettoentgelt** |
| ./. vermögenswirksame Leistungen |
| ./. private Telefongebühren am Arbeitsplatz |
| ./. Rückzahlung von Vorschüssen und Darlehen |
| ./. Lohn- und Gehaltspfändungen |
| = **Auszahlungsbetrag** |

Auszahlungsbetrags-Berechnung

Dieser Betrag wird dann für den entsprechenden Abrechnungs-Zeitraum (Woche/Monat) auf das Arbeitnehmerkonto überwiesen.

## 6.5 Führungsverhalten im Betrieb

Unternehmen sind vielfältigen Einflüssen, insbesondere von außen, unterworfen. Sie müssen sich veränderten Umweltsituationen anpassen oder diese bereits antizipativ vorwegnehmen. Gleichgültig jedoch, wie ein Unternehmen in einer speziellen Situation (re-)agiert: die (Re-)Aktion sollte möglichst immer im Einklang mit der Unternehmensphilosophie stehen. Aus dem Leitbild, der Vision des Unternehmens, wird deutlich, wohin es strategisch geführt werden soll. Unternehmensführung bedeutet die zielorientierte Planung, Durchführung und Kontrolle/Steuerung der Organisation.

Zur Zielerreichung ist auch eine Personal- bzw. Mitarbeiterführung erforderlich. Dabei stellt sich die Frage, was Mitarbeiterführung eigentlich ist. Führung im Betrieb beinhaltet unter diesen Aspekten sicherlich, dass die (Führungs-) Kräfte Einfluss auf das Verhalten ihrer Mitarbeiter nehmen und sie im Rahmen der Unternehmensorganisation zu einem bestimmten Verhalten bewegen wollen.

## 6 Personalwirtschaft

Mitarbeiterführung wird folglich charakterisiert durch

– die Ausrichtung an einem gemeinsamen **Ziel**,

– die zu erfüllenden Aufgaben im Rahmen einer spezifischen **Arbeitssituation**,

– die **Einflussnahme** einer Führungskraft auf seine(n) Mitarbeiter.

Ein Patentrezept für »gute« Mitarbeiterführung gibt es sicherlich nicht, wohl aber zahlreiche Theorien, die versuchen, erfolgreiche Führung zu erklären, entsprechende Regelwerke aufzustellen (»wenn....dann«) und damit Erfolg quasi zu garantieren (bzw. garantieren zu wollen).

Dass dies nicht immer der Fall sein muss, zeigt der Wettbewerb:

Einige Unternehmen haben in der Öffentlichkeit, bei ihren Kunden und Mitarbeitern einen guten Ruf und erreichen Spitzenleistungen. Andere haben es vergleichbar schwerer und halten sich mühsam am Markt.

Ein entscheidender Faktor ist jedenfalls, dass die im Rahmen der Leitbilddiskussion aufgestellten Führungsgrundsätze auch tatsächlich im Unternehmen **gelebt** werden.

Das Spannungsfeld zwischen dem Wertesystem des Unternehmens und der gelebten Kultur ist also möglichst klein zu halten. Das »**Klima**« im Unternehmen, d. h. die Erwartungen der Mitarbeiter einerseits und die tatsächlichen Gegebenheiten andererseits, muss stimmen.

Damit zeigt sich deutlich, mit welcher komplexen Problematik sich die nachstehenden Abschnitte beschäftigen und dass allgemeingültige Empfehlungen eher nicht zu erwarten sind.

### 6.5.1 Führungsverhalten als Schlüsselqualifikation

Personalplanung (vgl. Abschn. 6.1.2) berücksichtigt immer auch die entsprechende Personaleinsatzplanung und damit die Frage, welche Einflussgrößen für das (Arbeits-/Leistungs-)Verhalten von Menschen von ausschlaggebender Bedeutung sind:

Führt ein hohes Gehalt sozusagen automatisch zu hoher Leistung?

Oder ist ein Mitarbeiter schon zufrieden, wenn er einen entsprechenden Handlungs- und/ oder Entscheidungsspielraum erhält?

Damit ist die Frage nach entscheidender Einflussgröße auf menschliches Verhalten gestellt.

In jedem Unternehmen geht man davon aus, dass ein Mitarbeiter dann gern in diesem arbeitet und »Leistung« zeigt, wenn er

– **will**,
– **kann** und
– **darf**.

In jüngster Zeit ist ein vierter Faktor hinzugenommen worden: das »**machen**«; denn das Leistungspotenzial eines Mitarbeiters zeigt sich erst im direkten Tun bzw. beim tatsächlichen Umsetzen.

Hierzu nachfolgend eine Abbildung, die die entsprechenden Zusammenhänge verdeutlichen soll.

## Grundlagen menschlichen Verhaltens

| WOLLEN | KÖNNEN | DÜRFEN |
|---|---|---|
| Motivation<br>Erwartung | Eignung<br>Fähigkeiten<br>Fertigkeiten | Möglichsein, Erlaubtsein |
| Leistungs-<br>Bereitschaft | Leistungs-<br>Fähigkeit | Leistungs-<br>Möglichkeit |

**Arbeits-/Leistungsverhalten: MACHEN**

Grundlagen menschlichen Verhaltens

Lässt man das situative Element »Dürfen« einmal außer Acht, so ergeben sich für das menschliche Verhalten folgende individuelle Bestimmungsgrößen:

– angeborene Instinkte und Triebe,
– überwiegend erlernte Bedürfnisse und Motive,
– aus der sozialen Umwelt heraus geprägte/gelernte Werte und Einstellungen,
– größtenteils gelernte Fähigkeiten und Fertigkeiten und
– Erwartungen und Ansprüche.

**Motivationstheorien** spielen als Erklärungsversuche für das Motiviertsein eine besondere Rolle – insbesondere die **Bedürfnispyramide** von MASLOW (vgl. Abschn. 3.3.1 in Buch 1), auf die hier nochmals eingegangen werden soll.

Nach Maslow lassen sich menschliche Bedürfnisse in einer Fünf-Stufen-Hierarchie anordnen. Ausgehend von physiologischen Bedürfnissen als Basis sind die weiteren Bedürfnisebenen der Reihe nach (von unten nach oben) bestimmend für menschliches Verhalten.

Ist das aktuelle Bedürfnis in einem Mindestmaß befriedigt, orientiert sich der Mensch an den Bedürfnissen der nächsten Ebene, – bis hin zum Bedürfnis nach Selbstverwirklichung. Wendet man diese Theorie auf die betrieblichen Belange und das tägliche Leben an, so entstehen folgende fünf Stufen:

**Stufe 1: Physiologische Grundbedürfnisse**
– im täglichen Leben:     Hunger, Durst, Schlaf, Obdach, ...
– betrieblich:     Lohn und Gehalt, Kantine/Essenszuschuss, Mietbeihilfen ...

**Stufe 2: Sicherheitsbedürfnisse**
treten erst dann vollständig in Aktion, wenn die Grundbedürfnisse (fast) ganz erfüllt sind.

– im täglichen Leben:     Geborgenheit, Sicherheit ...
– betrieblich:     Arbeitsplatzsicherheit, Mindesteinkommen, Pension, Unfallversicherung ...

## Stufe 3: Soziale Bedürfnisse
werden dann relevant, wenn die ersten beiden Stufen zur Bedürfnisbefriedigung weitgehend abgedeckt sind.

- im täglichen Leben: soziale Kontakte, Gruppenzugehörigkeit, Sport-/Freizeitbereich...

- betrieblich: Gruppenarbeit, Mitarbeitergespräch, Betriebsausflug...

## Stufe 4: Wertschätzungs-/Ich-Bedürfnisse
- im täglichen Leben: Wunsch nach Anerkennung durch andere, Selbstachtung...

- betrieblich: Delegation von Verantwortung und Entscheidungsbefugnissen, Lob und Anerkennung durch den Vorgesetzten, Titel...

## Stufe 5: Bedürfnis nach Selbstverwirklichung
ist abhängig von der Erfüllung der vorangegangenen Stufen. Erst wenn deren Bedürfnisse weitestgehend erfüllt sind und keine Dominanz mehr ausüben, stehen nunmehr folgende Bedürfnisse im Vordergrund.

- im täglichen Leben: kreative Entfaltung der eigenen Persönlichkeit steht im Mittelpunkt; die eigenen Möglichkeiten sollen ausgeschöpft werden...

- betrieblich: Eigengestaltungsmöglichkeiten der Arbeit bzw. Arbeitszeit, Fortbildungsprogramme, kreative Teamarbeit, Mitbestimmungsmöglichkeiten...

Der Prozess der Bedürfnisbefriedigung ist jedoch nie abgeschlossen. Zur MASLOW-Pyramide ist anzumerken:

- **Generell:** Können die in einer Bedürfnisklasse zusammengefassten Motive als relativ gesättigt angesehen werden, wird die nächsthöhere Ebene von Bedürfnissen dominant.
- **Situationsbedingt:** Kann **eine** Bedürfnisklasse das Denken und Handeln des betreffenden Individuums dominieren – treten die anderen Bedürfnisse in einer solchen Situation zurück, können jedoch in anderen Situationen wieder aktiviert werden.

Defizite der MASLOW-Pyramide:
- Mangelnde Abgrenzbarkeit und Mehrdeutigkeit der Konzepte;
- Verhaltensvorhersagen sind schwierig;
- Rangfolge der Bedürfnisebenen ist kulturabhängig;
- **Frustration** bei fehlender Bedürfnisbefriedigung:
    - definiert als Zustand der Enttäuschung über die Tatsache, dass ein vom Individuum angestrebtes Ziel (Bedürfnisbefriedigung) durch ein äußeres Hindernis, das außerhalb seiner Kontrolle errichtet wurde, ver- oder behindert wird;
    - Konflikte treten als Folge des Nichterreichens angestrebter Ziele trotz motivierten Verhaltens auf.

Daraus wird deutlich, dass die Mitarbeiter eines Unternehmens sich zu einem bestimmten Zeitpunkt auf unterschiedlichen Ebenen der Pyramide befinden können. Konsequenz: Ein bestimmter Anreiz, beispielsweise längerer Urlaub, kann zu ganz unterschiedlichen Wirkungen und Verhaltensweisen führen.

Es muss folglich immer berücksichtigt werden, auf welcher Stufe der Bedürfnispyramide der einzelne Mitarbeiter sich befindet und wo er künftig hinstrebt. Eine Motivation kann dann als optimal bezeichnet werden, wenn die Bedürfnisse von Arbeitnehmer und Arbeitgeber befriedigt werden und damit beide zufrieden sind.

Sieht man in Motiven die Kräfte, die einen Menschen dazu bringen, zielgerichtet etwas Bestimmtes zu tun und verbindet gleichzeitig die beiden Aspekte Motivation und Leistungsverhalten miteinander, lassen sich folgende Zusammenhänge darstellen (R.K. SPRENGER):

|  | Motivation | |
| --- | --- | --- |
|  | **intrinsisch**<br>(»inneres Feuer«, eigener Wille) | **extrinsisch**<br>(Motivierung von außen) |
| **Leistungsbereitschaft**<br>**WOLLEN** | Commitment<br>leben | Demotivation<br>vermeiden |
| **Leistungsfähigkeit**<br>**KÖNNEN** | Stärken nutzen<br>und lernen | Fördernd<br>fordern |
| **Leistungsmöglichkeit**<br>**DÜRFEN** | Spielfeld<br>wählen | Freiraum<br>eröffnen |

Zusammenhang zwischen Motivation und den Grundlagen menschlichen Verhaltens

**Werte** handeln von grundsätzlichen Fragen nach den Ideen des Guten, des Wahren, des Schönen und des Gerechten und sind tiefere Überzeugungen einer Person. Werte ändern sich kaum oder nur sehr langfristig und sind situationsübergreifend und objektunabhängig.

Es gibt Orientierungswerte wie

– »Freiheit, Gleichheit, Brüderlichkeit«,
– »Wahrheit, Schönheit, Güte«,
– »Gerechtigkeit, Sicherheit«,
– »Chancengleichheit, Vollbeschäftigung, Naturschutz«.

Werte haben für den Einzelnen eine Orientierungsfunktion; sie erlauben eine sinnvolle und zielgerichtete gemeinsame Verhaltensausrichtung in einer Gruppe (Unternehmensphilosophie, Unternehmenskultur). Relativ wenige Werte liegen einer übersehbaren Fülle von Einstellungen zugrunde (Einstellungen ohne vorgelagerte Werte sind kaum vorstellbar).

**Einstellungen** stellen ein individuelles, in sich geschlossenes und relativ stabiles System von Gedanken, Gefühlen und Verhaltenspositionen dar, das menschliches Verhalten gegenüber Sachen und Personen in bestimmten Situationen beeinflusst. Drei Merkmale von Einstellungen sind

– **Gedanken:** Sie umfassen das Wissen des Individuums über Details von Personen, Situationen und Objekten, die das Individuum vorher bewusst wahrgenommen hat;
– **Gefühle:** Emotionen (Hass, Liebe, Abscheu, Ärger...), die im Individuum durch das Objekt ausgelöst werden;
– **Handlungen:** Anreizwirkungen auf Handeln und Verhalten des Individuums, die bei Wahrnehmung des Objekts ausgelöst werden.

Wenn alle drei Komponenten in einer systematischen und widerspruchsfreien Ordnung vorhanden sind, spricht man von Einstellung (= Gedanken + Gefühle + Handlungen). Fehlt die Gefühlskomponente, so spricht man von einer **Meinung** (= Gedanken + Handlungen), die sich leichter ändert als Einstellungen. Weil die Dimension »Gefühl« fehlt, können schon gezielte Informationen und das Auftauchen neuer Fakten zu Meinungsänderungen führen. Wichtig in diesem Zusammenhang ist:

- Werte- und Einstellungssysteme müssen miteinander haltbar/widerspruchsfrei (konsistent) sein, um eine stabile Persönlichkeitsstruktur zu bilden;
- Veränderte Einstellungen gegenüber einer Person führen auch zu geändertem Verhalten ihr gegenüber;
- Verändertes Verhalten gegenüber einer Person (etwa als Folge einer Beförderung) hat auch veränderte Einstellungen (etwa gegenüber dem Management) zur Folge.

Der Wunsch des Menschen nach Widerspruchsfreiheit erfordert die Rechtfertigung neuen Verhaltens (sich selbst und seiner Umwelt gegenüber) durch entsprechend geänderte Einstellungen. Mit dem Erleben der Aufgabenstellung oder ihrer Bearbeitung werden Einstellungen gebildet und/oder verändert.

Ein weiterer Aspekt sind die – erlernten – **Fähigkeiten** und **Fertigkeiten** des einzelnen Mitarbeiters. Fachliche Qualifikationen sind hier ebenso aufzuführen wie methodische Kompetenz und soziale Eigenschaften. In der Summe sind alle genannten Faktoren zu berücksichtigen, wenn es darum geht, menschliches Verhalten – insbesondere aus betrieblicher Sicht – transparenter und erklärbarer zu machen und anschließend Möglichkeiten aufzuzeigen, Anreize bereitzustellen bzw. bei den Mitarbeitern Motivation zu erreichen. Es gibt neben der Maslowschen Bedürfnispyramide noch zahlreiche andere Motivationstheorien (HERZBERG, PORTER/LAWLER, ADAMS), die an dieser Stelle nicht ausführlich dargestellt werden sollen; denn auch diese liefern den Personalverantwortlichen nicht das alles entscheidende Steuerungsinstrument zur Mitarbeiterführung. Letztlich können auch rein materielle Anreize beim Mitarbeiter zu Frustration führen, wenn er eigentlich mehr Eigenverantwortung wünscht und sich durch das monetäre »Mehr« eher manipuliert fühlt.

In der Realität können die Werte jedes Einzelnen helfen, Visionen im Unternehmen zu erzeugen, Maßnahmen zu ergreifen und umzusetzen und damit ein Stück Unternehmenskultur zu leben. Vor diesem Hintergrund – und den Erläuterungen zu »Selbstbild« und »Fremdbild« (vgl. Abschn. 3.3.2 in Buch 1) – sollten die folgenden Darstellungen zeitgemäßen Führungsverhaltens gesehen werden.

### 6.5.2 Gruppenbeziehungen und Gruppenverhalten

Durch die Organisation eines Unternehmens werden gezielt so genannte **formelle Gruppen** gebildet wie beispielsweise Sparten/Divisionen/Ressorts, Abteilungen/Unterabteilungen, Arbeitsgruppen und Teams. Jede dieser Gruppen ist charakterisiert durch

- gemeinsame **Ziele** und
- gemeinsame **Arbeitsaufgaben**,

an denen mehrere Mitarbeiter mit ihren Rollenverteilungen zusammenwirken. Ein bestimmtes Verhalten und Auftreten der Mitarbeiter, um die gestellte(n) Aufgabe(n) zu lösen, bezeichnet man als **Rolle**. Um eine Gruppe zu erhalten und zu fördern, ist eine angemessene Kommunikation zwischen den Gruppenmitgliedern wesentlicher Bestandteil. Wird die Kommunikation unterdrückt, ist die Leistungsfähigkeit der Gruppe gefährdet. Wird eine Gruppe neu zusammengesetzt oder gebildet, so müssen sich die einzelnen Mitglieder erst in den (Gruppen-)Prozess einfinden (sog. **Formierungsprozess**). Wichtige Gruppenmerkmale sind zudem ihre Größe, Struktur und ihre Einstellungen. Das Ansehen eines Gruppenmitgliedes innerhalb der Gruppe und der Gruppe selbst im Unternehmen wird **Status** genannt. Neuere Entwicklungen sehen vor, dass jeder Einzelne innerhalb einer Gruppe die Möglichkeit bekommt, an der Aufgabenformulierung mitzuwirken und seine Arbeitsergebnisse zu überprüfen.

In jedem Unternehmen entstehen auch so genannte **informelle Gruppen**. Das sind Gruppen, die sich nicht aus der Arbeitsaufgabe ableiten (müssen). Sie sind betrieblich nicht geplant und entwickeln sich außerhalb der durch die Unternehmensorganisation festgelegten Strukturen. Kontakte aufgrund von gemeinsamen Pausengestaltungen, Kantinenbesuchen oder Fahrgemeinschaften können zu informellen Gruppenbildungen ebenso führen wie auch gemeinsame Interessen und Hobbys. Dabei spielen die Bedürfnisse der Gruppenmitglieder nach sozialen Kontakten, Sicherheit und Geborgenheit, Anerkennung und Prestige innerhalb einer informellen Gruppe eine große Rolle. Mitglieder von informellen Gruppen sind gleichzeitig auch Mitglieder von formellen Gruppen. Das kann positive und negative Auswirkungen haben. Letztere können sich durch Gerüchte über informelle Kanäle, Konflikte zwischen verschiedenen informellen Gruppen, Vermischung dienstlicher und privater Belange, Isolierung unbeliebter Mitarbeiter und unkontrollierbare und nicht gewollte Informationsflüsse zeigen. Positive Begleiterscheinungen können beispielsweise schnelle und unbürokratische Kommunikation zwischen Gruppen und/oder Abteilungen sein, ein verbessertes Betriebsklima durch besseres Verständnis der Probleme von Kollegen und die Anerkennung und Akzeptanz innerhalb der informellen Gruppe. Informelle Gruppen entstehen oftmals spontan aus gleicher Interessenlage und sind zunächst ohne einen Gruppenleiter und eine innere Organisation. Häufig bildet sich jedoch bald eine Führungspersönlichkeit heraus, die nicht unbedingt auch Führungskraft im Unternehmen sein muss. Die Bildung von informellen Gruppen in Unternehmen ist so lange unproblematisch, wie sich neben der formalen Organisation nicht eine informale Organisation entwickelt, die ihre eigenen Abläufe kreiert und dadurch die Unternehmensorganisation dominiert.

Die Thematik von Gruppen- und Teamarbeit wurde durch die jüngsten Entwicklungen – Stichworte **TQM** und **Lean Management** – wieder neu aufgenommen und diskutiert. Dabei müssen Unterscheidungen vorgenommen werden zwischen Gruppen/Teams, die als ständige organisatorische Gebilde in Unternehmen etabliert werden und jenen, die in einem zeitlich abgegrenzten Rahmen bestimmte Aufgaben bzw. Ziele zu erfüllen haben:

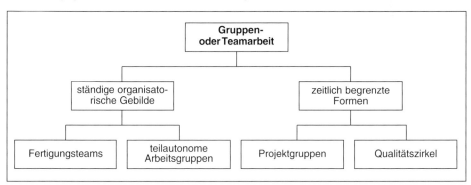

Formen von Gruppen und Teams

**Fertigungsteams** sind insbesondere für den kontinuierlichen Verbesserungsprozess (KVP) der Arbeitsqualität verantwortlich. Die Teammitglieder werden von einem Meister geführt und haben im Vorfeld eine so breite Qualifikation durchlaufen, dass jeder Mitarbeiter an mindestens drei unterschiedlichen Arbeitsstationen einsetzbar ist. Das setzt eine vorherige präzise Arbeitsaufteilung, ein hohes Maß an Standardisierung und Fließbandarbeit voraus.

**Teilautonome Arbeitsgruppen (TA)** dürfen bis zu einem gewissen Grad innerhalb ihres Aufgabenspektrums entscheiden. Führungsaufgaben wie beispielsweise Arbeitsvorbereitung, Arbeitsorganisation und Ergebniskontrolle werden in die Gruppe delegiert. Die Gruppe organisiert sich selbst und wählt einen Gruppensprecher, der die Gruppe intern koordiniert und integriert. Damit verliert der (bisherige) Meister einen Teil seiner Befugnisse. Er hat – als Schnittstelle nach außen – dafür zu sorgen, dass die Gruppe störungsfrei arbeiten kann. Im Unterschied zu den Fertigungsteams sind TA von anderen Gruppen weitaus weniger abhängig und haben einen wesentlich geringeren Grad an Arbeitsteilung. Zudem bearbeiten sie ihre Aufgabe ganzheitlich. Ob nun der Gruppensprecher durch die Unternehmensleitung bestimmt wird oder ob die Gruppe selbst ihn wählen darf – wichtig ist eine klare Regelung der Rolle des Meisters und Gruppensprechers. Jeder im Team übernimmt Verantwortung und verbessert laufend die Arbeitsprozesse.

**Projektgruppen** sind zeitlich befristet und lösen sich nach Erfüllung des Projektauftrags (normalerweise) wieder auf. Das Projektteam besteht meistens aus Fachspezialisten unterschiedlicher Unternehmensbereiche und unterschiedlicher hierarchischer Organisationsebenen. Projektziel, Projektbudget, Projektmanagement und Projektinstrumente sind vorgegeben. Die Projektorganisation richtet sich nach der von Unternehmensseite geplanten Einbindung in die vorhandene Unternehmensstruktur, sei es als Bestandteil einer Matrixorganisation oder als vorübergehende, die regulären organisatorischen Strukturen überlagernde Form. Die Projektmitarbeiter haben nur in seltenen Fällen bereits vorher zusammengearbeitet, werden aus ihrem bisherigen Tagesgeschäft in das Projekt delegiert und müssen innerhalb kurzer Zeit eine komplexe Problemstellung lösen (B. KLOSE). Der Projektleitung fällt damit die Aufgabe zu, brisante Situationen möglichst frühzeitig zu erkennen und im Sinne einer Problemlösung produktiv zu nutzen bzw. aufzulösen (J. HANSEL/ G. LOMNITZ).

Anders als Teams begnügen sich Arbeitsgruppen mit der Summe der »individuellen Bestleistungen«. Sie streben keine kollektiven Arbeitsprodukte an, die eine gemeinsame Anstrengung erfordern würden. Wer aber den Schritt von der Arbeitsgruppe zum Team tut, bekennt sich dazu,

– die Risiken des Konflikts,
– die Risiken gemeinsamer Arbeitsergebnisse und
– die Risiken kollektiven Handelns

zu tragen, die für die Entwicklung eines gemeinsamen Existenzzwecks, eines Zielgerüsts, eines gemeinsamen Ansatzes und wechselseitiger Verantwortung erforderlich sind. Gruppen von Personen, die sich selbst als Teams bezeichnen, diese Risiken jedoch nicht auf sich nehmen, sind bestenfalls »Pseudo-Teams« (J.R. KATZENBACH / D.K. SMITH).

Um echte Teamarbeit entstehen zu lassen, nennt F. DECKER folgende Voraussetzungen:

– Gemeinsame Werte, Ziele und eine akzeptierte Unternehmenskultur,
– Demokratie am Arbeitsplatz, Mitbestimmung und Engagement für Partnerschaft,
– optimale Förderung des einzelnen Mitarbeiters.

Moderne, erfolgreiche Organisationen brauchen das Potenzial eines jeden Mitarbeiters. Der »ideale« Mitarbeiter der Zukunft ist der engagierte, aktive Partner. Zudem können Teams außergewöhnliche Fähigkeiten zum koordinierten Handeln entwickeln und die einzelnen Mitglieder sich schneller entwickeln, als es andernfalls möglich wäre (P. SENGE).

Weitere Aspekte, die beim Einsatz von Gruppen/Teams berücksichtigt werden müssen, sind die unterschiedlichen **Phasen**, die ein Team durchläuft. Vom ersten Kennenlernen bis zur tatsächlich effektiven und effizienten gemeinsamen Ergebniserzielung durchläuft ein Team folgende Stationen:

## 6 Personalwirtschaft

| Phase/Name | Wie lautet die zentrale Frage? | Was tun wir? | Wie läuft Führung? |
|---|---|---|---|
| **Phase 1:**<br>**FORMING**<br>*(Orientierungs- bzw. Testphase)* | Wer sind wir? | – Beschnuppern, abtasten<br>– Eindrücke sammeln<br>– Sich bekannt machen<br>– Vorstellungsrunde<br>– Höflicher Kontakt<br>– Vor-Urteile bilden<br>– Vorsichtig – gespannt –, unpersönlich | – Orientierung fördern<br>– Ziele, Aufgaben, Kompetenzen und Verantwortlichkeiten klären<br>– Teamgeist fördern<br>– Kommunikations- und Feedbackregeln vereinbaren |
| **Phase 2:**<br>**STORMING**<br>*(Konflikt- bzw. Kampfphase)* | Wie setze ich mich durch? | – Denken in Hierarchien<br>– Persönliche Grenzen abstecken: Status und Machtfragen austragen<br>– Soziale & funktionale Rollenbildung<br>– Unterschiedliche Standpunkte und Werte werden sichtbar<br>– Unterschwellige Konflikte<br>– Konfrontationen<br>– Cliquenbildung<br>– Infragestellen von Aufgabe, Arbeitsweise und Teamleitung<br>– Mühsames Vorwärtskommen | – Führung wird in Frage gestellt<br>– Ziele und Aufgaben betonen<br>– Regelmäßige Feedback-Sitzungen und Erfahrungsaustausch einhalten<br>– Durchhaltevermögen stärken<br>– Erfolge öffentlich machen |
| **Phase 3:**<br>**NORMING**<br>*(Organisations- bzw. Konsolidierungs- phase)* | Wie wollen wir miteinander umgehen? | – Team wächst zusammen<br>– Rollen festlegen<br>– Regeln vereinbaren<br>– Vertiefung der Zusammenarbeit / der Beziehung – Wir-Gefühl<br>– Feinabstimmung, Aufgabenverteilung<br>– Konfrontation der Standpunkte<br>– Entwicklung neuer Umgangsformen und Verhaltensweisen<br>– Feedback | – Öffnung des Teams nach außen<br>– Für Rahmenbedingungen und Ressourcen sorgen<br>– Unterstützen beim Finden von ökonomischen Arbeitsweisen<br>– Führung ist integriert oder isoliert |
| **Phase 4:**<br>**PERFORMING**<br>*(Integrations- bzw. Zusammen- arbeitsphase)* | Wie lösen wir unsere Aufgabe am besten? | – Internes Netzwerk<br>– Konstruktiver Informationsaustausch<br>– Transparenz von Entscheidungen / Informationen<br>– Gruppen-Interesse vor Eigen-Interesse<br>– Kooperatives Zusammenarbeiten – Selbstorganisation<br>– Zielorientiertes Arbeiten<br>– Ideereich – flexibel<br>– Offen – leistungsfähig<br>– Solidarisch – hilfsbereit | – Führen durch Zielvereinbarung und Delegation – situativer Führungsstil<br>– Moderation nach innen, Präsentation nach außen |

Phasen der Team-Entwicklung (Formierungsprozess)

Bei der Entwicklung einer Gruppe, in der sich die Gruppenmitglieder erst noch kennen lernen **(Phase 1)** und alltagstaugliche Verhaltensweisen untereinander entwickeln müssen, hin zu einem leistungsfähigen (Projekt-)Team **(Phase 4)** durchlaufen die Mitarbeiter unterschiedliche Zeitstrecken. In der einen Gruppe kommt es aufgrund unterschiedlichster

Charaktere gleich zu einem regen Austausch persönlicher Standpunkte (Storming); ein andermal »überspringt« eine Gruppe fast die Phasen zwei und **drei** (Norming) und läuft schon recht bald zu »Hochform« (Performing – **Phase 4**) auf.

Die jeweilige Führungskraft steht damit vor der Herausforderung, die Mitarbeiter in Ihrer Zusammenarbeit **laufend** aktiv wahrzunehmen und entsprechend der jeweiligen Situation zu steuern. Dazu bedarf es in den unterschiedlichen Phasen auch der Berücksichtigung der verschiedenen emotionalen Intelligenzen (D. GOLEMAN) der Mitarbeiter und unterschiedlicher emotionaler Führung durch den Führenden (D. GOLEMAN/ R. BOYATZIS/A. McKEE). Zielsetzungen in der Zusammenarbeit in Teams sind neben einer Ermöglichungskultur das Streben nach Nachhaltigkeit der erzielten Ergebnisse (R. ARNOLD).

**Qualitätszirkel** können jederzeit gebildet werden und zielen auf die Verbesserung der Leistungsfähigkeit des Unternehmens ab, indem Mitarbeiter verstärkt in die Arbeit von Qualitätszirkeln einbezogen werden. Themengebiete sind dabei u. a. die technische Qualität, die Verfahrens- und Arbeitsqualität und die soziale Qualität. Ausgewählte Fragen und Problemstellungen – überwiegend aus dem eigenen Arbeitsbereich – werden in Gruppenarbeit diskutiert und Lösungsansätze erarbeitet. Mitarbeiter auch unterschiedlicher Hierarchiestufen treffen sich zu von ihnen festgelegten Terminen zu ein- oder mehrstündigen Gesprächen. Qualitätszirkel erlauben eine unmittelbare Beteiligung des einzelnen Mitarbeiters.

Bestimmte betriebliche Aufgaben können nicht von einem einzelnen Mitarbeiter allein bewältigt werden. Das führt zum Zusammenschluss in Gruppen/Teams und zu einer planmäßigen/geordneten Arbeitsteilung. Die oben dargestellten neuen Anforderungen an die Gruppenmitglieder können dabei nicht quasi automatisch miterfüllt werden. Im Rahmen von Personalentwicklungsmaßnahmen müssen Mitarbeiter auf die neuen Verantwortungsbereiche vorbereitet werden. Besondere Beachtung gilt dabei der **Kommunikationsfähigkeit** und der **Konfliktfähigkeit** des einzelnen Mitarbeiters. Zwischenmenschliche Beziehungen – als Spiegelbild der Unternehmenskultur nicht nur nach innen, sondern auch gegenüber der Umwelt (Kunden) – stehen dabei auf dem Prüfstand. Gelebte (Unternehmens-)Werte und Ziele erlauben dem Mitarbeiter, sich zu orientieren, Spielregeln im Miteinander mitzugestalten und sich in das Unternehmen einzubringen. Ständige Verbesserungsprozesse müssen auch die Potenziale des einzelnen Mitarbeiters einbeziehen und weiterentwickeln helfen (Human Resources Management). Dazu zählen beispielsweise die Förderung von **Kreativität** und **Innovationsfähigkeit** sowie **Identifikationsbereitschaft** des Mitarbeiters mit dem Unternehmen und den Produkten. Wollen und sollen Gruppen/Teams das Unternehmensgeschehen aktiv mitgestalten, setzt das eine vertrauensvoll offene Unternehmenskultur voraus. Auf den einzelnen Mitarbeiter bezogene Entwicklungsmaßnahmen müssen dann auch auf Gruppen/Teams übertragen werden, um die kreativen Gruppenpotenziale voll entfalten zu können und zu neuen Lösungen zu gelangen. Kommunikation in und zwischen Gruppen spielt dabei eine wesentliche Rolle (vgl. Abschn. 6.5.4), um eine zielorientierte Vernetzung der Gruppen auf die Unternehmensziele hin zu erreichen.

## 6.5.3 Zeitgemäße Mitarbeiterführung

Prägend für die **Führungskultur** in einem Unternehmen ist unter anderem, welches **Menschenbild** in dem jeweiligen Betrieb vorherrscht. Im Kontext mit der Unternehmenskultur und den damit verbundenen Vorstellungen über den Menschen können die folgenden Menschenbilder dominieren.

Auf die Annahmen des **Taylorismus** geht das Bild des **rational-ökonomischen Menschen** (rational-economic man) zurück. Sein Handeln ist rational und in erster Linie durch monetäre Gesichtspunkte geprägt. Ansonsten ist ein eher passives Verhalten vorherrschend. Das Unternehmen plant und kontrolliert die Arbeitsorganisation mit der Zielsetzung größtmöglicher Effizienz.

In der Phase der **Human-Relations-Bewegung** überwiegt das **soziale Menschenbild** (social man). Der Mensch sucht in den sozialen Beziehungen am Arbeitsplatz nach der Befriedigung seiner sozialen Bedürfnisse. Der Aufbau von Arbeitsgruppen wird gefördert. Diese liefern die soziale Anerkennung und das Zugehörigkeitsgefühl. Führungskräfte lenken nicht durch Anreize und Kontrollen des einzelnen Mitarbeiters, sondern durch die Anerkennung der (Arbeits-)Leistung der Gruppe und fördern damit die Stabilisierung des Zusammengehörigkeitsgefühls.

Der so genannte **komplexe Mensch** (complex man) ist charakterisiert durch seine vielfältigen Bedürfnisse, die sich – abhängig von der jeweiligen Situation – ändern können. Er ist flexibel und lernfähig und situationsbedingt sehr wandelbar. Aufgabe der Führungskräfte ist es, unterschiedliche Situationen genau zu analysieren, ihr eigenes Verhalten darauf einzustellen und die Mitarbeiter am Arbeitsprozess zu beteiligen.

Eine weitere Sichtweise geht davon aus, dass der Mensch ohne eigenen Antrieb, faul und träge ist und eine angeborene Abneigung gegen Arbeit hat. Nach dieser **Theorie X** kann ein Mensch nur unter Strafandrohung zum Arbeiten gebracht werden. Die **Theorie Y** dagegen zeichnet das Bild eines Menschen, der sich über anspruchsvolle Arbeitsaufgaben freut, diese auch verstandesmäßig, eigenständig und verantwortungsbewusst durchführt.

In der Theorie X möchte der Mensch gern geführt werden. Er wünscht sich vor allem Sicherheit und vermeidet möglichst Verantwortung. Dazu konträr sucht der Mensch nach der Theorie Y nach Selbstverwirklichung. Beide Theorien gehen auf McGREGOR zurück und besagen allgemein, dass neben die Befriedigung materieller Bedürfnisse (X) die sozialen und ideellen Bedürfnisse (Y) getreten sind.

Der **sich selbst verwirklichende Mensch** (self-actualizing man) strebt nach Autonomie und bevorzugt Selbst-Motivation und Selbst-Kontrolle. Menschliche Bedürfnisse lassen sich hierarchisch anordnen (MASLOW). Führungskräfte fördern und unterstützen ihre Mitarbeiter, statt offenkundig zu motivieren und kontrollieren. Entscheidungen werden delegiert und die Mitbestimmung am Arbeitsplatz nimmt weiten Raum ein. Im Gegensatz zur Amtsautorität und extrinsischer Motivation stehen die Fachautorität und die intrinsische Motivation im Vordergrund des menschlichen Verhaltens.

Wie bereits deutlich wurde, ist jeder Mitarbeiter mit der ihm eigenen Individualität ein wichtiges Element bei der Erreichung der Unternehmensziele. Führungskräfte haben folglich so auf den Mitarbeiter einzugehen, dass dieser seinen – zu erwartenden – Beitrag zur Zielerreichung leistet. Die Art und Weise zu führen, d. h. den Umgang des Vorgesetzten mit einzelnen Mitarbeitern und Gruppen, bezeichnet man als **Führungsstil**.

Einen für alle Gelegenheiten optimalen Führungsstil gibt es nicht. Ziel sollte daher sein, die im Rahmen der Unternehmensphilosophie aufgestellten Grundsätze im »Führungsstil des Hauses« wiederzufinden. Mitarbeiter müssen bei ihren Vorgesetzten die Umsetzung der Führungsleitsätze des Unternehmens erkennen können; denn (Führungs-)Situationen sind nicht gleichbleibend, weil sich bei Vorgesetzten und Mitarbeitern Verhalten und Einstellungen – aufgrund von Erfahrungen – ändern können. Nachstehend werden vier unterschiedliche Führungsstile und ihre charakteristischen Merkmale dargestellt. Besonderes Augenmerk wird dabei auf den autoritären und den kooperativen Führungsstil gelegt.

Das Verhältnis zwischen Führungskräften und Mitarbeitern, d. h. die Einstellung der Untergebenen zu ihren Vorgesetzten, drückt sich als Autorität aus. Im Zusammenhang mit der (Betriebs-)Organisation lassen sich die formale Autorität und die personale Autorität unterscheiden. Im Vordergrund der **formalen Autorität** steht – neben unternehmensspezifischen Einstellungen – die positionsbezogene **Amtsautorität** der jeweiligen Führungskraft. Der Vorgesetzte hat es erheblich leichter, seinen Einfluss zur Geltung zu bringen, wenn die Mitarbeiter diese (Amts-)Rechte akzeptieren und an die Berechtigung zur Einflussnahme glauben. Dagegen beruht die **personale Autorität** auf bestimmten Verhaltensweisen oder Persönlichkeitsmerkmalen der Führungskraft, die von den Mitarbeitern als positiv betrachtet werden oder mit denen sie sich im Extremfall sogar identifizieren. Eine weitere Form der personalen Autorität ist die so genannte **Fachautorität**, bei der die Fähigkeiten des Einzelnen im Vordergrund stehen (Fach- und Führungsqualifikation).

### Autoritärer Führungsstil

**Menschenbild:**
Der Durchschnittsmensch ist träge, scheut Verantwortung, will gelobt werden.

**Kennzeichen:**
– beruht auf einem Befehls- und Gehorsamkeitsverhältnis zwischen dem Führenden und den Untergebenen;
– Mitarbeiter haben eine materielle Motivationsstruktur;
– hierarchischer Führungsapparat mit Vorgesetztem als Alleinherrscher;
– Mitarbeiter haben keine Handlungsspielräume und werden nicht an Entscheidungsvorbereitungen beteiligt;
– Entscheidungen werden bekanntgegeben, ohne sie zu begründen;
– Mitarbeiter sind bloße »Befehlsempfänger« (Gehorsam) und können keine Entscheidungshintergründe erkennen;
– drohende Sanktionen als »Druckmittel«.

**Folgen:**
– Mitarbeiter sind unselbstständig und unzufrieden;
– Atmosphäre des Misstrauens;
– mangelnde Motivation.

**Vorteile:**
– klare Linien;
– Mitarbeiter wissen, »woran sie sind«;
– hohe Entscheidungsgeschwindigkeit.

**Nachteile:**
– lediglich zur Bewältigung von Routineaufgaben geeignet;
– Verlust von Innovationen;
– fehlende Selbstentfaltung der Mitarbeiter.

Beim **patriarchalischen Führungsstil** regelt der Vorgesetzte das Verhalten und die Aktivitäten der Mitarbeiter »väterlich«. Er ist ruhender Pol und kümmert sich um seine Mitarbeiter. Der Führungsanspruch des Patriarchen ist gekoppelt an die Treue- und Versorgungspflicht gegenüber den Geführten. Die Mitarbeiter sind in der Rolle der Unmündigen, werden nicht an der Führung beteiligt und sind abhängig von den Stimmungsschwankungen des Vorgesetzten.

Werden Arbeitsabläufe durch schriftliche Anordnungen und Vorschriften gesteuert, werden Mitarbeiter als anonyme Faktoren angesehen und stehen unter ausgeprägter Aufsicht und Kontrolle, so spricht man von **bürokratischem Führungsstil**. Den Vorteilen von sachlich einheitlichen Entscheidungen und gleichförmiger Verwaltung stehen sehr lange und wenig flexible Arbeitswege nachteilig gegenüber. Ihre Initiative können Mitarbeiter nur wenig beweisen.

### Kooperativer Führungsstil

Beim **kooperativen Führungsstil** werden die betrieblichen Aktivitäten im Zusammenwirken von Vorgesetzten und Mitarbeitern gestaltet. Die Führung erfolgt auf Gegenseitigkeitsbasis.

**Menschenbild:**
Mitarbeiter akzeptieren Zielvorgaben, besitzen Selbstdisziplin und Selbstkontrolle und suchen Verantwortung.

**Kennzeichen:**
– Führende geben einen Teil ihrer Kompetenzen an die Untergebenen ab;
– Delegationsbereiche sind nach sachlichen Gesichtspunkten festzulegen;
– Mitarbeiter werden unmittelbar am Entscheidungsprozess beteiligt;
– Jeder bringt sein Fachwissen ein;
– Gefühl der Anerkennung für die Mitarbeiter;
– Vorgesetzter delegiert so viel wie möglich und schreibt so wenig wie möglich vor.

**Folgen:**
– auf Leistung gerichtetes Grundverhalten der Mitarbeiter;
– Mitarbeiter werden in ihrer Entwicklung gefördert;
– menschliche Kontakte in angenehmer Atmosphäre.

**Vorteile:**
– Entlastung des Vorgesetzten;
– hohe Motivation der Mitarbeiter;
– Möglichkeit zur Selbstentfaltung der Mitarbeiter.

**Nachteile:**
– verlangsamte/verzögerte Entscheidungsgeschwindigkeit;
– Überforderung der Mitarbeiter;
– Enttäuschung für den Vorgesetzten;
– gleiches Bildungsniveau ist vorausgesetzt;
– Mitarbeiter müssen über Selbstdisziplin und Selbstkontrolle verfügen.

Kooperation bzw. Partizipation bedeutet Kompetenzabgaben oder zumindest Kompetenzteilung. Dies führt zu Verschiebungen im Autoritätsgefüge und kann beim Führenden Furcht vor Autoritätsverlust auslösen.

In reiner Form wird man die genannten Führungsstile in der Realität nicht antreffen. Der kooperative Führungsstil hat eine herausragende Bedeutung gewonnen; denn durch gemeinsame Zielsetzungen, die Delegation von Aufgaben und die Verantwortung für deren Erledigung kann die Basis für eine produktive Zusammenarbeit in der Gruppe/im Team gelegt werden. Das »Wollen« und »Können« sollten das »Dürfen« und »Machen« ermöglichen. Individuelles und partnerschaftliches Führen kann den Grundstein für kreatives Verhalten legen.

In jüngster Zeit ist der Begriff des **situativen Führungsstils** mehr in den Mittelpunkt der Diskussionen gerückt. Gedanklicher Ausgangsgangpunkt ist das Menschenbild, dass potenziell alle Menschen Spitzenkönner sind, man muss nur herausfinden, wo sie gerade stehen, und ihnen von dort aus weiterhelfen (K. BLANCHARD).

Die Leistung seiner Mitarbeiter zu managen ist die eigentliche Aufgabe einer Führungskraft. Das Leistungsniveau hängt maßgeblich von zwei Faktoren ab: Menschen bringen zum einen unterschiedliches Engagement und zum anderen unterschiedliche Kompetenzen für bestimmte Aufgaben und Aktivitäten mit. Daraus lassen sich unterschiedliche Entwicklungs(zu-)stände ableiten.

**Führungsstil = Grad des Engagements + Grad der Kompetenz der Menschen**

– **Engagement** oder Bereitschaft bezieht sich auf die Motivation, die eine Person für eine bestimmte Aufgabe in einer **bestimmten Situation** zeigt. »Initiative« und »stetige« Mitarbeiter zeigen dieses Engagement offener, d. h. sie tendieren dazu, ihre Umgebung als günstig oder unterstützend zu empfinden.

## 6 Personalwirtschaft

– **Kompetenz** oder fachliche Kenntnisse und Fähigkeiten beziehen sich darauf, mit welchem **Geschick** und welcher **Erfahrung** der Mitarbeiter die betreffende Aufgabe ausführen kann. Die persönliche Kompetenz wird weniger durch situative Faktoren beeinflusst als die Motivation.

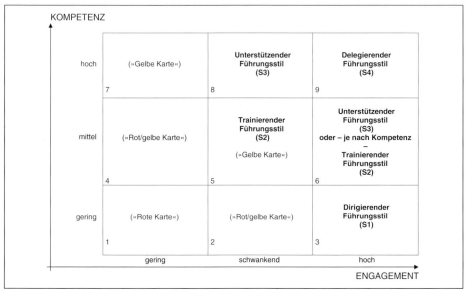

Unterschiedliche Entwicklungsstände - unterschiedliches Führen
(in Anlehnung an L. SEIWERT / F. GAY; K. BLANCHARD)

Bei der Kombination von Engagement und Kompetenz ergeben sich Ausgangssituationen, die den **Entwicklungsstand** des Mitarbeiters wiedergeben. Neben den vier Entwicklungsständen 1, 3, 7 und 9 hat die betriebliche Praxis jedoch gezeigt, dass insbesondere das innere und äußere Engagement eine größere Bandbreite aufweisen als nur »niedrig« oder »hoch«. Somit ergeben sich 3 x 3 = 9 Kombinationsmöglichkeiten (s.o.).

| Feld 1: | **geringes Engagement und geringe Kompetenz** | »ich will nicht und... ...ich kann nicht« | Kündigung/Versetzung (»Rote Karte«) |
|---|---|---|---|
| Feld 2: | **geringe Kompetenz schwankendes Engagement** | | Abmahnung (»Rot/gelbe-Karte«) |
| Feld 3: | **hohes Engagement und geringe Kompetenz** | »ich will, aber ... ...ich kann nicht« | |

### (S1) Dirigierender Führungsstil
Die Person braucht Hilfe, um die notwendigen Fähigkeiten zu entwickeln. Die Führungskraft gibt regelmäßig sehr detaillierte, schrittweise Anweisungen sowie Methoden vor und überwacht laufend die Leistung des Mitarbeiters, bis dieser mehr Fähigkeiten und Kompetenzen bei der Aufgabenerfüllung entwickelt hat:

– Spezifische Beschreibungen geben;
– Qualitätsmaßstäbe klar bestimmen;
– Anweisungen / Informationen geben, wie etwas gemacht werden muss;
– die Person bei der Ausführung der Aufgabe eng überwachen;
– Rückmeldung (Feedback) über die Leistung geben;
– Fortschritte bewerten und über Ergebnisse berichten.

| Feld 4: | mittlere Kompetenz | Abmahnung |
|---|---|---|
| | geringes Engagement | (»Rot/gelbe-Karte«) |

Die meisten Menschen setzen sich für ihre Arbeitsaufgaben grundsätzlich ein, sind manchmal jedoch schwankend, verfügen aber über grundlegende Kompetenzen. Deshalb brauchen sie eine Kombination des »unterstützenden« und des »dirigierenden« Führungsstils = Trainierender Stil:

| Feld 5: | mittlere Kompetenz | wenn der Mitarbeiter über |
|---|---|---|
| | schwankendes Engagement | einen längeren Zeitraum |
| | | in Feld 5 verbleibt: Kritikgespräch (»Gelbe Karte«); |
| | ansonsten: | |

**(S2) Trainierender Führungsstil**
– Entscheidungen erläutern und um weitere Ideen bitten;
– einen Durchführungsplan entwickeln und ihn mit der Person besprechen;
– die letzte Entscheidung selbst treffen;
– die erbrachten Leistungen und die Entwicklung der Person beobachten;
– die erbrachten Leistungen bewerten und gemeinsam besprechen;
– bei Bedarf spezifische Anweisungen geben.

| Feld 6: | mittlere Kompetenz |
|---|---|
| | hohes Engagement |

**(S3) Unterstützender Führungsstil**
(oder – je nach Kompetenz – **(S2) Trainierender Führungsstil**)
– Die Person coachen, damit sie die richtigen Entscheidungen treffen kann;
– die Person an der Zielsetzung und der Problemlösung beteiligen;
– der Person den Rücken stärken und sie ermutigen, Neues zu wagen;
– mit der Person über weitere Schritte und Qualitätsmaßstäbe nachdenken;
– Unterstützung, Hilfsmittel und Ideen bieten, wenn die Person darum bittet.

| Feld 7: | geringes Engagement | »ich kann, aber... | Kritikgespräch |
|---|---|---|---|
| | und hohe Kompetenz | ...ich will nicht« | (»Gelbe Karte«) |
| Feld 8: | schwankendes Engagement | | |
| | hohe Kompetenz | | |

**(S3) Unterstützender Führungsstil**

| Feld 9: | hohes Engagement | »ich kann und... |
|---|---|---|
| | und hohe Kompetenz | ...ich will« |

**(S4) Delegierender Führungsstil**
– Große Vertrauensspanne geben und wenige Kontrollen durchführen;
– der Person gestatten, die eigene Arbeit zu bewerten;
– die Person mit weitreichenden Befugnissen ausstatten;
– für außergewöhnliche Fälle Berater und Ansprechpartner sein;
– der Person gestatten, eigene Pläne, Methoden und Vorgehensweisen zu entwickeln.

Bei den Feldern 1, 2, 4 und 7 wäre alles andere als die aufgezeigten Reaktionsalternativen (»Rote Karte« oder »Rot/gelbe-Karte«) Kündigung / Versetzung / Abmahnung / Kritikgespräch) wirtschaftlich nicht vertretbar und gegenüber anderen Mitarbeitern sozial unverträglich.

In den vier Fällen (S1) - (S4) ist es erforderlich, dem Mitarbeiter seiner Entwicklung angepasst Anerkennung und Lob auszusprechen! Beim Durchlaufen der Entwicklungsstände und den Reaktionen der Führungskraft **Dirigieren => Trainieren => Unterstützen => Delegieren** können sich Mitarbeiter zu Spitzenkönnern entwickeln. Gesichtspunkt: »Jedem Mitarbeiter den Führungsstil, den er zur Zeit braucht.« (K. BLANCHARD)

Neben den sachbezogenen **Leitungsaufgaben** wie planen, entscheiden, kontrollieren und organisieren, hat ein Vorgesetzter auch personenbezogene **Führungsaufgaben** zu erfüllen. Eine Führungskraft

- hat Mitarbeiter auszuwählen/einzuführen,
- soll Vorbild sein und motivieren,
- hat Mitarbeiter zu informieren und Ziele mit ihnen zu vereinbaren,
- soll Mitarbeiter fördern, z. B., indem Ziele vereinbart werden,
- beurteilt Mitarbeiter und entwickelt sie weiter,
- kommuniziert laufend mit ihnen.

Um diese Führungsaufgaben zielgerichtet wahrnehmen zu können, stehen dem Vorgesetzten so genannte **Führungsinstrumente (Führungsmittel)** zur Verfügung, wie z. B. Stellenbeschreibungen und/oder Funktionsdiagramme. Dazu gehören auch **Führungsgrundsätze**, die im Rahmen der Erstellung des Unternehmensleitbildes zustande kommen und Mitarbeitern und Vorgesetzten verdeutlichen, welches Verhalten das Unternehmen erwartet.

Ein weiteres Führungsinstrument ist die **Mitarbeiterbeurteilung**, die zweigeteilt verlaufen sollte. Zum einen werden mit Hilfe eines Beurteilungsbogens ergebnisbezogene Faktoren wie Arbeitstempo/-menge/-güte und verhaltensbezogene Kriterien wie Arbeitseinsatz, Initiative, Selbstständigkeit und Zusammenarbeit abgefragt. Im Weiteren findet dann ein **Mitarbeitergespräch** statt. Dabei wird ein vorher vereinbarter zurückliegender Zeitraum (Quartal, Halbjahr, Jahr) auf die vereinbarte Zielerreichung kritisch überprüft und beurteilt (feed-back).

Dem schließt sich eine **Zielvereinbarung** für die Zukunft an, worin auch Personalentwicklungsmaßnahmen enthalten sein sollten (feed-forward). Die gemeinsam vereinbarten Ziele sind schriftlich festzuhalten und als neuer Ausgangspunkt für das folgende Mitarbeitergespräch anzusehen. Insofern hat das Mitarbeitergespräch besondere Bedeutung erlangt. Es dient als Instrument der Führung und Förderung und spielt in der Zusammenarbeit eine wesentliche Rolle (vergl. 6.5.4). Gerade unter dem Gesichtspunkt, Aufgaben, Kompetenzen und (Durchführungs-)Verantwortung an Mitarbeiter zu delegieren und Ziele nach Inhalt, Umfang, Qualität und Termin zu vereinbaren, kommt dem Miteinanderreden eine herausgehobene Stellung zu.

Es gilt,

- sich gegenseitig rechtzeitig und umfassend zu informieren,
- regelmäßige Mitarbeitergespräche und –besprechungen durchzuführen,
- Arbeitsverhalten und –ergebnisse zu beurteilen und zu besprechen und
- Anerkennung und Kritik offen und konstruktiv auszusprechen.

Die Führungskraft sollte die fachliche und persönliche Entwicklung des einzelnen Mitarbeiters unterstützen, den Teamgeist und die Zusammenarbeit fördern und Mitarbeiterqualifikationen weiterentwickeln (Chancen geben).

Lange Zeit diskutierten Wissenschaft und Praxis über zwei Führungsmodelle: das so genannte »Harzburger Modell« als Führungskonzept auf Delegationsbasis und auch das »Management-by-Objectives«, das sich an Zielen orientiert. Zwischenzeitlich hat aktuell eine »Klarstellung« insofern stattgefunden, als dass Unternehmen heute Führung praktizieren, in der sowohl Ziele als auch Delegation Platz haben.

### Management-by-Delegation (MbD)

Aufgaben, Kompetenzen und Verantwortung werden auf die Stellen im Unternehmen übertragen (delegiert), die sie am besten wahrnehmen können. Der Vorgesetzte soll entlastet, die Verantwortungsbereitschaft der Mitarbeiter gestärkt und die Aufgabenerfüllung verbessert werden.

**Kennzeichen:**
- jeder Mitarbeiter erhält einen Bereich dauerhaft übertragen;
- diesen hat er eigenverantwortlich auszufüllen;
- dafür trägt er dann auch die (Durchführungs-)Verantwortung;
- die Führungsverantwortung liegt beim Vorgesetzten.

**Voraussetzungen:**
- ständige Mitarbeiter-Gespräche zur flankierenden Motivation;
- Delegation von Aufgabe, Kompetenz und Verantwortung an den Mitarbeiter;
- Ausnahmeregeln festlegen (bei korrekter Handlungsweise kein Eingriff).

**Vorteile/Ziele:**
- Führungskräfte von Detailaufgaben zu entlasten;
- Eigenverantwortung, -initiative und Leistungsmotivation der Mitarbeiter zu stärken;
- schnelle und sachgerechte Entscheidungen herbeizuführen.

**Nachteile:**
- Vorgesetzte führen Erfolgskontrollen durch, die demotivierend wirken können;
- das Gefühl des Mitarbeiters, dass man lästige Aufgaben auf ihn abschiebt;
- Kontrollprobleme delegierter Verantwortung.

Der Vorgesetzte trägt weiter die Führungsverantwortung, sollte aber in den Kompetenzbereich seiner Mitarbeiter nicht ohne Notwendigkeit eingreifen; er hat weiter zu informieren und zu kontrollieren.

**Management-by-Objectives (MbO)**

In der Literatur wird unter MbO sowohl Führung durch Ziel**vorgabe** als auch Führung durch Ziel**vereinbarung** verstanden. Zwischen Vorgesetzten und Mitarbeitern werden (meist jährlich)

- Leistungsziele,
- Innovationsziele und
- persönliche Entwicklungsziele

schriftlich vereinbart. Der Mitarbeiter kontrolliert sich im Verlauf des Jahres selbst. Die Führungskraft überprüft den Fortschritt jedoch ebenfalls. Nach Ende des Zeitraums ziehen beide in einem Mitarbeiter-Gespräch Bilanz, bewerten das Erreichte und ziehen gemeinsam Konsequenzen für das Folgejahr.

**Kennzeichen:**
- Personalführung auf der Grundlage von Zielen;
- Vorgesetzte und Mitarbeiter **vereinbaren** Ziele gemeinsam (keine Vorgabe!);
- Gesamtziel wird über Teilziele erreicht.

**Voraussetzungen:**
- zielorientierte Organisation;
- Kompetenzen müssen durch Vorgesetzte richtig verteilt werden;
- eindeutig abgegrenzte Verantwortungsbereiche;
- Stellenbeschreibungen müssen entwickelt, Ausnahmeregelungen festgelegt werden;
- Aufgaben, Kompetenz und Verantwortung werden an Mitarbeiter delegiert;
- angemessene Mitarbeiterschulung;
- ständige Kommunikation muss möglich sein;
- gut organisiertes Planungs-, Informations- und Kontrollsystem;
- gut ausgebildete Mitarbeiter.

**Vorteile/Ziele:**
- weitgehende Identifikation der Mitarbeiter mit dem Projekt-/Unternehmensziel;
- Führungskräfte werden für eigentliche Führungsaufgaben frei;
- objektivere Beurteilung der Mitarbeiter.

**Nachteile:**
- erhöhter Leistungsdruck für die Mitarbeiter;
- messbare Ziele drängen qualitative Ziele in den Hintergrund.

Im vorliegenden Fall wird der Führung durch Ziel**vereinbarung** als kooperativer Variante der Vorzug gegeben vor der autoritären Form der Ziel**vorgabe**. Vereinbarte Ziele müssen
- sich vorrangig an den Unternehmenszielen orientieren,
- widerspruchsfrei und überschaubar (drei bis fünf Ziele) sein,
- präzise formuliert werden,
- anspruchsvoll und realistisch sein.

**Management-by-Commitments** (Führung durch verpflichtende Vereinbarung) heißt der auf der Grundlage des MbO weiterentwickelte Führungsstil. Im Rahmen des Management-by-Objectives werden aus den Zielvorgaben bzw. Zielvereinbarungen dann Pläne oder Planwerte abgeleitet, auf die man sich einigt. Daraus resultiert eine Verpflichtung zur Realisation.

In einem ersten Schritt erfolgt die Zielvorgabe im Rahmen eines **Top-down-Prozesses**. Kosten- und Erlösziele werden auf ihre Realisierbarkeit überprüft und argumentativ in einen **Bottom-up-Prozess** eingeleitet:

Als Prinzipien bei diesem Zielfestlegungsprozess gelten

| | |
|---|---|
| »**check**«: | überprüfe die Begründungskraft der Argumente des anderen |
| »**balance**«: | versuche, einen Ausgleich zwischen unterschiedlich begründeten Ansprüchen zu finden |
| »**commitment**«: | strebe eine verpflichtende Vereinbarung an |

Der skizzierte Prozess ist auf Konflikt- und Konsensfähigkeit ausgelegt und besteht aus einer argumentativen Auseinandersetzung über die Realisierbarkeit von Planwerten. Voraussetzung ist ein gegenseitiges Verständnis, das vor allem dadurch gefördert wird, dass jeder Mitarbeiter, der eine Controller-Funktion innerhalb der Organisation wahrnimmt, zuvor in einer entsprechenden Linien-Funktion tätig gewesen sein muss, um die Tätigkeit und Probleme seines Dialogpartners zu kennen. Die Linie hat die Verantwortung für die Realisierung vereinbarter Ziele (W.A. OECHSLER).

Sinnvoll ist, neben der Leistungsbereitschaft auch die Leistungsfähigkeit der Mitarbeiter zu berücksichtigen und sie nicht zu überfordern. Die Ziele sollten gemeinsam schriftlich fixiert und vereinbart werden. Das stellt hohe Anforderungen an Führungskräfte und Mitarbeiter, bei denen große Erwartungen geweckt werden und die diese Form der Führung als Chance und große Herausforderung für sich selbst sehen. Mitarbeiterführung bedeutet unter diesen Aspekten: Mit-Arbeiter zu sein, heißt auch **Mit-Verantwortung** zu tragen. Neuere Konzepte sprechen sogar vom Mit-Arbeiter als **Mit-Unternehmer** (R. WUNDERER).

### 6.5.4 Information und Kommunikation

Aufgaben können nur dann richtig erfüllt, Ziele nur dann erreicht werden, wenn dafür alle erforderlichen Informationen vorliegen. Information ist der Teil des vorhandenen (umfangreichen) Wissens, der für die Zielerreichung geeignet ist, das »zweckorientierte Wissen« (W. WITTMANN).

Zweck im Sinne der Unternehmensorganisation ist die Aufgabenerfüllung. Zur Planung, Durchführung und Überprüfung (SIV = Soll-Ist-Vergleich) beliebiger Aktionen gehören Informationen. Je besser ein Unternehmen informiert ist, desto besser sind im Allgemeinen die Entscheidungen. Denn Grundlage von Planungs- und Entscheidungsprozessen (Produktions-/Absatzplanung) sind u. a. Informationen über Lagerbestände, Transportwege und Kundenaufträge (Objektplanungs-Informationen).

Daraus werden nach Analysen Schlussfolgerungen gezogen, Lösungen erarbeitet und in neue Zielvorgaben und Maßnahmeentscheidungen umgesetzt **(Steuerungsinformationen)**.

In der Phase der Durchführung beschlossener Maßnahmen werden Ausführungsmeldungen »Produkt produziert« versandt, ohne die eine Kontrollphase undenkbar ist. Durch Soll-Ist-Vergleiche und Abweichungsanalysen ergeben sich dann neue Informationen, die neue Planungsprozesse einleiten. In der Unternehmensorganisation geht es folglich darum, die erforderlichen Informationsbeziehungen zu planen und zu realisieren.

Informationsprozesse bestehen aus Aktivitäten der

– Informationsgewinnung,
– Informationsaufnahme,
– Informationsspeicherung,
– Informationsverarbeitung und
– Informationsabgabe.

Interne und externe Quellen sind Lieferanten für Informationen. Mit **Informationsangebot** werden alle tatsächlich vorhandenen/erhältlichen Informationen bezeichnet. Die einzelnen Organisationseinheiten eines Unternehmens fragen jeweils die Informationen nach, die für sie interessant sind. In der Summe ergibt sich eine betriebsspezifisch subjektiv gewünschte **Informationsnachfrage**. Informationsangebot und -nachfrage sind – nicht nur wegen der ständig wachsenden Wissensflut – kaum einmal deckungsgleich. Ziel muss es daher sein, die sachlich erforderlichen Informationen einzugrenzen auf den objektiv benötigten **Informationsbedarf**.

Sowohl jedes Überangebot als auch jede Übernachfrage von Informationen ist unwirtschaftlich. Dabei muss berücksichtigt werden, dass sich Unternehmensaufgaben ändern (neue Märkte, neue Produkte) – und damit ändert sich auch der Informationsbedarf. Wird verstärkt delegiert, muss der Informationsbedarf neu definiert, zumindest aber umgeschichtet werden. Mit der Weiterentwicklung der Informations- und Kommunikationstechnologien (Internet, stärkere Vernetzung...) ändert sich auch das Informationsangebot. Daraus ergeben sich Probleme bei der Informationsaufbereitung. Parallel dazu erhöht sich der Wissensstand der Mitarbeiter. Kommen neue Mitarbeiter hinzu, steigt auch die Informationsnachfrage.

Der Begriff **Kommunikation** unterscheidet zwischen einem menschlichen und einem technischen Aspekt. Dieser berücksichtigt die Übertragung von Nachrichten/Informationen einschließlich der damit verbundenen Funktionen (kodieren, senden, empfangen, dekodieren). Menschliche Kommunikation ist gekennzeichnet durch die Fähigkeit des Einzelnen, seine Gefühle und Gedanken einem anderen bzw. mehreren Personen mitzuteilen und in Gruppen/Teams soziale Beziehungen zu unterhalten. Zusammengefasst versteht man unter Kommunikation die Informationsabgabe, -übermittlung und -aufnahme durch Menschen oder Maschinen. Damit ist ohne Kommunikation keine Information möglich und umgekehrt.

**Kommunikationsbeziehungen** können unterschiedlich ausgeprägt sein:

– verbal – nonverbal,
– formal – informal,
– technisch – nichttechnisch,

## 6 Personalwirtschaft

- face to face (persönlich) – unpersönlich,
- einseitig – mehrseitig,
- vertikal – horizontal – diagonal,
- Bild – Sprache – Text – Daten.

Kommunikation setzt immer einen Sender und einen Empfänger voraus und ein Medium, das die Nachricht/Information transportiert.

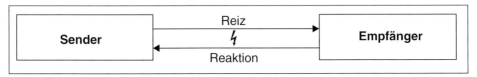

Sender-Empfänger-Modell

Dabei kann es zu **Störungen** kommen, die vielfältige Ursachen haben können:

- Technische Probleme (Telefonausfall, Datentransferunterbrechung...);
- sprachliche Verständigungsprobleme zwischen Sender und Empfänger;
- psychologische Störungen (Überbetonung, gefärbte Darstellung...).

Es gilt, sich diese Störungsmöglichkeiten zu verdeutlichen und für Problemfälle Ansätze zur Beseitigung zu schaffen. Nach den Aufgabenstellungen im Unternehmen unterscheidet man – abhängig von den zu lösenden Problemen – folgende Kommunikationsstrukturen:

### Zentrale Kommunikationsstruktur

Kennzeichen: einfache Aufgaben
Anforderungen: klare Struktur, klare Aufgabenbeschreibung, ein Führender; ungleiche Machtverteilung; Schnelligkeit

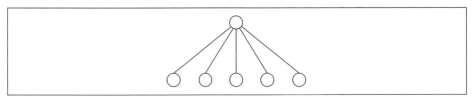

Zentrale Kommunikationsstruktur

### Kreisförmige Kommunikationsstruktur

Kennzeichen: komplexe Aufgaben
Anforderungen: gleiche Machtverteilung, rasche Anpassung an Aufgabenänderung, trotzdem strukturiert

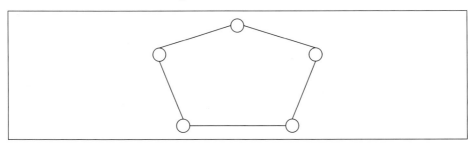

Kreisförmige Kommunikationsstruktur

## Ungebundene Kommunikation

Kennzeichen: sehr komplexe Aufgaben

Anforderungen: innovative, kreative Lösungen; unstrukturiert; gleiche Machtverteilung; hoher Zeitaufwand

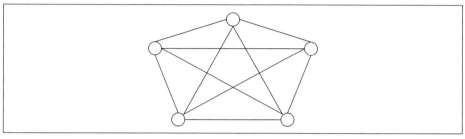

Ungebundene Kommunikation

**Formale** Kommunikation verläuft entlang der bestehenden formalen Organisationsstruktur bzw. den vorgegebenen Kanälen, d. h. meist vertikal oder horizontal. **Informale** Kommunikation verläuft häufig quer zu bestehenden Kommunikationsstrukturen (diagonal). Den heutigen Erfordernissen Rechnung tragend, sollte ein Informations- und Kommunikationssystem ein **Netzwerk** aus vertikalen und horizontalen Kommunikationsbeziehungen sein.

Neben der stets dominierenden Sprache verfügt der Mensch über eine Vielzahl weiterer Ausdrucksformen wie Mimik, Gestik, Körperhaltung/Körpersprache, Kleidung, Düfte etc. Dabei kommt dem Blickkontakt (face-to-face) besondere Aufmerksamkeit zu. Häufig wird daraus auf Interesse, Offenheit oder Überlegenheit des Gegenüber geschlossen.

Im Rahmen der **nonverbalen** Kommunikation drückt der Mensch das aus, was er ist, bzw. was er gerne sein möchte und zwar mittels seiner Kleidung, Haltung, Frisur, Bewegungen der Hände/Augen/Füße und des Mundes. Interpretationen (verschränkte Arme bedeuten z. B. Ablehnung/Distanz/Skepsis) sind häufig nur im Zusammenhang mit dem Gesagten möglich.

Allerdings ergeben sich auch im Sprachbereich Störungen/Verzerrungen. Hauptursache dafür ist die Tatsache, dass Menschen die Äußerungen anderer Personen oder Gruppen nicht »wertfrei« aufnehmen, sondern auf Grund ihrer bisherigen Erfahrungen quasi »automatisch« beurteilen und bewerten. Sprache wird dementsprechend als Mittel benutzt, um menschliche Kontakte herzustellen und aufrechtzuerhalten (soziale Funktion) – und nicht nur, um zu informieren.

Mitarbeitergespräche, bei denen das Funktionieren von Kommunikation von großem Belang ist, wurden bereits in Buch 1, Abschnitt 3.3.3, dargestellt.

Allgegenwärtige Kommunikationsstörungen treten häufig zwischen EDV-Entwicklern und Benutzern auf. Gerade diese Störungen sind besonders gravierend, weil Informations- und Kommunikationssysteme eines Unternehmens weitgehend von der gegenseitigen Akzeptanz beider Personengruppen abhängen.

Für die Systemexperten ist es existenznotwendig, nach außen kommunikationsfähig zu bleiben und künftige Benutzer frühzeitig in den Entwicklungsprozess mit einzubeziehen. Damit werden die Betroffenen durch eine gemeinsame Sprache zu **Beteiligten** und die Akzeptanz der geplanten EDV-Lösung wird wesentlich erhöht.

## 6.6 Betriebliches Bildungswesen

### 6.6.1 Bedeutung der betrieblichen Ausbildung

Betriebliche Aus- und Weiterbildung im Unternehmen ist Teil der Personalplanung und Personalentwicklung. Sie soll sicherstellen, dass der Produktionsfaktor Arbeit nicht nur in quantitativer, sondern auch in qualitativer Hinsicht ausreichend zur Verfügung steht. Bei der Planung der Ausbildung sind vor allem Ausbildungsbedarfe und Ausbildungsinhalte zu berücksichtigen.

Für das Unternehmen besteht die Notwendigkeit, die aus der Unternehmensentwicklung resultierenden Probleme mit dafür beruflich ausreichend vorbereiteten Mitarbeitern zu lösen. Aus dieser Sicht besteht ein enger Zusammenhang zwischen den drei Säulen der Berufsbildung, und es kommt im Rahmen der Personalplanung und Personalförderung die Aufgabe auf das Unternehmen zu, die Möglichkeiten, die diese drei Bereiche bieten, optimal zu nutzen.

Die Notwendigkeit der Unternehmen, in die Berufsbildung zu investieren, erfüllt darüber hinaus einen volkswirtschaftlichen Zweck; denn nur diejenigen Volkswirtschaften werden in den kommenden Jahrzehnten erfolgreich sein, in denen neben einem hohen Stand der Technik ein hoher Bildungsstand der Mitarbeiter vorhanden ist.

Daneben erfüllt die betriebliche Aus- und Fortbildung auch eine sozialpolitische Aufgabe; denn der Abhängigkeitsgrad der Arbeitnehmer wird durch eine umfassende berufliche Qualifikation wesentlich verringert.

Die berufliche Ausbildung, auch als Primärausbildung bezeichnet, erfolgt in Deutschland im »**dualen System**«. Das bedeutet in der Regel, dass die praktische Berufsausbildung in dafür geeigneten Betrieben stattfindet und unterstützt wird durch den begleitenden Besuch einer Berufsschule. Teile der praktischen Ausbildung werden in vielen Fällen, insbesondere im gewerblich-technischen Bereich, in eigens dafür eingerichteten **überbetrieblichen Ausbildungszentren** durchgeführt. Ziel der Berufsausbildung ist die Vermittlung der **beruflichen Handlungsfähigkeit**, § 1 Abs. 3 des in 2005 novellierten Berufsbildungsgesetzes (BBiG).

### 6.6.2 Bedeutung der beruflichen Weiterbildung

Berufliche Weiterbildung hat insbesondere durch die Einführung neuer Techniken sowohl aus Unternehmens- als auch aus Mitarbeitersicht deutlich an Bedeutung gewonnen. Mitarbeiterqualifikationen müssen an geänderte Arbeitsplatzbedingungen angepasst werden. Man spricht von **Anpassungsfortbildung**, wenn beispielsweise die Handhabung eines neuen PC-Schreibsystems geschult wird. Diese Anpassungsfortbildungen können unternehmensintern oder extern durch Weiterbildungseinrichtungen durchgeführt werden.

Im Rahmen der Personalentwicklungsplanung sollen den Mitarbeitern Aufstiegsmöglichkeiten (Laufbahn-/Karriereplanung) aufgezeigt werden. Diese so genannten **Aufstiegsfortbildungen** sichern den (Führungs-) Nachwuchs eines Unternehmens und bieten dem Mitarbeiter die Chance, sich durch Fortbildungsmaßnahmen auf eine höherwertige Stelle zu qualifizieren (vergl. § 1 Abs. 4 BBiG).

Gleichzeitig spiegelt sich darin auch ein Stück **gelebter Unternehmenskultur** wider: Die Unternehmen, die von ihren Mitarbeitern neben Innovationen auch Identifikation mit dem

Unternehmen und Motivation in der Tagesarbeit erwarten, wissen, dass sie ihren Mitarbeitern innerbetriebliche Perspektiven aufzeigen sollten.

Letztlich profitieren so beide Partner von einer erfolgreichen Personalentwicklung: Eine Stärkung der (Wettbewerbs-)Position des Unternehmens am Markt erlaubt Reinvestitionen in die Kapitalkraft des Unternehmens und die Qualifikation der Mitarbeiter. Ein Unternehmen, das die Chancen, in die betriebliche Aus- und Fortbildung zu investieren, nicht nutzt, läuft Gefahr, seine Marktstellung zu beeinträchtigen.

Dabei kommt nicht zuletzt der betrieblichen Fortbildung eine hohe Priorität zu, weil die berufliche Ausbildung für eine lebenslange Berufsausübung heute nicht mehr ausreicht (»lebenslanges Lernen«).

Die Weiterentwicklung von computergesteuerten Produktionsverfahren und die Einführung von rechnergestützten Verfahren in Verwaltungsabläufe führt häufig zum Wegfall »traditioneller« Arbeitsplätze. Diese unternehmensspezifischen Entwicklungen sollten möglichst frühzeitig erkannt und in **Umschulungsplänen** der Personalförderung niedergelegt werden. Das Unternehmen hat sich dadurch sehr frühzeitig auf die neuen Entwicklungen eingestellt, kann Friktionsverluste vermeiden und das große Erfahrungspotenzial der Mitarbeiter weiter nutzen.

### 6.6.3 Berufliche Weiterbildung: Organisation, Durchführung und Beratung

Während die Berufsausbildung als **primäre** Ausbildung bezeichnet wird, spricht man bei der Fort- und Weiterbildung von der **sekundären** Berufsausbildung.

Bei der Planung der Weiterbildung ist zunächst eine vom Unternehmensziel abhängige Bedarfsanalyse zu erstellen. Das Ergebnis dieser Bedarfsanalyse ist Grundlage für die Konzeption von Weiterbildungsinhalten.

Darauf aufbauend ist unter dem wirtschaftlichen Gesichtspunkt zu entscheiden, ob betriebliche Fortbildungsmaßnahmen **intern** durchgeführt werden oder ob den Mitarbeitern Gelegenheit gegeben wird, **externe** Weiterbildungseinrichtungen zu besuchen.

Vielfältige Veränderungen in der Arbeitswelt führen mit zeitlicher Verzögerung auch zu einem Wandel in der Berufsausbildung. Um den sich ständig ändernden neuen Situationen gewachsen zu sein, müssen sich Mitarbeiter rasch damit vertraut machen und sicher damit umgehen können.

Die »Halbwertzeit« des Fachwissens wird nicht nur im EDV-Bereich immer kürzer. Manches angeeignete (Fach-)Wissen ist bereits nach zwölf Monaten veraltet und muss (zumindest) aufgefrischt werden. Dabei werden neben fachlichen Fähigkeiten und Fertigkeiten auch Methodenkenntnisse und Sozialkompetenz vom Mitarbeiter erwartet, so genannte **Schlüsselqualifikationen**.

Für Unternehmen wird es immer wichtiger, die Mitarbeiter dahin zu entwickeln, eigenständige Lösungen für neue Probleme zu finden und die dazu erforderlichen Informationen zu beschaffen und zu verwerten (Projekte). Zunehmend höher werden auch die Erwartungen an die Kommunikations- und Konfliktfähigkeit der Mitarbeiter. Teamarbeit bedeutet Kompetenz in Gesprächsführung und Moderation, die Fähigkeit zur Präsentation vor einer Gruppe und das Umgehen-Können mit Konflikten.

Berufliche Erstausbildung bzw. Trainee-Programme als **Training into-the-Job** sind dementsprechend zwangsläufig durch Personalentwicklungsmaßnahmen am Arbeitsplatz **(Training on-the-Job)** und/oder außerhalb des Arbeitsplatzes **(Training off-the-Job)** zu ergänzen.

## 6 Personalwirtschaft

| Methoden betrieblicher Weiterbildung ||
|---|---|
| **Training on-the-Job** | **Training off-the-Job** |
| – Erfahrungsvermittlung durch den Vorgesetzten<br>– Assistententätigkeit ohne volle Verantwortung<br>– verantwortliche Bearbeitung von Projekten oder Sonderaufgaben<br>– systematischer Arbeitsplatzwechsel (Job-Rotation) ... | – modellhafte Leitung eines Unternehmens als Ganzes (Planspiel)<br>– abgegrenzte Problemstellung, z. B. Entwicklung einer Marketingstrategie, in einer Kleingruppe (Fallstudie)<br>– Diskussionsverhalten und Argumentationsfähigkeit trainieren (Gruppendiskussion)<br>– Fernunterricht, Fernstudium, Computer Based Training (CBT) ... |

Methoden betrieblicher Weiterbildung

Ansprechpartner für Fragen der Weiterbildung sind die **Kammern** und **die Agenturen für Arbeit**. Dort vorhandene **Weiterbildungsdateien** können für eine ausführliche Beratung genutzt werden.

Im Vorfeld ist es für interessierte Unternehmen und Mitarbeiter jedoch erforderlich, den Bildungs- bzw. Entwicklungsbedarf zu ermitteln. Erfahrungen der Vergangenheit fließen in diese Analyse ebenso ein wie voraussichtliche künftige Entwicklungen. Als Instrument kann folgende Matrix dienen:

| | | Zeitraum ||
|---|---|---|---|
| | | Vergangenheit/Gegenwart | Zukunft |
| **Beurteilung** | positiv | Befriedigendes ist zu sichern<br>(1) | Chancen sind auszuschöpfen<br>(2) |
| | negativ | Fehlerhaftes ist zu verbessern<br>(3) | Bedrohungen sind abzuwenden<br>(4) |

Prämissen der Bildungs- und Entwicklungsbedarfsplanung

Werden hauptsächlich Bildungsfakten der Vergangenheit betrachtet und nachvollzogen, spricht man von einer **Reaktion** des Unternehmens auf Einflüsse von außen. Wenn auf der Grundlage solcher Erkenntnisse auch künftige Entwicklungen durch vorwegnehmendes gedankliches Vorgehen Berücksichtigung finden, so bezeichnet man dieses Vorgehen als **antizipativ**.

Bei der Bestandsaufnahme sind im Fall (1) **Stärken** zu sichern und zu künftigen Chancen weiter zu entwickeln. Fällt die Bilanz eher negativ aus – Fall (3) – sind die **Schwächen** der augenblicklichen Situation auszubessern, um nicht als **Bedrohungen** (4) in der Zukunft aufzutreten. Gleiches gilt für nicht weiterentwickelte Stärken. **Chancen** (2) sind zum einen als Fortführung vorhandener Stärken oder überwundener Schwächen anzusehen und zusätzlich als wesentliche Komponenten einer langfristigen Beteiligung und Gestaltung des betrieblichen Bildungsbereichs durch die Mitarbeiter zu bewerten.

Beispielsweise sind zunehmende Kundenreklamationen ein möglicher Hinweis auf nicht ordnungsgemäße Auftragsabwicklung im Zusammenhang mit neuen PC-Programmen und machen verstärkte Schulungsanstrengungen erforderlich. Das bisher Fehlerhafte ist zu verbessern, indem Lernziele festgelegt, Qualifizierungsmaßnahmen geplant, in- und/oder extern durchgeführt und Erfolge der Maßnahme überprüft werden.

Dabei spielt die Auswahl der Dozenten und Trainer eine ebenso große Rolle wie die Zufriedenheit der Mitarbeiter mit der Veranstaltung und die praxisnahe Umsetzung des Gelernten. Für das Unternehmen kommt es darauf an, die **Kosten** betrieblicher Weiterbildung und deren **Nutzen** im Rahmen des Personalentwicklungs- bzw. Bildungs-Controllings sichtbar zu machen, – und als künftige Wettbewerbsstrategie bei der Mitarbeiter-Rekrutierung gegenüber Konkurrenzunternehmen einzusetzen.

Hinsichtlich des Bedarfs an ausgebildeten Mitarbeitern ist die Planung mit vielen Unwägbarkeiten behaftet. Da die technische Entwicklung, insbesondere im Datenverarbeitungsbereich, für die kommenden Jahre schwer zu übersehen ist, können die Qualifikationen, die Mitarbeiter im mittelfristigen Bereich benötigen, nicht genau definiert werden. Trotzdem hat das Unternehmen darüber natürlich Entscheidungen zu treffen.

Neuere Konzepte betonen die »**Kooperative Selbstqualifikation**«, bei der sich Personen mit unterschiedlichen Erfahrungen und Kenntnissen zusammenschließen, um ihr Wissen und ihre Erfahrungen einander weiterzugeben und um bestimmte Lernziele zu erreichen. Die Lernenden erweitern dadurch ihren Kompetenzbereich, entwickeln sich weiter und übernehmen schrittweise mehr Verantwortung. Unabdingbare Voraussetzung sind das Wollen (Bereitschaft) und das Können (Fähigkeit) jedes teilnehmenden Mitarbeiters, selbstständig zu lernen.

Die Selbstlerngruppe tagt in der Regel während der Arbeitszeit im Unternehmen und sollte auf freiwilliger Basis entstanden sein. Jedem Mitarbeiter wird dabei ein gewisses Maß an Selbstständigkeit zugetraut, das im Rahmen der Kooperativen Selbstqualifikation weiterentwickelt wird. Drei bis sieben Mitarbeiter aus unterschiedlichen Erfahrungsbereichen und mit unterschiedlichem Fachwissen schließen sich zusammen. Die Gruppen – von einem erfahrenen Teamer/Trainer geleitet – planen, führen und kontrollieren sich selbst.

Dabei ist es wichtig, klare realistische Ziele und Teilziele zu setzen und genaue Terminabsprachen zu treffen. Im Sinne des kontinuierlichen Verbesserungsprozesses – um die Qualität der Arbeit zu verbessern und Fehlerquellen zu verringern – ist nach jedem Meeting eine kurze Selbstkontrolle dahingehend einzubauen, ob Ablauf und Inhalt den gewünschten/ anvisierten Vorstellungen/Zielen entsprechen. Alle Beteiligten sollten von den erarbeiteten Änderungen profitieren. Umsetzbarkeit in konkrete Handlungsvorschläge geht dabei theoretischen Lösungen vor.

Es ist möglich,

– Ideenbörsen zu organisieren,
– Innovationen zu fördern und
– Systeme einzuführen, die Zusammenarbeit erfordern.

Das Lernteam kann zusätzlich durch materielle (mehr Lohn/Gehalt) und/oder immaterielle Anreize (interessantere Arbeit, größere Verantwortung) motiviert werden.

Generell gilt es, die sich rasch wandelnden (Unternehmens-) Umweltbedingungen sowie neue Erkenntnisse und Sichtweisen zügig, konstruktiv und kreativ (DUDLEY, L./KORDIS, P.) in die Überlegungen für künftige Weiterbildungskonzepte einzubeziehen und damit auch im Weiterbildungsbereich kontinuierliche Verbesserungsprozesse aktiv zu gestalten.

## 6.7 Betriebliches Sozialwesen

### 6.7.1 Ziele und Bedeutung betrieblicher Sozialpolitik

Betriebliche Sozialpolitik ist als Teil der Unternehmenspolitik in den zurückliegenden Jahren zu einem immer bedeutender werdenden Faktor geworden. Die Möglichkeiten betrieblicher Sozialpolitik bestehen in der Gewährung vielfältiger **Sozialleistungen**, wie z. B.

- zusätzliche, nicht in Tarifverträgen vereinbarte Geldleistungen (Gratifikationen, Gewinnbeteiligungen, Sterbegeld, Umzugskostenübernahme);
- Arbeitskleidung, Haustrunk, Jubiläumsgeschenke, Betriebsverpflegung;
- Betriebswohnungen, Dienstwagen, Darlehen, Belegschaftsnachlässe;
- Unterstützung kultureller und/oder sportlicher Veranstaltungen und Betriebssportgemeinschaften.

Dabei ist zu beobachten, dass zunächst freiwillige betriebliche Sozialleistungen im Laufe der Jahre häufig zu tariflichen oder sogar gesetzlichen Sozialleistungen umgewandelt wurden.

Für den Innenbereich eines Unternehmens können betriebliche Sozialleistungen zu einer **höheren Arbeitsmotivation** führen und dadurch eine höhere Arbeitsleistung der Belegschaft ebenso zur Folge haben wie unter Umständen die Vermeidung von Fehlzeiten und eine Kostensenkung durch Minderung der Fluktuationsrate. Sie können auch zu einer höheren Unfallsicherheit führen, wenn es sich um Einrichtungen auf diesem Gebiet handelt. Weiter können mit betrieblichen Sozialleistungen Steuer- und Finanzierungsvorteile für das Unternehmen einhergehen.

Im Außenbereich eines Unternehmens können Sozialleistungen zu einer wesentlich **verbesserten Imagewerbung** führen und dadurch die Bereitschaft qualifizierter Mitarbeiter, in das Unternehmen einzutreten, deutlich erhöhen. Aus dieser Entwicklung heraus kann unter Umständen die Wettbewerbsfähigkeit eines Unternehmens positiv beeinflusst werden.

### 6.7.2 Aufbau betrieblicher Sozialpolitik

In Zeiten guter konjunktureller Entwicklung wird ein Unternehmen eher bereit sein, freiwillige Sozialleistungen zu gewähren. Daraus kann sich für die Mitarbeiter ein gewisses Anspruchsdenken entwickeln, das in schlechteren Konjunkturphasen dann zu Schwierigkeiten führt, wenn die Gewährung dieser freiwilligen Sozialleistungen Probleme für das Unternehmen hervorruft. Andererseits sind in konjunkturell günstigen Phasen betriebliche Sozialleistungen unter Umständen ein geeignetes Mittel zur Beschaffung von qualifizierten Mitarbeitern.

Man unterscheidet drei verschiedene Arten von Sozialleistungen:

| Sozialleistungen | | |
|---|---|---|
| Gesetzliche Sozialleistungen | Tarifliche Sozialleistungen | Freiwillige betriebliche Sozialleistungen/-einrichtungen |

Freiwillige oder zusätzliche **Sozialleistungen** des Unternehmens sind alle Leistungen, die nicht direkt der Arbeitsleistung zuzurechnen sind. Betriebliche Sozialleistungen sollen helfen, eine gerechtere Aufteilung der Wertschöpfung zwischen den Produktionsfaktoren Arbeit und Kapital herbeizuführen. Darüber hinaus sollen sie als Instrument zur breiteren Vermögensbildung in Arbeitnehmerhand dienen.

Sie können auch gewährt werden, um betriebsfremde Einflüsse abzuwehren oder ein positives Firmenimage aufzubauen. Um die Bedeutung der betrieblichen Sozialpolitik nicht zu schmälern, ist es wichtig, die Ausgestaltung so vorzunehmen, dass sich die Arbeitnehmer in ihrer Tätigkeit für das Unternehmen wiederfinden und die sozialen Leistungen und Einrichtungen von ihnen auch als solche anerkannt werden.

Weiter sind betriebliche **Sozialeinrichtungen** ein Instrument betrieblicher Sozialpolitik. Als Beispiele dazu seien genannt: Ferienheime, Werksbüchereien, Sporteinrichtungen, Kindergärten, Werkswohnungen sowie die Gestellung von Dienstwagen.

Es ist zu berücksichtigen, dass alle Leistungen im Sozialbereich »**geldwerter Vorteil**« im steuerlichen Sinn sein können.

## 6.7.3 Betriebliche Altersversorgung

Die gesetzliche Rente wird zukünftig etwas langsamer steigen als derzeit. Wer zusätzlich etwas für seine Altersversorgung tun will, wird deshalb staatlicherseits umfassend gefördert. Die **zusätzliche Altersvorsorge** ist das Kernstück der **Riester-Reform**. Grundsätzlich werden Anlageformen gefördert, die im Alter durch lebenslange Zahlungen die staatliche Rente ergänzen. Jeder entscheidet selbst **(Prinzip der Freiwilligkeit)**, ob und wenn ja welche Form der zusätzlichen Altersvorsorge die für ihn passende ist. Der Staat fördert den gewählten Vertrag, solange die Sicherheitskriterien erfüllt sind. Ziel ist es, im Alter einen angemessenen Lebensstandard zu wahren.

Die betriebliche Altersvorsorge war bisher eine freiwillige Leistung des Arbeitgebers und wurde in der Regel von ihm allein finanziert. Auch durch das neue seit 1.1.2002 geltende Recht besteht für den Arbeitgeber keine Pflicht, sich an der Alterssicherung seiner Beschäftigten finanziell zu beteiligen. In der Regel werden sich Arbeitgeber und Beschäftigte auf einen Durchführungsweg und die Art der Förderung einigen. Das **Betriebsrentengesetz (BetrAVG)** lässt fünf verschiedene Arten zu und nennt sie Durchführungswege.

### 6.7.3.1 Interne Durchführungswege

**1. Direktzusage**

Mit einer Direktzusage geht der Arbeitgeber die Verpflichtung ein, dem Beschäftigten oder dessen Angehörigen ab Eintritt des Versorgungsfalls (Ruhestand, Invalidität, Tod) Leistungen in einer bestimmten Höhe zu zahlen. Der Mitarbeiter hat damit einen rechtsverbindlichen Versorgungsanspruch gegenüber seinem Arbeitgeber. Die Direktzusage (auch Pensions- oder unmittelbare Versorgungszusage genannt) ist in der Regel eine allein vom Arbeitgeber finanzierte Form der Altersvorsorge. Die Rückstellungen sind für den Arbeitgeber Betriebsausgaben. Die Anwartschaften und Ansprüche der Beschäftigten sind bei Insolvenz des Arbeitgebers durch den **Pensions-Sicherungs-Fonds auf Gegenseitigkeit** (PSV a.G.) gesichert.

Bei der Entgeltumwandlung in eine Direktzusage erhalten die Beschäftigten keine staatlichen Förderungen in Form von Zulagen oder Sonderausgabenabzug (Riester-Förderung). Dazu wäre es notwendig, neben der Direktzusage eine zusätzliche Altersvorsorge zu betreiben. Jedoch kann der Arbeitgeber mit Zustimmung der Arbeitnehmer die Anwartschaften und die Verpflichtung aus einer Direktzusage oder einer Unterstützungskasse steuer- und beitragsfrei auf einen förderfähigen Pensionsfonds **übertragen**. Dann besteht die Möglichkeit, die Riesterförderung in Anspruch zu nehmen.

## 2. Unterstützungskasse

Sie existiert als GmbH, Stiftung oder eingetragener Verein (e.V.). Sie soll Hilfe in Notfällen bzw. Versorgungsleistungen im Altersfall übernehmen. Der Arbeitgeber gibt die Zusage, dass nach Eintritt des Versorgungsfalles Rentenleistungen in einer bestimmten Höhe gezahlt werden.

Die Mitarbeiter haben keinen Rechtsanspruch auf Versorgungsleistungen. Die Zuwendungen einer Unterstützungskasse beruhen auf freiwilliger Basis. Für die Förderfähigkeit und den Insolvenzfall gilt das Gleiche wie bei der Direktzusage.

### 6.7.3.2 Externe Durchführungswege

#### 1. Direktversicherung (§ 2 Abs. 2 BetrAVG)

Der Arbeitgeber schließt eine Lebens- oder Rentenversicherung zugunsten des Mitarbeiters mit einem externen Unternehmen ab. Die Beiträge zahlt der Arbeitgeber ein. Die Beschäftigten haben die Möglichkeit, sich durch Entgeltumwandlung an der Finanzierung zu beteiligen. Der Staat unterstützt die Beiträge, die durch die Beschäftigten geleistet werden, indem er für die Beiträge bis zu 1.752 Euro (in Ausnahmefällen auch bis zu 2.148 Euro) nur eine Pauschalsteuer in Höhe von 20% erhebt. Außerdem brauchen von diesen Beiträgen bis Ende 2008 keine Sozialversicherungsbeiträge abgeführt werden. Die Beschäftigten können zusätzlich die Riester-Förderung in Anspruch nehmen.

Direktversicherungen unterliegen der staatlichen Versicherungsaufsicht durch das Bundesaufsichtsamt für das Versicherungswesen (BAV) und der Anlageregulierung nach dem Versicherungsaufsichtsgesetz (VAG).

#### 2. Pensionskasse (§ 2 Abs. 3 BetrAVG)

Die Pensionskasse funktioniert wie eine Versicherung und wird von einem oder mehreren Unternehmen getragen. Die Beiträge zahlt der Arbeitgeber ein. Die Beschäftigten haben die Möglichkeit, sich daran durch Beiträge aus ihrem Arbeitsentgelt zu beteiligen. Der Staat unterstützt die Beiträge auf drei unterschiedliche Arten:

- Die Beschäftigten können für ihre Beiträge die Riester-Förderung bekommen (Voraussetzung: Für die Beiträge werden vorher Steuern und Sozialbeiträge abgeführt).
- Steuerfrei können bis zu 4% der Beitragsbemessungsgrenze der Rentenversicherung eingezahlt werden.
- Für Beiträge, die darüber hinaus gehen, ist eine 20%ige Pauschalversteuerung bis zu 1.752 Euro (in Ausnahmefällen bis zu 2.148 Euro) möglich.
- Bei den beiden letztgenannten Möglichkeiten sind die Beiträge bis Ende 2008 sozialversicherungsfrei.

Wie bei der Direktversicherung überwacht auch hier das BAV die Erfüllbarkeit der Verbindlichkeiten.

#### 3. Pensionsfonds (§ 2 Abs. 3a BetrAVG)

Mit der Rentenreform wurde auch der international erfolgreiche Pensionsfonds als Durchführungsweg der betrieblichen Altersvorsorge zugelassen. Die Beiträge zahlt der Arbeitgeber ein. Die Beschäftigten haben die Möglichkeit, sich daran durch Entgeltumwandlung zu beteiligen. Der Staat unterstützt die Beiträge in gleicher Weise wie bei der Pensionskasse. Nur die Pauschalversteuerung ist bei Einzahlungen in einen Pensionsfonds nicht möglich.

Der Pensionsfonds zahlt lebenslange Altersrenten. Zusätzlich besteht die Möglichkeit, sich auch gegen Invalidität abzusichern oder eine Hinterbliebenenversorgung zu vereinbaren.

Der Pensionsfonds muss die Versorgungsberechtigten schriftlich darüber informieren, ob und wie er ethische, soziale und ökologische Belange bei der Verwendung der eingezahlten Beiträge berücksichtigt.

Wegen des höheren Anlagerisikos untersteht der Pensionsfonds der Aufsicht der Anlageregulierung durch das BAV. Zusätzlich muss der Arbeitgeber Mitglied im PSV sein.

Damit erhält die betriebliche Altersversorgung (bAV) als Teil eines mehrstufigen Versorgungssystems, des sog. **Drei-Säulen-Konzepts**, ein neues Gesicht:

| Altersversorgung | | |
|---|---|---|
| **Gesetzliche Rentenversorgung** | **Betriebliche Altersversorgung** | **Individuelle Vorsorgen** |
| als kollektive Basisversorgung | alle Maßnahmen des Arbeitgebers zur Alters-, Invaliditäts- und Hinterbliebenenversorgung seiner Arbeitnehmer (und ihnen gleichgestellter Personen), die über die gesetzlichen Verpflichtungen hinausgehen<br><br>**Betriebliche Altersvorsorge**<br><br>alle gemeinsamen Maßnahmen des Arbeitnehmers und des Arbeitgebers im Rahmen der Riester-Förderung | – Lebensversicherungen<br>– Berufsunfähigkeitsversicherungen<br>– Schaffung von (Wohn-) Eigentum<br>– alle gemeinsamen Maßnahmen des Arbeitnehmers und Arbeitgebers im Rahmen der Riester-Förderung<br>... |

Das Drei-Säulen-Konzept

Wegen ihrer Funktion zur Auffüllung der Versorgungslücken der Arbeitnehmer kommt der bAV eine besondere Bedeutung zu. Sie wird durch den Gesetzgeber im Gesetz zur Verbesserung der betrieblichen Altersversorgung (BetrAVG) festgehalten. Zwar ist kein Unternehmen verpflichtet, eine Altersversorgungsregelung vorzuhalten. Existiert sie jedoch, muss das Unternehmen die gesetzlichen Regelungen beachten.

Beiträge für die zusätzliche Altersvorsorge sind steuerfrei. Sie können bei der Steuer als Sonderausgaben abgezogen werden. Zusätzlich bleiben in der Ansparphase Zinsen und Erträge steuerfrei.

Als Sonderausgabenabzug geltend gemacht werden können – unabhängig vom individuellen Einkommen – folgende Altersvorsorgeaufwendungen (Eigenbeiträge + Zulage):

    2002 bis 2003:        525 Euro
    2004 bis 2005:      1.050 Euro
    2006 bis 2007:      1.575 Euro
    ab 2008:              2.100 Euro

Die Finanzämter prüfen **automatisch**, ob die Steuerersparnis oder die Zulage günstiger für den Einzelnen ist. Übersteigt die Steuerersparnis den Förderbetrag, wird die Differenz bei der Einkommensteuerveranlagung erstattet.

Beschäftigte müssen letztlich nur die Frage entscheiden, welche Art der staatlichen Förderung sie in Anspruch nehmen wollen. Die meisten bisher vereinbarten Tarifverträge lassen die freie Wahl zwischen der Riester-Förderung mit Zulagen und Sonderausgabenabzug oder der Förderung durch Befreiung von Steuern und – vorübergehend noch – von Sozialabgaben. Welches der beiden Förderangebote das günstigste ist, hängt von folgenden Faktoren ab:

- Familienstand (verheiratet, allein stehend),
- Alleinverdiener oder Doppelverdiener,
- Zahl der Kinder,
- Höhe des Einkommens,
- Höhe des jährlichen Sparbetrages.

Wer seit 2002 ein Prozent, ab 2004 zwei Prozent, ab 2006 drei Prozent und schließlich ab 2008 vier Prozent seines sozialversicherungspflichtigen Einkommens für die betriebliche Altersvorsorge aufwendet, erhält jeweils die maximale Förderung bei den Zulagen. Da von dem Eigenbeitrag noch die staatliche Zulage abgezogen wird, müssen die Beschäftigten diesen Beitrag nicht allein aufbringen. Eine Übersicht:

| Maximale jährliche Zulage | | | |
|---|---|---|---|
| Zeitraum | Alleinstehende | Ehepaare* | Je Kind |
| 2002 – 2003 | 38 Euro | 76 Euro | 46 Euro |
| 2004 – 2005 | 76 Euro | 152 Euro | 92 Euro |
| 2006 – 2007 | 114 Euro | 228 Euro | 138 Euro |
| ab 2008 | 154 Euro | 308 Euro | 185 Euro |
| *bei denen jeder eine eigene Altersvorsorge aufbaut | | | |

Nach § 1a BetrAVG kann der Arbeitnehmer vom Arbeitgeber **verlangen**, dass von seinen künftigen Entgeltansprüchen bis zu 4% der jeweiligen Beitragsbemessungsgrenze in der Rentenversicherung durch Entgeltumwandlung für seine betriebliche Altersversorgung verwendet werden.

Ist der Arbeitgeber zu einer Durchführung über einen Pensionsfonds oder einer Pensionskasse bereit, ist die betriebliche Altersversorgung dort durchzuführen. Andernfalls kann der Arbeitnehmer verlangen, dass der Arbeitgeber für ihn eine Direktversicherung abschließt. Soweit der Anspruch geltend gemacht wird, muss der Arbeitnehmer jährlich einen Betrag in Höhe von mindestens $1/_{160}$ der Bezugsgröße nach § 18 Abs. 1 SGB IV für seine betriebliche Altersversorgung verwenden.

### 6.7.3.3 Die Anspruchssicherung

Ansprüche auf Betriebsrenten sind zwar nicht vererbbar. Es gibt jedoch eine Reihe von **Schutzvorschriften** und Einschränkungen, die garantieren, dass die Renten »sicher« sind.

- **Mindestgarantie:** Alle Durchführungswege der betrieblichen Altersvorsorge müssen den Arbeitnehmern zu Beginn der Auszahlungsphase mindestens die eingezahlten Beiträge und die staatliche Förderung zusichern (§ 2 BetrAVG).

- **Schutz vor Insolvenz:** Alle Durchführungswege, die bei der Wahl ihrer Geldanlage keinen oder nur geringen Auflagen unterliegen, müssen gegen Insolvenz abgesichert sein. Der durch Beiträge der Arbeitgeber finanzierte PSV übernimmt die Rentenzahlung, wenn das Unternehmen nicht mehr zahlungsfähig ist (§ 7 BetrAVG).

- **Staatliche Aufsicht:** Direktversicherungen und Pensionskassen unterliegen der Aufsicht des BAV. Die neuen Pensionsfonds unterliegen sowohl der staatlichen Kontrolle als auch dem Schutz durch den PSV.
- **Sicherheit beim Wechsel der Arbeitsstelle:** Jeder Euro, der eingezahlt wird, verwandelt sich entweder in eine Anwartschaft, die auch bei Betriebswechsel erhalten bleibt, oder kann später durch Abfindung zurückgeholt werden, einschließlich der direkten staatlichen Zuschüsse und der daraus entstandenen Zinsen und Zinseszinsen. Durch § 1b BetrAVG wird nun die Spanne bis zur Unverfallbarkeit für alle Zusagen, die ab dem 1.1.2001 gegeben wurden, auf fünf Jahre verkürzt. Das Mindestalter, an dem die Unverfallbarkeit das erste Mal eintritt, wurde um fünf Jahre auf das vollendete 30. Lebensjahr abgesenkt.

Das gilt auch für Anwartschaften aus alten Zusagen, wenn sie mindestens fünf Jahre nach Inkrafttreten der Neuregelung (bis 1.1.2006) bestanden haben und die Altersgrenze von 30 Jahren zu diesem Zeitpunkt erreicht wurde. Um zu verhindern, dass ein Arbeitnehmer aus einer Vielzahl von Unternehmen Betriebsrenten beziehen muss, besteht die Möglichkeit, die erworbenen Anwartschaften zu übertragen und alle erworbenen Anwartschaften erst bei dem letzten Arbeitgeber zu bündeln. Voraussetzung ist, dass der neue Arbeitgeber die Anwartschaften übernommen hat – wozu er nicht verpflichtet ist.

- **Abfindung von Anwartschaften:** Unverfallbare Anwartschaften können nach Beendigung des Arbeitsverhältnisses unter bestimmten Voraussetzungen abgefunden werden (§ 3 BetrAVG). Sowohl Arbeitnehmer als auch der Arbeitgeber können die Abfindung verlangen, wenn die Höhe der Versorgungsleistung noch eine Bagatellgrenze von 1% der monatlichen Bezugsgröße (§ 18 SGB IV) nicht überschreitet.

Der Arbeitgeber hat nach § 16 Abs. 1 BetrAVG alle drei Jahre eine Anpassung der laufenden Leistungen der betrieblichen Altersversorgung zu prüfen.

## 6.7.4 Betrieblicher Unfallschutz und betriebliche Gesundheitsvorsorge

Mitbestimmungsrechte des Betriebsrats bei bestimmten sozialen Angelegenheiten werden in § 87 BetrVG geregelt. § 87 Abs.1, Nr. 7 BetrVG enthält Anforderungen

– zur Verhütung von Arbeitsunfällen,
– zur Verhütung von Berufskrankheiten und
– zum Gesundheitsschutz.

Dies ist in Verbindung mit dem Arbeitssicherheitsgesetz (ASiG) und dem Arbeitsschutzgesetz (ArbSchG) als **Gesamtkonzept** des Gesetzgebers zu sehen.

Der Arbeitgeber hat die Unfall- und Gesundheitsgefahren zu berücksichtigen, die sich aus der besonderen Art seines Betriebes ergeben (§ 1 Abs.1, Nr. 1 ASiG). Zusätzlich verpflichtet das Gesetz **alle** Arbeitgeber, Betriebsärzte und Fachkräfte für die Arbeitssicherheit zu bestellen. Diese unterstützen als Spezialisten mit ihrem Fachwissen Arbeitgeber und Betriebsrat bei betrieblichen Entscheidungen. Die Tätigkeiten können auch überbetrieblichen Diensten übertragen werden (§ 19 ASiG).

Weiter hat der Arbeitgeber nach dem ArbSchG alle erforderlichen Maßnahmen zu treffen, um die Sicherheit und Gesundheit der Beschäftigten zu schützen (§ 3 ArbSchG). Dazu gehören insbesondere sorgfältige Beurteilungen der Arbeitsbedingungen (»**Gefährdungsbeurteilungen**«), deren Dokumentation, die Vorhaltung der Ersten Hilfe und sonstiger Notmaßnahmen und die regelmäßige Unterweisung der Beschäftigten im Zusammenhang mit Maschinen und Gefahrstoffen.

## 6.7.5 Möglichkeiten zeitgemäßer betrieblicher Sozialpolitik

Bei der rechtlichen Gestaltung betrieblicher Sozialpolitik ist das Unternehmen an keine Normen gebunden. Grundsätzlich stehen eine Reihe verschiedener Möglichkeiten zur Verfügung, wie z. B. Fonds, Genossenschaften oder Verträge mit anderen Einrichtungen, etwa der Abschluss von Versicherungen zur Altersversorgung. Über § 87 Abs. 1 Ziff. 8 BetrVG hinaus besteht das Mitbestimmungsrecht auch hinsichtlich der Durchführung und Verwaltung von sozialen Einrichtungen.

Es empfiehlt sich, Maßnahmen der betrieblichen Sozialpolitik in Form von Betriebsvereinbarungen durchzuführen. Um in Zeiten konjunktureller Abschwächungsphasen oder schlechter Ertragslage eines Unternehmens nicht gebunden zu sein, empfiehlt sich außerdem – soweit gesetzlich bzw. tariflich möglich – einen **Widerrufsvorbehalt** für freiwillige oder tarifliche Sozialleistungen.

Wenn in Phasen guter Konjunkturverläufe die Neigung zu betrieblichen Sozialleistungen größer ist und über die Tarifpolitik der Tarifpartner oder durch den Gesetzgeber Sozialleistungen eingerichtet werden, ist zu berücksichtigen, dass betriebliche Sozialleistungen ein Kostenfaktor sind. Deshalb sollte ein Unternehmen stets versuchen, Sozialleistungen an die Ertragslage eines Unternehmens zu binden. Damit wird verhindert, dass es bei den Mitarbeitern bei einer eventuellen Rückführung der Sozialleistungen zu einer negativen Arbeitseinstellung kommt bzw. für das Unternehmen zu Schwierigkeiten in der Ergebnisrechnung. Dies gilt sowohl bei der Gewährung freiwilliger Sozialleistungen als auch bei der Verhandlung über tarifliche Sozialleistungen.

In vielen Fällen ist eine Kürzung oder Beendigung betrieblicher Sozialleistung nicht möglich. Als Beispiel dafür sei die Gewährung von **Altersversorgung** genannt, die nach dem »Gesetz zur Verbesserung der Betrieblichen Altersversorgung«, wie das Betriebsrentengesetz vollständig heißt, nicht zurückgenommen werden kann und darüber hinaus unter bestimmten Voraussetzungen einem Mitarbeiter auch nach seinem Ausscheiden gewährt werden muss. Deshalb sollten betriebliche Sozialleistungen für das Unternehmen langfristig finanzierbar sein.

Außerdem sind die Bestimmungen des Betriebsverfassungsgesetzes zu beachten und die negativen Folgen hinsichtlich der Innen- und Außenwirkung solcher Maßnahmen zu berücksichtigen.

Zunehmend wird der Gedanke aktueller, bei der Vergabe von betrieblichen Sozialleistungen die unterschiedlichen Mitarbeiterbedürfnisse stärker zu berücksichtigen. Mitarbeiter können sich aus den ihnen angebotenen Sozialleistungen im Rahmen eines bestimmten Budgets zielgerecht entscheiden:

Das Unternehmen bietet fertig vorgegebene Sozialleistungspakete (»Menüplan«) an, die sich an speziellen Lebenssituationen der Mitarbeiter orientieren, wie z. B. für allein Erziehende. Ein Paket kann alle freiwilligen sozialen Leistungen einschließen oder um weitere Leistungen, etwa Weiterbildungsmöglichkeiten, erweitert sein. Entsprechend der betrieblichen Situation des Mitarbeiters (Position, Betriebszugehörigkeit...) wird ein Budget festgelegt, das z. B. für die Dauer von drei Jahren individuell genutzt werden kann.

Dieses so genannte »**Cafeteria-System**« ist unternehmensabhängig und sollte möglichst keine Erhöhung des Sozialaufwands zur Folge haben, generell aber allen Mitarbeitern offenstehen.

## 6.8 Betriebliche Mitbestimmung

### 6.8.1 Der Betriebsrat

Das Betriebsverfassungsgesetz von 1972 bildet die gesetzliche Grundlage für die Mitbestimmung des Betriebsrates auf betrieblicher Ebene. § 1 BetrVG besagt, dass in Betrieben mit in der Regel mindestens fünf ständigen wahlberechtigten Arbeitnehmern (ohne leitende Angestellte), von denen drei wählbar sind, ein Betriebsrat gewählt wird. Die Anzahl der Mitglieder des Betriebsrates richtet sich nach der jeweiligen Betriebsgröße und -art (§ 9 BetrVG). Das Gesetz hat keine Gültigkeit für den öffentlichen Dienst. Für Religionsgemeinschaften und **Tendenzbetriebe** hat es **eingeschränkte** Gültigkeit (§ 118 BetrVG). Zu beachten ist, dass das BetrVG einen **eigenen Betriebsbegriff** hat, der nicht deckungsgleich mit Definitionen aus anderen Rechtsgebieten wie z. B. Steuer-, Wirtschafts- und Handelsrecht ist. Ein Betrieb ist demgemäß eine organisatorische Einheit, innerhalb derer ein Arbeitgeber allein oder mit seinen Arbeitnehmern mit Hilfe von technischen und immateriellen Mitteln bestimmte arbeitstechnische Zwecke verfolgt, die sich nicht in der Befriedigung von Eigenbedarf erschöpfen.

Der Betriebsrat wird für jeweils vier Jahre durch die Arbeitnehmer des Betriebes gewählt; diese Wahl findet zwischen dem 1. März und dem 31. Mai eines Jahres statt (§ 13 und § 21 BetrVG).

Die Mitglieder des Betriebsrats bzw. Gesamt-/Konzernbetriebsrats-, der Jugend- und Auszubildendenvertretung dürfen

– in Ausübung ihrer Tätigkeit nicht gestört oder behindert und
– wegen ihrer Tätigkeit nicht benachteiligt oder begünstigt werden (§ 78 BetrVG).

**Leitende Angestellte** haben eine eigene Vertretung, sie werden nicht vom Betriebsrat vertreten. Für diese Führungskräfte gelten die im **Sprecherausschussgesetz** (SprAuG) festgelegten Einzelheiten.

Die Bildung eines Betriebsrats hängt von der Initiative der Belegschaft ab. Vor der Wahl eines Betriebsrats ist zunächst ein Wahlvorstand zu bestimmen. Im Rahmen der Europäischen Gemeinschaft wird das **Europäische Betriebsräte-Gesetz** (EBRG) aus dem Jahre 1996 bei denjenigen Unternehmen zum Tragen kommen, deren Unternehmenssitz im Inland liegt. Dabei sollen im Rahmen der Mitbestimmung die Arbeitnehmer grenzübergreifend angehört und unterrichtet werden.

Im Betrieb muss klar ersichtlich sein, ob der Betriebsrat in seiner Funktion als Betriebsrat auftritt oder als Gewerkschaftsmitglied. Der Betriebsrat darf in seiner Eigenschaft als Betriebsrat nicht zu Streiks aufrufen oder materielle Hilfen bei Streiks leisten.

### 6.8.2 Gesamt- und Konzernbetriebsrat

Das BetrVG sieht ein Unternehmen als die organisatorische Einheit an, mit der der Unternehmer seine wirtschaftlichen oder ideellen Zwecke verfolgt und kennt, anders als beim Begriff des Betriebes, keinen eigenen Unternehmensbegriff. Das zu erwähnen ist in diesem Zusammenhang wichtig; denn wenn in einem Unternehmen mehrere Betriebsräte bestehen, wird ein **Gesamtbetriebsrat** errichtet (§ 47 BetrVG). Er ist zuständig für die Behandlung von Angelegenheiten, die das Gesamtunternehmen oder mehrere Betriebe betreffen, ist den einzelnen Betriebsräten aber nicht übergeordnet (§ 50 Abs. 1 BetrVG).

Durch Beschluss der einzelnen Gesamtbetriebsräte kann ein **Konzernbetriebsrat** errichtet werden (§ 54 Abs. 1 BetrVG). Dazu bedarf es der Zustimmung der Gesamtbetriebsräte derjenigen Konzernunternehmen, in denen insgesamt mehr als 50% der Arbeitnehmer der Konzernunternehmen beschäftigt sind. Bei der Definition des Begriffs Konzern greift der Gesetzgeber auf die Ausführungen in § 18 Abs.1 AktG zurück.

### 6.8.3 Jugend- und Auszubildendenvertretung

Jugend- und Auszubildendenvertretungen werden gewählt, wenn folgende Voraussetzungen erfüllt sind (§ 60 BetrVG):

Im Betrieb arbeiten mindestens fünf Arbeitnehmer, die

– das 18. Lebensjahr noch nicht vollendet haben (jugendliche Arbeitnehmer) oder
– zu ihrer Berufsausbildung beschäftigt sind und das 25. Lebensjahr nicht vollendet haben.

Die Zahl der Jugend- und Auszubildendenvertreter wird in § 62 BetrVG näher erläutert. Zu allen Betriebsratssitzungen kann die Jugend- und Auszubildendenvertretung einen Vertreter entsenden (§ 67 BetrVG).

### 6.8.4 Betriebsversammlung

Einmal in jedem Kalendervierteljahr hat der Betriebsrat eine Betriebsversammlung einzuberufen und einen Tätigkeitsbericht zu erstatten (§ 43 Abs. 1 BetrVG). Die Betriebsversammlung

– ist nicht öffentlich,
– wird vom Betriebsratsvorsitzenden geleitet und
– besteht aus den Arbeitnehmern des Betriebes (§ 42 Abs.1 BetrVG).

Die Betriebsversammlung findet nur in Ausnahmefällen nicht während der Arbeitszeit statt. Die Teilnahmezeit einschließlich zusätzlicher Wegezeiten ist den Arbeitnehmern wie Arbeitszeit zu vergüten. Durch die Teilnahme entstandene Fahrtkosten sind vom Arbeitgeber zu erstatten.

Der Arbeitgeber oder sein Stellvertreter hat mindestens einmal im Kalenderjahr in einer Betriebsversammlung über

– den betrieblichen Umweltschutz,
– die wirtschaftliche Lage,
– die Entwicklung des Betriebes,
– das Personal- und Sozialwesen,
– den Stand der Gleichstellung von Frauen und Männern,
– den Stand der Integration der im Betrieb beschäftigten ausländischen Arbeitnehmer

zu berichten (§ 43 Abs. 2 BetrVG).

### 6.8.5 Betriebsvereinbarungen

In Betriebsvereinbarungen sollen **betriebsbezogene** Sachverhalte geregelt werden. Tarifvertragliche Regelungen dürfen dementsprechend inhaltlich nicht in eine für den Betrieb geltende Regelung übernommen werden (Vorrang der Tarifautonomie), ausgenommen, der Tarifvertrag lässt eine zusätzliche Betriebsvereinbarung ausdrücklich zu. Typische Fälle von Betriebsvereinbarungen sind **Betriebsordnung** und **Arbeitsordnung**.

Betriebsvereinbarungen (§ 77 BetrVG) kommen durch übereinstimmende Beschlüsse von Arbeitgeber und Betriebsrat zustande, bedürfen der Schriftform (mit beider Unterschriften) und müssen ausgelegt werden. Folglich kann in einem Betrieb, in dem kein Betriebsrat existiert, keine Betriebsvereinbarung geschlossen werden.

Die konkrete Durchführung der Vereinbarungen steht auf Grund seines Direktionsrechts dem Arbeitgeber zu. Nur nach ausdrücklicher vorheriger Vereinbarung zwischen Arbeitgeber und Betriebsrat ist ein Abweichen von diesem Grundsatz möglich. Ebensowenig darf der Betriebsrat einseitig in die Leitung des Betriebs eingreifen. Verstößt der Betriebsrat grob gegen dieses Verbot, kann der Arbeitgeber beim Arbeitsgericht die Amtsenthebung einzelner Betriebsratsmitglieder oder die Auflösung des Betriebsrates beantragen.

Eine Betriebsvereinbarung – gleichgültig ob freiwillig oder erzwungen – gilt grundsätzlich bindend für alle Arbeitnehmer eines Betriebes. Sie kann durch Zeitablauf oder (was eher die Regel ist) durch Kündigung enden. Im Normalfall beträgt die Kündigungsfrist 3 Monate; bei besonders schwerwiegenden Gründen ist eine sofortige Aufkündigung möglich. Die Betriebsvereinbarung endet nicht beim Wechsel des Betriebsinhabers.

Ergänzend hinzuweisen ist noch auf § 88 BetrVG, der »Freiwillige Betriebsvereinbarungen« auf dem Gebiet der sozialen Angelegenheiten (z. B. Maßnahmen zur Förderung der Vermögensbildung) und Maßnahmen des betrieblichen Umweltschutzes regelt. Neu hinzu gekommen sind Maßnahmen zur Integration ausländischer Arbeitnehmer und zur Bekämpfung von Rassismus und Fremdenfeindlichkeit im Betrieb.

## 6.8.6 Mitwirkung und Mitbestimmung

Zwischen den Begrifflichkeiten Mitwirkung und Mitbestimmung ist deutlich zu unterscheiden. Historisch geht das Mitbestimmungsgesetz (MitbestG) auf einen DGB-Entwurf aus dem Jahre 1968 zurück. Darin wurde gefordert, die Montanmitbestimmung auf alle Großunternehmen in der Bundesrepublik Deutschland auszudehnen. Nach mehreren Entwürfen und Anhörungen wurde schließlich das »Mitbestimmungsgesetz von 1976« vom Bundestag verabschiedet.

Mitbestimmung ist der inhaltlich umfassendere Begriff; er enthält bei richtig verstandener Anwendung alle Facetten von Mitwirkungsrechten. Stellt das Gesetz nicht zwingende Rechtsnormen auf, greift das **Mitbestimmungsrecht**.

Die in § 87 BetrVG aufgestellten **echten** Mitbestimmungsrechte beziehen sich auch auf generelle Regelungen durch Betriebsvereinbarungen. In allen Fragen des § 87 hat der Betriebsrat ein echtes Initiativrecht. Gleichzeitig kann der Arbeitgeber nur mit Zustimmung des Betriebsrates entscheiden.

Können sich Arbeitgeber und Betriebsrat nicht einigen, so entscheidet eine **Einigungsstelle**. Der Spruch der Einigungsstelle ersetzt die Einigung zwischen Arbeitgeber und Betriebsrat (§ 87 Abs. 2 BetrVG).

Die nachstehende Übersicht liefert einen Einblick in ausgewählte Mitbestimmungs- und Mitwirkungsrechte. Die Reihenfolge ist so gewählt, dass zunächst die Mitwirkungsrechte des einzelnen Arbeitnehmers, dann die unterschiedlichen Mitwirkungsrechte des Betriebsrates auf Unterrichtung, Beratung, Widerspruch etc. und zuletzt die wesentlichen Mitbestimmungsrechte des Betriebsrates aufgeführt werden.

Ergänzend sei auf die weiteren Anführungen in Abschnitt 6.9.4 hingewiesen.

## BetrVG: Ausgewählte Mitwirkungs- und Mitbestimmungsrechte

| Themengebiet | BetrVG | Rechte des ....... |
|---|---|---|
| Unterrichtung über Aufgabe, Verantwortung, Tätigkeit und Gefahren | § 81<br>§ 82 | ...Arbeitnehmers auf Anhörung/ Erörterung |
| Einsicht in die Personalakte | § 83 | ...Arbeitnehmers auf Akteneinsicht |
| Wirtschaftliche Angelegenheiten | § 110 | ...Arbeitnehmers auf Unterrichtung |
| Arbeitsschutz/Unfallverhütung/ Gesundheitsgefahren/Umweltschutz | § 89 | ...Betriebsrates auf Anregung, Beratung, Auskunft, Information |
| Gestaltung von Arbeitsplatz, Arbeitsablauf, Arbeitsumgebung | § 90<br><br>§ 91 | ...Betriebsrates auf rechtzeitige Unterrichtung durch den Arbeitgeber und Beratung<br>...Betriebsrates auf angemessene Maßnahmen zur Abwendung, Milderung oder zum Ausgleich der Belastung |
| Personalplanung, Maßnahmen der Berufsbildung | § 92 | ...Betriebsrates auf rechtzeitige und umfassende Unterrichtung durch den Arbeitgeber und Vorschlagsrecht zur Einführung und Durchführung |
| Beschäftigungssicherung | § 92a | ...Betriebsrates, Vorschläge zur Sicherung und Förderung der Beschäftigung zu machen; gemeinsame Beratungspflicht |
| Ausschreibung von Arbeitsplätzen | § 93 | ...Betriebsrates auf Initiative |
| Auswahlrichtlinien bei Einstellungen, Versetzungen, Umgruppierungen und Kündigungen | § 95 | ...Betriebsrates auf Zustimmung |
| Wirtschaftliche Angelegenheiten (bei > 100 ständig beschäftigten Arbeitnehmern) | § 106 | ...Betriebsrates auf Unterrichtung durch den Wirtschaftsausschuss |
| Betriebsänderungen: Interessenausgleich, Sozialplan (bei > 20 wahlberechtigten Arbeitnehmern) | §§ 111–113 | ...Betriebsrates auf Mitbestimmung über geplante Einschränkungen, Stilllegungen, Verlegungen, Zusammenschlüsse oder Spaltungen |
| Soziale Angelegenheiten | § 87 | ...Betriebsrates auf Mitbestimmung |
| Personalfragebögen, Beurteilungsgrundsätze | § 94 | ...Betriebsrates auf Mitbestimmung; im Streitfall Einigungsstelle |
| Berufsbildung, betriebliche Bildungsmaßnahmen, Einführung von Berufsbildungsmaßnahmen | §§ 96–98 | ...Betriebsrates auf Mitbestimmung bei der Förderung betrieblicher und außerbetrieblicher Maßnahmen |
| Personelle Einzelmaßnahmen: Einstellung, Eingruppierung, Umgruppierung, Versetzung (bei > 20 wahlberechtigten Arbeitnehmern) | §§ 99–100 | ...Betriebsrates auf Anhörung und Zustimmungsverweigerung |
| Kündigungen | § 102 | ...Betriebsrates auf Anhörung und Widerspruch |

## 6.8.7 Arbeitnehmervertreter auf Unternehmensebene

Ob national, europaweit oder international tätig – Unternehmensleitung und Arbeitnehmervertreter sind in einem ständigen Kommunikationsprozess. Das Betriebsverfassungsgesetz und die bisher erwähnten Gesetze schaffen lediglich Rahmenbedingungen für gemeinsame Gespräche. Letztlich entscheiden die handelnden Akteure beider Seiten, ob die gemeinsame Unternehmenskultur tatsächlich gelebt wird, oder ob die Werte und Normen der Unternehmensphilosophie leere Worthülsen bleiben. Klare Standpunkte zu vertreten ist der eine Gesichtspunkt; unvermeidliche Auseinandersetzungen in Konflikte münden zu lassen oder vertrauensvoll an einer für beide Seiten tragfähigen Lösung im Sinne der Unternehmensziele zu arbeiten der andere Aspekt.

Das Mitbestimmungsgesetz (MitbestG) wurde bereits weiter oben erwähnt. Es hat Gültigkeit bei Kapitalgesellschaften mit mehr als 2.000 Mitarbeitern (§ 1 MitbestG). Dazu zählen Aktiengesellschaften, Genossenschaften, GmbH und KGaA, sofern es sich nicht um Montan- oder Tendenzbetriebe handelt. In den erstgenannten Gesellschaften wird der **Aufsichtsrat** zur Hälfte mit Vertretern der Anteilseigner besetzt. Die andere Hälfte wird von Arbeitnehmervertretern gewählt. Die Zusammensetzung des Aufsichtsrates wird in § 7 MitbestG näher erläutert:

| Mitglieder im Aufsichtsrat | | |
|---|---|---|
| Anzahl der Arbeitnehmer: | Anzahl der Aufsichtsratsmitglieder: | Zusammensetzung der Arbeitnehmer-Vertretung: |
| ≤ 10.000 | je 6 Anteilseigner und Arbeitnehmervertreter | 4 Arbeitnehmervertreter des Unternehmens<br>2 Vertreter von Gewerkschaften |
| > 10.000<br>≤ 20.000 | je 8 Anteilseigner und Arbeitnehmervertreter | 6 Arbeitnehmervertreter des Unternehmens<br>2 Vertreter von Gewerkschaften |
| > 20.000 | je 10 Anteilseigner und Arbeitnehmervertreter | 7 Arbeitnehmervertreter des Unternehmens<br>3 Vertreter von Gewerkschaften |

Zusammensetzung des Aufsichtsrates nach § 7 MitbestG

Die **Arbeitnehmervertreter** im Aufsichtsrat werden durch unmittelbare Wahl direkt bestimmt oder mittelbar durch die Wahl von Delegierten bzw. Wahlmännern festgelegt (§§ 9–15 MitbestG). Die Wahl der Vertreter von Gewerkschaften im Aufsichtsrat (§ 16 MitbestG) erfolgt durch die Delegierten. Die Anzahl der Gewerkschafter orientiert sich an der Zahl der Arbeitnehmer des Unternehmens. Die Arbeitnehmervertreter müssen sich entsprechend ihrem zahlenmäßigen Verhältnis im Unternehmen im Aufsichtsrat wiederfinden. Unter den Aufsichtsratsmitgliedern der Angestellten muss sich mindestens ein leitender Angestellter befinden. Weitere Details regelt § 15 MitbestG. Die Wahl der Vertreter von Gewerkschaften in den Aufsichtsrat erfolgt auf Grund von Wahlvorschlägen der Gewerkschaften, die in dem Unternehmen selbst oder in einem anderen Unternehmen vertreten sind, dessen Arbeitnehmer nach dem Gesetz an der Wahl von Aufsichtsratsmitgliedern des Unternehmens teilnehmen.

Der **Aufsichtsratsvorsitzende** wird mit einer Mehrheit von zwei Dritteln der Mitglieder gewählt. Kommt diese erforderliche Mehrheit nicht zustande, findet ein zweiter Wahlgang statt. Dabei wählen die Aufsichtsratsmitglieder der Anteilseigner den Aufsichtsratsvorsitzenden und die Arbeitnehmer den Stellvertreter (§ 27 Abs. 2 MitbestG). Beschlüsse des Aufsichtsrates bedürfen der Mehrheit der abgegebenen Stimmen. In einer Pattsituation – d. h.

bei Stimmengleichheit – hat der Aufsichtsratsvorsitzende bei einer erneuten Abstimmung über denselben Gegenstand zwei Stimmen (§ 29 Abs. 2 MitbestG).

Außer in Kommanditgesellschaften auf Aktien (KGaA) wird – als gleichberechtigtes Mitglied des zur gesetzlichen Vertretung des Unternehmens befugten Vorstands – ein **Arbeitsdirektor** (§ 33 MitbestG) bestellt, dessen Aufgaben und Zuständigkeiten nicht genau definiert sind. In der Regel beschäftigt er sich mit Sozial- und Personalangelegenheiten. Er ist Vertrauensperson der Arbeitnehmer und Gewerkschaften. Seine Berufung kann nicht gegen die Stimmen der Arbeitnehmer im Aufsichtsrat erfolgen.

In jüngster Zeit hat das Bundesverfassungsgericht eine **Übergangsregelung für montanmitbestimmte Konzerne** teilweise für verfassungswidrig erklärt. Die seit 1951 geltende Montanmitbestimmung für Kohle und Stahl produzierende Firmen gilt für Unternehmen, die mit dem Montanbereich 50 Prozent des Umsatzes erzielen. Nach der Sicherungsklausel muss der Umsatzanteil nur noch 20 Prozent oder die Zahl der im Bergbau oder Stahlbereich tätigen Arbeitnehmer eben (die vom BVerfG in Abrede gestellten) 2.000 Mitarbeiter betragen. Weitere Einzeheiten zur Mitbestimmung ergeben sich aus Abschnitt 6.9.4.

## 6.8.8 Die Gewerkschaft im Betrieb

Der Betriebsrat sollte kein verlängerter Arm der Gewerkschaft sein, jedoch sind etwa zwei Drittel der Mitglieder gewerkschaftlich organisiert. Beauftragte der im Betrieb vertretenen Gewerkschaften können an den Betriebsversammlungen beratend teilnehmen ( § 46 Abs. 1 BetrVG). Zeitpunkt und Tagesordnung der Betriebsversammlung sind den im Betriebsrat vertretenen Gewerkschaften rechtzeitig schriftlich mitzuteilen.

Die im Betrieb vertretenen Gewerkschaften haben das Recht, beim Betriebsrat die Einberufung einer Betriebsversammlung zu beantragen (§ 43 Abs. 4 BetrVG). Dadurch soll beispielsweise verhindert werden, dass die Betriebsversammlungen nicht oder nur in unverhältnismäßig großen Zeitabständen stattfinden. Voraussetzung zur direkten Ausübung dieses Rechts ist, dass im vorausgegangenen Kalenderhalbjahr keine Betriebsversammlung durchgeführt worden ist.

## 6.9 Rechtsgrundlagen

### 6.9.1 Arbeitsvertragsrecht

Das Arbeitsvertragsrecht ist in einigen für den Industriefachwirt wesentlichen Punkten bereits in Abschnitt 6.2.5, »Arbeitsverhältnis«, abgehandelt worden.

An dieser Stelle sollen einige Bereiche ergänzend bzw. im Zusammenhang mit auf den Arbeitsvertrag einwirkenden Spezialgesetzen dargestellt werden. Auf die wichtige arbeitsrechtliche Kündigung wird nochmals eingegangen.

Zu diesen Sondergesetzen gehören u. a. Kündigungsschutzgesetz, Bundesurlaubsgesetz, Arbeitsplatzschutzgesetz, Entgeltfortzahlungsgesetz, Sozialgesetzbuch IX (früher: Schwerbehindertengesetz).

Das Arbeitsrecht insgesamt lässt sich in zwei große Bereiche unterteilen, in den des **Individualarbeitsrechts** und den des **Kollektivarbeitsrechts**.

Das Individualarbeitsrecht behandelt die einzelvertraglich geregelten Rechte und Pflichten der Arbeitnehmer und Arbeitgeber, während das Kollektivarbeitsrecht die Rechtsbeziehungen des Betriebsrates zur Gruppe der Arbeitgeber regelt. Dazu gehören die inner- und überbetriebliche Mitbestimmung sowie das Tarif- und Arbeitskampfrecht.

Jeder **Arbeitsvertrag** unterliegt in seiner Entstehung den allgemeinen Grundsätzen über den Abschluss von Verträgen. Er ist ein zweiseitiges Rechtsgeschäft; zum Abschluss des Arbeitsvertrages ist es daher erforderlich, dass zwei übereinstimmende, verbindliche Willenserklärungen vorliegen. Die Stellenanzeige des Arbeitgebers ist z. B. noch keine verbindliche Willenserklärung, aus ihr kann daher der Abschluss eines Arbeitsvertrages nicht hergeleitet werden. Ist der Vertrag einmal wirksam abgeschlossen, wirken auf ihn eine Reihe von Gesetzen unmittelbar oder mittelbar ein.

Mit dem **Arbeitsplatzschutzgesetz** (ArbPlSchG) soll Arbeitnehmern, die zum Grundwehrdienst oder zur Wehrübung eingezogen werden, der Arbeitsplatz gesichert werden. Soldaten auf Zeit (bis zu 2 Jahren) fallen ebenfalls darunter (§ 16a Abs.1 ArbPlSchG).

Im **Bundesurlaubsgesetz** (BUrlG) wird jedem Arbeitnehmer, arbeitnehmerähnlichen Personen und Heimarbeitern ein jährlicher Mindesturlaub von 24 Werktagen zugesprochen. Schwerbehinderte (§ 44 SchwBG) und Jugendliche (§ 19 JArbSchG) haben weitergehende gesetzliche Urlaubsansprüche. Bei der zeitlichen Festlegung des Urlaubs sind die Wünsche des Arbeitnehmers zu berücksichtigen, es sei denn, dringende betriebliche Belange oder Urlaubswünsche anderer Arbeitnehmer, die unter sozialen Gesichtspunkten den Vorrang verdienen, stehen dem entgegen (§ 7 Abs.1 BUrlG).

Das **Entgeltfortzahlungsgesetz** (EFZG) regelt die Zahlung des Arbeitsentgelts an gesetzlichen Feiertagen und die Fortzahlung des Arbeitsentgelts im Krankheitsfall an Arbeitnehmer sowie die wirtschaftliche Sicherung im Bereich der Heimarbeit. Die Entgeltfortzahlung im Krankheitsfall beträgt bei Arbeitsunfähigkeit bis zu sechs Wochen. Der Lohnfortzahlungsanspruch im Krankheitsfall für Arbeiter wurde in das EFZG überführt (gleiche Entgeltfortzahlung). Geblieben sind die §§ 10–19 Lohnfortzahlungsgesetz (LFZG), die ein **Umlageverfahren** für kleinere Arbeitgeber mit nicht mehr als zwanzig Arbeitnehmern regeln und diesen entsprechende Ausfallentschädigungen gewähren.

Wesentlicher Punkt des **Teilzeit- und Befristungsgesetzes – TzBfG** (vorher: Beschäftigungsförderungsgesetz) ist die Zulassung von **befristeten** Arbeitsverhältnissen bis zu einer Dauer von zwei Jahren. Innerhalb dieses Zeitraums ist eine Verlängerung des befristeten Arbeitsvertrages höchstens dreimal zulässig. Diese Restriktionen entfallen, wenn ein Arbeitnehmer zu Beginn des Arbeitsverhältnisses das 58. Lebensjahr bereits vollendet hat. Bis zum 31.12.2006 ist dies mit der Maßgabe anzuwenden, dass an die Stelle des 58. Lebensjahres das 52. Lebensjahr tritt. Eine Befristung ist unzulässig, wenn ein enger sachlicher Zusammenhang zu einem vorhergehenden unbefristeten Arbeitsvertrag mit demselben Arbeitgeber besteht (§ 14 Abs. 3 TzBfG). Ein solcher enger sachlicher Zusammenhang ist insbesondere anzunehmen, wenn zwischen den Arbeitsverträgen ein Zeitraum von weniger als sechs Monaten liegt.

Ein weiterer Bereich wird in diesem Gesetz geregelt: die **Teilzeitarbeit**. Teilzeitbeschäftigt sind Arbeitnehmer, deren regelmäßige Wochenarbeitszeit kürzer ist als die regelmäßige Wochenarbeitszeit vergleichbarer vollzeitbeschäftigter Arbeitnehmer des Betriebes (§ 2 Abs. 1 TzBfG). Zum einen enthält das Gesetz außerdem Regelungen zur Anpassung der Arbeitszeit an den Arbeitsanfall – insbesondere die im Einzelhandel bekannte KAPOVAZ (kapazitätsorientierte variable Arbeitszeit) –, zum anderen zum Jobsharing (Arbeitsplatzteilung).

Arbeitnehmer müssen sich bei **KAPOVAZ** jederzeit bereithalten, kurzfristig – je nach Geschäftsverlauf und Arbeitsanfall – zur Arbeit zu kommen (»Arbeit auf Abruf«).

Dabei gelten nach § 12 TzBfG bestimmte Mindestbedingungen:

- eine Mindestdauer der Arbeitszeit muss festgelegt werden;
- ist dies nicht der Fall, gilt eine wöchentliche Arbeitszeit von zehn Stunden als vereinbart;
- der konkrete Arbeitseinsatz muss dem Arbeitnehmer mindestens vier Tage im Voraus mitgeteilt werden;
- ist die tägliche Dauer der Arbeitszeit nicht festgelegt, muss der Arbeitgeber den Arbeitnehmer jeweils mindestens für drei aufeinanderfolgende Stunden beschäftigen.

Teilen sich zwei oder mehr Arbeitnehmer einen Arbeitsplatz, spricht man von **Jobsharing**. Die Vertretung bei Ausfall eines Arbeitnehmers wird durch eine für den Vertretungsfall geschlossene Vereinbarung geregelt. Eine Kündigung des Arbeitsverhältnisses durch den Arbeitgeber wegen des Ausscheidens eines anderen Arbeitnehmers aus der Arbeitsplatzteilung ist unwirksam (vergl. § 13 TzBfG).

Das **Sozialgesetzbuch** (SGB) umschreibt in Buch I, dass unter Sozialrecht das der sozialen Gerechtigkeit und der sozialen Sicherheit dienende Recht zu verstehen ist, das diese Ziele durch die Gewährung von Sozialleistungen einschließlich sozialer und erzieherischer Hilfen zu verwirklichen sucht. Zur **sozialen Vorsorge** zählen die Zweige der Sozialversicherung, bei denen die Versicherten – durch vorherige (freiwillige/zwangsweise) Beitragszahlung – gegen Krankheit, Pflegebedürftigkeit, Arbeitsunfall, Arbeitslosigkeit, Invalidität und Alter entsprechende Vorsorgen treffen durch die

- gesetzliche Krankenversicherung (SGB V),
- gesetzliche Rentenversicherung (SGB VI),
- gesetzliche Unfallversicherung (SGB VII),
- gesetzliche Pflegeversicherung (SGB XI),
- Arbeitsförderung (SGB III).

Hierzu kommen die Belange der behinderten Menschen nach SGB IX. Zur **sozialen Förderung** werden außerdem Ausbildungs- und Berufsförderung (BAföG) sowie das Kinder-, Erziehungs- und Wohngeld gerechnet. Auf soziale Hilfe und Sozialhilfe besteht immer dann Anspruch, wenn alle anderen Unterstützungsmöglichkeiten versagen. Sozialhilfe will ein Existenzminimum sichern und orientiert sich wesentlich an der individuellen Bedürftigkeit einzelner Leistungsempfänger.

In den vorangegangenen Abschnitten sind bereits Teile des Arbeitsvertragsrechtes behandelt worden, die hier nicht mehr ausführlich dargestellt werden sollen: Arbeitsverhältnisse (6.2.5), Entgeltformen (6.4) und betriebliche Altersversorgung (6.7.3). Im Zusammenhang mit den Rechtsgrundlagen dieses Abschnitts soll jedoch nochmals auf das wichtige Gebiet der **arbeitsrechtlichen Kündigung** eingegangen werden.

Die Kündigung ist eine einseitige Erklärung des Arbeitnehmers oder Arbeitgebers, durch die das bestehende Arbeitsverhältnis für die Zukunft aufgelöst werden soll. Dabei kommt es nicht darauf an, ob der Empfänger der Kündigung mit der Beendigung des Arbeitsverhältnisses einverstanden ist. Die Kündigung muss nur (rechtzeitig) dem Empfänger zugehen und muss **schriftlich** erfolgen (§ 623 BGB).

Die Kündigung muss grundsätzlich nicht begründet werden; dies gilt insbesondere für eine Kündigung durch den Arbeitnehmer. Kündigt der Arbeitgeber, so hat aber ggf. der Betriebsrat einen Anspruch auf ausführliche Begründung.

Der Arbeitgeber und der Arbeitnehmer können das bestehende Arbeitsverhältnis fristgerecht (»**ordentlich**«) oder auch ohne Einhaltung einer Frist (»**fristlos**«) kündigen, was man auch als **außerordentliche** Kündigung bezeichnet. Bei außerordentlichen Kündigungen darf der Kündigungsgrund nicht länger als 14 Tage zurückliegen. Kündigt der Arbeitgeber nach Ablauf dieser 14-Tages-Frist, ist seine Kündigung unwirksam (und kann auch nicht in eine fristgerechte ordentliche Kündigung umgedeutet werden).

Um ein Arbeitsverhältnis außerordentlich bzw. fristlos zu kündigen, bedarf es eines **wichtigen Grundes**. Gemäß § 626 BGB liegt ein solcher Grund vor, wenn unter Berücksichtigung aller Umstände des Einzelfalles und unter Abwägung der Interessen beider Vertragsteile die Fortsetzung des Arbeitsverhältnisses bis zum Ablauf der (ordentlichen) Kündigungsfrist nicht zugemutet werden kann.

Sowohl bei der ordentlichen als auch bei der fristlosen Kündigung ist in Betrieben, in denen ein **Betriebsrat** besteht, dieser vorher vom Arbeitgeber gemäß § 102 BetrVG **anzuhören**. Eine ohne Anhörung des Betriebsrates ausgesprochene Kündigung ist **unwirksam**. Die Anhörung des Betriebsrates hat vor Ausspruch der Kündigung zu erfolgen. In dieser Anhörung muss der Arbeitgeber alle Gründe darlegen, insbesondere auch Tatsachen angeben, aus denen sich nachvollziehbar der Kündigungsentschluss ergibt.

Der Arbeitnehmer kann wegen der ihm gegenüber ausgesprochenen Kündigung beim Arbeitsgericht binnen drei Wochen nach Erhalt der Kündigung eine **Kündigungsschutzklage** nach dem Kündigungsschutzgesetz (KSchG) einreichen, soweit der Arbeitnehmer länger als sechs Monate dort tätig war. Im Verfahren erfolgt dann eine Überprüfung des Kündigungsgrundes. Zulässig ist die Kündigung nur dann, wenn sie **sozial gerechtfertigt** ist, was der Arbeitgeber beweisen muss. Die Anwendbarkeit des KSchG für Kleinbetriebe ist geändert worden: Die Regelungen des allgemeinen Kündigungsschutzes können nunmehr nicht auf Betriebe mit in der Regel 10 (bisher: 5) und weniger Arbeitnehmer (ohne Auszubildende) angewendet werden. Diese Regelung gilt aber nur für Neueinstellungen ab dem 1.1.2004. Für Arbeitnehmer nach der Altregelung gilt der Vertrauensschutz (§ 23 Abs. 1 Satz 3 KSchG).

Die Gründe, die einen Arbeitgeber zur Kündigung eines Arbeitsverhältnisses veranlassen, sind dringende betriebsbedingte Gründe (z. B. Rationalisierungsmaßnahmen) oder solche, die im Bereich des Arbeitnehmers liegen: Zu diesen gehören verhaltensbedingte und personenbedingte Gründe.

Die **verhaltensbedingten** Gründe zielen ausschließlich auf ein beanstandetes Verhalten des Arbeitnehmers ab, das zur Kündigung geführt hat. So rechtfertigt der Diebstahl auch geringfügiger Sachen oder die Unterschlagung beim Arbeitgeber stets die Kündigung, aber auch das häufige Zuspätkommen oder Alkoholgenuss im Betrieb trotz Verbotes, soweit bereits abgemahnt wurde (meistens erforderlich und daher stets anzuraten).

**Personenbedingte** Gründe sind solche, die zwar in der Person des Arbeitnehmers liegen, die er jedoch nicht beeinflussen kann bzw. für die er nicht verantwortlich ist. Dazu gehört das Nachlassen der Arbeitskraft mit zunehmendem Alter oder aber auch Krankheit. An eine Kündigung wegen Krankheit werden allerdings sehr hohe Anforderungen gestellt.

Mit Wirkung zum 1.1.2004 sind die **Sozialauswahlkriterien** bei der Prüfung der sozialen Rechtfertigung **betriebsbedingter** Kündigungen begrenzt worden:

Maßgeblich für die soziale Rechtfertigung ist ausschließlich, ob die Dauer der Betriebszugehörigkeit, das Lebensalter, die Unterhaltspflichten und die Schwerbehinderung des Arbeitnehmers nicht oder nicht ausreichend berücksichtigt worden sind (§ 1 Abs. 3 Satz 1 KSchG). In diese Sozialauswahl sind Arbeitnehmer nicht einzubeziehen, deren Weiterbeschäftigung insbesondere wegen ihrer Kenntnisse, Fähigkeiten und Leistungen oder zur Sicherung einer ausgewogenen Personalstruktur des Betriebes im berechtigten betrieblichen Interesse liegt (§ 1 Absatz 3 Satz 2 KSchG).

Für Arbeitnehmer, denen aufgrund einer Betriebsänderung (§ 111 BetrVG) gekündigt wird und die in einem **Interessenausgleich** zwischen Arbeitgeber und Betriebsrat namentlich bezeichnet sind, schafft § 1 Absatz 5 KSchG eine **Vermutungsregelung** dahin gehend, dass dringende betriebliche Erfordernisse für die Kündigung vorliegen. Außerdem kann die Sozialauswahl nur noch auf grobe Fehlerhaftigkeit überprüft werden.

Nach dem neuen § 1a KSchG gibt es nunmehr einen **Abfindungsanspruch bei betriebsbedingter Kündigung**, soweit der Arbeitgeber in der Kündigungserklärung auf die Betriebsbedingtheit der Kündigung hingewiesen hat **und** der Arbeitnehmer bis zum Ablauf der Frist des § 4 Satz 1 KSchG keine Klage auf Feststellung, dass das Arbeitsverhältnis durch die Kündigung nicht aufgelöst ist, eingereicht hat. Zudem muss in der Kündigungserklärung über die Möglichkeit des Abfindungsanspruchs bei Verstreichenlassen der Klagefrist informiert worden sein. Die Höhe der Abfindung beträgt 0,5 Monatsverdienste für jedes Jahr des Bestehens des Arbeitsverhältnisses.

Bei Beendigung eines Arbeitsverhältnisses hat der Arbeitnehmer in den meisten Fällen einen Anspruch auf begrenzte, angemessene Freizeitgewährung zur **Stellungssuche**.

Außerdem hat jeder Arbeitnehmer Anspruch auf ein **Zeugnis**. Unterschieden wird zwischen einem **einfachen** und einem **qualifizierten** Zeugnis. Das einfache Zeugnis beinhaltet neben den Daten des Arbeitnehmers nur die Art und Dauer seiner Beschäftigung. Im qualifizierten Zeugnis wird neben der Art und Dauer außerdem zur Führung und Leistung des Arbeitnehmers Stellung genommen. Der Arbeitnehmer ist berechtigt, zwischen diesen beiden Zeugnisformen zu wählen.

## 6.9.2 Arbeitnehmerschutz- und Berufsbildungsrecht

Zu den Nebenpflichten des Arbeitgebers gehört es, auf das Wohl des Arbeitnehmers im betrieblichen Bereich zu achten. Man spricht in diesem Zusammenhang auch von der Fürsorgepflicht des Arbeitgebers. Neben dieser allgemeinen Fürsorgepflicht gibt es zusätzliche Vorschriften zum **Schutz von Leben und Gesundheit** der Arbeitnehmer:

So schreibt z. B. § 618 Bürgerliches Gesetzbuch (BGB) unabdingbar vor, dass der Arbeitgeber die Arbeitsstätte einschließlich der erforderlichen Nebenräume, Treppen etc. sowie Maschinen und Werkzeuge so einzurichten und zu unterhalten hat, dass der Arbeitnehmer gegen Gefahren für Leben und Gesundheit soweit wie möglich geschützt ist.

Neben dieser zivilrechtlichen gibt es eine Vielzahl von öffentlich-rechtlichen Vorschriften zur Sicherung von Gesundheit und Arbeitskraft.

Der soziale Arbeitsschutz befasst sich einerseits schwerpunktmäßig mit Arbeitnehmergruppen, die aufgrund ihrer besonderen Situation oder ihres Alters erhöhten gesetzlichen Schutzes bedürfen:

Zu diesem Kreis gehören die **Jugendlichen**, die **schwangeren Arbeitnehmerinnen** und die **schwerbehinderten Menschen**.

Der soziale Arbeitsschutz erfasst andererseits die gesamte Gruppe der Arbeitnehmer:

Um die Gesundheit des einzelnen Arbeitnehmers nicht nachhaltig zu gefährden, schreibt z. B. das Arbeitszeitgesetz tägliche und wöchentliche Höchstarbeitszeiten vor, die nicht überschritten werden dürfen – hierzu noch später.

Die Gruppe der Jugendlichen, die in den Arbeitsprozess eintreten, ist aufgrund ihrer körperlichen und geistigen Entwicklung besonders schutzbedürftig, da Jugendliche leicht am Arbeitsplatz durch zu schwere, zu lange oder zu gefährliche Arbeiten überfordert werden können. Es ist daher Aufgabe des **Jugendarbeitsschutzgesetzes**, die gesundheitliche Entwicklung der Jugendlichen zu schützen. Jugendlicher ist, wer 15 Jahre alt ist, aber das 18. Lebensjahr noch nicht erreicht hat.

Neben der Dauer der Arbeitszeit legt das Jugendarbeitsschutzgesetz auch fest, wie lang die tägliche Freizeit zu sein hat. So dürfen Jugendliche nach Beendigung der täglichen Arbeitszeit erst nach Ablauf von mindestens 12 Stunden wieder beschäftigt werden.

Der Arbeitgeber ist verpflichtet, den jugendlichen **Auszubildenden** (zu dieser Gruppe noch weiter unten) für den Besuch der Berufsschule freizustellen. Er darf den Jugendlichen weder vor noch nach dem Unterricht beschäftigen (wenn die Schule mehr als 5 Unterrichtsstunden gedauert hat). Die monatliche Vergütung darf wegen des Besuchs der Berufsschule nicht gekürzt werden. Verstößt der Arbeitgeber gegen die Vorschriften des Jugendarbeitsschutzgesetzes, wird dies als Ordnungswidrigkeit mit hohen Bußgeldern, im Einzelfall als Straftatbestand, geahndet.

Für Frauen gelten in der Arbeitswelt zusätzliche Schutzbestimmungen, die Rücksicht nehmen auf deren körperliche Belastbarkeit. Diese Bestimmungen ergeben sich teilweise aus dem Arbeitszeitgesetz.

Für Frauen, die schwanger sind oder gerade entbunden haben, findet daneben das **Mutterschutzgesetz** Anwendung, das verschiedene Beschäftigungsverbote enthält.

Das Mutterschutzgesetz gilt für **alle** Frauen, die in einem Arbeitsverhältnis stehen. Dabei kommt es nicht darauf an, ob sie Auszubildende oder ausgebildete bzw. angelernte Arbeitnehmerinnen sind, ob sie vollzeitig oder teilzeitig beschäftigt sind.

Vor der Entbindung gilt ein generelles sechswöchiges **Beschäftigungsverbot**, nach der Entbindung herrscht ein weiteres Beschäftigungsverbot von acht Wochen, in Sonderfällen von zwölf Wochen.

Während der Stillzeiten hat die Mutter außerdem einen Anspruch auf Arbeitsfreistellung.

Das Mutterschutzgesetz garantiert generell, dass die Arbeitnehmerin durch ihre Mutterschaft keine finanziellen oder sonstige Nachteile erleidet.

Während der Schwangerschaft und bis zum Ablauf von vier Monaten nach der Entbindung genießen Frauen einen besonderen **Arbeitsplatzschutz**. Ein Kündigungsverbot durch den Arbeitgeber gilt bereits vom Zeitpunkt der Kenntnis der Schwangerschaft an. Dieses Kündigungsverbot bezieht sich sowohl auf die ordentliche als auch die außerordentliche Kündigung, vorbehaltlich einer evtl. Zustimmung des zuständigen Arbeitsschutzamtes.

Neben den Schutzfristen vor und nach der Entbindung haben Mütter (oder auch die Väter) einen Anspruch auf **Elternzeit** (§ 15 Bundeserziehungsgeldgesetz – BErzGG). Will jemand die Elternzeit in Anspruch nehmen, so muss er dies dem Arbeitgeber acht Wochen vor Antritt (§ 16 Abs. 1 BErzGG) mitteilen. Die Elternzeit kann bis zum 36. Lebensmonat des Kindes genommen werden.

Durch das **Sozialgesetzbuch (SGB IX)** – Rehabilitation und Teilhabe behinderter Menschen – werden Personen geschützt, die in ihrer Erwerbstätigkeit behindert sind. Menschen sind behindert, wenn ihre körperliche Funktion, geistige Fähigkeit oder seelische Gesundheit mit hoher Wahrscheinlichkeit länger als sechs Monate beeinträchtigt ist. Sie sind schwerbehindert, wenn bei ihnen ein Grad der Behinderung von mindestens 50% vorliegt (SGB IX, Teil 1, § 2).

Schwerbehinderte Menschen genießen einen besonderen Kündigungsschutz. Der Arbeitgeber ist verpflichtet, vor Ausspruch der Kündigung die Zustimmung des **Integrationsamtes** einzuholen. Erfolgt dies nicht, ist die Kündigung unwirksam. Das Integrationsamt hat das Kündigungsbegehren des Arbeitgebers zu prüfen und möglichst eine einvernehmliche Lösung im Interesse des Betroffenen herbeizuführen.

Bedingt durch die Schwerbehinderung hat dieser Personenkreis einen Anspruch auf einen bezahlten zusätzlichen Urlaub von fünf Arbeitstagen im Urlaubsjahr (§ 125 SGB IX).

Für den Arbeitgeber gibt es eine Einstellungspflicht schwerbehinderter Menschen, wenn er über mehr als 20 Arbeitsplätze im Jahresdurchschnitt verfügt: Er muss mindestens 5% seiner Arbeitsplätze mit schwerbehinderten Menschen besetzen. Kommt er dieser Pflicht nicht nach, muss er eine Ausgleichsabgabe, monatlich pro nicht besetztem Arbeitsplatz, bezahlen.

## 6 Personalwirtschaft

Das **Arbeitszeitgesetz (ArbZG)** stellt ein wichtiges Arbeitnehmerschutzgesetz dar. Es legt Schranken für die Arbeitszeit fest, und zwar in Form von Höchstgrenzen für die tägliche Arbeitszeit. Es enthält aber auch Arbeitsverbote für bestimmte Tage, Ruhezeiten und Pausenregelungen. Zuwiderhandlungen gegen das ArbZG durch den Arbeitgeber sind Ordnungswidrigkeiten oder sogar Straftaten (in besonders schweren Fällen). Aufgabe des ArbZG ist es, die Sicherheit und den Gesundheitsschutz zu gewährleisten und die Rahmenbedingungen für flexible Arbeitszeiten zu verbessern.

Das ArbZG gilt für alle Arbeitnehmer, die älter als 18 Jahre sind. Für Jugendliche gelten, wie bereits ausgeführt, die besonderen Bestimmungen des Jugendarbeitsschutzgesetzes. Anzuwenden ist das ArbZG auf alle Betriebe, unabhängig von deren Größe.

Die Höchstdauer der täglichen Arbeitszeit ist werktäglich mit 8 Stunden festgelegt. Bei 6 Werktagen ergibt dies eine maximale Wochenarbeitszeit von 48 Stunden (diese gesetzlich festgelegte Höchstgrenze ist jedoch durch die Mehrzahl der geltenden Tarifverträge auf eine wesentlich niedrigere Stundenzahl reduziert). Die Verlängerung der täglichen Arbeitszeit bis zu 10 Stunden ist möglich, wenn innerhalb eines Ausgleichszeitraumes von 6 Kalender-Monaten die durchschnittliche Arbeitszeit von 8 Stunden nicht überschritten wird. Das Aufsichtsamt kann bei dringenden betrieblichen Notwendigkeiten weitere Sondergenehmigungen erteilen. Das ArbZG regelt nicht nur die Höchstgrenze für die tägliche Arbeitszeit, sondern auch die Lage und Länge der Ruhepausen während der Arbeit.

Neben der gesundheitlichen Gefährdung der Arbeitnehmer durch zeitliche Überforderung ergeben sich vielfach durch den Arbeitsplatz, die Maschinen und Geräte sowie die Arbeitsstoffe zusätzliche Gefahrenquellen für Gesundheit und Leben. Die Vorschriften des technischen und medizinischen Arbeitsschutzes haben daher die Aufgaben, derartigen Gefährdungen vorzubeugen. Überwachungsorgane für die Einhaltung der Vorschriften sind die **Gewerbeaufsichtsämter**, während für die Einhaltung der Unfallverhütungsvorschriften (UVV/BGV) die **Berufsgenossenschaften** zuständig sind.

Gemäß den Bestimmungen des **Arbeitssicherheitsgesetzes (ASiG)** hat der Arbeitgeber **Betriebsärzte** und **Fachkräfte für Arbeitssicherheit** zu bestellen. Aufgabe dieses Personenkreises ist es, generell den Arbeitsschutz sicherzustellen, Maßnahmen zur Unfallverhütung zu fördern und auf die Einhaltung geltender Unfallverhütungsvorschriften zu achten. So sollen sie im Einzelnen bei der Planung, Ausführung und Unterhaltung von Betriebsanlagen sowie bei der Beschaffung von technischen Arbeitsmitteln und der Einführung neuer Techniken ihre Fachkenntnisse mit einfließen lassen. Betriebsärzten obliegt der Gesundheitsschutz in den Betrieben. Die entsprechenden Leistungen können auch durch überbetriebliche Dienste erbracht werden.

Die **Arbeitsstättenverordnung (ArbStättV)** regelt die Grundvoraussetzungen für die Beschaffenheit einer Arbeitsstätte. Der Begriff Arbeitsstätte erfasst sämtliche Arbeitsräume in Gebäuden, Arbeitsplätze auf dem Betriebsgelände, Baustellen, Verkaufsstände und Wasserfahrzeuge und schwimmende Anlagen auf Binnengewässern. Weiterhin gehören zur Arbeitsstätte Verkehrswege, Pausenräume, Toilettenräume und Sanitätsräume, also alle Einrichtungen, die der Arbeitnehmer auf dem Betriebsgelände betreten kann. Darüber hinaus gehören zur Arbeitsstätte auch Einrichtungen im weiteren Sinn wie Beleuchtung, Türen, Fenster, Tore, Lärmschutz, Feuerlöscheinrichtungen, Belüftung, Sitzgelegenheiten und Laderampen.

Ziel der Arbeitsstättenverordnung ist u. a., dafür Sorge zu tragen, dass die Arbeitsstätten an die technische Entwicklung angepasst werden und somit einen optimalen Schutz für den Arbeitnehmer gewährleisten (wg. weiterer Einzelheiten vergl. Abschn. 7.9.4.3).

An vielen Arbeitsplätzen erfolgt der Einsatz von Chemikalien. Diese Arbeitsstoffe können sowohl für den Menschen, der mit ihnen arbeitet oder sie verarbeitet, als auch für die Umwelt erhebliche Gefahren beinhalten. Die **Gefahrstoffverordnung (GefStoffV)** stellt daher

Regelungen auf, wie gefährliche Stoffe zubereitet werden dürfen, wie mit ihnen umzugehen ist, wie sie zu lagern sind und wie man sie schadlos entsorgt (weitere Einzelheiten siehe Abschn. 7.9.4.4).

Die berufliche Ausbildung in Betrieben ist in dem seit 1969 geltenden, in 2005 grundlegend novellierten **Berufsbildungsgesetz (BBiG)** geregelt. Danach dürfen Jugendliche unter 18 Jahren nur in **staatlich anerkannten Ausbildungsberufen** ausgebildet werden.

Aufgabe der Berufsausbildung ist es, den Auszubildenden die für die Ausübung einer qualifizierten Tätigkeit in einer sich wandelnden Arbeitswelt notwendigen beruflichen Fertigkeiten, Kenntnisse und Fähigkeiten (**berufliche Handlungsfähigkeit**) in einem geordneten Ausbildungsgang zu vermitteln (vergl. § 1 BBiG).

Die Ausbildungsdauer beträgt zwei bis drei Jahre. Die genaue Ausbildungsdauer und der Ausbildungsinhalt für die einzelnen Berufe ergibt sich aus der **Ausbildungsordnung** (im Rang einer Rechtsverordnung) zum jeweiligen Beruf. Das Ausbildungsverhältnis endet üblicherweise mit Ablauf der vertraglich vereinbarten Ausbildungszeit. Wird die Abschlussprüfung vor Vertragsende erfolgreich abgelegt, endet das Ausbildungsverhältnis bereits zu diesem Zeitpunkt.

Ein Anspruch des Auszubildenden auf Übernahme als Arbeitnehmer besteht grundsätzlich nicht, es sei denn, der Auszubildende war in einem Vertretungsorgan der Betriebsverfassung tätig und der Arbeitgeber verfügt über einen freien Arbeitsplatz.

Nach Ablauf der Probezeit kann der ausbildende Betrieb das Ausbildungsverhältnis nur aus wichtigem Grund kündigen. Eine ordentliche Kündigung ist nicht mehr möglich. Für die außerordentliche Kündigung von Auszubildenden gelten aber im Prinzip die Bestimmungen über die außerordentliche Kündigung von Arbeitnehmern. Der Auszubildende kann ordentlich mit einer Frist von vier Wochen kündigen, wenn er die Berufsausbildung beenden oder eine andere wählen möchte (vergl. § 22 BBiG).

Kommt es während der Ausbildung zu Streitigkeiten zwischen dem Auszubildenden und dem Ausbildungsbetrieb, so ist grundsätzlich das Arbeitsgericht zuständig. Das Berufsbildungsgesetz verlangt aber, dass vorher ein besonderes **Güteverfahren** durchzuführen ist. Die erforderlichen Ausschüsse für die Durchführung des Güteverfahrens werden bei den zuständigen Kammern gebildet.

Das Berufsausbildungsverhältnis endet in der Regel mit der **Abschlussprüfung** vor der zuständigen Kammer. Der Auszubildende ist berechtigt, bei erfolgloser Teilnahme die Prüfung zweimal zu wiederholen. Mit Ende des Berufsausbildungsverhältnisses steht dem Auszubildenden ein Zeugnis zu, das der ausbildende Betrieb auszustellen hat. Inhaltlich muss das Zeugnis über Art, Dauer und Ziel der Berufsausbildung sowie über die erworbenen Fertigkeiten und Kenntnisse Auskunft geben. Auf Wunsch des Auszubildenden muss sich das Zeugnis auch über Führung, Leistung und fachliche Fähigkeiten erstrecken (vergl. § 16 BBiG).

### 6.9.3 Koalitionsfreiheit und Tarifautonomie

Grundsätzlich handeln die **Tarifparteien** die Arbeitsbedingungen, die jeweils zwischen ihren Mitgliedern gelten sollen, »autonom« aus. Gewerkschaften und Arbeitgeberverbände sind weitgehend frei von staatlich auferlegten Regeln – hierzu noch später. Zum Teil gibt es Grenzen bzw. Ausnahmen, von denen zwei zu Anfang dargestellt werden sollen.

Das Gesetz über die **Festsetzung von Mindestarbeitsbedingungen (MindArbBedG)** stammt aus dem Jahr 1952. Es enthält Regelungen zur Festsetzung von Mindestarbeitsbedingungen durch einen Hauptausschuss beim Bundesminister für Arbeit und Sozialordnung sowie Überwachungsvorschriften. Wichtige materielle Bestimmungen sind beispielsweise, dass die Regelung von Entgelten und sonstigen Arbeitsbedingungen eben grundsätzlich in freier Vereinbarung zwischen den Tarifvertragsparteien durch Tarifverträge erfolgt (siehe § 1 MindArbBedG); dabei gehen die tarifvertraglichen Bestimmungen den Mindestarbeitsbedingungen vor (§ 8 Abs. 2 MindArbBedG).

Ein Verzicht auf entstandene Rechte aus den Mindestarbeitsbedingungen ist nur durch einen Vergleich zulässig. Er bedarf der Billigung der obersten Arbeitsbehörde des Landes oder der von ihr bestimmten Stelle.

Das **Arbeitnehmer-Entsendegesetz** (AEntG) ist aus der Problematik heraus entstanden, dass – insbesondere im Baugewerbe – ausländische Anbieter mit grenzüberschreitend entsandtem Personal auftreten. Dieses wird zu den in ihrer Heimat geltenden Arbeitsbedingungen beschäftigt. Daraus ergeben sich zum Teil erhebliche Unterschiede zu den in Deutschland gängigen Arbeitsbedingungen. In Folge kommt es zu Wettbewerbsverzerrungen zu Lasten der deutschen Unternehmer und Arbeitnehmer.

Mit der Zielsetzung der gleichen Entlohnung am gleichen Arbeitsort – und zwar als europaweite Lösung – hat die EU-Kommission den Vorschlag einer Richtlinie über die Entsendung von Arbeitnehmern im Rahmen der Erbringung von Dienstleistungen vorgelegt. Diese Richtlinie ist am Widerstand Großbritanniens und Portugals gescheitert. Im Februar 1996 hat die EU dennoch eine Entsenderichtlinie beschlossen, die in einigen Punkten über das Entsendegesetz hinausgeht und bis zum 16.12.1999 in nationales Recht umzusetzen war.

Demnach ist für Arbeitnehmer der Bauwirtschaft, die einen tariflichen Mindestlohn/-urlaub gem. § 5 TVG erhalten, diese Regelung auch gültig, wenn für sie kein deutsches Arbeitsrecht gilt. Das Bundesministerium für Wirtschaft und Arbeit und die Hauptzollämter prüfen die Einhaltung eines solchen Tarifvertrags durch den ausländischen Arbeitgeber. Letzterem drohen bei Nichteinhaltung Bußgelder von wenigstens 2.500 € oder sogar der (vorübergehende) Ausschluss von öffentlichen Aufträgen.

Nun zu den Grundsätzen von Koalitionsfreiheit und Tarifautonomie.

Das **kollektive Arbeitsrecht** befasst sich mit dem Recht der Gewerkschaften und Arbeitgeberverbände, dem Tarifrecht und dem Arbeitskampfrecht. Regelgegenstand ist hier nicht das einzelne Arbeitsverhältnis, sondern die Gesamtheit von Arbeitnehmern und Arbeitgebern.

Die rechtliche Legitimation für ihre Betätigung finden die Gewerkschaften und Arbeitgeberverbände durch die grundgesetzlich geschützte **Koalitionsfreiheit**. Sie haben das Recht zur Förderung der Arbeits- und Wirtschaftsbedingungen durch den eigenverantwortlichen Abschluss von Tarifverträgen. Zur Durchsetzung ihrer Forderungen sind sie berechtigt, das Mittel des Arbeitskampfes einzusetzen (Artikel 9 Grundgesetz – GG).

Art. 9 GG garantiert die Bildung von **Koalitionen**, also die Vereinigung von Arbeitnehmern bzw. Arbeitgebern zur Wahrnehmung der Interessen ihrer Mitglieder.

Für den Bestand der Koalition ist erforderlich, dass sie auf freiwilliger Basis entstanden und auf langjährige Tätigkeit ausgerichtet ist. Weiterhin darf die Koalition nur **eine** Interessengruppe vertreten, damit sie ihre Gegenspielerrolle gegenüber den anderen Sozialpartnern konfliktfrei erfüllen kann. Das Ziel der jeweiligen Vereinigung muss es sein, durch den Abschluss von Tarifverträgen die wirtschaftliche und soziale Lage ihrer Mitglieder zu verbessern. Wer diese Kriterien erfüllt, fällt unter den Kreis der grundgesetzlich geschützten Koalitionen.

Neben diesem Schutz der Koalition gibt es weder für die Gewerkschaften noch für die Arbeitgeber eine bestimmte Aufgabenzuweisung; aber aus dem Recht, Tarifverträge abschließen zu dürfen und den eingeräumten Zuständigkeiten im Bereich der Betriebsverfassung und Unternehmensmitbestimmung ergibt sich ein großes Betätigungsfeld für die Interessenwahrnehmung auf sozialen und wirtschaftlichen Gebieten.

Innerhalb dieser vielfältigen Aufgabenzuweisung soll die Vertretung der wechselseitigen Interessen im Idealfall mit »friedlichen Mitteln« vonstatten gehen. Scheitert man mit diesem Bestreben, kommt es bisweilen zum **Arbeitskampf**.

Unter einem **Streik** versteht man die gemeinsame und planmäßig durchgeführte Niederlegung der Arbeit durch eine Vielzahl von Arbeitnehmern mit dem Ziel, bestimmte Forderungen durchzusetzen. Am Ende des Streiks erfolgt dann wieder die Arbeitsaufnahme durch alle beteiligten Arbeitnehmer.

Während des Streiks erhalten die gewerkschaftlich organisierten Arbeitnehmer **Streikgeld**. Die nicht organisierten Arbeitnehmer erhalten nur Geld vom Arbeitgeber, wenn sie während des Streiks im Betrieb tätig sind.

Eine gesetzliche Maßgabe, wie ein Streik durchzuführen sei, existiert nicht. Durch die Rechtsprechung sind aber bestimmte Regeln festgelegt worden. Bei der Durchführung von Streiks darf z. B. auf keinen Fall das Gebot der **Verhältnismäßigkeit** verletzt werden.

Weiterhin ist für einen rechtmäßigen Streik erforderlich, dass er durch eine Gewerkschaft geführt wird. Jeder andere Streik ist ein **wilder Streik** und damit rechtswidrig. Kommt es zu einem wilden Streik, machen sich die beteiligten Arbeitnehmer schadensersatzpflichtig und können außerdem entlassen werden.

Dass den Gewerkschaften das alleinige Streikrecht zusteht, ergibt sich aus dem Recht, Tarifverträge abzuschließen. Streiks müssen daher immer darauf abgestellt sein, einen Tarifabschluss herbeizuführen. Alle anderen Streiks sind rechtswidrig, selbst wenn sie von den Gewerkschaften geführt werden.

Während der Tarifverhandlungen zwischen den Tarifparteien gilt eine grundsätzliche **Friedenspflicht,** die durch Streiks nicht verletzt werden darf. Erst wenn die Tarifverhandlungen gescheitert sind, kann zum »letzten Mittel« des Streiks gegriffen werden. Zulässig sind dagegen so genannte Warnstreiks (von kurzer Dauer) während der Tarifverhandlungen.

Unter **Aussperrung** versteht man die Verweigerung der Arbeitgeber, die beschäftigten Arbeitnehmer an ihrem Arbeitsplatz arbeiten zu lassen, und zwar bei gleichzeitiger Streichung des Arbeitsentgeltes. Am Ende der Aussperrung erfolgt die Weiterbeschäftigung.

Auch für die Aussperrung gilt der Grundsatz der Verhältnismäßigkeit. Die Arbeitgeber dürfen dieses Kampfmittel darüber hinaus **nur als Abwehr** gegen einen Streik einsetzen. Das Arbeitsverhältnis der betroffenen Arbeitnehmer wird nicht beendet durch die Aussperrung, sondern nur suspendiert, d. h. die Hauptpflichten wie Arbeitsleistung und Lohnzahlungspflicht treten außer Kraft.

Nicht gewerkschaftlich organisierte Arbeitnehmer erleiden bei der Aussperrung finanzielle Einbußen, während Gewerkschaftsmitglieder einen Anspruch auf Unterstützung haben, der die finanziellen Einbußen zum größten Teil auffängt.

Hat die Aussperrung (oder der Streik) auch auf andere Betriebe, die nicht beteiligt sind, Auswirkungen, behält die betroffene Arbeitnehmerschaft ihren Lohnanspruch.

Aufgrund des **Tarifvertragsgesetzes (TVG)** sind die Gewerkschaften und Arbeitgeberverbände sowie Arbeitgeber berechtigt, Tarifverträge abzuschließen **(Tarifautonomie)**. Der Tarifvertrag regelt die Rechte und Pflichten der Tarifvertragsparteien und enthält Rechtsnormen, die Inhalt, Abschluss und Beendigung von Arbeitsverhältnissen sowie betriebliche und betriebsverfassungsrechtliche Fragen ordnen können. Die Tarifvertragsparteien können den Inhalt ihrer Verträge aber nur insoweit selbst bestimmen, als es um die Arbeitsbeziehungen zwischen Arbeitnehmer und Arbeitgeber geht. Weitergehende Bereiche dürfen durch den Tarifvertrag nicht festgelegt werden.

Der Tarifvertrag hat inhaltlich verschiedene Funktionen zu erfüllen. So soll er den einzelnen Arbeitnehmer vor Übervorteilung durch den Arbeitgeber schützen, da der Arbeitgeber häufig in der wirtschaftlich stärkeren Position ist und somit gegenüber dem einzelnen Arbeitnehmer seine Vorstellungen von Arbeitsbedingungen und Arbeitsentgelt besser durchsetzen könnte.

Neben dieser **Schutzfunktion** hat der Tarifvertrag auch eine **Ordnungsfunktion**: Während seiner Laufzeit sorgt er dafür, dass sowohl Arbeitnehmer als auch Arbeitgeber im Bereich der Lohndaten mit festen Größen rechnen können. Verbunden mit dieser Ordnungsfunktion ist die **Friedensfunktion**, die den Tarifvertragsparteien während der Laufzeit eines Tarifvertrages Arbeitskampfmaßnahmen wie Streik und Aussperrung untersagt.

Erhalten die Arbeitnehmer **übertarifliche** Löhne, so bewirkt eine Tariferhöhung nicht automatisch auch eine Erhöhung des übertariflichen Lohnes. Soll die Tariferhöhung auf die bestehenden Gehälter aufgestockt werden, muss sich dies aus dem Tarifvertrag ergeben. Ist dagegen dort nichts vermerkt, kann der Arbeitgeber die tarifliche Lohnerhöhung mit den bestehenden Löhnen verrechnen, so dass es zu einer Aufsaugung des übertariflichen Lohnbestandteiles kommen kann. Nur wenn der Arbeitgeber in der Vergangenheit stets auch auf die übertariflichen Löhne die tarifliche Erhöhung gezahlt hat, darf er eine solche Anrechnung nicht vornehmen.

**Geltung** besitzt der Tarifvertrag nur zwischen den Tarifvertragsparteien. Der Arbeitgeber ist also berechtigt, mit Arbeitnehmern, die nicht gewerkschaftlich organisiert sind, ungünstigere Vertragsbedingungen zu vereinbaren, als der Tarif es vorschreibt.

Um neben den tarifgebundenen Parteien eine größere Anzahl von Arbeitnehmern und Arbeitgebern in den Geltungsbereich des Tarifvertrages mit einzubeziehen, besteht unter bestimmten Voraussetzungen die Möglichkeit, Tarifverträge für **allgemeinverbindlich** zu erklären. Die Erklärung erfolgt durch den Bundesminister für Wirtschaft und Arbeit (§ 5 TVG).

Der Tarifvertrag **endet** durch Zeitablauf oder durch Kündigung. Nach Ablauf des Tarifvertrages gelten die vereinbarten Normen jedoch fort, bis ein anderer Tarifvertrag abgeschlossen worden ist (so genannte **Nachwirkung**).

### 6.9.4 Mitbestimmung in Betrieb und Unternehmen

Zunächst soll zu diesem Komplex auf die Abschnitte 6.8.6 und 6.8.7 hingewiesen werden. Bestimmte Bereiche zu dieser Thematik werden im Folgenden vertieft oder im Zusammenhang mit weiteren Gesichtspunkten dargestellt.

Im Gesetz über **Sprecherausschüsse der leitenden Angestellten** wird diesen auf Basis des § 5 Abs. 3 BetrVG das Recht zugesprochen, in Betrieben mit in der Regel mindestens zehn leitenden Angestellten Sprecherausschüsse zu bilden (§ 1 Abs. 1 SprAuG). Der Sprecherausschuss vertritt die Belange der leitenden Angestellten, besteht aus höchstens 7 Mitgliedern (bei über 300 leitenden Angestellten) und hat Informations- und Beratungsrechte (§ 25 Abs. 2 SprAuG), jedoch keine Mitbestimmungsrechte wie der Betriebsrat.

Der Sprecherausschuss ist vor jeder Kündigung eines leitenden Angestellten zu hören – ansonsten ist eine ausgesprochene Kündigung unwirksam (§ 31 Abs.2 SprAuG). Der Unternehmer hat den Sprecherausschuss mindestens einmal im Kalenderhalbjahr über die wirtschaftlichen Angelegenheiten des Betriebes und des Unternehmens (i.S. v. § 106 Abs. 3 BetrVG) zu unterrichten, ebenso wie über geplante **Betriebsänderungen** (i.S. v. § 111 BetrVG).

Führt ein Unternehmer eine Betriebsänderung auf Grund eines Interessenausgleichs mit dem Betriebsrat oder ohne eine solche Einigung durch, hat der Betriebsrat ein Mitbestimmungsrecht auf Aufstellung eines **Sozialplans** (§ 112a BetrVG). Der Sozialplan soll die wirtschaftlichen Nachteile, die die geplante/durchgeführte Maßnahme für die Arbeitnehmer zur Folge hat, ausgleichen bzw. zumindest mildern. Der Sozialplan hat die Wirkung einer Betriebsvereinbarung. Betriebsrat und Unternehmer können den Präsidenten des Landesarbeitsamtes um Vermittlung bitten, wenn kein Interessenausgleich über geplante Betriebsänderungen oder keine Einigung über den Sozialplan zustande kommt. Für diesen Fall entscheidet die **Einigungsstelle** (§ 112 Abs. 4 und 5 BetrVG) über die Aufstellung eines Sozialplans hinsichtlich folgender Punkte:

– Ausgleich oder Milderung wirtschaftlicher Nachteile,
– Aussichten der betroffenen Arbeitnehmer auf dem Arbeitsmarkt,
– Fördermöglichkeiten zur Vermeidung von Arbeitslosigkeit berücksichtigen,
– Gesamtbetrag der Sozialplanleistungen (diese sollen den Fortbestand des Unternehmens bzw. die nach Durchführung der Betriebsänderung verbleibenden Arbeitsplätze nicht gefährden).

Diese Punkte finden im Falle einer Betriebsänderung, die allein in der Entlassung von Arbeitnehmern liegt, nur dann Anwendung, wenn aus betriebsbedingten Gründen entlassen werden soll, und zwar (§ 112a BetrVG) wenn

– in Betrieben mit weniger als 60 Arbeitnehmern 20% aber mindestens 6,
– in Betrieben ab 60 bis unter 250 Arbeitnehmern 20% oder mindestens 37,
– in Betrieben ab 250 bis unter 500 Arbeitnehmern 15% oder mindestens 60,
– in Betrieben ab 500 Arbeitnehmern 10% aber mindestens 60 Arbeitnehmer

entlassen werden. Das Ausscheiden von Arbeitnehmern auf Grund von Aufhebungsverträgen gilt gleichwohl als Entlassung für diesen Fall.

Keine Anwendung finden § 112 Abs. 4 und 5 auf Betriebe eines Unternehmens in den ersten vier Jahren nach seiner Gründung (§ 112a Abs. 2 BetrVG).

In einem Sozialplan können beispielsweise Regelungen über die Zahlung von einmaligen **Abfindungen** oder durch **laufende Ausgleichszahlungen** getroffen werden, ferner über Beihilfen für Umschulungs- oder Weiterbildungsmaßnahmen, Übernahme von Bewerbungs- und Fahrtkosten und Lohnausgleich bei Versetzungen.

Dabei sind

– Lebensalter,
– Unterhaltsverpflichtungen und
– Dauer der Betriebszugehörigkeit

des Arbeitnehmers zu berücksichtigen sowie regionale Arbeitsmarktprobleme.

Besonderheiten im **Insolvenzfall** regelt das Gesetz über den Sozialplan im Konkurs- und Vergleichsverfahren. Danach (§ 123 InsO) ist für den Ausgleich oder die Milderung der wirtschaftlichen Nachteile (nur) ein Gesamtbetrag von bis zu zweieinhalb Monatsverdiensten der von einer Entlassung betroffenen Arbeitnehmer vorgesehen, um die Interessen der übrigen Insolvenzgläubiger zu wahren.

Gegenstand des **Betriebsverfassungsgesetzes** ist die Beteiligung der Arbeitnehmer an betrieblichen Entscheidungen. Der Geltungsbereich des BetrVG bezieht sich auf alle privatrechtlich organisierten Betriebe ab einer bestimmten Größe. Für den Bereich des öffentlichen Dienstes findet das **Personalvertretungsgesetz** Anwendung.

Das BetrVG räumt der Belegschaft über ihr Vertretungsorgan, den Betriebsrat, die direkte Beteiligung an personellen, wirtschaftlichen und sozialen Angelegenheiten ein. Darüber hinaus gewährt es den Arbeitnehmern im Rahmen der überbetrieblichen Mitbestimmung (Vertretung im Aufsichtsrat von Kapitalgesellschaften) zusätzliche Beteiligungsrechte.

Grundlage der Aufgaben des Betriebsrates ist es, im Rahmen vertrauensvoller Zusammenarbeit mit dem Arbeitgeber zum Wohl des Betriebes **und** der Mitarbeiter tätig zu werden. Es ist aber nicht die Aufgabe des Betriebsrates und auch nicht sein Recht, in die unternehmerische Entscheidungsfreiheit des Arbeitgebers einzugreifen.

Die Mitbestimmungsrechte (§ 87 Abs. 1 Ziff. 1–10, § 98, §§ 111, 112 BetrVG) ermöglichen dem Betriebsrat die inhaltliche Gestaltung von betrieblichen Abläufen. Wesentlich hierbei ist, dass der Arbeitgeber nicht einseitig handeln darf, bis eine Einigung mit dem Betriebsrat erreicht ist. In den Bereichen der Mitbestimmung kann der Betriebsrat dem Arbeitgeber von sich aus inhaltliche Regelungen vorschlagen, um hierüber eine Betriebsvereinbarung abzuschließen. Widerspricht der Betriebsrat im Falle einer Kündigung, so darf der Arbeitgeber gleichwohl die Kündigung aussprechen. Erhebt der betroffene Mitarbeiter eine Kündigungsschutzklage, so spricht der Widerspruch des Betriebsrates dafür, dass die Kündigung sozial nicht gerechtfertigt ist. Der Arbeitgeber hat vollen Beweis dafür anzutreten, dass die Gründe, die zur Kündigung (§ 102 BetrVG) geführt haben, tatsächlich vorliegen und die Kündigung sozial rechtfertigen. Gelingt dem Arbeitgeber dies nicht, ist die Kündigung unwirksam.

Bei den im Betriebsverfassungsgesetz geregelten **Mitwirkungsrechten** kann der Arbeitgeber auch gegen den Willen des Betriebsrates seine Entscheidung durchsetzen; er ist nur verpflichtet, den Betriebsrat in seine Entscheidungsfindung einzubinden.

Im Rahmen der **Informationsrechte** kann der Betriebsrat gegenüber dem Arbeitgeber die Herausgabe von Informationsmaterial verlangen, soweit dies für die Betriebsratsarbeit erforderlich ist.

Die Zusammensetzung des Betriebsrates ist abhängig von der Anzahl der beschäftigten Arbeitnehmer, sodass sich z. B. bei einer Mitarbeiterzahl von mehr als 9.000 der Betriebsrat aus 35 Mitgliedern zusammensetzt. Es müssen die Gruppen der Angestellten und der Arbeiter entsprechend ihrem zahlenmäßigen Verhältnis berücksichtigt werden.

Der Arbeitgeber ist verpflichtet, die Mitglieder des Betriebsrates unter Fortzahlung der Bezüge für die Wahrnehmung des **Ehrenamtes** freizustellen. Darüber hinaus genießen alle Betriebsratsmitglieder einen besonderen Kündigungsschutz während ihrer Amtszeit. Scheidet ein Arbeitnehmer als Betriebsratsmitglied aus, so bleibt der Kündigungsschutz noch für ein Jahr bestehen (§ 15 KSchG).

Sondereinrichtungen gibt es z. B. für die Gruppe der schwerbehinderten Menschen:

Die besonderen Belange der schwerbehinderten Menschen werden durch eine **Vertrauensperson** auf Betriebsebene wahrgenommen. Bei personellen Maßnahmen gegenüber schwerbehinderten Menschen ist diese neben dem Betriebsrat anzuhören (§ 94 SGB IX). Maßnahmen, die die Gruppe der Betroffenen angehen, hat der Arbeitgeber mit der Vertrauensperson der schwerbehinderten Menschen vor der Durchführung zu besprechen, sodass mögliche Verbesserungsvorschläge oder Einwände noch berücksichtigt werden können.

Neben der betrieblichen Mitbestimmung der Arbeitnehmer sehen das Betriebsverfassungsgesetz von 1952, das Mitbestimmungsgesetz von 1976 und das Montan-Mitbestimmungsgesetz von 1951 zusätzlich die **überbetriebliche Mitbestimmung** in Organen von Unternehmen vor.

Diese Bestimmungen gelten grundsätzlich nur für Kapitalgesellschaften. Darüber hinaus erfordert die Anwendung eine größere Anzahl von Arbeitnehmern und für die Montan-Mitbestimmung eben die Zugehörigkeit zu einer bestimmten Branche.

Die Mitbestimmung der Arbeitnehmer erfolgt nach allen drei Mitbestimmungsgesetzen über die **Besetzung der Aufsichtsräte**, wobei jedes Gesetz eine andere Form vorsieht. Generell setzt sich der Aufsichtsrat aber immer aus Arbeitnehmervertretern und Vertretern der Anteilseigner zusammen. Durch die überbetriebliche Mitbestimmung auf Unternehmensebene soll den Arbeitnehmern die Möglichkeit eingeräumt werden, bei wichtigen unternehmerischen Entscheidungen mit Breitenwirkung mitzugestalten.

Zu den wichtigsten Aufgaben gehören die Mitwirkung bei der Auswahl und Kontrolle der Unternehmensleitung sowie die Mitgestaltung der Unternehmenspolitik in ihren Grundzügen, soweit sie in den Aufgabenbereich des Aufsichtsrates fallen.

Die Regelungen der überbetrieblichen Mitbestimmung in Aufsichtsräten nach dem **Betriebsverfassungsgesetz von 1952** finden Anwendung auf Aktiengesellschaften, soweit zwischen 500 und 2.000 Mitarbeiter beschäftigt werden (§ 76 Abs. 6 Satz 1). Bei Gesellschaften mit beschränkter Haftung ist erforderlich, dass mehr als 500 Arbeitnehmer im Betrieb tätig sind, damit es zur Einrichtung eines Aufsichtsrates kommt. Besetzt werden die Aufsichtsräte nach dieser gesetzlichen Bestimmung zu zwei Dritteln mit Vertretern der Anteilseigner und zu einem Drittel mit Arbeitnehmervertretern.

Die Anzahl der Aufsichtsratsplätze hängt ab von der Anzahl der Beschäftigten. Sie liegt zwischen 3 und 21 Mitgliedern. Die Verwendung ungerader Zahlen bei der Zusammensetzung soll Patt-Situationen verhindern. Bei kleinen Aufsichtsräten dürfen nur Beschäftigte des Unternehmens im Aufsichtsrat sitzen; bei größeren Unternehmen besteht ein Entsendungsrecht für Gewerkschaftsfunktionäre.

Gewählt werden die Aufsichtsratsmitglieder der Arbeitnehmer von den Arbeitnehmern in unmittelbarer Wahl. Da die Arbeitnehmer nur zu einem Drittel im Aufsichtsrat vertreten sind, haben sie nur begrenzte Möglichkeiten, gegen die Stimmen der Vertreter der Anteilseigner ihre Vorstellungen durchzusetzen.

Ganz anders sind die Mitbestimmungsrechte nach dem **Betriebsverfassungsgesetz von 1976** für Unternehmen geregelt, die mehr als 2.000 Mitarbeiter beschäftigen und in Form einer Kapitalgesellschaft organisiert sind. Hier wird der Aufsichtsrat mit der gleichen Anzahl von Aufsichtsratsmitgliedern der Anteilseigner und Arbeitnehmervertreter besetzt.

In Unternehmen mit bis zu 10.000 Arbeitnehmern setzt sich der Aufsichtsrat aus 12 Personen zusammen, bei Unternehmen mit 10.000 bis 20.000 Arbeitnehmern aus 16 Personen und bei Unternehmen mit mehr als 20.000 Arbeitnehmern sind es 20 Aufsichtsratsmitglieder, die den Aufsichtsrat bilden (§ 7 Abs. 1 MitbestG).

Ein Teil der von Arbeitnehmern zu besetzenden Sitze ist den im Unternehmen vertretenen Gewerkschaften vorbehalten. Zahlenmäßig liegt hier eine **paritätische Mitbestimmung** vor, in funktioneller Hinsicht ist das Kräftegleichgewicht jedoch ungleich zu Lasten der Arbeitnehmerschaft, da der Aufsichtsratsvorsitzende stets aus der Reihe der Anteilseigner gewählt wird und in Patt-Situationen eine Doppelstimme hat.

Das **Montan-Mitbestimmungsgesetz (MontanMitbestG) von 1951** sieht ebenfalls eine paritätische Mitbestimmung in den Aufsichtsräten der Unternehmen des Bergbaus und der Eisen und Stahl erzeugenden Industrie vor. Anwendbar ist dieses Gesetz jedoch nur auf Unternehmen, die in Form einer Aktiengesellschaft oder einer GmbH oder einer bergrechtlichen Gewerkschaft mit eigener Rechtspersönlichkeit betrieben werden und in der Regel mehr als 1.000 Arbeitnehmer beschäftigen.

Üblicherweise besteht der Aufsichtsrat aus 11 Mitgliedern, bei größeren Unternehmen können es aber auch 15 oder 21 sein. Bei der Besetzung der Aufsichtsratsplätze zieht man von der Gesamtzahl der zu besetzenden Sitze einen Sitz ab, so dass eine durch 2 teilbare Zahl übrigbleibt. Die Hälfte der verbleibenden Sitze werden jeweils von 4 Vertretern der Anteilseigner und von 4 Vertretern der Arbeitnehmer besetzt. Diese paritätisch zusammengesetzte Gruppe wählt drei zusätzliche Aufsichtsratmitglieder gemeinsam, die weder Arbeitnehmer sein dürfen noch Vertreter der Anteilseigner oder Gewerkschaftsvertreter (§ 4 Montan-MitbestG). Durch neutrale Mitglieder im Aufsichtsrat sollen **Patt-Situationen** vermieden werden.

## 6.9.5 Aufgaben und Bedeutung der Arbeitsgerichtsbarkeit

Für Rechtsstreitigkeiten, die im Zusammenhang mit einem Arbeitsverhältnis stehen, sind die Arbeitsgerichte zuständig. Die Arbeitsgerichtsbarkeit ist dreistufig aufgebaut. Eingangsinstanz ist immer das **Arbeitsgericht**. Es ist besetzt mit einem Berufsrichter und zwei ehrenamtlichen Richtern aus den Kreisen der Arbeitnehmer und Arbeitgeber (»Kammer«).

Jeder Kläger und Beklagte kann sich vor dem Arbeitsgericht selbst vertreten; es ist aber auch zulässig, sich durch einen Gewerkschaftsvertreter, einen Vertreter der Arbeitgeberverbände oder natürlich einen Anwalt vertreten zu lassen.

Bei Kündigungsschutzverfahren ist eine **Güteverhandlung** vorgeschaltet, an der die ehrenamtlichen Richter nicht teilnehmen. In dieser Verhandlung soll der Vorsitzende versuchen, die streitenden Parteien zu einer gütlichen Beilegung des Rechtsstreits zu bewegen. In der Güteverhandlung kommt es häufig zum Abschluss eines Vergleiches. Scheitert ein derartiger Güteversuch jedoch, wird vor der besetzten Kammer der Prozess einschließlich eventueller Beweisaufnahmen durchgeführt und durch ein Urteil abgeschlossen (**Urteilsverfahren**). Der Gang des Verfahrens entspricht im Wesentlichen demjenigen des Zivilprozesses.

Für die Berufung gegen ein Urteil ist das **Landesarbeitsgericht** zuständig. Die Kammern des Landesarbeitsgerichts sind wie die Arbeitsgerichte besetzt. Vor dem Landesarbeitsgericht ist es aber vorgeschrieben, dass sich die Parteien des Prozesses vertreten lassen. Dies kann wiederum durch einen Gewerkschaftsvertreter erfolgen, durch einen Vertreter des Arbeitgeberverbandes oder durch Anwälte.

Das **Bundesarbeitsgericht** ist Revisionsinstanz. Seine Spruchkörper sind besetzt mit drei Berufsrichtern und zwei ehrenamtlichen Richtern (»Senate«). Eine Vertretung der Parteien ist nur durch Rechtsanwälte zulässig.

Bei jedem gerichtlichen Verfahren entstehen **Kosten**, insbesondere wenn ein Rechtsanwalt eingeschaltet wird. Im Verfahren vor den Arbeitsgerichten gilt als Besonderheit, dass die obsiegende Partei keinen Anspruch auf Erstattung ihrer außergerichtlichen Kosten (z. B. für die Inanspruchnahme eines Anwaltes) hat. Jede Partei muss vielmehr in der 1. Instanz ihre Kosten selbst tragen. Damit die Kosten der Höhe nach begrenzt werden, wird der Streitwert in der Regel auf drei Bruttogehälter festgesetzt, wenn es um eine Kündigungsschutzklage geht.

Im Urteilsverfahren ist **örtlich** das Arbeitsgericht zuständig, in dem der oder die Beklagte ihren Gerichtsstand hat. Der Gerichtsstand von natürlichen Personen ist der Wohnsitz; bei juristischen Personen ist der Gerichtsstand der Ort, an dem sie ihren Sitz haben. Zusätzlich ergibt sich der Gerichtsstand für die Parteien auch aus dem Ort, an dem der Arbeitnehmer oder Arbeitgeber seine jeweiligen Verpflichtungen aus dem Arbeitsverhältnis zu erfüllen hat; dies ist also häufig der Ort, an dem der Arbeitnehmer seine Arbeitsleistung erbringen muss. Eine vertragliche Vereinbarung des Gerichtsstandes, die von dieser Regelung abweicht, ist unzulässig. **Sachlich** zuständig ist das Arbeitsgericht für alle Rechtsstreitigkeiten zwischen den Tarifvertragsparteien sowie zwischen Arbeitnehmer und Arbeitgeber, soweit der Streitgegenstand aus dem Arbeitsverhältnis stammt.

Neben dem Urteilsverfahren gibt es noch das **Beschlussverfahren.** Im Beschlussverfahren sind die Arbeitsgerichte zuständig, soweit Streitigkeiten aus dem Bereich des Betriebsverfassungsgesetzes oder dem Mitbestimmungsgesetz herrühren. Ebenso entscheidet das Arbeitsgericht im Beschlussverfahren, wenn Streitgegenstand die Tariffähigkeit oder die Tarifzuständigkeit ist. Gegen den ergangenen Beschluss kann Beschwerde beim Landesarbeitsgericht eingelegt werden.

# 7 Produktionswirtschaft

Die industrielle Produktion kann nicht isoliert gesehen werden von den sie flankierenden Aktivitäten, nämlich Beschaffung und Absatz, und den sie bestimmenden Märkten, dem Beschaffungsmarkt und dem Absatzmarkt. Die betriebliche Leistungserstellung ist ein Transformationsprozess, der den »Input« des Beschaffungsmarktes, also menschliche und maschinelle Arbeitskraft sowie Roh-, Hilfs- und Betriebsstoffe, in den für den Absatzmarkt bestimmten »Output«, die Erzeugnisse des Betriebes, umformt.

Produktion als Transformationsprozess

Zentrale Probleme sind hierbei

- die Erlangung der **notwendigen Kenntnisse** über die Mechanismen, Bestimmungsfaktoren und Tendenzen am Beschaffungs- und Absatzmarkt als Voraussetzung für die Produktentwicklung;
- das **Strukturproblem**, d. h. die Frage, welches Fertigungsverfahren zur Anwendung kommen soll;
- das **Mengenproblem**, d. h. die Frage, wie sich eine Änderung der Produktionsmittel auf das Produktionsergebnis auswirkt.

Die Erforschung des Beschaffungsmarktes wird eingehend im Kapitel »Materialwirtschaft« beschrieben. Daher setzt die Betrachtung der Produktionsproblematik an dieser Stelle bei der Fertigungsplanung ein.

Die in diesem Rahmen erforderlichen Ausführungen zur Absatzmarktforschung werden in Kapitel 9 ergänzt. Auf das Mengenproblem wird hier nicht eingegangen.

## 7.1 Fertigungsplanung

### 7.1.1 Der Werdegang eines Produktes

Vor der eigentlichen Fertigung eines Produktes stehen

- die Produktforschung und -entwicklung und
- die Konstruktion.

Das Schicksal eines Produktes von der Idee bis zur Fertigungsreife ist Gegenstand der folgenden Betrachtungen.

## 7.1.1.1 Produktforschung, -entwicklung und -gestaltung

*Die Ausgangssituation anhand eines Beispieles: Die ABC-AG, die auf die Herstellung von Haarkosmetika spezialisiert ist, verzeichnet eine Stagnation im Umsatz und einen leichten Rückgang des eigenen Marktanteils am Gesamtmarkt. Daher gibt die Geschäftsleitung eine Marktanalyse in Auftrag, die Informationen über die aktuelle und zukünftige Bedarfsstruktur des Absatzmarktes liefern soll. Auf ihrer Grundlage soll über die Veränderung und Variation bestehender Produkte, aber auch über die Entwicklung neuer und die Elimination alter Produkte entschieden werden.*

Für den Erfolg eines Produktes am Absatzmarkt sind vorrangig folgende Faktoren ausschlaggebend:

– Art, Verarbeitung und Qualität als Bestimmungsfaktoren des **Gebrauchswertes**,

– Form, Farbe, Verpackung sowie Name und Image (sowohl des Produktes als auch des produzierenden Unternehmens) als Bestimmungsfaktoren des **Prestigewertes**,

– **Preis** und

– **Service**.

In Kenntnis der vom Markt bevorzugten Gestaltungsmerkmale der obigen Faktoren kommen folgend, die Fertigung berührende, Handlungsalternativen in Betracht:

– die **Änderung** der Eigenschaften eines vorhandenen Produktes,

– die **Variation** des Produktes »Grundmodell«, also Herstellung verschiedener Typen oder Qualitäten,

– die **Entwicklung** neuartiger Produkte, die bislang nicht markterhältlich sind (»Marktneuheiten«) oder zwar bereits von anderen, nicht jedoch vom eigenen Betrieb hergestellt werden (»Betriebsneuheiten«).

Eine ausführliche Darstellung enthält Abschnitt 9.4.1.

*Die ABC-AG entschließt sich nach Auswertung der Marktumfrage zu folgenden Maßnahmen:*

– *Änderung der äußeren Aufmachung (Form, Farbe, Schriftzüge) der Haarspraydosen und Shampooflaschen der Marke »Curly« unter Beibehaltung des Produktnamens. Hierbei soll der Geschmack der jugendlichen Kunden besonders berücksichtigt werden. Das Produkt selbst soll nicht verändert werden.*

– *Das seit zwei Jahrzehnten bewährte Shampoo »Seifi« soll in verschiedenen Duftvarianten – »Sportiv«, »Elegance«, »for men« – angeboten werden; außerdem sollen verschiedene Rezepturen – für fettiges Haar, gegen Schuppen, für gefärbtes Haar usw. – zur Auswahl gestellt werden.*

– *Die vor zwei Jahren eingeführte Toilettenseife »Fluxx« hat bislang keinen nennenswerten Marktanteil erobert. Ihre Herstellung wird eingestellt.*

– *Aufgrund des in der Marktbefragung häufig geäußerten Konsumentenwunsches nach vereinfachter Haarpflege soll ein Kombinationsprodukt entwickelt werden, das die Haare gleichzeitig reinigt, spült, festigt und tönt. Dieses Produkt würde eine echte Marktneuheit darstellen.*

Die Herstellung eines neuen Produktes erfordert, ebenso wie die Veränderung eines bestehenden Erzeugnisses, eingehende Forschungen hinsichtlich der Realisierung von Produkteigenschaften (Rezeptur, Funktion) sowie hinsichtlich der anzuwendenden Produktionsverfahren. Vorab ist zu prüfen, ob die angestrebte Lösung bereits bekannt und beschrieben, möglicherweise auch mit einem Schutzrecht belegt ist.

Bei der Schaffung eines anforderungsgerechten Produktes, der Produktgestaltung, sind sowohl die Erfordernisse des Produktionsvorganges als auch die Anforderungen an das fertige Produkt zu beachten.

# 7 Produktionswirtschaft

Grundsätzlich gilt:

- Produkte müssen **prozessgerecht** gestaltet sein: Die Produktkonstruktion muss die technologischen Gegebenheiten und Notwendigkeiten berücksichtigen und dabei die Erkenntnisse der Material- und Verfahrensforschung umsetzen. Nur so ist eine weitere wesentliche Forderung erfüllbar: Produkte müssen **kostenorientiert** gestaltet sein!

- Produkte müssen **menschengerecht** gestaltet sein: Dies ergibt sich zum einen aus einer Vielzahl von Normen und Richtlinien, die - in Abhängigkeit von der Produktart - die Anforderungen der Arbeitswissenschaft an die ergonomische Produktgestaltung postulieren, und zum anderen aus den Erwartungen der potenziellen Nutzer, die schließlich über den Markterfolg des Produktes entscheiden.

- Produkte müssen **umweltgerecht** und **nachhaltigkeitsorientiert** gestaltet sein: Hierunter fallen sowohl Anforderungen an die Vermeidung der Verarbeitung und Verwendung umweltschädigender Stoffe in der Produktion als auch an die umweltschonende Produktverwendung bzw. -nutzung und die aufbereitungsgerechte (recyclinggerechte) Konstruktion.

- Mit allen Anforderungen korrespondiert die Forderung nach einer **instandhaltungsgerechten** sowie **montage- bzw. demontagegerechten** Konstruktion.

Die Ergebnisse der Produktforschung gehen ein in die Konstruktion, d. h. die konkrete Ausgestaltung des zu fertigenden Produktes. Diese umfasst die Erstellung der Konstruktionszeichnung und der Konstruktionsstückliste.

## 7.1.1.2 Simultaneous Engineering

Entwicklungsprozesse kosten Zeit. Angesichts der bereits in Kapitel 3 unter dem Stichwort »Adaptionsproblematik der Unternehmung« dargestellten Dynamik der Unternehmensumwelt, die in immer kürzeren Abständen neue Produkte, Verfahren und Technologien hervorbringt oder fordert, steht Zeit aber nur in begrenztem Maße zur Verfügung. Auf diese Situation reagieren moderne Betriebe zunehmend mit der Bildung interdisziplinärer Teams aus allen mit der Produktentwicklung und späteren Produktion in Verbindung stehenden Abteilungen, häufig auch unter Einbeziehung externer Zulieferer, um auf diese Weise einen ganzheitlichen, zeitlich an mehreren Stellen parallel verlaufenden und die gegenseitigen Verflechtungen und Abhängigkeiten erkennenden und beachtenden Entwicklungsprozess in Gang zu setzen. Dabei kommen die Methoden und Instrumente des modernen **Projektmanagements** zur Anwendung. Dieses als Simultaneous Engineering oder **Parallelentwicklung** bezeichnete Verfahren führt gegenüber der herkömmlichen, sequentiell angelegten Planung in der Praxis zu deutlich verkürzten Entwicklungszeiten und in der Folge meist auch zu einer kostengünstigeren Herstellung.

In diesem Zusammenhang häufig gehörte Schlagwörter sind »**Time-to-Market**«, also die Zeitspanne bis zum Markteintritt, die es so kurz wie möglich zu halten gilt, und »**Time-cost-Tradeoff**«, womit der Umstand bezeichnet wird, dass der Nutzen eines frühen Markteintritts, vor allem durch Erlangung von Wettbewerbsvorteilen, die u. U. hohen Kosten einer schnellen Entwicklung mindestens kompensiert.

## 7.1.1.3 Konstruktionszeichnung und Konstruktionsstückliste

Die Konstruktionszeichnung ist die grafische Darstellung eines neuen Produktes. In ihr werden alle Teile dargestellt, die zur Herstellung des Produktes benötigt werden. Nicht jedes neue Produkt bzw. nicht jeder Produktaspekt kann grafisch dargestellt werden (im Beispiel der ABC-AG kann zwar das Produkt-»Styling« gezeichnet werden, nicht jedoch die neue Rezeptur). Konstruktionszeichnungen finden sich bevorzugt in der Fertigung technischer Geräte.

# 7 Produktionswirtschaft

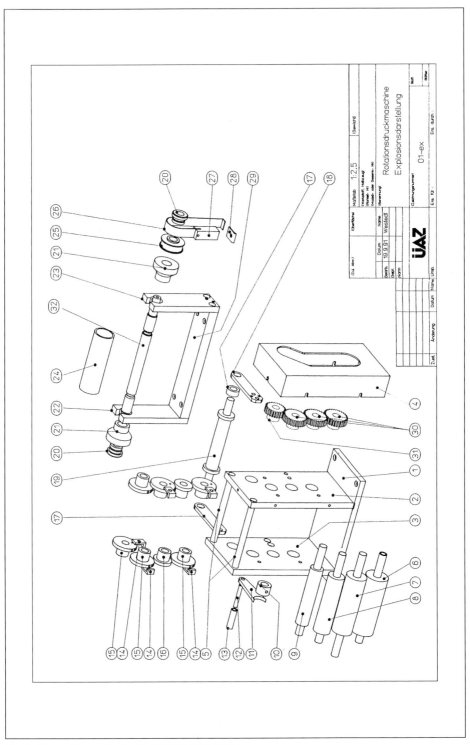

Konstruktionszeichnung für eine Rotationsdruckmaschine

Die die Konstruktionszeichnung erläuternde Konstruktions- oder Gesamtstückliste führt dann alle Teile auf, die in der Konstruktionszeichnung dargestellt werden, ohne dass bereits nach Eigenfertigung und Fremdbezug unterschieden würde (siehe hierzu Abschn. 7.1.2.4.2).

## 7.1.2 Fertigungsprogrammplanung

Das Fertigungsprogramm eines Unternehmens, also die Palette der von ihm hergestellten Produkte, bestimmt über seinen Erfolg und sein wirtschaftliches Überleben. Aus dieser Schlüsselstellung erklärt sich die Aufteilung der Fertigungsprogrammplanung in eine langfristige, eine mittelfristige und eine kurzfristige Planung.

### 7.1.2.1 Langfristige Programmplanung

In der langfristigen (strategischen) Programmplanung wird das **Produktfeld** festgelegt, auf dem die Unternehmung tätig sein möchte. Ein Produktfeld ist die Gesamtheit aller Produkte, die sich auf ein Grunderzeugnis zurückführen lassen, und stellt damit eine sehr grobe Richtungsvorgabe dar, die der Präzisierung bedarf.

Aus der Vielfalt der Produkte, die das gewählte Produktfeld darstellen, muss eine Gruppe von Produkten, die **Produktlinie**, bestimmt werden, bevor konkrete Überlegungen hinsichtlich einzelner Produkte angestellt werden können. Diese Überlegungen, die in die eigentliche **Produktidee** einmünden, erstrecken sich auf

- **Innovation**, das heißt die Aufnahme eines völlig neuen Produktes in das Produktionsprogramm;
- **Produktverbesserung**, also die qualitative Aufwertung eines bereits hergestellten Produktes;
- **Produktdiversifikation**, das heißt die Aufnahme von Produkten außerhalb der bisher verfolgten Produktlinie;
- **Produktvariation**, also das Angebot desselben, bereits vertriebenen Erzeugnisses in verschiedenen, geringfügig voneinander abweichenden Ausführungen, um verschiedene Käuferschichten anzusprechen, oder die Anpassung eines seit längerem vorhandenen Produktes an den geänderten Kundengeschmack.

Die Entscheidung für oder gegen eine Produktidee hängt ab von den in einer Marktanalyse ermittelten Antworten auf folgende Fragen:

- Gibt es Verbraucherbedürfnisse, die vom bestehenden Angebot nicht oder nur unzureichend befriedigt werden (Marktlücken)?
- Wie muss das neue Produkt gestaltet und ausgestattet werden?
- Welche Menge des entworfenen Produktes kann im Betrachtungszeitraum voraussichtlich abgesetzt werden?
- Welche Reaktion wird die Einführung des neuen Produktes hervorrufen (Auswirkungen auf eigene – »alte« – und Konkurrenzprodukte)?

Stehen mehrere Alternativprojekte zur Auswahl, so wird sich das Unternehmen für dasjenige Produkt (oder für denjenigen Produktmix) entscheiden, das den maximalen Gewinn verspricht.

Die für die Produktentwicklung erforderlichen Kenntnisse über mögliche Fertigungsverfahren können in Lizenz erworben oder im Zuge eigener Forschungen **(Produktforschung)** gewonnen werden.

### 7.1.2.2 Mittelfristige Programmplanung

Gegenstand der mittelfristigen (taktischen) Fertigungsprogrammplanung ist der Entwurf (die Konstruktion) des einzelnen Produktes mitsamt der möglichen Produktabwandlungen. In dieser Phase werden Entscheidungen über den Fremdbezug von Bauteilen und damit über Art und Umfang der eigenen Produktionsaktivität gefällt. Wegen der ggf. neu zu schaffenden Produktionskapazitäten stellen insbesondere Kenntnisse über die Altersstruktur und Lebensphasen der vorhandenen Produkte sowie den Lebenszyklus des neu- oder weiterzuentwickelnden Produktes wesentliche Entscheidungshilfen dar. Ein heuristisches (d. h. nicht verlässlich zum Optimum, aber in Optimumnähe führendes) Verfahren zur Beurteilung eines Produktprogramms ist die Portfolio-Technik, die am Beispiel der BCG-Matrix im Kapitel 3 bereits vorgestellt wurde.

### 7.1.2.3 Kurzfristige Programmplanung

In der kurzfristigen Fertigungsprogrammplanung wird festgelegt, welche Produkte in welchen Mengen im festgelegten Planungszeitraum hergestellt werden sollen. Diese Planung richtet sich vorrangig nach den Absatzmöglichkeiten, darf aber Fertigungsengpässe nicht vernachlässigen.

**Absatzorientierung** liegt vor, wenn die am Markt absetzbaren Produkte ohne Kapazitätsbeschränkungen hergestellt werden können. Unter dieser Voraussetzung werden diejenigen Erzeugnisse für die Produktion ausgewählt, die den größten positiven Deckungsbeitrag aufweisen.

**Engpassorientierung** der Planung bedeutet, dass die Kapazität einer Fertigungsstelle (z. B. einer Maschine) nicht ausreicht, um alle absetzbaren Mengen herzustellen. Unter dieser Voraussetzung wird unter Beachtung des relativen Deckungsbeitrages dasjenige Produktionsprogramm ausgewählt, das den größten Gesamtertrag erbringt.

### 7.1.2.4 Vorarbeiten zur Fertigung

Die Fertigungsplanung, auch Arbeitsplanung genannt, umfasst

– die Auftragsvorbereitung,
– die Stücklistenerstellung und
– die Vorkalkulation.

#### 7.1.2.4.1 Auftragsvorbereitung

Die Auftragsvorbereitung verfolgt das Ziel, einen **Werkauftrag** (vergl. auch Abschn. 7.2.2.1) zu formulieren, also eine Anweisung an die Fertigungsstellen, ein bestimmtes Produkt in einer vorbestimmten Art, Menge und Güte innerhalb einer vorgegebenen Zeit herzustellen. Auslösendes Moment eines Werkauftrags kann ein Kundenauftrag oder ein Eigenbedarf sein.

Folgende Werkaufträge werden unterschieden:

– **Fertigungsauftrag:** Auftrag zur Fertigung eines im Programm enthaltenen Erzeugnisses,

– **Entwicklungsauftrag:** Auftrag zur Entwicklung eines Produktes,

– **Anlagenauftrag:** Auftrag zur Erstellung einer Anlage für den Eigenbedarf,

– **Versandauftrag:** Auftrag zum Versand einer im Lager vorrätigen Ware,

– **Einkaufsauftrag:** Auftrag über fremd zu beziehende Ware.

Vorarbeiten im Rahmen der Auftragsvorbereitung sind

- die Prüfung der Durchführbarkeit in technischer und wirtschaftlicher Hinsicht,
- die Prüfung der Vollständigkeit und ggf. Korrektur bzw. Beseitigung von Unklarheiten,
- Vergabe einer Auftragsnummer,
- Einsetzen der betriebsinternen Bezeichnungen,
- Terminfixierung,
- ggf. Zusammenfassung mehrerer Aufträge zu einem größeren Werkauftrag.

#### 7.1.2.4.2 Stücklistenerstellung

Aus der Konstruktionsstückliste werden Arbeitsstücklisten erstellt, die für Zwecke der Materialbedarfs-, Termin- und Arbeitsablaufplanung sowie der Vor- und Nachkalkulation benötigt werden. Häufig enthalten sie Material- bzw. Teilenummern anstelle von Klartext-Angaben sowie Mengenangaben, die nicht den handelsüblichen Mengeneinheiten entsprechen und von der Einkaufsabteilung umgerechnet werden müssen.

Wichtige Stücklisten sind

- die **Fertigungsstückliste:** Sie enthält die in Eigenleistung zu be- oder verarbeitenden Teile eines Produktes und kann zusätzliche Angaben für die Fertigungsplanung und -steuerung enthalten. Damit dient sie als wichtige Arbeitsunterlage für die Auftragsdurchführung. Die Fertigungsstückliste kann nach Merkmalen der Fertigung in Einzellisten aufgelöst werden, z. B. Variantenstückliste, Montagestückliste.

- die **Fremdbedarfsliste:** Sie erfasst die Teile (Rohstoffe, Halb- oder Fertigerzeugnisse), die fremdbezogen werden. Häufig erfolgt eine Aufteilung in Einzellisten nach Werkstoff- und Teilegruppen.

- die **Teilebereitstellungsliste:** Sie regelt Ort, Menge und Reihenfolge der Bereitstellung von Teilen.

Ausführliche Darstellungen verschiedener Stücklisten enthält Abschnitt 8.1.

Es folgt der Auszug einer Fertigungsstückliste, nämlich derjenigen zur Konstruktionszeichnung »Rotationsdruckmaschine« aus Abschnitt 7.1.1.3.

## 7 Produktionswirtschaft

```
ÜAZ Elmshorn    CIM-Lernfabrik        S T R U K T U R - S T U E C K L I S T E     DATUM 12.02.92           SEITE     1

Bereich: 1      Teilenummer: 01              Zeichnungsnr.: alle Zusammenbauzchg    Anz. Pos.: 18  Ersteller: cad 04.11.91
                Benennung 1: Rotationsdruckmaschine RDM                Aend.-Index:                Aenderer : mar 05.02.92
                Benennung 2:                                          Benennung 3:
                Variante    :
Stufe    Pos Teilenummer       Menge       MI   Var.  F Lag  Benennung 1                Zeichnungs-Nr.        Werkstoffschl.
         ZPos Hauptabmessung  St.  Dim1 Dim2  HRVorD M KST  Benennung 2                 Alternativteil/Datum  Hinweis         K
------------------------------------------------------------------------------------------------------------------------------
1        005 01_Ü27           1,000 Stk 00       0 001 Druckmaschine nach Übung 27     01b                                    /000
         01                                11   1 1                                                                            '
.2       005 0102_Ü26         1,000 Stk 00       0 001 Druckmaschinengestell nach Übung 26  010206a + 0102b                   /000
                                          11   1 1                                                                             '
..3      005 010201           1,000 Stk 00       0 001 Druckmaschinengestell nach Übung 25  010201b + Detailzchg  ST 37-2     /000
         100x190x200                      11   1 1                                                                             '
...4     005 01020100000100   1,000 Stk 00       0 001 Grundplatte nach Übung 24       01020100000001a          ST 37-2       /000
         1 100x10x190                     11   1 1                                                                             '
....5    005 01020100000185   1,000 Stk 00       0 001 Grundplatte                     01020100000201          St 37-2       /000
         100x10x190                       11   2 1   Nuten CNC-gefräst                                                         '
.....6   005 01020100000190   1,000 Stk 00       0 001 Grundplatte / Seitenteil        01020100000101          St 37         /000
                                          11   1 1   stirnseitig bearbeitet                                                    '
......7  005 01020100000195   1,000 Stk 00       0 001 Grundplatte / Seitenteil        01020100000101          St 37K        /000
         100x10x192                       11   1 1   abgelängtes Rohmaterial                                                   '
.......8 005 00174-10010-001  0,192 mtr 00       0 001 Flacheisen 100 x 10                                     St37K         /000
         100 x10                          21   1 1                                                                             '
...4     010 01020100000200   1,000 Stk 00       0 001 Seitenteil Kurbel nach Übung 23  01020100000102         ST 37-2       /000
         2 100x10x190                     11   1 1   Fertigteil                                                                '
....5    005 01020100000280   1,000 Stk 00       0 001 Seitenteil Kurbel              01020100000102          St37-2        /000
         100x10x190                       11   2 1   CNC-gebohrt                                                               '
.....6   005 01020100000285   1,000 Stk 00       0 001 Seitenteil Kurbel              01020100000102          St37-2        /000
         100x10x190                       11   1 1   Vorstufe für CNC-Bearbeitung                                              '
......7  005 01020100000190   1,000 Stk 00       0 001 Grundplatte / Seitenteil       01020100000101          St 37         /000
                                          11   1 1   stirnseitig bearbeitet                                                    '
.......8 005 01020100000195   1,000 Stk 00       0 001 Grundplatte / Seitenteil       01020100000101          St 37K        /000
         100x10x192                       11   1 1   abgelängtes Rohmaterial                                                   '
........9 005 00174-10010-001 0,192 mtr 00       0 001 Flacheisen 100 x 10                                     St37K         /000
         100 x10                          21   1 1                                                                             '
...4     015 01020100000300   1,000 Stk 00       0 001 Seitenteil Getriebe nach Übung 23  01020100000103      ST 37-2       /000
         3 96x10x190                      11   1 1   Fertigteil                                                                '
....5    005 01020100000380   1,000 Stk 00       0 001 Seitenteil Getriebe            01020100000103          St37-2        /000
         100x10x190                       11   2 1   CNC-gebohrt                                                               '
.....6   005 01020100000385   1,000 Stk 00       0 001 Seitenteil Getriebe            010201000000103         St 37-2       /000
         96x10x190                        11   1 1   Vorstufe für CNC-Bearbeitung                                              '
......7  005 01020100000190   1,000 Stk 00       0 001 Grundplatte / Seitenteil       01020100000101          St 37         /000
                                          11   1 1   stirnseitig bearbeitet                                                    '
.......8 005 01020100000195   1,000 Stk 00       0 001 Grundplatte / Seitenteil       01020100000101          St 37K        /000
         100x10x192                       11   1 1   abgelängtes Rohmaterial                                                   '
........9 005 00174-10010-001 0,192 mtr 00       0 001 Flacheisen 100 x 10                                     St37K         /000
         100 x10                          21   1 1                                                                             '
...4     020 01020100000400   2,000 Stk 00       0 001 Distanzstück                   01020100000004          9S20K         /000
         4 D 10 x 110                     11   2 1   Fertigteil                                                                '
....5    005 01020100000490   1,000 Stk 00       0 001 Distanzstück                                            9S20K         /000
         D 10 x 110                       11   1 1   nach Drehbearbeitung                                                      '
.....6   005 01020100000495   1,000 Stk 00       0 001 Distanzstück                                            9S20K         /000
         D 10 x 114                       11   1 1   abgelängtes Rohmaterial                                                   '
......7  005 00668-30010-001  0,114 mtr 00       0 001 Rundeisen 10 mm                                         9S 20 K       /000
         3 m x 10 mm          1 114       21   1 1                                                                             '
...4     025 00007-05016-001  2,000 Stk 00       0 001 Zylinderstift Toleranz m6 d5x16                         ST            /000
         5 d5x16                          21   1 1                                                                             '
...4     030 06912-06016-001  8,000 Stk 00       0 001 Zylinderschraube, M6 x 16, mit                                        /000
         6 M6 x 16                        21   1 1   Innensechskant und Schlüsselführung                                       '
..3      015 010207           1,000 Stk 00       0 001 Gehäuse  Fertigteil nach Übung 18  01020700000002d     St 37-2       /000
         100x190.5x40                     11   1 1                                                                             '
...4     005 01020700000100   1,000 Stk 00       0 001 Gehäuse nach Übung 17          01020700000002d         St 37-2       /000
                                          11   1 1                                                                             '
------------------------------------------------------------------------------------------------------------------------------
Bearbeiter : dia                                                                    - 2 -
```

Fertigungsstückliste zur Konstruktionszeichnung »Rotationsdruckmaschine«

## 7.1.2.4.3 Vorkalkulation

Die Vorkalkulation als Grundlage für die Kalkulation von Angeboten ist zugleich **Mengen- und Wertrechnung**. Ihre Durchführung setzt voraus, dass das Produkt in seinen Bestandteilen und in seinen Fertigungsdaten genau bestimmt ist und Materialpreise sowie sonstige anzusetzende Kostenzuschläge, letztere als Erfahrungswerte der Vergangenheit, bekannt sind.

Wird ein Produkt zum ersten Mal hergestellt, können Zeitbedarf und Kostenaufwand jedoch lediglich geschätzt werden, wodurch die Vorkalkulation mit Unsicherheiten behaftet wird. Als Orientierungshilfen werden möglichst vergleichbare, bereits hergestellte Produkte herangezogen. Handelt es sich dagegen um die Vorkalkulation von Serienfertigungsprodukten, wobei auf Wertgrößen früherer Serien zurückgegriffen werden kann, ist die Unsicherheit erheblich geringer.

Die Vorkalkulation erfordert z. B. Mengenangaben über Materialeinsatz, Betriebsmitteleinsatz, Fertigungszeiten, Umrüstzeiten, Transport- und Wartezeiten und die entsprechenden Wertangaben, nämlich Materialpreise, Kosten der Betriebsmittelnutzung, Fertigungslohnkosten, Gemeinkosten des Materials, der Fertigung und der Verwaltung usw.

Sie wird nach dem folgenden (vereinfachten) Schema aufgestellt:

```
  Materialkosten
+ Fertigungskosten (= Fertigungslöhne + Fertigungsgemeinkosten)
= Herstellkosten
+ Vertriebsgemeinkosten
+ Verwaltungsgemeinkosten
= Selbstkosten
+ Gewinnzuschlag
= Planerlös
```

## 7.1.3 Einteilung der Fertigungsverfahren

Die in der Fertigungsdurchführung anwendbaren Verfahren werden üblicherweise nach zwei unterschiedlichen Kriterien eingeteilt:

– Einteilung nach Produktionstypen, d. h. nach der Häufigkeit der Wiederholung des Fertigungsvorganges und

– Einteilung nach Organisationstypen, d. h. nach der Art der Produktionsorganisation.

### 7.1.3.1 Fertigungsdurchführung in unterschiedlichen Produktionstypen

Unterscheidungskriterium für die verschiedenen Produktionstypen ist die Häufigkeit der Leistungswiederholung. Hierbei werden zunächst Einzelfertigung und Mehrfachfertigung unterschieden. Diese Gruppen unterteilen sich jeweils in verschiedene Untergruppen.

Auf die nachfolgende Abbildung wird verwiesen.

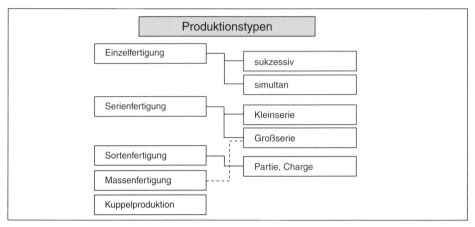

Produktionstypen

### 7.1.3.1.1 Einzelfertigung

Bei Einzelfertigung wird nur ein Stück eines Produktes hergestellt. Zwar besteht eine durch das Produktionsprogramm vorgegebene grundsätzliche Verwandtschaft zwischen den gefertigten Unikaten (etwa zwischen den in einem Schiffbauunternehmen gefertigten Schiffen), doch sind alle gefertigten Einheiten nach Bauart, Material, Ausstattung, Größe etc. verschieden.

Wird jeweils nur ein Einzelerzeugnis je Zeiteinheit gefertigt, so liegt sukzessive Einzelfertigung vor. Werden dagegen mehrere (unterschiedliche) Einzelerzeugnisse gleichzeitig gefertigt, so spricht man von simultaner Einzelfertigung.

### 7.1.3.1.2 Serienfertigung

Bei der Serien- oder Mehrfachfertigung werden mehrere Einheiten eines Produktes sukzessive oder simultan gefertigt, bevor eine Umrüstung der Produktion auf die Fertigung eines anderen Erzeugnisses innerhalb des Fertigungsprogramms erfolgt.

Nach der Menge der innerhalb einer Serie gefertigten Produkte unterscheidet man die – der Massenfertigung angenäherte – **Großserienfertigung** (Automobile, Haushaltsgeräte) und die **Kleinserienfertigung** (Spezialmaschinenbau, Fertighäuser).

### 7.1.3.1.3 Sortenfertigung

Bei der Sortenfertigung besteht zwischen den verschiedenen Produkten innerhalb des Produktionsprogrammes eine weitaus größere Verwandtschaft als bei der zuvor beschriebenen Serienfertigung, die eine Umstellung des Herstellungsprozesses zwischen den Fertigungsserien erfordert. Die Herstellung basiert auf einem einzigen Grundstoff und bedient sich für alle Produkte der gleichen Produktionsanlagen, die nur geringfügiger Umrüstung bedürfen.

Eine häufig, z. B. im Automobilbau, anzutreffende Ausprägung dieser Fertigungsform ist die **Variantenfertigung**, d. h. die Herstellung verschiedener Variationen eines Grundmodells.

## 7.1.3.1.4 Partie- und Chargenfertigung

Bei der Partie- oder Chargenfertigung als Sonderform der Sortenfertigung ergeben sich Abweichungen zwischen den einzelnen Erzeugnissen zwangsläufig daraus, dass entweder das Herstellungsmaterial nicht in konstanter Qualität verfügbar ist oder Abweichungen im Herstellungsprozess auftreten.

Eine **Partie** ist eine Menge (eine Lieferung) eines Rohmaterials von einheitlicher Qualität. Insbesondere bei Naturprodukten (Schurwolle, Rohkaffee, Tee, Weizen usw.) weichen einzelne Partien qualitativ in der Regel voneinander ab.

Eine **Charge** ist diejenige Menge eines Gutes, die im selben Herstellungsprozess verarbeitet wird.

## 7.1.3.1.5 Massenfertigung

Charakteristisch für Massenfertigung ist die Herstellung völlig gleichartiger Produkte über einen (verglichen mit den vorab geschilderten Formen der Mehrfachfertigung) verhältnismäßig langen Zeitraum.

Wird nur ein einziges Erzeugnis in Massen hergestellt, so spricht man von einfacher Massenfertigung. Bei gleichzeitiger Herstellung großer Mengen mehrerer Erzeugnisse auf jeweils eigenen Fertigungsanlagen liegt dagegen mehrfache Massenfertigung vor.

In der Massenfertigung kommen häufig eigens für den Betrieb konstruierte Spezialmaschinen zum Einsatz, die für andere Zwecke nicht eingesetzt werden können. Produktionsumstellungen sind daher die Ausnahme und erfolgen lediglich aus produktionstechnischen Gründen oder in Anpassung an langfristig wirksame marktwirtschaftliche Veränderungen.

## 7.1.3.1.6 Kuppelproduktion

Bei der Kuppelproduktion fällt im Zuge der Verarbeitung eines Stoffes neben dem gewünschten Hauptprodukt ein Nebenprodukt, das sog. Kuppelprodukt, an. Eine derartige »unfreiwillige« Nebenproduktion stellt sich z. B. bei der Entsalzung von Meerwasser ein, bei der zwangsläufig neben dem gewünschten Trinkwasser auch Meersalz anfällt. Während in diesem Beispiel auch mit dem Nebenprodukt Erlöse erzielt werden können, kann in anderen Fällen mit der notwendigen Entsorgung des Kuppelprodukts ein Aufwand einhergehen.

### 7.1.3.2 Fertigungsdurchführung bei unterschiedlicher Produktionsorganisation

Die Organisation der Produktion hängt von einer Vielzahl betriebsindividueller Faktoren ab. Die wichtigsten sind

– das Fertigungsverfahren,
– die verfügbaren Betriebsmittel und Arbeitsräume,
– die Auftragsgröße (Losgröße),
– die Umrüsthäufigkeit.

Unterscheidungsmerkmal für die verschiedenen Organisationstypen ist die organisatorische Gestaltung des Fertigungsablaufs, die sich vorrangig in der Anordnung der Betriebsmittel ausdrückt.

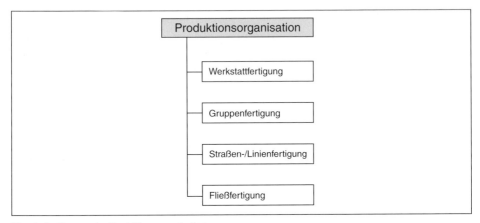

Klassische Formen der Produktionsorganisation

### 7.1.3.2.1 Werkstattfertigung

Die Werkstattfertigung ist ein ortsgebundenes Organisationssystem, bei dem Arbeitsplätze und Maschinen mit gleicher Arbeitsaufgabe jeweils in einem Raum untergebracht sind: Die einzelnen Werkstätten heißen Dreherei, Fräserei, Schweißerei usw. Diese Form der Arbeitsmittelanordnung orientiert sich an der Verrichtung, nicht jedoch am Arbeitsablauf, und eignet sich insbesondere für Betriebe mit häufig wechselnder Auftragsproduktion. Der Nachteil längerer Materialtransportwege wird aufgewogen durch größere Anpassungsfähigkeit sowie den Vorteil der erleichterten Übersicht über freie Kapazitäten und Engpässe.

### 7.1.3.2.2 Gruppenfertigung

Die Gruppenfertigung (häufig auch als **Gemischtfertigung** bezeichnet) verbindet die oben geschilderte Werkstattfertigung mit den nachfolgend beschriebenen Verfahren, bei denen die Anordnung der Arbeitsplätze und Maschinen dem Flussprinzip folgt: So werden die Arbeitsplätze zwar in der durch den Arbeitsfluss vorgegebenen Reihenfolge angelegt; die für bestimmte Erzeugnisse oder Baugruppen benötigten Fertigungseinrichtungen werden jedoch verrichtungsorientiert zu homogenen Gruppen zusammengefasst. Damit vereinigt diese Organisationsform der Fertigung die Flexibilität und Übersichtlichkeit der Werkstattfertigung mit der aus der Flussorientierung resultierenden Verkürzung der Transportwege im Materialfluss.

### 7.1.3.2.3 Straßen- und Linienfertigung

Bei der Straßen- oder Linienfertigung (beide Begriffe meinen dasselbe) sind die Fertigungseinrichtungen nach dem Flussprinzip angeordnet, also in derjenigen Reihenfolge, die das Material auf dem Weg zum fertigen Produkt durchläuft. Hieraus resultiert eine straßenartige Aufstellung von Maschinen und Arbeitsplätzen und eine Arbeitszerlegung, die den Einsatz von Spezialmaschinen ermöglicht. Die Flexibilität dieses Organisationsmodells hinsichtlich der Anpassung der Produktion an geänderte Verfahren oder Markterfordernisse ist relativ gering. Der Vorteil dieses Systems liegt in der Minimierung der Transportwege, die allerdings nicht zwangsläufig mit einer Minimierung der Durchlaufzeit einhergeht: Da bei Straßenfertigung (im Gegensatz zur nachfolgend beschriebenen Fließfertigung) keine zeitliche Festlegung und Abstimmung der einzelnen Arbeitsschritte erfolgt, können Wartezeiten vor einzelnen Arbeitsstationen entstehen.

## 7.1.3.2.4 Fließfertigung

Die Anordnung der Fertigungseinrichtungen entspricht bei der Fließfertigung der der Straßenfertigung. Der Unterschied zwischen beiden Organisationstypen besteht darin, dass bei der Fließfertigung eine zeitliche Abstimmung der einzelnen Arbeitsschritte erfolgt, sodass das zu bearbeitende Material die verschiedenen Stationen ohne Wartezeiten durchlaufen kann. Die Weitergabe des Arbeitsgegenstandes erfolgt durch ein bewegliches Beförderungsmittel, z. B. ein Fließband oder eine Rollbahn.

Bei einigen Produkten (Gas, Bier, Papier) führen chemische Prozesse oder technische Notwendigkeiten zwangsläufig zu einer ganz bestimmten Anordnung der Arbeitsplätze. In diesen Fällen spricht man von **Zwangslauffertigung**. Ist die Fließfertigung dagegen beabsichtigt, ohne dass hierfür eine zwingende Notwendigkeit besteht, so handelt es sich um **organisierte Fließfertigung**. Diese findet sich z. B. in der Automobilherstellung.

Fließfertigung ist immer zugleich Massenfertigung, da die Anpassungsfähigkeit der in sie einbezogenen Fertigungseinheiten äußerst gering ist. Ihren **Vorteilen**, nämlich

– minimierte Durchlaufzeiten mit verringerten Transport-, Lager- und Personalkosten,
– qualitative und quantitative Leistungssteigerung durch Spezialisierung und
– Übersichtlichkeit der Fertigung

stehen massive **Nachteile** gegenüber:

– mangelnde Anpassungsfähigkeit,
– Gefahr des Vollausfalls durch Störungen im Ablauf,
– Einseitigkeit der Arbeit.

Vor allem wegen der sozialen Problematik wird die Fließfertigung stark kritisiert. Sie bedingt monotone, langweilige Arbeiten. Dem Fließbandarbeiter, der eine bestimmte Verrichtung am entstehenden Produkt ständig wiederholt, geht der Bezug zum fertigen Erzeugnis und damit das unmittelbare Erfolgserlebnis verloren. In modernen Betrieben wird daher häufig anstelle des geradlinigen Fließbandverlaufs ein durch Schleifen aufgelockerter Ablauf geschaffen, der die Bildung von Arbeitsgruppen erlaubt, innerhalb derer sich die Arbeiter bei ihren verschiedenen Tätigkeiten abwechseln können. Im Zuge der Humanisierung der Arbeitswelt ist jedoch in neuerer Zeit bereits eine Abkehr von der Fließfertigung zu beobachten.

## 7.1.3.2.5 Inselfertigung

Auf die Erkenntnis der nachteiligen Auswirkung der Fließfertigung auf das Individuum reagierten zahlreiche Betriebe mit der Umstellung auf **Gruppenarbeit**: In **Fertigungsinseln**, denen eine überschaubare Anzahl von nicht mehr als zwanzig Arbeitern zugeordnet wird, werden größere Arbeitsaufgaben in kollektiver Verantwortung unter Praktizierung motivationsfördernder Führungselemente erfüllt. Diese Instrumente sind

– **Job Rotation:** In regelmäßigen Zeitabständen tauschen die Gruppenmitglieder ihre Arbeitsplätze; im Idealfalle kann jeder jede Aufgabe übernehmen und somit auch jeden Kollegen vertreten. Dieses System bietet Abwechslung und wirkt horizonterweiternd, bedingt aber einen hohen Schulungsaufwand und Rationalitätseinbußen, die jedoch durch gestiegene Motivation und sinkenden Krankenstand teilweise aufgefangen werden;

– **Job Enlargement:** Dem einzelnen Mitarbeiter werden geschlossene, zusammenhängende Arbeitsgänge übertragen, d.h. auf eine Zerstückelung von Arbeitsprozessen bis hin zu einzelnen Handgriffen wird verzichtet;

– **Job Enrichment:** Die Stelle wird qualitativ aufgewertet durch Übertragung von Verantwortung, Mitspracherecht und Kontrollbefugnissen.

## 7.1.3.2.6 Flexible Fertigung

Die flexible Fertigung stellt eine neuere Entwicklung innerhalb der Fertigungsverfahren dar. Sie erfordert den intensiven Einsatz computergesteuerter Maschinen (CAD/CAM- und CIM-Systeme). Eine **flexible Fertigungszelle** ist eine »computergesteuerte Werkstatt« mit einer oder mehreren CNC-Maschinen (**DNC-System** = Direct Numerical Control; mehrere zentral gesteuerte CNC-Maschinen bilden ein Verbundsystem), einer Versorgungseinrichtung, die die Maschinen mit wechselnden Werkzeugen versorgt, sowie einer Beladestation, die das jeweils benötigte Material heranführt und positioniert. Mehrere solcher Zellen können zu einem flexiblen Fertigungssystem **(FFS)** zusammengefasst werden; dies erfordert die Installation eines gemeinsamen Transport- und Steuerungssystems. Im Idealfalle können unterschiedliche Werkstücke in beliebiger Reihenfolge automatisch, d.h. ohne jeden manuellen Eingriff, bearbeitet werden. Damit zeichnet sich dieses System durch außerordentliche Vielseitigkeit und Flexibilität aus.

Der Einsatz menschlicher Arbeitskraft innerhalb flexibler Fertigungssysteme beschränkt sich auf Dispositions-, Steuerungs- und Kontrollaufgaben. Diese anspruchsvollen Tätigkeiten, die – wie oben unter dem Stichwort »Job Rotation« geschildert – im Rotationsverfahren ausgeübt werden können, erfordern eine breitgefächerte Qualifikation, die häufig über eine Spezialausbildung als »zweite Ausbildung nach der Berufsausbildung« erworben werden muss, sowie das Vorhandensein von **Schlüsselqualifikationen** wie Kooperations-, Koordinations- und Kommunikationsfähigkeit. Die Schaffung solcher Arbeitsstellen stellt einen weiteren Beitrag zur Humanisierung der Arbeitswelt dar, mit ihr geht aber auch ein aktuell in vielen Betrieben beobachtbares Phänomen einher: Durch die Verlagerung von Dispositionsaufgaben auf die Ebene der ausführenden Stellen fallen angestammte Aufgaben des mittleren Managements fort. Vielfach kann die mittlere Führungsebene ausgedünnt werden oder sogar entfallen.

Eine Verflachung der Organisationsstruktur ist die Folge; diese Entwicklung wird mit den Schlagworten »**Lean Production**« (vor allem in Zusammenhang mit der Verwirklichung des **Just-in-Time (JIT)-Prinzips**) bzw. »**Lean Management**« umrissen. Im Zuge dieser Entwicklung deutlich beobachtbar ist eine zunehmende Verschmelzung von Aufgaben, die bis dato dem »klassischen« technischen oder dem »klassischen« kaufmännischen/ betriebswirtschaftlich orientierten Bereich zugeordnet wurden: **Interdisziplinarität** gewinnt sprunghaft an Bedeutung.

## 7.1.3.3 Fertigungsdurchführung bei unterschiedlicher Produktionstechnik

Nach dem Anteil menschlicher Arbeitskraft in der Produktion werden die folgenden Produktionstechniken unterschieden:

– Handarbeit,
– mechanisierte Produktion,
– automatisierte Produktion,
– Vollautomation.

## 7.1.3.3.1 Handarbeit

Unter reiner Handarbeit wird menschliche Arbeit verstanden, die ohne Werkzeuge auskommt. Sie ist im Industriebetrieb, ebenso wie im Handwerk, kaum anzutreffen, da einfache Werkzeuge wie Hammer oder Schraubenzieher überall zum Einsatz kommen. Handarbeit im weiteren Sinne bedient sich leistungsverstärkender und beschleunigender Werkzeuge, etwa elektrischer Bohrmaschinen oder Handsägen, wobei jedoch die Aktivität des Arbeiters den Erfolg der Verrichtung bestimmt. Handarbeit findet sich vor allem in der Einzel- und Werkstattfertigung, in der Montage, Maschinensteuerung, der Kontrolle und im Versand. Sie erfordert im Allgemeinen eine hohe Qualifikation der ausführenden Person.

### 7.1.3.3.2 Mechanisierte Produktion

Bei der mechanisierten Produktion wirken Mensch und Maschine in einem Maße zusammen, das die oben geschilderte Beziehung zwischen Arbeiter und Werkzeug insoweit übertrifft, als sich die Tätigkeit des Menschen lediglich auf die Steuerung und Regelung des Maschinenlaufs beschränkt. Dabei ist der Übergang zwischen Handarbeit und mechanisierter Produktion fließend: So kann z. B. eine Bohrmaschine sowohl als leistungsverstärkendes, handgeführtes Werkzeug als auch – mit speziellen Haltevorrichtungen ausgerüstet – als selbstständig werkzeug- bzw. werkstückführende Maschine eingesetzt werden.

Der Begriff der Maschine umfasst in diesem Zusammenhang

- muskelkraftbetriebene Maschinen,
- energieangetriebene Maschinen, die durchgängig von Menschen zu bedienen sind,
- Halbautomaten, die im Anschluss an eine vom Menschen vorgenommene Einrichtung oder Umrüstung Verrichtungen selbsttätig ausführen können.

Auch die mechanisierte Produktion stellt hohe Anforderungen an die Qualifikationen des Ausführenden.

### 7.1.3.3.3 Automatisierte Produktion

Automaten sind Maschinen, die Arbeitsgänge selbstständig regeln, steuern und ausführen. Bei der automatisierten Produktion oder Teilautomation erfolgt die Herstellung eines Produktes mit Hilfe verschiedener Automaten, zwischen denen kein automatisch gesteuerter Transport stattfindet. Insoweit kommt diese Produktionstechnik nicht ohne Menschen aus, von denen Tätigkeiten wie Materialzu- und -abführung, Wartung und Überwachung zu leisten sind. Abgesehen von der Überwachung, sind diese Tätigkeiten überwiegend als Hilfstätigkeiten einzustufen, die keine hohe Qualifikation voraussetzen.

### 7.1.3.3.4 Vollautomation

Wenn auch die Transportvorgänge zwischen den verschiedenen Fertigungsautomaten selbstregelnd ablaufen, so liegt Vollautomation vor. Sie ist die höchstentwickelte Stufe der Produktionstechnik und Rationalisierung und sieht den Menschen lediglich in einer Überwachungstätigkeit vor, die eine starke nervliche Beanspruchung darstellt. Die Flexibilität des Produktionsapparates ist kaum noch gegeben.

## 7.1.4 Arbeitsgestaltung

### 7.1.4.1 Grundlagen der Arbeitsgestaltung

Unter Arbeitsgestaltung oder **Ergonomie** sind zunächst alle Maßnahmen zu verstehen, die geeignet sind, die Arbeit im Betrieb rational zu gestalten. Was rational ist, ergibt sich aus den zuvor zu definierenden Zielen der Organisation.

Ergänzend zu diesem auf das wirtschaftliche Ergebnis der Arbeit ausgerichteten Ziel soll moderne Arbeitsgestaltung aber auch menschliche – gesundheitliche, soziale, psychologische – Gesichtspunkte berücksichtigen: Die Gestaltung von Arbeitsplätzen, an denen Menschen tätig werden sollen, muss »menschengerecht« sein. Was menschengerecht ist, ist Forschungsgegenstand der **Arbeitswissenschaften**, die sich mit der Gestaltung von Arbeitsaufgaben, Arbeitsabläufen sowie Arbeitsplätzen und deren Umgebung beschäftigen und folgende Teilgebiete umfassen:

- **Arbeitspsychologie:** Untersuchung der Auswirkungen von Arbeitsanforderungen und -bedingungen auf den Menschen in geistiger und seelischer Hinsicht;
- **Arbeitsphysiologie:** Untersuchung der Auswirkungen von Tätigkeiten auf den menschlichen Körper und zur Bestimmung der menschlichen Belastbarkeit;
- **Arbeitspädagogik:** Entwicklung von Methoden zur zeitgemäßen und am Menschen orientierten beruflichen Ausbildung.

Der amerikanische Ingenieur Frederic Winslow TAYLOR (1856-1915), der Begründer des »**Scientific Management**«, ging von der Vorstellung aus, dass der arbeitende Mensch lediglich als Produktionsfaktor anzusehen sei, dessen Einsatz es zu optimieren gelte. Er nahm an, dass ein Arbeiter um so zufriedener sei, je vollständiger seine immer gleichbleibende Tätigkeit geregelt sei, und dass die Produktivität des Einzelnen durch leistungsgerechte Entlohnung gesteigert werden könne. Um zu dieser leistungsgerechten Entlohnung zu gelangen, entwickelte Taylor Verfahren zur Messung und Optimierung von Arbeitsvorgängen und ging dabei wie folgt vor:

- Auswahl und Beobachtung von Personen, die die zu analysierenden Tätigkeit bekanntermaßen gut ausführten;
- Beobachtung und Protokollierung der Reihenfolge der Ausführung und der eingesetzten Werkzeuge;
- Messung der für jede Einzeloperation benötigten Zeit;
- Identifikation falscher, nutzloser und somit zeitraubender Bewegungen;
- Feststellung der schnellstmöglichen Ausführung;
- Tabellarische Aufstellung der schnellsten Bewegungen und geeignetsten Werkzeuge.

Zugleich experimentierte Taylor mit Variationen der Arbeitsumgebung, etwa Licht, Klima und Lärm. Sein Vorgehen, naturwissenschaftlich basierte Experimente zwecks Lösung betrieblicher Problemstellungen durchzuführen, begründete die modernen Arbeitswissenschaften. Sein Ansatz zur Optimierung des »Produktionsfaktors menschliche Arbeitsleistung« durch exakte Vorgaben für hochspezialisierte Arbeitsplätze wurde jedoch häufig als inhuman kritisiert und steht im Widerspruch zu moderneren, mit dem Ziel der **Humanisierung der Arbeitswelt** übereinstimmenden Methoden wie **Job Rotation**, **Job Enlargement** und **Job Enrichment**.

Arbeitswissenschaftliche Erkenntnisse sind auch unter rechtlichen Gesichtspunkten zu beachten: So bestimmt § 91 des **Betriebsverfassungsgesetzes**, dass »bei Änderung der Arbeitsplätze, des Arbeitsablaufs oder der Arbeitsumgebung, die den gesicherten arbeitswissenschaftlichen Erkenntnissen offensichtlich widersprechen,...der Betriebsrat angemessene Maßnahmen zur Abwendung, Milderung oder zum Ausgleich der Belastung verlangen kann«.

### 7.1.4.2 Ergonomie und Arbeitsplatzgestaltung

Bei der Gestaltung von Arbeitsplätzen stehen Gesundheitsverträglichkeit und die Förderung eines konzentrierten und möglichst ermüdungsfreien Arbeitens als Ziele im Vordergrund.

Viele verschiedene Faktoren spielen dabei eine Rolle, etwa

- die **Körperhaltung:** Ein Wechsel zwischen sitzender und stehender Tätigkeit, Ruhe und Bewegung baut Rücken- und Kreislaufproblemen vor;
- die **Beleuchtung:** Ein gut ausgeleuchteter Arbeitsplatz verhindert die Überanstrengung der Augen und die damit einhergehende schnelle Ermüdung;
- das **Raumklima:** Temperatur und Luftfeuchtigkeit beeinflussen das Wohlbefinden;
- schädigende **Umwelteinflüsse:** Stäube, Dämpfe, Schmutz, Feuchtigkeit, Lärm usw. führen auf Dauer zu Gesundheitsschäden;
- die **Farbgebung:** Manche Farben steigern das Wohlbefinden und die Motivation, andere dämpfen, regen auf oder sind zur Kennzeichnung von Gefährdungsstellen geeignet;
- die **Anordnung der Arbeitsmittel:** Die benötigten Werkzeuge und Hilfsmittel sollen nach Möglichkeit innerhalb des Greifradius angeordnet sein.

Zur Arbeitsplatzgestaltung im weiteren Sinne gehört auch die Ausgestaltung der **Arbeitszeit**, also Arbeitsbeginn und -ende, Arbeitsdauer (täglich, wöchentlich, monatlich...), Pausenzeiten, Schichtsysteme, flexible Systeme mit Kern- und variablen Zeiten, Möglichkeiten zur Ansparung von Arbeitszeitguthaben usw.

Maßnahmen der Arbeitsplatzgestaltung sind Inhalt zahlreicher gesetzlicher Regelungen. Hier sind z. B. das **Jugendarbeitsschutzgesetz** und das **Mutterschutzgesetz** zu nennen. Exemplarisch soll im folgenden Abschnitt besonders auf die Bildschirmarbeitsverordnung eingegangen werden.

### 7.1.4.3  Gestaltung von Arbeitsmitteln

Der Begriff des Arbeitsmittels ist weit gefasst und beinhaltet nicht nur Werkzeuge und Maschinen, sondern auch Einrichtungsgegenstände und Software. Die Gestaltung dieser Arbeitsmittel hat sich sowohl an der zu erledigenden Aufgabe als auch an den Anforderungen des Ausführenden zu orientieren und auch hier wieder die Kriterien der Gesundheitsverträglichkeit, Ermüdungsfreiheit und Konzentrationsförderung zu berücksichtigen.

Beispielhaft soll hier auf die wesentlichen Vorgaben einer besonders bekannten und aktuellen Arbeitsschutzvorschrift, nämlich der Bildschirmarbeitsverordnung, eingegangen werden.

Die **Bildschirmarbeitsverordnung** (BildscharbV) vom 6.12.1996 wurde in Umsetzung der »EG-Richtlinie 90/270/EWG über die Mindestvorschriften bezüglich Sicherheit und Gesundheitsschutz bei der Arbeit an Bildschirmgeräten« erlassen. Sie gilt für die Arbeit mit Bildschirmgeräten, nimmt aber eine Reihe von Arbeitsplätzen (z. B. Maschinenbedienplätze, Bildschirme an Bord von Verkehrsmitteln), Arbeitsmitteln (z. B. Rechenmaschinen, Registrierkassen, Schreibmaschinen klassischer Bauart mit Display, Geräte mit ortsveränderlichem Gebrauch – Notebooks –) und vorrangig für die öffentliche Benutzung bestimmte Geräte (z. B. Geldautomaten) aus. Sie erstreckt sich auf Beschäftigte, die »gewöhnlich bei einem nicht unwesentlichen Teil ihrer normalen Arbeit ein Bildschirmgerät benutzen«.

Unter einem **Bildschirmarbeitsplatz** ist das gesamte System aus Arbeitstisch, Arbeitsfläche, Bildschirm, Zentraleinheit, Tastatur und sonstigen peripheren Geräten, Arbeitsstuhl usw. zu verstehen.

Im Wesentlichen werden Arbeitgeber aus § 3 BildscharbV und § 5 Arbeitsschutzgesetz (ArbSchG) verpflichtet, Bildschirmarbeitsplätze daraufhin zu beurteilen, inwieweit Sicherheit und Gesundheit und insbesondere das Sehvermögen gefährdet sind, und dies auch zu dokumentieren. Nach § 12 ArbSchG müssen die Beschäftigten über Sicherheits- und Gesundheitsschutz am Arbeitsplatz unterwiesen werden.

# 7 Produktionswirtschaft

Bei der tatsächlichen Gestaltung der Arbeitsplätze sind eine Reihe von DIN-, EN- und ISO-Normen zu beachten. Exemplarisch für die Vielzahl der Regelungen sollen hier nur einige wenige wiedergegeben werden:

- **Arbeitstisch:** Nach Anordnung der Arbeitsmittel (Rechner, Bildschirm, Tastatur, Maus usw.) muss genügend Ablagefläche frei bleiben. Der Tisch sollte höhenverstellbar sei (68-76 cm); andernfalls muss er 72 cm hoch sein und ausreichend Beinraum (Höhe: 65 cm, Breite: 58 cm, Tiefe: 60 cm) bieten. Die Oberfläche darf nicht spiegeln und reflektieren.
- **Arbeitsstuhl:** Der Stuhl muss leicht beweglich, kippsicher und höhenverstellbar sein. Die Sitzfläche soll gepolstert, die Sitzvorderkante abgerundet sein. Stuhl und Tisch müssen so aufeinander abgestimmt werden, dass die Einnahme einer ergonomisch optimalen Arbeitshaltung (Winkel zwischen Ober- und Unterschenkel bzw. Ober- und Unterarm 90°) möglich ist.
- **Bildschirm:** Die technischen Mindestanforderungen sind in DIN- bzw. EN- und ISO-Normen definiert. Weitergehende Anforderungen enthält die schwedische Bildschirm-Empfehlung MPR II, auf die sich inzwischen etliche Hersteller beziehen. Vorgaben betreffen Schärfe, Kontrast, Größe, Abstand und Farbwiedergabe der Zeichen, die Helligkeit (Leuchtdichte) und gleichmäßige Ausleuchtung des Bildschirms und die Stabilität (»Flimmerfreiheit«) des Bildes.

Arbeitnehmervertreter beklagen, dass die Vorschriften der BildscharbV in der betrieblichen Praxis noch zu wenig Beachtung erfahren.

## 7.2 Fertigungssteuerung

Die Ziele der Fertigungssteuerung sind überwiegend auf Zeitgrößen ausgerichtet, z. B.

- Minimierung der Durchlaufzeiten,
- Maximierung der Kapazitätsauslastung,
- Einhaltung von Terminen.

Zwischen diesen inhaltlich verschiedenartigen Zielen können Zielkonflikte auftreten, die GUTENBERG als »**Dilemma der Ablaufplanung**« bezeichnet.

Im Einzelnen obliegen der Fertigungssteuerung folgende Aufgaben:

- die Auftrags-, Termin- und Bereitstellungssteuerung,
- die Arbeitsverteilung und -überwachung und
- die Fertigungsablaufplanung.

Vor Darstellung dieser Aufgaben soll aber noch auf einen anderen Aspekt der Fertigungssteuerung, nämlich die Arbeitsstrukturierung, eingegangen werden.

### 7.2.1 Arbeitsstrukturierung

Mit dem Begriff der Arbeitsstrukturierung wird die Arbeitsaufgaben- oder Arbeitsinhaltsgestaltung umrissen, die bereits in Abschnitt 7.1.4 dargestellt wurde. Dort wurden die Vorgehensweisen des »ersten Arbeitswissenschaftlers« Frederic W. Taylor zur Messung und Optimierung von Arbeitsvorgängen skizziert. Heute wird dieser Begriff jedoch weiter gefasst als zu Taylors Zeiten und umfasst im Sinne einer **differenziellen Arbeitsstrukturierung** die Erledigung von Arbeitsaufträgen sowohl an Einzelarbeitsplätzen als auch in Fertigungszellen oder -gruppen, innerhalb derer jedes Mitglied jede anfallende Aufgabe – und damit die Gesamttätigkeit – beherrscht und in wechselnden Tätigkeiten eingesetzt werden kann. Gruppen- und Teamarbeit wurden bereits sehr ausführlich in Abschnitt 6.5 des vorangegangenen Kapitels sowie in Buch 1, Abschnitt 3.3, behandelt.

Gleichfalls in Kapitel 3 »Betriebliche Organisation und Unternehmensführung« wurde der Wandel von der traditionellen Qualitätskontrolle als »End-of-the-Pipe«-Kontrolle zum modernen, prozessorientierten und den ganzen Betrieb erfassenden Qualitätsmanagement dargestellt. In diesem Zusammenhang ist es nur konsequent, dass in der modernen Fabrikplanung zunehmend darüber nachgedacht wird, wie der Übergang von funktionsorientierten Produktionsstrukturen zu einer prozessorientierten Arbeitsstrukturierung geleistet werden kann. Dieser wird insbesondere für Betriebe mit **Variantenfertigung** (vgl. Abschn. 7.1.3.1.3) deshalb für notwendig gehalten, weil deren Prozessabläufe immer mehr an Transparenz verlieren: Einzelne Bauteile und Baugruppen finden in mehreren Produkten Verwendung, und einzelne Arbeitsstationen müssen von mehreren Produkten durchlaufen werden. Aus letzterer Erfordernis resultiert die Weiterentwicklung der zuvor beschriebenen Gruppenfertigung (vgl. Abschn. 7.1.3.2.2) zu einer Struktur, für die sich inzwischen der Begriff der »**fraktalen Fabrik**« durchgesetzt hat (siehe Abschn. 3.2.1.2.7 in Buch 1).

## 7.2.2 Vorbereitung des Fertigungsprozesses

### 7.2.2.1 Auftragsneustrukturierung

In der kurzfristigen Produktionsprogrammplanung des Unternehmens wird festgelegt, wieviel wovon in welcher Zeit hergestellt werden soll. Dieser Festlegung folgt die Materialbedarfsermittlung und -beschaffung für die betreffende Periode sowie eine **Grobterminierung**.

Konkrete Kundenaufträge erfordern jedoch eine **Feinterminierung**. Ausgehend von den gewünschten Endterminen und auf der Basis von Arbeitsplänen, die die erforderlichen Materialarten und -mengen, Arbeitsabläufe und Vorgabezeiten enthalten, wird unter Berücksichtigung der Materialbestände und der freien Betriebsmittelkapazitäten eine Auflösung des Produktionsprogrammes in einzelne Aufträge vorgenommen, die jedoch nicht mit Kundenaufträgen identisch sein müssen. Oft erweist es sich als wirtschaftlich, Kundenaufträge und innerbetriebliche Eigenbedarfsaufträge zu größeren Einheiten, so genannten **Werkaufträgen**, zusammenzufassen.

### 7.2.2.2 Terminplanung

Die Terminplanung legt Anfangs- und Endtermine für einzelne Werkaufträge fest und knüpft damit an die Feinterminierung im Rahmen der Produktionsprogrammauflösung und Auftragsneustrukturierung an.

Die Vorgehensweise bei der Terminplanung im Rahmen der Auftragssteuerung hängt davon ab, ob die Produktion durch Kapazitätsgrenzen und -engpässe bestimmt ist oder nicht:

– Sind ausreichende Kapazitäten vorhanden, so kann die Terminplanung **auftragsorientiert** erfolgen, d. h. konkurrierende Aufträge sind nicht zu beachten.

– Das Vorhandensein von Kapazitätsgrenzen bzw. die Zielsetzung einer gleichmäßigen Kapazitätsauslastung erfordern eine **kapazitätsorientierte** Terminplanung, die, ausgehend vom Kapazitätsbestand, den Kapazitätsbedarf terminiert.

– Bei bereits bestehenden Kapazitätsengpässen erfolgt die Planung zunächst auftrags-, anschließend kapazitätsorientiert.

Die Terminplanung kennt diverse Hilfsmittel, z. B.

– Netzplantechnik (vgl. Buch 1, Kapitel 3),
– Gantt-Diagramme,
– Plantafeln,
– Terminkarteien.

### 7.2.2.3 Kapazitätsabstimmung

In der industriellen Fertigung stellt sich häufig das Problem, dass ein Produkt auf mehreren Maschinen bearbeitet werden muss. Während bei **Fließfertigung** die Anordnung der einzusetzenden Betriebsmittel und Arbeitsplätze an dieser Reihenfolge ausgerichtet ist, stellt sich bei **Werkstattfertigung** häufig das Reihenfolgeproblem als zentrale Frage bei der **Maschinenbelegungsplanung (»Scheduling«)**.

*Beispiel:*
*Die ABC-AG führt ihre Aufträge in Werkstattfertigung durch. Sie besitzt fünf verschiedene Maschinen A,B,C,D und E, die in Erledigung zweier verschiedener Aufträge 1,2 zum Einsatz kommen. Jeder dieser Aufträge unterliegt einer unveränderlichen technologischen Reihenfolge (R) der Bearbeitung:*

– *R1: A, D, C, B, E*
– *R2: B, E, C, A, D*

*Weiterhin bekannt sind die Operationszeiten tij, die angeben, wie lange Auftrag i auf Maschine j bearbeitet wird (Angabe in Stunden):*

| Maschine j<br>Auftrag i | A | B | C | D | E |
|---|---|---|---|---|---|
| 1 | 2 | 3 | 3 | 2 | 1 |
| 2 | 1 | 2 | 4 | 2 | 2 |

*Bei unabhängiger Betrachtung beider Aufträge, also unterstellt, dass jeder Auftrag unmittelbar auf der jeweils erforderlichen Maschine bearbeitet werden kann, ergibt sich die in einem* **Gantt-Diagramm**, *dem sog.* **Maschinenfolgegantt**, *darstellbare Maschinenfolge.*

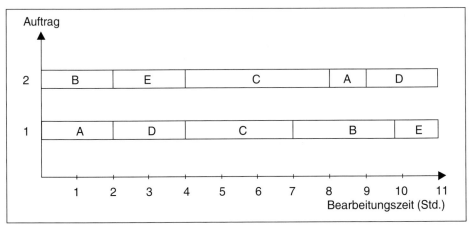

Maschinenfolgegantt

*Da jedoch zwischen der 5. und der 8. Stunde beide Aufträge gleichzeitig Maschine C für sich beanspruchen, ist die unabhängige Durchführung nicht möglich.*

Die Lösung des Maschinenbelegungsproblems erfolgt in der Praxis mittels nicht-exakter Verfahren, da die exakte Lösung nur auf dem Wege der vollständigen Enumeration (Ermittlung und Vergleich sämtlicher möglicher Varianten) gefunden werden kann.

Die Anzahl der Kombinationen K bei n Aufträgen und m Maschinen errechnet sich aus

$$K = (n!)^m$$

Bei 5 Aufträgen und 5 Maschinen gibt es also $(120)^5$ Kombinationen – eine Anzahl, die die vollständige Enumeration nicht zulässt (zur Erläuterung: Die Fakultät einer natürlichen Zahl n, ausgedrückt durch das Ausrufzeichen in der Form n!, ist das Produkt aller natürlichen Zahlen von 1 bis n, hier also 1x2x3x4x5 = 120).

Häufig praktizierte **Näherungsverfahren** sind im Folgenden dargestellt.

- **Auswahlverfahren:** Ausgehend von einer zufällig gewählten Bearbeitungsreihenfolge wird durch Umgruppierung oder paarweises Tauschen versucht, schrittweise Verbesserungen der ersten (Zufalls-)Lösung zu erzielen. Folgen die Umgruppierungen der Aufträge einer Systematik, so spricht man von »gezielter Auswahl«.
- **Verfahren mit Prioritätsregeln:** Hierbei werden Regeln aufgestellt, wie für jede einzelne Maschine bei Auftreten von Warteschlangen das Reihenfolgeproblem zu behandeln ist. Bekannte Regeln sind z. B.
  - **KOZ-Regel:** Der Auftrag mit der kürzesten Operationszeit wird zuerst bearbeitet.
  - **WAA-Regel:** Der Auftrag mit den wenigsten noch auszuführenden Arbeitsgängen wird vorgezogen.
  - **First come first serve:** Der als erster eintreffende Auftrag wird zuerst bearbeitet.
  - **Dynamische Wertregel:** Dasjenige zu bearbeitende Teil, das den bis dahin größten Wert repräsentiert, wird zuerst weiterbearbeitet.
- **Simulationsverfahren:** Mit Hilfe von EDV-Anlagen wird eine willkürlich oder nach bestimmten Kriterien ausgewählte Menge von Kombinationen berechnet und hieraus die günstigste Kombination ausgewählt.
- **Analytische Verfahren:** Sie stellen entweder algebraische oder grafische Methoden dar und gehen meist von der Zielsetzung der Minimierung der Durchlaufzeit aus, wie z. B. das (hier nicht dargestellte) grafische Verfahren nach AKERS.

Die Notwendigkeit der Kapazitätsabstimmung ergibt sich nicht nur in Zusammenhang mit Betriebsmitteln, sondern genauso in Bezug auf den Arbeitskräfteeinsatz. Unter dem Stichwort »Ressourcenplanung« wurde hierauf bereits in Kapitel 3, Abschnitt 3.2.3, in Zusammenhang mit dem Projektmanagement eingegangen.

## 7.2.2.4 Bereitstellung der Produktionsfaktoren

Die Bereitstellungsplanung erstreckt sich auf die Produktionsfaktoren

- Betriebsmittel,
- Material und
- Arbeitskräfte.

Sie zerfällt in

- eine technische und
- eine ökonomische Aufgabe.

# 7 Produktionswirtschaft

**Technische Aufgabe** der Bereitstellungsplanung ist es, dafür zu sorgen, dass die Produktionsfaktoren in der erforderlichen Art, Menge und Qualität zur richtigen Zeit am richtigen Ort bereitstehen.

Die **ökonomische Aufgabe** der Bereitstellungsplanung leitet sich aus den Erfolgszielen der Unternehmung ab. Wird Gewinnmaximierung angestrebt, so bedeutet dies für die Bereitstellungsplanung, dass die Minimierung der Bereitstellungskosten anzustreben ist.

Diese sind vor allem

- **Beschaffungskosten** (direkte und indirekte Kosten des Beschaffungsvorganges),
- **Reservierungskosten** (Kosten der Lagerhaltung, Leerlaufkosten bei Betriebsmitteln),
- **Fehlmengenkosten** (entgangene Gewinne, Konventionalstrafen).

Die folgende Betrachtung bleibt auf die technische Aufgabe beschränkt.

Ferner zerfällt die Bereitstellungsplanung bezüglich aller genannten Produktionsfaktoren jeweils in eine **strategische (langfristige)** und **operative (kurzfristige) Aufgabe**. Im Folgenden soll vor allem auf Aspekte der operativen Planung eingegangen werden; der strategischen Aufgabe sind die Ausführungen in Abschnitt 7.5 gewidmet. Weitere Einzelheiten finden sich außerdem in den Fachkapiteln zur Material- und Personalwirtschaft.

## Betriebsmittelbereitstellung

Welche der vorhandenen technischen Anlagen zu welchem Zeitpunkt und für welche Zeitdauer wofür bereitzustellen sind, ergibt sich unmittelbar aus der oben geschilderten Kapazitätsabstimmung (vgl. Abschn. 7.2.2.3). Bei der Bereitstellung von Werkzeugen wird praktisch häufig ein Holsystem installiert: In Abhängigkeit von dem zu erledigenden Auftrag entscheiden die damit befassten Mitarbeiter, welche Werkzeuge hierfür benötigt werden, und holen sich diese, sofern es sich nicht um am Arbeitsplatz ohnehin ständig vorhandene Werkzeuge handelt, an einer zentralen Ausgabestelle ab.

## Materialbereitstellung

Wie die Bereitstellung des Materials an den betrieblichen Einsatzstellen erfolgt, richtet sich nach dem praktizierten **Bereitstellungssystem:**

- Beim **Bringsystem** werden die für die Durchführung eines Werkauftrages benötigten Materialien und Unterlagen zum Beginntermin am Arbeitsplatz angeliefert. Bei gesamtbetrieblicher oder zwischenbetrieblicher Betrachtung bedeutet dies, dass ein Auftrag am Anfang des Fertigungsprozesses »in Gang gesetzt« wird: Bei Auftragseingang erfolgen die entsprechenden Bestellungen bei den Zulieferbetrieben; die maschinellen Anlagen werden umgerüstet; nach Vollendung einer Fertigungsstufe wird das unfertige Erzeugnis an die unmittelbar nachgelagerte Stelle weitergereicht.

- Beim **Holsystem** sind die benötigten Materialien und Arbeitsunterlagen von den nachgelagerten Stellen bei den vorgelagerten Stellen abzufordern. Anders als beim Bringsystem werden eingehende Aufträge am Ende des Fertigungsprozesses eingesetzt; der hier entstehende Bedarf wird der vorgelagerten Stelle gemeldet, die ihren Bedarf wiederum bei der ihr vorgelagerten Stelle deckt, usw. Das Holprinzip wird – nach der japanischen Bezeichnung für die zur Bedarfsmeldung eingesetzten Pendelkarten – mit dem Begriff »**Kanban**« belegt.

- **Kombinierte Systeme** sehen häufig vor, dass Materialien und Arbeitsunterlagen gebracht, Werkzeuge dagegen geholt werden.

**Personalbereitstellung**

Die kurzfristige Personalbereitstellungsplanung erfolgt im Allgemeinen dezentral durch die unmittelbar für die Auftragsbearbeitung zuständige Stelle auf der Basis eines vorhandenen Personalstamms und der Kenntnis über die Qualifikation und Verfügbarkeit der einzelnen Arbeitskraft. In der Praxis wird sie häufig von kurzfristig eintretenden und nicht planbaren Ereignissen – Ausfälle durch Krankheit oder Unfall, Mehrarbeitserfordernis durch ungleichmäßig einlaufende Aufträge, Umschichtungen, die durch Maschinenausfälle und Instandsetzungsarbeiten notwendig werden – beeinflusst.

### 7.2.2.5 Arbeitsverteilung und -überwachung

Die Arbeitsverteilung (Dispatching) ist, ebenso wie Arbeitsüberwachung, eine flankierende bzw. begleitende Maßnahme der Fertigungsdurchführung:

- Die **Verteilung der Werkaufträge auf einzelne Arbeitsplätze** erfolgt kurzfristig (häufig eine Woche vor Durchführungsbeginn) auf der Basis der Terminplanung.
- Die **Überwachung der Aufgabendurchführung** begleitet die Fertigung von Beginn an und endet mit der Fertigmeldung im Anschluss an die Ergebniskontrolle.

Die Arbeitsverteilung verfolgt die Aufgaben

- der Versorgung der einzelnen Arbeitsplätze mit Aufträgen,
- der Sicherung der Termineinhaltung,
- der Erkennung und Vermeidung von Engpässen.

Sie kann dezentral durch den Meister oder Vorarbeiter erfolgen, wenn die Zahl der zu disponierenden Aufträge, ebenso wie die Zahl der betreuten Arbeitsplätze, gering ist oder wenn die Erledigung bestimmter Aufgaben an ganz bestimmte Maschinen und/oder Arbeitskräfte gebunden ist, mithin nur ein geringer Entscheidungsspielraum besteht.

Ist die Anzahl der zu verteilenden Aufträge jedoch beträchtlich, so erfolgt die Arbeitsverteilung im Allgemeinen zentral durch speziell hierfür ausgebildetes Personal.

Organisationshilfen der Arbeitsverteilung sind z. B.

- Lauf- und Terminkarten, die das in Bearbeitung befindliche Teil begleiten und fortgeschrieben werden,
- Materialentnahmescheine als Lagerbuchhaltungsbeleg,
- Fertigungslohnscheine, anhand derer die Belegung einzelner Arbeitsplätze mit Aufträgen nachverfolgt werden kann,
- Unterweisungspläne für einzelne Arbeitsvorgänge.

Die **Fertigungsüberwachung** (Supervision) erstreckt sich im engeren Sinne auf die Kontrolle von Mengen (entnommenes Fertigmaterial, abgelieferte Produktion) und Terminen. Im weiteren Sinne umfasst sie jedoch auch die Überwachung der Qualität, der Kosten, der Betriebsmittel und der Arbeitsbedingungen.

## 7.2.3 Fertigungssicherung

Aufgabe der Fertigungssicherung ist die Gewährleistung einer kontinuierlich und störungsfrei ablaufenden Fertigung. Dies setzt voraus, dass Störungen sofort bei Auftreten auch hinsichtlich ihrer Ursachen erkannt werden und umgehend die geeigneten Maßnahmen zur Störungsbeseitigung eingeleitet werden können.

# 7 Produktionswirtschaft

Selbstverständlich gilt auch hier der Grundsatz, dass Störungen in erster Linie zu vermeiden sind. Dies wiederum setzt eine sorgfältige Analyse der Fehlermöglichkeiten voraus. In diesem Zusammenhang sei auch auf die Ausführungen zum Qualitätsmanagement in Buch 1, Kapitel 3, Abschnitt 3.4.2, und hier insbesondere auf die dort dargestellte Methode der **Fehlermöglichkeits- und -einfluss-Analyse (FMEA)** verwiesen.

### 7.2.3.1  Störungserkennung und -beseitigung

Nicht jede Störung ist gleich ein Totalausfall: Viele Störungen vollziehen sich vielmehr schleichend und treten schlimmstenfalls erst in der Endkontrolle des fertigen Produktes zutage, wenn sich Normabweichungen zeigen. Dies kann durch eine frühzeitige **Störungserkennung** vermieden werden. Eine geeignete Strategie wurde unter dem Stichwort »**Maschinen- und Prozessfähigkeitsuntersuchung (MFU/PFU)**« bereits in Kapitel 3 behandelt.

Die **Störungsbeseitigung** kann zentral oder dezentral organisiert sein, also entweder einer aus Instandhaltungs- und Instandsetzungsspezialisten zusammengesetzten Fachgruppe übertragen werden oder von den Mitarbeitern der Produktion selbst geleistet werden. Gewichtige Argumente sprechen für die dezentrale Variante: Die Produktionsmitarbeiter tragen Mitverantwortung für die Funktionstüchtigkeit »ihrer« Maschine. Zusammen mit der Tatsache, dass Störungen nicht automatisch zu einer Pause führen, während der sich Mitarbeiter des zentralen Störungsdienstes um die Wiederherstellung der Funktionsbereitschaft kümmern, erhöht dieser Umstand die Motivation, Störungen durch vorbeugende Instandhaltung zu vermeiden, auf Anzeichen für Störungen zu achten und dennoch eingetretene Störungen unverzüglich zu beheben. Außerdem bedingt die erforderliche Maschinenschulung der Produktionsmitarbeiter einen Qualifikations- und Identifikationszuwachs.

In der Praxis wird die dezentrale oder **autonome Instandhaltung** häufig so angelegt, dass die wartungstechnisch geschulten Produktionsmitarbeiter die Störungsbehebung zunächst selbst versuchen. Gelingt diese innerhalb einer vorher festgelegten Zeit nicht oder zeigt sich, dass eine umfangreichere oder schwierigere Reparatur – etwa in Verbindung mit einem Teileaustausch – erforderlich ist, wird die zentrale Fachgruppe angefordert.

### 7.2.3.2  Störungsvermeidung

Bezüglich der Störungsvermeidung wurde bereits oben auf einige Verfahren aus der Qualitätssicherung (FMEA; MFU/PFU) hingewiesen. Ergänzend kommt die Installation einer **vorbeugenden Instandhaltung** in Betracht. In Verbindung mit der vorstehend geschilderten autonomen Instandhaltung kann diese darin bestehen, dass die zuständigen Produktionsmitarbeiter regelmäßig – je nach Sachlage und Beanspruchung der technischen Anlage in mehrtägigen Abständen, täglich oder sogar mehrmals täglich – bestimmte Maschinenteile und Funktionen (so genannte **Prüfpunkte**), die ohne Demontage oder Stilllegung erreichbar bzw. kontrollierbar sind, überprüfen. Die zentrale Wartungsgruppe nimmt sich in diesem Fall nur derjenigen Arbeiten an, für die eine teilweise Demontage und Abschaltung der Maschine erforderlich ist.

Einer vorbeugenden Instandhaltung kann bereits bei der Konstruktion und Installation einer maschinellen Anlage Rechnung getragen werden, indem die kritischen, eine regelmäßige Inspektion erfordernden Prüfpunkte gut zugänglich, im Idealfalle auch jederzeit einsehbar, angebracht werden.

Weitere Ausführungen zu diesem Thema finden sich in Abschnitt 7.4.3, siehe dort zum Begriff der »**Total Productive Maintenance (TPM)**«.

## 7.2.4 Fertigungsablaufplanung

Die Fertigungsablaufplanung legt fest, mit welchen Fertigungsverfahren und in welcher Zeit die geplanten Erzeugnismengen hergestellt werden sollen. Sie zerfällt, ähnlich wie die Fertigungsprogrammplanung (vgl. Abschn. 7.1.2), in eine langfristige (strategische) und eine kurzfristige (operative) Planung.

Gegenstand der **strategischen Fertigungsablaufplanung** ist die Auswahl eines von mehreren möglichen technischen Fertigungsverfahren und die Planung der für dessen Realisierung bereitzustellenden Betriebsmittel und Arbeitskräfte.

Ausgehend von den Festlegungen der strategischen Planung, befasst sich die **operative Fertigungsablaufplanung** oder »spezielle Arbeitsvorbereitung« mit den konkreten Problemen ihrer Umsetzung, z. B. mit der Wahl der günstigsten Arbeitsabfolge oder der Festlegung der Produktionsmenge je Serie.

Im Folgenden werden die Aspekte der operativen Fertigungsablaufplanung betrachtet. Unterstellt wird dabei jeweils ein Mehrprodukt-Unternehmen, das innerhalb eines bestimmten Zeitabschnitts n verschiedene Güterarten $X_1,...,X_n$ unter Kombination von m Produktionsfaktoren $R_1,...,R_m$ herstellen kann.

Die verschiedenen Planungsprobleme können dabei jeweils nur angerissen werden; es ist jedoch nicht möglich, auf die in der Produktionstheorie beschriebenen mathematischen Lösungsverfahren einzugehen.

### 7.2.4.1 Arbeitsfolgeplanung

Jeder Auftrag unterliegt einer in einem Ablaufplan zu fixierenden technologischen Reihenfolge, in der die einzelnen Arbeitsschritte durchzuführen sind. In der Arbeitsablauf- oder Arbeitsfolgeplanung wird fixiert, **wo** (Arbeitsplatz, Kostenstelle), **wann** und **womit** (Betriebsmittel) der Arbeitsgegenstand (Produkt-Vorstufe) bearbeitet oder verbraucht wird.

Arbeitsabläufe werden zweckmäßigerweise in Arbeitsablauf-Abschnitte gegliedert:

– Gesamtabläufe werden in Teilabläufe zerlegt.

– Teilabläufe bestehen aus mehreren Ablaufstufen.

– Jede Ablaufstufe besteht aus einer Folge von Vorgängen.

– Vorgänge gliedern sich wiederum in Vorgangsstufen und Vorgangselemente.

– Vorgangselemente sind entweder Bewegungselemente (vom Menschen ausgeführte Grundbewegungen, z. B. Greifen eines Gegenstandes, Bedienen eines Hebels) oder Prozesselemente (von Maschinen ausgeführte Grundfunktionen, z. B. Walzen).

Ein Beispiel hierzu zeigt die folgende Abbildung, die Abläufe und Vorgänge bei der Herstellung einer Diskette aufzeigt.

# 7 Produktionswirtschaft

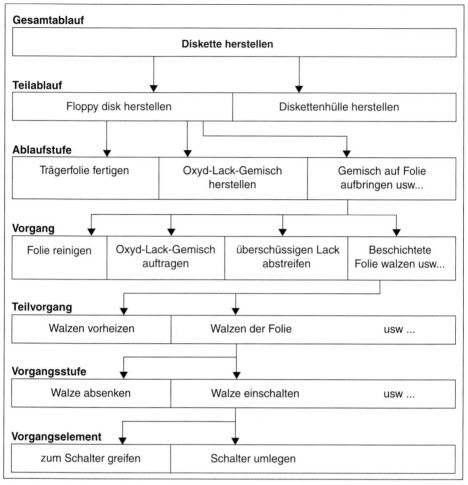

Arbeitsfolgeplan »Herstellung einer Diskette«

## 7.2.4.2 Arbeitspläne

Die Erstellung von Arbeitsplänen im Rahmen der Speziellen Arbeitsvorbereitung dient der schriftlichen Festlegung der durchzuführenden Arbeiten.

Der Arbeitsplan ist eine auftragsunabhängige (neutrale) Ablaufdokumentation, aus der hervorgeht, mit welchen Arbeitsvorgängen und in welcher Reihenfolge aus vorgegebenem Material unter Einsatz bestimmter Betriebsmittel und festgelegter Arbeitsmethode Teile bzw. Erzeugnisse hergestellt werden. Außerdem können in Arbeitsplänen Vorgabezeiten und ggf. Lohngruppen angegeben sein. Arbeitspläne sind unverzichtbare Hilfsmittel bei der Ablaufsteuerung, Betriebsmittelbelegung, Arbeitsverteilung, Terminierung, Kalkulation und Lohnberechnung. Sie ermöglichen die Erstellung von Auftragsunterlagen, die den Auftrag an die einzelnen Arbeitsstationen begleiten (Werkstattpapiere) und sind durch ihre für alle gleichartigen Aufträge bindenden gleichartigen Vorgaben per se ein Instrument der Qualitätssicherung.

| Arbeitsplan Nr. *BZ126* | | | | | | |
|---|---|---|---|---|---|---|
| **Erzeugnis:** | Sachnummer: | *BZ561a* | Bezeichnung: | *Lochplatte* | | |
| **Material:** | Sachnummer: | *MA122.1* | Bezeichnung: | *Stahlblech* | | |
| | | | Mengeneinheit: | *Stück* | | |
| Arbeitsablauf: | | | Menge: | *1* | | |
| Arbeitsgang | AG-Nr. | Arbeitsplatz | Rüstzeit / Minuten | | Bearbeitungszeit / Minuten | Betriebsmittel |
| Bohren | 1 | W1-1 | | | 8 | B-23 |
| Entgraten | 2 | W1-2 | | | 4 | F-02 |
| Polieren | 3 | W1-5 | 2 | | 2 | S-11 |
| ... | ... | ... | ... | | ... | ... |

Arbeitsplan »Fertigung einer Lochplatte«

### 7.2.4.3 Transportplanung

Im Zusammenhang mit der Fertigungsvollzugsplanung ist das Problem der räumlichen Verteilung von Aufträgen zu sehen. Räumliche Verteilung bedeutet

– die Zuordnung von Aufträgen zu Zweigwerken eines Industriebetriebes mit gleichartigen Produktionsanlagen;
– die Zuordnung von Aufträgen zu bestimmten unter mehreren gleichartigen Maschinen und Arbeitsplätzen.

Die durch die Verteilung erforderlich werdenden Bewegungen von Material, Halbfertig- und Fertigerzeugnissen verlangen Entscheidungen über Transportmittel, -wege und -häufigkeiten und verursachen Transportkosten, die bei der Verteilungs-, insbesondere der Maschinenbelegungsplanung, zu berücksichtigen sind. Der inner- und außerbetriebliche Transport ist Gegenstand der Betrachtungen in Kapitel 8, Abschnitt 8.6.

### 7.2.4.4 Informations- und Belegwesenplanung

Von der Auftragserteilung bis zur Übergabe des fertigen Produktes an die Vertriebsabteilung durchläuft das in Herstellung befindliche Erzeugnis eine Reihe von Stationen, die jeweils eine Fülle von **Informationen** benötigen, etwa bezüglich der zu erbringenden Leistungen, einzuhaltender Termine, Priorität, nachfolgender Stationen usw. Üblicherweise wird jeder Auftrag daher von **Belegen** begleitet, mit deren Hilfe der Arbeitsablauf gesteuert und kontrolliert wird (Begleitbeleg, Laufzettel, Auftragstasche). Meldungen über Materialbedarfe und bereitzustellende Betriebsmittel- und Personalkapazitäten müssen die Stationen ggf. weit vor Eintreffen des Auftrages erreichen, damit dessen unverzügliche Bearbeitung sichergestellt ist. Andere Belege dienen der Buchhaltung, so z. B. der Materialentnahmeschein.

Welche Daten in welcher Form auf Belegen festgehalten werden, richtet sich nach den Anforderungen des einzelnen Betriebes. Ausführungen zur Gestaltung von Belegen enthält Abschnitt 2.6.2 in Buch 1.

Auf Aspekte der **Zeitplanung**, insbesondere Planung der Durchlaufzeiten, die in Zusammenhang mit der Fertigungsablaufplanung ebenfalls eine wesentliche Rolle spielen, wird ausführlich in Abschnitt 7.7 eingegangen.

## 7.2.5 Rationalisierung im Betrieb

Rationalisierung ist die überlegte (= rationale) Anwendung wissenschaftlicher, technischer und organisatorischer Mittel zur Mengensteigerung, Verbilligung und Verbesserung der Produktion. Diese Ziele werden in der Regel dadurch erzielt, dass von Maschinen ausgeführte Verrichtungen in einer solchen Häufigkeit und Regelmäßigkeit anfallen, dass Zeiten der Nichtbeanspruchung der Anlagen, etwa infolge von Umrüstvorgängen, so gering wie möglich gehalten werden. Dieser Effekt wird vor allem durch eine Vereinheitlichung der zu produzierenden Güter und der Arbeitsvorgänge erreicht. Dementsprechend werden Rationalisierungsmaßnahmen in **produktorientierte** und **verfahrensorientierte Maßnahmen** unterschieden. Andere Aspekte der Rationalisierung betreffen die Produktgestaltung, die Fertigungstiefe und den Automatisierungsgrad der Fertigung.

### 7.2.5.1 Produktorientierte Rationalisierung

Produktorientierte Maßnahmen zur Rationalisierung der Produktion sind:

- **Normung:** Maße, Formen, Bezeichnungen, Bestandteile, Herstellverfahren für Einzelteile oder so genannte »einteilige Fertigerzeugnisse« werden durch eine Norm vereinheitlicht (standardisiert). Diese Norm soll eine optimale Lösung darstellen und mögliche Variationen eines Erzeugnisses unterbinden, um so eine rationelle Massenfertigung zu ermöglichen. Die Normung von Begriffen und Bezeichnungen trägt zur Eindeutigkeit im Sprachgebrauch in Wirtschaft und Wissenschaft bei. Die Erarbeitung von Normen obliegt wesentlich dem **Deutschen Institut für Normung e.V.**, das diese gemeinsam mit Interessenten aus Wirtschaft, Wissenschaft und Behörden entwickelt.

- **Typung:** Mehrteilige, zusammengesetzte Gegenstände werden vereinheitlicht. Wie die Normung von Einzelteilen begünstigt die Typung eine rationelle Massenfertigung. Das **Baukastensystem** ist eine innerbetriebliche Typung, die es ermöglicht, aus einer Anzahl genormter Einzelteile, die unterschiedlich kombiniert werden können, nach einem Baumusterplan verschiedene Endprodukte herzustellen. Eine andere Form der Typung ist die Bildung von **Teilefamilien**, d. h. die Zusammenfassung formähnlicher Gegenstände, die mit gleichem Werkzeug bzw. gleichen Maschinen gefertigt werden können.

- **Spezialisierung:** Das Produktionsprogramm eines Betriebes wird eingeschränkt; die Produktion konzentriert sich auf die Massenfertigung weniger Erzeugnisse. Im Extremfall wird nur ein Gut hergestellt (»Ein-Produkt-Betrieb«).

### 7.2.5.2 Verfahrensorientierte Rationalisierungsmaßnahmen

Maßnahmen zur Rationalisierung der Fertigungsverfahren sind:

- **Arbeitsteilung:** Übersteigt der – quantitative und/oder qualitative – Umfang einer Arbeitsaufgabe die Leistungsfähigkeit einer Arbeitskraft bzw. Stelle, wird die Zerlegung der Gesamtaufgabe in Teilaufgaben und eine Verteilung dieser Teilaufgaben auf mehrere Stellen erforderlich, und zwar im Sinne einer

    - **Artteilung:** Die Arbeitsaufgabe wird in mehrere **verschiedenartige** Teilaufgaben zerlegt, wobei untersucht und gekennzeichnet wird, ob und inwieweit zwischen diesen Teilaufgaben sachlogische und zeitliche Abhängigkeiten bestehen. Mit der **Netzplantechnik** wurde ein gebräuchliches Verfahren bereits in Kapitel 3, Abschnitt 3.2.2.1.2.5, beschrieben. Die Zerlegung kann in diverse Arbeitsstufen und darüber hinaus in einzelne Tätigkeiten innerhalb der Arbeitsstufen vorgenommen werden; oder

    - **Mengenteilung:** Gleichartige Teilaufgaben einer Arbeitsaufgabe werden parallel von mehreren Stellen ausgeführt, um Staus und Leerläufe im Arbeitsablauf zu vermeiden.

- **REFA-Studien:** Der **REFA-Verband für Arbeitsstudien und Betriebsorganisation e.V.** hat zur rationellen Gestaltung von Arbeitsverfahren diverse Methoden entwickelt, zum Beispiel:
  - **Arbeitsablaufstudien** (als Grundlage für eine Zerlegung des Fertigungsprozesses in Arbeitsstufen, Griffe und Griffelemente),
  - **Arbeitszeitstudien** (zur Ermittlung der Vorgabezeit für die Erledigung einer Aufgabe durch einen Arbeiter mit durchschnittlicher Leistung),
  - **Arbeitswertstudien** (zur Ermittlung des Schwierigkeitsgrades einer Arbeit als Berechnungsgrundlage für die Entlohnung).

Nähere Ausführungen enthält Abschnitt 7.7.1.

### 7.2.5.3 Montage- und demontagegerechte Produktgestaltung

#### 7.2.5.3.1 Montagegerechte Produktgestaltung

Man schätzt, dass etwa 70 Prozent der **Montagekosten** eines Produkts bereits durch die Produktgestaltung bestimmt werden. Sie sind umso höher, je mehr Zeit die Montage in Anspruch nimmt, und bemessen sich folglich nach der Anzahl und dem Schwierigkeitsgrad der Montagevorgänge. Diese wiederum hängen vor allem davon ab,

- wie viele verschiedene Komponenten in der Montage zu verbinden sind,
- welche Verbindungstechnik zur Anwendung kommt,
- welche Form und Abmessungen und welches Gewicht die einzelnen Teile und die in der Montage entstehende Baugruppe aufweisen,
- wie exakt die zu montierenden Teile gefertigt sind (d. h. wie weit sie tatsächlich »ineinander passen«).

Weitere Kosteneinflüsse gehen von den benötigten Arbeitskräften, Maschinen, Werkzeugen und Hilfsmitteln aus, und natürlich ist auch von wesentlicher Bedeutung, inwieweit die Ablauforganisation den Montageerfordernissen angepasst ist.

Eine montagegerechte Produktgestaltung, auch als **Design for Assembly** bezeichnet, ist daher ein wesentlicher Beitrag zur Senkung der Montagekosten. Zur folglich unerlässlichen Analyse von Schwachstellen im Produktdesign werden inzwischen auch Software-Tools angeboten.

#### 7.2.5.3.2 Demontagegerechte Produktgestaltung

Die gleiche Aufmerksamkeit wie der Montage muss inzwischen in vielen Bereichen auch der Demontage zugewandt werden. Vermehrt werden Produkte nach ihrer Gebrauchsphase, z. T. basierend auf gesetzlichen Bestimmungen (vgl. Kreislaufwirtschafts- und Abfallgesetz, Kap. 3, Abschn. 3.7.1.2) einer Verwertung zugeführt.

**Exkurs: Das Gesetz über die Entsorgung von Altfahrzeugen**

Das AltfahrzeugG vom 21.06.2002 bestimmt, dass bei endgültiger Stilllegung eines Fahrzeugs dessen Verwertung bzw. Verbleib gegenüber der Zulassungsstelle nachgewiesen werden muss. Ein Altfahrzeug kann also nicht mehr von jedem beliebigen Schrotthändler ausgeschlachtet werden, sondern ist einer Annahmestelle zu übergeben, die einen Verwertungsnachweis ausstellt. Die Annahmestelle wiederum ist verpflichtet, das Fahrzeug einem anerkannten Demontagebetrieb zu übergeben, der eine sach- und umweltgerechte Verwertung sichergestellt. Soll ein Fahrzeug ins Ausland verkauft werden, verlangt die Zulassungsstelle einen Verbleibsnachweis, wenn innerhalb eines Jahres keine Neuzulassung oder endgültige Stilllegung erfolgt ist. Kann ein Verwertungs- bzw. Verbleibsnachweis nicht erbracht werden, droht ein Bußgeld.

Seit dem 1. Juli 2002 müssen Hersteller und Importeure Neuwagen, die ab diesem Zeitpunkt in Verkehr gebracht wurden, kostenlos vom Letzthalter zurücknehmen und umweltgerecht entsorgen. Hierfür sind flächendeckend anerkannte Rücknahmestellen einzurichten. Ab 1. Januar 2007 gilt die Rücknahmepflicht der Hersteller auch für Fahrzeuge, die vor dem 1. Juli 2002 in Verkehr gebracht wurden.

Die Anzahl der jährlich in Deutschland stillgelegten Fahrzeuge beläuft sich auf ca. 3 Millionen. Angestrebt ist bis 2006 ein Wiederverwendungs- und verwertungsanteil eines Altfahrzeugs von 95 Gewichtsprozenten.

Voraussetzung für eine reibungslose, eine sortenreine Materialtrennung bzw. beschädigungsfreie Entnahme wiederverwendbarer Bauteile erlaubende Demontage sind entsprechend gestaltete und angeordnete Verbindungen. Deswegen muss bereits bei der Konstruktion an die Demontage gedacht werden. Dabei ist zu bedenken, dass der Gebrauch eines Produktes zu Abnutzungserscheinungen führt, die die Demontagefähigkeit beeinträchtigen können. Es liegt auf der Hand, dass in der Konstruktionsphase eines neuen Produktes noch keine Informationen und Erfahrungswerte über seine Abnutzung vorliegen können. Abhilfe können hier Simulationsmodelle schaffen, die angenommene Abnutzungen – etwa Korrosion oder Reibverschleiß – rechnergestützt abbilden und hinsichtlich ihrer Auswirkungen auf die Demontagefähigkeit untersuchen. Hieraus können sich, in Abhängigkeit von der Art und Intensität der angenommenen Abnutzung, die wiederum stark von der Länge der Gebrauchsphase abhängt, unterschiedliche Demontagereihenfolgen ergeben.

Demontagegerechte Produktgestaltung ist ein Forschungsgebiet, dem derzeit weltweit hohe Aufmerksamkeit gewidmet wird.

### 7.2.5.4 Optimierung der Fertigungstiefe

Bei komplexen Fertigungen über mehrere Produktionsstufen stellt sich regelmäßig die Frage nach der Fertigungstiefe: Ist es günstiger, alle Teile und Baugruppen im eigenen Betrieb zu fertigen, oder ist die Auslagerung von Produktionsstufen vorteilhaft? So genannte »Make-or-Buy-Entscheidungen« sind aber auch dann zu treffen, wenn zur Abrundung der Produktpalette eines Betriebes die Aufnahme zusätzlicher Angebote erwogen wird.

Der klassische Fall der Verringerung der Produktionstiefe ist der Bezug von Fremdbauteilen, die im eigenen Betrieb zu Baugruppen bzw. für den Verkauf bestimmten Erzeugnissen verarbeitet werden. Gerade auf diesem Sektor (und damit wesentlich stärker als bei Roh-, Hilfs- und Betriebsstoffen) hat sich die **Just-in-Time-Belieferung** (vgl. Abschn. 7.5.2) durchgesetzt. In zahlreichen Großbetrieben, vor allem in der Elektro-, Hausgeräte- und Automobilindustrie, ist seit einigen Jahren ein Trend zur Auslagerung von Entwicklungsarbeit, Konstruktion und Fertigung ganzer Baugruppen auf externe Zulieferbetriebe oder »ausgegründete« selbstständige Einheiten **(Outsourcing)** zu beobachten. Angestrebt wird damit eine Verschlankung der Produktion **(»Lean Production«)** mit einer effizienteren, weil weniger komplexen, engpassanfälligen Herstellung und Kostenvorteilen, die durch eine am Lohnniveau orientierte Standortwahl bei den Zulieferbetrieben ebenso begünstigt wird wie durch den Umstand, dass ein solcher – im Inland oder Ausland ansässiger – Zulieferant mehrere Weiterverarbeiter der gleichen Branche versorgen und somit zu gesenkten Stückkosten produzieren kann.

Abnehmende Fertigungstiefen ziehen jedoch die Zunahme von Transportaufwendungen nach sich.

## 7.2.5.5 Kontinuierlicher Verbesserungsprozess

Rationalisierung im Betrieb ist keine zeitpunktbezogene Maßnahme, sondern ein stetiger und immerwährender Prozess. Beschlossene und in die Tat umgesetzte Maßnahmen müssen immer wieder hinterfragt und überdacht werden, und die Beobachtung neuer Entwicklungen und Trends und die Umsetzung der daraus gewonnenen Erkenntnisse in weitere Rationalisierungsmaßnahmen ist unerlässlich, wenn die Wettbewerbsfähigkeit des Betriebes erhalten werden soll.

Schon in Zusammenhang mit dem Qualitätsmanagement (vgl. Kap. 3, Abschn. 3.4.2.1 in Buch 1) wurde auf die Wirkungsweise von Regelkreisen hingewiesen. Ein kontinuierlicher Verbesserungsprozess (KVP) stellt einen solchen **Regelkreis**, also eine beständige Abfolge von Prüfung, Auswertung, Schwächenermittlung, Ursachenforschung, Ermittlung von Verbesserungsmöglichkeiten, Korrektur und abermaliger Prüfung usw. dar. In Zusammenhang mit dem ebenfalls in Kapitel 3 behandelten **Lean Management** wird angestrebt, durch Verschlankung von Strukturen, insbesondere Abbau (Verflachung) von Hierarchieebenen, durch die damit einhergehende Beschleunigung von Abläufen und durch verstärkte Teamarbeit einen kontinuierlichen Verbesserungsprozess in Gang zu setzen. Diese Philosophie wurde zuerst in der japanischen Wirtschaft umgesetzt. Dementsprechend hat sich der dort gebräuchliche Begriff **Kaizen** (»Der Weg zum Guten«) weltweit durchgesetzt.

## 7.2.5.6 Computerintegrierte Fertigung

Im Rahmen der Rationalisierungsmaßnahmen ist auch die in neuerer Zeit immer bedeutender werdende computerintegrierte Fertigung (Computer Integrated Manufacturing = **CIM**) zu nennen. Sie verfolgt die Philosophie der Verknüpfung von Konstruktion, Fertigung und kaufmännischer Abwicklung mit Hilfe von **CAD/CAM-** und **PPS**-Systemen. Diese Begriffe wurden bereits in Buch 1, Abschnitt 2.2.2, erläutert, sodass an dieser Stelle auf eine Wiederholung verzichtet werden kann.

# 7.3 Personaldisposition

Wesentliche Voraussetzung für einen reibungsverlust- und störungsfreien Fertigungsablauf ist das Vorhandensein des geeigneten Personals zum richtigen Zeitpunkt und in der benötigten Anzahl. Dabei versteht es sich von selbst, dass der **strategischen Aufgabe der Bereitstellungsplanung** besondere Bedeutung zukommt. Diese umfasst vor allem

– die Analyse des Personalbedarfs,
– die Erstellung von Anforderungsprofilen und Stellenbeschreibungen,
– die Personalbeschaffung und -auswahl,
– die langfristige Personaleinsatzplanung,
– die Personalentwicklungsplanung (Aus- und Weiterbildung, Laufbahnplanung),
– die Gestaltung der Entlohnung (Arbeitsbewertung und Lohnformen).

Während diese Aufgaben in der Praxis häufig von einer entsprechenden Fachabteilung wahrgenommen werden, erfolgt die **kurzfristige Personaleinsatzplanung** im Allgemeinen dezentral an den durchführungsverantwortlichen Stellen im Betrieb.

Auf die gesamte Thematik der Personaldisposition soll an dieser Stelle jedoch nicht noch näher eingegangen werden, nachdem bereits in Kapitel 6 eine sehr ausführliche Darstellung dieser Aspekte erfolgt ist.

## 7.4 Anlagenüberwachung

### 7.4.1 Werktechnik und Technische Dienste

Wenn Betriebsmittel für die Produktion ausfallen bzw. Ausschuss produzieren, so sind die Nichteinhaltung von Terminen und Lieferfristen, Kundenverärgerung, schlimmstenfalls Konventionalstrafen die Folgen.

Zu deren Vermeidung werden technische Dienste im Betrieb installiert, die dafür Sorge tragen sollen, dass die Fertigungseinrichtungen jederzeit zur Verfügung stehen. Ihnen obliegt die Überwachung, Wartung und Instandhaltung von Maschinen und Fertigungsanlagen.

Die **Anlagenüberwachung** dient dazu, den Zustand von Maschinen und Anlagen festzustellen. Damit soll dem Ausfallen, aber auch der Schlechtleistung von Einheiten und deren Folgen (Ausschussproduktion bzw. Notwendigkeit der Nacharbeit an unzureichend gefertigten Erzeugnissen) vorgebeugt werden. **Inspektionen**, zumeist unter Zuhilfenahme von Checklisten durchgeführt, liefern Daten über den Umfang durchzuführender Arbeiten, auf deren Basis Ersatzteile und Fachkräfte rechtzeitig angefordert und der Zeitpunkt der Instandsetzung in Abstimmung mit der Produktion geplant werden kann.

Kontrollierende Maßnahmen erstrecken sich nicht allein auf maschinelle Anlagen, sondern beziehen auch Werkzeuge ein. Der regelmäßigen Nachjustierung oder Aussonderung schadhaften Meßwerkzeugs kommt im Rahmen der vorab behandelten Qualitätssicherung besondere Bedeutung zu.

### 7.4.2 Instandhaltung

DIN 31051 definiert Instandhaltung als Gesamtheit der Maßnahmen zur Bewahrung und Wiederherstellung des Sollzustandes sowie zur Feststellung und Beurteilung des Istzustandes von technischen Arbeitsmitteln, Anlagen und Gebäuden.

Die Instandhaltung von Maschinen und Anlagen umfasst ihre

- Wartung,
- Inspektion und
- Instandsetzung.

Die **Wartung** der Betriebsmittel erfolgt im Allgemeinen auf Basis der vom Hersteller einer maschinellen Anlage mitgelieferten Wartungspläne. Sie besteht insbesondere im Ersetzen oder Ergänzen von Hilfsstoffen (Schmieren nach »Schmierplan«), in Pflege- und Reinigungsmaßnahmen oder Neueinstellungen (Nachziehen von Schrauben). Ein Betriebsmittelausfall geht mit der Wartung in der Regel nicht einher.

Im Gegensatz zur Wartung bedingt die **Instandsetzung**, deren Notwendigkeit sich häufig aus einer vorangegangenen **Inspektion** (vgl. Abschn. 7.4.1), ungünstigenfalls aber auch unvorhergesehen infolge des ungeplanten Ausfalls einer Einheit ergibt, eine Stilllegung des Betriebsmittels.

### 7.4.3 Total Productive Maintenance (TPM)

Bereits in Abschnitt 7.2.3 wurden die Vorteile der Dezentralisierung der Instandhaltung dargelegt. Im Umkehrschluss lassen sich daraus die wesentlichen **Schwachstellen** der »konventionellen« Instandhaltungsorganisation ableiten, nämlich

- hohe Wahrscheinlichkeit ungeplanter Anlagenausfälle und -stillstände infolge mangelnder oder unterbliebener vorbeugender Instandhaltung,
- mangelnde Motivation der Produktionsmitarbeiter bezüglich der Vermeidung von Störungen,
- zusätzliche Wartezeiten bei Störungen bis zum Eintreffen des Instandsetzungspersonals.

Kerngedanke der Total Productive Maintenance ist, wie schon gezeigt wurde, die Abkehr von der Trennung zwischen Produktion und Instandsetzung und Hinwendung zu einem integrierten System im Sinne der »**Lean Production**«-Philosophie. Dabei stützt sich TPM auf

- Dezentralisierung der Instandhaltung,
- vorbeugende Instandhaltung,
- ständige Anlagenüberwachung,
- Installation von Gruppenarbeit,
- Übertragung der Wartungsverantwortung auf die Produktionsgruppen,
- Qualifizierung der Produktionsmitarbeiter,
- saubere, zugängliche Anlagen.

Ähnlich dem Total Quality Management (TQM), ist auch TPM ein ganzheitlicher, KVP-orientierter Ansatz, der alle Produktionsanlagen in einem Betrieb und alle Ebenen einbezieht. Die TPM-Einführung stellt einen erheblichen Eingriff in die Aufbau- und Ablauforganisation des Betriebes dar, bedarf einer sorgfältigen Planung und bietet sich als Projekt für ein interdisziplinär zusammengesetztes Team an.

## 7.5 Fertigungsversorgung

Zur Durchführung des Produktionsprozesses werden Produktionsanlagen, Werkstoffe, Finanzmittel und Arbeitskräfte benötigt, die allgemein unter dem Begriff »Produktionsfaktoren« zusammengefasst werden. In Abschnitt 7.2.2.4 wurde die Bereitstellung dieser Produktionsfaktoren bereits hinsichtlich ihrer operativen (kurzfristigen) Aspekte beleuchtet. Die folgende Darstellung ist nun den strategischen (langfristigen) Aspekten gewidmet.

Für die Beschaffung und langfristige Bereitstellung der Produktionsfaktoren sind unterschiedliche Fachabteilungen (Einkauf, Finanzabteilung, Personalabteilung) zuständig. Diese benötigen Informationen darüber, was mit welchen Mitteln und in welcher Menge in welchem Zeitraum produziert werden soll. Dabei handelt es sich um Daten der strategischen Fertigungsablaufplanung.

Bei Anschaffungen langfristig nutzbarer, kostenintensiver Betriebsmittel wird die Entscheidung in der Regel von der Geschäftsleitung in Abstimmung mit der Finanzabteilung getroffen. Auf die Darstellung der Investitionsplanung und -rechnung sei hier verzichtet.

### 7.5.1 Betriebsmittelplanung

Wie schon aus Kapitel 1, Abschnitt 1.7.1, bekannt ist, sind Betriebsmittel alle Güter, die nicht im Produktionsprozess verbraucht werden, sondern während ihrer Nutzungs- oder Lebensdauer wiederholt Leistungen in die Produktion abgeben. Im engeren Sinne sind dies maschinelle Anlagen und Werkzeuge; im weiteren Sinne zählen alle Gegenstände des materiellen Anlagevermögens, also auch Grundstücke, Gebäude, Fuhrpark und Betriebs- und

Geschäftsausstattung, sowie Gegenstände des immateriellen Anlagevermögens wie Patente, Lizenzen und Konzessionen, zu den Betriebsmitteln. Ziel der Betriebsmittelbedarfs- und -bereitstellungsplanung ist es, die Voraussetzungen dafür zu schaffen, dass die zur Umsetzung der Produktionsplanung erforderlichen Potentialfaktoren in den benötigten Mengen und in hinreichender Qualität zur richtigen Zeit am richtigen Ort bereitstehen.

Diese Aufgabe umfasst außer der Vorbereitung von Neu-Investitionen auch die Planung von Ersatz-, Rationalisierungs- und Erweiterungsinvestitionen.

Entscheidungen über die Beschaffung von Betriebsmitteln (hier im engeren Sinne als maschinelle Anlagen und Werkzeuge zu verstehen) können nur in Zusammenhang mit der Wahl des Produktionsverfahrens und unter Berücksichtigung der erwarteten bzw. angestrebten Absatzmengen und des angestrebten **Lieferbereitschaftsgrades** getroffen werden. Sie betreffen vor allem die Lieferantenauswahl, die Entscheidung über Kauf, Eigenherstellung **(Make-or-Buy**-Entscheidung) oder Miete, und die Wahl des Beschaffungszeitpunktes.

## 7.5.2 Materialbedarfsplanung

Unter **Material** oder **Werkstoff** sind alle Güter zu verstehen, die als Grund- oder Ausgangsstoffe von Erzeugnissen der Aufrechterhaltung der Produktion dienen. Hierzu gehören Roh-, Hilfs- und Betriebsstoffe sowie Fertigteile, die in ein Produkt eingehen:

- **Rohstoffe** gehen als Hauptbestandteil des Erzeugnisses mit ihrer Substanz in das Produkt ein. Typische Rohstoffe sind Eisen, Holz, Getreide.

- **Hilfsstoffe** gehen gleichfalls substanziell in das Produkt ein, bekleiden jedoch nur den Rang eines Nebenbestandteils. Beispiele hierfür sind Farben und Lacke.

- **Betriebsstoffe** dienen der Inbetriebnahme und -haltung des Produktionsprozesses, ohne dass sie mit ihrer Substanz in das Erzeugnis eingehen. Beispiele sind Schmiermittel, Treibstoffe und Strom.

Im Rahmen der Materialbereitstellungsplanung sind diverse Entscheidungen mit Langfristcharakter zu fällen. Sie betreffen

- die Entscheidung für ein **Bereitstellungsprinzip** (siehe unten) und, in Abhängigkeit von der hier getroffenen Entscheidung,

- die **Beschaffungsweg- und Lieferantenauswahl**, wobei als Auswahlkriterien z. B. Liefermöglichkeiten, Beschaffungspreise, Transportkosten, Liefer- und Zahlungsbedingungen heranzuziehen sind,

- die Planung der **Beschaffungszeit** (Wie lang ist eine Planungsperiode?) und, in Abhängigkeit davon, der benötigten Mengen und -qualitäten usw. (vgl. jew. Kap. 8), und

- die Entscheidung für ein **Bereitstellungssystem** (vgl. Abschn. 7.2.2.4).

In der Materialbeschaffung können die folgenden **Bereitstellungsprinzipien** verwirklicht werden:

- **Einzelbeschaffung im Bedarfsfall:** Dieses Verfahren ist nur praktizierbar, wenn das benötigte Material am Markt ohne Zeitverlust beschaffbar ist; in der Praxis beschränkt sich die Einzelbeschaffung in der Regel auf den nicht vorhersehbaren Materialbedarf.

- **Vorratshaltung:** Dieses Verfahren ist unumgänglich für Material, das nicht ohne Zeitverlust beschaffbar ist, kann aber nur für solche Güter praktiziert werden, die durch die Lagerung keine (nennenswerte) Qualitätseinbuße erleiden. Es erfordert die Betreibung von Lagern und die Festlegung und Überwachung von Mindest- und Höchstbeständen.

– **Einsatzsynchrone Beschaffung (»Just-in-Time«):** Dieses Verfahren ist nur praktizierbar, wenn der Güterbedarf vorab genau quantifiziert werden kann. Es bedingt die (meist langfristige) vertragliche Bindung von Lieferanten an feste Liefertermine und -mengen.

**Exkurs: Die Just-in-Time-Steuerung**

»Just-in-Time«, abgekürzt JIT, erfordert eine Teile- und Materialzulieferung in exakter zeitlicher Abstimmung auf den jeweiligen Bedarf: Vielfach wird eine stundengenaue Bereitstellung gefordert. In diesem Zusammenhang wird häufig fälschlich von »rollender Lagerhaltung« gesprochen, bei der LKW und Züge das stationäre Vorratslager ersetzen. Die Vorstellung einer »in Warteschleifen rollenden« mobilen Flotte, die häufig als ökologisch begründeter Einwand gegen die JIT-Konzeption angeführt wird, ist jedoch nicht haltbar: Vielmehr ergibt sich für den Zulieferer in der Regel die Notwendigkeit der Unterhaltung größerer Warenausgangslager mit der Folge der Kostenverlagerung vom Abnehmer zum Lieferanten. Transportiert wird aus Kostengründen nur, was **tatsächlich** und **aktuell** benötigt wird. Dennoch erwächst aus der JIT-Konzeption eine Vielzahl von Problemen und Konsequenzen für alle Beteiligten:

– Der Idealfall eines linearen, über einen längeren Zeitraum kontinuierlichen Bedarfs (der den Zulieferer im günstigsten Falle in die Lage versetzt, seinerseits »Just-in-time«-Steuerung mit seinen Vorlieferanten zu praktizieren) ist vielfach nicht gegeben. Zulieferer und Weiterverarbeiter müssen daher in engem, unmittelbarem Austausch stehen: Bedarfe müssen verzögerungsfrei unter Ausnutzung der informationstechnischen Möglichkeiten weitergegeben werden, Reaktionen müssen unmittelbar und ohne organisationsbedingte Verzögerungen erfolgen. Die Umstellung auf JIT erfordert daher weitreichende organisatorische Anpassungen innerhalb des Zulieferbetriebes, die mit Kosten-Vorleistungen, langfristig gesehen jedoch häufig auch mit rationalisierungsbedingten Ersparnissen einhergehen.

– Die Zulieferer stehen unter dem Druck, termintreu anliefern zu müssen, wollen sie nicht hohe Vertragsstrafen und den Verlust langfristig angelegter Kontrakte riskieren. Insbesondere Straßentransporte sind stets mit Verzögerungsrisiken behaftet. Nach Möglichkeit treffen Zulieferer eine dementsprechende Standortwahl, indem sie die räumliche Nähe zum Abnehmer unter Berücksichtigung der günstigsten Verkehrsanbindung suchen. Starke Konzentration auf bestimmte Regionen und ein »Ausbluten« strukturschwacher, industrieferner Gebiete sind die Folgen.

– Produktionssynchrone Beschaffung macht nur Sinn, wenn eine gleichbleibende, den Anforderungen entsprechende Qualität der angelieferten Teile oder Rohstoffe gewährleistet ist: Aufwendige Wareneingangskontrollen verzögern den Materialeinsatz, und wenn kein »Notfall-Lager« vorhanden ist, kann bei festgestellten Mängeln nur mit Produktions-Stilllegung reagiert werden – selbstverständlich ein unannehmbarer Zustand. Zulieferer werden daher zunehmend mit hohen Anforderungen an ihr Qualitätssicherungssystem (vgl. Kap. 3, Abschn. 4.3.2) konfrontiert. Hierzu gehören auch in unregelmäßigen Zeitabständen stattfindende »Qualitätsaudits«, d. h. Qualitätskontrollen seitens des Abnehmers im Zulieferbetrieb, die sich nicht nur auf die Güte des zu liefernden Materials, sondern auf alle die Produktqualität beeinflussenden betrieblichen Prozesse erstrecken.

– Angesichts der Qualitätsanforderungen und der logistischen Probleme wird es für Zulieferbetriebe zunehmend schwieriger, mehrere Weiterverarbeiter gleichzeitig zu bedienen. Hieraus resultiert die Konzentration auf wenige oder sogar nur einen Abnehmer. Konsequenz ist ein eingeschränkter Handlungs-, Entscheidungs- und Preisgestaltungsspielraum. Umgekehrt stützen sich Weiterverarbeiter auf wenige oder einzelne Zulieferer (**»Single-Sourcing«**) mit der Folge einer bilateralen Abhängigkeit.

– Ein Ausbleiben von Anlieferungen führt fast augenblicklich zum Stillstand der Produktion. In Arbeitskämpfen wirkt der Hebel von »Schwerpunktstreiks«, bei denen (zwecks Schonung der Streikkassen) wenige ausgewählte Zulieferbetriebe bestreikt werden, daher

# 7 Produktionswirtschaft

unmittelbar: Den Produktionsbetrieben bleibt nur das Mittel der »kalten Aussperrung« mit allen negativen Folgen vor allem für nicht gewerkschaftlich organisierte Mitarbeiter.

Es ist zu beobachten, dass große Hersteller insbesondere im Bereich der Automobil- und Elektrogerätefertigung immer komplexere Aufgaben auf externe Lieferanten übertragen: Dieses »**Outsourcing**« beinhaltet die Herstellung ganzer Baugruppen von der Entwicklung bis zur Montage, die vordem beim Abnehmer vorgenommen wurde. Für die abnehmenden Betriebe geht hiermit eine Verminderung der Fertigungstiefe und eine – unter Kostengesichtspunkten durchaus erwünschte – »Verschlankung« der Produktion (»**Lean Production**«) einher, die angesichts der notwendigen Umverteilung der Arbeit auf vorgelagerte Produktionsstätten jedoch erhebliche Auswirkungen auf den Arbeitsmarkt zeigt.

Im Rahmen der getroffenen Grundsatzentscheidungen bezüglich des Bereitstellungsprinzips und der ggf. durch langfristige Verträge gebundenen Lieferanten sind die mittel- und kurzfristigen Entscheidungen der Materialbedarfsplanung zu fällen. Sie betreffen vor allem Liefermengen und -zeitpunkte innerhalb einer vorab definierten Planungsperiode. Sehr ausführliche Darstellungen hierzu enthält Kapitel 8.

## 7.5.3 Personalbedarfsplanung

Ziel der Personalbedarfsplanung ist es, für künftige Aufgaben die erforderliche Anzahl qualifizierten Personals zur richtigen Zeit am richtigen Ort vorzuhalten. Die vielfältigen Aufgaben und Probleme der Personalplanung, die neben der Personalbedarfsplanung auch

– die Personalbeschaffungsplanung in quantitativer Hinsicht unter Berücksichtigung von Kündigungen, Ruhestand und sonstigen Abgängen unter Beachtung qualitativer Aspekte (Weiterentwicklung des Personals durch Anpassungs- und Aufstiegsfortbildung) und

– die Personaleinsatzplanung (Zuordnung von Aufgaben zu Personen)

umfasst, sind Gegenstand der Darstellung in Kapitel 6.

## 7.6 Fertigungskontrolle: Qualitätssicherung in der Produktion

Die Fertigungskontrolle beurteilt den Fertigungsprozess nach seinem Ergebnis. Sie beschränkt sich dabei jedoch nicht auf die Endkontrolle des fertigen Produktes, sondern setzt, wie noch zu zeigen sein wird, viel früher in betrieblichen Planungen und Abläufen ein. Ihr Ziel ist die Sicherung der Qualität in der Produktion und letztlich die »Null-Fehler-Produktion«.

In Buch 1, Abschnitt 3.4.2, wurde bereits sehr ausführlich auf Begriff und Bedeutung des Qualitätsmanagements eingegangen. Während Qualitätsmanagement, so wie es heute verstanden wird, jedoch den ganzen Betrieb und sämtliche betrieblichen Abläufe – also auch diejenigen, die nur mittelbar mit dem eigentlichen Betriebszweck in Zusammenhang stehen, wie Verwaltung, Buchhaltung usw. – einbezieht, wird der Begriff der Qualitätssicherung auf den Leistungserstellungsprozess im engeren Sinne, also auf die Fertigung, bezogen. Er bezeichnet diejenigen Aktivitäten, die den Nachweis der Erfüllung von vorab in der **Qualitätsplanung** definierten Qualitätsforderungen dienen.

## 7.6.1 Aufgaben und Ziele der Fertigungskontrolle

Dem Begriff der Qualität kommt eine nicht unerhebliche rechtliche Bedeutung zu, auf die bereits in Kapitel 3, Abschnitt 3.4.2, hingewiesen worden ist. Die **Haftungsrisiken** aus fehlerhaften Produkten können sehr erheblich sein, und eine Inanspruchnahme des Herstellers kann im ungünstigsten Falle die weitere Existenz seines Unternehmens in Frage stellen.

Qualität ist aber natürlich auch ein wesentlicher **Faktor im Wettbewerb**. Sie prägt das Image des Unternehmens und sichert seine langfristige Akzeptanz am Markt.

Die Tätigkeit der Fertigungskontrolle setzt bereits bei der **Entwicklung** eines Produktes ein. Hier obliegen ihr z. B. folgende Aufgaben:

– Mitwirkung bei der Gestaltung des Pflichtenheftes,
– Beratung bei der Auswahl von Lieferanten, Materialien und Bauteilen,
– Beratung bei der Produktgestaltung,
– Mitwirkung bei der Auswahl des Fertigungsverfahrens,
– Mitwirkung beim Entwurf und der Prüfung des Prototyps,
– Mitwirkung bei der Fertigungsfreigabe.

In der **Produktionsphase** fallen dem Qualitätswesen folgende Aufgaben zu:

– Erstellen der Prüfablaufpläne,
– Auswahl und Schulung des prüfenden Personals,
– Durchführung der Wareneingangs-, Fertigungs- und Endprüfungen,
– Fehlererfassung und -analyse,
– Überwachung der Korrekturmaßnahmen,
– Wartung der Prüf- und Messmittel.

Auch nach abgeschlossener Produktion obliegen dem Qualitätswesen einige Aufgaben, etwa

– Überwachen der Fehleranalyse im Schadensfalle,
– Überwachung der Wartung und Reparatur.

Im Rahmen der überwachenden Tätigkeiten wird geprüft, ob die vorgeschriebenen Aktivitäten von den hierfür verantwortlichen Fachabteilungen tatsächlich ausgeführt werden.

### 7.6.1.1 Organisatorische Aspekte

Die vorgenannten Aufgaben bedürfen der organisatorischen Einbettung des Qualitätswesens in die Aufbauorganisation des Gesamtunternehmens sowie einer eigenen Ablauforganisation. Die konkrete Ausgestaltung der Aufbau- wie auch der Ablauforganisation hängt z. B. von der Branche, der Unternehmensform und der Betriebsgröße ab. In kleineren Betrieben werden häufig Prüftätigkeiten an verschiedenen Stellen im Betrieb in Personalunion vergeben. So kann z. B. die Prüfung der eingehenden Ware und die Endprüfung derselben Person obliegen. In größeren Unternehmen ist die Prüfung meist arbeitsteilig organisiert. In keinem Falle jedoch darf das Qualitätswesen in einer abhängigen Beziehung zur Fertigung stehen, da hieraus zwangsläufig Interessenkollisionen resultieren würden. Deshalb ist das Qualitätswesen im Allgemeinen der Geschäftsleitung direkt (ggf. als Stabsstelle) unterstellt. Wachsende Bedeutung in der Großindustrie und ihren Zulieferfirmen kommt den Qualitätsnormen ISO 9000 (in Deutschland: DIN ISO 9000) der International Standardization Organisation (ISO) zu, die sich nicht nur auf die Normierung von Ergebnissen (Produkten), sondern auch auf die Bedingungen, unter denen sie erbracht und hergestellt werden, erstreckt und deren Einhaltung von anerkannten Zertifizierern bescheinigt wird.

### 7.6.1.2 Qualitätsplanung, -steuerung und -überwachung

Die Festlegung der zu produzierenden Qualität und der anzuwendenden QM-Elemente (**Qualitätsplanung**) wurde bereits in Abschnitt 3.4.2.1.2 behandelt. Mit dieser Festlegung korrespondiert die Planung ihrer Überprüfung.

Ziel der Planung der Qualitätsprüfung ist die Erstellung eines Prüfplanes. Ein Prüfplan (**inspection plan**) enthält Prüfspezifikationen, Prüfanweisungen und Prüfablaufpläne. Die **Prüfspezifikation (inspection specification)** legt Prüfmerkmale, Merkmalswertvorgaben, Prüfbedingungen, Prüfumfang, Prüfverfahren und Prüfmittel als Grundlage der Prüfanweisung fest. Wie die Qualitätsprüfung durchzuführen ist, beschreibt die **Prüfanweisung (inspection instruction)** sowie der **Prüfablaufplan (inspection schedule)**.

Offensichtlich ist es nicht alleiniges Ziel des Qualitätswesens, Gütemängel am fertigen Produkt festzustellen; vielmehr soll es von vornherein sicherstellen, dass das Qualitätsziel in der Produktion erreicht wird. Die »vorbeugenden, überwachenden und koordinierenden Tätigkeiten bei der Realisierung einer Einheit mit dem Ziel, die Qualitätsforderungen zu erfüllen« (nach DGQ), werden als **Qualitätslenkung (quality control)** oder **Qualitätssteuerung** bezeichnet.

Das Qualitätswesen selbst unterliegt einer ständigen Überwachung – **Qualitätsrevision (quality surveillance)**, d. h. einer fortlaufenden Prüfung und Bewertung des Standes der Qualitätssicherung.

### 7.6.1.3 Prüfmethoden

Hinsichtlich der Prüfmethoden sind die 100%-Prüfung (100% inspection, auch Vollprüfung oder Stückprüfung genannt) und die statistische Qualitätsprüfung (Statistical Quality Inspection and Test) zu unterscheiden. In der **100%-Prüfung** werden alle Einheiten eines Prüfloses (Bezeichnung für das Los, das zu einem Zeitpunkt als Ganzes zu einer Qualitätsprüfung vorgestellt wird) geprüft. Die **statistische Qualitätsprüfung** bedient sich statistischer Methoden und beschränkt sich auf Teilprüfungen, z. B. Annahme- bzw. Abnahmestichprobenprüfung als **Attributprüfung** (»Gut/Schlecht-Prüfung«) oder **Variablenprüfung** (quantitative Prüfung) bzw. **visuelle** Prüfung.

## 7.6.2 Gewährleistung, Garantie und Kulanz

Im Rahmen der gesetzlichen Bestimmungen über den Kaufvertrag, die sich aus dem Bürgerlichen Gesetzbuch (§§ 433 ff BGB) und dem Handelsgesetzbuch (§§ 373 - 382 HGB) ergeben, ist der Verkäufer einer Sache verpflichtet, den verkauften Gegenstand mängelfrei zu liefern. Hat sich also trotz aller qualitätssichernden Maßnahmen ein Mangel ergeben, kann der Käufer diesen innerhalb der **neuen gesetzlichen Gewährleistungsfrist von zwei Jahren** rügen und Nacherfüllung, Wandlung oder Kaufpreisminderung, ggf. auch Schadensersatz, verlangen. Gegenüber Nichtkaufleuten, die im Gegensatz zu Kaufleuten auch bei offenen Mängeln ihre Mängelrüge nicht sofort vorbringen müssen, sondern dies innerhalb der Gewährleistungsfrist in gültiger Weise tun können, sind vertragliche Einschränkungen der Gewährleistung weitgehend unwirksam.

Der Hersteller kann über die gesetzliche Gewährleistungsfrist hinaus im Rahmen des Kaufvertrags eine **Garantie** übernehmen. Diese erstreckt sich häufig nur auf besondere Eigenschaften des Produktes, z. B. Rostfreiheit. Steht er auch nach Ablauf der gesetzlichen Gewährleistung oder der freiwillig übernommenen längeren Garantiefrist für Mängel ein, spricht man von **Kulanz**.

Während Gewährleistung, Garantie und Kulanz die Haftung für Schäden am Produkt betreffen, begründet die **Produkthaftung** nach dem Produkthaftungsgesetz eine Haftung für Schäden, die durch das Produkt an Personen oder Sachen entstanden sind. Es kommt immer wieder vor, dass ein Hersteller einen latenten Mangel eines seiner Produkte selbst zum Anlass nimmt, die ausgelieferten Stücke zur Nachbesserung oder zum Tausch ins Werk zurückzurufen. Solche **Rückrufaktionen**, die z. B. bei Automobil- oder Elektrogeräteherstellern, bisweilen aber auch im Lebensmittelbereich, vorkommen, werden meist in Zusammenhang mit befürchteten Personenschäden initiiert. Neben der sozialen Verantwortung spielen hierbei selbstverständlich auch wirtschaftliche Gründe eine Rolle; denn die hohen Kosten des Rückrufs und der anschließenden Nachbesserung können von den Folgekosten eingetretener Schäden weit überstiegen werden, und der Vertrauensverlust im Falle bekanntgewordener Mängel, die zu Personenschädigungen geführt haben, ist größer einzuschätzen als der Imageschaden, der durch die Veröffentlichung des Rückrufes eintritt.

Einzelheiten zur Produkthaftung enthält Abschnitt 7.9.3. Das allgemeine Vertragsrecht wird darüber hinaus in Kapitel 10 behandelt.

## 7.7 Zeitwirtschaft

Zeit ist eine wesentliche Dimension jeglicher Planung, so auch im Zusammenhang mit der Planung der Arbeitsabläufe, Entlohnung und Kosten.

Wesentliche Zeitbegriffe im Rahmen der Fertigungsplanung sind

- **Auftragszeit:** Vorgabezeit für das Ausführen eines Auftrages (Rüsten und Ausführen) durch den Menschen; setzt sich zusammen aus der Rüstzeit und der Ausführungszeit;
- **Rüstzeit:** Vorgabezeit für das der Ausführung vorangehende Rüsten; beinhaltet Rüstgrundzeit, Rüsterholungszeit und Rüstverteilzeit;
- **Ausführungszeit:** Vorgabezeit für das Ausführen eines Auftrages; wird auf eine Mengeneinheit bezogen und beinhaltet gleichfalls Grund-, Erholungs- und Verteilzeiten;
- **Belegungszeit:** Vorgabezeit für die Belegung eines Betriebsmittels durch einen Auftrag; beinhaltet Betriebsmittelrüstzeit und Betriebsmittelausführungszeit;
- **Betriebsmittelrüstzeit:** Vorgabe für das Belegen eines Betriebsmittels durch das Rüsten für einen Auftrag; zerfällt in Betriebsmittelrüstgrundzeit und Betriebsmittelrüstverteilzeit;
- **Betriebsmittelausführungszeit:** Vorgabe für das Belegen eines Betriebsmittels durch einen Auftrag; wird auf eine Mengeneinheit bezogen und gliedert sich gleichfalls in Grund- und Verteilzeit.

Im Rahmen der Zeitermittlung sind u. a. folgende Daten wesentlich:

- der Zeitbedarf für die Ausführung einzelner Ablaufabschnitte;
- die Einflussgrößen, von denen dieser Zeitbedarf abhängt;
- die Bezugsmengen (Stücke), auf die sich die ermittelte Zeit bezieht.

Einflüsse auf die Ausführungszeit für einen Ablaufabschnitt gehen aus von

- der Person, die die Arbeit ausführt;
- den zum Einsatz kommenden Betriebsmitteln;
- den angewandten Arbeitsmethoden und -verfahren;
- den Arbeitsbedingungen, d. h. den Umgebungseinflüssen am Arbeitsplatz.

Im Rahmen der Fertigungsplanung kommt der Ermittlung von Soll-Zeiten als Planungsgrundlage größte Bedeutung zu. Verfahren der Zeitaufnahme beschreibt die **REFA-Methodenlehre**. Der »REFA-Verband für Arbeitsstudien und Betriebsorganisation e.V.«, gegründet 1924 als »Reichsausschuss für Arbeitszeitermittlung«, ist ein von Arbeitgeberverbänden und Gewerkschaften unterstützter Verband zur Förderung arbeitswissenschaftlicher Grundlagenforschung. Zum Aufgabenbereich von REFA-Fachleuten gehört die Durchführung von Arbeitsablauf-, Arbeitszeit- und Arbeitswertstudien.

### 7.7.1 Vorgabezeiten

#### 7.7.1.1 Arbeitsablaufstudien

Voraussetzung für die Ermittlung einer Vorgabezeit für die Durchführung einer Tätigkeit ist die Analyse des Arbeitsablaufes. Die Erfassung und Darstellung von Arbeitsabläufen wird ausführlich in Kapitel 3 »Betriebliche Organisation und Unternehmensführung« geschildert und daher an dieser Stelle nur knapp umrissen.

Die Zerlegung des Arbeitsablaufes in einzelne Prozess- bzw. Bewegungselemente wird für die Produktionsfaktoren Arbeit, Betriebsmittel und Werkstoffe getrennt vorgenommen.

#### 7.7.1.2 Zeitstudien (Stückzeitermittlung)

Zeitstudien sind exakte Zeitmessungen, mit deren Hilfe der durchschnittliche Zeitverbrauch für eine Verrichtung ermittelt werden soll. Derartige Zeitmessungen werden häufig im Zusammenhang mit Stückakkordlöhnen durchgeführt.

Jede einzelne Zeitmessung ergibt eine Zeit, die eine bestimmte Arbeitskraft für eine Verrichtung benötigt. Da jedoch ein Durchschnittswert gesucht wird, müssen möglichst viele Messungen derselben Tätigkeit durchgeführt werden, wobei die Tätigkeit von wechselnden Arbeitskräften auszuüben ist.

Da jede Arbeitskraft ein individuelles Leistungsvermögen aufweist, wird nach REFA neben der Zeitmessung auch eine Schätzung des individuellen Leistungsgrades vorgenommen. Der normale Leistungsgrad wird mit 100% angenommen; Kriterium für eine **Normalleistung** ist z. B. eine harmonische, koordinierte Bewegungsausführung.

Die durch Zeitstudien ermittelte Normalzeit für eine Arbeitsverrichtung ist nicht identisch mit der Vorgabezeit, die auch Unterbrechungen berücksichtigt, die arbeitsablauf- oder störungsbedingt auftreten oder der Erholung bzw. den persönlichen Bedürfnissen der Arbeitskraft dienen.

#### 7.7.1.3 Systeme vorbestimmter Zeiten

Um Zeitvorgaben in noch größerem Maße objektivieren zu können, wurden wissenschaftliche Mikrobewegungsstudien durchgeführt, deren Ergebnisse aus Tabellenwerken entnommen werden können. Hierin finden sich Standardzeitwerte für diverse, hinsichtlich ihres Schwierigkeitsgrades noch mehrfach differenzierte Grundbewegungen wie Hinlangen, Greifen, Vorrichten usw.

In Deutschland verbreitete Methoden, auf die hier aber nicht weiter eingegangen werden soll, sind das »**REFA-Standardprogramm Planzeitermittlung**«, **MTM (Methods Time Measurement)** und **WF (Work Factor)**.

## 7.7.1.4 Arbeitswertstudien

Voraussetzung für eine dem Anforderungsgrad entsprechende Bewertung einzelner Arbeitsverrichtungen ist eine Differenzierung und Klassierung von Tätigkeiten nach

- Fachkenntnissen (Vorbildung, Arbeitserfahrung),
- geistiger Anstrengung,
- körperlicher Anstrengung (Geschicklichkeit, Muskelbelastung, Aufmerksamkeit, besondere Belastung durch Schichtarbeit),
- Verantwortung für Mitarbeiter und Sachen,
- Umgebungseinflüssen (Schmutz, Nässe, Lärm, Arbeit im Freien, Unfallgefahr usw.).

Das im Jahre 1950 auf einer internationalen Konferenz für Arbeitsbewertung entwickelte »**Genfer Schema**« kennt vier Obergruppen und insgesamt sechs Anforderungsgruppen:

| Gruppenzahl | Hauptanforderungen | |
|---|---|---|
| I. | Fachkönnen: | 1. geistige Anforderungen |
| | | 2. körperliche Anforderungen |
| II. | Belastung: | 3. geistige Beanspruchung |
| | | 4. körperliche Beanpruchung |
| III. | | 5. Verantwortung |
| IV. | | 6. Arbeitsbedingungen |

»Genfer Schema« zur Klassifizierung von Tätigkeiten

Qualitative Methoden der Arbeitswertanalyse sind

- die **summarische Methode:** Die Arbeitsverrichtungen werden ohne Aufgliederung nach einzelnen Anforderungsarten als Ganzes bewertet;
- die **analytische Methode:** Für jede einzelne Anforderungsart wird ein Wert ermittelt. Der Arbeitswert einer Verrichtung ergibt sich aus der Summe der Einzelwerte für die Anforderungen, die im Rahmen dieser Verrichtung an den Ausführenden gestellt werden.

Die Quantifizierung der Arbeitsschwierigkeit folgt entweder

- dem Prinzip der **Reihung:** Die zu bewertenden Verrichtungen werden nach abnehmendem Schwierigkeitsgrad geordnet;
- dem Prinzip der **Stufung:** Unterschiedliche Verrichtungen mit gleichem Schwierigkeitsgrad werden innerhalb eines vorab festgelegten Systems mit verschiedenen Anforderungsstufen der gleichen Stufe zugeordnet.

Die Kombination der qualitativen und quantitativen Prinzipien ergibt vier Grundmethoden der Arbeitsbewertung:

| Prinzip der Quantifizierung | Prinzip der Qualitätsanalyse | |
|---|---|---|
| | **summarisch** | **analytisch** |
| Reihung | Rangfolgeverfahren | Rangreihenverfahren |
| Stufung | Lohngruppenverfahren | Stufenwertzahlverfahren |

Grundmethoden der Arbeitsbewertung

Das **Rangfolgeverfahren** ist ein einfaches, jedoch für kompliziertere Verhältnisse kaum geeignetes Verfahren, das alle in einem Betrieb anfallenden Verrichtungen in eine Rangreihung einstellt. Wie bereits in Kapitel 3 dargestellt, besagt eine Rangreihung jedoch nichts über die Abstände zwischen den einzelnen Leistungsklassen. Übertragen auf die Arbeitsbewertung bedeutet dies, dass das Rangfolgeverfahren nur unbefriedigende Hilfen zur Lösung des Entlohnungsproblems stellt.

Das **Lohngruppen-** oder **Katalogverfahren** bildet eine Anzahl von Stufen (= Lohngruppen) mit unterschiedlichem Schwierigkeitsgrad, in die alle anfallenden Verrichtungen eingeordnet werden. Zu jeder Stufe werden Richtbeispiele dargeboten, die die Einordnung erleichtern sollen. Dieses Verfahren wird in Tarifverträgen bevorzugt.

Das **Rangreihenverfahren** bringt alle Verrichtungen in eine Rangreihung, betrachtet dabei jedoch – anders als das Rangfolgeverfahren – jede Anforderungsart getrennt: So werden alle Verrichtungen einmal nach den Vorkenntnissen, dann nach der körperlichen Belastung, der Verantwortung usw. sortiert. Die Stellung einer Verrichtung innerhalb einer Reihe wird in einem Prozentwert ausgedrückt. Die Schwierigkeit besteht darin, dass den verschiedenen Anforderungsarten unterschiedliches Gewicht beizumessen ist und daher eine komplizierte Berechnung erforderlich wird, in der die verschiedenen Prozentwerte mit den jeweiligen Gewichtungsfaktoren multipliziert werden.

Das **Stufenwertzahlverfahren** legt für jede Anforderungsart eine Wertzahlenreihe fest, die innerhalb einer Bandbreite von z. B. »äußerst gering« bis »extrem hoch« Punkte vergibt.

| Anforderungsart | Bewertung | Punktezahl |
|---|---|---|
| Körperliche Beanspruchung | äußerst gering | 0 |
| | leicht | 2 |
| | mittelschwer | 4 |
| | hoch | 6 |
| | sehr hoch | 8 |
| | extrem hoch | 10 |

Stufenwertzahlverfahren

Die Wertzahlen müssen nicht, wie im Beispiel, in gleichen absoluten Abständen festgelegt werden; auch nichtlineare Verläufe sind denkbar. Außerdem kann eine Gewichtung der unterschiedlichen Anforderungsarten erfolgen. Die Summe der (möglicherweise mit einem Gewichtungsfaktor multiplizierten) Wertzahlen ermöglicht die Eingruppierung der Arbeitsperson in eine Lohngruppe.

### 7.7.2 Durchlaufzeit

Die Durchlaufzeit eines Erzeugnisses bezeichnet die Zeitspanne zwischen der Erstbearbeitung des Werkstoffes und der Fertigstellung des Produktes bis zu seiner Auslieferung an den Vertriebsbereich. Die Minimierung von Durchlaufzeiten ist ein Optimalitätskriterium der Produktionsplanung.

Werden im Mehrproduktunternehmen bei Werkstattfertigung Maschinen zur Bearbeitung mehrerer Produkte eingesetzt, so entstehen häufig Wartezeiten, während derer ein halbfertiges Produkt nicht weiterbearbeitet werden kann, weil die hierzu benötigte Maschine damit beschäftigt ist, ein anderes Produkt zu bearbeiten.

Auch im Einproduktunternehmen können Wartezeiten auftreten, wenn es nicht gelingt, die Bearbeitungszeiten an den einzelnen Bearbeitungsstationen aufeinander abzustimmen (Problem der **Taktabstimmung**).

## 7.8 Ökologische Aspekte der Produktion

Ökologie ist die Lehre über die Wechselbeziehungen zwischen belebter und unbelebter Umwelt, die in ihrer Gesamtheit als Ökosystem bezeichnet werden. Dieses System befindet sich in einem natürlichen Gleichgewicht. Eingriffe durch menschliche Aktivitäten, etwa das Betreiben von Industriebetrieben und Kraftwerken, der Bau von Autobahnen und Kanalisation oder die Ausrottung bzw. Bestandsmehrung bestimmter Tierarten können dieses Gleichgewicht stören und dauerhafte Folgen für die Natur und den Fortbestand der menschlichen Rasse bedingen.

Die Erkenntnis über die Labilität des natürlichen Gleichgewichts und die Folgen ungezügelter Eingriffe des Menschen in die Natur ist in den Industrieländern erst in den letzten Jahrzehnten in das Bewusstsein der breiten Öffentlichkeit gelangt. Ursache hierfür sind beobachtbare Umweltschäden wie Smog, Ölpest, Wald- oder Robbensterben. Dem Umweltschutz wird heute verstärkte Bedeutung beigemessen.

Er umfasst freiwillige oder gesetzliche Maßnahmen zur

- Reinhaltung der Luft,
- Reinhaltung des Wassers,
- Lärmbekämpfung,
- Abfallverwertung bzw. -beseitigung,
- Kennzeichnungspflicht bei Lebensmitteln und Chemikalien sowie
- zum Schutz von Landschaft und Natur.

**Standortorientierte Probleme der Produktion**

Die Erfordernisse des Umweltschutzes beeinflussen zahlreiche unternehmerische Entscheidungen. Vor allem die Standortentscheidung wird stark von ökologischen Aspekten geprägt. Dies gilt nicht nur bei Betriebsneugründungen, sondern auch bei Betriebserweiterungen oder der Umstellung auf neue Produktionsverfahren.

Die **Umweltschutzauflagen**, die mit der Errichtung von Produktionsanlagen einhergehen, sind bei der Entscheidung für einen Standort zu bedenken. Sie betreffen z. B. Art und Menge der in die Luft oder in Gewässer abzugebenden Schadstoffe, den besonderen Schutz benachbarter menschlicher Ansiedlungen oder Landschaftsschutzgebiete, die Endlagerung von Abfallstoffen in Deponien und die besonderen klimatischen und landschaftlichen Bedingungen des für die Ansiedlung vorgesehenen Gebietes. Im internationalen Vergleich ergeben sich durchaus unterschiedlich strenge Umweltschutzauflagen.

In der Bundesrepublik Deutschland sind die Errichtung und Nutzung betrieblicher Anlagen genehmigungspflichtig, wenn diese Anlagen in besonderem Maße geeignet sind, schädliche Umwelteinwirkungen hervorzurufen oder die Allgemeinheit oder die Nachbarschaft in anderer Weise zu schädigen, zu benachteiligen oder erheblich zu belästigen. Jedoch dürfen aber auch von nicht genehmigungsbedürftigen Anlagen keine schädlichen Umwelteinwirkungen ausgehen.

Für bestimmte Regionen, die vor solchen schädlichen Umwelteinflüssen besonders geschützt werden müssen, oder für bereits von Verunreinigungen betroffene Belastungsgebiete gelten verschärfte Zulassungs- und Kontrollbestimmungen, auf die an späterer Stelle anlässlich der Behandlung der diversen Umweltbeeinträchtigungen eingegangen wird.

Ansiedlungen von Unternehmungen sind häufig Gegenstand kontroverser Diskussionen unterschiedlicher Interessentengruppen: Während Länder und Gemeinden häufig aus arbeitsmarktpolitischen Gründen oder wegen der damit einhergehenden Steuereinnahmen ein Interesse an der Ansiedlung neuer Gewerbebetriebe haben, schließen sich Bürger häufig zusammen, um ihre Interessen als von Umwelt- und Landschaftsschäden Betroffene wahrzunehmen. Ausdruck der demokratischen Willenserklärung sind Zusammenschlüsse in **Bürgerinitiativen** und die Beteiligung an **Bürgeranhörungsverfahren**.

Eine weitergehende Darstellung der Umweltschutzproblematik enthält Buch 1, dort die Abschnitte 3.7.1 und 3.7.2.

## 7.9 Rechtsgrundlagen

Im Folgenden werden verschiedene rechtliche Grundlagen dargestellt, die bei der Erstellung von Gütern zu beachten sind. Behandelt werden der gewerbliche Rechtsschutz, das Recht über Arbeitnehmererfindungen, der Verbraucherschutz bei fehlerhaften Produkten und das Gebiet des Arbeitsschutzrechts.

### 7.9.1 Der Rechtsschutz für Erzeugnisse – gewerblicher Rechtsschutz

Der gewerbliche Rechtsschutz dient dem Schutz geistig-schöpferischer Tätigkeit auf gewerblichem Gebiet. Folgende Bereiche werden in diesem Abschnitt dargestellt:

| Schutzrichtung | Schutzgegenstand | Gesetz |
| --- | --- | --- |
| Patentschutz | Rechte des Erfinders an seiner Erfindung auf technischem Gebiet mit gewerblicher Anwendung | PatG |
| Gebrauchsmusterschutz | Rechte der Erfinders an seiner Erfindung auf technischem Gebiet mit gewerblicher Anwendung | GebrMG |
| Markenschutz | Recht des Inhabers an Marken, geschäftlichen Bezeichnungen und geografischen Herkunftsangaben | MarkenG |
| Geschmacksmusterschutz | Rechte der Urhebers an seinem gewerblichen Muster oder Modell | GeschmMG |

Bereiche des gewerblichen Rechtsschutzes

#### 7.9.1.1 Der Patentschutz

Der Patentschutz dient dem Schutz einer erfinderischen Tätigkeit auf technischem Gebiet mit gewerblicher Anwendbarkeit. Er ist im **Patentgesetz (PatG)** geregelt.

### 7.9.1.1.1 Voraussetzungen des Patentschutzes

Folgende Voraussetzungen müssen gemäß §1 Abs. 1 PatG für die Erteilung eines Patentes vorliegen:

- Es muss sich um eine Erfindung handeln.
- Die Erfindung muss neu sein.
- Die Erfindung muss auf einer erfinderischen Tätigkeit beruhen.
- Die Erfindung muss gewerblich anwendbar sein.

Eine **Erfindung** im Sinne des Patentgesetzes ist eine »Anweisung zur Benutzung von Kräften oder Stoffen der Natur mit beliebig wiederholbarem Erfolg eines unmittelbar verwertbaren Ergebnisses«. Abzugrenzen ist die Erfindung von der Entdeckung, die lediglich das Auffinden von etwas Vorhandenem beschreibt.

Durch eine für das Jahr 2002 noch zu erwartende Änderung des PatG zur Umsetzung der Biotechnologie-Richtlinie der EG/EU von 1998 werden auch **biotechnologische** Erfindungen patentrechtlich geschützt werden können.

**Neu** ist eine Erfindung, wenn sie nicht zum Stand der Technik gehört. Zum Stand der Technik zählen alle der Öffentlichkeit zugänglich gemachten Kenntnisse.

Für die Frage, ob eine Erfindung auf einer **erfinderischen Tätigkeit** beruht, ist maßgebend, ob sich die Erfindung für den Fachmann in naheliegender Weise aus dem Stand der Technik ergibt. Tut sie dies, liegt keine erfinderische Tätigkeit vor. Denn was sich für den Fachmann auf diese Art ergibt, gehört zur patentfreien Fortschrittszone, zur routinemäßigen Weiterentwicklung der Technik. Diese Weiterentwicklungen sollen nach dem Willen des Gesetzgebers nicht durch Patente geschützt werden können.

Probleme bereitet zu entscheiden, was insoweit naheliegend ist und was nicht. Eine Definition dieses Begriffes gibt es nicht, sondern es werden bestimmte Umstände herangezogen, die Anhaltspunkte für oder gegen das »Naheliegen« bieten.

Anhaltspunkte **für** das Naheliegen sind:

- Überwindung besonderer Schwierigkeiten mit überdurchschnittlich geistigem Aufwand,
- überraschend erheblich technischer Fortschritt,
- Überwindung von Vorurteilen,
- bedeutender wirtschaftlicher Erfolg.

Schließlich muss die Erfindung **gewerblich verwertbar** sein. Gemäß § 5 PatG ist die gewerbliche Verwertbarkeit zu bejahen, wenn der Gegenstand der Erfindung in irgendeinem gewerblichen Gebiet einschließlich der Landwirtschaft hergestellt oder genutzt werden kann.

Dies gilt auch für **Erzeugnisse**, die zur Verwendung in Verfahren zur chirurgischen oder therapeutischen Behandlung und Untersuchung von Mensch und Tier bestimmt sind. Hingegen gilt es nicht für **Verfahren** zur chirurgischen oder therapeutischen Behandlung. Der Sinn dieser Regelung (§ 5 PatG) liegt darin, dass Patente nicht dazu dienen, die reine Theorie um neue Methoden oder Erkenntnisse zu bereichern, sondern stets praktisch verwertbar sein sollen.

### 7.9.1.1.2 Die Patenterteilung

Die Erteilung des Patents setzt die Anmeldung der Erfindung beim Patentamt voraus. Die Anmeldung erfolgt schriftlich auf vom Patentamt vorgeschriebenen Formblättern. Es ist präzise anzugeben, **was** als patentfähig unter Schutz gestellt werden soll. Zudem muss die Anmeldung eine deutliche und vollständige Beschreibung der Erfindung enthalten.

Werden gleiche Erfindungen zur Patenterteilung angemeldet, ist der Zeitpunkt der Anmeldung – also der Eingang bei der Annahmestelle des Patentamts – maßgebend. Das Recht auf das Patent steht demjenigen zu, der die Erfindung zuerst angemeldet hat.

Das Patentamt veröffentlicht 18 Monate nach dem Anmeldetag im Patentblatt einen Hinweis auf die Möglichkeit der Akteneinsicht der Patentanmeldung. Ab diesem Zeitpunkt kann jeder Einsicht in die Akten der Anmeldung sowie in die dazugehörigen Modelle erlangen.

Zudem wird der Inhalt der Patentanmeldung gesondert als Offenlegungsschrift und als Patentschrift veröffentlicht. Diese Schriften können beim Deutschen Patentamt in München (Dienststellen in Berlin und Jena) bezogen werden. Diese Formen der Veröffentlichung sollen jedem ermöglichen, sich über künftige Schutzrechte zu informieren.

Wenn die formellen und materiellen Voraussetzungen eines Patents vorliegen, erteilt das Patentamt das Patent; dies wird im Patentblatt veröffentlicht. Fortan werden die wesentlichen das Patent betreffenden Umstände, wie beispielsweise die Einräumung einer Lizenz, in die vom Patentamt geführte **Patentrolle** eingetragen.

### 7.9.1.1.3 Wirkungen des Patentschutzes

Mit der Veröffentlichung der Patenterteilung im Patentblatt treten die gesetzlichen Wirkungen des Patents ein. Der Patentrechtsinhaber hat ein **ausschließliches Verwertungsrecht**. Allein er ist berechtigt, über die Nutzung der patentierten Erfindung zu bestimmen (vergl. § 9 PatG).

Der Inhaber des Patents kann gemäß § 139 PatG vom **Verletzer**, also dem unberechtigten Nutzer, die Unterlassung der Verletzung sowie Schadensersatz verlangen. Aus § 140a PatG ergibt sich der Anspruch auf Vernichtung der Erzeugnisse, die Gegenstand unberechtigten Nutzung des Patents sind und sich im Eigentum oder Besitz des Verletzers befinden. Nach § 140 b PatG hat der Patentrechtsinhaber einen Auskunftsanspruch gegenüber dem Verletzer über die Herkunft und den Vertriebsweg der unberechtigt genutzten patentierten Erfindung. Die Patentverletzung ist außerdem nach § 142 PatG strafbar.

Die **Ausnahmen** von dieser Wirkung des Patents sind in § 11 PatG aufgezählt. Die wichtigsten sind

– Handlungen, die im privaten Bereich zu nicht gewerblichen Zwecken vorgenommen werden, beispielsweise der private Nachbau eines patentrechtlich geschützten Regalsystems;

– Handlungen zu Versuchszwecken, die sich auf den Gegenstand der patentierten Erfindung beziehen (diese Ausnahme dient der Weiterentwicklung und Verbesserung der Erfindung);

– die unmittelbare Einzelzubereitung von Arzneimitteln in Apotheken aufgrund ärztlicher Verordnung.

Die unverlängerbare **Laufzeit** des Patents beträgt 20 Jahre ab dem auf die Anmeldung (nicht Erteilung) folgenden Tag. Nach Ablauf dieser Frist dürfen Dritte das Patent nachahmen.

### 7.9.1.2 Der Gebrauchsmusterschutz

Gebrauchsmuster werden durch das **Gebrauchsmustergesetz (GebrMG)** geschützt. Gebrauchsmuster sind neue Erfindungen, die auf einem erfinderischen Schritt beruhen und gewerblich anwendbar sind (§ 1 GebrMG). Dem Schutzbereich des GebrMG unterliegen nicht: wissenschaftliche Theorien, mathematische Methoden, ästhetische Formschöpfungen u. a. (vgl. § 1 Abs.2 GebrMG).

Geschützt werden im Wesentlichen die so genannten »kleineren Erfindungen«.

### 7.9.1.2.1 Voraussetzungen des Gebrauchsmusterschutzes

Der Schutzgegenstand »neue Erfindung – auf erfinderischem Schritt beruhend – gewerblich anwendbar« entspricht dem des Patentschutzes (vgl. oben 7.9.1.1.1). Diese Identität war nicht immer gegeben, sondern entstand erst durch die Änderung des GebrMG von 1990. Es wurde das Erfordernis der sogenannten »Raumform« für den Gebrauchsmusterschutz aufgehoben. Vor dieser Änderung konnten nur solche Gegenstände nach dem GebrMG geschützt werden, deren Neuerung in einer bestimmten körperlichen Formgestaltung bestand.

Eine Erfindung wird nur durch das GebrMG geschützt, wenn sie beim Patentamt angemeldet wird (§ 4 GebrMG). Die Anmeldung muss Folgendes enthalten:

- Einen Antrag auf Eintragung des Gebrauchsmusters in die Gebrauchsmusterrolle, in dem der Gegenstand des Gebrauchsmusters kurz und genau bezeichnet ist;
- einen oder mehrere Schutzansprüche, in denen angegeben ist, was als schutzfähig unter Schutz gestellt werden soll (Angabe der wesentlichen Merkmale der Erfindung);
- eine Beschreibung des Gegenstandes des Gebrauchsmusters;
- die Zeichnung, auf die sich die Schutzansprüche oder die Beschreibungen beziehen.

### 7.9.1.2.2 Wirkung des Gebrauchsmusterschutzes

Wenn die Anmeldung den Anforderungen des § 4 GebrMG entspricht, wird das Gebrauchsmuster in die Gebrauchsmusterrolle eingetragen und im Patentblatt bekannt gemacht. Es ist ein **ungeprüftes Schutzrecht**, d. h. der angemeldete Gegenstand wird nicht auf Neuheit, erfinderischen Schritt und gewerbliche Anwendbarkeit geprüft. Gemäß § 15 GebrMG kann jedermann gegen den als Gebrauchsmusterinhaber Eingetragenen einen Anspruch auf Löschung des Gebrauchsmusters geltend machen, wenn

- der Gegenstand des Gebrauchsmusters nach den §§ 1 – 3 GebrMG nicht schutzfähig ist, (z. B. es liegt keine Erfindung vor);
- der Gegenstand des Gebrauchsmusters auf Grund einer früheren Patent- oder Gebrauchsmusteranmeldung geschützt worden ist;
- der Gegenstand des Gebrauchsmusters über den Inhalt der Anmeldung hinausgeht.

Der Inhaber des Gebrauchsmusters ist ausschließlich befugt, den Gegenstand zu nutzen. Jedem Dritten ist es verboten, ohne dessen Zustimmung ein Erzeugnis, das Gegenstand des Gebrauchsmusters ist, herzustellen, anzubieten, in Verkehr zu bringen, zu gebrauchen oder zu besitzen. Wenn ein später angemeldetes Patent in den aus dem Gebrauchsmusterrecht resultierenden Schutz eingreift, darf das Recht aus diesem Patent nicht ohne Erlaubnis des Inhabers des Gebrauchsmusters ausgeübt werden (§ 14 GebrMG).

Wie in § 11 PatG werden von der Wirkung des Gebrauchsmusterschutzes durch § 12 GebrMG Handlungen im privaten Bereich zu nicht gewerblichen Zwecken und Handlungen zu Versuchszwecken ausgenommen.

Ein **Verletzer** des Gebrauchsmusterschutzes ist gemäß § 24 GebrMG zum Schadensersatz verpflichtet und kann auf Unterlassung in Anspruch genommen werden. Zudem werden Verletzungen des Gebrauchsmusterschutzes mit Freiheits- und Geldstrafe geahndet (§ 25 GebrMG).

Die **Schutzdauer** beträgt gemäß § 23 GebrMG 3 Jahre ab dem Tag, der auf die Anmeldung folgt. Sie kann durch Zahlung einer Gebühr zunächst um 3 Jahre, danach um jeweils 2 Jahre bis auf höchstens 10 Jahre verlängert werden.

### 7.9.1.2.3 Bedeutung des Gebrauchsmusterrechts neben dem Patentrecht

Es ist durchaus sinnvoll, Gebrauchsmuster und Patent **nebeneinander** anzumelden. Denn die Schutzwirkung des Gebrauchsmusters steht nicht hinter der Schutzwirkung des Patents zurück. Das Eintragungsverfahren eines Gebrauchsmusters ist bei mängelfreier Anmeldung schnell abgeschlossen. Daher bietet sich an, die schutzlose Zeit zwischen Patentanmeldung und Patenteintragung durch den Gebrauchsmusterschutz zu überbrücken.

### 7.9.1.3 Der Markenschutz

Der Markenschutz ist im Gesetz zur Reform des Markenrechts (Markengesetz – MarkenG) geregelt. Dieses Gesetz setzt die Richtlinie der Europäischen Wirtschaftsgemeinschaft zur Angleichung der Rechtsvorschriften der Mitgliedsstaaten über die Marken in innerstaatliches Recht um. Es trat im Januar 1995 in Kraft.

Zuvor war das Markenrecht im Warenzeichengesetz geregelt; aber auch in anderen Gesetzen fanden sich vereinzelt Vorschriften, die heute in das Markengesetz eingegliedert sind (z. B. § 16 UWG, Schutz geschäftlicher Bezeichnungen).

Das **Markengesetz** schützt Marken, geschäftliche Bezeichnungen und geografische Herkunftsangaben. Die folgende Übersicht stellt die Struktur des Markengesetzes dar.

| Schutz von Marken | | | Schutz von geschäftlichen Bezeichnungen | Schutz von geografischen Herkunftsangaben |
|---|---|---|---|---|
| Eingetragene Marken § 4 Nr. 1 | Benutzungs- Marken § 4 Nr. 2 | Notorisch bekannte Marken § 4 Nr. 3 | § 5 | § 126 |
| Schutzinhalt des Rechtes § 14 | | | Schutzinhalt des Rechtes § 15 | Schutzinhalt des Rechtes § 127 |
| Rechte des Inhabers gegen Dritte: Unterlassungsanspruch, §§ 14, 15; Schadensersatzanspruch, §§ 14, 15; Vernichtungsanspruch, § 18; Auskunftsanspruch, § 19 | | | | Rechte des Inhabers gegen Dritte: Unterlassungsanspruch, Schadensersatzanspruch, § 128 |
| Verjährung der Ansprüche gegen Dritte: § 20, drei Jahre ab Kenntnis der Verletzung, sonst dreißig Jahre | | | | |

Die Struktur des Markengesetzes

### 7.9.1.3.1 Schutz einer Marke

**Die Marke**

Marken sind Zeichen, die geeignet sind, Waren oder Dienstleistungen eines Unternehmers von denjenigen anderer Unternehmer zu unterscheiden (§ 3 Abs.1 MarkenG).

Als Zeichen in diesem Sinne kommen insbesondere Wörter, Personennamen, Abbildungen u. a. in Betracht. Das Zeichen muss **unterscheidungskräftig** sein, wobei die abstrakte Unterscheidungseignung ausreicht. Zudem muss die Marke gegenüber der Ware selbstständig sein, d. h. sie darf nicht mit der Ware identisch sein, zu deren Identifizierung sie auf dem Markt dient.

Dem Markenschutz nicht zugänglich sind Zeichen, die ausschließlich aus einer Form bestehen,

- die durch die Art der Ware selbst bedingt ist,
- die zur Erreichung einer technischen Wirkung erforderlich ist oder
- die der Ware einen wesentlichen Wert verleiht.

Diese Ausnahmen sollen verhindern, dass die genannten Eigenschaften der Ware durch den Markenschutz geschützt werden.

**Entstehung des Markenschutzes**

Der Markenschutz entsteht gemäß § 4 MarkenG auf drei verschiedene Weisen.

**1. Eintragung eines Zeichens in das vom Patentamt geführte Markenregister**

Ein Zeichen wird unter folgenden Voraussetzungen in das Markenregister eingetragen:

- Es muss die Zeicheneigenschaft im Sinne von § 3 MarkenG (s.o.) vorliegen.
- Es dürfen keine absoluten Schutzhindernisse im Sinne des § 8 MarkenG vorhanden sein, z. B. Verstoß des Zeichens gegen die guten Sitten.
- Die Anmeldung zur Eintragung der Marke muss beim Patentamt eingereicht werden, § 32 MarkenG. Die Anmeldung muss Folgendes enthalten: Name und Anschrift des Anmelders, Wiedergabe der Marke und ein Verzeichnis der Waren oder Dienstleistungen, für die die Eintragung beantragt wird.
- Es muss die Anmeldegebühr entrichtet werden.

Das Patentamt prüft die Anmeldung auf formelle Mängel und **absolute** Eintragungshindernisse. Liegen beide nicht vor, wird die Marke eingetragen und veröffentlicht. Innerhalb von drei Monaten nach dem Tag der Veröffentlichung kann ein Inhaber einer Marke mit älterem Zeitrang Widerspruch gegen die Eintragung erheben. Bei berechtigtem Widerspruch wird die neue eingetragene Marke gelöscht.

Eine Marke wird auch dann gelöscht, wenn ein **relatives** Schutzhindernis gemäß § 9 MarkenG vorliegt, das ein Dritter geltend macht. Beispiele für derartige Schutzhindernisse sind Identität der Marke mit einer angemeldeten oder eingetragenen Marke älteren Zeitrangs oder Verwechslungsgefahr der Marke mit einer Marke älteren Zeitrangs.

Die **Schutzdauer** einer eingetragenen Marke beginnt mit dem Anmeldetag und endet zehn Jahre später. Gegen Zahlung einer Gebühr kann die Schutzdauer um jeweils zehn Jahre verlängert werden. Die Schutzwirkung einer eingetragenen Marke erlischt, wenn die Marke fünf Jahre nicht benutzt wurde (§ 25 MarkenG).

**2. Benutzung eines Zeichens im geschäftlichen Verkehr**

Nicht nur durch Eintragung, sondern auch durch Benutzung eines Zeichens im geschäftlichen Verkehr kann markenrechtlicher Schutz entstehen. Voraussetzung hierfür ist, dass das Zeichen innerhalb beteiligter Verkehrskreise als Marke **Verkehrsgeltung** erlangt hat. Das bedeutet, dass die Marke innerhalb beteiligter Verkehrskreise als Kennzeichen des Geschäftsbetriebs gelten muss. Die Kennzeichnung muss also mit einem bestimmten Unternehmen in Verbindung gebracht und als entsprechender Hinweis angesehen werden.

**3. Notorische Bekanntheit einer Marke**

Markenschutz kann auch durch die notorische Bekanntheit im Sinnes des Art. 6 der Pariser Verbandsübereinkunft entstehen. Notorisch bekannt ist eine Marke, wenn deren Benutzung innerhalb der beteiligten inländischen Verkehrskreise allgemein bekannt ist. Was für ein Bekanntheitsgrad konkret erforderlich ist, ist durch Auslegung des Einzelfalls zu ermitteln.

Die **Schutzwirkung** einer Marke ergibt sich aus §§14 ff MarkenG. Der Inhaber hat ein ausschließliches Recht; Dritten ist untersagt, identische oder ähnliche Zeichen für identische Waren oder Dienstleistungen zu verwenden. Der Inhaber kann bei Zuwiderhandlung Unterlassung und Schadensersatz verlangen.

Gemäß §18 MarkenG kann der Markeninhaber außerdem die Vernichtung der widerrechtlich gekennzeichneten Gegenstände verlangen, die sich im Eigentum oder Besitz des Verletzers befinden.

Aus §19 MarkenG ergibt sich die Berechtigung, vom Verletzer Auskunft über die Herkunft und den Vertriebsweg der widerrechtlich gekennzeichneten Gegenstände zu fordern.

Die Verletzung des Markenschutzes ist gemäß §143 MarkenG als Kennzeichenverletzung strafbar.

### 7.9.1.3.2 Schutz von geschäftlichen Bezeichnungen

Auch geschäftliche Bezeichnungen unterliegen dem Schutz des Markengesetzes. Geschäftliche Bezeichnungen sind Unternehmenskennzeichen und Werktitel.

**Unternehmenskennzeichen** sind unterscheidungskräftige Zeichen, die im geschäftlichen Verkehr als Name, Firma oder als besondere Bezeichnung eines Geschäftsbetriebes genutzt werden.

Dazu gehören auch Geschäftsabzeichen und sonstige unterscheidungskräftige Zeichen (z. B. Bildsymbole, Gestaltung eines Firmenwagens), die innerhalb der beteiligten Verkehrskreise als Kennzeichen des Geschäftsbetriebes gelten. Zu den beteiligten Verkehrskreisen gehören sowohl Firmen, die mit dem Unternehmen in geschäftlichem Kontakt stehen, als auch der Kreis der Endverbraucher.

Die territoriale Ausdehnung des Schutzbereiches für Unternehmenskennzeichen umfasst grundsätzlich das gesamte Bundesgebiet. Bei Geschäftszeichen und sonstigen Zeichen, die den Schutz erst mit nachgewiesener Verkehrsgeltung erlangen, ist die territoriale Ausdehnung des Schutzes auf das Gebiet beschränkt, in dem die Bezeichnung Verkehrsgeltung erlangt hat.

**Werktitel** sind unterscheidungskräftige Namen oder besondere Bezeichnungen von Druckschriften, Film- und Tonwerken, Bühnenwerken oder sonstigen vergleichbaren Werken. Die Schutzwirkung entsteht durch die Benutzung des unterscheidungskräftigen Titels im nach außen gerichteten Geschäftsverkehr. Durch bloße Vorbereitungsmaßnahmen wird kein markengesetzlicher Schutz begründet.

Die Rechte des Inhabers einer geschützten **geschäftlichen Bezeichnung** ergeben sich aus § 15 MarkenG. Er kann jedem Dritten verbieten, seine geschäftliche Bezeichnung im geschäftlichen Verkehr zu benutzen oder ein ähnliches Zeichen zu verwenden, das die Gefahr von Verwechslungen in sich birgt. Bei Gleichheit eines Unternehmenskennzeichens auf Grund identischen bürgerlichen Namens muss die Verwechslungsgefahr durch Zusätze vermindert werden.

Der Inhaber einer geschützten geschäftlichen Bezeichnung hat wie der Markenrechtsinhaber einen Vernichtungs- und Auskunftsanspruch aus §§ 18, 19 MarkenG. Außerdem kann der Inhaber der geschützten geschäftlichen Bezeichnung Schadensersatz verlangen.

Die Verletzung der geschützten geschäftlichen Bezeichnung ist gemäß §143 MarkenG außerdem strafbar.

### 7.9.1.3.3 Schutz einer geografischen Herkunftsangabe

Schutzfähige geografische Herkunftsangaben im Sinne des MarkenG sind Namen von Orten, Gegenden, Gebieten oder Ländern, sowie sonstige Angaben oder Zeichen, die im geschäftlichen Verkehr zur Kennzeichnung der geografischen Herkunft von Waren oder Dienstleistungen benutzt werden.

Nicht unter diesen Schutz fallen Gattungsbezeichnungen. Dies sind Bezeichnungen, die zwar eine geografische Angabe enthalten, die jedoch ihre ursprüngliche Bedeutung verloren haben und nun als Name oder Angabe einer Art, einer Beschaffenheit oder sonstiger Eigenschaften dienen. Beispiele für derartige Gattungsbezeichnungen sind »Wiener Schnitzel« oder »Nizza-Salat«.

Nach dem MarkenG geschützte Herkunftsangaben dürfen nur zur Bezeichnung von Waren und Dienstleistungen verwendet werden, die aus dem bezeichneten Gebiet stammen. Hat die durch die geografische Herkunftsangabe bezeichnete Ware oder Dienstleistung eine besondere Qualität, dürfen nur Produkte gleicher Qualität diese geografische Herkunftsangabe führen.

Der Verletzer dieses Schutzrechts kann auf Schadensersatz und Unterlassung in Anspruch genommen werden. Zudem ist die widerrechtliche Benutzung einer geografischen Herkunftsangabe strafbar.

Auf internationaler Ebene werden geografische Herkunftsangaben durch weitere Rechtsquellen geschützt. Die Pariser Verbandsübereinkunft (PVÜ) verbietet in Art. 9,10 die Verwendung falscher Herkunftsangaben. In Art. 1 des Madrider Herkunftsabkommens (MHA) wird die irreführende Verwendung von Angaben über die Herkunft untersagt.

Daneben gibt es für Weine, Spirituosen, Agrarerzeugnisse und Lebensmittel Verordnungen der EWG/EU zum Schutz von Ursprungsbezeichnungen.

### 7.9.1.3.4 Zusammentreffen von mehreren Rechten nach dem Markengesetz

Wenn mehrere markengesetzlich geschützte Rechte zusammentreffen, bestimmt sich der Vorrang der Rechte nach § 6 MarkenG. Das Recht mit dem ältesten Zeitrang hat vor dem neueren Bestand. Bei angemeldeten oder eingetragenen Marken wird der Zeitrang durch den Anmeldetag bestimmt.

In den anderen Fällen des markenrechtlichen Schutzes ist der Tag maßgebend, an dem das Recht erworben wurde. Bei der Benutzungsmarke ist dies der Tag, an dem Verkehrsgeltung erreicht wird, bei der geschäftlichen Bezeichnung der Zeitpunkt der Benutzungsaufnahme.

## 7.9.1.4 Der Geschmacksmusterschutz

Der Geschmacksmusterschutz ist in dem Gesetz betreffend das Urheberrecht an Mustern und Modellen, kurz **Geschmacksmustergesetz (GeschMG)** geregelt. Dieses Gesetz schützt den Urheber eines gewerblichen Musters oder Modells dahingehend, dass nur er berechtigt ist, das Muster oder Modell ganz oder teilweise nachzubilden.

Als Muster wird die flächenhafte Gestaltung, als Modell die plastische Gestaltung eines Erzeugnisses angesehen. Gewerblichkeit des Musters oder Modells ist zu bejahen, wenn es als Vorlage für die Nachbildung oder Vervielfältigung dienen kann, also gewerblich **verwertbar** ist. Nur neue und eigentümliche Erzeugnisse gelten gemäß § 3 Abs. 2 GeschMG als Muster.

**Neuheit** liegt vor, wenn die Gestaltungselemente, die die Eigentümlichkeit des Musters begründen, im Anmeldezeitpunkt in inländischen Fachkreisen unbekannt sind oder bei zumutbarer Beachtung der auf den einschlägigen oder benachbarten Gewerbegebieten vorhandenen Gestaltungen nicht bekannt sein konnten. Zumutbar ist hierbei die Beachtung von Fachzeitschriften und Fachmessen.

Gemäß § 13 GeschMG wird zugunsten des Anmelders eines Musters vermutet, dass das angemeldete Muster zum Zeitpunkt der Anmeldung neu ist. Ein potenzieller Gegner des Musterinhabers muss also den Mangel der Neuheit beweisen.

**Eigentümlichkeit** eines Musters ist gegeben, wenn seine ästhetischen Merkmale das Ergebnis einer eigenpersönlichen, form- und farbschöpferischen Leistung sind, die über das Durchschnittskönnen eines mit der Kenntnis des betreffenden Fachgebiets ausgerüsteten Mustergestalters hinausgeht.

### 7.9.1.4.1 Voraussetzungen des Geschmacksmusterschutzes

Der Urheber eines Musters erlangt den Schutz gegen Nachbildung nur, wenn er dieses beim Deutschen Patentamt zur Eintragung in das Musterregister **anmeldet** (§ 7 GeschMG). Die Anmeldung muss Folgendes enthalten:

– Den schriftlichen Eintragungsantrag;

– eine fotografische oder sonstige grafische Darstellung des Musters, die diejenigen Merkmale deutlich und vollständig offenbart, für die der Schutz nach dem GeschMG beansprucht wird.

Entspricht die Anmeldung den genannten Erfordernissen, wird das angemeldete Muster in das Musterregister eingetragen und mit einer Abbildung im Geschmacksmusterblatt bekannt gemacht.

Ob das angemeldete Muster tatsächlich neu und eigentümlich ist, wird nicht geprüft. Das Geschmacksmuster ist – wie das Gebrauchsmuster – ein **ungeprüftes Schutzrecht**. Ob es rechtlichen Bestand hat, stellt sich erst in einem eventuellen Verletzungsprozess heraus.

Die Eintragung in das Musterregister ist kein Hoheitsakt, sondern hat rein deklaratorische Bedeutung. Die sich nach dem GeschMG entfaltende Schutzwirkung entsteht mit der Anmeldung.

### 7.9.1.4.2 Wirkung des Geschmacksmusterschutzes

Nach der Anmeldung hat der Urheber das **ausschließliche** Benutzungsrecht. Jede Nachbildung, die in der Absicht sie zu verbreiten hergestellt wird, oder die Verbreitung einer derartigen Nachbildung ohne Genehmigung des Berechtigten ist verboten (§ 5 GeschMG).

Als verbotene Nachbildung gelten auch Nachbildungen in anderen räumliche Abmessungen oder Farben. Auch Nachbildungen, die sich vom Original durch schwer wahrnehmbare Abänderungen unterscheiden, sind verboten. Zulässig hingegen ist die Anfertigung einer Einzelkopie für den **privaten Bereich** ohne die Absicht einer gewerblichen Verbreitung (§ 6 GeschMG).

Bei einer **Verletzung** des Geschmacksmusterrechts kann der Rechtsinhaber gemäß § 14 a GeschMG Schadensersatz oder die Herausgabe des durch die Nachbildung erzielten Gewinns verlangen. Bei Wiederholungsgefahr kann der Rechtsinhaber auf Unterlassung klagen.

Zudem ist die verbotene Nachbildung eines Musters nach § 14 GeschMG strafbar.

Der Geschmacksmusterschutz dauert gemäß § 9 GeschMG fünf Jahre. Vor Ablauf der Schutzdauer kann durch Zahlung einer Gebühr die Dauer um jeweils weitere fünf Jahre (bis auf höchstens 20 Jahre) verlängert werden.

### 7.9.1.5 Übertragung der Schutzrechte

Alle gewerblichen Schutzrechte gehen durch Erbfall auf den Erben über und können durch Rechtsgeschäft übertragen werden. Unterschieden werden die unbeschränkte und die beschränkte Übertragung.

#### 7.9.1.5.1 Unbeschränkte Übertragung

Durch eine unbeschränkte Übertragung tritt der Rechtsinhaber alle ihm zustehenden Rechte an den Erwerber ab. Das Verpflichtungsgeschäft, das den rechtlichen Grund für die Übertragung des Schutzrechts darstellt, kann ein Rechtskauf sein, für den die §§ 433 ff BGB gelten (vgl. zum Kaufvertrag Abschn. 10.2.3.1).

Die Übertragung des Rechts erfolgt gemäß §§ 413, 398 BGB im Wege der **Abtretung** des Schutzrechts an den Erwerber. Der Rechtsübergang wird auf Antrag beim Patentamt eingetragen (z. B. in die Patentrolle oder das Markenregister).

#### 7.9.1.5.2 Beschränkte Übertragung – Lizenz

Mit einer beschränkten Übertragung räumt der Schutzrechtsinhaber dem Erwerber nur Nutzungsrechte ein. Dies geschieht durch die Vergabe einer **Lizenz**.

Der Lizenzvertrag ist ein schuldrechtlicher Vertrag eigener Art, der sich am ehesten mit einem Pachtvertrag vergleichen lässt. Er ist formfrei, aber aufgrund besserer Beweislage ist zur Schriftform anzuraten. Der Lizenznehmer erhält das Recht, die Erfindung u. a. im Rahmen der bestehenden Lizenz für sich zu nutzen und die erzielten Gewinne zu behalten. Als Gegenleistung entrichtet er an den Lizenzgeber eine Lizenzgebühr. Der Vertrag endet mit der vertraglich vereinbarten Laufzeit, ordentlicher oder außerordentlicher Kündigung. Nach Ende des Vertrages darf der Lizenznehmer die Erfindung nicht weiter nutzen, sonst haftet er als Schutzrechtsverletzer.

Es ist zwischen der nicht ausschließlichen (einfachen) Lizenz und der ausschließlichen Lizenz zu unterscheiden:

Mit der **einfachen Lizenz** erhält der Lizenznehmer neben dem Lizenzgeber das Recht zur Nutzung des geschützten Rechts. Der Lizenzgeber kann sein Schutzrecht in vollem Umfang weiter nutzen – auch durch die Lizenzvergabe an andere Lizenznehmer.

Durch die **ausschließliche Lizenz** erhält der Lizenznehmer das Recht, das geschützte Recht unter Ausschluss jedes anderen – auch des Lizenzgebers – zu nutzen.

#### 7.9.1.5.3 Zwangslizenz

Das PatG und das GebrMG sehen die Vergabe einer Zwangslizenz vor, wenn sich der Schutzrechtsinhaber trotz gebotener angemessener Gegenleistung weigert, einem anderen die Benutzung der Erfindung zu gestatten.

Voraussetzung für die Vergabe einer Zwangslizenz ist jedoch, dass die Lizenzvergabe im **öffentlichen Interesse** geboten ist. Ob das öffentliche Interesse vorliegt, hängt vom Einzelfall ab.

Es liegt vor, wenn die Benutzung der Erfindung für die Allgemeinheit einen wesentlichen Nutzen bringt, der im Verhältnis zum Schutzrechtsinhaber als eindeutig höherrangig einzustufen ist. Hier ist eine Interessenabwägung vorzunehmen, in der alle Gesichtspunkte, die für oder gegen das Vorliegen des öffentlichen Interesses sprechen, gegeneinander zu gewichten sind. Zu wertende Gesichtspunkte für das öffentliche Interesse sind beispielsweise sozialpolitische oder medizinische Faktoren (z. B. Sicherung von Arbeitsplätzen oder Arznei, mit der Krebs wirksam behandelt werden kann).

## 7.9.2 Arbeitnehmererfindungen

Vielfältige Erfindungen beruhen auf Ideen von Arbeitnehmern. Einerseits stellen solche Erfindungen eine geistige Eigenleistung des Arbeitnehmer dar, andererseits werden derartige Erfindungen erst durch die Bereitstellung des Umfeldes durch den Arbeitgeber geschaffen, der zudem auch die Arbeitsleistung des Arbeitnehmer entlohnt.

Der rechtliche Umgang mit Erfindungen eines Arbeitnehmers ist im **Gesetz über Arbeitnehmererfindungen (ArbEG)** geregelt. Dieses Gesetz löst den Interessenkonflikt zwischen dem Arbeitgeber und dem Arbeitnehmer, dem grundsätzlich das ausschließliche Recht an seiner Erfindung zusteht (vgl. § 6 PatG).

Das ArbEG unterscheidet Erfindungen von technischen Verbesserungsvorschlägen.

### 7.9.2.1 Erfindungen im Sinne des Gesetzes über Arbeitnehmererfindungen (ArbEG)

Erfindungen im Sinne des ArbEG sind nur patent- oder gebrauchsmusterfähige Erfindungen. Sie werden unterteilt in gebundene (Diensterfindungen) und freie Erfindungen.

**Diensterfindungen** (§ 4 ArbEG) sind während der Dauer des Arbeitsverhältnisses gemachte Erfindungen, die entweder

– aus der dem Arbeitnehmer im Betrieb oder in der öffentlichen Verwaltung obliegenden Tätigkeit entstanden sind oder

– maßgeblich auf Erfahrungen oder Arbeiten des Betriebes oder öffentlichen Verwaltung beruhen.

Gemäß § 5 ArbEG hat der Arbeitnehmer, der eine Diensterfindung gemacht hat, sie unverzüglich dem Arbeitgeber schriftlich zu melden und dabei kenntlich zu machen, dass es sich um eine Erfindung handelt. Der Arbeitgeber kann dann gemäß § 6 ArbEG die Diensterfindung in Anspruch nehmen, hat dem Arbeitnehmer aber eine angemessene Vergütung zu zahlen. Der Bundesminister für Arbeit und Sozialordnung erlässt Richtlinien über die Bemessung der Vergütung (§ 11 ArbEG).

Darüber hinaus muss der Arbeitgeber die Diensterfindung zur Erteilung eines Schutzrechtes (z. B. Erteilung eines Patents) anmelden. Durch die Inanspruchnahme der Diensterfindung seitens des Arbeitgebers gehen alle Rechte an der Diensterfindung auf ihn über. Der Arbeitnehmer erhält die uneingeschränkten Rechte an der Diensterfindung zurück, sobald der Arbeitgeber sie gemäß § 8 ArbEG freigibt.

Erfindungen des Arbeitnehmers, die nicht Diensterfindungen sind, sind **freie Erfindungen** (§ 4 Abs. 3 ArbEG).

Für diese Erfindungen trifft den Arbeitnehmer gemäß § 18 ArbEG eine schriftliche Mitteilungspflicht dem Arbeitgeber gegenüber. Diese Mitteilung muss inhaltlich so gefasst sein, dass dem Arbeitgeber die Beurteilung ermöglicht wird, ob die Erfindung eine freie Erfindung ist oder ob nicht doch eine Diensterfindung vorliegt.

Falls der Arbeitgeber nicht innerhalb von 3 Monaten nach Zugang der Mitteilung des Arbeitnehmers die Freiheit der Erfindung bestreitet, kann er anschließend die Erfindung nicht mehr als Diensterfindung in Anspruch nehmen, selbst wenn sie eine ist.

Neben der Mitteilungspflicht des Arbeitnehmers besteht für ihn gemäß § 19 ArbEG die Pflicht, dem Arbeitgeber ein Recht zur Benutzung an der freien Erfindung anzubieten, wenn die Erfindung in den Arbeitsbereich des Betriebes fällt. Dieses Angebot muss zu angemessenen Bedingungen abgegeben werden und kann gleichzeitig mit der Mitteilung erfolgen.

Zur Förderung des Wissens- und Technologietransfers zwischen Hochschulen und Wirtschaft trat im Februar 2002 eine Änderung des Gesetzes über Arbeitnehmererfindungen in Kraft. Danach wird den Hochschulen die Möglichkeit eröffnet, alle wirtschaftlich nutzbaren Erfindungen in ihrem Bereich schützen zu lassen und effektiver einer industriellen Verwertung zuzuführen. Zudem sollen Hochschul-Erfinder durch eine Besserstellung in der Vergütung ihrer Erfindung angeregt werden, an der Verwertung ihrer Erfindung mitzuwirken.

### 7.9.2.2 Technische Verbesserungsvorschläge

Technische Verbesserungsvorschläge sind Vorschläge des Arbeitnehmers für technische Neuerungen, die nicht patent- oder gebrauchsmusterfähig sind (§ 3 ArbEG).

Falls ein technischer Verbesserungsvorschlag dem Arbeitgeber eine ähnliche Vorzugsstellung gewährt wie ein gewerbliches Schutzrecht und der Arbeitgeber den Verbesserungsvorschlag verwertet, hat der Arbeitnehmer einen Anspruch auf angemessene Vergütung (§ 20 ArbEG). Für andere technische Verbesserungsvorschläge bleibt die Behandlung einer Regelung durch Vertrag, Tarifvertrag oder Betriebsvereinbarung überlassen.

### 7.9.2.3 Rechtsschutz

Für alle Streitfälle zwischen Arbeitnehmer und Arbeitgeber auf Grund des ArbEG kann eine Schiedsstelle, die bei dem Patentamt eingerichtet wird, angerufen werden. Die Schiedsstelle hat zu versuchen, eine gütliche Einigung herbeizuführen. Für dieses Verfahren werden weder Gebühren noch Auslagen erhoben.

## 7.9.3 Verbraucherschutz bei fehlerhaften Produkten

Der Verbraucher ist bei Erwerb oder Benutzung eines fehlerhaften Produktes durch verschiedene Rechtsmaterien geschützt.

Durch das **Geräte- und Produktsicherheitsgesetz (GPSG)** werden Hersteller und Händler verpflichtet, nur sichere Produkte in den Umlauf zu bringen. Zudem hat der Verbraucher sowohl die Möglichkeit, das Produkt zu rügen (vgl. Abschn. 10.2.3.1.3, **Mängelrüge beim Kaufvertrag**), als auch Ansprüche aus der Produkthaftung geltend zu machen. Diese können entweder aus dem **Produkthaftungsgesetz** stammen (vergl. Buch 1, Abschn. 3.7.3) oder **deliktischer Natur** sein (hierzu noch ausführlich Abschn. 7.9.3.2).

### 7.9.3.1 Geräte- und Produktsicherheitsgesetz (GPSG)

Der Zweck dieses Anfang 2004 in Kraft getretenen Gesetzes ist es zu bewirken,

– dass Hersteller und Händler dem Verbraucher nur **sichere Produkte** zur Nutzung überlassen,

- dass die Sicherheit technischer **Arbeitsmittel** gewährleistet ist,
- dass die CE- Kennzeichnung und das GS- Zeichen für »geprüfte Sicherheit« nur in den **gesetzlich zugelassenen** Fällen verwendet werden.

Das **GPSG** dient der Umsetzung der Richtlinie 2001/95EG des Europäischen Parlaments vom 3. Dezember 2001 über die allgemeine Produktsicherheit. Durch dieses Gesetz werden das bisherige Gerätesicherheitsgesetz, das sich vornehmlich auf technische Arbeitsmittel bezog, und das Produktsicherheitsgesetz, das auf die Sicherheit von Produkten für den privaten Gebrauch zielte, zusammengeführt.

Der Anwendungsbereich dieses Gesetzes erstreckt sich auf das Inverkehrbringen und Ausstellen aller Produkte, das selbstständig im Rahmen einer wirtschaftlichen Unternehmung erfolgt. »Produkte« sind technische Arbeitsmittel und Verbraucherprodukte.

Dies gilt auch für **gebrauchte** Produkte, soweit es sich nicht um Antiquitäten handelt oder der Verbraucher darüber aufgeklärt wurde, dass das Produkt vor seiner Verwendung aufgearbeitet werden müsse.

Inverkehrbringen ist jede Überlassung eines Produktes an einen anderen; Ausstellen ist das Aufstellen oder Vorführen von Produkten zum Zwecke der Werbung. Wichtig ist, dass die Einfuhr eines Produktes in den Europäischen Wirtschaftsraum einem Inverkehrbringen des Produktes gleichsteht.

Die Anforderungen an die Gewährleistung von Sicherheit und Gesundheit sowie die Anforderungen an die Kennzeichnung und sonstiger Pflichten werden durch das Bundesministerium für Wirtschaft und Arbeit im Einvernehmen mit anderen Bundesministerien durch Rechtsverordnung geregelt.

Die Einhaltung dieser Anforderungen wird durch nach Landesrecht für zuständig erklärte Behörden im Rahmen eines **Überwachungskonzeptes** geprüft. Die Behörden werden dabei von der Bundesanstalt für Arbeitsschutz und Arbeitsmedizin unterstützt.

Verstöße gegen das GPSG werden mit einer **Geldbuße** bis zu 30.000 € und bei beharrlicher Wiederholung als **Straftatbestand** mit Freiheitsstrafe oder Geldstrafe geahndet.

### 7.9.3.2 Deliktische Produkthaftung

Die deliktische Produkthaftung ergibt sich aus **§ 823 BGB**:

Nach dieser Vorschrift ist der Hersteller, der widerrechtlich ein fehlerhaftes Produkt in den Verkehr gebracht hat und dadurch vorsätzlich oder fahrlässig eines der in § 823 BGB geschützten Rechtsgüter verletzt hat, zum Schadensersatz verpflichtet, auch wenn nach dem ProdHaftG keine Haftung gegeben ist.

Die **haftungsbegründende Handlung** ist das Inverkehrbringen des fehlerhaften Produktes. Die Rechtswidrigkeit wird durch den Verstoß des Herstellers gegen die ihm obliegende Verkehrssicherungspflicht begründet.

Das fehlerhafte Produkt muss einen **kausalen Schaden** an einem der geschützten Rechtsgüter verursacht haben. Die Kausalität des Schadens liegt vor, wenn das fehlerhafte Produkt nicht hinweg gedacht werden kann, ohne dass der konkret eingetretene Schaden entfiele.

Die **geschützten Rechtsgüter** sind:
- das Leben, der Körper, die Gesundheit, die Freiheit;
- das Eigentum (Zerstörung, Beschädigung, Verunstaltung, Entziehung der Sache, Beeinträchtigung des bestimmungsgemäßen Gebrauchs);

– sonstige Rechte (d. h. Rechte, die denselben ausschließlichen Charakter haben wie das Eigentum, die also von jedermann zu beachten sind, z. B. Vorkaufsrecht, Anwartschaftsrecht, Besitz, nicht jedoch das Vermögen).

Der Hersteller muss vorsätzlich oder fahrlässig gehandelt haben, d. h. es muss so genanntes **Verschulden** vorliegen. Vorsätzlich handelt, wer den Erfolg will; fahrlässig handelt, wer die im Verkehr erforderliche Sorgfalt missachtet.

Verschulden des Herstellers ist zu bejahen, wenn er zumindest fahrlässig gegen seine Verkehrssicherungspflicht zum Zeitpunkt des Inverkehrbringens verstößt. Der Hersteller muss sich bei Konstruktion und Produktion nach dem ermittelbaren Stand von Technik und Wissenschaft richten. Er muss Mitarbeiter sowie selbstständige Vertriebshändler umfassend informieren und überwachen. Schließlich muss er das Produkt nach dem Inverkehrbringen in Hinblick auf noch unbekannte schädliche Eigenschaften beobachten und es ggf. zurückrufen und die Allgemeinheit warnen.

Anspruchsberechtigt ist jeder Geschädigte. Zu ersetzen ist der gesamte Schaden inklusive eventueller Begleitschäden. Aus § 253 Abs.2 BGB ergibt sich zudem ein Anspruch auf Ersatz des immateriellen Schadens (»Schmerzensgeld«).

Es bestehen folgende Unterschiede zwischen deliktischer Produkthaftung und der Haftung nach dem ProdHaftG:

– Die deliktische Produkthaftung ist verschuldensabhängig.
– Bei der deliktischen Produkthaftung entfällt die Selbstbeteiligung in Höhe von 500 €, die das ProdHaftG in § 11 vorsieht.
– Im deliktischen Produkthaftungsrecht gibt es keinen Haftungshöchstbetrag, wie ihn § 10 ProdHaftG festschreibt.

## 7.9.4 Arbeitsschutzrecht

Der Arbeitsschutz ist Ausprägung der Sozialpolitik und dient dazu, Sicherheit, Gesundheit und Leben der Arbeitnehmer zu schützen. Das Gesamtsystem des Arbeitsschutzes in Deutschland setzt sich aus verschiedenen Rechtsquellen zusammen.

Im Folgenden werden das Arbeitsschutzgesetz, das Arbeitssicherheitsgesetz, die Arbeitsstättenverordnung und die Gefahrstoffverordnung behandelt (zum Arbeitnehmerschutz siehe auch Abschn. 6.9.2).

### 7.9.4.1 Arbeitsschutzgesetz (ArbSchG)

Das Arbeitsschutzgesetz trat am 21.08.1996 in Kraft und setzt die »EG-Rahmenrichtlinie Arbeitsschutz (89/391 EWG)« in deutsches Arbeitsschutzrecht um.

Dieses Gesetz stellt eine Art »**Grundgesetz des betrieblichen Arbeitsschutzes**« dar, indem es allgemeine Pflichten auf dem Gebiet des Arbeitsschutzes festschreibt, auf speziellere Arbeitsschutzvorschriften verweist und Pflichten zur Gewährleistung von Sicherheit und Gesundheitsschutz von Beschäftigten nach anderen Rechtsvorschriften ausdrücklich unberührt lässt.

Durch seine allgemeine Ausgestaltung hat das ArbSchG direkten oder indirekten Einfluss auf das übrige Arbeitsschutzrecht.

Das ArbSchG dient dazu, Sicherheit und Gesundheitsschutz der Beschäftigten bei der Arbeit durch **Maßnahmen des Arbeitsschutzes** zu sichern und zu verbessern (§ 1 ArbSchG). Es gilt in allen Tätigkeitsbereichen; ausgenommen von der Geltung sind Hausangestellte in privaten Haushalten, Beschäftigte auf Seeschiffen sowie in Betrieben, die dem Bundesberggesetz unterliegen (wenn dafür entsprechende Rechtsvorschriften bestehen).

Maßnahmen im Sinne des ArbSchG sind solche

– zur Verhütung von Unfällen bei der Arbeit,
– zur Verhütung arbeitsbedingter Gesundheitsgefahren,
– der menschengerechten Gestaltung bei der Arbeit.

Es ist ständige Aufgabe aller Beteiligten, die Zielsetzung des ArbSchG zu verfolgen. Daher bestimmt das Gesetz sowohl Pflichten des Arbeitgebers wie auch Pflichten der Beschäftigten, die im Folgenden in Grundzügen dargestellt werden.

### 7.9.4.1.1 Pflichten des Arbeitgebers

Die Grundpflichten (§ 3 ArbSchG) des Arbeitgebers bestehen darin, die erforderlichen Arbeitsschutzmaßnahmen unter Berücksichtigung der Umstände zu **treffen**, die die Sicherheit und Gesundheit der Beschäftigten bei der Arbeit beeinflussen, diese Maßnahmen auf ihre Wirksamkeit zu **prüfen** und sie ggf. anzupassen. Ziel muss für den Arbeitgeber die Verbesserung von Sicherheit und Gesundheitsschutz der Beschäftigten sein. Die Kosten der getroffenen Maßnahmen dürfen nicht auf die Beschäftigten abgewälzt werden, sondern sind vom Arbeitgeber zu tragen.

In § 4 ArbSchG werden diese Grundpflichten des Arbeitgebers durch verschiedene Grundsätze weiter konkretisiert:

Beispielsweise ist die Arbeit so zu gestalten, dass eine Gefährdung für Leben und Gesundheit möglichst vermieden und die verbleibende Gefährdung möglichst gering gehalten wird. Zudem sind Gefahren **präventiv** an ihrer Quelle zu bekämpfen. Der Arbeitgeber muss die Arbeitsschutzmaßnahmen nach dem Stand der Technik, der Arbeitsmedizin, der Hygiene sowie sonstigen arbeitswissenschaftlichen Erkenntnissen auswählen. Aus diesem Grundsatz folgt für den Arbeitgeber, dass erforderliche Arbeitsschutzmaßnahmen mit der Entwicklung der Technik und Arbeitswissenschaft Schritt halten und ggf. verbessert werden müssen.

Nach § 6 ArbSchG trifft den Arbeitgeber die Pflicht zur **Dokumentation** der Gefährdungsbeurteilung, der vom Arbeitgeber festgelegten Arbeitsschutzmaßnahmen und der Ergebnisse deren Überprüfung. Die Dokumentationspflicht dient dazu, den betrieblichen Arbeitsschutz transparent zu machen.

Wenn in einem Betrieb zehn oder weniger Beschäftigte vorhanden sind, besteht diese Dokumentationspflicht grundsätzlich nicht. Es kann aber in anderen Rechtsvorschriften festgeschrieben sein, dass auch für diese Betriebe die Arbeitsschutzmaßnahmen zu dokumentieren sind, wie z. B. in § 20 GefStoffV für den Umgang mit Gefahrstoffen; daher ist eine Dokumentation stets anzuraten.

Aus § 12 ArbSchG folgt für den Arbeitgeber die Pflicht, die Beschäftigten über Sicherheit und Gesundheitsschutz bei der Arbeit während ihrer Arbeitszeit ausreichend und angemessen zu **unterweisen**. Erforderlich sind eigens auf den konkreten Arbeitsplatz oder Aufgabenbereich abgestimmte Weisungen und Erläuterungen. Bei Veränderungen ist eine neue Unterweisung notwendig. Zweck dieser Vorschrift ist, den Beschäftigten in die Lage zu versetzen, eine Gefährdung zu erkennen und sich den Arbeitsschutzmaßnahmen entsprechend verständig verhalten zu können.

### 7.9.4.1.2 Pflichten der Beschäftigten

Die Beschäftigten sind gemäß § 15 ArbSchG verpflichtet, nach ihren Möglichkeiten unter Weisung des Arbeitgebers für ihre Sicherheit und Gesundheit bei der Arbeit Sorge zu tragen, darüber hinaus ebenfalls für die Sicherheit und Gesundheit der Personen, die von ihren Handlungen oder Unterlassungen bei der Arbeit betroffen sind. Insbesondere müssen die Beschäftigten alle Arbeitsmittel, Schutzvorrichtungen und ihnen zur Verfügung gestellten **Schutzausrüstungen** bestimmungsgemäß verwenden.

Sollte ein Beschäftigter die Pflicht zur Eigenvorsorge verletzen, kann der Arbeitgeber mit Abmahnung und Kündigung dagegen vorgehen. Dies beruht auf der Einsicht, dass die besten Arbeitsschutzmaßnahmen ins Leere laufen, wenn die Beschäftigten sich nicht sicherheitsgerecht verhalten.

Eine weitere Pflicht besteht darin, dem Arbeitgeber jede festgestellte unmittelbare Gefahr für Sicherheit und Gesundheit zu **melden**. Darüber hinaus hat jeder Beschäftigte das Recht, dem Arbeitgeber Vorschläge zu allen Fragen der Sicherheit und des Gesundheitsschutzes bei der Arbeit zu machen.

Sollten Beschäftigte auf Grund konkreter Anhaltspunkte der Auffassung sein, dass vom Arbeitgeber getroffene Maßnahmen nicht ausreichen, um die Sicherheit und den Gesundheitsschutz bei der Arbeit zu gewährleisten und schafft der Arbeitgeber auf eine hierauf gerichtete Beschwerde keine Abhilfe, können sie sich an die zuständige Behörde wenden, ohne dass ihnen hierdurch irgendwelche Nachteile entstehen dürfen.

### 7.9.4.2 Arbeitssicherheitsgesetz (ASiG)

Das Gesetz über **Betriebsärzte**, **Sicherheitsingenieure** und andere **Fachkräfte für Arbeitssicherheit** wird kurz als Arbeitssicherheitsgesetz bezeichnet. Nach Maßgabe dieses Gesetzes muss der Arbeitgeber Betriebsärzte und andere Fachkräfte für Arbeitssicherheit bestellen, die den Arbeitgeber bei Arbeitsschutz und Unfallverhütung unterstützen.

Die Kriterien für die Pflicht des Arbeitgebers zur Bestellung sind:

– Betriebsart und die damit für den Arbeitnehmer verbundenen Gefahren,

– Zahl der beschäftigten Arbeitnehmer und Zusammensetzung der Arbeitnehmerschaft,

– Betriebsorganisation, insbesondere in Hinblick auf die Zahl und Art der für den Arbeitsschutz verantwortlichen Personen.

Die bestellten Betriebsärzte und Fachkräfte sind verpflichtet, mit dem Betriebsrat und mit anderen im Betrieb für Angelegenheiten der technischen Sicherheit, des Gesundheits- und des Umweltschutzes beauftragten Personen zusammenzuarbeiten.

### 7.9.4.3 Arbeitsstättenverordnung (ArbStättV)

Die Arbeitsstättenverordnung dient der Verbesserung der Arbeitsbedingungen und des Arbeitsschutzes. Sie gilt in allen Arbeitsstätten und Betrieben, in denen auch das Arbeitsschutzgesetz Anwendung findet. Eine Novellierung ist kürzlich erfolgt.

Der Arbeitgeber wird durch die ArbStättV verpflichtet, die Arbeitsstätte nach den allgemein anerkannten sicherheitstechnischen, arbeitsmedizinischen und hygienischen Regeln sowie nach sonstigen gesicherten arbeitswissenschaftlichen Erkenntnissen einzurichten und zu betreiben.

## 7 Produktionswirtschaft

Er hat die Arbeitsstätte nach Maßgabe der ArbStättV mit bestimmten Räumen und Einrichtungen auszustatten. Die Vorschriften der ArbStättV erstrecken sich sowohl auf Räume, Verkehrswege und Einrichtungen in Gebäuden wie als auch auf Arbeitsplätze im Freien.

Die Anforderungen betreffen umfassend den **gesamten** Arbeitsbereich. Die ArbStättV trifft Regelungen zur Lüftung der Arbeitsräume, zu Raumtemperaturen, zur Beleuchtung sowie zur Einrichtung bestimmter Räume (Pausen- und Ruheräume, Sanitärräume). Des Weiteren enthält sie Vorschriften zum Schutz gegen Lärm, Entstehungsbrände, Gase, Dämpfe und sonstige unzuträgliche Einwirkungen.

Ergänzt wird die ArbStättV durch die vom Bundesminister für Arbeit und Sozialordnung herausgegebenen Arbeitsstätten-Richtlinien. Diese Richtlinien beschreiben die wichtigsten anerkannten sicherheitstechnischen, arbeitsmedizinischen und hygienischen Regeln und gesicherten arbeitswissenschaftlichen Erkenntnisse.

### 7.9.4.4 Gefahrstoffverordnung (GefStoffV)

Am 01. 01. 2005 ist eine neue Gefahrstoffverordnung in Kraft getreten. Sie wurde auf der Grundlage des Arbeitsschutzgesetzes und des Chemikaliengesetzes erlassen. Die Gefahrstoffverordnung musste **novelliert** werden, um die europäische Gefahrstoffrichtlinie (98/24/EG) und weitere EU-Richtlinien in deutsches Recht umzusetzen.

Die GefStoffV gilt für das Inverkehrbringen von Stoffen, Zubereitungen und Erzeugnissen zum Schutz der Beschäftigten und anderer Personen sowie zum Schutz der Umwelt vor stoffbedingten Gefahren und Schädigungen.

#### 7.9.4.4.1 Das Schutzstufen-Konzept

Neben bewährten Elementen enthält die novellierte GefStoffV etliche Neuerungen. So wird beispielsweise ein vom Gefährdungspotenzial des Stoffes abhängiges **vierstufiges Schutzstufenkonzept** eingeführt.

Darin werden jeweils vier aufeinander aufbauende Maßnahmenpakete für das sichere Arbeiten mit Gefahrstoffen beschrieben. Anhand von Gefahrenmerkmalen der Stoffe und der Gefährdungsbeurteilung werden Ersatzmaßnahmen, technische, organisatorische und persönliche Schutzmaßnahmen und deren Wirksamkeitskontrollen vorgeschrieben.

Weiterhin gibt es statt der bisherigen Grenzwertbezeichnungen »Maximale Arbeitsplatzkonzentration« (MAK) und »Technische Richtkonzentration« (TRK) nur noch einen einzigen »**Arbeitsplatzgrenzwert**« (AGW) – wie es auch in den europäischen Vorgaben vorgesehen ist.

Das gefährdungsbezogene Schutzmaßnahmen-Konzept ermöglicht es dem Arbeitgeber, auch ohne Angabe von Grenzwerten die angemessenen Schutzmaßnahmen zu treffen. Vor allem erleichtert die Novellierung kleinen und mittleren Unternehmen die Anwendung der Gefahrstoffverordnung, indem Entscheidungen über Schutzmaßnahmen in den Betrieben direkt vorgenommen werden.

Zum Schutz der Arbeitnehmer vor krebserzeugenden, fruchtbarkeitsgefährdenden und erbgutverändernden Chemikalien sind entsprechende Maßnahmen zu treffen: etwa organisatorische bzw. technische Vorkehrungen (Belüftungsanlagen), Wartungsverfahren oder auch zeitliche Begrenzungen, die festlegen, wie lange ein Beschäftigter einem Gefahrstoff höchstens ausgesetzt sein darf.

## 7.9.4.4.2 Begriffe und Einzelheiten der neuen Verordnung

**Gefahrstoffe** sind alle Stoffe und Zubereitungen nach § 3a ChemG sowie explosionsfähige Stoffe, Zubereitungen und Erzeugnisse, aber auch Stoffe, Zubereitungen und Erzeugnisse, aus denen bei der Herstellung oder Verwendung solche Stoffe oder Zubereitungen entstehen oder freigesetzt werden können.

Der Begriff des Umgangs ist durch den der Tätigkeiten, der auch bereits in der Biostoffverordnung benutzt wird, ersetzt worden: Eine **Tätigkeit** ist demnach jede Arbeit, bei der Stoffe, Zubereitungen oder Erzeugnisse im Rahmen eines Prozesses einschließlich Produktion, Handhabung, Lagerung, Beförderung, Entsorgung und Behandlung verwendet werden oder verwendet werden sollen oder bei der Stoffe oder Zubereitungen entstehen oder auftreten.

**Lagern** ist das Aufbewahren zur späteren Verwendung sowie zur Abgabe an andere. Das schließt die Bereitstellung und Beförderung ein.

Die **Prüffristen** technischer Einrichtungen sind auf ein maximales Prüfintervall von drei Jahren verlängert worden.

Auch im Bereich der **Arbeitsmedizin** gibt es Änderungen: Unterschieden wird in Pflichtuntersuchungen und solche, die der Arbeitgeber zwar anzubieten hat, deren Annahme durch die Mitarbeiter aber freiwillig ist.

Die **Unterrichtung** und **Unterweisung** der Beschäftigten muss vom Unternehmer organisiert und durchgeführt werden, z. B. durch Aushändigen und Erläutern der Betriebsanweisung, durch Bekanntgabe der Ergebnisse der Gefährdungsbeurteilungen u. a. Eine Unterweisung ist **vor** der Aufnahme der Beschäftigung und dann in jährlichem Abstand arbeitsplatzbezogen und in verständlicher Form und Sprache erforderlich. Betriebsanweisungen sind regelmäßig zu aktualisieren.

Weitere **Pflichten für den Arbeitgeber** bestehen in der unverzüglichen Meldung an die Behörde über jeden Unfall und jede Betriebsstörung, die bei Tätigkeiten mit Gefahrstoffen zu einer ernsten Gesundheitsschädigung der Beschäftigten geführt haben, oder über Krankheits- und Todesfälle, bei denen konkrete Anhaltspunkte für eine Verursachung durch die Tätigkeit mit Gefahrstoffen besteht.

Die **Technischen Regeln für Gefahrstoffe** (TRGS) bleiben als Auslegungshilfe für die Verordnung bestehen und werden an die neue Verordnung angepasst.

# 8 Materialwirtschaft

Die Bedeutung der Materialwirtschaft und somit der Stellenwert des Einsatzfaktors »Material« im betrieblichen Leistungserstellungsprozess wird durch die Vermögens- und Kapitalstruktur in Bilanzen von Unternehmen sichtbar.

Die Ziele der Materialwirtschaft leiten sich aus den gesamtbetrieblichen Zielen ab und umfassen alle unternehmenspolitischen Maßnahmen der Planung, Durchführung und Kontrolle hinsichtlich der Materialbeschaffung, -lagerung, -verteilung sowie -entsorgung.

## 8.1 Bedarfsermittlung und -analyse

Im engeren Sinne gliedert sich die Aufgabe der Materialwirtschaft in die Sicherstellung einer maximalen **Abgabebereitschaft** des Lagers zu minimalen Kosten, die Vermeidung von **Fehlmengenkosten** sowie die Minimierung der durch das Lager verursachten **Kapitalbindung** und der daraus resultierenden Kosten.

Das materialwirtschaftliche Zielsystem umfasst nicht nur die Versorgungs- und Entsorgungsfunktion oder die Zusammenarbeit mit den Unternehmensbereichen Fertigung, Forschung und Entwicklung, sondern auch unternehmenspolitische Ziele wie die Motivation von Mitarbeitern oder die Zusammenarbeit mit Lieferanten.

Die Lieferbereitschaft (auch **Servicegrad** des Lagers) ist ein Maß für die Abgabebereitschaft des Lagers. Eine hohe Lieferbereitschaft wird im Allgemeinen mit hohen Lager- oder Sicherheitsbeständen erkauft. Dies bedingt aber auch eine hohe Kapitalbindung, verbunden mit hohen Lagerkosten bei gleichzeitiger Verringerung der Fehlmengenkosten.

Die konsequente Verfolgung der einzelnen materialwirtschaftlichen Ziele führt zu einem Zielkonflikt mit möglichen unternehmenspolitischen Zielsetzungen, aber auch zu einer konfliktären Situation, innerhalb derer die einzelnen materialwirtschaftlichen Aufgaben miteinander konkurrieren. Die Abbildung soll den Zielkonflikt und damit die Optimierungsproblematik veranschaulichen.

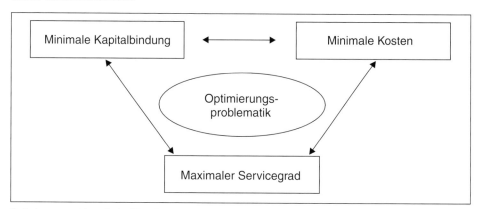

Optimierungsproblematik der Materialwirtchaft

# 8 Materialwirtschaft

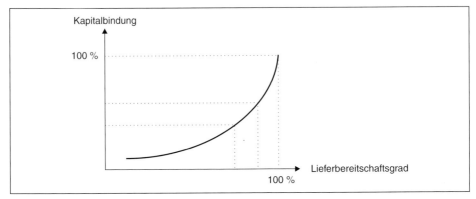

Verhältnis von Kapitalbindungskosten und Lieferbereitschaft

Die Abbildung soll den Zusammenhang zwischen Lieferbereitschaft und Kapitalbindung veranschaulichen: Mit Zunahme des Lieferbereitschaftsgrades steigen die Kapitalbindungskosten exponential.

Eine Forderung an die materialwirtschaftliche Aufgabendurchführung ist die Bereitstellung der zu beschaffenden Güter in der richtigen Art, Menge und Qualität zum richtigen Zeitpunkt am richtigen Ort. Dies setzt eine qualifizierte Bedarfsermittlung und Bedarfsanalyse als Grundlage aller weiteren Einkaufs- und Dispositionsvorgänge und einer den Verbrauchsverläufen angepasste Materialbereitstellung voraus. Bevor weitere Überlegungen in dieser Hinsicht dargestellt werden, soll zunächst auf die verschiedenen Bedarfsarten eingegangen werden.

## 8.1.1 Bedarfsarten

Der Materialbedarf stellt die Menge an Material dar, die zu einem bestimmten Termin an einem bestimmten Ort in entsprechender Art, Menge und Qualität bereit stehen soll, um für eine bestimmte Periode ein vorgegebenes Fertigungsziel zu erreichen. Der Materialbedarf lässt sich in verschiedene Bedarfsarten systematisieren:

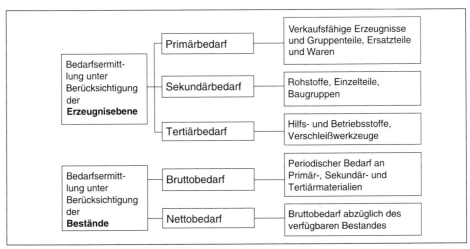

Materialbedarfsarten

## 8.1.1.1 Der Primärbedarf

Der Primärbedarf setzt sich aus dem Bedarf an Fertigerzeugnissen, verkaufsfähigen Baugruppen sowie Handelswaren und Ersatzteilen zusammen. Unternehmen, die rein auftragsorientiert fertigen, kommen ohne eine Vorhersage dieses Bedarfs aus. Bei Unternehmen mit verbrauchsorientierter Fertigung werden mathematisch-stochastische Verfahren eingesetzt, um den Primärbedarf vorauszubestimmen.

## 8.1.1.2 Der Sekundärbedarf

Der Sekundärbedarf stellt den Bedarf an Rohstoffen, Baugruppen oder Einzelteilen dar, die zur Erzeugung des Produktes benötigt werden. Zur Ermittlung des Sekundärbedarfes werden **Stücklisten** bzw. Verwendungsnachweise herangezogen, sofern diese Informationen aus einem gegebenen Fertigungsplan hervorgehen.

*Beispiel:*
*Ein Betrieb fertigt unter anderem Schreibtischunterschübe mit eingebautem PC. In diesem Fall stellt der PC den Sekundärbedarf dar, er kann aus dem Primärbedarf – Schreibtischunterschub – ermittelt werden. Werden die PCs separat vertrieben, stellen sie einen Primärbedarf dar.*

Ist eine Bedarfsermittlung auf diese Art und Weise nicht möglich, weil keine Fertigungsunterlagen vorliegen oder aufgrund geringer Bedarfswerte keine Planung diesbezüglich vorgenommen wird, kann eine Bedarfsvorhersage mittels mathematisch-statistischer Methoden vorgenommen werden, auf die im folgenden Abschnitt näher eingegangen wird.

## 8.1.1.3 Der Tertiärbedarf

Der Tertiärbedarf setzt sich aus den Hilfs- und Betriebsstoffen sowie den Verschleißwerkzeugen zusammen. Der Bedarf lässt sich aus dem Sekundärbedarf ableiten, indem technologische Größen, wie etwa der Energiebedarf von Maschinen oder andere Kennziffern, zur Bestimmung herangezogen werden. Kann dies nicht deterministisch erfolgen, so lassen sich auch hier mathematisch-statistische Methoden zur Bedarfsvorhersage einsetzen.

## 8.1.1.4 Der Brutto- und Nettobedarf

Der Bruttobedarf wird als periodenbezogener Bedarf an Material ohne Berücksichtigung der Bestände definiert. Der Nettobedarf ist also die Differenzmenge aus dem Bruttobedarf und dem periodenbezogenen verfügbaren Lagerbestand.

*Ein Maschinenteil wird sowohl als Bestandteil eines Produktes (Sekundärbedarf) benötigt als auch separat als Ersatzteil verkauft (Primärbedarf). Für die nächsten drei Perioden werden folgende Brutto- und Nettobedarfe ermittelt:*

| Periodischer Bedarf | Perioden | | | |
|---|---|---|---|---|
| | 1 | 2 | 3 | Gesamt |
| Primärbedarf (Ersatzteile) | 50 | 60 | 80 | 190 |
| Sekundärbedarf | 150 | 80 | 160 | 390 |
| = Bruttobedarf | 200 | 140 | 240 | 580 |
| − Lagerbestand | 50 | | | 50 |
| = Nettobedarf | 150 | 140 | 240 | 530 |

Periodenbezogener Brutto- und Nettobedarf

## 8.1.2 Methoden der Bedarfsermittlung

Um die erforderlichen Materialien termingerecht zur Verfügung stellen zu können, ist es notwendig, den Umfang des Bedarfsvorhersagezeitraumes zu kennen. Dazu müssen die jeweiligen Beschaffungszeiten sowie die Vorlauf- und Durchlaufzeiten für die Be- und Verarbeitung der Materialien in den Fertigungsstufen bekannt sein.

Aussagen über den zukünftigen Bedarf lassen sich je nach Anforderung und Datenlage mit Hilfe verschiedener Methoden treffen. Unterschieden werden die

– deterministische Bedarfsrechnung,
– stochastische Bedarfsrechnung,
– subjektive Bedarfsschätzung.

Die Abbildung systematisiert mögliche Methoden der Bedarfsermittlung:

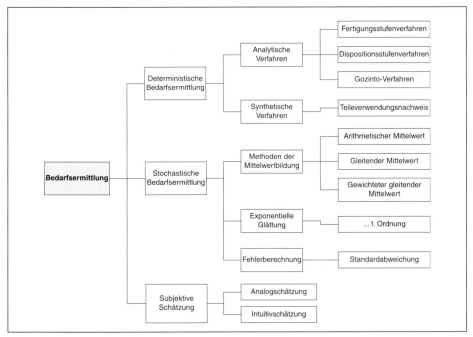

Methoden der Bedarfsermittlung

### 8.1.2.1 Deterministische Bedarfsermittlung

»Deterministisch« bedeutet »gewiss, feststehend«. Die Grundlage der deterministischen Bedarfsermittlung bilden fest umrissene Kundenaufträge, Produktionspläne und Fristigkeiten. Mit der analytischen und der synthetischen Methode der Bedarfsermittlung stehen zwei unterschiedliche Verfahren zur Verfügung, die sich durch die Art der Darstellung und Vorgehensweise unterscheiden.

Das **analytische** Vorgehen bietet sich besonders zur Produktionsplanauflösung an; Stücklisten beschreiben, aus welchen Baugruppen oder Einzelteilen sich das Erzeugnis zusammensetzt. Das **synthetische** Verfahren hingegen findet Anwendung in Verwendungsnachweisen, in denen bestimmt wird, in welchem Erzeugnis sich welcher Bestandteil befindet.

## 8.1.2.1.1 Stücklisten

Stücklisten enthalten die Mengen aller Baugruppen und Einzelteile, die für die Fertigung eines Erzeugnisses erforderlich sind. Sie geben Auskunft über die mengenmäßige Zusammensetzung des Erzeugnisses. Ausgehend von einer Gesamtstückliste, können zweckspezifische Stücklisten erstellt werden.

Die folgende Übersicht systematisiert beispielhaft verschiedene Stücklistenarten.

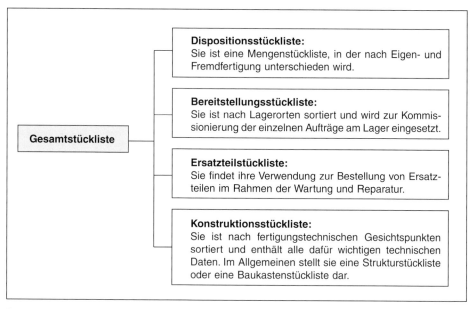

Stücklistenarten

Entsprechend der Darstellung der Struktur eines Produktes lassen sich die Stücklisten z. B. gliedern in

- Mengenstückliste,
- Strukturstückliste,
- Baukastenstückliste.

### 8.1.2.1.1.1 Mengenstücklisten

Die Mengenstückliste oder auch Mengenübersichtsstückliste gibt Auskunft über die benötigten Mengen der jeweiligen Einsatzstoffe aller Fertigungsstufen.

Die Darstellung ist ungruppiert, da lediglich dokumentiert wird, welche jeweiligen Mengen in das Produkt eingehen, nicht aber in welcher Fertigungsstufe das Material Eingang findet.

Der Sekundärbedarf wird ermittelt, indem der Bedarf an Fertigprodukten mit den in dem Produkt enthaltenen Einzelteilen bzw. -mengen multipliziert wird.

Die nachstehende Abbildung zeigt eine einstufige Erzeugnisstruktur.

# 8 Materialwirtschaft

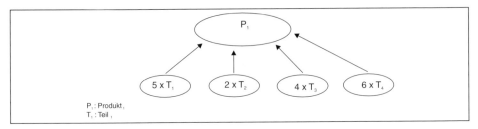

Einstufige Erzeugnisstruktur

Die entsprechende Mengenstückliste sieht wie folgt aus:

| $P_1$ | |
|---|---|
| Bezeichnung | Menge |
| $T_1$ | 5 |
| $T_2$ | 2 |
| $T_3$ | 4 |
| $T_4$ | 6 |

Mengenstückliste

*Beispiel:*
*Bei einer angenommenen Fertigung von 3500 Stück $P_1$ pro Periode ergibt sich – unter Berücksichtigung der oben dargestellten Produktstruktur – der nachstehende Brutto-Sekundärbedarf:*

| $P_1$ | | | |
|---|---|---|---|
| Bezeichnung | Menge | ME pro Periode | Brutto Sekundärbedarf |
| $T_1$ | 5 | 5 x 3500 | 17500 |
| $T_2$ | 2 | 2 x 3500 | 7000 |
| $T_3$ | 4 | 4 x 3500 | 14000 |
| $T_4$ | 6 | 6 x 3500 | 21000 |

Mengenstückliste mit Bedarfsermittlung

Eine Bedarfsermittlung anhand einer Mengenstückliste empfiehlt sich bei einfach strukturierten Erzeugnissen. Bei mehrstufigen Fertigungsprozessen erscheint der Einsatz einer Mengenstückliste nur dann zweckmäßig, wenn sie keinem Änderungsdienst unterliegt, da nur schwierig zu ermitteln ist, in welcher Fertigungsstufe der zu ändernde Bestandteil des Produktes Verwendung findet.

### 8.1.2.1.1.2 Strukturstücklisten

Im Gegensatz zur Mengenstückliste enthält die Strukturstückliste alle Baugruppen und Teile des Produktes in strukturierter Aufbereitung. Die Anordnung zeigt die fertigungstechnische Zusammensetzung des Produktes bei mehrstufigen Fertigungsprozessen auf und zeigt, in welcher Stufe eine Baugruppe oder ein Einzelteil verwendet wird. Dabei erscheinen allerdings mehrfach verwendete Baugruppen oder Einzelteile wiederholt in der Stückliste, was bei komplexen Prozessen mit zahlreichen verwendeten Strukturelementen schnell unübersichtlich werden kann und eventuelle Änderungen aufwändig gestaltet.

Die folgende Abbildung stellt eine mehrstufige Erzeugnisstruktur zur Ermittlung der entsprechenden Strukturstückliste dar.

# 8 Materialwirtschaft

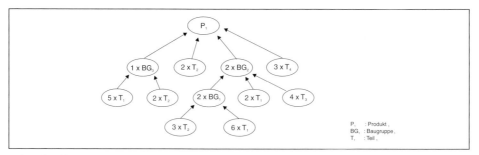

Mehrstufige Erzeugnisstruktur

Eine nach **Fertigungsstufen** aufgelöste Struktur kann folgendes Aussehen, gruppiert nach Fertigungsebenen, annehmen:

| $P_1$ | | |
|---|---|---|
| Stufe | Bezeichnung | Menge |
| I | $T_2$ | 2 |
| I | $T_4$ | 3 |
| I | $BG_3$ | 1 |
| II | $T_1$ | 5 |
| II | $T_2$ | 2 |
| I | $BG_2$ | 2 |
| II | $BG_1$ | 2 |
| III | $T_2$ | 3 |
| III | $T_1$ | 6 |
| II | $T_3$ | 4 |
| II | $T_1$ | 2 |

Strukturstückliste nach Ebenen

Die Elementverwendung ist strukturiert erkennbar, andere Stücklisten müssen hierzu nicht eingesehen werden. Allerdings nimmt die Zweckmäßigkeit von Strukturstücklisten mit Zunahme der Erzeugnisbestandteile ab, was insbesondere auf eine Mehrfachnennung von Bestandteilen an verschiedenen Stellen zurückzuführen ist: Durch sie verliert die Stückliste an Übersichtlichkeit, und Änderungen gestalten sich unter Umständen sehr aufwändig.

### 8.1.2.1.1.3 Baukastenstücklisten

Im Gegensatz zu den Strukturstücklisten, die den strukturellen Produktaufbau vollständig wiedergeben, dokumentieren die Baukastenstücklisten nur den strukturellen Aufbau der Elemente bis zur nächstniedrigeren Fertigungsstufe.

Baukastenstücklisten haben folglich keinen direkten Bezug zum Endprodukt, worin sich ein Nachteil begründet. Der gesamte Produktaufbau lässt sich nur durch die Gesamtheit aller Baukastenstücklisten darstellen. Mehrfach vorkommende Bestandteile werden hingegen nur einmal aufgenommen und tragen so zur Arbeitserleichterung eines etwaigen Änderungsdienstes bei.

Die nachfolgende Abbildung zeigt eine nach Baukästen aufgelöste Erzeugnisstruktur.

## 8 Materialwirtschaft

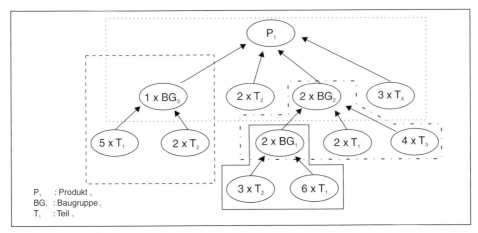

Erzeugnisstruktur in Baukästen

Die Erzeugnisstruktur in Baukastenstücklisten aufgelöst hat nachfolgendes Aussehen:

| $P_1$ | |
|---|---|
| Bezeichnung | Menge |
| $BG_3$ | 1 |
| $T_2$ | 2 |
| $T_4$ | 3 |
| $BG_2$ | 2 |

| $BG_2$ | |
|---|---|
| Bezeichnung | Menge |
| $T_1$ | 2 |
| $T_3$ | 4 |
| $BG_1$ | 2 |

| $BG_1$ | |
|---|---|
| Bezeichnung | Menge |
| $T_1$ | 6 |
| $T_2$ | 3 |

| $BG_3$ | |
|---|---|
| Bezeichnung | Menge |
| $T_1$ | 5 |
| $T_2$ | 2 |

Erzeugnisstruktur in Baukastenstücklisten

### 8.1.2.1.1.4 Der Teileverwendungsnachweis

Beim Teileverwendungsnachweis handelt es sich um Stücklisten in »umgekehrter Sortierfolge«. Während Stücklisten das Erzeugnis analytisch gliedern, geht der Verwendungsnachweis nicht von der übergeordneten Baugruppe aus, sondern weist nach, in welchen Baugruppen oder Erzeugnissen das jeweilige Teil vorkommt.

Entsprechend den dargestellten Stücklisten lassen sich auch Verwendungsnachweise in den Mengenverwendungsnachweis, den Strukturteileverwendungsnachweis, den Baukastenverwendungsnachweis und den Teileverwendungsnachweis gliedern.

Der folgende Teileverwendungsnachweis geht von einem **Drei-Produkt-Unternehmen** aus:

# 8 Materialwirtschaft

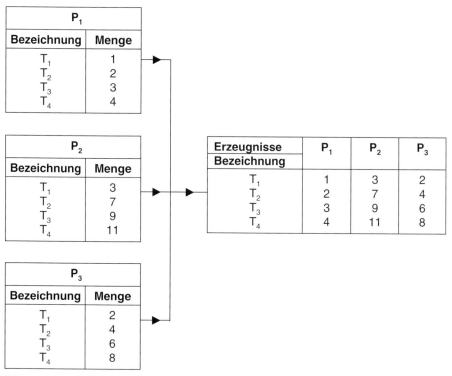

Teileverwendungsnachweis

Der Einsatz von Verwendungsnachweisen ermöglicht eine **synthetische Bedarfsauflösung** sowie die Ermittlung der von Änderungen betroffenen Einzelteile und Baugruppen.

### 8.1.2.1.2 Die analytische Bedarfsauflösung

Die analytische Bedarfsauflösung als eine Methode der deterministischen Bedarfsermittlung basiert auf festumrissenen Kundenaufträgen und Produktionsplänen, die den Primärbedarf darstellen. Die Fertigerzeugnisse werden mittels Stücklisten in ihre Bestandteile aufgelöst und erlauben somit die Bestimmung des Sekundärbedarfs. Die Auflösung des jeweiligen Bedarfs kann hierbei auf der Grundlage der bereits vorgestellten Stücklisten erfolgen.

Insbesondere für Unternehmen mit stark differenzierten Fertigungsabläufen und unterschiedlichen Durchlaufzeiten bietet sich eine Bedarfsauflösung nach der Struktur- und Baukastenstückliste an.

Eine Auflösung in Mengenübersichtsstücklisten eignet sich aufgrund der bereits dargestellten Nachteile für Betriebe mit einem einfach strukturiertem Fertigungsprogramm mit geringen Mehrfachverwendungen. Für Betriebe mit mehrstufigen Produktionsprozessen empfiehlt sich die stufenweise Auflösung der Stückliste. Hierzu bieten sich vor allem an:

– Das Fertigungsstufenverfahren,
– das Dispositionsstufenverfahren sowie
– das Gozinto-Verfahren.

#### 8.1.2.1.2.1 Das Fertigungsstufenverfahren

Das Fertigungsstufenverfahren geht von einer zeitlichen Abfolge der Montage des Produktes aus. Die Auflösung der Erzeugnisstruktur und der entsprechenden Struktur- oder Baukastenstücklisten erfolgt so, dass das Endprodukt die Fertigungsstufe Null bekommt. In der Reihenfolge der Fertigungsstufen wird das Produkt schrittweise zerlegt, bis die unterste Fertigungsstufe erreicht ist.

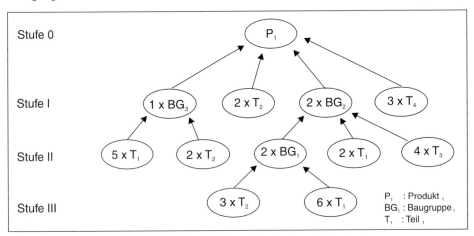

Fertigungsstufen

Die Anwendung des Fertigungsstufenverfahrens führt zur Ermittlung des **Bruttobedarfs**. Eine Saldierung von ermitteltem Bruttobedarf und verfügbarem Bestand zur Bestimmung des **Nettobedarfs** muss auf jeder Stufe erfolgen. Dies führt bei gleichen Wiederholteilen in verschiedenen Fertigungsstufen zu einer aufwändigen Rechnung, um die Mengen und die entsprechenden Termine mit frei verfügbaren Beständen zu koordinieren. Dieser Verfahrensnachteil bedingt, dass sich das Fertigungsstufenverfahren eher für Erzeugnisstrukturen mit geringem oder keinem Mehrfachanteil an gleichen Wiederholteilen bzw. -gruppen empfiehlt.

Für Erzeugnisse mit Mehrfachanteil an gleichen Wiederholteilen oder -gruppen bietet sich z. B. das nachfolgend beschriebene Dispositionsstufenverfahren an.

#### 8.1.2.1.2.2 Das Dispositionsstufenverfahren

Das Dispositionsstufenverfahren eignet sich für eine Bedarfsrechnung, wenn gleiche Teile in verschiedenen Fertigungsstufen vorkommen. Im Unterschied zum Fertigungsstufenverfahren wird hier jedes Strukturelement jedoch nur einmal aufgelöst. Beim Dispositionsstufenverfahren wird der gesamte Bedarf einer Materialposition auf derjenigen Stufe (Dispositionsstufe) zusammengefasst, in der diese Materialposition zuerst Verwendung findet.

Die Vorteile des Dispositionsstufenverfahrens liegen in der termingerechten Bedarfszuordnung und in der Zusammenfassung der periodischen Nettobedarfe zu wirtschaftlichen Größen.

Das folgende Beispiel zeigt die Auflösung der zuvor dargestellten Fertigungsstufenstückliste nach Dispositionsstufen.

## 8 Materialwirtschaft

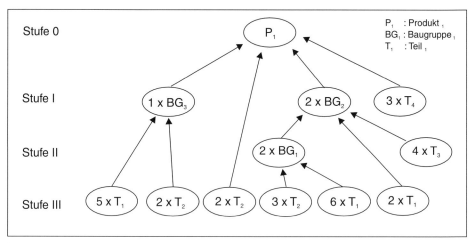

Nach Dispositionsstufen aufgelöste Stückliste

*Beispiel zum Dispositionsstufenverfahren:*

| Dispositionsstufe | | Strukturelement | Mrz. | Apr. | Mai | Juni | Juli | Aug. | Strukturelement | Mrz. | Apr. | Mai | Juni | Juli | Aug. |
|---|---|---|---|---|---|---|---|---|---|---|---|---|---|---|---|
| 0 | Primärbedarf | $P_1$ | | | | | 50 | | | | | | | | |
| I | Sekundärbedarf | $BG_2$ | | | | 100 | | | $T_4$ | | | | | 150 | |
| | Vorlaufverschieb. | | | | 100 | | | | | | | 150 | | | |
| I | Gesamtbedarf | $BG_2$ | | | | 100 | | | $T_4$ | | | | | 150 | |
| I | Sekundärbedarf | $BG_3$ | | | | 50 | | | | | | | | | |
| | Vorlaufverschieb. | | | | 50 | | | | | | | | | | |
| I | Gesamtbedarf | $BG_3$ | | | 50 | | | | | | | | | | |
| II | Sekundärbedarf | $BG_1$ | | | 200 | | | | $T_3$ | | | | 400 | | |
| | Vorlaufverschieb. | | | 200 | | | | | | | | 400 | | | |
| II | Gesamtbedarf | $BG_1$ | | 200 | | | | | $T_3$ | | | | 400 | | |
| III | Sekundärbedarf | $T_1$ | | | 1650 | | | | $T_2$ | | | | 800 | | |
| | Vorlaufverschieb. | | | 1650 | | | | | | | | 800 | | | |
| III | Gesamtbedarf | $T_1$ | | 1650 | | | | | $T_2$ | | | 800 | | | |

*Ausgehend von den bekannten Periodenbedarfen ergibt sich der Sekundärbedarf der ersten Dispositionsstufe für die Baugruppe $BG_2$:*

*Um (angenommene) 50 $P_1$ herstellen zu können, benötigt man die doppelte Menge von $BG_2$, also:*

*$BG_2 = 2 \times P_1 = 2 \times 50 = 100$*

*Von $T_4$ werden 3 Stück zur Herstellung eines $P_1$ benötigt, also gilt:*

*$T_4 = 3 \times P_1 = 3 \times 50 = 150$*

*Ebenfalls auf der ersten Stufe errechnet sich der Bedarf für $BG_3$ aus:*

$BG_3 = P_1 = 50$

*Auf der zweiten Dispositionsstufe wird der Bedarf für die Baugruppe $BG_1$ und das Teil $T_3$ wie folgt ermittelt:*

$BG_1 = 2 \times BG_2 = 2 \times 100 = 200$
$T_3\ = 4 \times BG_2 = 4 \times 100 = 400$

*Auf der Stufe 3 kann nunmehr die Bedarfsermittlung für die Teile $T_1$ und $T_2$ als Komponenten der Baugruppen $BG_1$, $BG_2$ und $BG_3$ erfolgen.*

$T_1 = 5 \times BG_3\ \ \ + 6 \times BG_1 + 2 \times BG_2$
$\ \ \ = 5 \times 50\ \ \ \ \ + 6 \times 200 + 2 \times 100$
$\ \ \ = 250\ \ \ \ \ \ \ \ \ + 1200\ \ \ \ \ + 200\ \ \ \ = 1650$

$T_2 = 2 \times BG_3\ \ \ + 2 \times P_1 + 3 \times BG_1$
$\ \ \ = 2 \times 50\ \ \ \ \ + 2 \times 50 + 3 \times 200$
$\ \ \ = 100\ \ \ \ \ \ \ \ \ + 100\ \ \ + 600\ \ \ \ \ \ = 800$

#### 8.1.2.1.2.3 Das Gozinto-Verfahren

Beim Gozinto-Verfahren werden die Mengen- und Stufenbeziehungen zwischen den Elementen eines Erzeugnisses strukturiert dargestellt. Instrument zur Visualisierung dieser Beziehungen ist der **Gozinto-Graph**.

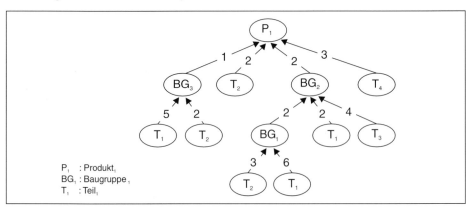

Gozinto-Graph

Gozinto leitet sich ab von: »that part **goes into** ...« Das Verfahren ermöglicht die Aufstellung einer Baukasten- und Direktbedarfsmatrix zur weiteren Mengenbestimmung.

### 8.1.2.1.3 Die synthetische Bedarfsauflösung

Grundlage der synthetischen Bedarfsauflösung sind Teileverwendungsnachweise. Bei der Auflösung soll festgestellt werden, in welcher Baugruppe oder welchem Erzeugnis ein bestimmtes Teil verwendet wird. Dies bietet den Vorteil, dass bei mehrfach verwendeten Teilen sofort der Bedarf ermittelt werden kann, ohne eine erneute analytische Ermittlung notwendig werden zu lassen. Unter Zuhilfenahme der EDV kann mittels **Strukturteileverwendungsnachweisen** und **Baukastenverwendungsnachweisen** eine **Nettobedarfsrechnung** erfolgen. Der Mengenverwendungsnachweis eignet sich hingegen eher für die Bestimmung des **Bruttobedarfs**.

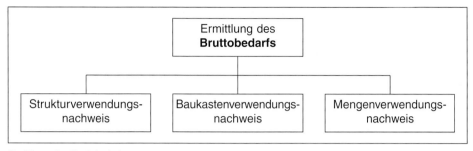

Ermittlung des Bruttobedarfs

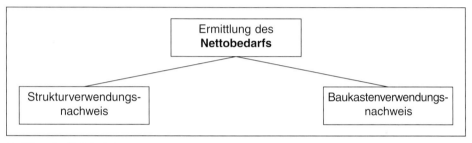

Ermittlung des Nettobedarfs

### 8.1.2.2 Die stochastische Bedarfsermittlung

Nicht immer erweisen sich die deterministischen Verfahren zur Bedarfsermittlung als zweckmäßig, zum Beispiel dann nicht, wenn keine Stücklistenauflösung möglich ist oder eine exakte Planung den Aufwand nicht rechtfertigt, wie etwa bei geringwertigen Tertiärgütern. Die stochastische Bedarfsermittlung erfolgt eher in Betrieben mit einer verbrauchsorientierten Bedarfsbestimmung.

Die folgende Abbildung zeigt den entsprechenden Ausschnitt aus der Gesamtheit der Bedarfsermittlungsmethoden.

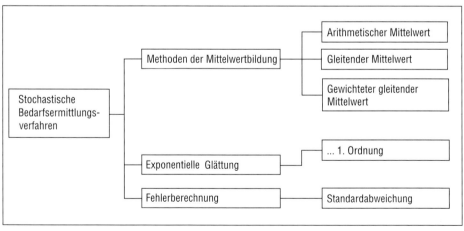

Stochastische Bedarfsermittlungsverfahren

## 8 Materialwirtschaft

Basierend auf Vergangenheitswerten wird der zukünftige Materialbedarf mittels stochastischer Methoden bestimmt. Die Auswahl des entsprechenden Verfahrens richtet sich unter anderem nach dem Vorhersagezeitraum sowie den zur Verfügung stehenden Vergangenheitswerten und deren Verläufen.

Die folgenden Verbrauchsverläufe sollen dies exemplarisch für mögliche andere Verbrauchsverlaufsfolgen zeigen.

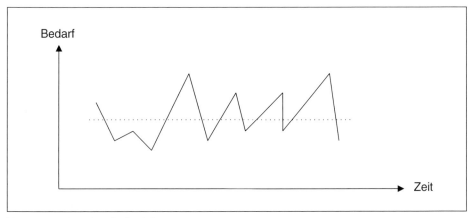

Konstantes Verbrauchsverlaufmodell

Ein **konstanter** oder horizontaler Verbrauchsverlauf liegt vor, wenn die Verbrauchswerte um einen im Wesentlichen stabilen Durchschnittswert schwanken. Der Verlauf ist langfristig konstant; einzelne Abweichungen vom Durchschnittswert unterliegen zufälligen Einflüssen und sind nicht regelmäßig.

Ein **trendbeeinflusster** Verbrauchsverlauf wird unterstellt, wenn die Werte über einen längeren Zeitraum stetig steigen oder fallen. Beim einzusetzenden Prognosemodell dürfen zufällige Schwankungen nicht als Trend beurteilt werden.

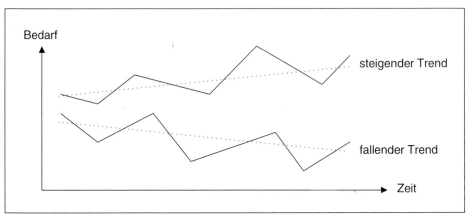

Trendbeeinflusstes Verbrauchsverlaufmodell

Dem saisonalen Verbrauch mit einem konstanten – z. B. jahreszeitlich bedingten – Zyklus liegen periodisch wiederkehrende Verbrauchsschwankungen zugrunde – siehe die folgende Abbildung.

# 8 Materialwirtschaft

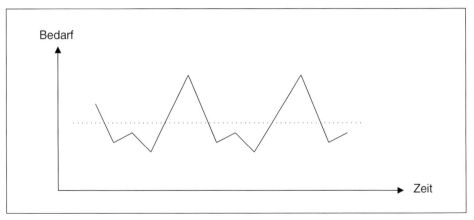

Saisonales Verbrauchsverlaufsmodell

## 8.1.2.2.1 Mittelwertbildung

Die Methoden der Mittelwertbildung für eine Bedarfsvorhersage empfehlen sich vor allem bei konstanten Verbrauchsverläufen. Die verschiedenen Methoden in der Übersicht:

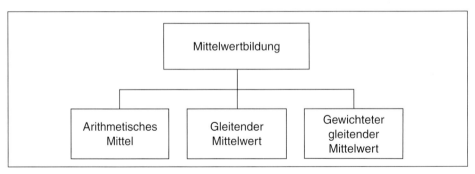

Methoden der Mittelwertbildung

### 8.1.2.2.1.1 Der arithmetische Mittelwert

Bei der arithmetischen Mittelwertbildung erhalten alle Vergangenheitswerte die gleiche Gewichtung. Dadurch erfolgt eine Anpassung an die aktuelle Bedarfsentwicklung mit einer zeitlichen Verzögerung.

$$\text{Arithmetischer Mittelwert} = \frac{a_1 + a_2 + a_3 + \ldots + a_n}{n} = \frac{1}{n} \sum_{i=1}^{n} a_i$$

Beispiel:
Der Materialverbrauch in Mengeneinheiten (ME) für die Verbrauchsperioden $a_1$ bis $a_6$ wurde wie folgt festgehalten:
$a_1$ = 100 ME, $a_2$ = 110 ME, $a_3$ = 105 ME, $a_4$ = 108 ME, $a_5$ = 112 ME, $a_6$ = 103 ME. Um den Verbrauch für $a_7$ zu ermitteln, wird der arithmetische Mittelwert gebildet.

$$\text{Arithmetischer Mittelwert} = \frac{100 + 110 + 105 + 108 + 112 + 103}{6} = 106{,}33$$

Der Prognosewert für die Vorhersageperiode $a_7$ liegt bei 106,33 ME, aufgerundet bei 107 ME.

## 8.1.2.2.1.2 Der gleitende Mittelwert

Die Methode des gleitenden Mittelwertes erlaubt die Ausschaltung kurzfristiger Schwankungen und trägt zur Glättung einer Zahlenreihe bei. Die Aktualisierung beginnt beim Vorliegen eines neuen Wertes, hier $a_7$, indem der älteste Verbrauchswert durch den jüngsten ersetzt wird.

*Beispiel:*
*Das im vorangegangenen Beispiel gewählte arithmetische Mittel erscheint zu ungenau für eine Verbrauchsvorhersage, denn der tatsächliche Verbrauch in $a_7$ betrug 110 Einheiten. Dieser neue Wert soll jetzt für eine Vorhersage von $a_8$ eingesetzt werden.*

$$GM_{i+1} = \frac{110 + 105 + 108 + 112 + 103 + 110}{6} = 108,00 \text{ ME}$$

*Der Prognosewert für die Vorhersageperiode $a_8$ liegt bei 108 ME.*

## 8.1.2.2.1.3 Das gewichtete gleitende Mittel

Beim gewichteten gleitenden Mittelwert werden die einzelnen Perioden gewichtet. Bei der Gewichtung wird die jüngste Periode höher bewertet als die zurückliegenden, hierdurch werden trendmäßige Entwicklungen besser berücksichtigt. Erhält ein zurückliegender Wert eine stärkere Gewichtung als ein aktueller Wert, so ändert dies auch die Zahlenreihe, ältere Daten werden stärker betont.

$$GGM = \frac{T_1 \cdot G_1 + T_2 \cdot G_2 + .... + T_n \cdot G_n}{G_1 + G_2 + .... + G_n}$$

$T_i$ = Periodenbedarf
$G_i$ = Gewichtungsfaktor der Periode
i  = Laufende Periode

*Bezogen auf die Verbrauchsmengen des vorangegangene Beispiels erhalten diese folgende Gewichtung: $a_1$ = 10%, $a_2$ = 15%, $a_3$ = 15%, $a_4$ = 20%, $a_5$ = 20%, $a_6$ = 20%. Werden diese Werte in die Gleichung eingesetzt, ergibt sich nachfolgender Rechengang:*

$GGM_{i+1}$ = 110 x 0,1 + 105 x 0,15 + 108 x 0,15 + 112 x 0,2 + 103 x 0,2 + 110 x 0,2 = 107,95

*($GGM_{i+1}$ = Gewichteter gleitender Mittelwert als Verbrauchsvorhersagewert für die nächste Periode)*

*Der Prognosewert für die Vorhersageperiode $a_8$ liegt bei 107,95 ME, aufgerundet bei 108 ME.*

## 8.1.2.2.2 Exponentielle Glättung 1. Ordnung

Die Methode der exponentiellen Glättung stellt ebenfalls eine verbrauchsbedingte Materialbedarfs-Ermittlungsmethode dar. Sie erfordert nur sehr geringen Aufwand und erlaubt die Gewichtung der Rechnungsdaten.

Durch einen Vergleich zwischen dem vorhergesagten Wert und dem tatsächlichen Verbrauch ergibt sich die Vorhersageabweichung. Dieser Wert wird mit dem Glättungsfaktor $\alpha$ gewichtet und zum alten Verbrauchswert addiert. Alpha kann sich zwischen 0 und 1 bewegen; je kleiner $\alpha$ ist, umso stärker wird den Perioden der Vergangenheit Gewicht verliehen. Ein hoher Alpha-Wert glättet weniger die Zufallsschwankungen, betont aber die jüngsten Vergangenheitswerte.

Die Berechnungsgrundlage für das Verfahren der exponentiellen Glättung 1. Ordnung bildet die nachstehende Formel:

$$V_n = V_a + \alpha \, ( T_i - V_a)$$

$V_n$ = Verbrauchsvorhersage für die neue Periode
$V_a$ = Alter Vorhersagewert
$T_i$ = Tatsächlicher Verbrauch der Periode
$\alpha$ = Glättungsfaktor

*Beispiel:*
*Es werden folgende Werte verwendet:*
*$V_a$ = 150 ME*
*$T_i$ = 230 ME*
*$\alpha_1$ = 0,2*
*$\alpha_2$ = 0,8*

=> $V_{n1}$= 150+0,2(230-150)      => $V_{n2}$ = 150+0,8(230-150)
      = 150+16                              = 150+64
   $V_{n1}$ = 166 ME                  $V_{n2}$ = 214 ME

Die Auswirkungen eines zu klein bzw. zu groß gewählten $\alpha$-Wertes zeigt die Abbildung:

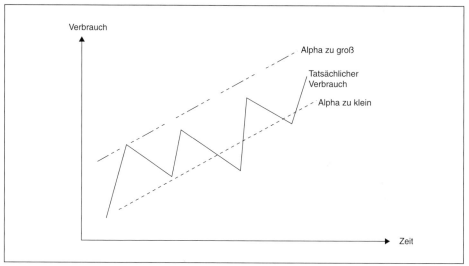

Exponentielle Glättung 1. Ordnung

In der betrieblichen Praxis haben sich die Werte 0,1 bis 0,3 bewährt, sofern die tatsächlichen Verbrauchswerte normal verteilt erscheinen. Ein höherer Alphawert (0,3 bis 0,5) bietet sich bei Veränderungen der Verbrauchstruktur durch z. B. saisonale Einflüsse oder Produkteinführung an. Wird Alpha gleich 1 gesetzt, ist die Prognose gleich dem Verbrauch der jüngsten Periode.

### 8.1.2.2.3   Fehlerberechnung mittels Standardabweichung

Es ist mit einer gewissen Wahrscheinlichkeit davon auszugehen, dass der tatsächliche Bedarf vom Vorhersagebedarf abweicht. Die wirtschaftlichen Auswirkungen solcher Abweichungen können beträchtlich sein. Ist der Vorhersagebedarf größer als der Ist-Bedarf, wachsen die Bestände, was wiederum höhere Lagerkosten und Liquiditätsentzug verursacht.

Im umgekehrten Fall kann die Kundennachfrage nicht befriedigt werden; die Folgen sind unter anderem Umsatzschmälerungen. Diese Gründe machen es erforderlich, den Vorhersagefehler zu bestimmen. Die Fehlerbestimmung mittels Standardabweichung geht von einer **Normalverteilung** des Vorhersagefehlers aus und bietet damit eine Möglichkeit der Berechnung.

Basierend auf den Gesetzmäßigkeiten der **Gauß´schen Normalverteilung** ermittelt das Verfahren der Standardabweichung die Abweichungen vom Mittelwert zwischen den vorhergesagten Werten und dem tatsächlichen Verbrauch.

Die Normalverteilung hat folgende Eigenschaften: Die Kurve der Normalverteilung verläuft zu beiden Seiten des Maximums symmetrisch, ihr Maximum liegt bei $x_m = \mu$. Die Wendepunkte der Kurve der Normalverteilung liegen bei $x_w = \mu +/- s$. Die Gesamtfläche unterhalb der Kurve beträgt 1. Die Fläche zwischen den Wendepunkten beträgt 68,26% der Gesamtfläche.

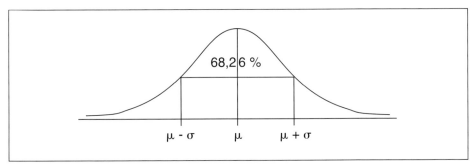

Normalverteilung

Die Verteilung der Werte lässt sich grafisch durch die Glockenkurve darstellen, wobei die Größe $\sigma$ (=Sigma) angibt, wie sich die Abweichungen zwischen den vorhergesagten und den tatsächlichen Verbräuchen um den Mittelwert verteilen.

Bei einer unzureichenden Vorhersage ist Sigma groß, und die Abweichungen sind weit um das Mittel gestreut; die Kurve verläuft flacher. Sind die Abweichungen des vorhergesagten Bedarfs vom tatsächlichen Bedarf nur gering, liegen die Werte um das Mittel, Sigma ist klein; die Kurve verläuft steil.

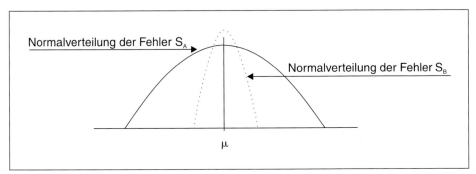

Fehlerverteilung

# 8 Materialwirtschaft

Die Standardabweichung σ wird mit der nachstehenden Formel berechnet:

$$\sigma = \sqrt{\left[\frac{\sum_{i=1}^{n}(x_i - \bar{x})^2}{n}\right]}$$

$\bar{x}$ = Vorhersagewert als gleitender Mittelwert über n Perioden
σ = Standardabweichung in der Grundgesamtheit
$x_i$ = Tatsächlicher Verbrauch der Periode
n = Anzahl der zugrundegelegten Perioden
i = Periode

*Beispiel:*
*Ausgehend vom nachfolgenden Verbrauchsverlauf soll die Standardabweichung berechnet werden.*

| Periode i | Tatsächlicher Verbrauch $x_i$ |
|---|---|
| 1 | 110 |
| 2 | 120 |
| 3 | 130 |
| 4 | 115 |
| 5 | 105 |
| 6 | 115 |
| 7 | 120 |
| 8 | 100 |
| 9 | 130 |
| 10 | 120 |
| 11 | 140 |
| 12 | 110 |

$$\bar{x} = \frac{1415}{12} = 117{,}92 \text{ ME}$$

$$\sigma = \sqrt{\frac{1}{12}\left[\left(\begin{array}{l}62{,}7264 + 4{,}3264 + 145{,}9264 + 8{,}5264 + 166{,}9264 + 8{,}5264 + 4{,}3264 + \\ 321{,}1264 + 145{,}9264 + 4{,}3264 + 487{,}5264 + 627264\end{array}\right)\right]}$$

$$\sigma = \sqrt{\frac{1}{12}(1422{,}9168)}$$

$$\sigma = \sqrt{118{,}5764} = 10{,}89$$

Die Standardabweichung gibt an, wie sich die Abweichungen zwischen Vorhersagen und dem tatsächlichen Wert um den Mittelwert verteilen. Im Beispiel ist σ = 10,89, die Abweichungen liegen also zwischen 107,03 und 128,81.

#### 8.1.2.2.4 Die subjektive Schätzung

Sind keinerlei Verbrauchswerte für eine Bedarfsvorhersage verfügbar, bietet sich zunächst nur eine Schätzung an, die dann beim Vorliegen erster Verbrauchsverläufe durch die entsprechenden Verfahren der statistischen Methoden ersetzt werden kann. Die Vorhersageschätzung kann auf zweierlei Arten geschehen:

- **Analogschätzung**: Für vergleichbare Materialien werden die Prognosewerte auf andere Materialpositionen übertragen.
- **Intuitivschätzung**: Es erfolgt eine gefühlsmäßige Einschätzung des Vorhersagewertes.

### 8.1.3 Bestellrechnung

Bisher wurden die verschiedenen Verfahren dargestellt, mit deren Hilfe es möglich ist, eine Bedarfsvorhersage zu treffen. Doch unabhängig von der Mengenermittlung bedarf es auch einer Disposition der Artikel, d. h. einer Umwandlung von **Bedarfsmengen** und **Bedarfsterminen** in **Bestell**mengen und **Bestell**termine. Aufgabe der Bestellterminrechnung ist es, die rechtzeitige Bestellung der benötigten Materialien zu veranlassen; Aufgabe der Bestellmengenrechnung ist es, die entsprechenden Mengen unter Berücksichtigung wirtschaftlicher Losgrößen zu veranlassen.

Die Bestellmengenrechnung lässt sich in die auftrags-, plan- und verbrauchsgesteuerte Disposition gliedern. Die auftragsgesteuerte Bestellmengenrechnung geht von deterministisch ermittelten Primärbedarfen aus und kommt von daher ohne bzw. mit nur geringen Lagerbeständen aus, während die plan- und verbrauchsgesteuerte Disposition von Vergangenheitswerten ausgeht.

Im Rahmen der materialwirtschaftlichen Optimierungsproblematik, nämlich der Sicherung einer hohen Lieferbereitschaft bei geringer Kapitalbindung und minimalen Kosten, gewinnt die Bestimmung der optimalen Bestellmenge an Bedeutung. Die Bestimmung wirtschaftlicher Losgrößen erfolgt dabei unter Berücksichtigung der Bestell- und Lagerkosten.

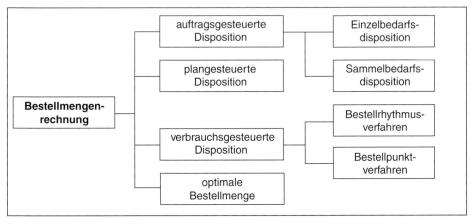

Bestellmengenrechnung

#### 8.1.3.1 Auftragsgesteuerte Dispositionsverfahren

Bei der Einzelbedarfsdisposition werden die Materialien fallweise einzeln beschafft. Für eine produktionsgerechte Anlieferung ist eine retrograde Terminrechnung erforderlich.

Wird bei dieser Dispositionsmethode der Bedarf termingerecht beschafft, tritt so gut wie keine Lagerhaltung auf, ein Sicherheitsbestand erübrigt sich.

Bei der Sammelbedarfsdisposition werden Kundenaufträge zusammengefasst; erst dann wird beschafft.

### 8.1.3.2  Plangesteuerte Dispositionsverfahren

Die plangesteuerte Disposition berücksichtigt bei Festlegung des Bedarfs einer Planperiode den Verbrauch der Vergangenheit, die gegenwärtigen Aufträge und den geschätzten Bedarf der Zukunft. Der Bestand an Kundenaufträgen wird für bestimmte Perioden als bekannt unterstellt, obwohl er auf statistischen Werten beruhen kann. Durch das Auflösen des Primärbedarfes wird der Sekundärbedarf ermittelt. Eine Voraussetzung für die Anwendung dieser Dispositionsart ist jedoch das Vorhandensein eines periodischen Produktionsplanes mit den entsprechenden Stücklisten. Über diese erfolgt die Berechnung des zeitlich gestaffelten Bruttobedarfs. Ein zusätzlicher ungeplanter Mehrbedarf kann über eine Prognoserechnung ermittelt werden und zum Bruttobedarf addiert werden. Der Nettobedarf ergibt sich dann durch Subtraktion der Lagerbestände und der Bestellbestände vom Bruttobedarf, vermehrt um den Vormerkbestand, sowie vermindert um den Werkstattbestand. Der Vormerkbestand stellt jenen Bestand an vorhandenen Materialien dar, die bereits für andere Aufträge reserviert sind. Der Werkstattbestand setzt sich aus den Materialien zusammen, die bereits zur Weiterverarbeitung in der Fertigung lagern.

Ausgehend vom Bruttobedarf errechnet sich der Nettobedarf wie folgt:

```
  Bruttobedarf
+ Zusatzbedarf
= Gesamtbruttobedarf
− Lagerbestand
+ Vormerkbestand
− Bestellbestand
− Werkstattbestand
= Nettobedarf
```

*Beispiel:*
*Für ein Produkt liegt ein Auftrag mit 90 Stück vor. Für die laufende Produktion werden 10 Stück benötigt. Die Fertigung rechnet mit einer Ausschussquote von 1%. Der Lagerbestand weist 40 PC aus. Von welcher Bestellmenge muss der Disponent ausgehen?*

```
  Bruttobedarf           90
+ Zusatzbedarf            1   (aufgerundet von 0,9)
= Gesamtbruttobedarf     91
− Lagerbestand           40
+ Vormerkbestand         10
− Bestellbestand          0
− Werkstattbestand        0
= Nettobedarf            61  Stück
```

### 8.1.3.3  Verbrauchsgesteuerte Dispositionsverfahren

Unabhängig davon, ob die Disposition durch eine optische Bestandskontrolle oder durch eine Bestandsfortschreibung erfolgt, ist es das Ziel, bis zur Verfügbarkeit der neuen Bestellung jede Bedarfsanforderung zu decken. Hierzu erfolgt eine Mengensteuerung mittels Bestellpunktverfahren und eine Terminsteuerung mittels Bestellrhythmusverfahren.

## 8.1.3.3.1 Bestellpunktverfahren

Beim Bestellpunktverfahren wird eine Beschaffung ausgelöst, sobald der Lagerbestand eine bestimmte Menge, die dem Bestellpunkt oder dem Meldebestand entspricht, erreicht hat. Im Normalfall soll beim Erreichen des Sicherheitsbestandes die zu beschaffende Menge spätestens am Lager sein, damit die Abgabebereitschaft des Lagers auch bei Lieferterminschwankungen durch einen Sicherheitsbestand gewährleistet ist. Der Bestellpunkt errechnet sich wie nachstehend:

$$B_P = D_B \cdot B_Z + S_B$$

$B_P$ = Bestellpunkt
$D_B$ = Durchschnittlicher Bedarf je Periode während der Beschaffungszeit
$B_Z$ = Beschaffungszeit
$S_B$ = Sicherheitsbestand

*Beispiel:*
*Der durchschnittliche Tagesbedarf einer Materialposition beträgt 100 Stück, die Beschaffungszeit 26 Tage. Es wird ein Sicherheitsbestand für 10 Tage unterhalten.*

$$B_P = 100 \cdot 26 + 100 \cdot 10$$

$B_P = 2600 + 1000$

$B_P = 3600$

*Grafisch lässt sich das Bestellpunktverfahren in Form einer Sägezahnkurve darstellen. Die konstante Form der Kurve ergibt sich unter der Voraussetzung gleichbleibender Lagerzu- und -abgänge sowie konstanter Beschaffungszeiten.*

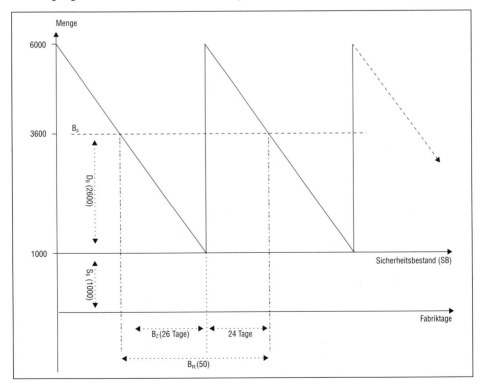

Bestellpunktverfahren

Bei konstantem Verbrauch kann der Bestellrhythmus ($B_R$) durch die Division der optimalen Bestellmenge ($x_{opt}$) durch den durchschnittlichen Tagesverbrauch ($D_B$) ermittelt werden.

*Unter der Annahme von 5000 Stück als optimale Bestellmenge muss jeweils nach 50 Tagen eine Bestellung ergehen, denn:*

$$B_R = \frac{x_{opt}}{D_B} = \frac{5000}{100} = 50 \text{ Tage}$$

Durch eintretende Verbrauchsschwankungen ist es nun aber möglich, dass eine alleinige Tagesausrichtung zu kurz greift und dies zu Fehlmengen führen kann. Im nachfolgenden Kapitel soll daher der Bestellrhythmus näher betrachtet werden.

### 8.1.3.3.2 Bestellrhythmusverfahren

Das Bestellrhythmusverfahren unterscheidet sich vom Bestellpunktverfahren dadurch, dass in bestimmten Zeitabständen eine Kontrolle des verfügbaren Lagerbestandes stattfindet. Hat der verfügbare Lagerbestand den Bestellpunkt, der hier als **Referenzpunkt** fungiert, unterschritten, wird eine Bestellung ausgelöst. Diese Überwachungszyklen reduzieren den Aufwand für die Disposition und den Einkauf. Das Bestellrhythmusverfahren bietet sich an bei Nachbestellungen, die nur zu bestimmten Zeitpunkten möglich sind, oder wenn mehrere Artikel vom selben Lieferanten bezogen werden. Der Rhythmus einer Bestellung kann sich aber auch an Produktions- oder Lieferrhythmen orientieren.

Der Bestellpunkt (Meldepunkt) errechnet sich nach der Formel

$$B_P = D_B \cdot (B_Z + B_Ü) + S_B$$

$B_P$ = Bestellpunkt
$D_B$ = Durchschnittlicher Bedarf je Periode während der Beschaffungszeit
$B_Z$ = Beschaffungszeit
$B_Ü$ = Beschaffungsüberprüfzeit
$S_B$ = Sicherheitsbestand

*Beispiel:*
*Der Bestand einer bestimmten Materialposition soll alle 15 Fabriktage überprüft werden. Die Beschaffungszeit für diese Materialposition beträgt 25 Tage, der Tagesbedarf liegt bei ca. 40 Stück und der Sicherheitsbestand bei 300 Stück. Unter Vernachlässigung der Beschaffungsüberprüfzeit ist in diesem Fall der Bestellpunkt bei $B_P$ = 40 x 25 + 300 = 1300 Stück erreicht.*

*Wird zum Zeitpunkt der Überprüfung ein Bestand von 1350 Stück festgestellt, so wird keine Bestellung ausgelöst. Wird nun während der folgenden 15 Produktionstage der Materialbestand planmäßig verbraucht, nimmt der Bestand um 600 Stück ab. Mit 750 Stück ist der Bestellpunkt unterschritten. Erfolgt erst jetzt eine Neubestellung, wird, da die Beschaffungszeit 25 Tage beträgt, das Material vollständig verbraucht sein, bevor die Bestellung eingeht.*

*Unter Einbeziehung der zugrunde gelegten Überprüfzeit hätte ein Bestellpunkt bei 1900 Stück, d. h. 40 x (25 + 15) + 300 = 1900, gewählt werden müssen.*

Wie beim Bestellpunktverfahren sind auch beim Bestellrhythmusverfahren verschiedene Lagerhaltungsstrategien möglich.

Die nachfolgende Abbildung zeigt exemplarisch ein Bestellrhythmusmodell mit konstanten Intervallen. Bei der **Höchstbestandsstrategie** wird in konstanten Bestellintervallen (BI) der Höchstbestand nachgefüllt, sobald Lagerbewegungen stattgefunden haben.

Auf die nachfolgende Abbildung wird hingewiesen.

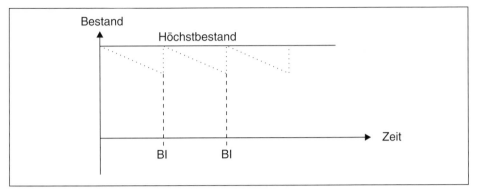

Höchstbestandsstrategie

### 8.1.3.4 Die optimale Bestellmenge

In den vorangegangenen Abschnitten zur verbrauchsgesteuerten Disposition wurden bisher Verfahren dargestellt, die den Bedarf in den Vordergrund stellen. Im Rahmen einer Optimierung der Beschaffungsmengen soll nunmehr auch der Kostenaspekt in die Betrachtung einfließen mit dem Ziel, ein Minimum an Bestell- und Lagerkosten zu erreichen.

#### 8.1.3.4.1 Die Auswirkungen der Bestellmenge auf die Kosten der Beschaffung

Die Bestellmenge beeinflusst die Kosten der Beschaffung in mehrfacher Hinsicht: Durch den Einstandspreis, also jene Kosten, die mittel- und unmittelbar durch das bezogene Material selbst und dessen Bezug entstehen, durch die Bestellkosten, die durch die betriebliche Beschaffung entstehen, und durch die Lagerhaltungskosten, die durch die Lagerung der Materialien bis zu ihrer Verwendung veranlasst sind.

Der **Einstandspreis** selbst wird durch Komponenten wie Rabatte und Bezugskosten beeinflusst. Durch hohe Mengengerüste sinken im Allgemeinen die Nettoeinstandspreise. Gleichzeitig sinken die Bezugskosten und evtl. Mindermengenzuschläge entfallen, was letztendlich zu einem geringeren Einstandspreis führt. Die Bezugskosten können außerdem noch Positionen wie Transportversicherung, Entladekosten, Zölle, Provisionen u. a. enthalten. Der Einstandspreis errechnet sich durch das folgende Kalkulationsschema.

```
  Listenpreis
− Rabatte
− Boni
+ Mindermengenzuschlag
─────────────────────────
= Zieleinkaufspreis
− Skonti
─────────────────────────
= Bareinkaufspreis
+ Bezugskosten:
  Verpackung
  Rollgeld
  Fracht
  Versicherungen
  Zölle
─────────────────────────
= Nettoeinstandspreis
```

*Beispiel:*
*Ein Büromöbelhersteller erhält für eine Materialposition folgendes Angebot: Stückpreis 2,80 €; für die Verpackung werden je 50 Stück 1,50 € berechnet. Bei einer Abnahmemenge von 500 Stück gewährt der Lieferant einen Mengenrabatt von 20%. Die Lieferung erfolgt frei Haus. Das Angebot sieht 3% Skonto vor, sofern die Begleichung innerhalb von 10 Tagen nach Zugang der Rechnung erfolgt. Bei einer Abnahme von 550 Stück sowie unter der Berücksichtigung des Skontos ergibt sich nachstehender Einstandspreis:*

| | | |
|---|---|---|
| *Listenpreis* | *2,80 € x 550* | *= 1.540,00 €* |
| *– Rabatt* | *1.540 € x 0,20* | *= 308,00 €* |
| *= Zieleinkaufspreis* | | *= 1.232,00 €* |
| *– Skonto* | *1.232 € x 3%* | *= 36,96 €* |
| *= Bareinkaufspreis* | | *= 1.195,04 €* |
| *+ Verpackung* | *11 x 1,50 €* | *= 16,50 €* |
| *= Nettoeinstandspreis* | | *= 1.211,54 €* |

Mit Hilfe dieser Einzelkomponenten der Einstandspreisberechnung ist es möglich, einen Angebotsvergleich verschiedener Lieferanten durchzuführen, um das günstigste Angebot auszuwählen.

Die Summe der **Bestellkosten** erfasst alle Kosten, die durch eine Bestellung ausgelöst werden, wie die Kosten des Einkaufs und die der Disposition, die Zugangskosten, die Kosten der Rechnungskontrolle und der Rechnungsanweisung. Zu den Einkaufskosten gehören die Kosten der Bezugsquellenermittlung, die Anfragekosten und die Kosten der Angebotsauswertung. Die Kosten der Disposition umfassen die Kosten der Bedarfs-, Bestands- und der Bestellrechnung. Die Zugangskosten stellen die Kosten des Wareneingangs dar. Die Bestellkosten (Bk) pro Bestellung ergeben sich aus der Summe der Bestellkosten pro Periode, dividiert durch die Anzahl der Bestellungen in dieser Periode.

$$Bk = \frac{\text{Summe der Bestellkosten/Periode}}{\text{Summe der Bestellungen/Periode}}$$

Zu den **Lagerhaltungskosten** (LHK) zählen die Materialkosten, die Raumkosten, die Mitarbeiter- und Gemeinkosten des Lagers. Die Lagermaterialkosten umfassen die entsprechenden Versicherungskosten der Materialien, die Kosten des Bestandswagnisses sowie die Kapitalbindungskosten. Diese entsprechen der Verzinsung des in den Beständen gebundenen Kapitals. Üblicherweise wird hierbei ein kalkulatorischer Zinssatz (ZS) verwendet, der sich an der marktüblichen Verzinsung orientiert; denn unabhängig davon, ob es sich bei dem eingesetzten Kapital um Eigen- oder Fremdkapital handelt, steht dieses Kapital für andere Projekte nicht mehr zur Verfügung. Bei der Berechnung der Lagerhaltungskosten mit ungleichmäßigen Lagerzugängen und Lagerabgängen wird als Bezugsgröße der durchschnittliche Lagerbestand verwendet.

$$\text{Durchschnittlicher Lagerbestand} = \frac{x}{2} = \frac{\text{Anfangsbestand + Endbestand}}{2}$$

Der durchschnittliche Lagerbestand wird mit dem Einstandspreis (EP) und dem Lagerhaltungskostensatz (LHKS) multipliziert. Der Lagerhaltungskostensatz setzt sich aus dem Zinssatz (ZS) und dem Lagerkostensatz (LS) zusammen.

$$LHKS = ZS + LS$$

Der Lagerkostensatz bewertet den durchschnittlichen Lagerbestandswert in Prozent. Die Berechnung des Lagerkostensatzes erfolgt nach der Formel:

$$LS = \frac{\text{Lagerkosten pro Periode}}{\text{Durchschnittlicher Lagerbestandswert}} \times 100$$

8 Materialwirtschaft

Damit setzt sich die Berechnungsgrundlage für die Lagerhaltungskosten wie folgt zusammen:

$$LHK = \frac{x}{2} \cdot EP \cdot \frac{ZS + LS}{100}$$

### 8.1.3.4.2 Die optimale Bestellmenge (nach Andler)

Die Andler´sche Losgrößenformel ist ein Instrument der verbrauchsgesteuerten Beschaffung. Sie setzt verschiedene Annahmen, unter anderem einen bekannten und konstanten Jahresverbrauch, voraus.

Die optimale Bestellmenge ist durch jenen Punkt gekennzeichnet, an dem die Summe der Bestellkosten (Bk) und die der Lagerhaltungskosten (LHK) ihr Minimum erreichen.

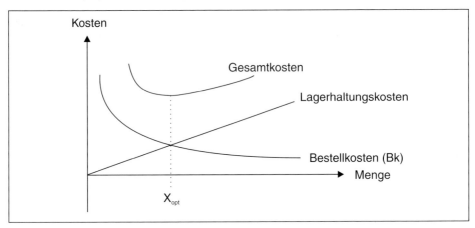

Optimale Bestellmenge

Die Gesamtkosten der Materialbereitstellung setzen sich aus der Bestellhäufigkeit in der Periode, der Bestellmenge (M), den Bestellkosten pro Bestellung (Bk), den Lagerhaltungskosten (LHK) und dem Einstandspreis zusammen.

Die optimale Bestellmenge kann somit mathematisch ermittelt werden:

$$x_{opt} = \sqrt{\frac{200 \cdot M \cdot Bk}{E_P \cdot (LS + ZS)}}$$

Die optimale Beschaffungshäufigkeit ($n_{opt}$) dieser Menge errechnet sich aus:

$$n_{opt} = \frac{M}{x_{opt}}$$

*Beispiel:*
*Die Jahresbedarfsmenge einer Produktion beträgt 15000 ME, die Bestellkosten pro Bestellung betragen 28 €. Der Einstandspreis beträgt 12 €/Stück. Es wird mit einem Zinssatz von 9% gerechnet. Der Lagerkostensatz wurde mit 11% ermittelt.*

*Die Ermittlung der optimalen Bestellmenge durch ein tabellarisches Verfahren ergibt sich aus der folgenden Tabelle:*

# 8 Materialwirtschaft

| Bestell-häufigkeit | Bestell-menge | Bestell-kosten | Durchschnittl. Lagerbestand | Lager-haltungs-kosten | Gesamtkosten |
|---|---|---|---|---|---|
| $\frac{M}{x}$ | $x$ | $\frac{M}{x} \cdot Bk$ | $\frac{x}{2}$ | $\frac{x}{2} \cdot E_P \cdot LHKS$ | $\frac{M}{x} \cdot Bk + \frac{x}{2} \cdot E_P \cdot LHKS$ |
| 6 | 2500 | 168 | 1250 | 3000 | 3168 |
| 8 | 1875 | 224 | 938 | 2250 | 2474 |
| 12 | 1250 | 336 | 625 | 1500 | 1836 |
| 16 | 938 | 448 | 469 | 1125 | 1573 |
| 20 | 750 | 560 | 375 | 900 | 1460 |
| 24 | 625 | 672 | 313 | 751 | 1423 min! |
| 28 | 536 | 784 | 268 | 643 | 1427 |
| 30 | 500 | 840 | 250 | 600 | 1440 |

*Durch die eingesetzten Werte lässt sich mit der tabellarischen Lösung nur eine Näherung der optimalen Bestellmenge erreichen; erst eine grafische Umsetzung würde den Schnittpunkt der Lagerhaltungskosten und der Bestellkosten aufzeigen. Durch das Einsetzen der Werte in die Andler´sche Formel wird die optimale Bestellmenge exakt errechnet.*

$$x_{opt} = \sqrt{\frac{200 \cdot 15000 \cdot 28}{12 \, (11 + 9)}} = \sqrt{\frac{84000000}{240}}$$

$$x_{opt} = \sqrt{350000} = 591{,}61 \cong 592 \text{ ME}$$

Die praktische Anwendbarkeit dieser klassischen Losgrößenformel zur optimalen Beschaffung ist allerdings an einige Voraussetzungen geknüpft. So wird vorausgesetzt, dass

– der auftretende Bedarf relativ konstant ist,
– die zu erwartenden Lagerabgänge sich ebenfalls zeitlich konstant entwickeln,
– Fehlmengen nicht zugelassen sind,
– der Stückpreis unabhängig von der Beschaffungsmenge ist,
– die Grenzkosten der Lagerhaltung konstant sind und
– die Lieferzeit praktisch gegen Null geht.

Die Beschaffungsmenge gilt als optimal, wenn die Kosten der Bestellung und die Kosten der Lagerhaltung minimal sind. Die vorangestellte Grafik zur optimalen Bestellmenge zeigt, dass die Gesamtkostenkurve in ihrem Minimum sehr flach verläuft. Dadurch entsteht ein Toleranzbereich links und rechts der optimalen Bestellmenge. Dies erlaubt die Festlegung von Mindest- und Höchstbestellgrenzen um $x_{opt}$.

*Unter Zugrundelegung der optimalen Bestellmenge ergibt sich die optimale Bestellhäufigkeit:*

$$n_{opt} = \frac{M}{x_{opt}} = \frac{15000}{592} = 25{,}34 \cong 26$$

*Innerhalb der Planungsperiode müsste also 26 mal bestellt werden. Bei angenommenen 220 Werktagen im Jahr ergibt dies einen Bestellrhythmus von 8 bis 9 Tagen.*

## 8.1.4 Analyse der Materialien

Aufgrund der Vielzahl der durch das Materialwesen zu bewirtschaftenden Materialien erscheint es sinnvoll, die Aktivitäten der Beschaffung auf jene Materialien zu lenken, die einen hohe Wertigkeit gemessen am Gesamtlagerwert besitzen.

# 8 Materialwirtschaft

**Analyseinstrumente** zur Entscheidungsabsicherung hinsichtlich der Materialbeschaffung, -lagerung und -verteilung sind die ABC- und die XYZ-Methode.

## 8.1.4.1 ABC-Methode

Die ABC-Analyse kann verschiedenen Zielen in den Unternehmen dienen, etwa als ein Rationalisierungsinstrument, das das Wesentliche vom Unwesentlichen zu unterscheiden hilft, indem die Aktivitäten auf einen Bereich hoher wirtschaftlicher Bedeutung gelenkt werden und gleichzeitig der Aufwand für die übrigen Bereiche durch Vereinfachungsmaßnahmen gesenkt wird. Mit Hilfe dieses Instrumentes kann die Anzahl und der Wert der **beschafften** Materialgruppen ebenso untersucht werden wie die Anzahl und der Wert der **verbrauchten** Materialgruppen.

Die ABC-Analyse gibt Aufschluss über die mengen- und wertmäßige Verteilung der Materialien, die im industriellen Unternehmen in einem bestimmten Zusammenhang stehen. Danach haben A-Güter einen ca. 15%igen Gesamtmengenanteil und einen 70 – 80%igen Anteil am Gesamtwert, B-Güter einen ca. 35%igen Gesamtmengenanteil und einen 15 – 20%igen Anteil am Gesamtwert. C-Güter machen einen ca. 50%igen Gesamtmengenanteil und einen 5–10%igen Anteil am Gesamtwert aus. Grafisch lässt sich das Verhältnis der Mengen- und Wertanteile der ABC-Analyse wie folgt darstellen:

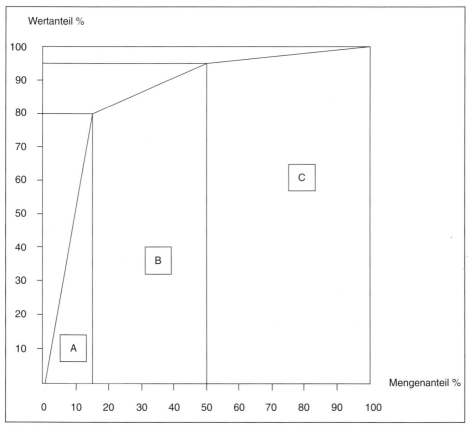

ABC-Analyse

Die Ermittlung des für die ABC-Analyse notwendigen Zahlenmaterials erfolgt in mehreren Schritten:

– Zunächst erfolgt die Feststellung des Jahresbedarfs der jeweiligen Menge unter Angabe der entsprechenden Materialnummer sowie des Einzelpreises. Durch Multiplikation des Einzelpreises mit der jeweiligen Menge ergibt sich der Jahresbedarf ausgedrückt in €.

– Im zweiten Schritt wird das Rangreihenverfahren angewandt, sodass jetzt der Artikel mit dem höchsten Jahresbedarf in € auf dem ersten Rang steht und sich der Artikel mit dem geringsten Jahresbedarf nunmehr an letzter Position befindet.

– Im nächsten Schritt werden die wertmäßigen Jahresbedarfe aller Positionen zum Gesamtjahresverbrauchswert addiert und mit 100% gleichgesetzt, sodass im folgenden Schritt die jeweiligen prozentualen Materialpositionen vom Gesamtwert ermittelt werden.

– Sodann werden die einzelnen Prozentanteile kumuliert und die Wertgruppen A,B und C festgelegt.

*Beispiel:*
*In einem Betrieb sollen die nachfolgende Materialverbrauchsmengen mit Hilfe der ABC-Analyse untersucht werden. Die Erfassung des Datenmaterials erfolgt zunächst durch die tabellarische Zusammenfassung der jeweiligen Materialnummer, des mengenmäßigen Jahresbedarfes, des jeweiligen Einzelpreises pro Mengeneinheit sowie des wertmäßigen Jahresbedarfes.*

| Material Nr. | Jahresbedarf in ME | Preis / ME € | Jahresbedarf € |
|---|---|---|---|
| A | B | C | D = B x C |
| 101 | 107 | 314,17 | 33616,19 |
| 102 | 15600 | 1,78 | 27768,00 |
| 103 | 1050 | 2,51 | 2635,50 |
| 104 | 5400 | 1,21 | 6534,00 |
| 105 | 800 | 5,45 | 4360,00 |
| 106 | 700 | 7,40 | 5180,00 |
| 107 | 140 | 21,69 | 3036,60 |
| 108 | 19700 | 0,06 | 1182,00 |
| 109 | 17400 | 0,04 | 696,00 |
| 110 | 27900 | 0,08 | 2232,00 |

*Nach der Ermittlung des jeweiligen Jahresbedarfes in € werden die einzelnen Materialpositionen entsprechend ihres Jahresbedarfes/€ mit Rangzahlen versehen und absteigend sortiert. Die Materialnummer mit dem höchsten wertmäßigen Jahresbedarf erhält den Rang 1 und steht an erster Stelle, die Materialposition mit dem niedrigsten wertmäßigen Jahresbedarf steht an letzter Stelle der Tabelle und erhält den Rang 10.*

*Hierzu die nachfolgende Rang-Tabelle.*

## 8 Materialwirtschaft

| Material Nr. | Jahresbedarf in ME | Preis / ME € | Jahresbedarf € | Rang |
|---|---|---|---|---|
| 101 | 107 | 314,17 | 33616,19 | 1 |
| 102 | 15600 | 1,78 | 27768,00 | 2 |
| 104 | 5400 | 1,21 | 6534,00 | 3 |
| 106 | 700 | 7,40 | 5180,00 | 4 |
| 105 | 800 | 5,45 | 4360,00 | 5 |
| 107 | 140 | 21,69 | 3036,60 | 6 |
| 103 | 1050 | 2,51 | 2635,50 | 7 |
| 110 | 27900 | 0,08 | 2232,00 | 8 |
| 108 | 19700 | 0,06 | 1182,00 | 9 |
| 109 | 17400 | 0,04 | 696,00 | 10 |

*Im nächsten Schritt wird der gesamte Jahresbedarfswert durch Addition der einzelnen Jahresbedarfswerte ermittelt. Zur Berechnung der prozentualen Einzelanteile der Materialpositionen am Gesamtjahresbedarf wird dieser mit 100% gleichgesetzt. Sodann werden die einzelnen Prozentanteile bestimmt, kumuliert und die Wertgruppen festgelegt.*

| Rang | Material Nr. | Jahresbedarf € | Anteil vom Gesamtwert % | Kumulativer Anteil % | Wertgruppe |
|---|---|---|---|---|---|
| 1 | 101 | 33616,19 | 38,53 | 38,53 | A |
| 2 | 102 | 27768,00 | 31,83 | 70,36 | A |
| 3 | 104 | 6534,00 | 7,49 | 77,85 | B |
| 4 | 106 | 5180,00 | 5,94 | 83,79 | B |
| 5 | 105 | 4360,00 | 5,00 | 88,79 | B |
| 6 | 107 | 3036,60 | 3,48 | 92,27 | C |
| 7 | 103 | 2635,50 | 3,02 | 95,29 | C |
| 8 | 110 | 2232,00 | 2,56 | 97,85 | C |
| 9 | 108 | 1182,00 | 1,35 | 99,20 | C |
| 10 | 109 | 696,00 | 0,80 | 100,00 | C |
| Gesamt | | 87240,29 | 100,00 | | |

*Die Wertegruppen können wie nachfolgend zusammengefasst werden:*

| Wertgruppe | Materialpositionen | Mengenanteil % | Wertanteil % | Wert € |
|---|---|---|---|---|
| A | 2 | 20 | 70,36 | 61384,19 |
| B | 3 | 30 | 18,43 | 16074,00 |
| C | 5 | 50 | 11,21 | 9782,10 |
| Gesamt | 10 | 100 | 100,00 | 87240,29 |

*Die Auswertung zeigt, dass der Mengenanteil der A-Güter 20% ausmacht, dem aber ein wertmäßiger Anteil der A-Güter von ca. 70% gegenübersteht. Auf die C-Güter hingegen entfällt ein mengenmäßiger Bedarf von 50%, der einem wertmäßiger Anteil von ca. 11% entspricht.*

Entsprechend der Auswertungsergebnisse sollten A-Güter eine andere Aufmerksamkeit erfahren als B- oder C-Güter. So sollte beispielsweise für A-Güter eine intensivere Marktanalyse und anschließende Marktbeobachtung erfolgen. Zudem sollten unter anderem die

Lagerzeiten minimiert und die Durchlaufzeiten verkürzt werden. Für die C-Materialien sollte eine vereinfachte Handhabung gelten, wie beispielsweise die fernmündliche Bestellung oder die Bemessung großzügiger Sicherheitsbestände. Die B-Güter nehmen eine Mischstellung zwischen den reinen A- und C-Gütern ein. Die Anwendung vereinfachter Verfahren, wie sie bei der Behandlung von C-Materialien zweckmäßig ist, sollte bei den B-Gütern nicht durchgängig angewendet werden, da ein Teil der B-Materialien an der Grenze zu den A-Materialien angesiedelt ist. Dies wiederum rechtfertigt den Einsatz exakterer Methoden auch für einen Teil der B-Materialien.

### 8.1.4.2 XYZ-Methode

Die Aussagekraft der ABC-Analyse kann erhöht werden, indem der Bedarf wie nachstehend klassifiziert wird:

| X | Konstanter Bedarf | Hohe Vorhersagegenauigkeit |
|---|---|---|
| Y | Schwankender Bedarf | Mittlere Vorhersagegenauigkeit |
| Z | Unregelmäßiger Bedarf | Geringe Vorhersagegenauigkeit |

Unter Einbeziehung der ABC-Analyse ergibt sich folgende Matrix:

|   | X | Y | Z |
|---|---|---|---|
| A | Hoher Wertanteil Konstanter Bedarf | Hoher Wertanteil Schwankender Bedarf | Hoher Wertanteil Unregelmäßiger Bedarf |
| B | Mittlerer Wertanteil Konstanter Bedarf | Mittlerer Wertanteil Schwankender Bedarf | Mittlerer Wertanteil Unregelmäßiger Bedarf |
| C | Geringer Wertanteil Konstanter Bedarf | Geringer Wertanteil Schwankender Bedarf | Geringer Wertanteil Unregelmäßiger Bedarf |

Hieraus ergeben sich Schlussfolgerungen für die Beschaffung, die für die Eckpunkte der Matrix wie folgt formuliert werden können:

**AX-Güter** Deterministische Bedarfsrechnung und exakte Disposition empfohlen, aufgrund der hohen Vorhersagegenauigkeit geeignet für **Just-in-Time;**

**AZ-Güter** Bedarfsgesteuerte Beschaffung, ggf. auf Basis von **Abruf-Rahmenverträgen;**

**CX-Güter** Verbrauchsgesteuerte Beschaffung empfohlen;

**CZ-Güter** Stochastische Bedarfsrechnung und verbrauchsgesteuerte Disposition empfohlen; ggf. Abruf-Rahmenverträge oder **Konsignationslager**, wenn möglich, Nutzung örtlicher Einkaufsquellen (**»Local Buying«**).

### 8.1.4.3 Wertanalyse

Ein weiteres in diesem Zusammenhang zu erwähnendes Verfahren ist die auf L.D. MILES zurückgehende Wertanalyse. In Buch 1, Abschnitt 3.5.1, wurde sie bereits ausführlich als Verfahren zur Untersuchung des Verhältnisses von Kosten zu Funktionswerten von Erzeugnissen, Verfahren und Dienstleistungen dargestellt, mit dessen Hilfe Einspar- und Qualitätssteigerungspotenziale aufgedeckt und realisiert werden können.

Im Zentrum der Wertanalyse stehen die vom Kunden an die Produktleistung und den damit verbundenen Nutzen gestellten Erwartungen und Ansprüche. Ziel der vom Hersteller durchgeführten Wertanalyse ist es, diesen Nutzen kostenoptimal zu erzeugen. Im Zusammenhang mit der Materialwirtschaft kann die an einem zu entwickelnden oder zu überarbeitenden Produkt durchgeführte Wertanalyse Einsparpotenziale aufdecken, die durch eine Änderung bei den verwendeten Materialien erschlossen werden können.

Verfahren und Begriffe der Wertanalyse (WA; **Value Management**) sind in der EU-Norm EN 12973 festgeschrieben, die die bisherige Norm nach DIN 69 910 ersetzt. Außerdem ist sie Gegenstand der VDI-Richtlinien 2801 und 2802.

Die Wertanalyse unterscheidet verschiedene Durchführungsarten:

- Das **Value Engineering** erfolgt bereits bei der Erzeugnisentwicklung.
- Die **Value Control** prüft, welche Aufnahme die Erzeugnisse beim Kunden finden.
- Die **Value Analysis** befasst sich mit Erzeugnissen, die bereits im Fertigungsprogramm enthalten sind. Im Zentrum stehen hier die Beschaffung und die Konstruktion, vor allem bei Erzeugnissen, die einen hohen Materialwert aufweisen.
- Die **Value Administration** befasst sich mit Untersuchungen von Verwaltungstätigkeiten.

Besondere Kennzeichen der Wertanalyse sind ihr systematisches Vorgehen unter Nutzung von **Kreativitätspotenzialen** und ihre **Interdisziplinarität**, d. h. die Einbeziehung von Fachkräften aus den verschiedenen Funktionsbereichen des Unternehmens.

Bezüglich der Einzelheiten zur Wertanalyse vergleiche Abschnitt 3.5.1 in Buch 1.

## 8.1.5 Vorratspolitik

Die Zielsetzungen der Vorratspolitik orientieren sich an der Versorgungssicherung der Fertigung sowie an den Vorgaben der Unternehmenspolitik, z. B. hinsichtlich der Kapitalbindung und der Liquidität. Im Rahmen einer Versorgungssicherheit gewinnt die Frage des Servicegrades ebenso an Bedeutung wie eventuell einzurichtende Sicherheitsbestände. Diese Überlegungen werden ergänzt durch Dispositionsfragen hinsichtlich einer Bestandsergänzung oder der Bestellmengenoptimierung.

Darüber hinaus wird die Vorratspolitik aber auch durch Vorsorgungskonzeptionen beeinflusst, die in Abschnitt 8.4.2 noch näher beschrieben werden.

In Abgrenzung zur Vorratspolitik beschäftigt sich die Lagerpolitik im Wesentlichen mit der Lagerhaltung und deren Verwaltung, auf die in Abschnitt 8.5 noch näher einzugehen ist.

### 8.1.5.1 Servicegrad

Eine vollständige Bevorratung aller Materialien würde zwar alle Bedarfsanforderungen zu 100% bedienen, gleichzeitig aber auch die Lagerhaltungskosten und die einhergehende Kapitalbindung maximieren. Dies wäre jedoch wirtschaftlich nicht sinnvoll. Vielmehr ist es zweckmäßig, auch vor dem Hintergrund der erfolgten ABC-Analyse in Verbindung mit der XYZ-Analyse einen **Lieferbereitschaftsgrad** (Servicegrad) festzulegen.

Die folgende Abbildung veranschaulicht den Zusammenhang zwischen Servicegrad und Lagerhaltungskosten:

Ab einem Servicegrad von 90 bis 95% steigen die Lagerhaltungskosten überproportional, was dazu führt, dass eine Servicegrad von 90–95% zumeist als ausreichend angesehen wird. Der Servicegrad (Stückservicegrad) wird rechnerisch als Prozentsatz der Bedarfsanforderungen ermittelt.

# 8 Materialwirtschaft

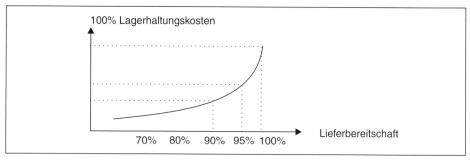

Lieferbereitschaftsgrad

Ein Servicegrad von beispielsweise 95% bedeutet, dass das Lager von 100 Bedarfsanforderungen 95 Anforderungen bedienen kann. Der Lieferbereitschaftsgrad errechnet sich nach der Formel

$$LB = \frac{\text{bediente Bedarfsanforderungen}}{\text{Gesamtbedarfsanforderung}} \times 100$$

*Beispiel:*
An das Lager wurden in der vergangenen Periode 400 Bedarfsanforderungen gestellt, von denen 350 bedient werden konnten.

$$LB = \frac{350}{400} \times 100$$

$$LB = 87{,}5\%$$

Um die Lagerkosten zu senken und dennoch einen hohen Servicegrad zu gewährleisten, muss der Servicegrad für jede Materialposition getrennt betrachtet werden. Hierbei sind die kritischen Positionen, wie Engpassmaterialien, einzeln und außerhalb der ABC-Regeln zu betrachten. Für A-Materialien ist aufgrund der hohen Kapitalbindung ein niedriger Lieferbereitschaftsgrad festzulegen. Artikel der C-Gruppe können einen hohen Servicegrad aufweisen, da dieser mit einer geringen Kapitalbindung erreicht werden kann.

Es ist allerdings zu beachten, dass die Lagerhaltungskosten nur **eine** Kostenkomponente des Lieferbereitschaftsgrades darstellen. Eine andere Einflussgröße stellen die Fehlmengenkosten dar, auf die in Abschnitt 8.1.5.3 noch näher eingegangen wird. Fehlmengenkosten entstehen, wenn eine Bestellung nicht ausgeführt werden kann. Je höher der Servicegrad festgelegt ist, desto geringer werden mögliche Fehlmengenkosten ausfallen.

## 8.1.5.2 Sicherheitsbestände

Im Rahmen der Bildung wirtschaftlicher Beschaffungsmengen muss ebenfalls überprüft werden, inwieweit Dispositonsunsicherheiten aufgefangen werden können. Der Sicherheitsbestand wird eingerichtet, um Unsicherheiten durch Verbrauchsabweichungen, Lieferterminabweichungen, Abweichungen der Liefermengen von den Bestellmengen und Fehler in der Bestandsführung aufzufangen.

Die Berücksichtigung eines Sicherheitsbestandes erhöht den Lagerbestand. Ist der Sicherheitsbestand eine konstante Größe, werden auftretende Bedarfsschwankungen möglicherweise nicht berücksichtigt. Ein zu hoch bemessener Sicherheitsbestand verursacht eine höhere Kapitalbindung und somit höhere Kosten. Ein zu niedrig bemessener Sicherheitsbestand erhöht das Fehlmengenrisiko und ist damit ebenfalls kostenwirksam.

# 8 Materialwirtschaft

Ein **wirtschaftlich vertretbarer** Sicherheitsbestand sollte nicht konstant sein, sondern sich der jeweiligen Bedarfssituation als gleitender Sicherheitsbestand anpassen. Aus diesem Grund empfiehlt es sich, mit einer **Sicherheitszeit** zu rechnen. Diese bewirkt, dass sich der Sicherheitsbestand den Bedarfsänderungen anpasst und somit gleitend wird.

*Beispiel:*
*In einer Unternehmung wird eine Sicherheitszeit (TS) von 15 Tagen festgelegt. Mit dieser Sicherheitszeit können Unsicherheiten der Bedarfsvorhersage abgefedert werden. Darüber hinaus kann mit dieser Sicherheitszeit ein Mehrverbrauch an Materialien von bis zu 15 Tagen aufgefangen werden. Der durchschnittliche Tagesverbrauch (DB) beträgt 60 Stück pro Periode. Berechnet werden soll der Sicherheitsbestand (SB).*

SB = TS x DB
SB = 15 x 60
SB = 900 Stück

*Wenn der Tagesverbrauch sich nun von 60 ME auf 40 ME reduziert, erfolgt automatisch eine Anpassung des Sicherheitsbestandes an die neue Verbrauchssituation.*

SB = 15 x 40
SB = 600 Stück

*Wäre mit einem konstanten Sicherheitsbestand gerechnet worden, wäre dieser jetzt um 300 Stück zu hoch bemessen.*

Dieses Beispiel lässt erkennen, dass bei Anwendung eines gleitenden Sicherheitsbestandes die Sicherheitszeit nicht geändert werden muss. Diese ist nur bei einer Änderung der Lieferbereitschaft neu zu bestimmen, nicht jedoch bei einer Änderung der Verbrauchswerte.

### 8.1.5.3 Kostenbetrachtung

Die durch die Lagerhaltung verursachten Kosten setzen sich z. B. zusammen aus den durch die Bevorratung bedingten Kapitalbindungskosten, den Lagerraumkosten, den Mitarbeiterkosten, den Kosten für Arbeitsmittel und den sonstigen Kosten, die durch die Lagerhaltung und den damit verbundenen Werteverzehr ausgelöst werden. Davon zählen zu den variablen Kosten die Kapitalbindungskosten, die Versicherungskosten und die Kosten für das Bestandswagnis; die Lagerraumkosten stellen einen fixen Kostenanteil dar.

Im Rahmen des Zusammenhangs von Lagerkosten, Servicegrad und **Fehlmengenkosten** soll an dieser Stelle auf das materialwirtschaftliche Optimierungsproblem hingewiesen werden.

Die Lieferbereitschaft des Lagers ist eine Größe, die Auskunft über die Verfügbarkeit der Materialien gibt. Eine hohe Lieferbereitschaft des Lagers wird mit hohen Sicherheitsbeständen, einer entsprechend hohen Kapitalbindung sowie hohen Lagerkosten bei gleichzeitiger Reduktion der Fehlmengenkosten erkauft. Fehlmengenkosten (**»stock out costs«**) fallen an, wenn ein auftretender Bedarf nicht vom Lager gedeckt werden kann.

Zu diesen Kosten zählen z. B. Umsatzverluste, ausgelöst durch Minderproduktion mangels Materialien, Imageverluste beim Kunden aufgrund von Lieferverzögerungen sowie Mehrkosten bei Nacharbeit des Produktionsausfalles. Darüber hinaus entstehen Fehlmengenkosten auch durch Einzelbeschaffungen, durch die eine Produktionsunterbrechung aufgefangen werden soll (zu den Kosten der Einzelbeschaffung zählen erhöhte Schreib- und Telefonkosten, verlorene Rabatte und anderes).

Es gilt also, den Umfang der Bevorratung am wirtschaftlichen Erfolg zu beurteilen und die Lagerhaltungskosten, die unter anderem auch durch den Sicherheitsbestand verursacht werden, den Fehlmengenkosten gegenüberzustellen und **zu optimieren**.

# 8 Materialwirtschaft

*Beispiel:*
*Durch eine Fehldisposition steht ein wichtiger Erzeugnisbestandteil für eine Produktion von 5000 Stück nicht zur Verfügung. Der Erzeugnisbestandteil in gleicher Güte zum gleichen Preis (2,00 €/Stück) lässt sich kurzfristig nicht beschaffen. Ersatzweise wird ein anderes Material in höherer Güte und zu einem höheren Preis (3,50 €/Stück) eingesetzt. Die Beschaffungszeit dieses Materials beträgt zwei Tage, während dieser zwei Tage ruht die Produktion. Die Vertragsstrafe für Lieferverzug beträgt 2000 €/Tag. Die Fehlmengenkosten $F_{MK}$ können wie nachstehend, ohne eine zusätzliche Umsatzverlustbetrachtung, ermittelt werden:*

$F_{MK} = [(3{,}50 \, € \cdot 5000 \, Stk.) - (2{,}00 \, € \cdot 5000 \, Stk.)] + (2 \, Tage \cdot 2000 \, €)$

$F_{MK} = 7500 \, € + 4000 \, €$

*Die Fehlmengenkosten betragen insgesamt 11500 €.*

## 8.2 Aufgabe und Organisation der Materialwirtschaft

Die folgenden Darstellungen bieten einen Überblick über die verschiedenen Teilgebiete der Materialwirtschaft und ihre Bedeutung für das Unternehmen. Dies geschieht, indem zunächst auf die Funktion und die Bedeutung der Teilbereiche eingegangen wird. Die anschließende Betrachtung beschäftigt sich mit möglichen Organisationsformen zur Integration der Materialwirtschaft in das Unternehmen und mit Organisationsbegriffen materialwirtschaftlicher Konzeptionen.

### 8.2.1 Funktion der Materialwirtschaft

Die Materialwirtschaft hat die Aufgabe, das Unternehmen, und hier insbesondere den Fertigungsbereich, mit allen Gütern und Dienstleistungen des periodischen und aperiodischen Bedarfs zu versorgen. Die erfolgte Eingrenzung des Beschaffungsbegriffes erscheint sinnvoll, da das Beschaffen anderer Produktionsfaktoren außerhalb des materialwirtschaftlichen Bereiches anderen Überlegungen folgt, die nicht in gleicher Weise übertragbar sind.

Bei der Beschaffung ist darauf zu achten, dass

– das richtige Material und die richtige Leistung
– in ausreichender Menge
– zum richtigen Zeitpunkt
– am richtigen Ort
– in der richtigen Qualität sowie
– zum optimalen Preis

bereitgestellt sind.

Diese Aufgaben setzt die Materialwirtschaft durch die Funktionen Disposition, Einkauf, Lager- und Vorratswirtschaft, Transport und Entsorgung um.

– Die **Disposition** beinhaltet in diesem Sinne alle Tätigkeiten einer mengen- und termingerechten Sicherstellung einer optimalen Lieferbereitschaft.

– Der **Einkauf** richtet sich auf alle Güter und Dienstleistungen, die nicht vom Unternehmen selbst bereitgestellt werden, sondern vom Markt zu beschaffen sind.

- Die **Lagerung** umfasst alle Tätigkeiten einer Bevorratung zur mengen- und termingerechten Bereitstellung der Güter.
- Der **Transport** erfüllt die Funktion der Verteilung. Die Verteilung der Güter und Waren erstreckt sich sowohl auf die innerbetrieblichen Anforderungen als auch auf die Verteilung versandfertiger Waren vom Unternehmen zum Kunden zu optimalen Preisen. Die innerbetriebliche Verteilung richtet sich auf die Sicherstellung der mengen- und termingerechten Versorgung der einzelnen Produktionsstätten mit den entsprechenden Materialien.
- Die **Entsorgungsfunktion** beinhaltet die Entwicklung eines geeigneten Entsorgungskonzeptes unter Berücksichtigung des ökologisch-ökonomischen Umgangs mit den anfallenden Gütern sowie unter Einhaltung der entsprechenden Gesetze und Verordnungen.

Die betriebliche **Logistik** bezeichnet die ganzheitliche sowie integrierte Planung, Steuerung, Durchführung und Kontrolle aller Güterströme sowie die dazu gehörenden Informationen.

### 8.2.1.1 Disposition

Wie bereits angesprochen, umfasst die Disposition alle Tätigkeiten, die darauf gerichtet sind, den Betrieb termingerecht mit den nach Art und Menge erforderlichen Gütern ordnungsgemäß zu versorgen.

Um dieser Aufgabe zu entsprechen, muss im Rahmen der Disposition festgestellt werden,

- welche Materialien
- in welcher Menge
- an welchem Ort
- zu welchem Zeitpunkt

benötigt werden.

Die Bestimmung des Nettobedarfs kann auf Basis der bereits in Abschnitt 8.1.3.2 vorgestellten Rechnung erfolgen.

Eine Überprüfung der Aktivitäten der Materialdisposition dient vor allem einer Zielkontrolle im Rahmen der materialwirtschaftlichen Optimierungsproblematik. Zur Zielerreichungskontrolle bietet sich ein auf die Aufgaben der Disposition ausgerichtetes **Kennzahlensystem** an. Kennzahlen können zu Perioden- und Betriebsvergleichen herangezogen werden.

Nachstehend einige beispielhafte Kennzahlen zur Kontrolle der Lieferbereitschaft und der Lagerbestände:

Der **Lieferbereitschaftsgrad** kann als Bedarfs- und Stückservice ausgedrückt werden.

$$\text{Bedarfsservice} = \frac{\text{Anzahl der bedienten Anforderungen pro Periode}}{\text{Gesamte Anforderungen pro Periode}} \times 100$$

$$\text{Stückservice} = \frac{\text{Bediente Stückmenge pro Periode}}{\text{Gesamte Stückmenge pro Periode}} \times 100$$

Bedeutende Kennziffern der **Bestandskontrolle** sind der durchschnittliche (Ø) Lagerbestand bei relativ gleichmäßigen Lagerzu- und Lagerabgängen, die Umschlagshäufigkeit, die Lagerdauer sowie die Lagerreichweite:

– **durchschnittlicher Lagerbestand** = $\dfrac{\text{Anfangsbestand + Endbestand der Periode}}{2}$ bzw.

$$= \dfrac{\text{Jahresanfangsbestand + 12 Monatsendbestände}}{13}$$

Über den durchschnittlichen Lagerbestand lässt sich die Höhe des durch die Vorräte durchschnittlich gebundenen Kapitals errechnen.

– **Umschlagshäufigkeit** = $\dfrac{\text{Jahresverbrauch (oder Lagerabgang)}}{\text{durchschnittlicher Lagerbestand}}$

Um eine höhere Aussagefähigkeit dieser Kennziffer zu erreichen, empfiehlt es sich, die Lagervorräte getrennt nach A-, B- und C-Materialien zu betrachten.

– **Lagerdauer** = $\dfrac{\text{Tage des Betrachtungszeitraumes}}{\text{Umschlagshäufigkeit}}$

Diese Kennziffer sagt aus, wie lange ein Material durchschnittlich lagert.

Darüber hinaus gibt die Lagerreichweite Auskunft darüber, für wie viele Bedarfsperioden der durchschnittliche Bestand ausreicht.

– **Lagerreichweite** = $\dfrac{\text{durchschnittlicher Lagerbestand}}{\text{durchschnittlicher Verbrauch je Zeiteinheit}}$

*Ein Betrieb hat einen Lageranfangsbestand von 1050 Stück und einen Endbestand von 250 Stück ermittelt. Der Betrieb hat einen konstanten Materialverbrauch in Höhe von 80 Stück pro Monat.*

*Durchschnittlicher Lagerbestand* = $\dfrac{1050 + 250}{2}$ = 650 *(Stück)*

*Umschlagshäufigkeit* = $\dfrac{12 \cdot 80}{650}$ = 1,48

*Lagerdauer in Tagen* = $\dfrac{365}{1,48}$ = 247 *(Tage)*

*Lagerreichweite* = $\dfrac{650}{80}$ = 8,125

*Der durchschnittliche Lagerbestand sichert einen Verbrauch von gut 8 Monaten.*

## 8.2.1.2  Einkauf

Der Einkauf beschafft alle notwendigen Güter, die der Betrieb nicht selbst produziert, vom Markt. Zielvorgaben des Einkaufs sind die termingerechte Beschaffung der Güter in den richtigen Mengen unter wirtschaftlichen und ökologischen Bedingungen.

Zu den Aufgaben des Einkaufes gehört die Einkaufsvorbereitung, der Beschaffungsvorgang selbst sowie die Überwachung und Kontrolle des Bestellablaufes und der Vertragserfüllung. Hierzu gehört auch die Sicherung der Mengen, Termine, Qualitäten sowie eine Rechnungsprüfung.

Im Rahmen der vorbereitenden Maßnahmen des Einkaufs muss geprüft werden, ob dieser zentral oder dezentral eingerichtet werden soll. Dazu nachfolgend eine kurze Gegenüberstellung beispielhafter Vor- und Nachteile einer zentralen bzw. dezentralen Einkaufsabwicklung.

# 8 Materialwirtschaft

| Zentraler Einkauf | | Dezentraler Einkauf | |
|---|---|---|---|
| Vorteile | Nachteile | Vorteile | Nachteile |
| – Bedarfs-konzentration<br>– Hohe Mengengerüste<br>– Günstige Preise<br>– Geringerer Mitarbeiterbedarf<br>– … | – Geringeres Reaktionsvermögen<br>– Längere Kommunikationswege<br>– Hoher Koordinationsbedarf<br>– … | – Schnelles Reaktionsvermögen<br>– Kurze Informationswege<br>– Direkter Kontakt zu Bedarfsträgern<br>– … | – Ungünstigere Preise<br>– Kleinere Mengengerüste<br>– Erhöhter Mitarbeiterbedarf<br>– … |

Zentraler und dezentraler Einkauf

Weitere Maßnahmen im Rahmen des Beschaffungsmarketings umfassen Analyse, Beobachtung und Prognose des Beschaffungsmarktes.

### 8.2.1.3 Lager- und Vorratswirtschaft

Zu den Aufgaben des Lagers gehört es, die Güter nach ihren spezifischen Anforderungen zu lagern, zu verwalten sowie termin- und mengengerecht bereitzustellen. Zusammengefasst bestehen die wesentlichen Lagerfunktionen aus der Sicherungs-, der Versorgungs- und der Ausgleichsfunktion.

Zu den Aufgaben des Lagers gehört auch das Sammeln, Sortieren und Versenden von Verpackungsgut, die Versandvorbereitung defekter Materialien, die ordnungsgemäße Sammlung, Lagerung, Handhabung und Entsorgung von Alt- und Abfallmaterial sowie die Identifikation von »Ladenhütern« und Verfallstoffen.

Aufgabe der Vorratswirtschaft ist die mengenmäßige, zeitliche, qualitative und wertmäßige Anpassung der Bestände an den sich anschließenden Leistungserstellungsprozess.

– Bei der **mengenmäßigen** Anpassung gleichen die Lager Schwankungen in der Beschaffung sowie im Absatz aus. Dies ist erforderlich, wenn größere Mengen angeliefert werden als die Fertigung kurzfristig benötigt.

– Die **zeitliche** Komponente berücksichtigt, dass die Materialien häufig vor ihrer eigentlichen Verwendung in der Fertigung zu Verfügung stehen. Darüber hinaus stehen die fertigen Erzeugnisse vielfach vor ihrem Verkauf zur Verfügung und müssen entsprechend zwischengelagert werden.

– Eine **qualitative** Anpassung erfolgt, wenn im Verlauf der Lagerung eine Wertverbesserung des eingelagerten Materials eintritt, wie dies z. B. bei Hölzern und Weinen der Fall ist.

– Eine **wertmäßige** Anpassung erfolgt durch die Ausnutzung besonderer Situationen auf dem Beschaffungsmarkt, um z. B. Kostenvorteile durch günstige Preiskonstellationen zu realisieren.

### 8.2.1.4 Transport

Im Rahmen einer Transporttätigkeit lassen sich inner- und außerbetriebliche Transportaufgaben unterscheiden. Zwischen dem Materialeingang und dessen Ausgang als Fertigerzeugnis muss das Material zumeist gelagert und bewegt sowie verteilt werden. Der innerbetriebliche Transport der Güter kann mit unterschiedlichen Fördermitteln erfolgen, auf die in Abschnitt 8.6.2.1 noch näher eingegangen wird. Erfolgt eine Erzeugnisherstellung an unterschiedlichen betrieblichen Standorten, kann eine Ergänzung des innerbetrieblichen Materialtransportes um den Werkverkehr oder einen von Fremdfirmen geleisteten gewerblichen Verkehr erfolgen. Auf die wirtschaftliche Beurteilung des Werkverkehrs wird in Abschnitt 8.6.5 eingegangen.

Der externe Transport umfasst die Güterbeförderung vom Lieferanten zum bestellenden Unternehmen sowie die sich nach dem Herstellungsprozess anschließende Auslieferung der erzeugten Ware an den Kunden.

### 8.2.1.5 Entsorgung

Mit der Planung der Lieferantenauswahl ist zumeist die Planung der Entsorgung verbunden. Die Entwicklung einer umweltbewussten und umweltgerechten Beschaffungs- und Entsorgungsstrategie leitet sich aus dem Abfallrecht ab. Der Einkauf steht in einem unmittelbaren Dialog mit dem Lieferanten und kann somit direkten Einfluss auf Umweltschutzmaßnahmen, wie z. B. Verringerung des Abfallaufkommens durch Verpackungsrückführung, Mehrwegverpackungen und andere Maßnahmen nehmen. Im Zentrum der Entsorgungsplanung stehen damit Maßnahmefelder, die sich mit Abfallvermeidung, Abfallverminderung, Abfallverwertung und Abfallbeseitigung befassen, auf die in Abschnitt 8.7 näher eingegangen wird.

## 8.2.2 Die Bedeutung der Materialwirtschaft

Aufgrund der unternehmerischen Verflechtungen auf nationaler und internationaler Ebene hat die Materialwirtschaft zunehmend an Bedeutung gewonnen. Die Vergrößerung der Märkte sowie der Wegfall oder die Lockerung von Einfuhrbestimmungen stellen neue Anforderungen an die Materialwirtschaft, um sowohl den Bedarf decken als auch dem Kostendruck standhalten zu können. Die Bedeutung der Materialwirtschaft und ihre strategische Rolle für die Erreichung von Wettbewerbsvorteilen wurde von Großunternehmen eher erkannt und umgesetzt als von mittelständischen Unternehmen.

### 8.2.2.1 Der Zielkonflikt zwischen Produktion, Absatz und Rechnungswesen

Wie eingangs schon formuliert, befinden sich die Materialwirtschaft und die in Abschnitt 8.2.1 formulierten Funktionen und Ziele ihrer Teilbereiche zum Teil in einem Interessenkonflikt mit anderen betrieblichen Teilbereichen, wie z. B. der Produktion, dem Absatz und dem Rechnungswesen. Dieses Spannungsfeld unterschiedlicher Interessen resultiert daher, dass jeder Teilbereich traditionell seine Interessen und Ziele verfolgt und eine ganzheitliche Einbeziehung der Materialwirtschaft von daher Probleme aufwirft. Idealtypischerweise erwartet die Fertigung hochwertige Materialien von konstanter Qualität und eine unverzügliche Lieferbereitschaft auf jede Bedarfsanforderung, unabhängig von optimalen Beschaffungslosgrößen oder schwierigen Situationen auf den Rohstoffbeschaffungsmärkten. Der Absatz soll jeden Kundenwunsch sofort erfüllen, er verlangt daher eine sofortige Abgabebereitschaft, ungeachtet etwaiger Fertigungslosgrößen oder Lagerkapazitäten. Das Rechnungswesen verlangt hingegen eine geringe Lagerhaltung, um die damit verbundene Kapitalbindung zu reduzieren und entsprechende Liquidität freizusetzen.

## 8.2.2.2 Kostenanteile der Materialwirtschaft

Die Kosten der Materialwirtschaft entsprechen in der verarbeitenden Industrie nicht selten 50% für Materialaufwendungen und ca. 20% an Materialbewirtschaftungskosten im Verhältnis zum Umsatz bzw. zur Gesamtleistung. Dies soll das nachstehende Diagramm veranschaulichen.

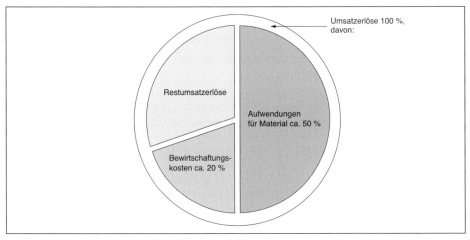

Kostenanteile der Materialwirtschaft

Ausgehend vom Gesamtumsatz veranschaulicht die Grafik die prozentuale Verteilung der Kostenanteile für den Materialaufwand und dessen Bewirtschaftungskosten. Der Materialaufwand setzt sich aus dem Wert der zu beschaffenden Roh-, Hilfs- und Betriebsstoffe und den Bezugskosten sowie aus den Kosten für Einzelteile, Baugruppen, Handelswaren und Dienstleistungen zusammen.

Die Materialbewirtschaftungskosten umfassen alle Aufwendungen für das Beschaffen, Lagern, Bewegen und Verteilen der Güter. Im Einzelnen beinhaltet dies die Bestell-, Einkaufs- und Dispositionskosten sowie alle Kosten von der Warenannahme bis zur letztendlichen Verteilung der Güter. Die Lagerhaltungskosten beinhalten die Kosten der Kapitalbindung, des Beständewagnisses, Abschreibungen bzw. Wertberichtigungen sowie die Lagerkosten. Zu den Bewegungskosten zählen die Kosten des innerbetrieblichen Materialtransportes und -flusses. Versanddisposition und die Versanddurchführung bilden die wesentlichen Bestandteile der Verteil- oder Distributionskosten.

## 8.2.2.3 Einfluss auf das Unternehmensergebnis und die Liquidität

Die positive Beeinflussung der Material- und Materialbeschaffungskosten einschließlich der Bezugskosten und anderer Dienstleistungskosten wirkt sich auf den Erfolg und die Liquidität aus. Die Kostenverantwortung macht deutlich, dass sich bereits beim Materialeinkauf erzielte Kosteneinsparungen nicht unerheblich auf eine Verbesserung der Kapitalrendite (Kapitalrendite = Gewinn : Kapital x 100) auswirken können oder gegebenenfalls auch stagnierende Umsätze vorübergehend ausgleichen können. Dies rechtfertigt die Redewendung: »Im Einkauf liegt der Gewinn«.

Die Kennzahl des **Return on Investment** (ROI; ROI = Gewinn : Gesamtkapital · 100) verdeutlicht die Auswirkungen von Kostensenkungen im materialwirtschaftlichen Zuständigkeitsbereich auf die Unternehmensrentabilität.

## 8.2.3 Organisationsformen der Materialwirtschaft

Die Aufgabenerfüllung der verschiedenen Teilbereiche der Materialwirtschaft bedingt deren Einbeziehung in Stellen und Abteilungen der Unternehmensorganisation. Dies betrifft sowohl den aufbauorganisatorischen wie den ablauforganisatorischen Bereich, auf den in Kapitel 3 »Organisation und Unternehmensführung« ausführlich eingegangen wird.

### 8.2.3.1 Die Stellung der Materialwirtschaft im Unternehmen

Die Abgrenzung der jeweiligen Befugnisse der Materialwirtschaft zu anderen Teilbereichen wird maßgeblich durch die erteilte Aufgabenstellung beeinflusst. Der Einkauf kann als eine Art Bestellabteilung von anderen Abteilungen betrachtet oder mit weiteren Befugnissen ausgestattet werden, etwa der Verantwortung für die gesamte Beschaffung, den Einkauf, die Disposition und die Vorratswirtschaft. Dieser Kompetenzbereich führt dann zum Ansatz der klassischen Materialwirtschaft.

Wird dieser enge Ansatz um den Bereich der Warenverteilung ergänzt, gelangt man zum erweiterten Kompetenzbereich der Materialwirtschaft. Die abermalige Ausdehnung des erweiterten Ansatzes um die Fertigungssteuerung führt dann zum **integrierten Kompetenzbereich**, auf den im Abschnitt 8.2.4.4 weiter eingegangen wird. Die folgende Abbildung veranschaulicht den Zusammenhang der Kompetenzansätze.

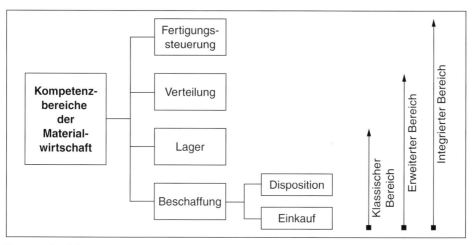

Kompetenzbereiche

### 8.2.3.2 Eingliederung in die verschiedenen Führungsebenen

Die Eingliederung der Materialwirtschaft in die verschiedenen Ebenen einer Unternehmung kann unterschiedlich ausfallen und hängt von Faktoren wie der Unternehmensgröße, der Branche, der Unternehmensstruktur (z. B. Spartengliederung oder geografische Lagen), der Fertigungsstruktur (z. B. Klein- oder Großserienfertigung) sowie von einer zentralen oder dezentralen Organisationsstruktur ab.

– Eine **zentrale** Eingliederung der Materialwirtschaft unterhalb der Unternehmensleitung bietet den Vorteil der Selbstständigkeit der Materialwirtschaft, ohne dass Problemlösungen einseitig von kaufmännischen oder technischen Denkstrukturen dominiert werden.

– Die **dezentrale** Lösung ordnet die materialwirtschaftlichen Teilbereiche kaufmännischen und technischen Bereichen zu (Einlinienorganisation). Dies führt, von der Unternehmensleitung her betrachtet, zu einfachen Kommunikations- und Berichtswegen, birgt aber auch die Gefahr, dass der Kostenverantwortung der Materialwirtschaft nicht ausreichend Rechnung getragen wird.

Die Formen der zentralen oder dezentralen Eingliederung in die Unternehmensorganisation sind in kleinen oder mittleren Unternehmen anzutreffen.

Großunternehmen mit verschiedenen Produktionsstandorten und unterschiedlichen Produktionsprogrammen stehen bei der aufbauorganisatorischen Eingliederung der Materialwirtschaft vor komplexeren Entscheidungsfeldern. Eine **zentrale Organisation** bietet sich für Unternehmen mit **einem** Produktionsstandort und gegebenenfalls mit einem **homogenen** Produktionsprogramm an. Dies bietet den Vorteil einer optimalen Abstimmung aller Teilbereiche der Materialwirtschaft.

Eine **dezentrale Lösung** bietet sich für Unternehmen mit **verschiedenen** Produktionsstandorten und **heterogenen** Produktionsprogrammen an. Ein Vorteil der Dezentralisation liegt z. B. in einer stärkeren Spezialisierung und einer größeren Selbstständigkeit der Werke. Die Unternehmensleitung wird nur bei Grundsatzentscheidungen oder strategischen Entscheidungen, wie z. B. Qualitätsnormen oder Fuhrpark, zentral einbezogen.

Für die Eingliederung in kleine und mittlere, vor allem aber größere Unternehmen bieten sich die funktions- und objektorientierten Organisationsformen sowie die Matrixorganisation an. In diesem Zusammenhang ist die Stablinienorganisation, die Divisional- und die Produktmanagementorganisation als Matrixorganisation, innerhalb derer eine der beiden Leitungsebenen von Produktmanagern besetzt ist, zu nennen.

Im Übrigen wird auf Buch 1, Kapitel 3 »Organisation und Unternehmensführung« verwiesen.

## 8.2.4 Organisationsbegriffe

Dieser Abschnitt befasst sich mit materialwirtschaftlichen Begriffen und deren konzeptionellen Ausgestaltungsmöglichkeiten.

### 8.2.4.1 Beschaffung

Der Güterfluss erfolgt vom Beschaffungsmarkt über Lieferanten in das Unternehmen. Die Warenannahme bildet hierbei die Schnittstelle zwischen der Beschaffungslogistik und der innerbetrieblichen Logistik. Der Einkauf als Teilbereich der Beschaffung steht in einem besonders engen Kontakt zur Beschaffungslogistik. Dies ergibt sich schon durch die Aufgaben der Lieferantenauswahl und Pflege des Einkaufs. Die Sicherstellung einer effektiven Zusammenarbeit an dieser Schnittstelle ist von besonderer Bedeutung.

Zur Beschaffungsorganisation und hier insbesondere zur Einkaufsorganisation und deren Abwicklung (vgl. hierzu noch Abschn. 8.4.5) sind alle mit der Beschaffungsanbahnung, dem Beschaffungsabschluss sowie der Beschaffungsabwicklung zusammenhängenden Aktivitäten zu rechnen. Jedoch muss nicht jeder Beschaffungsvorgang immer alle drei Schritte durchlaufen (etwa wenn die Beschaffung in Form eines Abrufauftrages abgewickelt wird).

Durch eine systematische Beschaffungsmarktforschung wird die Beschaffungsanbahnung erleichtert, da durch sie der Kreis potenzieller Lieferanten bereits eingeengt wird.

## 8.2.4.2 Logistik als Teil der Unternehmenspolitik

Die derzeitige Situation des Käufermarktes ist unter anderem dadurch gekennzeichnet, dass der Kunde in kürzeren Zeitintervallen immer neue Produkte in möglichst individueller Ausführung nachfragt. Gleichzeitig steigen die Qualitätsansprüche an die Produktausführung sowie die Ansprüche an eine schnelle Auslieferung der Erzeugnisse.

Dies zwingt die Unternehmungen zu **Wandlungsprozessen**, um den wachsenden Anforderungen gerecht werden zu können. Hierzu gehört auch die optimale Gestaltung des Material-, Produktions- und Informationsflusses im Rahmen des betrieblichen Leistungsprozesses. Dies geschieht unter Mitwirkung der Logistik; jedoch nicht als eine Aneinanderreihung von Einzelmaßnahmen, sondern als **ganzheitliches Konzept**, in dem die Logistik eine eigene betriebliche Funktion darstellt.

## 8.2.4.3 Logistik und Materialwirtschaft

Im industriellen Bereich werden unter dem Begriff Logistik alle Prozesse subsumiert, die der Raum- und Zeitüberbrückung dienen. Dies beinhaltet auch deren Planung und Steuerung. Für die teilweise existierenden Teillogistiken, wie die Beschaffungs- oder Vertriebslogistik, bedeutet dies eine Zusammenfassung zu einer ganzheitlichen Logistikaufgabe: Diese beinhaltet dann alle planerischen, dispositiven und steuernden Aktivitäten in einem wechselseitigen Prozess vom Absatzmarkt bis zum Beschaffungsmarkt.

Der Vorteil dieser ganzheitlichen Betrachtung liegt u. a. in der Integration der Teillogistiken und den daraus resultierenden **Synergieeffekten**, in einem reduzierten Koordinationsaufwand sowie in einer höheren Flexibilität hinsichtlich sich ändernder Bedingungen an den Märkten. Die logistische Funktion beschäftigt sich mit dem Informations- und Materialflüssen zwischen den Märkten, mit den versorgungsorientierten Aufgaben, während sich die integrierte Materialwirtschaft mit den marktorientierten Aufgaben der Beschaffung und letztendlichen Fertigungssteuerung befasst. Die nachfolgende Abbildung soll dies veranschaulichen.

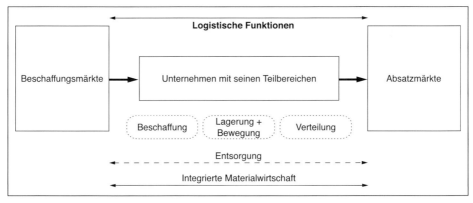

Logistische Funktionen

## 8.2.4.4 Integrierte Materialwirtschaft

Das integrierte Konzept der Bewirtschaftung der Materialien stellt einen ganzheitlichen Ansatz dar, der nicht nur die Beschaffung, die Lagerhaltung und den innerbetrieblichen Materialfluss zur Fertigung koordiniert, sondern darüber hinaus auch die Auslieferung der Fertigerzeugnisse an den Kunden steuert.

# 8 Materialwirtschaft

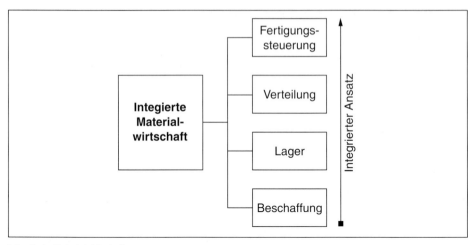

Integrierte Materialwirtschaft

Dies bedingt eine Veränderung bisheriger Kompetenzstrukturen. Die Fertigungssteuerung, die nunmehr zum Kompetenzbereich der Materialwirtschaft gehört, koordiniert die Auslastung der Produktion mit den jeweiligen Absatz- und Beschaffungsmöglichkeiten. Dies ermöglicht der Fertigung eine optimale Konzentration auf den Fertigungsprozess sowie dem Absatz eine verstärkte Hinwendung zu Aufgabenkomplexen wie der Kundengewinnung und Kundenpflege.

## 8.3 Der Beschaffungsmarkt

Rendite und Liquidität eines Unternehmens werden entscheidend durch die Leistungen des Beschaffungsbereiches beeinflusst. Grundlage für eine optimale Kaufentscheidung kann daher nicht die Intuition des Einkäufers sein, sondern nur eine systematische Auseinandersetzung mit dem Beschaffungsmarkt; so entsteht eine Beschaffungsmarkttransparenz, die eine optimale Kaufentscheidung ermöglicht. Auf Marktformen, Marktstrukturen sowie auf die Funktion von Preises und Wettbewerb wird ausführlich in Buch 1, Kapitel 1 eingegangen sowie in Form eines Überblicks in Abschnitt 8.3.2.

### 8.3.1 Begriffe des Beschaffungsmarktes

Die Beschaffung war in den letzten Jahren sich wandelnden Ansprüchen ausgesetzt: So haben sich z. B. die Einkaufsvolumina erhöht, während minimierte Lagerbestände die Einkaufsaktivitäten vergrößerten. Eine Senkung der Einkaufspreise als permanente Zielsetzung führt zu anspruchsvolleren Beschaffungsmarktaktivitäten, wie Marktforschung und Wertanalyse sowie zu einem intensiveren Kontakt mit den Lieferanten. Eine umgehende Reaktion auf Kundenwünsche verlangt eine andauernde Verbesserung der Beschaffung auf den Märkten bei gleichzeitig sichernden Qualitätsmaßnahmen in der Beschaffungsstrategie. Die Beschaffungsstrategien dehnen sich auf den internationalen Einkauf aus, speziell für global agierende Unternehmen. Im Rahmen einer weltweit ausgerichteten Beschaffungsstrategie spricht man von **Global Sourcing**, im Falle einer bewussten Beschränkung auf nur einen Zulieferer (z. B. für A-Materialien) von **Single Sourcing**. Im **Modular Sourcing** erfolgt keine Beschaffung von Einzelteilen am Markt, sondern von Modulen bzw. (System-) Komponenten.

## 8.3.2 Merkmale des Beschaffungsmarktes

Der Markt stellt das Umfeld des Unternehmens dar. Das Unternehmen ist mit ihm in bestimmter Weise verbunden oder strebt bestimmte Beziehungen an. Vor diesem Hintergrund interessieren alle relevanten Informationen, die diesen Beziehungen dienlich sein können, wie z. B. die Marktstruktur und deren Entwicklung.

### 8.3.2.1 Marktstrukturen

Die Marktstruktur umfasst alle Kriterien, die die Zusammensetzung und das Gefüge eines Marktes oder Teilmarktes beschreiben. Die Untersuchung hinsichtlich des Angebotes richtet sich im Wesentlichen auf die Mengen und Qualitäten des Angebotes sowie auf die Anzahl des Marktanbieter bezüglich deren Marktstärke, Marktanteilen und Artikelprogrammen.

Für eine geeignete Verhandlungsstrategie interessieren die Mengen eines Materials, die insgesamt am Markt angeboten werden, ebenso wie eventuelle Lagerbestände. Die Qualität des Angebotes ist von ebensolcher Bedeutung für eine Beschaffung wie dessen Konstanz. Hierzu bietet es sich gegebenenfalls an, mit dem Lieferanten in Kontakt zu treten und geeignete Standards zu spezifizieren.

Eine Marktwirkung hängt nicht nur von der jeweiligen Marktstruktur ab, sondern auch von Innovationen der Unternehmung sowie von der Marktform.

### 8.3.2.2 Marktformen

Der Beschaffungsmarkt besteht aus Anbietern und Nachfragern. Unabhängig von möglichen Qualitäten, anderen Beschaffenheiten oder Innovationen gliedert sich der Markt nach der jeweiligen Anzahl von Anbietern und Nachfragern (vgl. Buch 1 Abschn. 1.3.6).

| Anbieter | Nachfrager | | |
|---|---|---|---|
| | Einer | Wenige | Viele |
| Einer | Bilaterales Monopol | Beschränktes Angebotsmonopol | Angebotsmonopol |
| Wenige | Beschränktes Nachfragemonopol | Zweiseitiges Oligopol | Angebotsoligopol |
| Viele | Nachfragemonopol | Nachfrageoligopol | Polypolistische Konkurrenz |

Marktformen

### 8.3.2.3 Marktseitenverhältnis

Der Markt verändert sich mit Zeitablauf. Daher ist die Kenntnis über die Marktentwicklung und somit die Entwicklung von Marktseiten für eine zukunftsgerichtete Entscheidung von Bedeutung.

**Saisonale** Marktschwankungen können je nach Saisontrend Preis- und Nachfrageschwankungen auslösen, die sich auf die Beschaffungsseite insgesamt kostenerhöhend bzw. kostensenkend auswirken. Bei einer Nachfrageerhöhung kann sich dies negativ auf die Preise oder Konditionen auswirken.

Eine **konjunkturelle** Schwankung des Marktes ist schwerer in Ausmaß und Dauer zu beurteilen. Bei einem positiven Trend können sich auch die Marktseitenverhältnisse dahingehend verschieben, dass die Preise sich erhöhen und Konditionen, Qualitäten und Lieferantentreue sich verschlechtern.

Eine Veränderung bestehender beschaffungsseitiger Marktverhältnisse lässt sich z. B. durch eine veränderte Auftragsvergabe, durch den Aufbau eines neuen Lieferantennetzes, durch Ausnutzung von Substitutionsmöglichkeiten oder durch entsprechende Lieferantenpflege und -entwicklung bewirken.

Ergänzend ist auch hier auf die Ausführungen in Kapitel 1 zu verweisen.

### 8.3.3 Beschaffungsmarktpolitik

Die Beschaffungsmarktpolitik beinhaltet alle Maßnahmen zur Gestaltung der Beziehungen der Untersysteme Einkauf und Beschaffungslogistik zum bzw. auf dem Beschaffungsmarkt. Das Zielsystem leitet sich dabei aus den Unternehmenszielen ab und hat im Wesentlichen das Qualitätsziel, das Kostenziel sowie das Logistikziel im Auge.

#### 8.3.3.1 Ziele der Beschaffungsmarktpolitik

Die **Qualität** der Einsatzstoffe nimmt unmittelbaren Einfluss auf die mögliche erreichbare Qualität der abzusetzenden Produkte. Deshalb ist es unerlässlich, ein Anforderungsprofil bezüglich der Beschaffenheiten, Funktionen und Integrierbarkeit der zu beschaffenden Güter zu entwerfen.

Wegen des hohen Einflusses der Material- und Beschaffungskosten auf die **Rentabilität** und Liquidität des Unternehmens gilt es, auch Kostenzielen zu folgen. Neben den eigentlichen Materialkosten werden vor allem entscheidungsrelevante Kosten wie die Bezugskostenbestandteile fokussiert, deren Höhe sich durch mögliche Beschaffungsmengen und -alternativen verändern lässt.

Das **logistische** Zielsystem gewinnt vor dem Hintergrund an Bedeutung, dass die Leistungsfähigkeit des Betriebes vom Lieferantensystem abhängt; denn bestandsmindernde Beschaffungsstrategien erhöhen nicht nur die Unternehmensliquidität, sondern auch die Abhängigkeit von Zulieferern.

#### 8.3.3.2 Gegenstand der Beschaffungsmarktpolitik

Wie zu Beginn dieses Abschnittes schon angesprochen, richtet sich die Beschaffungsmarktpolitik auf die Gestaltung der Marktpolitik zwischen der Organisation und seinen Teilbereichen Beschaffung und Einkauf und auf den Beschaffungsmarkt und die damit verbundenen Gestaltungsmöglichkeiten. In den Gestaltungsspielraum des Einkaufs fällt auch die Optimierung des Preis-Leistungs-Verhältnisses sowie die Lieferantenpflege und -entwicklung. Der Gestaltungsraum der Beschaffung und seiner Logistik zielt auf eine **bedarfsgerechte Verfügbarkeit** der einzusetzenden Güter- und Warenströme.

Auf die Strategien der Beschaffungsaktivitäten wie z. B. das Global Sourcing oder die fertigungssynchrone Anlieferung soll später eingegangen werden.

## 8.3.4 Beschaffungsmarketing

In Anlehnung an die aktive Gestaltung der Absatzmärkte durch das Absatzwesen hat sich auch eine aktive Gestaltung des Beschaffungsmärkte etabliert, wobei die eingesetzten Instrumentarien Analogien zu denen des Absatzmarketings aufweisen. Zu den Aufgaben des Beschaffungsmarketings zählt im engeren Sinn die Marktforschung, im weiteren Zusammenhang auch die Teilnahme an der Produktbewertung, die z. B. durch Wertanalyseteams, Wirtschaftlichkeitsrechnungen oder Überlegungen zu Typisierungen durchgeführt werden kann. Darüber hinaus richtet sich das Beschaffungsmarketing auf das Beschaffungsmarktprogramm, auf die Beschaffungspreise und -konditionen sowie auf entsprechende Beschaffungspartner und die damit verbundene Beschaffungskommunikation.

### 8.3.4.1 Beschaffungsmarktprogramm

Unter Berücksichtigung unternehmenspolitischer Zielsetzungen, Konzernabsprachen und Marktlagen leitet sich das Beschaffungsprogramm aus dem Produktionsprogramm ab. Im Hinblick auf eine Beschaffungsprogrammpolitik kann auch hier eine Verbesserung des Einkaufserfolges z. B. durch Überlegungen zu **Substitutionsmaterialien** oder **Make-or-Buy-Analysen** herbeigeführt werden. Das bestehende Beschaffungsmarktprogramm stellt im Prinzip die Summe aller Einkaufsverträge dar, und durch eine entsprechende Vertragspflege im Rahmen der Vertragspolititk lassen sich ebenfalls Erfolge herbeiführen.

### 8.3.4.2 Beschaffungspreise und -konditionen

Die Beschaffungspreise und -konditionen spielen eine zentrale Rolle innerhalb der Material- und Materialbewirtschaftungskosten. Aufschluss über Preise liefern Preisvergleiche, Preisbeobachtungen oder Untersuchungen der Preisstruktur. Für A-Güter sind hier sicherlich intensivere Untersuchungen angemessen als für B- und C-Güter.

**Preisvergleiche** liefern die Grundlage für einmalige oder wenigstens nicht regelmäßig auftretende Beschaffungsentscheidungen, während **Preisbeobachtungen** über eine längeren Zeitraum erfolgen und deshalb bei ständig benötigten und wertmäßig bedeutenden Materialien angebracht sind. In die Beurteilung der Vorteilhaftigkeit von Lieferanten müssen neben den Preisen auch Lieferbedingungen und Zahlungskonditionen einfließen. Es kann sich auch als zweckmäßig erweisen, nicht nur die Höhe des Preises zu kennen, sondern auch seine Kostenkomponenten, also der Frage nachzugehen, was die Herstellung des fraglichen Gutes wohl kosten mag – etwa dann, wenn als Alternative zum Fremdbezug eine Eigenherstellung möglich wäre, wenn Verhandlungsspielräume vermutet werden oder ein geforderter Preis schlicht als nicht angemessen erscheint.

### 8.3.4.3 Beschaffungspartner

Die Auswahl geeigneter Beschaffungspartner betrifft nicht nur die Festlegung eines Global Sourcing oder Single Sourcing, auf die an späterer Stelle noch eingegangen wird, sondern auch Aspekte möglicher Beschaffungswege. Eine Bezugsquelle am Verbrauchsort, losgelöst von einem direkten oder indirekten Bezug, erscheint am günstigsten.

Es entscheiden in einer Wahlsituation aber auch die Materialart hinsichtlich Norm- oder Spezialteilen, Qualitätskonstanz, Rabatte und Transportkosten über die Wahl der geeigneten Beschaffungspartner. Als unterstützendes Instrument können bei der (Aus-)Wahl von Beschaffungspartnern auch die Möglichkeiten, die das Internet bietet, eingesetzt werden. In diesem Zusammenhang sind z. B. »newsgroups« oder »e-boards« zu nennen.

Neben Überlegungen zur Bestimmung der Beschaffungspartner sollten Überlegungen zur Lieferantenpflege und -entwicklung angestellt werden. Die Pflege der Lieferantenbeziehungen erweist sich als ein wichtiges Betätigungsfeld, wie z. B. der Aufbau eines Total Quality Management Systems zeigen kann, in dem eine Kooperation mit dem Lieferanten eine wichtige Voraussetzung darstellen kann. Kooperative Beziehungen lassen sich durch den Transfer von Beschaffungsmarktinformationen, durch technische Hilfestellungen oder Zusammenarbeit bei der Aus- und Weiterbildung von Mitarbeitern herstellen. Diese Maßnahmen ergänzen eine Lieferantenwerbung, die auch potentielle Anbieter über den Bedarf der Unternehmung informieren soll.

### 8.3.4.4 Beschaffungskommunikation

Der Beschaffungskommunikationsprozess kann mit den bereits bekannten konventionellen Kommunikationsarten in mündlicher, fernmündlicher oder in schriftlicher Form und hier in den verschiedenen Weiterleitungsarten erfolgen. Das **Internet** ermöglicht im Vergleich zu konventionellem Informations- und Kommunikationsverhalten weiterreichende Möglichkeiten der Information und der Kommunikation. Dies beinhaltet nicht nur die bereits angesprochenen newsgroups und elektronischen Pinnwände zur Informationsgewinnung, sondern auch die Möglichkeit von downloads sowie die Möglichkeit, Informationen über eigene Webseiten ins Netz zu stellen (vgl. Kap. 9, Abschn. 9.6.4.3.2). Neben diesen beispielhaft skizzierten Möglichkeiten der Informationsgewinnung und des daraus erwachsenden Nutzens des World Wide Web kann auch ein großer Teil der Kommunikation über das Netz abgewickelt werden. Beispielhaft hierfür seien die Bereiche Ausschreibung, Bestellung, Bezahlung und Terminsicherung genannt. Durch eine Ausschreibung auf elektronischem Weg (»virtueller Marktplatz«, vgl. Kap. 9, Abschn. 9.6.4.3.3) werden Abwicklungszeiten und damit verbundene Kosten reduziert. Gleichzeitig entfällt das konventionelle Anfragewesen. Eine sofortige Information und Kommunikation über E-Mail hebt die Kundenfreundlichkeit und deren unternehmensseitige Unterstützung. Bestellungen im Netz reduzieren Abwicklungszeiten und Kosten. Zudem kann eine Bestellung auch unabhängig von Öffnungszeiten ausgeführt werden. Homebanking-Funktionen ermöglichen die Abwicklung von elektronischem Zahlungsverkehr über das Netz via PC oder Mobilfunktelefon. Im Rahmen der Terminsicherung und -treue ermöglichen einige Hersteller und Dienstleister die elektronische Verfolgung des Produktionsprozesses oder der Distribution, wie z. B. einige Paketdienste (supply management support). Die Prozessverfolgung durch den Besteller im Netz trägt zu einer Verbesserung der Termintreue seitens des Lieferanten bei.

## 8.3.5 Beschaffungsmarktforschung

Im Rahmen der Globalisierung der Märkte kann es sich empfehlen, die Marktforschung auf geographisch entferntere Bezugsquellen auszuweiten (global sourcing), um Beschaffungsvorteile zu erlangen. Diese können z. B. im Preis, im Lieferantenwissen oder in der Ausnutzung von Wechselkursschwankungen liegen. Nachteilig können sich unterschiedliche Qualitätsstandards oder logistische Probleme auswirken.

### 8.3.5.1 Aufgaben der Beschaffungsmarktforschung

Die Vielzahl der im Rahmen der Beschaffungsforschung zusammengetragenen Informationen bezieht sich auf die zu beschaffenden Materialien, den Markt in seiner Struktur und Entwicklung, auf die Lieferanten und deren Preise. Im Einzelnen handelt es sich bei den zu beschaffenden Materialien um Roh-, Hilfs- und Betriebsstoffe, um Zulieferteile, Waren sowie um Verschleißwerkzeuge. Die Beschaffungsmarktforschung soll offen legen, inwieweit die zu beschaffenden Materialien den gestellten Anforderungen entsprechen, und Kostenvergleiche zwischen den verschiedenen Anbietern ermöglichen. Bezüglich der Verwendung soll Aufschluss über den möglichen Einsatz von Normteilen erlangt werden. Wichtige beschaffungs- und verwendungsseitige Daten sind diejenigen über Materialgüte, Materialzusammensetzung und Materialbestandteile.

### 8.3.5.2 Methoden der Beschaffungsmarktforschung

Zur Informationsgewinnung bedient sich die Beschaffungsmarktforschung unterschiedlicher Methoden und Techniken. Im Rahmen der **primären Marktforschung (Field Research)** werden die Daten direkt erhoben. Eine direkte Informationsgewinnung ist zwar zeit- und kostenintensiv, hat aber den Vorteil, dass die Daten auf die Fragestellung und den gewünschten Zeitpunkt genau zugeschnitten und darüber hinaus aktuell sind. Die zu erhebenden Daten können quantitativer oder qualitativer Natur sein. Aus Kostengründen wird im Allgemeinen keine Vollerhebung, sondern eine Teilerhebung (**Stichprobenerhebung**) durchgeführt. Bei der Stichprobenerhebung ist darauf zu achten, dass die Teilmenge repräsentativ für die Gesamtmenge ist. Hierzu bieten sich einige Techniken von Auswahlverfahren an, von denen das **Random- und das Quotenverfahren** stellvertretend erwähnt werden sollen. Das Randomverfahren ist ein Zufallsverfahren, bei dem jedes Teil der Gesamtmenge die Möglichkeit hat, ausgewählt zu werden, wie dies bei Losen der Fall ist. Beim Quotenverfahren werden anhand eines Merkmals Quoten gebildet, wie zum Beispiel nach Geschlecht, Alter und Bildung. Die Sekundärforschung **(Desk Research)** gewinnt die Informationen indirekt aus bereits erhobenen Daten. Dies hat den Vorteil, dass die Informationsgewinnung kostengünstig und schnell erfolgen kann; jedoch sind die Daten nicht auf die eigene Fragestellung zugeschnitten und nicht immer aktuell.

Bei der Auswahl der Informationen stehen der Primär- und Sekundärforschung interne und externe Informationsquellen zur Verfügung, wobei die Eignung der Quellen von der Objektivität, der Sachgerechtigkeit, der Exaktheit sowie der Aktualität der Daten abhängt.

Als unternehmensinterne Informationsquellen bieten sich die Bezugsquellendatei, die Lieferantendatei, Einkaufsstatistiken sowie Abteilungen und Bereiche des Betriebes an. Die Bezugsquellendatei enthält die postalischen Angaben der Lieferanten, die Lieferprogramme und Angaben darüber, ob bereits Aufträge an den Lieferanten ergangen sind und er als leistungsfähig anerkannt wurde. Die Lieferantendatei ergänzt die Angaben um den jeweiligen Ansprechpartner und die vereinbarten Liefer- und Zahlungsbedingungen. Darüber hinaus enthält die Datei Angaben über Preisvereinbarungen, Zuverlässigkeit und anderes mehr. Die Einkaufsstatistiken geben Aufschluss über Jahresverbrauchswerte und Lieferantenumsätze. Informationen können aber auch aus dem Rechnungswesen und anderen Abteilungen gewonnen werden.

Zur externen Informationsgewinnung bieten sich Primär- und Sekundärinformationsquellen an. Als Sekundärquellen können Informationen des Lieferanten wie Kataloge, Preislisten u. a. herangezogen werden, aber auch »amtliche« Statistikinformationen von Verbänden und aus Druckmedien wie Fachzeitschriften, Zeitungen und Informationsdiensten. Zu den Primärquellen zählen Anfragen, Lieferantenbesuche, Veranstaltungen wie Messen und Ausstellungen und Befragungen von Lieferanten.

### 8.3.5.3 Beschaffungsmarktbeobachtung

Die Beschaffungsmarktbeobachtung befasst sich mit der Entwicklung der Beschaffungsmärkte **im Zeitablauf**. Sie soll Veränderungen der Marktdaten aufzeigen, sodass das Unternehmen reagieren kann. Nach einer einmaligen Aufnahme der Informationsbestände im Rahmen einer Marktanalyse, also einer zeitpunktbezogenen Betrachtung, können durch eine Marktbeobachtung unternehmensrelevante Daten über den Beschaffungsmarkt wie z. B. Veränderungen, Entwicklungen und Innovationen im Zeitablauf gewonnen werden.

### 8.3.5.4 Beschaffungsmarktanalyse

Die Beschaffungsmarktanalyse wird einmalig oder in bestimmten Zeiträumen durchgeführt. Sie erforscht die Marktdaten zu einem bestimmten Zeitpunkt und stellt eine Momentaufnahme dar.

Aufgrund der gewonnen Informationen aus der Marktanalyse und der Marktbeobachtung kann eine Marktprognose erstellt werden, die die zukünftigen Entwicklungen beurteilt.

## 8.4 Einkaufsorganisation und -abwicklung

Die Ziele, die die Materialwirtschaft verfolgt, und die damit verbundenen Maßnahmen zur entsprechenden Zielumsetzung können nicht unabhängig von den Zielen der Unternehmensführung betrachtet werden. Allgemeine Ziele können z. B. Liquiditäterhöhung, Fertigungstiefenverringerung, Bezugsquellensicherung, Qualität oder Gewinnerhöhung sein.

Bei der Realisierung dieser Ziele gerät die Materialwirtschaft in die bereits angesprochenen Optimierungsproblematik hinsichtlich ihrer verschiedenen beispielhaft genannten Teilziele. Die Verknüpfung der Materialwirtschaft mit anderen betrieblichen Teilbereichen, wie z. B. mit Produktion und Absatz, bedingt eine enge Abstimmung, um ein optimales Gesamtergebnis aller Teilziele und Interessen herbeizuführen. Im Rahmen der Einkaufsorganisation und -abwicklung gilt es daher auch die richtige Beschaffungsentscheidung zu treffen sowie die optimale Beschaffungskonzeptionen zu bestimmen.

### 8.4.1 Beschaffungspolitik als Teil der Unternehmenspolitik

Im Zentrum der Beschaffungspolitik steht neben der Preis- und Qualitätspolitik, die Teilmenge der Vertrags- und Lieferantenpolitik sind, die Beschaffungsprogrammpolitik.

- Die **Beschaffungsprogrammpolitik** richtet sich auf den Produktionsbedarf. Eine Veränderung dieses Bedarfs, z. B. durch Normierung oder Typisierung, trägt zu einem Einkaufserfolg ebenso bei wie der Einsatz von Substitutionsmaterialien. In diesem Zusammenhang ist auch eine Make-or-Buy-Entscheidung abzuwägen.

- Die **Vertragspolitik** beinhaltet die Vertragspflege sowie die Neugestaltung von Einzelvereinbarungen hinsichtlich bestimmter Vertragsformen (z. B. Abrufvertrag) oder Vertragsinhalte (z. B. Mengen, Preise, Konditionen).

– Die **Lieferantenpolitik** befasst sich mit den Fragen der Lieferantenauswahl, -pflege und -entwicklung auch im Hinblick auf Schlüssellieferanten.

Durch die Einführung des Euro wurden in den teilnehmenden Ländern Preise und deren Struktur transparenter. Dies könnte mittelfristig zu Veränderungen in der Beschaffungspolitik führen, zumal Wechselkursschwankungen nicht mehr auftreten.

### 8.4.1.1 Entscheidung zur Beschaffung

Der Entscheidung zur Beschaffung geht die Planung voraus. Die Beschaffungsplanung richtet sich dabei primär auf die Bestimmung der mengen- und wertmäßigen Bestände sowie auf die Einkaufsplanung. Im weiteren Sinne umfasst sie u. a. die Planung geeigneter Versorgungs- und Belieferungskonzepte sowie der Einkaufsabwicklung.

Die Entscheidung zur Beschaffung hängt von der Programmpolitik und dem Produktionsbedarf ab. Sie wird durch die Überlegung »Eigenfertigung oder Fremdbezug« beeinflusst.

### 8.4.1.2 Beschaffungsstrategie

Im Rahmen einer zu entwickelnden Beschaffungsstrategie stehen nicht kurzfristige Aufgaben im Mittelpunkt, sondern vielmehr längerfristige Betrachtungen der Teilbereiche der Materialwirtschaft, auf die sich die Strategien richten. Es gilt, die verschiedenen vorgestellten bzw. noch vorzustellenden Instrumente der materialwirtschaftlichen Teilbereiche zu effektiven Beschaffungsstrategien zu verknüpfen.

Dies erfolgt nicht pauschal, sondern orientiert sich an den zu beschaffenden Produkten. Zur Untersuchung und Klassifizierung bietet sich hier eine **Portfolioanalyse** in Form einer Einkaufsmatrix als Instrument zur Herleitung geeigneter beschaffungs- und vorratspolitischer Strategien an.

In Anlehnung an KRALJIC wird bei der Aufstellung der Matrix die Bedeutung der Produkte in Abhängigkeit zum Einkaufsvolumen (und damit zum Ergebniseinfluss) einem möglichen Versorgungsrisiko gegenübergestellt, wobei gleichzeitig eine Einschätzung der Produktkategoriewirkung von »niedrig« bis »hoch« erfolgt.

Die Bedeutung der Produkte richtet sich nach ihrer Einordnung in die Gruppen »unkritische Produkte – Hebelprodukte – Engpassprodukte – strategische Produkte«.

- **Unkritische Produkte** besitzen einen geringen Erfolgseinfluss bei gleichzeitig geringem Versorgungsrisiko. Eine Handlungsempfehlung kann hier in der Standardisierung oder Normierung von Produkten oder in der Gestaltung optimaler Auftragsmengen liegen.

- **Hebelprodukte** haben einen höheren Ergebniseinfluss, weisen aber ein geringes Versorgungsrisiko auf. Hier lautet die Handlungsempfehlung z. B.: gezielte Preisverhandlungen, Global Sourcing oder Gestaltung optimaler Auftragsmengen.

- **Engpassprodukte** sind durch einen niedrigen Ergebniseinfluss gekennzeichnet, besitzen aber eine hohes Versorgungsrisiko. Mögliche Strategien können hier Bestandssicherungsmaßnahmen sowie eine das Versorgungsrisiko minimierende Lieferantenauswahl sein.

- **Strategische Produkte** hingegen weisen sowohl einen hohen Ergebniseinfluss als auch ein hohes Versorgungsrisiko auf. Als strategische Handlungsinstrumente empfehlen sich hier z. B. die Make-or-buy-Analyse, die Herstellung langfristiger Lieferantenbeziehungen oder eine intensive Marktforschung.

Die folgende Abbildung veranschaulicht die Produktkategorien in Abhängigkeit zu ihrem Einfluss auf Ergebnis und Versorgungsrisiko.

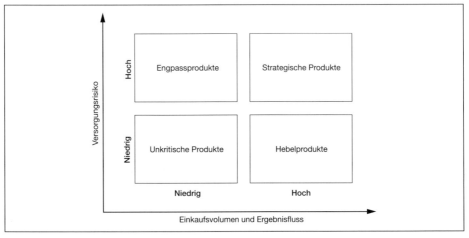

Beschaffungsprodukte und deren Klassifikation

### 8.4.1.3 Festlegung der Beschaffungsform

Die Festlegung einer geeigneten Beschaffungsform hängt nicht zuletzt vom Standort des Zulieferers, den Anforderungen des eigenen Fertigungsbedarfs sowie von beschaffungslogistischen Bedingungen ab. Die Beschaffungslogistik erfüllt die Aufgabe der körperlichen Bereitstellung der zu beschaffenden Güter. Die Schnittstelle zum Markt wird aber durch Parameter beeinflusst, die außerhalb des Gestaltungsraumes des Beschaffung liegen. Hier ist die Marktstruktur genauso zu nennen wie die zu beschaffende Güterart. Die eigentliche Festlegung der Beschaffungsform erfolgt durch Versorgungs- und Belieferungskonzepte.

### 8.4.1.4 Festlegung der Anzahl der Beschaffungsquellen

Die Verringerung der Fertigungstiefe hat zur Strategie des **Modular Sourcing** geführt. Dies eröffnet eine Neugruppierung der Lieferantenkette, die nunmehr in den Sublieferanten und den Modullieferanten zerfällt. Als Sublieferant wird der ehemalige Direktlieferant bezeichnet, der nunmehr seine Materialien nicht mehr direkt ans Werk liefert, sondern zur Montage zum Modullieferanten. Das Modular Sourcing hat zur Abnahme der Mehrquellenversorgung und damit zu einer Zunahme der Einquellenversorgung geführt. Die Zulassung eines Lieferanten erfolgt in einem **Auditing** durch ein Team des Abnehmers. Diese kontinuierliche Lieferantenbewertung gibt z. B. Aufschluss über die Entwicklung der Termin- und Qualitätszuverlässigkeit des Lieferanten.

### 8.4.1.5 Entscheidung über die Beschaffungsregion

Die zunehmende Globalisierung der Beschaffungsmärkte lässt die Komplexität der Beschaffungsaufgabe wachsen. Die Ausnutzung lohnkostenbedingter Preisvorteile und die Erweiterung der Lieferkapazitäten bei lokaler oder nationaler Angebotsenge veranlasst viele Unternehmen zum globalen Einkauf **(Global Sourcing)**.

Unabhängig von der Beschaffungsregion, die bei bestimmten Materialien durch deren Fundort determiniert ist, erhebt sich dann erst die Frage nach einem »Single Sourcing« oder »Multi Sourcing«, u.U. in Abhängigkeit vom Modular Sourcing.

Als Entscheidungshilfe kann hier die Nutzwertanalyse (vgl. hierzu auch Buch 1, Kap. 3, Abschn. 3.2.2.2.4) eingesetzt werden.

## 8.4.2 Versorgungskonzepte

Im Rahmen einer Versorgungskonzeption ist zunächst zu überlegen, für welchen Zeitraum welche Materialien beschafft werden sollen. Aus Gründen der Reduktion der Kapitalbindung kann es vorteilhaft sein, die Materialien erst kurz vor ihrem Bedarf zu beschaffen. Dieses Vorgehen kann Risiken in sich bergen, zum einen hinsichtlich der termingerechten Bereitstellung der Güter, zum anderen bieten größere Mengengerüste andere Konditionen als kleinere Bestellmengen.

Prinzipiell bieten sich dem Unternehmen verschiedene Möglichkeiten von Versorgungskonzepten, die auch nebeneinander zum Einsatz kommen können. Im Rückgriff auf die ABC-Analyse in ihrer möglichen Kombination mit der XYZ-Analyse ist es durchaus möglich, die unterschiedlichen Materialien mit unterschiedlichen Versorgungskonzeptionen zu bewirtschaften.

Die nachstehende Abbildung veranschaulicht mögliche traditionelle und weiterentwickelte Versorgungskonzeptionen.

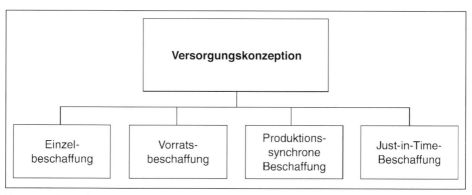

Versorgungskonzeptionen

## 8.4.2.1 Einzelbeschaffung

Im Rahmen einer Einzelbeschaffung wird das Material in den benötigten Mengen jeweils zum Zeitpunkt seiner Verwendung beschafft; eine Lagerung der beschafften Materialien verliert bei der Einzelbeschaffung an Bedeutung. Im Vergleich zur Vorratsbeschaffung werden die Kapitalbindungskosten sowie die Zins- und Lagerkosten stark reduziert. Eine Einzelbeschaffung birgt allerdings auch Risiken, die die Fertigung erheblich beeinflussen können. In diesen Zusammenhang ist z. B. das Risiko einer verspäteten Nachbestellung von Materialien sowie qualitativer und quantitativer Mängel bei der Anlieferung zu nennen.

Eine Einzelbeschaffung erfolgt überwiegend bei Unternehmen, die **auftragsorientiert** produzieren oder aber Aufträge bearbeiten, die zeitlich und mengenmäßig begrenzt sind und sich von daher für eine Einzelbeschaffung anbieten.

## 8.4.2.2 Vorratsbeschaffung

Bei diesem Beschaffungsprinzip besteht keine Übereinstimmung von Beschaffungs- und Verbrauchsmengen zu einem bestimmten Zeitpunkt. Diese Form der Vorratspolitik ist häufig bei **verbrauchsorientiert** produzierenden Unternehmen anzutreffen. Die Einstellung der Materialien in das Lager kann aber auch periodisch oder aus spekulativen Gründen erfolgen. Die – beispielhaft – genannten Vor- und Nachteile dieser Bewirtschaftung:

| Vorteile | Nachteile |
| --- | --- |
| – Beschaffungsmarktunabhängigkeit bei knappen Gütern<br>– Wahrnehmung von Angeboten<br>– Preisvorteil bei größeren Mengen | – Hohe Lagerhaltungskosten<br>– Hohe Lager- und Zinskosten<br>– Hohe Kapitalbindungskosten |

Die Gründe für eine Vorratsbeschaffung können aber auch in einer stärkeren Markstellung des Lieferanten zu suchen sein und damit umgekehrt in einer schwachen Marktstellung der beschaffenden Unternehmung.

## 8.4.2.3 Produktionssynchrone Beschaffung

Bei dieser Beschaffungsart handelt es sich um eine Mischung aus Vorrats- und Einzelbeschaffung. Zum einen beschafft das Unternehmen in Abstimmung mit der Fertigung und zum anderen werden größere Mengen durch Rahmenlieferverträge abgesichert, sodass eine kostenoptimale Beschaffung ermöglicht wird.

Die Lieferverträge werden zumeist durch hohe Konventionalstrafen abgesichert, die z. B. fällig werden, wenn der Lieferant zu bestimmten Zeiten nicht liefert, bei Nichtlieferung nach Abruf innerhalb einer zuvor bestimmten Frist oder aber bei fehlerhafter Lieferung. Denn Nicht- oder Schlechterfüllung kann zum Erliegen der Produktion des beschaffenden Unternehmens führen und damit nicht unerhebliche Kosten verursachen oder sogar existenzbedrohende Verhältnisse herbeiführen.

Für den Einsatz einer fertigungssynchronen Beschaffung sollte eine Großserien- oder Massenfertigung vorliegen. Weiter sollte das beschaffende Unternehmen über eine ausreichende Nachfragemacht verfügen, um angemessenen Lieferverträge aushandeln zu können.

Grundidee der **Just-in-Time-Anlieferung** ist die Anpassung der Kapazitäts- und Materialbedarfsplanung an die sich kurzfristig ändernde Auftragssituation. Das Ziel des Just-in-Time-Systems, welches ausführlich im Abschnitt 7.5.2 dargestellt wurde, ist es, in allen Fertigungsstufen eine Produktion auf Abruf zu gestalten, um so den Materialbestand zu senken und eine genaue Termineinhaltung zu gewährleisten.

Im idealtypischen Fall wird der Artikel dem Regal entnommen, die Entnahmelücke wird bemerkt und sofort aufgefüllt. Hierzu muss die Fertigung allerdings in verflochtene Regelkreise eingeteilt werden, die eine entsprechende Steuerung des Materialflusses ermöglichen. Die Vorteile dieses Systems liegen in den relativ geringen Zins- und Lagerkosten bei minimaler Kapitalbindung.

Die Abwälzung der Verantwortung für die Bereitstellung der Materialien nach Art, Menge und Qualität zum Fertigungszeitpunkt auf den Lieferanten setzt eine starke Nachfragemacht des Käufers voraus und wird nur dann gesichert sein, wenn auch der Lieferant aufgrund gesicherter Abnahme zu Kosteneinsparungen kommt. Allerdings setzt dieses Beschaffungssystem eine **Massenfertigung** oder **Großserienfertigung** voraus.

## 8.4.3 Belieferungskonzepte

Eine Aufgabe der Planung betrifft die Bestimmung des geeigneten Beschaffungskonzeptes. Für das beschaffende Unternehmen bietet sich hierfür die direkte oder die indirekte Beschaffung, durch einen Direktbezug vom Hersteller oder den Bezug über so genannte Lagerstufen, worunter der Großhandel oder gegebenenfalls auch der Einzelhandel zu verstehen ist. Alternativ zu einem direkten oder indirekten Bezug der zu beschaffenden Güter ist z. B. ein kooperativer Einkauf, ein Einkauf über Einkaufsbüros oder ein Bezug über Importeure zu nennen.

Die wirtschaftlichste Konzeptionsvariante kann nach vorangegangem Einsatz geeigneter Entscheidungshilfen (wie etwa Wertigkeitsbestimmungen) auch in einer Kombination aus direktem und indirektem Beschaffungsweg bestehen.

### 8.4.3.1 Direktbelieferung

Der Direktbezug vom Erzeuger führt im Allgemeinen zu einer Verkürzung der Transportkette und trägt damit zur Kostenreduktion bei. Gleichzeitig können sich Preisvorteile durch entsprechende Mengengerüste ergeben. Ein weiterer Grund für eine Beschaffung beim Erzeuger kann in der stets konstanten Qualität des zu beschaffenden Materials gesehen werden oder aber in der Beschaffung von Spezialteilen, die der Handel nicht führt. Nachteilig auf den Kostenvorteil können sich eventuelle Mindestabnahmemengen oder Mindermengenzuschläge auswirken.

### 8.4.3.2 Lagerstufen

Nicht immer hat das beschaffende Unternehmen die Wahl des Beschaffungskonzeptes, z. B. wenn die zu beschaffenden Güter Mindermengenzuschläge auslösen, die einen erzielten Kostenvorteil aufwiegen, die Abnahmemenge über der Bedarfsmenge liegt oder aber der Erzeuger einen Direktbezug ausschließt. Zugunsten des Groß- und Einzelhandels spricht die jeweilige Standortnähe und damit auch die Möglichkeit, kurzfristige Lieferungen in kleineren Mengen zu erhalten, deren Kosten geringer sein können als etwaige Mindermengen- und Transportkostenzuschläge im Vergleich zu einem Direktbezug. Darüber hinaus verursachen kleinere Bezugsmengen eine geringere Vorratshaltung, d. h. eine Reduktion der damit verbundenen Risiken und Kosten. Ein breit geführtes Sortiment des Handels ermöglicht entsprechende Vergleiche und führt somit zu einer erhöhten Markttransparenz, die ihrerseits zu einer optimalen Gestaltung der Beschaffungskonzeption beiträgt.

## 8.4.4 Speditionskonzepte

Zwischen den Beschaffungskanälen und der Beschaffungslogistik besteht eine enge Beziehung. Eine wichtige Entscheidung im Rahmen der Beschaffungspolitik ist die geeignete Bestimmung des Beschaffungsweges, auf die bereits im vorangegangenem Abschnitt eingegangen wurde, sowie die Bestimmung des geeigneten Spedititonskonzeptes für die physikalische Verteilung der Güter sowohl im Rahmen der Beschaffungs- als auch der Distributionspolitik.

Bei der Bestimmung eines Spedititonskonzeptes sind auch Leer- und Lastfahrten im Transportzyklus zu bedenken, sodass das Transportmittel einen entsprechend wirtschaftlichen Auslastungsgrad erfährt (vgl. Abschn. 8.6.5). Hierzu bieten sich verschiedene Konzeptionen an; auf einige soll an dieser Stelle eingegangen werden.

## 8.4.4.1 Montageeinheiten in der Nähe des Abnehmers

Kurze Lieferzeiten zur Produktionsplandurchführung werden u. a. durch Rahmenlieferverträge mit Konventionalstrafen abgesichert. Systemlieferanten beschaffen z. B. Materialien nach Werksnormen für eine Produktlebenszeit des Erzeugnisses oder erbringen andere logistische Leistungen über Lager in Werksnähe.

Kurze Lieferzeiten durch geringe Entfernungen vom Unternehmensstandort erweisen sich zumeist als sinnvoll. Weit entfernt liegenden Zulieferern bietet sich die Einrichtung eines Beschaffungslagers in der Nähe des Abnehmers an. Diese externen Lager werden dann zumeist von Logistikanbietern bewirtschaftet.

Externe Beschaffungslager bieten sich auch dann an, wenn die Lieferlose kleiner sind, als eine direkte Belieferung vom weit entfernten Zulieferer von den Transportkosten her erlauben würde.

## 8.4.4.2 Gebietsspediteur

Bei geografischen Streuungen der Zulieferbetriebe kann auch das Konzept des Gebietsspediteurs Einsatz finden. Dieses Konzept unterteilt das Beschaffungsgebiet in Regionen. Dem in einer bestimmten Region ansässigen Lieferbetrieb wird ein logistischer Dienstleister zugeordnet. Dieser Gebietsspediteur organisiert Sammeltouren der verschiedenen Lieferanten in seinem Gebiet, indem er die Güter an einem Konzentrationspunkt sammelt und von dort die komplette Ladung zum Abnehmer transportiert.

Neben einer solchen **Sternstruktur** ist auch eine **vernetzte Struktur** denkbar, in der mögliche Leerfahrten reduziert werden. Die Abbildung mag dies verdeutlichen:

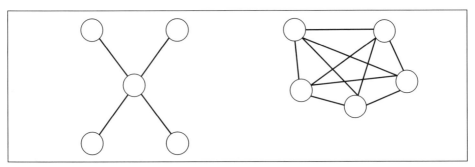

Sternförmige und vernetzte Transportstruktur

Darüber hinaus können auch andere Konzeptionen wie z. B. die des Ringspediteurs Einsatz finden.

## 8.4.4.3 Ringspediteur

Die Verknüpfung von Transportpunkten in einer Folge spiegelt die Ringstruktur wider. Hier ist der Ausgangspunkt auch gleichzeitig Zielpunkt.

Eine Ringstruktur ist gegeben, wenn die Transporte im Rahmen von **Rundfahrten**, möglicherweise innerhalb festgelegter Zeiten, erfolgen.

Auch hierzu eine Abbildung:

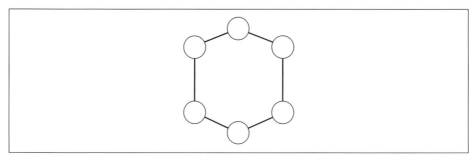

Ringstruktur

### 8.4.4.4 Logistikdienstleister

Logistikdienstleister schaffen mittels leistungsfähiger EDV die Voraussetzung, Warte- und Liegezeiten zu reduzieren, Leerfahrten zu vermeiden und damit Lagerkosten zu senken.

Ihre Dienstleistungspalette reicht von Einzellösungen, wie etwa Verpackung und Sicherung des Transportgutes, bis hin zu **Gesamtsystemlösungen**, z. B. Just-in-time-Steuerung.

## 8.4.5 Einkaufsabwicklung

In den vorangegangenen Abschnitten wurden die Mengen- und Termingerüste für eine kostenoptimale Versorgung der Unternehmung mit Roh-, Hilfs- und Betriebsstoffen, Fertigwaren und Handelswaren dargestellt, wobei gezeigt wurde, dass die Realisation des materialwirtschaftlichen Optimums vom jeweiligen Einsatz des Dispositionsverfahrens und der angewendeten Optimierungsrechnung abhängt. Zugleich wurde deutlich, dass Disposition und Beschaffung zwei in sich abgeschlossene Arbeitsabläufe sind.

Die Einkaufsorganisation und deren Abwicklung wurde bereits im Rahmen der Beschaffung (vgl. Abschn. 8.2.4.1) behandelt. Bezüglich der unterschiedlichen Versorgungskonzepte (Vorratshaltung, fallweise Beschaffung, Just-in-Time-Beschaffung) gelten die bereits in Abschnitt 8.4.2 getroffenen Feststellungen.

An dieser Stelle soll daher nur noch auf die **Angebotsprüfung** als Teilbereich der Einkaufsabwicklung eingegangen werden.

Die Angebotsprüfung erstreckt sich zunächst auf die Einzelangebote, bevor ein Vergleich aller in Frage kommenden Angebote stattfindet. Die Angebotsprüfung und der anschließende Vergleich lassen sich nicht auf eine Gegenüberstellung der jeweiligen Preise reduzieren, sondern auch Kriterien wie Qualität, Liefertermin und Preisstellung müssen einbezogen werden.

Der Prüfvorgang vollzieht sich in zwei Schritten, der formellen und der materiellen Angebotsprüfung.

Die **formelle** Prüfung bezieht sich auf die Übereinstimmung des Angebotes mit der Anfrage, auf Vollständigkeit und Eindeutigkeit des Angebotes. Die **materielle** Angebotsprüfung bezieht verschiedene Kriterien, etwa die Qualitätssicherung, die Preise und deren Gestaltung einschließlich der Zahlungsbedingungen, die Qualität der Materialien, die Lieferzeit, die Lieferbedingungen einschließlich eventueller Sonderleistungen und den Standort in die Prüfung ein.

Zum Vergleich der unterschiedlichen Bepreisung und deren Gestaltung wird der **Nettoeinstandspreis** bzw. der Bezugspreis anhand eines Kalkulationsschemas ermittelt:

|  |
| --- |
| Listenpreis pro Stück<br>− Rabatt |
| = Zieleinkaufspreis<br>− Skonto |
| = Bareinkaufspreis<br>+ Bezugskosten |
| = Nettoeinstandspreis |

Kalkulationsschema

Die Qualität der zu beschaffenden Güter ist mit von entscheidender Bedeutung für die Beschaffungsentscheidung. Bei der Beurteilung ist daher eine **Qualitätsannahmegrenze** festzulegen, bei der die gelieferte Qualität und Leistung gerade noch tolerabel sind. Die Entscheidung für eine höhere Qualität oder für Mehrleistungen des Lieferanten sollte nicht ausschließlich bei technischen Prüfstellen liegen, sondern auch unter Berücksichtigung der jeweiligen Marktsituationen auf der Absatz- und Beschaffungsseite erfolgen.

Die angebotene **Lieferzeit** ist nicht nur für ein steigendes Beschaffungsrisiko von Bedeutung, sondern lange Lieferzeiten führen zu höheren Sicherheitsbeständen, die wiederum zu höheren Lagerhaltungskosten führen.

In die Beurteilung der **Liefer- und Zahlungsbedingungen** einschließlich etwaiger Sonderleistungen gehen unter anderem Kriterien wie Abschlagszahlungen, Zahlungsziel und Serviceleistungen, Kundendienst und technische Beratung ein.

Der **Standort** des Lieferanten findet insofern Berücksichtigung, als er die Transportmöglichkeiten, wie zum Beispiel Schienen-, Schiff-, Straßenverkehr oder Flugzeug, beeinflusst. Außerdem wird durch die Standortentfernung die Transportdauer sowie das Transportrisiko bestimmt.

### 8.4.5.1 Angebotsauswahl

Die formelle und die materielle Angebotsprüfung bilden die Basis für das sich anschließende Vergleichen der Angebote mittels standardisierter Formulare in Form von Skalierungen oder Polaritätenprofilen.

Wie bereits im vorangegangenen Abschnitt gezeigt wurde, kann das Kriterium der Lieferantenauswahl nicht allein der Preis sein. Durch eine Gewichtung der einzelnen Merkmale und eine sich anschließende Punktevergabe für die jeweilige Ausprägungsstärke des einzelnen Lieferantenkriteriums wird eine Vergleichbarkeit herbeigeführt und die Addition der bepunkteten Merkmale der einzelnen Lieferanten ermöglicht eine Gesamtbewertung.

Eine andere Möglichkeit der Lieferantenauswahl bietet die Erstellung einer **Angebotsvergleichsübersicht**. Dies ist allerdings nur dann sinnvoll, wenn es sich bei den zu beschaffenden Materialien um die gleiche Art mit übereinstimmenden oder ähnlichen Merkmalen handelt.

Auf die folgenden beispielhaften Übersichten wird Bezug genommen.

*Folgende Angaben zur Auswahl des günstigsten Lieferanten stehen zur Verfügung:*

| Merkmal | Lieferant 1 | Lieferant 2 | Lieferant 3 |
|---|---|---|---|
| Preis | 32 €/Stück | 27 €/Stück | 28,50 €/Stück |
| Qualität | befriedigend | überschreitet das notwendige Maß, ist auch für ein anderes Produkt einsetzbar | gut |
| Lieferfrist | 14 Tage | 21 Tage | 18 Tage |
| Garantie | gut | gut | befriedigend |
| Kulanz | befriedigend | befriedigend | gut |
| Flexibilität | stetige Bereitschaft für Sonderanfertigungen | Sonderanfertigungen nicht möglich | Sonderanfertigungen möglich |
| Termintreue | gut | gut | Lieferverzögerungen sind möglich |

*Die Kriterien werden nun auf einer Skala von 1 bis 5 bepunktet, wobei die Punktzahl 1 für »nicht ausreichend« und die Punktzahl 5 für »sehr gut« steht.*

| Merkmal | Lieferant 1 Punkte | Lieferant 2 Punkte | Lieferant 3 Punkte |
|---|---|---|---|
| Preis | 2 | 4 | 3 |
| Qualität | 3 | 5 | 4 |
| Lieferfrist | 5 | 3 | 4 |
| Garantie | 4 | 4 | 3 |
| Kulanz | 3 | 3 | 4 |
| Flexibilität | 5 | 2 | 4 |
| Termintreue | 4 | 4 | 3 |
| Summe | 26 | 25 | 25 |

Nach diesem Verfahren würde dem Lieferanten **1** der Vorzug gegeben, obwohl dieser einen höheren Einstandspreis fordert.

Bei diesem Vorgehen wird unterstellt, dass alle Merkmale die gleiche Priorität besitzen, was in der Praxis jedoch nicht immer der Fall sein muss.

Bei dem Verfahren der **kombinierten Bepunktung und Gewichtung** werden die jeweiligen Merkmale zusätzlich zu einer Punktvergabe prozentual gewichtet, was eine stärkere Akzentuierung des Einzelmerkmals erlaubt. Bei der prozentualen Gewichtung ist darauf zu achten, dass die Summe aller Gewichtungsfaktoren 100% nicht übersteigt.

*Ausgehend vom vorangegangenen Beispiel ergibt sich beim kombiniertem Verfahren der Bepunktung und Gewichtung nachstehender Angebotsvergleich:*

| Merkmal | Gewichtung | Lieferant 1 | Lieferant 2 | Lieferant 3 |
|---|---|---|---|---|
| Preis | 15% | 2 x 15 = 30 | 4 x 15 = 60 | 3 x 15 = 45 |
| Qualität | 30% | 3 x 30 = 90 | 5 x 30 = 150 | 4 x 30 = 120 |
| Lieferfrist | 20% | 5 x 20 = 100 | 3 x 20 = 60 | 4 x 20 = 80 |
| Garantie | 10% | 4 x 10 = 40 | 4 x 10 = 40 | 3 x 10 = 30 |
| Kulanz | 5% | 3 x 5 = 15 | 3 x 5 = 15 | 4 x 5 = 20 |
| Flexibilität | 10% | 5 x 10 = 50 | 2 x 10 = 20 | 4 x 10 = 40 |
| Termintreue | 10% | 4 x 10 = 40 | 4 x 10 = 40 | 3 x 10 = 30 |
| Summe | 100% | = 365 | = 385 | = 365 |

*Aufgrund der höchsten Punktzahl wird hier dem Lieferanten **2** der Vorzug gegeben.*

## 8.4.5.2 Auftragsvergabe

Grundsätzlich ist davon auszugehen, dass der mit Verhandlungen verbundene Zeit- und Kostenaufwand in einem angemessenen Verhältnis zum erzielbaren Erfolg der Verhandlung stehen muss. Insbesondere sind dann Verhandlungen notwendig, wenn das vorliegende Angebot des ausgewählten Lieferanten nicht eindeutig ist oder es sich um die Erfüllung besonderer Qualitätsvorgaben bei hochwertigen Materialien handelt.

Ein Verhandlungserfolg ist auch von der entsprechenden Vorbereitung und Planung der Verhandlung abhängig. Um keine Inhalte zu vernachlässigen, sollte eine entsprechende **Checkliste** erstellt werden. Zu deren Inhalt gehört die Wahl des Termins und des Ortes ebenso wie die Zusammensetzung des Verhandlungsteams, das Zusammenstellen von erforderlichen Dokumentationen und das Festlegen des Verhandlungszieles mit der minimalen und maximalen Verhandlungsposition. Neben diesen Vorbereitungen ist auch die jeweilige Verhandlungstechnik mit ihren Elementen »Verhandlungseröffnung« und »Verhandlungsführung« (defensiv oder offensiv) von Bedeutung.

Jede Verhandlung sollte, wenn nicht mit einem Vertragsschluss, dann mit einer konkreten Aussage zum Stand der Dinge schließen. Um späteren Unsicherheiten der verhandelnden Parteien entgegenzuwirken, empfiehlt sich eine schriftliche Fixierung der verhandelten und/oder beschlossenen Inhalte. Hierzu bieten sich das Verlaufs- oder das Ergebnisprotokoll sowie das kaufmännische Bestätigungsschreiben an.

Beim **Verlaufsprotokoll** wird der Verlauf der Verhandlung protokolliert und bei Sitzungsende von den Verhandlungsparteien gegengezeichnet. Das **Ergebnisprotokoll** hingegen faßt die Ergebnisse der Verhandlung zusammen. Das **kaufmännische Bestätigungsschreiben** formuliert mündlich ausgehandelte Vertragsergebnisse und ist daher besonders aufmerksam zu lesen; denn ein Schweigen kann zur Annahme des Inhaltes führen.

## 8.4.5.3 Bestellung

Besteht ein Angebot des Lieferanten und wird ohne Abweichung bei diesem bestellt, so entsteht mit der Bestellung ein bindender Vertrag. Die Bestellung stellt hierbei die Abgabe der Willenserklärung dar, die angebotenen Güter zu den angegebenen Bedingungen zu erwerben. Die Abgabe der Willenserklärung ist in der Regel an keine Form gebunden. Aus Gründen der Beweissicherheit ist allerdings der schriftlichen Form der Vorzug zu geben. Bei mündlichen oder fernmündlichen Geschäften sollte der Inhalt schriftlich fixiert und dem Vertragspartner zugeleitet werden. Erhebt dieser binnen eines angemessenen Zeitraumes keinen Widerspruch, ist von der Richtigkeit der getroffenen Vereinbarungen auszugehen. Ist der Bestellung kein Angebot vorausgegangen, ist für eine Rechtswirksamkeit zunächst die Zustimmung des Lieferanten abzuwarten. Als **verbindlich** gelten stets diejenigen Bedingungen, die zuletzt angegeben wurden und unwidersprochen geblieben sind.

Zu den gängigen Formen der Verträge zählen Kaufvertrag, Werkvertrag und Werklieferungsvertrag. Beim Kaufvertrag wird die Lieferung bestimmter Sachen vereinbart, vergleiche §§ 433 ff BGB. In einem Werkvertrag wird die Herstellung eines Werkes vereinbart, wobei die Ausgangsstoffe vom Besteller gestellt werden; seine Rechtsgrundlage bilden die §§ 631 ff BGB. Der Werklieferungsvertrag (§ 651 BGB) sieht ebenfalls die Herstellung bestimmter Sachen vor, allerdings werden hier die Ausgangsstoffe vom »Unternehmer«, d. h. Lieferanten, gestellt.

Zum wirksamen Vertragsabschluss gehört die **Einigkeit** über die Beschaffenheit des Materials, dessen Menge und eventuelle Verpackung; darüber hinaus muss Einigkeit über den Preis, die Liefer- und Zahlungsbedingungen sowie den Leistungsort herrschen.

Der **gesetzliche Erfüllungsort** ist der Ort, an dem der Lieferant des Materials seinen Wohn- oder Geschäftssitz hat. Der **vertragliche Erfüllungsort** ist der Ort, der zwischen den Vertragspartnern vereinbart wurde, oder der Ort, der im Angebot oder bei der Bestellung genannt und unwidersprochen geblieben ist. Der **natürliche Erfüllungsort** ist der Ort, an dem die Leistung ihrer Natur oder den Umständen nach zu bewirken ist.

Eine Beschreibung des zu liefernden Materials ist häufig durch qualitätsbindende Normen und Typen festgelegt. Ist dies nicht möglich, sollte eine Beschreibung durch Zeichnungen, Stücklisten oder andere geeignete Informationsmedien erfolgen. Darüber hinaus kann die Beschaffenheit der Materialien durch besondere Qualitätsabsicherungsmaßnahmen im Rahmen **besonderer Einkaufsverträge** fixiert werden, z. B.:

| | |
|---|---|
| Kauf nach Probe | Es erfolgt ein Kauf nach einer Warenprobe, einem Muster oder auch nach bereits erfolgter Lieferung; dessen Eigenschaften sind für die zu kaufende Gesamtmenge verbindlich. Damit sind Art und Qualität des Materials festgelegt. |
| Kauf zur Probe | Es werden kleine Mengen einer in Aussicht gestellten größeren Menge zum Stückpreis des größeren Mengengerüstes verkauft. |
| Kauf auf Probe | Dieser Kauf sieht die Möglichkeit vor, dass das beschaffende Unternehmen die Materialien binnen einer zuvor vereinbarten Frist oder binnen eines angemessenen Zeitraumes ohne Angabe von Gründen zurückgeben kann. |
| Kauf auf Basis bestimmter Qualitäten | Hierbei wird ein bestimmter Preis für bestimmte Qualitäten vereinbart. Der Lieferant kann in diesem Fall eine andere Qualität liefern, wobei der Preis entsprechend variiert. |
| Kauf en bloc | Hierbei werden große Partien ohne Zusicherung einer bestimmten Qualität zu einem Pauschalpreis gekauft. |
| Spezifikationskauf | Der Käufer kann innerhalb einer bestimmten Frist eine nach Art und Menge bereits erworbene Ware näher nach Farbe, Muster, Stärke usw. bestimmen. |

Die Rechnungsprüfung vollzieht sich in zwei Schritten: Zunächst wird die Rechnung auf sachliche Richtigkeit, dann auf ihre rechnerische Richtigkeit geprüft. Die **sachliche** ist im Gegensatz zur **rechnerischen** Prüfung eine vergleichende Kontrolle, in der geprüft wird, ob die berechnete Menge mit der bestellten und letztlich gelieferten Menge übereinstimmt und ob der Stückpreis der Bestellung entspricht. Außerdem werden die Zahlungsbedingungen bezüglich der Fälligkeit und des in Betracht kommenden Skontos geprüft, ebenso wie die Verpackungs- und die Transportkosten. An die sachliche schließt sich die rechnerische Prüfung an, in der auf rechnerische Stimmigkeit geprüft wird. Eine zügige Bearbeitung der Rechnungen ist Voraussetzung für die Inanspruchnahme von **Skonto**.

*Beispiel:*
*Die Rechnung eines Lieferanten trägt den Zusatz »Zahlungsbedingungen: 14 Tage 3% Skonto oder 30 Tage netto Kasse«. Somit kreditiert der Lieferant die Lieferung 16 Tage (30 Tage – 14 Tage = 16 Tage). Wird die Rechnung jedoch innerhalb von 14 Tagen beglichen, erfolgt dafür vom Lieferanten ein Zinsgutschrift in Höhe von 3% auf den Rechnungsbetrag. Die nachfolgende Rechnung soll verdeutlichen, dass es sich für das Unternehmen unbedingt empfiehlt, Skonto zu ziehen:*

$$\text{Zins pro Jahr} = \frac{360 \times \text{Skontosatz}}{\text{Zahlungsziel in Tagen} - \text{Skontoziel in Tagen}} \Rightarrow \frac{360 \times 3}{30 - 14} = 67,5\%$$

*Diese Zinshöhe verdeutlicht, dass ein Lieferantenkredit wesentlich mehr kostet als ein Bankkredit.*

## 8.4.5.4 Rechtsfragen

Bei stetigem Bedarfsverlauf kann es – zum Vorteil beider Vertragspartner – zum Abschluss langfristiger Vertragsbindungen kommen. In diesem Zusammenhang sind Rahmenverträge, Kauf auf Abruf, Sukzessivlieferverträge, Spezifikationskauf oder Konsignationslagerverträge denkbar.

- **Rahmenverträge** legen bestimmte Kauf- und Verkaufsbedingungen und unter Umständen Preise für einen bestimmten Zeitraum fest. Rahmenverträge vereinfachen die Beschaffung, da während der Vertragsdauer Konditionsänderungen nicht eintreten können. Eine Festlegung von Preisen schützt zwar vor Preiserhöhungen, schließt aber gleichzeitig den Vorteil möglicher Preissenkungen aus.

- Beim **Kauf auf Abruf** wird die Abnahme einer bestimmten Menge innerhalb eines bestimmten Zeitraumes vereinbart; lediglich der Liefertermin bleibt zur freien Disposition. Die Vorteile dieser Vertragsart liegen in der Verringerung der Lagerhaltungskosten und in der Minimierung des Lagerrisikos. Außerdem können durch eine mengenorientierte Preisgestaltung Staffelrabatte ausgenutzt werden.

- Beim **Sukzessivliefervertrag** erfolgt eine Teillieferung gleicher Mengen zu einem vereinbarten Termin. Dies setzt eine genaue Bedarfsplanung voraus. Der Vorteil liegt im Wegfall einer wiederholten Bestelltätigkeit sowie in den bereits erwähnten Vorteilen des Kaufs auf Abruf.

- Beim **Spezifikationskauf** erfolgt die Festlegung der Warenart erst später. Der Käufer ist allerdings verpflichtet, die Güter binnen einer bestimmten Frist nach Form, Maß oder Gattung zu spezifizieren; andernfalls kann der Verkäufer von sich aus die Ware bestimmen.

- Beim **Konsignationslagervertrag** richtet der Lieferant im Werk des Kunden ein Konsignationslager ein. Hierzu stellt der Kunde den erforderlichen Platz kostenlos zur Verfügung und versichert den Lagerbestand. Mit jeder Materialentnahme wird ein zuvor vereinbarter Kaufvertrag zwischen dem Lieferanten und dem Kunden geschlossen. Der Lieferant sorgt für das Wiederauffüllen des Konsignationslagers. Die Vorteile eines Konsignationslagers für den Käufer liegen in der Minimierung der Bestell- und Kapitalbindungskosten einerseits und der maximalen Lieferbereitschaft andererseits. Für den Lieferanten liegen die Vorteile des Konsignationslagers in der Kundenbindung, in der Planung fertigungsgerechter Losgrößen, im Frachtvorteil und in der Vereinfachung der Auftragsbearbeitung.

Eine Gewissheit über den Eingang der Bestellung beim Lieferanten und deren Abwicklung erhält der Kunde nur durch eine **Bestellbestätigung** vom Lieferanten. Nach deren Eingang ist der Inhalt mit dem der Bestellung abzugleichen; Abweichungen sind unverzüglich anzuzeigen.

Mit dem Wareneingang ist die Lieferung vollzogen. Nach einer erfolgten Wareneingangsprüfung und Identitätskontrolle der Materialien bestätigt die Abteilung »Wareneingang« evtl. die Lieferung und unterrichtet den Einkauf sowie die Bedarfsträger über die entsprechenden Wareneingänge.

Außerdem obliegt es dem Wareneingang, im Rahmen eines ordnungsgemäßen Rechnungswesens eine Wareneingangsmeldung zu erstellen bzw. ein Wareneingangsbuch zu führen (§ 143 AO). Die zu führende Aufzeichnung muss den Tag des Wareneingangs, den Namen und die Anschrift des Lieferanten, eine handelsübliche Materialbezeichnung sowie den Materialpreis und einen Beleghinweis enthalten.

Eine Vereinfachung und Beschleunigung der Erfassung der Wareneingänge wird durch den heute allgemein üblichen Einsatz von EDV erreicht.

Die Annahme der Waren findet im Eingangslager statt. Dort wird geprüft, ob die Lieferung an dem bestimmten Tag erfolgen sollte und welche weiteren Einlagerungsverrichtungen durchzuführen sind. Gleichzeitig wird die angelieferte Ware auf erkennbare Beschädigungen geprüft. Hierauf folgt die Identifikation der angelieferten Waren, in deren Rahmen geprüft wird, ob der Lieferung auch eine entsprechende Bestellung in der angelieferten Art und Menge gegenübersteht. Für die folgende Qualitätsprüfung müssen deren Art und Umfang zuvor festgelegt worden sein, ebenso die akzeptierten Qualitätsgrenzen zur Annahme des Materials. Als Qualitätskontrollverfahren bietet sich Vollprüfung, Stichprobenprüfung oder die Prüfung mittels statistischer Verfahren an. Darüber hinaus kann eine Qualitätsprüfung und -sicherung auch im Rahmen der ISO Normen, 9000 ff (vgl. Buch 1, Abschn. 3.4.2.1.4) durch ein vom Lieferanten ausgestelltes **Qualitätsattest** erfolgen.

Vor der letztendlichen Ausstellung der Materialeingangspapiere erfolgt die Rechnungsprüfung hinsichtlich der sachlichen und rechnerischen Stimmigkeit (siehe hierzu Abschn. 8.4.5.3).

## 8.5 Lagerwirtschaft

Der Materiallagerungsprozess beginnt mit der Materialannahme im Eingangslager und endet mit der Abgabe der Erzeugnisse aus dem Fertigerzeugnis- bzw. Versandlager. Zwischen diesen beiden Punkten im Materialfluss müssen die Materialien gelagert und bewegt werden. Die Aufgaben der Lagerung und des innerbetrieblichen Transportes können daher nicht isoliert betrachtet werden.

### 8.5.1 Grundbegriffe

Unter einem Lager wird die Gesamtheit der Gebiete oder Räume zur Güteraufbewahrung verstanden, einschließlich der zur Ein- und Auslagerung notwendigen Einrichtungen eines Betriebes mit den dazugehörigen Mitarbeitern. Zu den Aufgaben der Vorratswirtschaft gehört die Sicherung einer optimalen Lieferbereitschaft durch die Bevorratung der Materialien und deren inner- und außerbetrieblicher Transport. Hinzu kommt die Behandlung gefährlicher Güter, das Wertstoffrecycling und die Entsorgung nicht mehr verwendbarer Güter.

#### 8.5.1.1 Aufgaben und Funktionen

Zur optimalen Wahrnehmung der Sicherungs-, Versorgungs- und Ausgleichsaufgaben erfüllen die Lager verschiedene Funktionen, nach denen sie in Haupt-, Neben- und Hilfslager eingeteilt werden können:

– Das **Hauptlager** dient der Warenannahme und der internen Weiterverteilung an die Neben- und Hilfslager;

– die **Nebenlager** dienen der Fertigungsunterstützung und beziehen die Lagermaterialien vom Hauptlager;

– die **Hilfslager** dienen der Lagerung gefährlicher oder besonderer Stoffe, die nicht im Hauptlager oder den Nebenlagern aufbewahrt werden können oder sollen.

# 8 Materialwirtschaft

Die verschiedenen Lager können stoff- oder verbrauchsorientiert organisiert sein. Bei stofforientierten Lagern handelt es sich um Lager, in denen bestimmte Lagergüter oder Lagergruppen zusammengefasst sind, wie z. B. Treibstofflager oder Kabellager. Die verbrauchsorientierten Lager orientieren sich am Verbrauchsablauf der Fertigung.

Die Organisation des Lagerzugriffs kann zugriffsfrei oder zugriffsgebunden erfolgen: Eine zugriffsfreie Organisation liegt vor, wenn die Mitarbeiter im Bedarfsfall berechtigt sind, selbstständig Materialien zu entnehmen. Vorteilhaft hierbei ist der geringere Verwaltungsaufwand, nachteilig kann sich auswirken, dass die Entnahmen unter Umständen nicht ordnungsgemäß erfasst werden. Eine zugriffsgebundene Lagerorganisation besteht, wenn sichernde Maßnahmen den freien Zugriff verwehren. Nachteile: höherer Verwaltungsaufwand und höhere Personalintensität. Vorteile der zugriffsgebundenen Entnahmeform: vollständige Erfassung aller Lagerbewegungen, die Entnahmen lassen sich zusammenfassen, der Verwaltungsaufwand wird gesenkt.

## 8.5.1.2 Lagerarten

Folgende Lagerarten werden üblicherweise unterschieden:

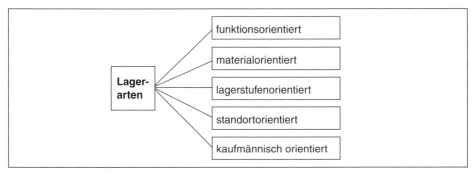

Lagerarten

- **Funktionsorientierte** Lagerart: Es erfolgt eine Ausrichtung nach den Aufgaben bzw. den Funktionen des Lagers. Zu dieser Lagerart zählen beispielsweise das Wareneingangs- und das Vorratslager. Im Wareneingangslager werden die angelieferten Materialien vor einer Weitergabe in andere Lager zunächst quantitativ und qualitativ geprüft. Das Vorratslager überbrückt die Zeitspanne zwischen der Materialanlieferung und dessen Verbrauch durch den Leistungserstellungsprozess. Darüber hinaus dient das Vorratslager zur Überbrückung möglicher Engpässe auf dem Beschaffungsmarkt.

- **Materialorientierte** Lagerart: Diese orientiert sich an den Maßen, Volumina sowie den Aggregatzuständen der Materialien. Diese Materialkriterien beeinflussen wesentlich die Lagertechnik und deren Organisation sowie die entsprechende Sicherheitstechnik. Je nach Materialart existieren für diese Lagerart gesetzliche Auflagen, die es zu beachten gilt.

- **Lagerstufenorientierte** Lagerart: Die lagerstufenorientierte Materiallagerung erfolgt entsprechend den Stufen des Produktionsprozesses und kann in die Stufen »vor, während und nach dem Leistungserstellungsprozess« gegliedert werden.

- **Standortorientierte** Lagerart: Diese Lagerart orientiert sich an dem Produktionsstandort, dem Verbrauchsort oder dem Standort des Bedarfsträgers. Prinzipiell stellt sich bei der standortorientierten Lagerart die Frage nach einer zentralen oder dezentralen Errichtung.

– **Kaufmännisch orientierte** Lagerart: Diese Lagerart richtet sich nach den Eigentumsverhältnissen an den Lagergütern, Lagergebäuden und den Lagereinrichtungen. Die Lager lassen sich in Eigenlager, Konsignationslager, Zolllager und Speditionslager systematisieren.

Beim **Eigenlager** befinden sich das Lagergut und das Lagergebäude sowie die Lagereinrichtungen im Eigentum des einlagernden Betriebes.

Im Gegensatz hierzu befindet sich beim **Konsignationslager** das Lagergut im Eigentum des Lieferanten, das Lagergebäude und die Lagereinrichtungen jedoch im Eigentum des bestellenden Betriebes. Eine Berechnung der Materialien erfolgt bei einer Materialentnahme über die Materialentnahmescheine. Die mit der Lagerhaltung und -bewegung verbundenen Verrichtungen werden vom einlagernden Betrieb vorgenommen. Die Vorteile eines solchen Lagers liegen für das einlagernde Unternehmen in einer hohen Versorgungssicherheit, verbunden mit einer sofortigen Verfügbarkeit. Weitere Vorteile ergeben sich aus der geringen Kapitalbindung, den minimalen Bestellkosten sowie der Arbeitsreduktion des Einkaufs. Die Nachteile eines Konsignationslagers liegen in einer unflexiblen Lieferantenpolitik sowie in einer Mindest- und Maximalmengenbestimmung.

In **Zolllagern** werden importierte Güter bis zu ihrer zollamtlichen Abfertigung unter Verschluss gehalten. Die öffentlichen Zolllager werden von den Hafenbetrieben, den Importeuren sowie den Zollbehörden eingerichtet. Diese Lager können als **offene Zolllager**, also unter Zollmitverschluss, oder aber auch als komplette **Zollverschlusslager** geführt werden. Private Zolllager bedürfen einer behördlichen Bewilligung und können ebenfalls als offene Zolllager oder als **Zollverschlusslager** betrieben werden.

Beim **Speditionslager** befindet sich das Lagergut im Eigentum des beauftragenden Unternehmens, jedoch im Besitz des Spediteurs. Das Lagergebäude und die Lagereinrichtung stehen im Eigentum des Spediteurs.

## 8.5.2 Lagergestaltung

Die Lagerwirtschaft stellt ein Teilgebiet der Materialwirtschaft dar. In das Zuständigkeitsgebiet der Lagerwirtschaft fallen alle Entscheidungen im Zusammenhang mit der Lagerplanung, der Haltung von Lagern, den Lagerbeständen sowie den Lagerhaltungssystemen.

Darüber hinaus befasst sich die Lagerwirtschaft mit der Lagerorganisation, mit Entscheidungen im Rahmen der baulichen, technischen und organisatorischen Beschaffenheit von Lagern und der Festlegung von Verwaltungsabläufen und den Organisationsmitteln der Lagerwirtschaft.

### 8.5.2.1 Lagerbauart

Die Lagerbauformen orientieren sich an den einzulagernden Gütern und lassen sich in

– stufenbezogene,
– standortbezogene und
– gestaltungsbezogene

Lager einteilen, was die nachstehende Abbildung veranschaulichen soll.

# 8 Materialwirtschaft

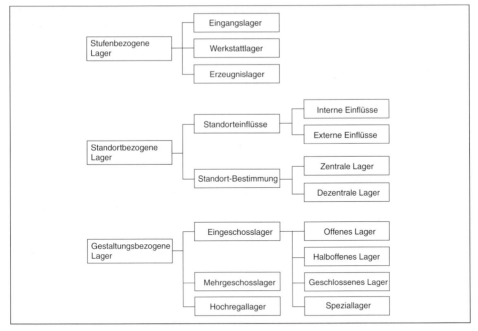

Lagerbauformen

## 8.5.2.1.1 Stufenbezogene Lager

Entsprechend dem Fertigungsfluss gliedert sich das stufenbezogene Lager in das Eingangslager, das Werkstattlager sowie das Erzeugnislager. Das **Eingangslager** nimmt die Materialien von außen an und dient der Fertigung als Puffer zwischen den Bestellrhythmen und dem Fertigungsverbrauch. Die angelieferten Güter verbleiben zumeist so lange im Eingangslager, bis alle Tätigkeiten im Rahmen des Materialeingangs verrichtet sind; erst dann werden die Materialien in die Werkstattlager abgegeben. **Werkstattlager** dienen aber auch zur Zwischenlagerung von Materialien im mehrstufigen Fertigungsprozess. Der Bestand und die Größe möglicher Werkstattlager sind abhängig von den zu lagernden Materialien sowie von der Art der Fertigung. Beim Werkstattfertigungsverfahren sind häufig mehrere Werkstattlager innerhalb der einzelnen Produktionsabschnitte notwendig, wohingegen das Fließfertigungsverfahren weitgehend ohne Werkstattlager auskommt. Das **Erzeugnislager** nimmt neben den produzierten Erzeugnissen auch veräußerbare Halbfabrikate, Ersatzteile sowie Handelswaren auf. Aufgabe des Erzeugnislagers ist es, auftretende Absatzmarktschwankungen aufzufangen. Die Organisation des Erzeugnislagers ist wiederum abhängig von den jeweiligen Distributionswegen der Unternehmung: Erfolgt ein Vertrieb direkt an den Endverbraucher, ist eine andere Organisationsform notwendig als bei einem Vertrieb über Großhändler oder beispielsweise über Handelsvertreter.

## 8.5.2.1.2 Standortbezogene Lager

Die Standortbestimmung des Lagers erfolgt im Hinblick auf eine Minimierung der Transportkosten bei einer maximaler Versorgung der Fertigung mit den benötigten Materialien. Ferner fließen in die Betrachtung zur optimalen Standortbestimmung die Fördergrößen und -zeiten der einzelnen Materialarten sowie die chronologische Betriebsmittelbelegung ein. Auch dürfen der räumliche Bedarf der eingesetzten Betriebsmittel sowie die eingesetzten

Transport- und Fördermittel nicht außer Acht gelassen werden. Bei der letztendlichen Standortwahl stellt sich die Frage nach Zentralisation oder Dezentralisation der Lager.

**Zentrale** Lager bieten sich zumeist in kleinen oder mittleren Unternehmen an, wo die Materialien zusammengefasst gelagert werden können oder wo durch eine Konzentration der Lageraufgaben größere Materialeinheiten gebildet werden können. Der Vorteil eines zentralen Lagers liegt gegenüber dezentralen Lagern in den geringeren Materialbeständen. Des Weiteren verringert sich der Sicherheitsbestand und die Kapitalbindung sinkt. Ein weiterer Vorteil der zentralen Lagerung liegt in einem geringeren Lagerrisiko, da die Umschlagshäufigkeit meist höher ist als in dezentralen Lagern. Beim Einsatz von zentralen Lagern kann der Mitarbeitereinsatz effektiver gestaltet werden und die Lagereinrichtungen werden besser genutzt als bei der dezentralen Lagerorganisation.

Die Einrichtung von **dezentralen** Lagern empfiehlt sich insbesondere bei räumlichen Entfernungen der Lagerstätte zum jeweiligen Fertigungsbereich bzw. zu den jeweiligen Fertigungsstufen. Ein weiterer Grund für die Unterhaltung dezentraler Lager liegt in der sachgerechten Lagerung der verschiedenen Materialarten in separaten Speziallagern. Der andere Vorteil einer Dezentralisation liegt in einer exakteren Materialdisposition in den Fertigungsbereichen. Spezialgeräte sowie speziell geschulte Mitarbeiter können bei stofforientierten Lagern effektiver eingesetzt werden.

### 8.5.2.1.3 Gestaltungsbezogene Lager

Die Gestaltung der Lager orientiert sich am Materialfluss, um eine optimale Versorgung der Verbrauchsstellen zu gewährleisten. Entsprechend der Materialart und Unternehmensgröße sind eine Vielzahl von Gestaltungen der Lager denkbar. Nur auf die wesentlichen Typen soll hier eingegangen werden.

#### 8.5.2.1.3.1 Eingeschosslager

Eingeschosslager finden sich dort, wo die Materialart dies unbedingt erfordert bzw. dort, wo keine räumliche Begrenzung der verfügbaren Lagerfläche besteht und somit kein Sachzwang zur Lagerung der Materialien in Mehrgeschosslagern entsteht. Der Vorteil des Eingeschosslagers liegt in der leichten Zugänglichkeit der Materialien beim An- und Abtransport. Entsprechend der Bauart systematisieren sich die Eingeschosslager in offene, halboffene und geschlossene Lager sowie Speziallager. **Offene** Lager bieten keinen Witterungsschutz und empfehlen sich nur für Materialien, die durch diese Art der Lagerung keine Qualitätsreduktion erfahren, wie etwa Schüttgut. Bei **halboffenen** Lagerflächen handelt es sich zumeist um überdachte Lagerflächen. Durch die Materialart oder Dank ihrer Verpackung erleiden die Produkte keine Qualitätsminderung, wie z. B. verpackte Maschinenteile, Rohre oder Pkw. **Geschlossene** Lager enthalten Lagereinrichtungen zum Aufbewahren oder Fördern der Materialien. Darüber hinaus sind diesen Lagern Funktionsräume angegliedert, um die eingehenden Materialien zu zählen, zu messen, zu wiegen und zu registrieren sowie versandfertige Güter umzulagern oder zu kommissionieren. Die **Speziallager** schließlich dienen der sachgerechten und gesetzlich geregelten Lagerung flüssiger, gasförmiger oder giftiger Stoffe. Die einzelnen Materialien werden aus wirtschaftlichen Gründen in **Objektgruppen** zusammengefasst. Dies bietet den Vorteil einer besseren Lagerübersicht und einer genaueren Bestands- und Bewertungsmöglichkeit. Gleiche Materialgruppen können von entsprechend geschulten Mitarbeitern eine einheitliche Behandlung erfahren. Die Differenzierung der Lager nach Objektgruppen erfolgt dann in Rohstofflager, Fertigungsteilelager und Hilfs- und Betriebsstofflager. Entsprechend der Unterteilung der Lager nach Objekten kann auch eine Unterteilung hinsichtlich der Funktionen der Lager, beispielsweise in Reparatur-, Außen- und Ersatzteillager, erfolgen.

## 8 Materialwirtschaft

#### 8.5.2.1.3.2 Mehrgeschosslager

Die Form des Mehrgeschosslagers ist dann angezeigt, wenn die verfügbare Lagerfläche durch das Betriebsgrundstück begrenzt wird oder wenn die Fertigung, wie in Bereichen der Elektrotechnik, in mehreren Geschossebenen eingerichtet ist und daher auch eine geschossweise Materiallagerung und -versorgung wirtschaftlich ist.

#### 8.5.2.1.3.3 Hochregallager

Bei der Erfüllung der Materiallagerungsaufgaben gilt es, die Materialien so einzulagern, dass ein jederzeitiger Zugriff darauf erfolgen kann. Hierbei zeigen die konventionellen Lager Nachteile gegenüber dem Hochregallager.

Eine Belegung der Lagerflächen der herkömmlichen Lager erfolgt nach dem Zu- und Abgangsprinzip. Im Falle einer fehlerhaften Zugangsverbuchung gestaltet sich der Zugriff häufig schwierig. Muss das einzulagernde Material auf verschiedene Lagerplätze verteilt werden, so muss die geführte Lagerkartei alle Lagerplätze und deren Mengen vermerken, ansonsten gestaltet sich ein späterer Zugriff schwierig.

Hochregallager, besonders solche mit EDV-gesteuerten Zu- und Abfördersystemen, vermeiden die zuvor geschilderten Nachteile der herkömmlichen Lager und sind wirtschaftlicher durch ihre genormten Lagereinheiten und ihre verhältnismäßig geringe Grundfläche. Zwar fordern Hochregallager einen höheren Automatisierungsgrad gegenüber konventionellen Lagersystemen; sie garantieren aber auch eine bessere Raumnutzung und eine schnellere Bedarfsabwicklung durch verkürzte Zugriffszeiten; denn, anders als z. B. beim Festplatzsystem (vgl. Abschn. 8.5.2.3), erfolgt die Einlagerung hier willkürlich: Das System selbst sucht den entsprechend freien Lagerplatz. Dieses Freiplatzsystem führt zu einer erheblichen Platzeinsparung gegenüber dem Festplatzsystem, da nun nicht mehr die jeweilige maximale Lagerplatzkapazität für eine Materialposition freigehalten werden muss.

Um eine optimale Ein- und Auslagerungsanordnung zu erreichen, müssen Hochregallager bestimmte Funktionen erfüllen. Diese Funktionen können z. B. darin bestehen, dass die ältesten Materialien der Fertigung zuerst zugeführt werden (»**FiFo-Prinzip**« = First in First out) oder aber eine vorrangige Auslagerung der Materialien für zeitkritische Aufträge gewährleistet wird. Normale Fördergeräte in Hochregallagern, wie Gabelstapler und Hubwagen, sind in ihrer Förderhöhe begrenzt. Bei einer Automatisierung des Hochregallagers werden z. B. Kletterkräne eingesetzt; dies ermöglicht eine bessere Raumnutzung durch eine größere Stapelhöhe sowie durch engere Gänge zwischen den Regalen. Bei automatischen Systemen erfolgt eine Einlagerung der Materialien nach einer vorgegebenen Materialflusssteuerung unter zuvor festgelegten Kriterien. Ein vom System gefundener und belegter Lagerplatz wird im intern gespeicherten Lagerabbild des Rechners gespeichert und steht für weitere Lagerplatzreservierungen nicht mehr zu Verfügung. Das Auffinden der eingelagerten Materialien geschieht mittels Material- und Regalnummernsystemen. Durch den heute gängigen Einsatz von EDV-Systemen werden die Transportbewegungen der Ein- und Auslagerung optimiert und damit auch die Kosten reduziert.

### 8.5.2.2 Lagereinrichtung

Für eine zweckorientierte Einlagerung der Materialien werden Regale, Pack- und Transportmittel verwendet, deren jeweiliger Einsatz vom einzelnen Lagerobjekt abhängt sowie durch die Komponenten der Lagerflächen- und Raumnutzung, der Transportmöglichkeiten und der Qualifikation der Mitarbeiter beeinflusst wird.

**Regale** gibt es in verschiedenen Formen und Systemen, die sich dem jeweiligen Lager und den Aufgaben anpassen lassen.

Palettenregale z. B. erlauben ein Lagern ohne Umpacken der Materialien von ihrer Verladung bis zu ihrer Bearbeitung. Durchlaufregale werden von einer Seite mit Materialien gefüllt und von der anderen Seite werden die Materialien entnommen. Weitere Regalarten sind z. B. Kompaktregale, Paternosterregale sowie Sonderformen wie Waben-, Fach- und Röhrenregale.

Die Packmittel dienen neben dem Schutz der Materialien auch dem Transport sowie der Lagerung der Güter in standardisierten Größen. Zu den häufig genutzten Packmitteln gehören unter anderem Container und Paletten.

**Container** sind in verschiedenen Größen standardisierte Behälter, die allerdings überwiegend als Transportmittel Verwendung finden und im Lager eine eher untergeordnete Bedeutung haben.

**Paletten**, z. B. als genormte Flach- und Gitterboxpaletten, kommen wegen ihrer guten Stapelfähigkeit überall zum Einsatz. Die Abbildung gibt einen Überblick zu möglichen Lagereinrichtungen.

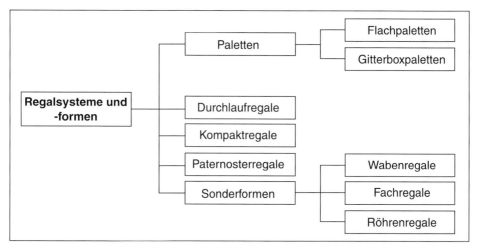

Regalsysteme und -formen

Die Transport- oder Fördermittel dienen der Bewegung der Materialien. Im Einzelnen:

Die **Ladegeräte** dienen dem Be- und Entladen der Waren, aber auch dem innerbetrieblichen Transport der Materialien zu den Fertigungsstufen. Typische Beispiele hierfür sind Bodenfahrzeuge und Kräne.

Zu den **Transportgeräten** zählen Kettenförderanlagen, Aufhängevorrichtungen, Paternoster und Transportbänder.

Die **Lagerhilfsgeräte** schließlich werden zum Um- und Auslagern, zum Zählen, Messen und Wiegen sowie zur Pflege und Wartung der Materialien eingesetzt.

### 8.5.2.3 Lagerordnung

Im Rahmen einer Lagerordnung rückt die Zuordnung von Lagerraum und Lagergut in den Betrachtungsvordergrund. Zwei Möglichkeiten lassen sich hier systematisieren, nämlich das Festplatz- und das Freiplatzsystem.

# 8 Materialwirtschaft

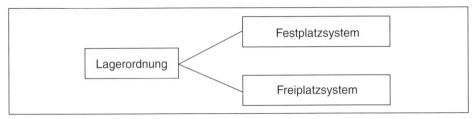

Lagerordnungssysteme

Beim **Festplatzsystem** wird jedem Lagergut ein ständiger Lagerplatz zugewiesen. Artikel mit hoher Entnahmehäufigkeit erhalten einen zugriffsgünstigeren Standort. Dieser Stammplatz bleibt für das entsprechende Lagergut reserviert, unabhängig von der aktuellen Lagerraumsituation. Dies löst einen erhöhten Lagerraumbedarf aus sowie Umorganisationen im Lager für den Fall von Mehrbedarfen.

Beim **Freiplatzsystem** hingegen wird keine feste Platzzuordnung für das Lagergut vorgenommen. Das Lagergut kann sich an verschiedenen und wechselnden Lagerorten befinden. Hierdurch wird zwar die Lagerfläche besser genutzt, jedoch kann eine willkürliche Einlagerung der Güter die innerbetrieblichen Transportwege negativ beeinflussen, da die Güter mit einer hohen Entnahmerate nunmehr nicht so transportgünstig stehen. Unabhängig von der manuellen oder elektronischen Steuerung der Lagerordnungssysteme muss ein Standortauskunftsystem die Frage beantworten, auf welchem Lagerplatz welches Material gelagert wird bzw. welches Material sich auf welchem Lagerplatz befindet. Als Hilfsinstrument zur optimalen Lagerplatzbelegung kann eine **ABC-Belegungsstrategie** dienen. **A-Materialien** werden hiernach grundsätzlich Lagerflächen mit günstigen Wege- und Zugriffszeiten zugeordnet usw.

Durch eine Automatisierung des Ein- und Auslagerns wird nicht nur die Raumnutzung verbessert und die Zugriffsrate auf die eingelagerten Güter erhöht, sondern auch der Mitarbeitereinsatz optimiert. Darüber hinaus kann das System so eingestellt werden, dass es zum Beispiel nach dem Fi-Fo Prinzip arbeitet oder andere Auslagerungsdringlichkeiten, wie etwa durch Bruch verursachten Sonderbedarf, berücksichtigt. In diesem Fall hält ein Zentralrechner alle Bestandsveränderungen und die damit verbundenen Informationen über die Materialien fest. Ein reservierter Lagerplatz im Lagerabbild des Systems steht für weitere Einlagerungen nicht mehr zur Verfügung. Das Auffinden der Materialien erfolgt mittels **Material- und Regalnummern**.

## 8.5.3 Lagerverwaltung

Die Aufgaben der Lagerverwaltung beinhalten die rechnerische Erfassung der Materialien, die Materialflussüberwachung sowie die wirtschaftliche Organisation der Lagerbewegungen. Durch EDV-gestützte Systeme beschleunigen sich die Lagerverwaltungsvorgänge. Dies beginnt bei der Einlagerung und endet erst mit Auslagerung der Materialien. Darüber hinaus ermöglichen EDV-integrierte Systeme neben einer einmaligen Erfassung der Güter die unverzügliche Angabe des Meldebestandes, des Bestellpunkts und anderer Informationen, die in den vorangegangenen Kapiteln bereits behandelt wurden.

### 8.5.3.1 Materialeingang

Die Warenannahme findet im Eingangslager statt. Dort ist vermerkt, welcher Lieferant welche Materialien zu welchem Termin anliefert. Neben der Lieferberechtigungsprüfung dient der Vermerk des Lieferantennamens auch der Wahrung von Rechtsansprüchen, wie etwa

Gewährleistungsansprüchen. Gleichzeitig findet eine Inaugenscheinnahme des Materials statt, die sich auf erkennbare Transportschäden und Mängel bezieht. Erkennbare Beschädigungen und Mängel sind dem Lieferanten unverzüglich mitzuteilen und auf den Lieferpapieren festzuhalten, um entsprechende Rechtsansprüche zu wahren. Nach einer Identifizierung der gelieferten Materialien, mit der festgestellt wird, ob der Lieferung auch eine entsprechende Bestellung gegenübersteht, erfolgt eine Quantitäts- und Qualitätsprüfung.

Die Mengenprüfung dient dem Vergleich der ausgewiesenen Lieferscheinmengen mit den gelieferten Mengen sowie einem Vergleich mit den Bestellsatzmengen. Die Qualitätsprüfung soll gewährleisten, dass nur die Materialien eingelagert werden, die dem zuvor festgelegten Qualitätsprofil entsprechen; denn eine Verwendung qualitativ ungeeigneter Materialien kann zu höheren Kosten führen, veranlasst durch Fertigungsverzögerung, Nacharbeit, höhere Energieverbräuche, Löhne usw.

Nach der Vorbereitung und letztendlichen Einlagerung der Materialien in die verschiedenen Lager und deren Einrichtungen werden die Materialeneingangsmeldungen erstellt. Sie dokumentieren den weiteren Verbleib des Materials.

### 8.5.3.2 Ein- und Auslagermethoden

Bei der Materialentnahme gelten die gleichen dokumentarischen Grundsätze wie beim Materialeingang: Jeder Vorgang muss eindeutig und richtig erfasst werden, damit eine spätere Bedarfserfassung exakt möglich ist. Beim innerbetrieblichen Transport der Materialien zu den Verbrauchsstellen ist zu unterscheiden, ob die Materialien dorthin nach dem ablauforganisatorischen Hol- oder Bringprinzip verbracht werden.

Beim Holsystem werden die benötigten Materialien von den Mitarbeitern selbst geholt. Der Einsatz dieses Systems ist vor allem dann vorteilhaft, wenn die zurückgelegten Wegstrecken kurz sind. Das Bringsystem findet überwiegend Anwendung in Großbetrieben mit Fließfertigung. Die Verbrauchsgüter werden mengen- und termingerecht zum Verarbeitungsort gebracht, sodass Stillstandszeiten vermieden werden.

Bei dem in den 50er Jahren in Japan entwickelten KANBAN-System als dezentralem Konzept zur Fertigungssteuerung wird das Hol- bzw. Pull-Prinzip zur Materialflusssteuerung eingesetzt. Das benötigte Material wird von der verbrauchenden Fertigungsstufe aus der vorgelagerten Stufe abgeholt (vgl. auch Abschn. 7.2.2.4).

### 8.5.3.3 Bestandsführung

Die Bestandsführung dient der rechnerischen Erfassung der Materialbewegungen und Materialbestände im Lager. Auf der einen Seite stellt sie eine Hilfsrechnung zur Werterfassung für das Rechnungswesen dar, auf der anderen Seite ist sie ein Kontrollinstrument der Materialwirtschaft zur Ermittlung der Bestände sowie der Zu- und Abgänge des Lagers.

Zur Ermittlung der Verbrauchsverläufe kann eine laufende Materialrechnung (Mengenerfassung) oder eine Stichtagsrechnung (Werterfassung) durchgeführt werden.

Die laufende Materialrechnung kann nach der Fortschreibungsmethode, als Befundrechnung und nach der Rückrechnungsmethode (Rückwärtsrechnung) erfolgen, wie die nachfolgende Abbildung veranschaulichen soll.

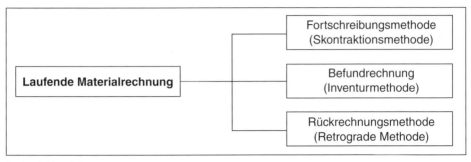

Laufende Materialrechnung

## 8.5.3.3.1 Fortschreiberechnung

Bei der Fortschreiberechnung werden die Materialbewegungen nach Tag, Art und Menge erfasst. Durch **Skontraktion** können die Materialbestände und die Verbrauchsmengen ermittelt werden. Um den buchmäßigen Endbestand zu ermitteln, wird, ausgehend vom Anfangsbestand, vermehrt um die Zugänge und vermindert um die Abgänge, der Endbestand (Sollbestand) ermittelt.

Sollbestand = Anfangsbestand + Zugänge − Abgänge

Außer durch eine buchmäßige Ermittlung des Endbestandes an Materialien wird dieser jährlich durch eine körperliche Bestandsaufnahme (Inventur) ermittelt.

Der Vorteil der Fortschreiberechnung liegt in der Erfassung von Kostenarten, -stellen und -trägern. Irreguläre Bestandsminderungen, unter anderem durch Diebstahl ausgelöst, werden durch den Vergleich des rechnerisch ermittelten Bestandes mit dem durch die Inventur ermittelten Bestand erkennbar. Durch einen Vergleich des Soll-/Istbestandes kann somit ein Lagerverlust ermittelt werden.

Der Nachteil der Fortschreibemethode liegt im relativ hohen Arbeitsaufwand, der Vorteil im jederzeit feststellbaren Sollbestand.

## 8.5.3.3.2 Befundrechnung

Bei der Befundrechnung oder **Inventurmethode** ergibt sich der Verbrauch pro Periode aus dem Anfangsbestand, vermehrt um die Lagerzugänge und vermindert um den Endbestand.

Verbrauch = Anfangsbestand + Zugänge − Endbestand

Bei dieser Methode wird keine laufende Verbrauchsermittlung durchgeführt; die Verbrauchsmengen ergeben sich erst am Ende der Wirtschaftsperiode aus dem Vergleich des Anfangsbestandes mit dem durch Inventur neu ermittelten Endbestand.

Die Vorteile dieser Bestandsdifferenzmethode bzw. dieser Befundrechnung liegen in der Reduktion des Verwaltungsaufwandes.

Nachteilig hierbei wirkt sich aus, dass nur die Gesamtverbrauchsmenge festgestellt wird und eine Zuordnung nach Kostenstellen und -trägern nur schwer möglich ist. Außerdem werden irreguläre Bestandsminderungen erst am Jahresende aufgedeckt und können daher nicht rechtzeitig »abgestellt« werden, was das Gesamtergebnis negativ beeinflussen kann.

## 8.5.3.3.3 Rückwärtsrechnung

Die Rückwärtsrechnung geht vom fertigen Erzeugnis aus und berechnet so den Verbrauch der eingesetzten Materialien rückwärts. Bei dieser Methode wird von der Kostenträgerrechnung über die Kostenstellenrechnung auf die Kostenartenrechnung zurückgegangen.

Als Grundlage für die **retrograde Rechnung** dienen die Stücklisten, die eine vollständige Aufstellung aller verwendeten Teile enthalten.

Sollverbrauch = Produzierte Stückzahl x Sollverbrauchsmenge/Stück

Aus dieser Soll-Verbrauchsrechnung lassen sich dann der Soll-Bestand, der Ist-Verbrauch sowie ein Mehr- und Minderverbrauch ermitteln.

Sollbestand = Anfangsbestand + Zugänge − Sollverbrauch

Istbestand = Sollverbrauch ± Mehr- bzw. Minderverbrauch

Mehr- bzw. Minderverbrauch = Sollbestand − Istbestand

Der Nachteil dieser Methode liegt in der Ungenauigkeit der Werte, die sie produziert, vor allem, wenn ein komplexer Fertigungsprozess zu Grunde liegt. Die anfallenden Materialgemeinkosten werden unzureichend erfasst, sodass eine verursachungsgerechte Zuordnung nicht exakt möglich ist. Irreguläre Bestandsminderungen sind nicht ohne weitere Kontrollen feststellbar. Der Einsatz der retrograden Verbrauchsrechnung empfiehlt sich daher nur bei Erzeugnissen mit geringer Strukturelementanzahl.

## 8.5.3.4 Bestandsüberwachung

Die Überwachung des Bestandes gewinnt vor dem Hintergrund kürzerer Planungshorizonte zunehmend an Bedeutung. Die Bestandskontrolle kann nach Art der Kontrolle in Eingangs-, Entnahme- und Verfügbarkeitsüberwachung gegliedert werden.

Die **Eingangsüberwachung** erfasst die Eingangsmöglichkeiten und den Eingangsablauf. Die Eingangsmöglichkeiten der Materialien können sich auf eine Volllieferung, eine Teillieferung oder eine Bestellmengen- oder Terminänderung erstrecken. Der Eingangsablauf gliedert sich in die Positionen der mengenmäßigen Kontrolle der Materialien, der qualitativen Kontrolle der Materialien sowie in die Rechnungsprüfung und die anschließende buchhalterische Erfassung.

Auch bei der **Entnahmeüberwachung** gilt es, deren Möglichkeiten und Abläufe zu kontrollieren. Entnahmemöglichkeiten sind geplante Entnahmen und ungeplante Entnahmen, wobei auch mögliche Ausschussänderungen zu berücksichtigen sind. Der Entnahmeablauf berührt mehrere Bereiche der Unternehmung. So erstellt die Arbeitsvorbereitung anhand der entsprechenden Stücklisten die auftragsbezogenen Materialentnahmescheine. Diese dienen dem Lager zur Bestandsfortschreibung und zur Bewertung der Materialien. Die Entnahmescheine werden gesammelt und für die Betriebsabrechnung in Kostenarten und -stellen aufgeschlüsselt. Die Materialgemeinkosten werden periodisch in Form prozentualer Zuschläge zu den Aufträgen gebucht.

Die **Verfügbarkeitsüberwachung** gliedert sich in die Planung und die Kontrolle der Verfügbarkeit. Die Planung systematisiert sich in lang-, mittel- und kurzfristige Planungshorizonte. Eine langfristige Planung ist bei langen Lieferzeiten angezeigt, auch wenn im Planungszeitpunkt noch keine konkreten Aufträge vorhanden sind. Die mittelfristige Planung gibt Aufschluss über die konkrete Auftragsentwicklung. Die kurzfristige Verfügbarkeitskontrolle baut auf dem vorhandenen Materialbestand auf und stellt die Fertigungsaufträge unter Berücksichtigung von Kapazitäten und bestätigten Terminen zusammen.

Die Verfügbarkeitskontrolle schließlich stellt fest, ob die Materialien auch rechtzeitig verfügbar sind. Die Ermittlung des Bedarfs erfolgt nach den schon bekannten Methoden der deterministischen bzw. stochastischen Rechnung. Im zeitlichen Ablauf der Verfügbarkeitskontrolle wird zunächst die Teilestammdatei abgefragt, ob der Materialbestand für die erste Fertigungsperiode ausreicht. Im Falle von Fehlmengen kann der Auftrag nicht gestartet werden. Für eventuelle Fehlmengen der zweiten und weiterer Perioden wird unter Berücksichtigung der letzten Bestandsrechnung und -fortschreibung eine Warnung ausgegeben, sodass ein rechtzeitiges Eingreifen noch möglich ist.

### 8.5.3.5 Bestandsbewertung

Nach § 240 HGB hat jeder Kaufmann am Ende eines jeden Geschäftsjahres ein Inventar aufzustellen. Durch eine Inventur wird der tatsächliche Bestand des Vermögens und der Verbindlichkeiten für einen bestimmten Zeitpunkt durch eine Bestandsaufnahme wert- und mengenmäßig erfasst. Hierbei gilt es, die Grundsätze der Vollständigkeit, der Richtigkeit, der Wirtschaftlichkeit, der Klarheit sowie der Nachprüfbarkeit zu beachten. Die Organisation der Inventur kann auf verschiedene Weise, nämlich als Stichtagsinventur, als permanente Inventur oder als verlegte Inventur (§ 241 HGB) durchgeführt werden. Hinsichtlich weiterer Einzelheiten sei auf Buch 1, Abschnitt 4.1.2.3.1, verwiesen.

## 8.5.4 Kennzahlen der Lagerhaltung

Kennzahlen bieten wichtige Informationen und dienen der Gewinnung von Vergleichsmaßstäben für Betriebs- und Periodenvergleiche. Darüber hinaus ermöglichen sie Soll- und Ist-Vergleiche und können somit als ein Entscheidungshilfsmittel eingesetzt werden. Nachfolgend einen Überblick zu einigen wichtigen Kennziffern der Materialwirtschaft:

$$\text{Lagerbestand in Prozent des Umsatzes} = \frac{\text{Lagerbestand}}{\text{Umsatz}} \times 100$$

$$\text{Lagerbestand in Prozent des Auftragsbestandes} = \frac{\text{Lagerbestand}}{\text{Auftragsbestand}} \times 100$$

$$\text{Sicherheitskoeffizient} = \frac{\text{Mindestbestand}}{\varnothing \text{Lagerbestand}} \times 100$$

$$\text{Materialumschlag} = \frac{\text{Materialverbrauch}}{\varnothing \text{Materialbestand}} \times 100$$

$$\text{Lagerumschlagshäufigkeit} = \frac{\text{Jahresverbrauch}}{\varnothing \text{Lagerbestand}} \times 100$$

$$\text{Lagerdauer (in Tagen)} = \frac{\text{Tage des Betrachtungszeitraums}}{\text{Umschlagshäufigkeit}} \times 100$$

## 8.6 Transportwesen

Dieser Abschnitt beschäftigt sich mit der Bedeutung des Transportwesens für die Materialversorgung des Betriebes. Als Konsequenz der Wahl des richtigen Transportmittels ergibt sich eine optimale Materialflusslösung.

### 8.6.1 Transportaufgaben

Für ein gegebenes Transportproblem gilt es, die Frage nach dem günstigsten Transportprozess sowie dem günstigsten Transportmittel zu beantworten. So sind z. B. die optimale Beladung eines Transportmittels, der kürzeste Weg zwischen einem Liefer- und Empfangspunkt oder die optimale Gesamtroute für die Belieferung mehrerer Empfangspunkte von einem Ausgangspunkt zu bestimmen.

#### 8.6.1.1 Innerbetriebliche Transportaufgaben

Der innerbetriebliche Materialtransport dient der Raumüberwindung von Objekten innerhalb der Betriebsstätten der Unternehmung und hat sicherzustellen, dass die angeforderten Materialien zu einem bestimmten Termin am gewünschten Ort in der entsprechenden Art, Menge und Qualität zur Verfügung stehen. Bei mehrstufigen Produktionsprozessen, bei denen die Werke an verschiedenen Standorten betrieben werden, wird der innerbetriebliche Materialtransport durch den Werkverkehr ergänzt.

**Werkverkehr** wird betrieben, wenn es sich um den Transport von Gütern handelt, die im Betrieb gebraucht, verbraucht oder erzeugt werden. Das Fahrzeug steht zumeist im Betriebseigentum und der Fahrer ist Betriebsangehöriger. Ein Werkfernverkehr darf nur durchgeführt werden, wenn hierfür eine Beförderungsbescheinigung vorliegt.

Für den grenzüberschreitenden Güterkraftverkehr gelten internationale Übereinkünfte über

– den Beförderungsvertrag im internationalen Straßengüterverkehr **CMR** (Convention relative au Contract de Transport international de Marchandises par la Route): In diesem Komplex über den Beförderungsvertrag sind unter anderem die Vorschriften über Abschluss und Erfüllung des Frachtvertrages, das Ausstellen des Frachtbriefes sowie die Haftungsregelungen aufgeführt;

– die Genehmigung eines multilateralen Kontingents im internationalen Straßengüterverkehr **CEMT** (Conférence Européenne des Ministres des Transports) sowie ggf.

– eine vereinfachte Zollabfertigung durch das **TIR-Verfahren** (Transport international de Marchandises par la Route), das eine Zollabfertigung am Bestimmungsort vorsieht.

#### 8.6.1.2 Außerbetriebliche Transportaufgaben

Der außerbetriebliche Transport befördert die benötigten Güter vom Lieferanten zum Unternehmen. Nach dem dort erfolgten Leistungserstellungs- oder Verwertungsprozess werden die Erzeugnisse zu den Abnehmern befördert.

Die Abwicklung externer Transporte richtet sich unter anderem nach dem Transportgut, dem Standort der Liefer- bzw. Empfangspunkte sowie der Struktur und Beschaffenheit des Liefergebietes. Zur Durchführung stehen verschiedene Transportwege und -mittel zur Verfügung, auf die in Abschnitt 8.6.2.3 noch gesondert eingegangen werden wird.

Die Frage nach dem Transportprozess sowie die rechtliche Ausgestaltung der multimedialen Transportkette soll an dieser Stelle nicht vertieft werden; ebenso wenig ablauforganisatorische Regelungen wie die optimale Beladung eines Transportmittels, die Bestimmung des kürzesten Weges zwischen einem Liefer- und Empfangspunkt oder die Bestimmung einer optimalen Gesamtroute für die Belieferung mehrerer Empfangspunkte von einem Ausgangspunkt (vgl. hierzu die Ausführungen zum Operations Research in Buch 1, Kap. 3, Abschn. 3.4.3.1).

## 8.6.2 Transport- und Verkehrsmittel

Die im innerbetrieblichen Bereich eingesetzten Transportinstrumente werden als Fördermittel bezeichnet, jene in außerbetrieblichen Transportsystemen als Verkehrsmittel. Die Auswahl geeigneter innerbetrieblicher Transportsysteme kann verschiedene Ziele, wie z. B. einen optimalen Nutzungsgrad, einen hohen Servicegrad oder eine hohe Flexibilität verfolgen.

### 8.6.2.1 Fördermittel

Jeder innerbetriebliche Transport der Materialien trägt nur bedingt zu einer Werterhöhung des Produktes bei, sodass Transporte weitgehend zu vermeiden bzw. zu minimieren sind. Dementsprechend sind alle Regale und Gänge so anzuordnen, dass je nach Transporthäufigkeit und Volumen die Summe der Transportwege gering ist.

Eine optimale Materialflusslösung besteht aber nicht nur aus der Festlegung der kürzesten Transportrouten, sondern wird durch die Wahl zweckmäßiger Fördermittel ergänzt. Welche Fördermittel eingesetzt werden, hängt nicht zuletzt von Gegebenheiten wie z. B. Förderstrecken, Art und Ausmaß der zu befördernden Güter oder innerbetrieblichen Standorten ab.

Die Fördermittel lassen in sich in stetige und unstetige Fördermittel und hier unter Berücksichtigung der Flurbindung wie nachstehend systematisieren.

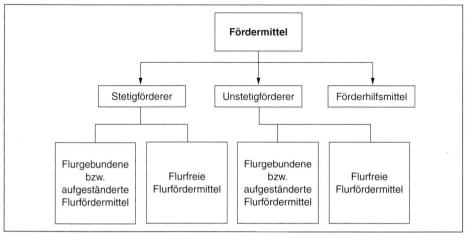

Fördermittel

## 8.6.2.2 Flurförderzeuge

Als Flurfördermittel können sowohl **Stetigfördermittel** als auch **Unstetigförderer** eingesetzt werden.

Ein flurgebundenes, stetig arbeitendes Fördermittel stellt z. B. ein Unterflurschleppkettenfördermittel dar, wie es in der holzverarbeitenden Industrie eingesetzt wird. Aufgeständerte Stetigförderer sind Rollbahnen, Rutschen oder Fallrohre.

Handkarren, Hubwagen und Stapelfahrzeuge zählen zu den unstetigen flurgebundenen Fördermitteln. Handkarren oder Hubwagen dienen zur Beförderung von kleineren Mengen in der Ebene, während Stapelfahrzeuge die einzelnen Transporte nicht nur in der Ebene verteilen, sondern ebenfalls in die Höhe verbringen können. Aufzüge fallen in die Kategorie der geständerten flurgebundenen Fördermittel.

**Flurfreie** Förderer finden überall dort Einsatz, wo die zu transportierenden Güter nicht gestapelt werden müssen, sondern Lagerhöhen ausgenutzt werden oder Verkehrswege in die Höhe verlegt werden sollen. Flurfreie Stetigförderer sind Kreis- oder Schleppkreisförderer; Kräne hingegen sind zwar flurfrei, jedoch unstetige Fördermittelarten.

**Förderhilfsmittel** sind Lade- oder Transporthilfsmittel und Packmittel. Sie haben die Aufgabe, Ladeeinheiten zu bilden und somit einzelne Güter zu größeren Transporteinheiten zusammenzuführen und dabei den Schutz des zu transportieren Gutes, Handhabungserleichterungen beim Umgang mit den Gütern oder eine gute Ladefähigkeit zu bewirken.

Beim Betrieb aller Lagerarten, Lagereinrichtungen und Fördermitteln gilt es, die sicherheitstechnischen Auflagen des Gesetzgebers und der Berufsgenossenschaften, wie z. B. Bau- und Betriebsvorschriften, Umweltauflagen, TÜV-Begutachtungen, Arbeitsschutzvorschriften zu beachten, um mögliche Schäden von Mitarbeitern, Umwelt und Gütern abzuwenden.

Der betriebliche Unfallschutz beispielsweise umfasst alle Maßnahmen, die zum Schutz der Menschen geeignet sind, und zielt darauf ab, Gefahrenquellen frühzeitig zu erkennen und zu beseitigen. Neben freiwilligen Maßnahmen zum Unfallschutz existieren umfangreiche gesetzliche Regelungen hierzu im Arbeitsschutzgesetz und einer Vielzahl darauf beruhender Rechtsverordnungen sowie z. T. in der Gewerbeordnung und den Sozialgesetzbüchern, dem so genannten Bereich des **technischen Arbeitsschutzes**.

## 8.6.2.3 Transportmittel

Die nachfolgende Abbildung vermittelt einen Überblick über das **Güterverkehrssystem** und die zur Verfügung stehenden Transportmittel.

Dabei werden zunächst die Transportwege zu Land, Wasser und Luft und dann die Transportmittel unterschieden. Die Untergliederung der Transportmittel erfolgt nach organisatorischen Kriterien, wie gewerblicher Straßengüterverkehr oder Werkverkehr, und nach technischen Merkmalen wie Motor- oder Schleppschifffahrt.

# 8 Materialwirtschaft

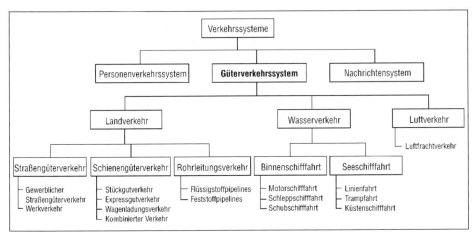

Güterverkehrssystem

Die Frage nach dem jeweils günstigsten Transportmittel und damit die Frage nach der Auswahl der Transportmittel, mit denen Güter befördert werden sollen muss, richtet sich nach verschiedenen Kriterien, die sich teilweise einer Einflussnahmemöglichkeit von Unternehmen entziehen. In diesem Zusammenhang sind Leistungs-, Kosten- oder rechtliche Kriterien genauso zu nennen wie etwa die Infrastruktur.

## 8.6.3 Organisation des außerbetrieblichen Transports

Für eine Beförderung von Gütern kommen verschiedene Alternativen in Betracht:

- Einsatz eigener Fahrzeuge,
- Einsatz von Beförderungsunternehmen,
- Einschaltung von Spediteuren und/oder Frachtführern.

Vor Versand der Güter müssen die geeigneten Verkehrswege, die Verkehrsträger sowie die Verkehrsmittel ausgewählt werden. Mit dem ausgewählten Verkehrsbetrieb – Spediteur, Frachtführer, Makler oder Agenten – sind die entsprechenden Verträge abzuschließen und die notwendigen Transportpapiere auszustellen.

### 8.6.3.1 Spediteur und Vermittler

Der Spediteur als fremdnütziger Geschäftsbesorger ist verpflichtet, die Versendung des Gutes zu besorgen (§ 453 Abs. 1 HGB). Daneben umfasst die Verpflichtung die Bestimmung des Beförderungsmittels, des Beförderungsweges, die Auswahl der ausführenden Unternehmen sowie die Anspruchssicherung (§ 454 Abs. 1 HGB). Die weiteren spediteurstypischen Organisations- und Tätigkeitspflichten, wie etwa die Verpackung, Versicherung, Kennzeichnung und zollrechtliche Behandlung können hinzutreten, sofern diese gesondert vereinbart wurden (§ 454 Abs. 2 HGB).

Da der Spediteur im minimalen Leistungspaket den Transport des zu versendenden Gutes nur organisieren muss, diesen jedoch nicht selbst durchführt, haftet er für die Auswahl des ausführenden Unternehmers. Zu den Pflichten des Spediteurs zählt ferner die Ausführung sonstiger vereinbarter, auf die Beförderung bezogener Leistungen.

**Frachtführer** ist der vom Absender gewerblich beauftragte Beförderer von Gütern (§ 407 HGB). Wird die Beförderung ganz oder teilweise durch einen Dritten ausgeführt, wird vom ausführenden Frachtführer gesprochen. Er haftet z. B. für etwaige Schäden, Verluste oder Lieferfristüberschreitungen des Transportgutes während seiner Tätigkeit in gleicher Weise wie der Frachtführer. Diese Regelung ermöglicht einem Geschädigten die wahlweise Inanspruchnahme des Frachtführers oder des Unterfrachtführers (vgl. § 442 HGB).

Die Haftung des Frachtführers wird durch die §§ 425 ff HGB geregelt. Danach haftet er verschuldensunabhängig für Güter- und Verspätungsschäden sowie für einen eingetretenen Vermögensschaden im Sinne einer **Obhutshaftung**; der Absender muss dem Frachtführer kein schuldhaftes Verhalten nachweisen, es sei denn, es »hat bei der Entstehung des Schadens ein Verhalten des Absenders oder Empfängers oder ein besonderer Mangel des Gutes mitgewirkt«. In besonderen Fällen haftet der Absender verschuldensunabhängig (§ 414 HGB) z. B. für unrichtige oder unvollständige Angaben im Frachtbrief oder bei ungenügender Verpackung oder Kennzeichnung des Gutes (etwa bei Versendung gefährlicher Güter).

**Handelsmakler** ist, wer gewerbsmäßig die Vermittlung von Verträgen über Gegenstände des Handelsverkehrs übernimmt, ohne dabei in einem ständigen Vertragsverhältnis zu seinem Auftraggeber zu stehen, § 93 HGB (z. B. ein Schiffsmakler, der unter anderem die Vermittlung von Schiffsladeraum vertreibt). Der Handelsmakler unterliegt einer besonderen Sorgfaltspflicht gegenüber den Interessen beider Parteien und haftet ihnen für einen durch sein Verschulden entstandenen Schaden.

**Handelsvertreter**, früher auch (Handlungs-) Agenten, sind selbstständige Gewerbetreibende, die ständig für einen anderen Unternehmer Geschäfte vermitteln (Vermittlungsvertreter) oder in dessen Namen Geschäfte abschließen (Abschlussvertreter). Dies kann z. B. im Rahmen einer Transportversicherung oder eines Frachtvertrages geschehen.

Bei der Auswahl geeigneter Verkehrswege, Verkehrsträger und Verkehrsmittel sind drei Merkmale maßgeblich:

– die zu transportierenden Güter nach deren Art, Gewicht und Volumen,
– die Dringlichkeit der Sendung,
– die Entfernung zum Empfänger.

Der globale Warenverkehr hat zur Kooperation der Verkehrsträger geführt, der den Warenfluss beschleunigt und mögliche Schadensquellen weitgehend minimiert. So werden z. B. LKW-Trailer auf Spezialwaggons der Bahn befördert, wodurch der Transport beschleunigt wird, da Lenkzeitunterbrechungen entfallen, Kosten gesenkt und mögliche Schäden reduziert werden.

### 8.6.3.2 Transportunternehmen und Logistik-Dienstleister

Logistik im industriellen Bereich subsumiert alle Prozesse zur Raumüberwindung und Zeitüberbrückung sowie deren Steuerung und Kontrolle. Entsprechend bezieht sich die Logistik auf alle Materialien, Energien, Informationen und Mitarbeiter im Sinne einer begleitenden Unterstützung oder Ablaufsicherung innerhalb eines Systems.

Vor dem Hintergrund der Globalisierung der Märkte und der damit einhergehenden Wettbewerbszunahme, aber auch durch verkürzte Produktlebenszyklen, gewinnt die Einbindung der Logistik in das Unternehmen zur Erreichung unternehmerischer Ziele zunehmend an Bedeutung, sodass der reine Transport von Gütern allein nicht mehr zur Zielerreichung genügt. Die Aufgaben von Logistik-Dienstleistern wurde bereits in Abschn. 8.4.4.4 dargestellt.

## 8.6.4 Verpackung

Die Verordnung über die Vermeidung von Verpackungsabfällen (Verpackungsverordnung – VerpackV) verfolgt zwei Hauptziele:

Zum einen sind Verpackungen aus umweltverträglichen Materialien herzustellen sowie aus solchen, die die stoffliche Verwertung nicht belasten.

Das zweite Ziel ist die Vermeidung von Abfällen, indem Verpackungen nach Volumen und Gewicht auf ein zum Schutze des Füllgutes notwendiges Maß beschränkt werden. Verpackungen müssen so beschaffen sein, dass sie, soweit dies technisch möglich und zumutbar ist, wiederbefüllt werden können. Sofern eine Wiederbefüllung nicht möglich ist, sollen die Verpackungen stofflich verwertbar sein.

Der Anwendungsbereich dieser Verordnung erstreckt sich auf alle, die gewerbsmäßig oder im Rahmen wirtschaftlicher Unternehmen oder als öffentliche Einrichtung Verpackungen oder solche Erzeugnisse herstellen, aus denen unmittelbar Verpackungen hergestellt werden, und generell auf alle, die Ware in Verpackungen in Verkehr bringen.

Verpackungen im Sinne dieser Verordnung sind

– Transportverpackungen, z. B. Fässer, Kanister, Kisten, Paletten;
– Verkaufsverpackungen, wie Becher, Beutel, Dosen, Eimer;
– Umverpackungen, wie Folien, Kartonagen;
– Getränkeverpackungen.

Die Verpackungsverordnung unterscheidet in Transport-, Um- und Verkaufsverpackungen.

Für **Transportverpackungen** ergibt sich eine Rücknahmepflicht für Hersteller und Handel, verbunden mit der Verpflichtung zum **Recycling** zurückgenommener Verpackungsmaterialien.

Bei **Umverpackungen** darf der Kunde die Verpackung im Laden zurücklassen, der Handel ist zur weiteren stofflichen Verwertung verpflichtet.

Auch bei **Verkaufsverpackungen** muss der Handel die vom Kunden zurückgegebenen Verpackungen entsorgen und stofflich verwerten lassen, und zwar außerhalb der öffentlichen Entsorgung.

Ausnahmen gelten dann, wenn Hersteller und Vertreiber einem Recyclingsystem angeschlossen sind, welches bestimmte Verwertungsquoten erfüllt. Ein Beispiel hierfür stellt die »**Duales System Deutschland GmbH (DSD)**« mit der Aktion »**Grüner Punkt**« (Rücknahme mit einem grünen Punkt gekennzeichneter Verpackungen) dar.

### 8.6.4.1 Grundlagen und Bedeutung der Verpackung

Verpackung kann definiert werden als die lösbare Umhüllung eines Packgutes, um dieses zu schützen oder um andere Funktionen zu erfüllen. Das Verpackungssystem setzt sich aus dem Packgut, der Verpackung und dem Verpackungsprozess zusammen. Die Verpackung selbst stellt dabei eine Einheit aus Packmittel, Packstoff und Packhilfsmittel dar (DIN 55405). Dabei ist der Packstoff der Werkstoff, aus dem die Verpackung hergestellt ist, das Packmittel umschließt das Packgut oder hält es zusammen. Der Begriff der Packhilfsmittel ist ein Sammelbegriff; hierzu zählen alle Mittel, die zum Verpacken, Verschließen oder Versenden des Packgutes dienen.

Die Verpackung dient verschiedenen **Funktionen**, die die folgende Abbildung veranschaulicht:

# 8 Materialwirtschaft

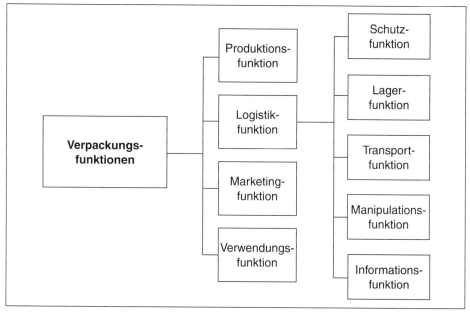

Verpackungsfunktionen

Von der Produktionsfunktion der Verpackung wird gesprochen, wenn direkt aus der Verpackung oder im umgekehrten Fall in die Verpackung produziert werden kann. Dies minimiert Umschlagvorgänge und reduziert Zwischenlager.

Im Rahmen der Marketingfunktion dient die Verpackung als Werbeträger. Die Verwendungsfunktion dient der Wiederverwendung der Verpackung für denselben Zweck. Dies bedingt ein Rückführsystem der wiederverwendbaren Verpackung zwischen den Lieferanten und dem Kunden. Die Verwendungsfunktion beinhaltet auch eine möglichst umweltfreundliche Beseitigung des Materials.

Im nachfolgenden Abschnitt soll auf die Logistikfunktionen von Verpackung gesondert eingegangen werden.

### 8.6.4.2 Logistikfunktionen der Verpackung

Die Verpackung soll dazu beitragen, Logistikprozesse zu unterstützen bzw. zu ermöglichen. Sie dient verschiedenen Logistikfunktionen: der Schutzfunktion, der Lagerfunktion, der Transportfunktion, der Manipulationsfunktion und der Informationsfunktion.

– Die **Schutzfunktion** der Verpackung richtet sich in qualitativer Hinsicht auf den Schutz des Packgutes gegen mechanische oder klimatische Einwirkungen, in quantitativer Hinsicht auf den Schutz des Packgutes vor Verlust oder Diebstahl. Darüber hinaus dient die Verpackung auch dem Schutz der Umgebung vor dem Packgut.

– Die **Lagerfunktion** besteht in der Erleichterung der Lagerung von Packgütern. Dies setzt voraus, dass die Verpackung eine Stapelfähigkeit unterstützt und somit zur besseren Raumnutzung beiträgt. Hierzu gehört auch die Abstimmung der Abmessungen der Verpackungen mit denen der Lagerbehälter und -einrichtungen.

– In der **Transportfunktion** übernimmt die Verpackung die Aufgabe, die Güter transportfähig zu machen. Dies geschieht mittels standardisierter Abmessungen des zu transportierenden Gutes.

- **Manipulationen** finden häufig zwischen Lager- und Transportvorgängen eines Gutes statt, sodass die Verpackung und die Bildung von Verpackungseinheiten auch unter Berücksichtigung der Lager- und Transportfunktion zu erfolgen hat. Durch die Verpackung sollen die Güter zu Einheiten zusammengefasst werden, die eine erleichternde Handhabung bei der Lieferung zulassen.

- Die **Informationsfunktion** gewinnt vor dem Hintergrund der Auftragszusammenstellung sowie der Handhabung von Gütern an Bedeutung. Eine leichte Identifikation der Güter, z. B. durch Farben, erleichtert eine Auftragszusammenstellung. Piktogramme weisen auf die Zerbrechlichkeit oder Verderblichkeit von Gütern hin, die eine besondere Behandlung erfordern. Darüber hinaus ermöglichen geeignete Informationen, wie zu Beispiel Barcodes, die Automatisierung von Transport- und Umschlagsprozessen.

#### 8.6.4.3 Verpackungstechnik

Die Gesamtheit aller notwendigen Arbeitsschritte zum Verpacken eines Gutes stellt der Verpackungsprozess dar. Er beginnt bei der Zuführung des leeren Verpackungsmaterials und des zu verpackenden Gutes zum Verpackungsort und führt über die verschiedenen Stufen des sich anschließenden Verpackungsvorganges bis zum Etikettieren und abschließendem Bereitstellen zum Abtransport.

Der Einsatz von **Verpackungsmaschinen**, wie z. B. einer Anlage zum Aufstellen der Verpackung oder einer Maschine zum Befüllen und anschließendem Verschließen der Verpackung, hängt sowohl von der Beschaffenheit des Packgutes und dessen Menge als auch von den Formen und Maßen der Verpackung ab. Vollautomatisierte Verpackungsprozesse bedingen häufig geringe Toleranzen in Form und Abmessung der Verpackung, wie z. B. im Brief- oder Containerverkehr.

Verschiedene Verpackungsinhalte bedingen unterschiedliche **Verpackungsarten**. Die kleinste Verpackungseinheit ist die Einzelpackung; sie umschließt das Packgut direkt. Werden größere Mengen eines bestimmten Gutes zum Versand vorbereitet, kann die Sammelpackung eingesetzt werden. Die Versandpackung umschließt wiederum verschiedene Einzel- und/oder Sammelpackungen.

**Packmittel** und **Packstoffe** haben durch ihre Eigenschaften einen Einfluss auf den Verpackungsprozess und somit auf das logistische System. So beeinflusst z. B. die Reißfestigkeit eines Packstoffes die Einsatzmöglichkeiten verschiedener Verpackungsmaschinen im Verpackungsprozess. Einheitliche Formen und Maße des Packmittels tragen zur Beschleunigung von Verpackungs-, Transport- und Lagerprozessen bei.

### 8.6.5 Transportkosten

Als externe Transportmittel kommen verschiedene Verkehrsmittel in Betracht, z. B. Kraftfahrzeuge, Schienenfahrzeuge, Binnen- und Seeschiffe oder Rohrleitungssysteme.

Außer der Kenntnis der zu transportierenden Güter nach Art, Menge und zeitlichem Rahmen setzt die Auswahl der geeigneten externen Transportmittel auch die Kenntnis der jeweiligen Transportmärkte sowie ihrer unterschiedlichen tariflichen Bestimmungen voraus. Neben den Aspekten tarifärer Kostenauswirkungen gilt es, auch Gesichtspunkte wie Lieferzuverlässigkeit und Termintreue zu berücksichtigen.

Wirtschaftlichkeit und Nutzungsgrad von z. B. angemieteten oder geleasten Transportmitteln können anhand folgender beispielhafter **Kennzahlen** überwacht werden:

**Einsatzgrad** = Einsatzzeit / Arbeitszeit

**Ausfallgrad** = Stillstandszeit / Einsatzzeit

**Nutzungsgrad** = Transportierte Menge / Transportkapazität

## 8.7 Entsorgung und Wiederverwertung

Mit der Planung im Bereich der Lieferanten und deren Auswahl ist auch die Planung der Entsorgung verbunden. Die Notwendigkeit einer ökologischen Beschaffungsstrategie erwächst nicht nur aus ethischen oder moralischen Gründen, sondern auch aus gesetzlichen Bestimmungen. Dabei gilt die Priorität der **Abfallvermeidung**. Dies bedeutet, dass nicht nur Reststoffe in den Wirtschaftskreislauf zurückzuführen, sondern auch aus Abfällen möglichst viele Reststoffe zu recyclen sind.

### 8.7.1 Ziele und Philosophie der Entsorgung und Wiederverwertung

Das Gesetz zur Förderung der Kreislaufwirtschaft (KrWG) und Sicherung der umweltverträglichen Beseitigung von Abfällen (AbfG) von 1996 löste das Gesetz über die Vermeidung und Entsorgung von Abfällen aus dem Jahre 1986 ab. Der neu aufgenommene Kreislaufgedanke soll dazu beitragen, dass die Beseitigung eines Stoffes im Sinne des Abfalls und damit sein Ausscheiden aus dem Wirtschaftskreislauf die Ausnahme bleiben soll. Im Rahmen des Recyclings können vier Maßnahmefelder unterschieden werden, auf die in den folgenden Abschnitten kurz eingegangen werden soll.

### 8.7.2 Abfallvermeidung

Bei der Abfallvermeidung wird schon im Ansatz versucht, keinen (oder weniger) später zu entsorgenden Abfall entstehen zu lassen. Wesentlichen Anteil am Abfall hat das Verpackungsmaterial. Hierbei lässt sich schon durch Auswahl der betreffenden Verpackungseinheiten, etwa durch Verwendung von mehrfach benutzbaren Verpackungen (Kisten, Tonnen), der Abfall vermindern.

Auch durch die Lagerart kann Abfall vermieden werden: So kann z. B. in einem geschlossenen Lager unter Umständen auf das Einschweißen der Materialien in Plastikfolie verzichtet werden.

### 8.7.3 Abfallverminderung

Abfallverminderung bedeutet die Reduzierung des anfallenden und zu beseitigenden Abfalls. Die Abfallmenge kann durch Aussonderung von wiederverwertbaren Teilmengen reduziert werden. Dabei empfiehlt es sich schon im Vorwege, den Abfall getrennt zu sammeln. Der restliche Abfall kann durch Behandlung (z. B. Pressen von Kartons) in seinem Volumen gemindert werden.

## 8.7.4 Abfallverwertung

Abfallstoffe können einen Marktwert besitzen, dann stellen sie einen echten Wert für das Unternehmen dar. Allerdings setzt das häufig eine Aussonderung der werthaltigen Stoffe voraus, die aber immer dann günstig ist, wenn vermiedene Entsorgungskosten und erzielter Verkaufserlös die Sortierungs- und Lagerkosten decken.

Häufig kommt es auch in Zusammenarbeit mit darauf spezialisierten Unternehmen zur Abfallverwertung (z. B. Aufstellung von Containern für Kabelreste mit dem Ziel der Kupfergewinnung, Gestellung von Tanks für Fotochemikalien zur Silberrückgewinnung usw.). Weitere Verwertungsmöglichkeiten ergeben sich durch **Abfallbörsen**.

## 8.7.5 Abfallbeseitigung

Der nicht verwertbare Abfall muss beseitigt werden. Die Abfallbeseitigung hat viele Auflagen und Vorschriften zu beachten und kann daher teuer werden. Die Kosten richten sich nach Menge, Gewicht und Gefahrenklasse. Schon daher ist auch innerhalb des zu beseitigenden Abfalls eine Trennung nach Gefahrenklassen erforderlich, um eine kostengünstige Entsorgung zu unterstützen.

## 8.8 Rechtsgrundlagen

Im Bereich der Beschaffung kann das so genannte **Vertragsrecht** von ganz wesentlicher Bedeutung sein. Sowohl das Zustandekommen von Verträgen als auch deren Behandlung im Fall von Vertragsstörungen richten sich nach – häufig komplizierten – Regeln, deren Prüfung und Anwendung bei Zweifeln stets Fachleuten im Industriebetrieb (oder dessen Anwälten) übertragen werden sollte.

Eine ausführliche, systematische Darstellung, auf die hier zur Vermeidungen von Wiederholungen Bezug genommen wird, enthält **Kapitel 10, »Recht«:**

Abschnitte 10.2.1.1 – 10.2.1.4 behandeln das Zustandekommen von Verträgen.

Die Verjährungsregeln enthält Abschnitt 10.2.1.5.

Im Rahmen des Schuldrechts werden ausführlich die Grundsätze vertraglicher Leistung und Erfüllung sowie Leistungsstörungen behandelt (vergl. Abschn. 10.2.2.1 – 10.2.2.4).

Ein weiterer Abschnitt (siehe 10.2.2.5) ist dem wichtigen Komplex der Allgemeinen Geschäftsbedingungen (AGB) gewidmet.

Die Besonderheiten zu Kaufvertrag, Werkvertrag und Forderungssicherung schließen sich in Abschnitt 10.2.3 an.

# 9 Absatzwirtschaft

## 9.1 Marketing als Teil der Unternehmenskonzeption

### 9.1.1 Begriff des Marketing

Die Tätigkeit eines Industrieunternehmens teilt sich in drei Funktionsbereiche: die Beschaffung, die Produktion und den Absatz.

**Absatz** ist klassisch definiert als »Übertragung der in der Unternehmung erstellten oder von Dritten bezogenen Wirtschaftsgüter auf Personen außerhalb der Unternehmung«. Die Übertragung der Wirtschaftsgüter, die Sachgüter oder Dienstleistungen darstellen können, erfolgt in der Regel gegen Entgelt. Die empfangenden Personen sind Konsumenten, aber – im übertragenen Sinne – auch Unternehmungen und Institutionen.

Dieser traditionelle Begriff »Absatz« ist heute weitgehend abgelöst durch den aus den USA übernommenen Begriff »Marketing«. Trotz zum Teil kontroverser Diskussionen in der Betriebswirtschaftslehre über Unterschiede beider Begriffe werden diese häufig als Synonyme angesehen.

Der **Marketing-Begriff** im engeren Sinne umfasst in der einschlägigen Literatur insbesondere die Bereiche Marktforschung, Produktentwicklung, Verkaufsförderung, Public Relations und Werbung, während Absatzmethoden und -durchführung unter dem Oberbegriff »Vertrieb« abgehandelt werden.

Modernes Marketing versteht sich als unternehmerische Konzeption, die alle Unternehmungsaktivitäten vollständig am Markt und damit an den Bedürfnissen der Abnehmer orientiert und dabei neben der Befriedigung vorhandenen Bedarfs auch die Weckung neuer Bedürfnisse anstrebt. KOTLER/BLIEMEL definieren Marketing wie folgt:

»Marketing ist ein Prozess im Wirtschafts- und Sozialgefüge, durch den Einzelpersonen und Gruppen ihre Bedürfnisse und Wünsche befriedigen, indem sie Produkte und andere Dinge von Wert erzeugen, anbieten und miteinander austauschen.«

Wie später noch ausgeführt werden wird, sind nahezu alle Unternehmen heute mit von der Nachfrageseite dominierten Märkten, so genannten **Käufermärkten**, konfrontiert. Die notwendige Ausrichtung am Absatzmarkt bestimmt die Planungen des Betriebes daher schon in allen vorgelagerten Bereichen:

Was, wann und wieviel produziert wird, kann nur auf Basis überlebensnotwendiger Kenntnisse über das Nachfragerverhalten festgelegt werden; daraus wiederum ergeben sich Konsequenzen für die Beschaffung, die Investitions- und Beschäftigungspolitik – kurz, alle Tätigkeitsfelder und Aktivitäten des Unternehmens sind tangiert.

Im Zuge der mehrfach erwähnten »Verschlankung« der Produktion und – damit einhergehend – der Verlagerung klassischer Management-Funktionen auf unmittelbar in den Fertigungsprozess eingebundene Stellen kommen auch die traditionell mit technischen Fragestellungen befassten Funktionsträger nicht umhin, sich mit Problemstellungen des Absatzes zu befassen.

Die Einbettung von Marketing und Vertrieb als Abteilung in die Gesamtorganisation des Betriebes kann nach den bereits bekannten Prinzipien entweder funktionsbezogen (**funktional**) oder objektbezogen (**divisional**) erfolgen.

## 9 Absatzwirtschaft

In letzterem Falle bieten sich folgende Unterscheidungskriterien an:

- Verkaufsgebiete,
- Produkte,
- Vertriebswege,
- Kunden.

Das Marketing im engeren Sinne (s.o.) wird meist **produktbezogen** als Stabstelle organisiert. Einzelne Produkte werden von so genannten **Produktmanagern** betreut. Die Aufbauorganisation des Vertriebes orientiert sich dagegen häufig am **Regionalprinzip**. Zwischen dem Marketing-Stab und den Vertriebsregionen können Konflikte daraus resultieren, dass die regionalen Vertriebsleiter ihre Märkte und Kunden eigenständig bedienen und betreuen, während die einzelnen Product Managers mangels entsprechender Kontakte lediglich produktbezogen, ggf. herstellerbezogen, jedoch kaum kundenbezogen planen.

Ein Ansatz, der diesen Mangel vermeiden soll, ist der **Profit-Center**-Gedanke: Das Unternehmen wird in selbstständige Einheiten, so genannte »strategische Geschäftseinheiten« (SGE), aufgeteilt, von denen jede einen Markt bedient. In den Bereichen Marktforschung, Vertrieb und Kommunikation erfolgt diese Teilung notwendigerweise strikt und vollständig, während es häufig nicht sinnvoll und wirtschaftlich vertretbar ist, Funktionen wie Einkauf, Produktion, Verwaltung von jeder einzelnen Geschäftseinheit wahrnehmen zu lassen.

KLIS stellt folgende Grundsätze für die Bildung von **strategischen Geschäftseinheiten** auf:

- Das **Produktprogramm** der Geschäftseinheit muss nach Markt und Technik abgrenzbar und strategisch zu beschreiben sein.

- Der Leiter und das Team der Geschäftseinheit müssen **Dispositionsfreiheit** bei Einkaufs-, Produktions-, Lagerhaltungs- und Absatzentscheidungen haben,

- **Kosten und Leistungen** müssen nach Geschäftseinheiten **verursachungsgerecht zugeordnet** werden können. Die Geschäftseinheiten müssen eigene Informationsverarbeitung nach innen (Soll-/Ist-Vergleich) und nach außen (Markt, Konkurrenten etc.) haben.

Der Vorteil der Profit Center-Organisation liegt darin, dass große Unternehmen etwas von der Flexibilität kleiner Unternehmen erhalten. KLIS weist jedoch auf die Gefahr hin, dass eine Fixierung auf den Deckungsbeitrag der eigenen Geschäftseinheit zu Egoismen und einer Vernachlässigung der Ziele und Möglichkeiten des Gesamtunternehmens führen kann.

### 9.1.2 Marketing-Management

Marketing bedingt den Austausch von Leistung und Gegenleistung, setzt also voraus, dass mindestens zwei Parteien beteiligt sind, von denen jede etwas besitzt, was die andere gern hätte. Weitere Kennzeichen sind Vertragsfreiheit sowie die Bereitschaft und die Fähigkeit zum Geschäftsabschluss. Wenn nun mindestens eine der beteiligten Parteien ihr Vorgehen beim Markteintritt bewusst und auf bestimmte gewünschte Reaktionen des potentiellen Partners abzielend plant, spricht man von Marketing-Management. Die American Marketing Association definierte Marketing-Management 1985 als

»...Planungs- und Durchführungsprozess der Konzipierung, Preisfindung, Förderung und Verbreitung von Ideen, Waren und Dienstleistungen, um Austauschprozesse zur Zufriedenstellung individueller und organisationeller Ziele herbeizuführen.«

Konzipierung, Planung, Organisation, Durchführung und Kontrolle von Marketingprozessen sind Gegenstand der ausführlichen nachfolgenden Betrachtungen.

## 9.2 Marktkonzept und Marktstrategie

### 9.2.1 Vom Marketing-Konzept zum Marketing-Mix

#### 9.2.1.1 Das Marketing-Konzept

Während die klassische Absatzwirtschaft von der Vorstellung ausging, das Produkt »an den Mann zu bringen«, stellt das moderne Marketing den Kunden und seine Wünsche in den Mittelpunkt: **Nicht das vorhandene Produkt bestimmt, was am Markt durchgedrückt wird, sondern der Markt bestimmt, was produziert wird.**

Wenn Marketing in diesem Sinne konsequent betrieben, also genau das angeboten wird, was sich eine bestimmte Gruppe von Nachfragern zu genau diesem Zeitpunkt zu den gebotenen Konditionen wünscht, ergibt sich als logische Konsequenz der Absatz quasi »von selbst«: Aggressive Verkaufsmethoden und marktschreierische Werbung sind in diesem Idealfall nicht mehr erforderlich, denn es genügt, die Zielgruppe über das Angebot in Kenntnis zu setzen. Ein erfolgversprechendes Marketing-Konzept muss daher markt- und kundenorientiert sein. **Marktorientierung** ist hier gleichbedeutend mit der präzisen Bestimmung eines Zielmarktes, **Kundenorientierung** mit der Erforschung von und Ausrichtung an Kundenwünschen.

*Beispiel:*
*Die neu gegründete »Freezy Tiefkühlgerichte GmbH« will nicht einfach noch eine weitere Anbieterin von Tiefkühlkost sein, sondern einen ganz bestimmten Markt bedienen, nämlich den der berufstätigen Singles. Die Geschäftsleitung vermutet, dass im Marktsegment »Tiefkühl-Fertiggerichte für berufstätige Singles« vor allem einzeln portionierbare, für Mikrowellenzubereitung geeignete und besonders gesunde – z. B. vollwertige und vegetarische – Gerichte von hoher Qualität den Nerv der – auch zur Zahlung höherer Preise bereiten – Kunden treffen was durch entsprechende Marktforschung untermauert werden soll.*

In obigem Beispiel muss das Konzept zunächst geeignet sein, Neukunden zu erschließen. Ein Marketing-Konzept ist aber nur dann dauerhaft erfolgreich, wenn es gelingt, Neukunden in Stammkunden zu wandeln, denn diese sind langfristige Garanten der Unternehmensexistenz und zudem »billiger« als Neukunden, da sie keiner besonderen werblichen Anstrengungen bedürfen. Neukunden werden aber nur dann zu Stammkunden, wenn sie durch die erhaltene Leistung zufriedengestellt wurden.

Oberstes Ziel erfolgreichen Marketings ist daher die Erreichung der **Kundenzufriedenheit**. Hieraus wird deutlich, dass es beim Marketing nicht allein um auffällige Werbung und originelle Verkaufsmethoden gehen kann, sondern letztlich Werte wie Produktqualität und Service die entscheidenden Rollen spielen.

Damit ist Marketing ganz offensichtlich nicht alleinige Aufgabe der Absatzabteilung, sondern erfasst und betrifft das Unternehmen in seiner Gesamtheit, und das Marketing-Konzept ist die Unternehmensphilosophie, die die Ermittlung der Kundenwünsche und deren wirksame und zugleich wirtschaftliche Befriedigung in den Vordergrund stellt.

#### 9.2.1.2 Das Marktkonzept

Wesentlich für den Erfolg des eigenen Marketing ist die genaue Kenntnis der Konkurrenzsituation auf dem Markt, den das eigene Unternehmen bedient oder bedienen will. Häufig konzentrieren sich Unternehmen in ihren Untersuchungen auf diejenigen Mitbewerber, die das gleiche oder annähernd gleiche Produkt anbieten. Diese Betrachtungsweise wird als **Branchenkonzept** bezeichnet. Aus Sicht der Kunden-Zielgruppe, die ein Bedürfnis empfindet, gibt es aber möglicherweise auch anders geartete Produkte, die geeignet sind, dieses Bedürfnis zu befriedigen. Aus dem Kundenstandpunkt heraus ist die Gruppe der zu beachtenden Mitbewerber also durchaus erheblich größer.

## 9 Absatzwirtschaft

Es macht daher Sinn, den Mitbewerbermarkt aus Marktsicht zu betrachten; in diesem Falle spricht man vom **Marktkonzept**.

*Auf dem Markt für einzeln portionierte Tiefkühl-Fertiggerichte kann die von der Freezy GmbH beauftragte Marktforschungsgruppe nur einen Mitbewerber ausmachen. Kundenbefragungen ergeben jedoch, dass der Zielgruppe die Eigenschaft »tiefgekühlt« an sich nicht besonders wichtig ist, sondern die Anforderungen »haltbar, schnell zuzubereiten und platzsparend aufzubewahren« im Vordergrund stehen. Diese werden sowohl von Tiefkühlkost als auch von haltbaren nicht-gekühlten – eingedosten oder -geschweißten – Fertiggerichten erfüllt. Hier wiederum gibt es zwei weitere bundesweit anbietende Mitbewerber, die folglich in die weitere Betrachtung einbezogen werden müssen.*

### 9.2.1.3 Marketing-Plan und Marketing-Strategie

Der Marketing-Plan bestimmt, steuert und koordiniert die Marketingaktivitäten des Unternehmens. Er enthält strategische, also langfristig ausgerichtete, und taktische (operative), also kurzfristig umzusetzende Elemente.

Ein solcher Plan besteht in der Regel aus folgenden Teilen (nach KOTLER/BLIEMEL):

– Kurzfassung (Plansynopsis; Kurzdarstellung der im Folgenden ausführlich dargelegten Planung),

– Analyse der aktuellen Marketingsituation,

– Analyse der Chancen, Gefahren und Problemfragen,

– Planziele,

– Marketingstrategie,

– Aktionsprogramme,

– Ergebnisprognose,

– Planfortschrittskontrollen.

#### 9.2.1.3.1 Situationsanalyse

Mit dem **Portfolio Management** wurde bereits in Buch 1, Abschnitt 3.4.3.4 ein wesentliches Instrument der **strategischen Marketingplanung** vorgestellt. Mit Hilfe der dort dargestellten **BCG-Matrix** kann eine Einordnung der schon auf dem Markt befindlichen eigenen Produkte hinsichtlich der Größen »Marktwachstum« und »Marktanteil« sowie eine Abschätzung des Handlungsbedarfs hinsichtlich neuer Entwicklungen erfolgen.

Weitere Daten zur Marktsituation können betriebsintern (aus dem Controlling) oder extern (durch Marktforschungsinstitute, Veröffentlichungen von Kammern und Verbänden usw.) gewonnen werden. Ausgehend von dieser **Analyse der aktuellen Marketingsituation** kann eine **Chancen- und Gefahrenanalyse** durchgeführt werden.

Ein dem BCG-Ansatz ähnelndes, aber weniger das Unternehmens- als vielmehr das Kundeninteresse in den Mittelpunkt stellendes Instrument ist das **Produktpositionierungs-Diagramm**, mit dessen Hilfe bereits von Mitbewerbern besetzte bzw. noch nicht besetzte, also Marktchancen eröffnende, Marktfelder identifiziert werden können. Die Einordnungskriterien sind dabei Preis und Qualität, die Einordnung erfolgt aus Kundensicht.

*Beispiel:*
*Die Leitung der »Freezy Tiefkühlgerichte GmbH« hat eine Untersuchung der Konkurrenzsituation auf dem Markt für Fertiggerichte in Auftrag gegeben und betrachtet nun das Ergebnis, das in Form eines Produktpositionierungs-Diagramms vorliegt.*

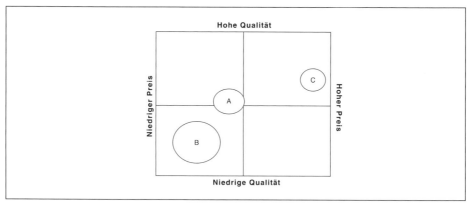

Produktpositionierungs-Diagramm

*Nach ihrem jeweiligen Marktanteil sind die Mitbewerber A, B und C unterschiedlich groß eingezeichnet. Der als qualitativ am besten eingestufte Mitbewerber C ist aufgrund des vergleichsweise sehr hohen Preises zugleich der absatzschwächste. Mitbewerber B gilt als »eher schlecht, aber billig« und besetzt einen erheblich höheren Marktanteil als der im Preis-Leistungsverhältnis als besser einzustufende Mitbewerber A.*

*Da Fa. Freezy an der Gewinnung von Stammkunden gelegen ist, versteht sich von selbst, dass die Besetzung des freien Feldes »hoher Preis/niedrige Qualität« nicht in Frage kommt. Die Geschäftsleitung ist sich vielmehr einig darin, sich rechts oberhalb von A anzusiedeln: Mitbewerber A vertreibt seine Produkte bekanntermaßen nur über Reformhäuser und betreibt kaum Werbung. Die Freezy-Leitung sieht daher ihre Chance im Verkauf in Supermärkten in Verbindung mit größeren Werbeanstrengungen.*

Im Marketing-Plan werden neben den Chancen auch die **Gefahren und Probleme** ausführlich dargelegt.

*Als Gefahr wird die demografische Entwicklung angesehen: Es scheint, dass sich der typische Singlehaushalt mehr und mehr vom jungen, freizeitorientierten Menschen mit wenig Lust zum Kochen zum Ein-Rentner-Haushalt entwickelt. Einige Mitglieder der Geschäftsleitung bezweifeln, dass Tiefkühl-Fertiggerichte von dieser Gruppe gekauft werden. Künftige Marktforschung soll sich unter anderem auf diese Frage konzentrieren.*

### 9.2.1.3.2 Festlegung der Planziele

Außerdem wird festgelegt, welche **Ziele** bis wann erreicht werden sollen.

*Die Freezy-Geschäftsleitung legt folgende **Finanzziele** fest: Die Eigenkapitalrentabilität soll im ersten Jahr 10% betragen und in jedem weiteren Jahr bis einschließlich 2008 um jeweils 2% steigen. Demzufolge muss im ersten Jahr ein Gewinn von 2 Mio. € erwirtschaftet werden.*

*Hieraus sind folgende **Marktziele** ableitbar: Die Umsatzrendite im Zielmarkt ist mit 3% anzunehmen. Folglich muss sich, damit ein Gewinn von 2 Mio. € erzielt werden kann, der Umsatzerlös auf ca. 66 Mio. € belaufen. Bei einem angenommenen Erlös von 1,70 € je Packung (= Abgabepreis an den Großhandel; der empfohlene Verkaufspreis soll 3,20 € betragen) müssen also im ersten Jahr 38,9 Mio. Packungen abgesetzt werden. Nach Ablauf des ersten Jahres soll die Markenbekanntheit für Freezy-Tiefkühlgerichte in der Käufer-Zielgruppe mindestens 30% betragen; bis 2008 soll der Bekanntheitsgrad auf 75% gestiegen sein.*

### 9.2.1.3.3 Die Marketing-Strategie

Die Marketing-Strategie gibt an, auf welche Weise die Marktziele – und damit auch die Finanzziele – erreicht werden sollen. Entscheidend für die Wahl der Strategie ist die Entwicklung auf diesem Markt: Auf einem stagnierenden Markt müssten bereits von Mitbewerbern besetzte Marktanteile übernommen, schon eingeschliffene Konsumentenvorlieben also – etwa durch preispolitische Maßnahmen – durchbrochen werden **(Marktdurchdringungsstrategie)**, oder es müsste gelingen, über entsprechende Werbemaßnahmen ein Marktwachstum anzuregen. Marktwachstum wiederum könnte bedeuten, dass entweder die vorhandenen Konsumenten öfter als bisher zu dem betreffenden Produkt greifen oder neue Abnehmergruppen gewonnen, also neue Märkte für das Produkt eröffnet werden können **(Marktentwicklungsstrategie)**. Eine strategische Entscheidung betrifft auch die Frage, ob die Endverbraucher direkt durch Werbemaßnahmen angesprochen und zur Nachfrage angeregt werden sollen (sogenannte **Pull-Strategie**), oder ob der Handel über günstige Einkaufspreise, die Zurverfügungstellung von Werbe- und Präsentationsmaterial zur Aufstellung am Verkaufsort (**»Point of Sale«**) oder das Verkaufspersonal motivierende Maßnahmen dazu gebracht werden soll, das Produkt in besonderer Weise zu präsentieren und so die Ladenkundschaft anzusprechen **(Push-Strategie)**.

*Die Produkte von Freezy werden neu in einen schon bestehenden und verteilten Markt eintreten. Der Markt für Tiefkühlgerichte befindet sich aber noch im Wachstum. Zum einen wird für die nächsten Jahre ein Zuwachs an Single-Haushalten prognostiziert, zum anderen hat die durchgeführte Marktforschung ergeben, dass die überwiegende Anzahl der befragten Singles künftig mehr Fertiggerichte kaufen und weniger selbst kochen will. Es ist aber unerlässlich, beide Wachstumsfaktoren genauer zu beleuchten, um die Zielgruppen näher eingrenzen zu können: Unter den neuen Single-Haushalten wird der überwiegende Teil von den schon erwähnten Rentner-Haushalten gestellt und ein weiterer nicht unerheblicher Teil aus jungen Leuten bestehen, die ihre erste eigene Wohnung beziehen. Beide Gruppen sind weniger interessant, weil die Ersteren kaum Tiefkühlgerichte verzehren, während die Letzteren nur über geringes Einkommen verfügen und eher die Produkte des Mitbewerbers C kaufen werden. Attraktiv sind dagegen die Scheidungs- oder Trennungs-Singles, da sich in dieser Gruppe überdurchschnittlich viele gut situierte, beruflich sehr engagierte und daher an »schneller Küche« interessierte Personen befinden, die zudem altersbedingt eher qualitäts- und gesundheitsbewusst ausgerichtet sind. Die Strategie des Unternehmens wird es sein, in erster Linie diese Neu-Haushalte anzusprechen und als Stammkunden an sich zu binden. Zu diesem Zweck sollen Werbespots produziert werden, die Menschen in der Neu-Single-Situation zeigen und der Zielgruppe ein hohes Maß an Identifikation bieten. Zusätzlich muss es aber gelingen, bisherige Käufer der Konkurrenzprodukte für die Freezy-Gerichte zu interessieren, damit ihre verstärkte Nachfrage nach Tiefkühlkost nicht vollständig von den Mitbewerbern aufgesogen wird. Hier soll über günstige Einführungspreise eine Penetrationsstrategie (vgl. Abschn. 9.5.1) umgesetzt werden.*

### 9.2.1.3.4 Das Aktionsprogramm

Auf Basis der festgelegten Strategie wird ein **Aktionsprogramm** beschlossen, das vorgibt, was genau wann von wem zu tun ist. Für jede Aktivität wird ein Budget beziffert.

*Die Freezy-Geschäftsleitung legt fest, dass im ersten Jahr 8% des erwarteten Umsatzes für Marketing-Aktivitäten ausgegeben werden sollen. Konkret werden die folgenden Maßnahmen beschlossen:*
- *__März:__ Die Freezy-Tiefkühlgerichte »Freezy-Dinner for one« kommen in zehn Menüvariationen bundesweit gleichzeitig in die den drei größten Handelsketten angeschlossenen Supermärkte. In den 100 größten Märkten werden in den Monaten März und April wechselnd Propagandistenteams eingesetzt, die Kundenverköstigungen durchführen. Anwer-*

bung, Schulung und Einsatz der Propagandisten obliegen Marketingleiterin Zech. Hierfür wird ein Budget von 100.000 € geplant (die gleichzeitige Preissubventionierung des Handels schlägt mit 500.000 € zu Buche). Zeitgleich setzt die Fernseh- und Radiowerbung ein, für deren Produktion und ganzjährige Ausstrahlung 2,9 Mio. € veranschlagt werden. Das Budget wurde einer renommierten Werbeagentur übertragen; die Abnahme der Spots wird seitens der Geschäftsleitung durch Mehrheitsentscheid erfolgen.

– **Juni:** Freezy führt ein Preisausschreiben durch. Die Teilnahmekarten werden durch Illustrierte verbreitet, in denen ganzseitig geworben werden soll. Die Produktion der Zeitschriftenwerbung durch die Werbeagentur und der Abdruck inklusive Druck und Einheftung der Teilnahmekarten kostet insgesamt 900.000 €, die begleitende Plakatwerbung verschlingt noch einmal 200.000 €. Die Preise haben einen Einkaufswert von 80.000 €. Zuständig ist Frau Zech.

– **September:** Jeder Menüpackung wird ein Ratgeberheftchen »Freezy-Wellness Guide« aufgeklebt. Darin befinden sich neben Gesundheits- und Fitnesstips auch »Treuepunkte«, die gesammelt und gegen spezielle »Freezy-Mikrowellenboxen« getauscht werden können. Die Aktion, mit deren Anbahnung und Durchführung Marketingassistent Paulick betraut wird, wird 350.000 € kosten.

– **November/Dezember:** Ein Marktforschungsinstitut soll die bisher eingetretene Markenbekanntheit herausfinden. Auftragswert für die bundesweite Aktion: 350.000 €; zuständig bei Freezy: Frau Zech.

### 9.2.1.3.5 Ergebnisprognose und Planfortschrittskontrollen

Der Marketing-Plan schließt ab mit einer **Ergebnisprognose**, die für den gesamten Planungszeitraum die monats- oder quartalsweise erwarteten Absatzmengen und -preise angibt und den aus dem Aktionsplan abzuleitenden Kosten gegenüberstellt. Anhand dieser Prognose können zu bestimmten, vorab festgelegten Zeitpunkten **Fortschrittskontrollen** durchgeführt werden, die eventuelle Planabweichungen offenlegen, die wiederum Anlass für gegensteuernde Maßnahmen sein können.

## 9.2.1.4 Marketing-Mix

Das Unternehmen aus den vorangegangenen Beispielen hat sich für eine bestimmte Mischung von Marketingaktivitäten entschieden und ihr dafür vorgesehenes Budget entsprechend auf verschiedene Instrumente verteilt. Diese Instrumente, die in den folgenden Abschnitten noch wesentlich eingehender beschrieben werden, lassen sich nach einem Vorschlag von MCCARTHY in folgende Gruppen einteilen, die gern als »**die vier P´s**« bezeichnet werden (aus dem englischen: product, price, place, promotion; zu deutsch: Produkt, Preis, Distribution, Absatzförderung). Der zu einem bestimmten Zeitpunkt verwirklichte Marketing-Mix lässt sich durch einen Vektor ausdrücken, der die Produktleistung, den Preis, die Distributions- und die Absatzförderungsausgaben beinhaltet.

Eine wesentliche Entscheidung im Rahmen der Marketingplanung betrifft die Festlegung der angestrebten **Produktleistung**. Die Kunden stellen bestimmte Leistungsanforderungen an ein Produkt, die sich vor allem auf dessen Qualität, Funktionalität und Ausstattung beziehen, aber auch das Aussehen, den Produktnamen, Service- und Garantieleistungen usw. einbeziehen. Dabei vergleichen sie die verschiedenen auf dem Markt befindlichen, das gleiche Bedürfnis befriedigenden Produkte miteinander. In welchem Maße ein Produkt diese Leistungsanforderungen erfüllt, kann in Relation zum Wettbewerbsdurchschnitt angegeben werden: Wird dieser auf 1,0 festgesetzt, so bedeutet ein Leistungsindex von

1,3, dass die Verbraucher dem so bewerteten Produkt eine deutlich überdurchschnittliche Produktleistung beimessen.

Der Vektor (1,3; 3,20 €; 1,2 Mio. €; 440.000 €) bedeutet: Das (fertige oder noch zu entwickelnde) Produkt weist einen Leistungsindex von 1,3 auf, der empfohlene Verkaufspreis ist 3,20 €; die Vertriebskosten werden 1,2 Mio. € betragen; und es werden im Monatsdurchschnitt 440.000 € für die Absatzförderung ausgegeben.

Offensichtlich gibt es eine nahezu unendliche Menge unterschiedlicher Kombinationen, aus denen der optimale Mix zu ermitteln ist. Würde man nur drei Variationen für jede einzelne der vier Größen zulassen, ergäben sich 81 unterschiedliche Kombinationsmöglichkeiten. Es gilt also, plausible Kombinationen zusammenzustellen und jeder dieser Kombinationen einen Erwartungswert für eine Erfolgsgröße – etwa die Absatzmenge – zuzuordnen. Auf diese Weise kann versucht werden, die Optimalkombination herauszufinden. Dass dies ein schwieriges Unterfangen ist, zumal sich die verschiedenen zu variierenden Größen gegenseitig beeinflussen und außerdem auch nicht unmittelbar in die Berechnung einfließende Größen – etwa Reaktionen von Mitbewerbern auf eigene Aktionen am Markt – den Erfolg mitbestimmen, liegt auf der Hand. Hier kann diesbezüglich nur auf die weiterführende, spezielle Literatur verwiesen werden.

### 9.2.2 Das absatzwirtschaftliche Instrumentarium

Mit den »Vier P's« wurden im vorangegangenen Abschnitt bereits die wesentlichen Marketinginstrumente vorgestellt. Häufig werden die Instrumente, derer sich Industrie und Handel bei der Entwicklung und dem Absatz von Produkten bedienen, wie folgt eingeteilt:

- **Produkt- und Sortimentspolitik** betrifft die Gestaltung der Produkte und des Produktionsprogrammes.
- **Kontrahierungspolitik**, d. h. die Gestaltung der kaufvertraglichen Bedingungen, umfasst dreierlei:
  - **Preispolitik**: Bei Festlegung des Verkaufspreises stellen sich regelmäßig z. B. folgende Fragen: »Soll der Verkaufspreis die Kosten übersteigen – falls ja, um wie viel?« »Soll der festgelegte Preis für längere Zeit gelten oder soll der Preis variabel sein?«
  - **Rabattpolitik:** »Soll der Preis gegenüber unterschiedlichen Abnehmern gestaffelt werden?«
  - **AGB-Politik:** Gestaltung der Lieferungs- und Zahlungsbedingungen.
- **Distributionspolitik** ist die Entscheidung für Absatzwege und Absatzmittler.
- Verkaufsförderung, Werbung und Öffentlichkeitsarbeit wird gelegentlich auch als **Kommunikationspolitik** bezeichnet.

Wie schon unter dem Stichwort »Marketing-Mix« dargelegt, können die vorstehend beschriebenen absatzpolitischen Instrumente sinnvoll nur in einem koordinierten Miteinander eingesetzt werden, das der sorgfältigen Planung bedarf.

## 9.3 Aufgaben und Objekte der Marktforschung

Aufgabe der Marktforschung ist es, das Marktgeschehen transparent zu machen und so die optimale Gestaltung des Absatzmarktes für eigene Produkte zu ermöglichen. Moderne Marktforschung fragt danach, »wer wieviel wovon wann weshalb wo und zu welchen Bedingungen benötigt«.

Die für die Beantwortung dieser Fragen benötigten Informationen betreffen

- die allgemeine Wirtschaftslage,
- allgemeine Entwicklungstendenzen in der Wirtschaft,
- die Branchenlage und -entwicklung, vor allem die Konkurrenzsituation,
- Marktchancen für Produkte,
- Vertriebswege,
- Werbestrategien,
- Käufermotive.

Im Mittelpunkt aller Fragestellungen stehen das Käuferverhalten (**Bedarfsforschung**) sowie die Wettbewerbssituation (**Konkurrenzforschung**).

## 9.3.1 Bedarfsforschung und Konkurrenzforschung

### 9.3.1.1 Erforschung des Käuferverhaltens

Wie bereits erwähnt, steht das Käuferverhalten im Mittelpunkt der Marktforschung. Daher sind die Eigenschaften der (potentiellen) Produktnachfrager auch hauptsächlicher Gegenstand aller Untersuchungen.

Objektiv wahrnehmbare **Käufermerkmale** sind

- Alter, Geschlecht, Familienstand (biologisch-demografische Merkmale),
- Beruf, Einkommen, Wohnverhältnisse, soziale Schicht (soziografische Merkmale) und
- Aktionen am Markt, z. B. Kaufhandlungen.

Dagegen sind

- Vorstellungen, Meinungen und Werthaltungen,
- Kenntnisse und
- Wahrnehmungen

subjektive, für Außenstehende nicht ohne weiteres wahrnehmbare Merkmale. Ihre Erkundung soll Informationen darüber liefern, mit welchen Mitteln das gewünschte Kaufverhalten hervorgerufen werden kann, d. h. welche Marketing-Instrumente in welcher Weise eingesetzt werden sollen.

Mit den nachfolgend geschilderten Methoden der Marktforschung – Befragung, Beobachtung, Experiment – kann das Käuferverhalten nicht restlos befriedigend ermittelt und erklärt werden. Eine sinnvolle Ergänzung der Analyse stellen die Erkenntnisse der Psychologie und Soziologie dar. Üblicherweise werden folgende **Käufertypen** unterschieden:

- **Rationaler Typ:** Der rational handelnde Käufer trachtet nach optimaler Befriedigung seiner Bedürfnisse. Er kauft erst nach ausführlicher Information und umfänglichem Vergleich.

- **Impulsiver Typ:** Der impulsive Käufer reagiert spontan auf den von einem Produkt ausgehenden Kaufanreiz.

- **Gewohnheitskäufer:** Gute Erfahrungen aus der Vergangenheit lassen den gewohnheitsmäßig handelnden Käufer immer wieder zu den gleichen bewährten Produkten greifen; eine Überprüfung oder Revision der einmal getroffenen Wahl durch Vergleich findet nicht statt.

- **Sozial abhängiger Käufer:** Dieser Typ entscheidet nicht ökonomisch nach dem Prinzip des maximalen Nutzens, sondern entsprechend den Vorgaben seiner sozialen Umwelt.

Diese Idealtypen sind in reiner Form kaum anzutreffen. Jeder Käufer vereinigt Eigenschaften aller Typen in sich, die, je nach Art und Bedeutung der Kaufentscheidung, diese in unterschiedlichem Ausmaße beeinflussen.

Neuere, repräsentative Untersuchungen der Zeitungs-Marketing-Gesellschaft in Frankfurt ergaben sechs Käufertypen:

- Der **anspruchsvolle Käufer** ist markenbewusst, ausprobierfreudig, kauft gern in modern wirkenden Geschäften und leistet sich ab und zu Güter, die er als luxuriös einstuft. Zu dieser Gruppe, zu der viele Gutverdiener gehören, zählt sich etwa jeder fünfte Deutsche.
- Der **Schnäppchenjäger** achtet besonders auf den Preis und auf Sonderangebote. Dieser Gruppe rechnet sich etwa jeder sechste Deutsche zu; der Einkommensdurchschnitt ist eher niedrig.
- Der **informationsorientierte Käufer**, ebenfalls jeder Sechste, nimmt sich Zeit für seine Kaufentscheidung und bereitet sich intensiv vor. Diese Gruppe verfügt durchschnittlich über ein gehobenes Einkommen.
- Einer Mischung aus Schnäppchenjäger und informationsorientiertem Käufer (»**informationsorientierter Schnäppchenjäger**«) rechnet sich etwa jeder zehnte Deutsche zu.
- Die mit dreißig Prozent größte Gruppe stellen die »**hybriden Käufer**« dar, die hohe Ansprüche haben, gleichzeitig nach Schnäppchen jagen und sich vor dem Kauf informieren.
- Die verbleibenden ca. 10 Prozent bezeichnen sich als »**Einkaufsmuffel**«.

Faktoren, die in die Kaufentscheidung einfließen und in der Person des Käufers liegen, werden **endogene Faktoren** genannt. Unterschieden werden diese in

- **Ökonomische Faktoren:** Der Käufer bildet eine Rangordnung seiner persönlichen Konsumziele, handelt nach dem ökonomischen Prinzip der Nutzenmaximierung und berücksichtigt dabei die ihm verfügbaren Mittel.
- **Psychologische Faktoren:** Kaufentscheidungen werden von Gefühlen, Stimmungen, Meinungen, Vorurteilen und weiteren Faktoren mitbestimmt. Eine wesentliche Rolle spielt hierbei die Dringlichkeit des Mangels, der durch einen Kauf behoben werden soll.
- **Soziologische Faktoren:** Das Kaufverhalten wird durch die Zugehörigkeit des Käufers zu einer sozialen Schicht und die damit einhergehenden Normen, Werte, Regeln und Vorschriften geprägt. Wichtigste einflussnehmende Gruppe ist die Familie.

### 9.3.1.2 Konkurrenzforschung

Ein weiterer wichtiger, häufig als eigenständiger Zweig des Marketing behandelter Gegenstand der Forschung ist die Konkurrenz. Die Konkurrenzlage ist gekennzeichnet durch

- die **Anzahl** der Mitbewerber,
- deren **Standorte** und **Absatzgebiete** sowie
- **Größe**, **Marktanteile** und **Leistungsfähigkeit** der Konkurrenten.

Das Verhalten der Konkurrenz beeinflusst die eigene Entscheidung für eine Marketingstrategie. Daher sind Informationen über Marktabsichten und Einsatz absatzpolitischer Instrumente der Mitbewerber von besonderem Interesse. So ist bei der Auswertung der Ergebnisse von Markt- oder Produkttests zu berücksichtigen, dass diese nicht nur dank eigener Aktivitäten zustandegekommen sind, sondern auch vom Marktverhalten der Konkurrenten beeinflusst wurden. Die Informationen über das Verhalten der Nachfrager und der Konkurrenten ergeben in ihrer Gesamtheit ein transparentes Bild des jeweiligen Marktes.

## 9.3.2 Methoden der Marktforschung

Im Unterschied zur **Markterkundung**, die eine unsystematische Beschäftigung mit den Absatzmöglichkeiten – etwa durch den Besuch von Messen oder das Studium von Fachveröffentlichungen – darstellt, ist die Marktforschung eine systematische Untersuchung des Marktgeschehens mit wissenschaftlichen Methoden. Diese Methoden der Marktforschung unterscheiden sich hinsichtlich des Untersuchungsgegenstandes, des ausgewerteten Materials, sowie der angewendeten Verfahren und Methoden.

Nach dem Untersuchungsgegenstand unterscheidet man

- **demoskopische Marktforschung:** Erforschung des Käuferverhaltens durch Befragung oder Beobachtung von Angehörigen der Zielgruppe;
- **ökoskopische Marktforschung:** Untersuchung objektiv quantifizierbarer Marktgrößen wie Preise, Mengen und Marktanteile.

In Hinblick auf das ausgewertete Material ergibt sich eine Unterscheidung in

- **Sekundärforschung (Desk Research)** und
- **Primärforschung (Field Research)**.

### 9.3.2.1 Sekundärforschung (Desk Research)

Unter Sekundärforschung ist die Auswertung bereits vorhandenen, für andere als marktforscherische Zwecke beschafften Materials (**»Sekundärmaterial«**) zu verstehen.

Für die Gewinnung des Sekundärmaterials kommen interne und externe Quellen in Betracht. Interne Quellen sind z. B. das Rechnungswesen und Controlling, Absatzstatistiken oder von Außendienstmitarbeitern aufgezeichnete Kundenwünsche. Als externe Quellen kommen z. B. Fachveröffentlichungen, Untersuchungsergebnisse der Verbände und Kammern, statistische Jahrbücher usw. in Betracht.

### 9.3.2.2 Primärforschung (Field Research)

Primärforschung ist die erstmalige Erhebung von Marktdaten speziell zum Zwecke der Marktforschung. Verfahren der Primärforschung sind

- **Marktanalyse**, eine einmalige, zeitpunktbezogene Untersuchung der Marktstruktur, die z. B. häufig vor der Einführung eines neuen Produktes durchgeführt wird;
- **Marktbeobachtung** als fortlaufende Erfassung der Marktentwicklung mit dem Ziel, Veränderungen und Tendenzen frühzeitig anzuzeigen;
- **Marktprognose**, die die Ergebnisse der Marktanalyse bzw. Marktbeobachtung zwecks Abschätzung künftiger Marktentwicklungen in die Zukunft überträgt (extrapoliert).

**Methoden** der Marktanalyse und -beobachtung sind

- **Befragung:** Schriftliche oder mündliche Auskunftseinholung bei bisherigen und/oder künftigen Käufern zur Ermittlung ihrer Kaufgewohnheiten, Erwartungen, Vorlieben usw. mittels Fragebogen oder Interview. Während Interviews sehr zeit- und personalaufwendig sind, dafür aber ausführliche und präzise Antworten liefern, sind Fragebogenaktionen mit geringerem Aufwand durchführbar, der Rücklauf ausgefüllter Fragebögen ist jedoch zumeist gering.
- **Beobachtung:** Das Verhalten von Menschen in Marktsituationen, etwa das Einkaufsverhalten im Supermarkt, wird entweder in Form einer teilnehmenden Beobachtung, bei der der Untersuchungsdurchführende die Testperson begleitet, oder als nichtteilnehmende Beobachtung festgestellt.

– **Experiment:** Beim Laborexperiment wird eine feste Anzahl von Testpersonen im Rahmen einer kontrollierten Versuchsanordnung befragt oder beobachtet. Dagegen ist der **Markttest** oder **Produkttest** ein Feldexperiment, bei dem ein Produkt auf einem regional begrenzten Markt getestet wird (nicht zu verwechseln mit dem **Warentest**, der die Erprobung eines Produktes hinsichtlich Funktionalität, Qualität und Sicherheit darstellt). Beim **Storetest**, der auch als **kontrollierter Markttest** bezeichnet wird, werden neue Produkte probeweise in das Sortiment bestimmter, in einem Handelspanel beteiligten Läden aufgenommen und dort unterschiedlich platziert und präsentiert. Die Auswirkungen der einzelnen Verkaufsförderungsmaßnahmen auf den Absatz können anhand der Abverkäufe kontrolliert werden.

### Exkurs: Der Werbewirkungs-Testmarkt Haßloch

Wie wirken Werbebotschaften auf das Konsumverhalten? Die Gesellschaft für Konsumforschung (GfK) hat schon 1986 eine ganze Gemeinde angeworben, um die Wirkung von TV-Werbespots auf den Absatz vor allem neuer Produkte zu testen. Die pfälzische 20.000-Einwohner-Gemeinde Haßloch ist der ideale Testmarkt, denn 90-95% aller Einkäufe erledigen die Haßlocher in den Einzelhandelsgeschäfte am Ort, und ihre Kaufkraft entspricht zu 100% dem Bundesdurchschnitt. Entscheidend für die Auswahl von Haßloch war aber der Umstand, dass hier das erste deutsche Kabelfernseh-Projekt durchgeführt wurde. Die 3000 beteiligten Haushalte (von 9000 insgesamt im Ort vorhandenen) wurden so ausgewählt, dass sie in ihrer Zusammensetzung den Durchschnitt aller bundesdeutschen Haushalte hinsichtlich Alter, Familiengröße und Einkommenshöhe repräsentieren.

Wenn ein Hersteller die GfK beauftragt, den Absatz eines neuen Produktes in Abhängigkeit von den gewählten Verkaufsförderungsmaßnahmen zu testen, wird dieses Produkt in den Supermärkten des Ortes platziert und gleichzeitig eine Werbekampagne gestartet, die aber nur von 2000 der beteiligten 3000 Haushalte wahrgenommen wird: Mittels einer speziellen Vorrichtung an ihrem Fernseher können die von den meistgesehenen sieben Sendern ausgestrahlten Werbespots mit speziell für den Testmarkt produzierten Spots überblendet werden, während die anderen 1000 beteiligten Haushalte, ebenso wie der Rest der Republik, den regulären Werbefilm sehen. Ein anderes Werbemedium ist die Fernsehzeitschrift »Hör zu«: Alle 3000 Testhaushalte erhalten diese Zeitschrift kostenlos, aber in 2000 Exemplaren sind zusätzliche Werbeanzeigen platziert. In der Folgezeit wird festgestellt, welche Haushalte zu dem neuen Produkt gegriffen haben, denn jeder Testhaushalt ist mit einer Identifikations-Chipkarte ausgestattet, die bei jedem Einkauf vorgelegt wird und die Einkäufe registriert.

Je Produkt dauert die Testphase meistens 28 Wochen. Diese Zeit reicht meistens aus, um auch die Produktakzeptanz zu messen. Diese drückt sich in der Wiederverkaufsrate aus. Für Produkte, die üblicherweise sehr lange in Gebrauch sind (z. B. Seife), kann die Testphase verlängert werden.

Den Unternehmen, die ihre Produkte und ihre Werbung zunächst in Haßloch testen lassen, liefert dieser **Mikromarkttest** wichtige Erkenntnisse für die Einführung auf dem angestrebten Gesamtmarkt: Vor allem können kostenträchtige »Flops« rechtzeitig erkannt und vermieden werden. Die in der Regel sechsstelligen Kosten der Beteiligung an dem Feldexperiment sind daher durchaus gut angelegt. (Quelle: Frank Gotta: »Haßloch, das Experimentierfeld für Marktforscher«, Die Welt, 21.6.1996)

So weit zum Testmark Haßloch.

Befragung, Beobachtung oder Experiment können in aller Regel nicht als **Vollerhebung** durchgeführt werden, also nicht jeden einzelnen (potenziellen) Käufer einbeziehen. Vielmehr wird eine Personengruppe gebildet, die in ihrer Zusammensetzung die Gesamtheit repräsentiert. Die Mitglieder dieser Gruppe werden durch ein **Stichprobenverfahren** ermittelt. Häufig wird der auf diese Weise ermittelte Personenkreis über einen längeren Zeitraum beobachtet. Diese Form der permanenten Stichprobe wird als **Panelforschung** bezeichnet.

## 9.4 Produkt- und Sortimentspolitik

Die Produkt- und Sortimentspolitik einer Unternehmung umfasst alle Maßnahmen zur marktgerechten Gestaltung des Produktangebotes. Ihre vorrangigen Ziele sind

- Umsatz- und Gewinnsteigerung,
- Ausweitung des Marktanteils,
- Auslastung von Produktion und Lagerhaltung und
- Image-Verbesserung.

### 9.4.1 Produktgestaltung

Für den Absatz eines Produktes ist seine Gestaltung bestimmend, da von ihr ein wesentlicher Kaufanreiz ausgeht. Die Festlegung von Form und Funktion eines Produktes ist Aufgabe der Produktgestaltung.

Die Produktgestaltung wird – neben den produktionstechnisch relevanten Faktoren, vgl. Abschn. 7.1.1.1 – von folgenden **Eigenschaften** bestimmt:

- **Funktionale** Eigenschaften: Art, Nutzen, Konstruktion, Bedienung;
- **Qualitative** Eigenschaften: Material, Verarbeitung; im weiteren Sinne auch Beratung, Service, Zubehörangebot;
- **Ästhetische** Eigenschaften: Form, Farbe, Design (auch der Verpackung), Name;
- **Soziale** Eigenschaften: Image.

#### 9.4.1.1 Produktdifferenzierung

Im Zusammenhang mit der Produktgestaltung stehen folgende Aktivitäten, die insgesamt als Produktdifferenzierung bezeichnet werden:

- Entwicklung neuer Produkte **(Produktinnovation)**,
- **Variation** von Produkten und
- Änderung von Produkteigenschaften **(Produktmodifikation)**.

##### 9.4.1.1.1 Produktinnovation

Die Produkte im Konsumgüterbereich sind zu einem hohen Anteil durch eine kurze Lebensdauer und gute Substitutionsmöglichkeit (Ersatz eines Produktes durch ein anderes, ähnliches Produkt) gekennzeichnet. Hinzu kommt, dass der Konsumgütermarkt sehr umkämpft ist. Aus diesen Gründen kommt der Produktinnovation große Bedeutung zu.

Der **Weg zum neuen Produkt** verläuft in den Stufen

- Ideenfindung,
- Ideenbeurteilung,
- Ideenverwirklichung.

Eine wichtige Quelle für Produktideen sind die Ergebnisse der Marktforschung. Weitere interne Quellen für **Produktideen** sind etwa

- dauerhaft installierte Forschungs- und Entwicklungsabteilungen,
- eigens zum Zwecke der Ideenfindung eingesetzte Gremien, die unter Anwendung verschiedener Kreativitätsmethoden (z. B. Brainstorming, Synektik; vgl. Buch 1, Abschn. 3.3.3.4) Vorschläge für neue Produkte entwickeln,
- das interne Vorschlagswesen.

Anregungen für Produktideen können auch von externen Quellen ausgehen, etwa von

- Konkurrenten,
- Handel,
- Verbrauchern,
- externen Marktforschungsinstituten.

In der **Ideenbeurteilung** wird der Frage nachgegangen, ob es lohnenswert ist, eine Produktidee zu verwirklichen. Kriterien der Beurteilung sind

- das Vorhandensein von Bedürfnissen am Markt, die das neue Produkt befriedigen soll,
- Umsatz- und Gewinnerwartungen,
- ähnliche Angebote der Konkurrenz und die Marktchancen des eigenen Produktes im Vergleich zu diesen,
- das vorhandene Sortiment und die Frage, ob alte Produkte durch das neue Produkt ergänzt oder eliminiert werden,
- die im Zusammenhang mit der Produktionsaufnahme anfallenden Investitionen für Produktionsmittel.

Die Ideenverwirklichung wird in Abschnitt 9.4.1.2 dargestellt.

### 9.4.1.1.2 Produktvariation und Produktmodifikation

Eine beliebte, vor allem im Konsumgüterbereich praktizierte Marketingstrategie ist die **Produktvariation**: Dabei wird ein Produkt in bisweilen nur geringfügig unterschiedlichen Varianten angeboten. Ziel ist, den Geschmack möglichst vieler Verbraucher zu treffen und dem Bedürfnis nach Abwechslung nachzukommen:

*Beispiele:*

*Die Tafelschokolade »Paletti« wird in den Geschmacksvariationen Vollmilch, Haselnuss und Vanille angeboten; außerdem gibt es noch eine weiße Variante.*

*Das Mittelklasseauto »Mikla« ist mit drei unterschiedlichen Heckvarianten erhältlich.*

*Das Freezy-Menü »Hühnerfrikassee« gibt es mit Nudel-, aber auch mit Reisbeilage.*

Unter **Produktmodifikation** ist die Veränderung – im Allgemeinen sicherlich im Sinne von Verbesserung – eines schon am Markt eingeführten Produktes zu verstehen. Diese kann in einer Veränderung von Ausstattungs- oder Designmerkmalen oder in qualitativen Verbesserungen (Haltbarkeit, Geschwindigkeit, Geschmack) bestehen. Eine Sonderform ist das Angebot von zukaufbaren **Zusatzausstattungen**, wie sie etwa bei Automobilen üblich sind.

Produktmodifikationen werden häufig vorgenommen, um die Lebensdauer eines Produktes zu verlängern. Diese »Wiederbelebung« stößt aber, bedingt durch Modewechsel, technologischen Fortschritt oder Marktsättigung, irgendwann an eine Grenze, unterhalb derer sich das Festhalten an dem Produkt wirtschaftlich nicht mehr lohnt. Die **Eliminierung** eines Produktes aus der eigenen Produktpalette muss noch nicht gleichbedeutend mit seinem Verschwinden vom Markt sein: Möglicherweise interessiert sich ein anderes Unternehmen für den Kauf. Soll die Produktion aber eingestellt werden, muss möglicherweise noch für eine bestimmte Zeit ein Ersatzteillieferungs- oder Reparaturservice für Altkunden aufrechterhalten werden.

Für die Wiedereinführung eines Produktes in modifizierter Form oder den Versuch einer Wiederbelebung eines schon im Verfall befindlichen Produktes durch intensive Marketingmaßnahmen hat sich der Begriff des **Relaunch** durchgesetzt.

## 9.4.1.2 Phasen der Produktentwicklung

Unter dem Stichwort der Produktinnovation wurde die Ideenfindung und -beurteilung bereits dargestellt. Nach positiver Ideenbeurteilung folgt die Verwirklichung schrittweise, teilweise aber auch simultan, in den Phasen

- Entwicklung eines Produktkonzepts,
- Erarbeitung der Marketingstrategie (vgl. Abschn. 9.2.1.3.3),
- Analyse der Wirtschaftlichkeit,
- Erstellung eines Prototyps,
- Optimierung des Prototyps und Fertigung einer Kleinserie,
- Produkterprobung (Markterprobung) an einem Testmarkt,
- Aufnahme der Produktion und Markteinführung.

### Produktkonzept

Das Produktkonzept geht über die bloße Produktidee hinaus, denn es weist dem neuen Produkt eine Position im Markt bzw. im Wettbewerb zu. Es trifft Aussagen über die Zielgruppe, den vorrangigen Nutzen des Produkts und den Anlass seiner Benutzung bzw. Verwendung.

*Beispiel:*
*Zur Produktidee »einzeln portioniertes Tiefkühl-Fertiggericht« gehört das Produktkonzept »leichte, schnell zuzubereitende warme Zwischendurch-Mahlzeit für den vielbeschäftigten, gesundheits- und fitnessbewussten Single«.*

### Wirtschaftlichkeitsanalyse

In der Wirtschaftlichkeitsanalyse soll eine Vorstellung von den zu erwartenden Absatzzahlen, dem Umsatz und Gewinn für verschiedene Phasen im **Lebenszyklus** (vgl. Abschn. 9.4.1.3) des Neuproduktes entwickelt werden. Je nach Charakteristik des Produktes kommen Wiederholungskäufe häufiger oder seltener vor. Während bei Konsumgütern des täglichen Verzehrs vor allem die Zahl der Wiederholungskäufer und die Länge des Wiederholzyklus interessiert, steht bei langlebigen Gebrauchsgütern die Zahl der Erstkäufe und die Prognose der Häufigkeit von Ersatzkäufen im Vordergrund.

### Prototyp

Ein Prototyp ist nicht unbedingt gegenständlicher Natur: Entwürfe können auch computergestützt gefertigt und so überzeugend animiert werden, dass sie den Eindruck eines realen Objekts vermitteln.

*Prototypen sind vor allem aus dem Automobilbau bekannt. Der »klassische« Bau eines Holz- oder Kunststoffmodells in Originalgröße kann heute durch Computersimulation (»***Virtual Reality***«) ersetzt werden. Eine 3-D-Darstellung vermittelt der einen Helm und Sensor-Handschuhe tragenden Testperson die Illusion, das Fahrzeug von allen Seiten zu sehen, einzusteigen, die Funktion der einzelnen Bedienelemente auszulösen und sogar zu fahren, wobei das Fahrerlebnis durch einen entsprechend beweglichen Simulator vermittelt wird. Der Vorteil dieses Verfahrens ist, dass Eigenschaften des Fahrzeugs relativ unproblematisch geändert und den Wünschen der Testpersonen angepasst werden können.*

### Markttest

Häufig werden neue Produkte zunächst in kleinerer Stückzahl hergestellt und auf **Testmärkten** erprobt. Ein Beispiel für einen solchen Testmarkt wurde bereits in Abschnitt

9.3.2.2 vorgestellt. Hierbei können Erkenntnisse über die Akzeptanz seitens der Zielgruppe, die zu erwartenden Umsätze, die Wirksamkeit der gewählten Werbestrategie und eventuell auch über die Notwendigkeit von Nachbesserungen am Produkt selbst gewonnen werden. Andererseits ist der Zwischenschritt der Markteinführung über Testmärkte aber auch nachteilsbehaftet: Mitbewerber werden aufmerksam und können das Testergebnis durch gezielte Störmaßnahmen (etwa besondere Werbemaßnahmen oder eine aggressive Niedrigpreispolitik auf genau diesem Testmarkt) verfälschen oder angeregt werden, selbst ähnliche Produkte zu entwickeln und damit früher als beabsichtigt einen Marktverteilungskampf in Gang zu setzen.

**Markteinführung**

Unter Markteinführung ist die Einführung des neuen Produktes im gesamten angestrebten Marktgebiet zu verstehen. Wie groß dieses Gebiet sein soll, wird teilweise schon bei der Konzipierung des Produktes, teilweise aber auch erst nach Abschluss der Markttests entschieden.

*Beispiel:*
*Fa. Freezy hat die neuen »Dinner for one«-Menüs von vornherein nicht für den Weltmarkt konzipiert, denn zum einen verfügt das Unternehmen nicht über entsprechende Produktionsmöglichkeiten, Vertriebswege und Finanzmittel, zum anderen stützte sich die Entscheidung der Geschäftsleitung für diese Produktlinie auf die vermeintliche Erkenntnis einer entsprechenden Marktlücke auf dem bundesdeutschen Markt. Da Testeinführungen in verschiedenen Regionen ein deutliches Nord-Süd-Gefälle beim Verbraucherinteresse ergaben, entschließt sich die Geschäftsleitung kurzfristig, die Markteinführung zunächst auf die Bundesländer Bayern und Baden-Württemberg zu beschränken und erst später über eine geografische Ausbreitung zu befinden.*

Die Annahme eines Produktes seitens der Verbraucher wird auch als **Adoptionsprozess** bezeichnet, seine Ausbreitung als **Diffusion**.

### 9.4.1.3 Der Lebenszyklus von Produkten

Abschnitt 3.4.3.4 in Buch 1 enthält eine Darstellung verschiedener Produkttypen, die nach den Kriterien »Marktwachstum« und »Marktanteil« klassifiziert werden in Nachwuchsprodukte, aufstrebende Produkte, »Milchkühe« mit hohem Marktanteil und »Arme Hunde«, die ihren Zenit überschritten haben. Offensichtlich also durchlaufen Produkte während ihres Lebens, d. h. im Verlaufe ihrer Präsenz am Markt, verschiedene Phasen, die als Lebenszyklus bezeichnet werden können. Typisch ist der folgende Verlauf:

**1. Phase: Produkteinführung**

Ausgewählte Nachwuchsprodukte werden mit zunächst sehr großem Werbeaufwand in den Markt eingeführt. Die hiermit einhergehenden hohen Kosten und der anfangs sehr geringe Umsatz bedingen einen hohen negativen Cash-flow. Aus diesem Grunde muss eine sorgfältige Auswahl der einzuführenden Produkte erfolgen; nicht jede Produktidee kann bis zur Markteinführung vorangetrieben werden.

**2. Phase: Marktwachstum**

Durch steigenden Bekanntheitsgrad des Produktes steigt der Absatz. Die immer noch hohen Kosten der Werbung werden von den Umsatzerlösen kompensiert, so dass zumindest kein negativer Cash-flow erwirtschaftet wird. Die Konkurrenz wird aufmerksam und drängt mit ähnlichen Produkten an den Markt.

## 3. Phase: Produktreife

Die Umsatzzunahme verlangsamt sich; zugleich stagniert der Marktanteil durch verstärkte Aktivität der Konkurrenz. Produktmodifikationen oder verstärkte Werbeanstrengungen können die Phase der Reife verlängern.

## 4. Phase: Marktsättigung

Der Umsatz nimmt nicht weiter zu. Durch das Angebot zahlreicher Substitute durch Mitbewerber werden vermehrte Marketinganstrengungen erforderlich. Hierdurch entwickelt sich der Gewinn rückläufig.

## 5. Phase: Produktverfall

Der Markt ist gesättigt, die Nachfrage nach dem Produkt nimmt in einem Maße ab, dass kein Gewinn mehr erwirtschaftet werden kann. Deshalb wird das Produkt schließlich eliminiert, d. h. vom Markt genommen.

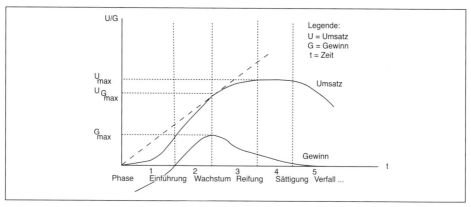

Der Lebenszyklus eines Produktes

Die Grenzen zwischen den geschilderten Phasen sind fließend, und die Dauer der einzelnen Phasen, die durch Marketingaktivitäten beeinflusst werden kann, ist durchaus unterschiedlich. Deshalb kann der geschilderte Lebenszyklus keinerlei Anhaltspunkte für Aussagen über die Lebensdauer eines Produktes oder die absolute Höhe des Umsatzes oder Gewinns liefern.

## 9.4.2 Programm- und Sortimentsgestaltung

Das Gesamtangebot an Produkten eines Produktionsbetriebes wird üblicherweise als **Programm** bezeichnet, während das Angebot eines Handelsbetriebes mit dem Begriff des **Sortiments** umschrieben wird.

### 9.4.2.1 Die Gestaltung von Handelssortimenten

Im Handelsbetrieb werden verschiedene **Warengruppen** unterschieden, innerhalb derer diverse **Artikel** angeboten werden. Artikel wiederum stellen die durch ihre Ähnlichkeit begründete Zusammenfassung kleinster Sortimentseinheiten, der so genannten **Sorten**, dar.

*Beispiel:*
*Ein Supermarkt bietet folgende Warengruppen an: Obst und Gemüse, Milchprodukte, Fleisch- und Wurstwaren, Backwaren, sonstige Lebensmittel, Non-Food-Artikel. Innerhalb der Backwaren gibt es den Artikel Brot, der in verschiedenen Sorten (Weißbrot, Mischbrot, Schwarzbrot, Knäckebrot usw.) angeboten wird.*

### 9.4.2.2 Produktprogramme

Das Produktprogramm eines Industriebetriebes ist beschrieben durch verschiedene **Produktlinien**, deren Menge die Breite des Programms bestimmt. Innerhalb der Produktlinien werden unterschiedliche **Produktausführungen** unterschieden, deren Anzahl die **Tiefe des Produktionsprogramms** ausmacht.

*Ein Unternehmen stellt verschiedene Arten von Kraftfahrzeugen her: Personenkraftwagen, Lastkraftwagen und landwirtschaftliche Nutzfahrzeuge stellen jeweils eine Produktlinie dar. Innerhalb der Produktlinie der Personenkraftwagen werden zwei Kleinwagen, drei Mittelklassemodelle in acht verschiedenen Ausführungen und ein in vier Varianten erhältliches Modell der unteren Spitzenklasse angeboten.*

Das Risiko eines Unternehmens, durch Umsatzrückgänge bei einer Warengattung in seiner Existenz bedroht zu werden, ist um so größer, je geringer die von ihm angebotene Anzahl von Artikeln bzw. Produkten ist. Deshalb kommt der Gestaltung der Sortimentsstruktur, also der Zusammensetzung der Angebotspalette hinsichtlich ihrer Breite und Tiefe, eine besondere Bedeutung zu.

### 9.4.2.3 Diversifikation

Die wichtigste Maßnahme der Sortimentsgestaltung (worunter im Folgenden auch die Produktprogrammgestaltung des Fertigungsunternehmens verstanden werden soll), die zugleich das wirksamste Mittel der Risikoverteilung ist, ist die Diversifikation.

Verschiedene Arten der Diversifikation sind die nachfolgend dargestellten.

**Horizontale Diversifikation:**
Durch die Aufnahme neuer Produktlinien bzw. Warengruppen wird das Sortiment um Produkte verbreitert, die zwar neu im Angebot des Unternehmens sind, jedoch in irgendeiner Weise (etwa beim Fertigungsverfahren, bei den Vertriebswegen und -partnern) mit der bisherigen, bestehen bleibenden Angebotspalette korrespondieren. Dabei kann der Unterschied zwischen den Produkten durchaus beträchtlich sein:

*Einige deutschlandweit agierende Kaufhausketten und Versandhändler haben ihr »klassisches« Handelsgeschäft in den letzten beiden Jahrzehnten auf die Bereiche Touristik, Versicherungen und Bankleistungen ausgedehnt.*

Kennzeichnend für die horizontale Diversifikation ist, dass die neuen Produkte zwar möglicherweise neue Abnehmerschichten ansprechen, sich aber immer an Kunden derselben Wirtschaftsstufe wenden, also etwa immer an Endverbraucher, und dass die verschiedenen Produkte keine unterschiedlichen Fertigungsstufen darstellen, also etwa das eine Produkt eine Weiterverarbeitung oder Veredelung eines anderen Produktes darstellt.

**Konzentrische Diversifikation:**
Gelegentlich bezeichnet man eine Diversifikation, bei der die Verwandtschaft zwischen den Produkten relativ eng ist, als konzentrische.

*Das Automobilwerk nimmt zusätzlich Motorräder in sein Produktprogramm auf.*

**Vertikale Diversifikation:**
Die Aktivitäten des Unternehmens werden auf vor- oder nachgelagerte Stufen im Transformationsprozess, etwa Beschaffung und Absatz, ausgeweitet.

*Das Automobilwerk kauft einen Zulieferbetrieb auf, von dem bisher verschiedene Karosserieteile bezogen wurden. Außerdem werden die Fahrzeuge künftig nicht mehr über Vertragshändler, sondern ab Werk von einer werkseigenen Verkaufsstelle verkauft.*

**Laterale Diversifikation:**
Das Unternehmen dehnt sein Betätigungsfeld auf andere Branchen aus und erweitert sein Angebot damit um Produkte, die zu den bisherigen Produkten sowohl hinsichtlich des Fertigungsprozesses als auch hinsichtlich des Marketing in keinerlei Zusammenhang stehen.

*Das Automobilwerk erwirbt und betreibt eine Imbisskette.*

Diese Form der Diversifikation wird auch als **konglomerate Diversifikation** bezeichnet.

## 9.5 Preispolitik

Die Preispolitik umfasst alle Maßnahmen zur Gestaltung der Absatzpreise und der übrigen Verkaufsbedingungen mit dem Ziel der Gewinnmaximierung.

**Einzelziele**, die mit preispolitischen Maßnahmen verwirklicht werden sollen, sind z. B.

– die Ausweitung des Marktanteils,

– die Anpassung des Absatzes an die Produktion,

– die Einführung eines neuen Produktes,

– die Ausschaltung von Konkurrenten.

Die **Wirksamkeit preispolitischer Maßnahmen** wird von einer Reihe von Faktoren beeinflusst, nämlich von

– der Zahl der Mitbewerber und der Nachfrager, ausgedrückt durch die Marktform,

– der Markttransparenz, d. h. inwieweit es den Nachfragern möglich ist, Alternativangebote einzuholen,

– der Elastizität der Nachfrage, d. h. Reaktion der Nachfrager auf Preisveränderungen,

– den Kosten, die in aller Regel nur kurzfristig unterschritten werden dürfen.

Auf die Grundlagen der Preispolitik und die marktformbedingten Gesetzmäßigkeiten in der Preisbildung wurde bereits ausführlich in Abschnitt 1.3 in Buch 1 eingegangen. An dieser Stelle erfolgen daher lediglich ergänzende Betrachtungen zu den Möglichkeiten der Preisdifferenzierung und -gestaltung.

### 9.5.1 Preisdifferenzierung und -gestaltung

Preisdifferenzierung liegt vor, wenn für das gleiche Produkt abweichende Preise gefordert werden. Voraussetzungen für die Durchsetzung unterschiedlicher Preise sind u. a. das Vorhandensein einer heterogenen Nachfragerstruktur, das Vorliegen eines unvollkommenen Marktes und eine relative Marktmacht des Anbieters.

Bei der Preisdifferenzierung wird folgendermaßen unterschieden:

- **Horizontale (deglomerative) Preisdifferenzierung:** Das Produkt wird verschiedenen Abnehmergruppen mit unterschiedlicher Zahlungsbereitschaft **gleichzeitig** zu unterschiedlichen Preisen angeboten.

    *Beispiel:*
    *Die Tafelvollmilchschokolade der Marke »Paletti« wird sowohl über auf den Verkauf von Süßwaren spezialisierte Einzelhandelsgeschäfte als auch über Verbrauchermärkte angeboten. Wegen der unterschiedlichen Kundenstruktur kann für die einzelne Tafel im Einzelhandelsgeschäft ein höherer Preis verlangt werden als im Verbrauchermarkt.*

    Der Mehrpreis, den Konsumenten zu zahlen bereit sind und der bei dieser Differenzierungstaktik abgeschöpft wird, wird oft als **Konsumentenrente** bezeichnet.

- **Vertikale (agglomerative) Preisdifferenzierung:** Das Produkt wird auf verschiedenen Teilmärkten, die sich z. B. regional, nach dem Verwendungszweck oder zeitlich unterscheiden können, zu unterschiedlichen Preisen verkauft.

    *Für den von der JCN-AG entwickelten Computer, der auf Eingaben durch Sprache reagiert, gibt es im Augenblick seiner Markteinführung einen Nachfragerkreis, der bereit ist, das Gerät zum geforderten Stückpreis von 50.000 € zu erwerben. Nach der Abschöpfung dieses Käufersegments wird der Preis auf 25.000 € gesenkt; hierdurch wird das Gerät für einen größeren Käuferkreis erschwinglich. Der Vorteil dieser Taktik gegenüber der Forderung eines Preises von 25.000 € bereits ab Markteinführung liegt in der Abschöpfung einer Konsumentenrente, ohne dass davon die insgesamt abgesetzte Stückzahl berührt wird* **(Abschöpfungsstrategie)**.

    *Die Tafelschokolade »Paletti« gibt es ab sofort in der neuen Geschmacksrichtung Vanille. Diese Sorte wird bei Markteinführung besonders billig angeboten. Mit Hilfe dieses* **Penetrationspreises** *wird der Markt rasch erschlossen. Zwei Monate nach erfolgreicher Etablierung der neuen Sorte wird der Preis dem der seit längerem angebotenen Sorten angepasst* **(Penetrationsstrategie)**.

Die Beispiele zeigen, dass es bei der Festlegung der Preisstrategie eine wesentliche Rolle spielt, ob es sich um ein Verbrauchs- oder Gebrauchsgut handelt und ob das Produkt als »Dauerläufer« oder modische »Eintagsfliege« anzusehen ist. Während im Falle eines als längerandauernd angenommenen Produktlebens eine Penetrationsstrategie sinnvoll erscheint, ist im Falle von Produkten mit kurzem Lebenszyklus eher die Abschöpfungsstrategie geboten. Diese wird auch als **Skimming-Pricing** bezeichnet.

Neben der Preisdifferenzierung gibt es weitere preispolitische Maßnahmen, z. B.:

- **Sonderangebote und Promotionspreise:** Ein Artikel wird für kurze Zeit zum reduzierten Preis angeboten. Neben einer Erhöhung des Umsatzes des betreffenden Artikels wird ein »Anlock-Effekt« zugunsten des übrigen Sortiments angestrebt. Ist der Preis hauptsächliches Werbeargument für ein Produkt, so wird er als Promotionspreis bezeichnet.

- **Preisempfehlungen:** Gemäß § 15 GWB (Gesetz gegen Wettbewerbsbeschränkungen; sog. Kartellgesetz) sind vertikale Preisbindungen, also zwingende Preisvorgaben des Herstellers gegenüber dem Händler, nichtig. Dies gilt auch bei bestehenden Vertriebsbindungen, die den Händler an einen bestimmten Hersteller oder aber den Hersteller an bestimmte Abnehmer binden. Ausnahmen bestehen lediglich für Verlagserzeugnisse und – aus Gründen der Verbrauchsbesteuerung – für Tabakwaren. Dagegen ist es, außer bei deutlichem Missbrauch, zulässig, dass Produkte bereits herstellerseitig mit einer unverbindlichen Preisempfehlung versehen werden. Liegt der tatsächliche Verkaufspreis unter dem empfohlenen Preis, ensteht der Eindruck eines besonders günstigen Angebotes.

– **Psychologische Preispräsentation:** Artikel werden mit gebrochenen Preisen ausgezeichnet (0,99 € statt 1 €), um den Eindruck zu erwecken, dass besonders exakt kalkuliert worden sei, und um dem Kunden zu suggerieren, dass bestimmte Preisschwellen nicht durchbrochen werden.

Bei all diesen Betrachtungen darf natürlich nicht übersehen werden, dass der wichtigste Einflussfaktor in der kalkulatorischen Ermittlung von Verkaufspreisen die Kosten sind, die, zumindest langfristig, gedeckt sein müssen.

## 9.5.2 Rabatte und sonstige Konditionen

### 9.5.2.1 Rabatte

Ein Rabatt ist eine Preisvergünstigung, die der Verkäufer einer Ware dem Abnehmer aus verschiedenen Anlässen ohne Rücksicht auf den Zeitpunkt der Zahlung gewährt. Hierdurch wird ein einheitlicher Angebotspreis (Listenpreis) gegenüber verschiedenen Abnehmern differenziert.

Die gebräuchlichsten Rabattarten sind

– **Mengenrabatt:** Preisnachlass für die Abnahme größerer Mengen, der bereits bei Rechnungslegung als Abschlag vom Angebotspreis vereinbart wird. In der Praxis kommen häufig Rabattstaffeln zur Anwendung, die bei steigenden Mengen einen überproportional steigenden Rabatt vorsehen. Eine Sonderform des Rabatts ist der **Bonus**. Boni werden nachträglich auf mehrere Umsätze innerhalb einer Abrechnungsperiode als Nachlass auf künftige Forderungen gewährt.

– **Treuerabatt:** Langjährig treue Kunden sollen mit Hilfe dieses Rabatts enger an das Unternehmen gebunden werden.

– **Wiederverkäuferrabatt:** Für die Durchführung bestimmter Funktionen, etwa Werbung, Ausstellung, Lagerung, Vertrieb, wird Wiederverkäufern ein pauschaler Abschlag gewährt, der häufig als **Funktionsrabatt** bezeichnet wird.

– **Zeitrabatt:** Zur Erleichterung der Lager- oder Produktionsdisposition werden Saison-, Schlussverkaufs-, Einführungs- und Auslaufrabatte gewährt.

– **Sonderrabatt:** Besondere Anlässe für Rabattgewährungen sind Betriebsjubiläen oder Geschäftsaufgabe.

– **Personalrabatt:** Den Mitarbeitern eines Unternehmens werden gewöhnlich pauschalierte Preisnachlässe eingeräumt.

– **Präsentationsrabatt:** Wird ein Produkt vom Händler in besonderer Weise dargeboten, so kann auch hierfür ein Rabatt gewährt werden.

Eine Sonderform des Rabatts, die auf den Zeitpunkt der Zahlung abstellt, ist der

– **Barzahlungsrabatt (Skonto).** Bis Mitte 2001 durfte dieser in der Bundesrepublik Deutschland gegenüber Endverbrauchern nur bis zu einer Höhe von 3% vom Rechnungspreis gewährt werden. Seit der Aufhebung des Rabattgesetzes und der Zugabeverordnung per 25.7.2001 gilt diese Beschränkung nicht mehr.

Mit der Gewährung von Rabatten wird die Erzielung besonderer Vorteile angestrebt, etwa starke Kundenbindung, optimale Lagerhaltung oder Anreiz zum Kauf größerer Mengen.

Das Rabattsystem einer Unternehmung ist ideal ausgewogen, wenn die mit der Rabattgewährung einhergehenden Umsatzerlösschmälerungen durch die erzielten Vorteile mehr als ausgeglichen werden.

Häufig werden mehrere Rabattarten nebeneinander gewährt.

### 9.5.2.2 Konditionen

Die Verkaufskonditionen werden bestimmt durch die Lieferungs- und Zahlungsbedingungen. In der Praxis werden häufig die **AGB** des Verkäufers oder Herstellers Vertragsinhalt, soweit zulässig (siehe noch Abschn. 10.2.2.5).

Die **Lieferungsbedingungen** regeln
– Ort und Zeit des Übergangs der Ware und der Haftung,
– Übernahme der Kosten der Lieferung (franko Grenze, Lieferung ab Werk, ab Bahnhof hier, frei Bahnhof, frei Haus usw.),
– Konventionalstrafen,
– Umtausch- und Rückgaberecht,
– Mindestabnahmemengen,
– Mindermengenzuschläge,
– Gewährleistungen usw.

Ist im Kaufvertrag keine besondere Regelung getroffen, so sind Kosten der Versandverpackung vom Käufer zu tragen. Die Kosten der Übergabe, insbesondere für Messen und Wiegen, sind lt. § 448 BGB, wenn nichts anderes vereinbart wurde, vom Verkäufer zu tragen, während die Kosten der Abnahme und der Versendung nach einem anderen Ort als dem Erfüllungsort dem Käufer angelastet werden.

Die **Zahlungsbedingungen** regeln z. B.
– Zahlungsfristen,
– Skontoabzug bei vorzeitiger Zahlung,
– Zahlungsart (bar, per Nachnahme, gegen Rechnung usw.),
– Sicherheiten (Eigentumsvorbehalt, Sicherungsübereignung usw.).

Sofern keine anderslautenden Vereinbarungen getroffen wurden, kann der Verkäufer sofortige Bezahlung bzw. Bezahlung am nächsten Werktag verlangen. (§§ 271, 193 BGB). Eine Geldschuld gilt als rechtzeitig erfüllt, wenn der Schuldner den Betrag dementsprechend rechtzeitig abgeschickt hat. Die Kosten der Zahlung (Überweisungsgebühr, Überziehungszinsen) trägt der Käufer. Eine Kürzung des Rechnungsbetrages um diese Kosten ist unzulässig (§ 270 BGB).

Die Gewährung von Lieferantenkrediten, also die Einräumung eines mehrwöchigen Zahlungszieles, ist ein bewährtes Mittel zur Absatzförderung. Jedoch kommen diese Kredite, verglichen mit marktüblichen Darlehenskonditionen, den Kunden relativ teurer zu stehen, da ihre Nichtinanspruchnahme häufig durch beträchtliche **Skonto**-Abschläge vom Rechnungsbetrag belohnt wird.

*Beispiel:*
*Eine Rechnung nennt als Zahlungsbedingung »Zahlbar binnen 30 Tagen ohne Abzug oder binnen 10 Tagen abzüglich 2% Skonto«. Dies bedeutet, dass der Zahlungspflichtige bei Inanspruchnahme eines 20tägigen Lieferantenkredites darauf verzichtet, 2% des Rechnungsbetrages abzuziehen. Hierbei ist zu beachten, dass es sich um einen absoluten, also nicht um einen pro-anno-Zinssatz handelt! Da 20 Tage in 360 Zinstagen 18mal enthalten sind, kostet der Lieferantenkredit im obigen Beispiel folglich stolze 18 x 2% = 36% Zinsen. Bei Gewährung von 3% Skonto steigt dieser Zinssatz sogar auf 54%!*

Zur Sicherung von Warenkrediten wird üblicherweise ein **Eigentumsvorbehalt** geltend gemacht, d. h. die gelieferte Ware bleibt bis zur vollständigen Bezahlung Eigentum des Lieferanten. Der **verlängerte Eigentumsvorbehalt** bezieht auch erzielte Wiederverkaufserlöse mit ein. Häufig werden zur zusätzlichen Besicherung Wechsel gezogen.

## 9.6 Absatzmethoden

### 9.6.1 Aufgabe und Bedeutung der Distributionspolitik

Von besonderer Bedeutung für die Absatzwirtschaft und Gegenstand der Distributionspolitik ist die Art der Produktverteilung an Endverbraucher bzw. letzte Abnehmer.

Ziele der Distributionspolitik sind z. B. ständige Verfügbarkeit des Produktes beim Endkäufer (= hoher **Distributionsgrad**), Minimierung der Vertriebskosten, Umsatzsteigerung usw. In Abhängigkeit von diesen Zielen erfolgen Entscheidungen über die Absatzmethode.

#### 9.6.1.1 Absatzmethoden, Absatzwege, Absatzformen

**Absatzmethode**

Die Absatzmethode einer Unternehmung ist gekennzeichnet durch die Wahl des Vertriebssystems, der Absatzform und der Absatzwege. Die Entscheidungen, die im Zusammenhang mit der Absatzmethode zu treffen sind, sind im Allgemeinen nicht kurzfristig zu revidieren und bedingen daher meist eine langfristige Festlegung auf eine **Absatzstrategie**.

Die Entscheidung etwa, anstelle des Direktvertriebs den Weg über den Groß- und Einzelhandel zu nehmen, ist nicht ohne Weiteres umkehrbar, da sowohl der Aufbau eigener Verkaufslokale als auch die Einflussnahme auf das Käuferverhalten längere Zeit in Anspruch nimmt. Die Entscheidung für eine bestimmte Absatzmethode impliziert die Entscheidung für andere absatzpolitische Instrumente, etwa für die Preisgestaltung oder die Werbung.

**Vertriebssysteme**

Nach GUTENBERG werden drei unterschiedliche Vertriebssysteme unterschieden:

– Das **werkseigene Vertriebssystem** setzt voraus, dass einem Industriebetrieb rechtlich und wirtschaftlich unselbstständige Verkaufslokale angegliedert sind, in denen die Produkte verkauft und/oder Serviceleistungen erbracht werden.

– Das **werksgebundene Vertriebssystem** ist ein Vertragshändlersystem, bei dem der Absatz rechtlich selbstständigen, jedoch wirtschaftlich (durch Kapitalbeteiligung oder Vertragsbindungen) abhängigen Unternehmen überlassen wird.

– Ein **werksungebundenes Vertriebssystem** ist dadurch gekennzeichnet, dass der Verkauf von rechtlich und wirtschaftlich selbstständigen Unternehmen geleistet wird. Der Produzent wird am Markt nicht selbst aktiv, sondern überlässt den Vertrieb seiner Produkte etwa einem Verkaufssyndikat.

**Absatzform**

Der Begriff der Absatzform ist weiter gefasst als der oben geschilderte Begriff des Vertriebssystems. Er bezieht neben den betriebszugehörigen Absatzorganen auch betriebsfremde Organe wie selbstständige Absatzmittler und die selbstständigen Betriebe des Handels in die Auswahlentscheidung ein:

9 Absatzwirtschaft

– **Betriebszugehörige Absatzorgane** sind entweder rechtlich unselbstständig (z. B. Vertriebsabteilung, Reisende) oder selbstständig (Vertragshändler, Verkaufssyndikat).

– **Betriebsfremde Absatzorgane** sind entweder Absatzmittler (Handelsvertreter, Handelsmakler, Kommissionäre) oder Groß- und Einzelhandelsbetriebe.

**Absatzwege**

Bietet ein Produktionsbetrieb seine Produkte unmittelbar selbst am Markt an, ohne andere selbstständige Betriebe mit dieser Aufgabe zu betrauen, so liegt **direkter Absatz** vor. Werden die Produkte hingegen zunächst an Betriebe veräußert, die weder Konsumenten noch Weiterverarbeiter, sondern lediglich Wiederverkäufer sind, so handelt es sich um indirekten Absatz. Beim direkten Absatz erfolgt der Weiterverkauf über eigene Verkaufsniederlassungen, Handelsvertreter oder Reisende.

Eine Sonderform des direkten Absatzes ist das **Franchising**. Ein Handelsunternehmen erhält als Franchise-Geber ein Entgelt dafür, dass es seine erfolgreiche Absatzstrategie auf ein anderes, rechtlich selbstständiges Unternehmen überträgt und diesem gestattet, unter Verwendung der bewährten Marken und unter Wahrung des einheitlichen Erscheinungsbildes bestimmte Waren oder Dienstleistungen dauerhaft zu vertreiben. Franchising findet sich häufig im Dienstleistungsbereich, etwa im Hotel- und Gaststättengewerbe, in der Beratung oder im Reparaturwesen.

Der **indirekte Absatz** erfolgt über Betriebe des Handels. Ein Handelsbetrieb ist ein Betrieb der gewerblichen Wirtschaft, der Waren im eigenen Namen und auf eigene Rechnung anschafft und ohne weitere Bearbeitung absetzt. Üblicherweise verkauft der produzierende Betrieb seine Produktion an Betriebe des Großhandels, die ihrerseits an Einzelhandelsbetriebe weiterverkaufen. Der Einzelhandel verkauft die Ware letztlich an die Konsumenten.

### 9.6.1.2 Absatzhelfer des Kaufmanns

Absatzhelfer des Kaufmanns beim direkten Absatz sind

– Reisende,
– Handelsvertreter,
– Kommissionäre und
– Makler.

Der **Reisende** hat als unselbstständiger Absatzhelfer die gleiche rechtliche Stellung wie jeder andere kaufmännische Angestellte. Seine Tätigkeit konzentriert sich vollständig und ausschließlich auf den Absatz der Produkte seines Arbeitgebers. Als **Handlungsbevollmächtigter** des Kaufmannes kann er Kaufverträge abschließen und ggf. Zahlungen entgegennehmen. Neben seinem festen Gehalt **(Fixum)** erhält er üblicherweise eine Umsatzprovision sowie – pauschale oder aufgrund von Belegen ausgezahlte – **Spesen**.

Der **Handelsvertreter** ist ein selbstständiger Kaufmann, der, anders als der Reisende, auf Erfolgsbeteiligungsbasis für verschiedene Auftraggeber tätig werden kann, wobei ihm jedoch die gleichzeitige Vertretung mehrerer konkurrierender Produkte meist untersagt ist.

Die Entscheidung, ob Reisende oder Handelsvertreter eingesetzt werden sollen, hängt nicht zuletzt auch von der Höhe der vereinbarten Provision, der Höhe des Fixums für den Reisenden und von der Umsatzhöhe ab.

*Beispiel:*
*Ein Unternehmen zahlt einem Reisenden ein Fixum in Höhe von 5.000,00 € monatlich sowie eine zusätzliche Provision von 2% auf den getätigten Umsatz. Für einen Handelsvertreter*

*wird kein Fixum gezahlt, dafür beträgt seine Provision 7% vom Umsatz. Die folgende Abbildung zeigt die Entwicklung der Absatzkosten. Im Punkt Uk (= kritischer Umsatz) sind die Kosten für den Reisenden und den Handelsvertreter gleich hoch. Steigt der Umsatz über Uk hinaus, so ist der Handelsvertreter teurer als der Reisende.*

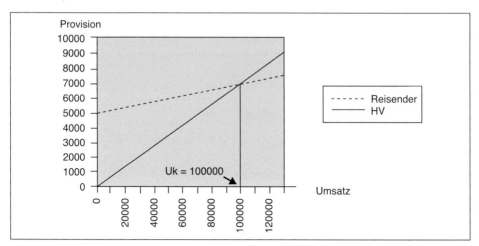

Kostenvergleich Reisender/Handelsvertreter

Der **Kommissionär** übernimmt es gewerbsmäßig, Waren im eigenen Namen auf fremde Rechnung zu kaufen **(Einkaufskommission)** bzw. zu verkaufen **(Verkaufskommission)**. Er ist selbstständiger Kaufmann, der aufgrund eines Kommissionsvertrages entweder dauerhaft oder nur fallweise für einen Auftraggeber **(Kommittenten)** tätig wird. Er ist berechtigt, Waren, die einen festen Börsen- oder Marktpreis aufweisen, selbst zu liefern bzw. selbst zu kaufen **(Selbsteintritt)**.

Der **Handelsmakler** ist ein selbstständiger Kaufmann, der den Abschluss von Verträgen vermittelt. Im Gegensatz zum Kommissionär wird er im fremden Namen für zwei Parteien tätig.

Handelsmakler sind

– **Warenmakler**, die Verträge über den Kauf bzw. Verkauf von Waren vermitteln,

– **Wertpapiermakler**, die Verträge über den Kauf bzw. Verkauf von Wertpapieren entweder als von der Landesregierung ernannte und vereidigte Kursmakler oder als freie Effektenmakler vermitteln,

– **Schiffsmakler**, die Verträge über Schiffsraum und Schiffsliegeplätze vermitteln,

– **Frachtenmakler**, die Frachtverträge zwischen Frachtführern und Absendern von zu verfrachtenden Gütern vermitteln,

– **Versicherungsmakler**, die Versicherungsverträge vermitteln.

Der Handelsmakler hat die Pflichten,

– die Interessen beider Parteien zu wahren und für durch sein Verschulden entstandenen Schaden zu haften,

– die wesentlichen Vertragsbestandteile in einer Schlussnote festzuhalten, die jeder Partei unverzüglich nach Vertragsabschluss zuzuleiten ist,

– jeden Abschluss in ein Geschäfts-Tagebuch einzutragen, aus dem auf Verlangen Auszüge für die Parteien zu erstellen sind,

9 Absatzwirtschaft

– im Falle des Verkaufs nach Probe die Probe bis zur Warenannahme aufzubewahren,
– selbst in den Vertrag einzutreten, wenn die Schlussnote nur eine Partei nennt.

Für die Vermittlung von Geschäften steht dem Handelsmakler ein Maklerlohn, die sog. **Courtage**, zu, die von beiden Parteien jeweils zur Hälfte zu zahlen ist.

Neben den Handelsmaklern gibt es eine Reihe von **Zivilmaklern**, die entweder den Abschluss von Verträgen anbahnen (Immobilienmakler, Heiratsvermittler) oder Verträge über Gegenstände vermitteln, die nicht den Handelsverkehr betreffen (Konzertvermittler).

### 9.6.1.3 Der Handel
#### 9.6.1.3.1 Funktionen des Handels

Zum Nutzen der Produktionsbetriebe, aber auch der Verbraucher übernimmt der Handel nach WÖHE folgende Funktionen:

– Die **Funktion des räumlichen Ausgleichs:** Der Handel bietet die Waren am Wohnort des Konsumenten an und erspart es diesem, mit dem – womöglich weit entfernt ansässigen – Produzenten in Verbindung treten zu müssen. Der Produzent hat hierdurch den Vorteil, sowohl auf eine große Vertriebsorganisation als auch auf eine umfangreiche Debitorenbuchhaltung verzichten zu können, da er Geschäftsbeziehungen lediglich zu einer überschaubaren Anzahl von Großhändlern unterhält, die ihrerseits wiederum mit einer begrenzten Anzahl von Einzelhandelsbetrieben zusammenarbeiten.

– Die **Funktion des zeitlichen Ausgleichs:** Bedingt durch saisonbedingte Schwankungen, erfolgen Produktion und Absatz häufig nicht kontinuierlich und aufeinander abgestimmt, sondern in Intervallen. Hieraus resultiert die Notwendigkeit der Lagerhaltung, die vom Handel geleistet wird.

*Beispiel:*
*Viele Obst- und Gemüsesorten können nur einmal im Jahr geerntet und zu Konserven verarbeitet werden. Die Verbraucher sind jedoch nicht bereit, gleichzeitig ein Vorratslager anzulegen, sondern erwarten ein ganzjähriges Angebot dieser Sorten. Hier übernimmt der Handel eine wesentliche Lagerhaltungsfunktion.*

– Die **Funktion des quantitativen Ausgleichs:** Typisches Kennzeichen der industriellen Produktion ist die Herstellung großer Mengen eines Produktes an einem Ort. Durch den Großhandel werden diese Großmengen in kleinere Mengen aufgeteilt. Insoweit kommt dem Handel eine verteilende (distribuierende) Funktion zu. In der landwirtschaftlichen Produktion übernimmt der Handel häufig die gegenteilige Funktion, nämlich den Aufkauf von kleineren und deren Zusammenfassung zu größeren Mengen. In diesem Zusammenhang wird von Aufkauf- oder kollektierendem Handel gesprochen.

– Die **Funktion des qualitativen Ausgleichs:** Der Industriebetrieb richtet sein Produktionsprogramm nicht daran aus, welches Warensortiment die Konsumenten am Ort insgesamt vorzufinden wünschen, sondern orientiert sich an produktionstechnischen Erfordernissen. Hierdurch ist er in der Lage, kostengünstig zu produzieren. Die Aufgabe der Vorhaltung des kompletten erforderlichen Sortiments obliegt dem Handel, der unterschiedlichste Güter ebenso anbietet wie artgleiche konkurrierende Produkte. Hieraus erwächst für den Konsumenten der Vorteil, prüfen und vergleichen zu können.

– Die **Funktion der Information und Beratung:** Die Breite des im Handel angebotenen Sortiments vergrößert die Markttransparenz für die Nachfrager. Daneben leistet der Handel mit der Beratung und Information der Konsumenten eine Absatzunterstützung, die der Produzent in dieser Form nicht zu leisten vermag, z. B. bei der Vorführung und Installation technischer Geräte.

## 9.6.1.3.2 Großhandel

Im Großhandel werden üblicherweise folgende Unterscheidungen getroffen:

- **Binnengroßhandlungen** handeln im Inland mit Produktionsgütern (Roh-, Hilfs- und Betriebsstoffen für Industrie, Handwerk und Landwirtschaft, sog. **Produktionsverbindungshandel**) oder mit Konsumgütern.
- **Außengroßhandlungen** sind auf den länderübergreifenden Handel (Export-Import) spezialisiert.
- **Spezialgroßhandlungen** sind Produktionsgüter-Großhandlungen, die ein enges Sortiment in großer Tiefe für eine einzige Branche vorhalten.
- **Sortimentsgroßhandlungen** bieten ein Konsum- oder Produktionsgüter-Sortiment für mehrere Branchen an.
- **Fachgroßhandlungen** zeichnen sich im Allgemeinen durch mittlere Sortimentsbreite und -tiefe aus. Sie beliefern zumeist mehrere Branchen.
- **Streckengroßhändler** (auch ALV-Großhändler genannt – »Am Lager vorbei«) liefern unmittelbar vom Hersteller zum Kunden und ersparen sich damit die Einrichtung eines Handelslagers.
- **»Cash-and-Carry«-Großhandlungen** sind Selbstbedienungs-Großhandlungen, deren Kundschaft vor allem solche Einzelhandelsbetriebe sind, die sich keiner Handelskooperation angeschlossen haben.
- **Regalgroßhändler (»Rack Jobber«)** bieten innerhalb von Handelsbetrieben auf einer begrenzten Verkaufsfläche Waren auf eigene Rechnung gegen Provisionsbeteiligung an. Typisch für dieses System sind Depots von Großhändlern innerhalb von Einzelhandelsgeschäften (Kaffee, Kosmetika).

## 9.6.1.3.3 Einzelhandel

Betriebsformen des Einzelhandels sind

- **Ladengeschäfte** (Ladeneinzelhandel) als
    - **Fachgeschäft:** Das Sortiment entspricht dem gesamten Angebot einer bestimmten Branche, sehr große Fachgeschäfte werden als Kaufhäuser bezeichnet;
    - **Spezialgeschäft:** Lediglich einige Güter einer bestimmten Branche werden in vielen verschiedenen Ausführungen und Qualitäten angeboten;
    - **Gemischtwarenhandlungen** bieten Güter verschiedener Branchen und zeichnen sich durch große Sortimentsbreite bei geringer Sortimentstiefe aus;
    - **Warenhäuser** bieten sämtliche Warengruppen, die ein privater Haushalt benötigt, um seinen Bedarf vollständig zu decken.
- **Supermärkte** bieten auf einer Fläche von mindestens 400 qm sowohl Lebensmittel als auch diverse Non-Food-Artikel nach dem Selbstbedienungsprinzip.
- **Verbrauchermärkte** bieten ein weitgefächertes Sortiment auf großer Fläche (ab etwa 1.000 qm) nach dem Selbstbedienungsprinzip und sind daher sowohl dem Warenhaus als auch dem Supermarkt sehr ähnlich.
- **Discounthäuser** sind Selbstbedienungsunternehmen (Supermärkte oder Verbrauchermärkte), die Artikel des täglichen Bedarfs dauerhaft deutlich unter den üblichen Endverbraucherpreisen anbieten. Die Gründe hierfür sind
    - günstige Einkaufspreise durch Großmengenabnahme,
    - eingeschränkte Sortimentstiefe,

- Kosteneinsparungen durch Beschäftigung wenig qualifizierten Personals,
- Kostenvorteile durch Stadtrandlagen,
- Verzicht auf Serviceleistungen.

- **Versandhäuser** unterbreiten ihr Angebot über Kataloge, Anzeigen und sonstige Werbemittel. Bestellungen werden über eigene oder öffentliche Transportmittel ausgeliefert.

#### 9.6.1.3.4 Ketten und Einkaufsgenossenschaften

In zunehmendem Maße schließen sich selbstständige Einzelhändler in freiwilligen Ketten oder in Einkaufsgenossenschaften zusammen:

- Die in **freiwilligen Ketten** zusammengefassten Einzelhändler behalten ihre rechtliche Selbstständigkeit. Sie verpflichten sich lediglich vertraglich, einen Teil ihrer Einkäufe beim Kettengroßhändler vorzunehmen. Dafür profitieren sie von der durch die Kettenorganisation vorgenommene Werbung sowie von deren günstigeren Einkaufsmöglichkeiten.
- **Einkaufsgenossenschaften** nehmen für die ihnen angeschlossenen Einzelhändler die Großhandelsfunktion wahr. Auch hier liegt der Vorteil der Kooperation in der Möglichkeit des kostengünstigen Großeinkaufs sowie in der gemeinsamen Werbung.

### 9.6.2 Liefer- und Servicebereitschaft

**Lieferbereitschaft** liegt vor, wenn das bestellte Gut entweder am Lager vorrätig ist oder bis zum gewünschten Liefertermin hergestellt werden kann. Der Grad der Lieferbereitschaft **(Distributionsgrad)** hängt wesentlich ab von der Lagerhaltungspolitik der Unternehmung, die wiederum von Kostenüberlegungen geprägt ist. Auf das Dilemma zwischen den unternehmerischen Zielen »hoher Distributionsgrad« und »Kostenminimierung« wurde bereits zu Beginn des Kapitels 8 »Materialwirtschaft« hingewiesen. Eine hohe Lieferbereitschaft ist ein nicht von der Hand zu weisender Wettbewerbsvorteil, denn oft wird die Erteilung eines Auftrages davon abhängig gemacht, wie schnell die Lieferung erfolgen kann. Analog zur Lieferbereitschaft wird im Dienstleistungsbereich der Begriff der **Servicebereitschaft** verwendet.

Hinsichtlich der Überlegungen zur Festlegung des Distributionsgrades und der Methoden, diesen dann auch sicherzustellen, sei auf das bereits erwähnte Kapitel 8 verwiesen. Dort wird auch auf die Möglichkeiten der **physischen Distribution**, also die körperliche Übertragung von Gütern vom Anbieter zum Nachfrager, und die dabei zum Einsatz kommenden Transportmittel **(Distributionslogistik)** eingegangen. Die oft als **akquisitorische Distribution** bezeichneten Verkaufsanbahnungen und -handlungen werden ausführlicher in Abschnitt 9.9 behandelt.

### 9.6.3 Bestimmungsgrößen für den Aufbau eines Distributionssystems

Wie schon in den voranstehenden Abschnitten gezeigt wurde, sind beim Aufbau eines Absatz- oder Distributionssystems verschiedene Aspekte zu berücksichtigen: Absatzmethoden, -wege, -formen und -helfer spielen hierbei eine Rolle. Die Gesamtheit der an der Zurverfügungstellung eines Produktes beteiligten Organe wird als **Absatzkanal** bezeichnet, und jedes dieser Organe stellt eine **Distributionsstufe** dar.

*Beispiel:*
*Freezy gibt die hergestellten Tiefkühl-Fertigmenüs an den Großhandel ab, der sie an viele Einzelhändler weiterreicht. Zwischen dem Hersteller und dem Endverbraucher liegen also zwei Stufen: In diesem Falle spricht man von einem Zwei-Stufen-Kanal.*

Innerhalb der Distributionskanäle fließen nicht nur materielle Produkte, sondern z. B. auch Informationen, Zahlungen und Eigentumsübertragungen, und alle diese Flüsse können außer einer Vorwärtsbewegung – dem Normalfall – auch eine Rückwärtsbewegung ausführen und weitere Beteiligte – etwa Spediteure, Lagerbetriebe oder Kreditinstitute – einbeziehen. Über die Gestalt des Distributionssystems entscheiden im konkreten Falle vor allem folgende Faktoren:

**Produkteigenschaften:** Verderbliche und empfindliche Güter verlangen nach direkter Distribution ohne Umwege, Umladevorgänge und Zwischenlagerung, und sperrige Güter sollten ebenfalls ohne Umladung zum Bestimmungsort gelangen. Spezielle technische Anlagen werden häufig vom Hersteller direkt vertrieben, weil jeder zwischengeschalteten Station das Beratungswissen fehlen würde.

**Wettbewerbsgegebenheiten:** Wenn Konsumgüter in denselben Läden und möglichst denselben Regalen platziert werden sollen wie ähnliche Mitbewerberprodukte, ist es sinnvoll, die von den Konkurrenten gewählten Distributionskanäle ebenfalls zu nutzen. Der Erfolg eines Produktes kann aber auch gerade in einer von den Mitbewerbern abweichenden Distributionsstrategie, also etwa der Entscheidung für direkten Absatz anstelle der Nutzung von Zwischenhändlern, bestehen.

**Distributionspartner:** Die Entscheidung zwischen einem exklusiv für das eigene Unternehmen tätigen Reisenden und einem mehrere Hersteller vertretenden Handelsvertreter ist häufig eine Kostenfrage. Außer von den Kosten hängt die Entscheidung für oder gegen bestimmte Vertriebspartner von deren Leistungen etwa im Bereich der Absatzförderung, Lagerhaltung und Zahlungsabwicklung ab.

**Unternehmens- und Kundeneigenschaften und -ziele:** Wird schnelle Lieferung gewünscht, kommen nur kurze Absatzkanäle in Betracht. Gleiches gilt, wenn ein möglichst geringer Endverbraucherpreis angestrebt wird, denn jede Zwischenstufe verteuert das Produkt durch ihre Leistungserbringung. Große Unternehmen und bekannte Produkte erleichtern die Gewinnung von Distributionspartnern.

**Umweltbedingungen:** Hierunter fallen z. B. rechtliche Bestimmungen zur Verhinderung von Wettbewerbsbeschränkungen, die den Aufbau exklusiver Distributionskanäle betreffen.

## 9.6.4 Die Beziehungen zwischen Hersteller und Handel

Die Feststellung, dass Produzenten und Händler wirtschaftlich voneinander abhängen, ist trivial:

Händler sind darauf angewiesen, dass die Hersteller solche Produkte anbieten, die sich auch absetzen lassen, weil sie auf die Kundenwünsche und -anforderungen abgestellt sind.

Umgekehrt brauchen Hersteller motivierte Partner im Handel, die ihren Produkten durch geeignete verkaufsfördernde Aktivitäten zum Erfolg verhelfen.

Zwischen beiden Polen ist ein ständiger Informationsfluss erforderlich: Produzenten sind darauf angewiesen, dass der Handel die im Direktkontakt zum Kunden gewonnenen Anregungen, Wünsche und Beschwerden weitergibt. Der Handel wiederum benötigt produktbezogene Informationen und teilweise auch Schulungen. Je nach Marktstellung und Marktmacht des Herstellers kann ein mehr oder minder großer Druck auf den Handel ausgeübt werden.

Entscheidend für eine gelungene Partnerschaft ist aber sicherlich, dass es den Herstellern gelingt, den Handel für den Verkauf zu motivieren und ihm, der ja den Verkauf leisten soll, das Produkt seinerseits zu »verkaufen«. Strategien in der Hersteller-Händler-Beziehung sind

- die **lockere Kooperation:** Der Produzent versucht den Handel durch positive Anreize, etwa Werbezuschüsse, Händlerwettbewerbe, Rabatte und Verkaufspräsentationshilfen zu motivieren, und droht für den Fall nicht hinreichender Verkaufserfolge mit Verschlechterung von Konditionen oder Rückzug. Vereinbarungen über eine längerfristige Zusammenarbeit werden nicht getroffen;

- die **abgestimmte Partnerschaft:** Hersteller und Händler verständigen sich auf eine langfristig angelegte Zusammenarbeit und einigen sich auf ein abgestimmtes Vorgehen bei Werbung und Verkaufsförderung, Beratung, Service usw.;

- das **programmatische Ko-Marketing:** Dies ist die stärkste Form der Zusammenarbeit von Hersteller und Händler und beinhaltet die gemeinsame Festlegung von Verkaufszielen, Lieferbereitschafts- und Servicegrad, Werbemaßnahmen usw. Der Hersteller bietet dabei jedem Distributionspartner – dies kann der zentrale Einkauf einer Handelskette, aber auch ein einzelnes Ladengeschäft sein – ein auf die jeweilige Kundengruppe maßgeschneidertes Konzept.

### 9.6.4.1 Outsourcing von Distributionsleistungen

In Abschnitt 7.2.5.4 wurde im Zusammenhang mit der Variation der Fertigungstiefe das Outsourcing vorgestellt, das auch in Distributionsketten anzutreffen ist.

*Beispiel:*
*Ein führender Waschmaschinenhersteller stellt die Geräte für den bundesweiten Markt seit vielen Jahrzehnten an einem einzigen Produktionsstandort her. Der Vertrieb erfolgt über werkseigene Vertriebszentren mit großer Lagerkapazität, die wiederum die Bestellungen des Einzelhandels entgegennehmen und diesen beliefern. Bis vor einigen Jahren erfolgte diese Belieferung vom jeweiligen Vertriebszentrum durch einen gleichfalls werkseigenen Fuhrpark. Da ein hoher Distributionsgrad angestrebt war, die Einzelhändler andererseits aber aufgrund räumlicher und finanzieller Einschränkungen nicht zu größerer Lagerhaltung imstande oder bereit waren, kam es häufig zu Belieferungsfahrten mit halber Ladung, Leer-Rückfahrten und zeitlich wie streckenmäßig ungünstigen Touren. Hohe Kosten des Fuhrparkbetriebes waren die Folge. Im Zuge einer umfassenden Umstrukturierung der Distribution wurde daher überlegt, die Transportleistung auf eine selbstständige Spedition zu übertragen. Allerdings sollte der Vorteil der unmittelbaren Nachbarschaft von Lager und Fuhrpark und des damit verbundenen örtlich und zeitlich direkten Zugriffs nicht aufgegeben werden. In Konsequenz dieser Überlegungen wurde der Fuhrpark »ausgegründet«. Die dabei entstandene selbstständige Spedition befindet sich nach wie vor auf dem Gelände des Vertriebszentrums. Ein Rahmenvertrag regelt, dass das Vertriebszentrum alle erforderlichen Auslieferungsfahrten an die Spedition vergibt. Diese wiederum ist vertraglich verpflichtet, Lieferungen binnen bestimmter Fristen vorzunehmen. Daneben ist sie aber berechtigt, Aufträge dritter Auftraggeber anzunehmen und gegebenenfalls auch Zuladungen vorzunehmen. Vorteile: Durch die verbesserte Auslastung konnte die Ertragslage der Spedition gegenüber dem früheren unselbstständigen Betriebsteil deutlich gesteigert werden. Das Vertriebszentrum profitiert hiervon durch günstigere Preise, und die Leitung der Spedition kann auf der sicheren Basis eines den Bestand sichernden Rahmenvertrages selbstständig und eigenverantwortlich agieren.*

Das Beispiel zeigt, dass durch Outsourcing effizient arbeitende Betriebe entstehen können, von deren Leistungsverbesserungen alle Beteiligten profitieren können – partnerschaftlichen und verantwortungsvollen Umgang vorausgesetzt. Allerdings darf bei dieser Betrachtung nicht übersehen werden, dass die Verbesserung der Ertragslage häufig über den Abbau von Personalkosten erzielt wird. Dies ist insbesondere dann der Fall, wenn einzelne Mitarbeiter in die Selbstständigkeit gedrängt werden.

*Der Waschmaschinenhersteller aus dem vorangegangenen Beispiel initiiert nicht nur Fernseh- und Zeitschriftenwerbung, sondern unterstützt den Handel seit jeher auch direkt mit verkaufsfördernden Maßnahmen in den einzelnen Ladengeschäften. Angestellte Mitarbeiter des Herstellers bereisen regelmäßig alle an einer Kooperation interessierten Elektro-Großgerätehändler und Küchenstudios in ihrem Bezirk, um in deren Schaufenstern speziell auf einen bestimmten Maschinentyp abgestellte Dekorationen anzubringen. Für den Handel ist diese Aktion kostenlos und wird daher gern angenommen. Im Zuge neuerlicher Einsparungsüberlegungen sollen die reisenden Dekorateure nun »outgesourct« werden: Herr Müller, bisher für den Bezirk Holstein-West zuständig, erhält daher das Angebot, die Dekorierungsleistung künftig als Selbstständiger zu erbringen. Dies beinhaltet den Kauf des bisher vom Hersteller gestellten Kombi-PKW und die Anmeldung eines Gewerbes. Das Dekorationsmaterial wird weiterhin vom Hersteller gestellt; außerdem sichert dieser dem »Existenzgründer« einen Gebietsschutz zu. Die Vergütung erfolgt nach Anzahl der aufgesuchten Geschäfte. Müller möchte dieses Angebot eigentlich nicht annehmen, weil er nun selbst für Sozialversicherungsschutz sorgen muss und die Sicherheit des festen monatlichen Einkommens sowie der Einbindung in ein Großunternehmen verliert, aber die Alternative ist der Verlust der Arbeitsmöglichkeit.*

Das im voranstehenden Beispiel geschilderte, in den letzten Jahren immer beliebter gewordene »Outsourcing« einzelner Arbeitsplätze benachteiligt die in einer naturgemäß schwachen Verhandlungsposition stehenden Mitarbeiter häufig in einer Weise, die vom Gesetzgeber so nicht mehr akzeptiert werden konnte. Konsequenz war die Einfügung eines neuen Absatzes 4 in § 7 des Sozialgesetzbuchs (Gemeinsame Vorschriften für die Sozialversicherung), der in der öffentlichen Diskussion gern auch als »Scheinselbstständigkeitsgesetz« bezeichnet wurde. Er enthielt vier Kriterien, anhand derer »**Scheinselbstständige**« identifiziert werden sollen. Wenn mindestens zwei dieser Kriterien erfüllt waren, wurde vermutet, dass die betreffende Person gegen Arbeitsentgelt beschäftigt und folglich sozialzuversichern war. Die Kriterien waren im Einzelnen:

– Der Erwerbstätige beschäftigt mit Ausnahme von Familienangehörigen keine versicherungspflichtigen Arbeitnehmer.

– Er ist in der Regel und im Wesentlichen nur für einen Auftraggeber tätig.

– Die Beschäftigung ist arbeitnehmertypisch. Der Erwerbstätige unterliegt Weisungen des Auftraggebers und ist in dessen betriebliche Organisation eingegliedert.

– Er tritt nicht selbst unternehmerisch am Markt auf.

Diese so genannten Vermutungsregeln wurden dann zum 1. 1. 2003 nach langen öffentlichen Auseinandersetzungen zugunsten eines Clearing- und Prüfungsverfahrens gestrichen, das die Beweislast für die entsprechenden Tatsachen der Bundesversicherungsanstalt für Angestellte (BfA) auferlegt.

Ein weiteres Beispiel für Outsourcing im Distributionsbereich ist der bereits in Abschnitt 9.6.1.3.2 vorgestellte **Regalgroßhandel (»Rack Jobbing«)**.

*Ein Bau- und Heimwerkerdiscount möchte seinen Kunden einerseits ein breites Sortiment anbieten und strebt andererseits geringstmögliche Kapitalbindung und Kostenminimierung an. Vor allem soll der eigene Personalbestand so gering wie möglich gehalten werden.*

Kleinteilige Sortimente erfordern aber viel Personaleinsatz: Auch wenn die Abverkaufsüberwachung und Bestellauslösung von einem an die Registrierkassen gekoppelten Warenwirtschaftssystem geleistet werden kann, fällt viel Arbeit »am Regal« – Regalauffüllung, Preisauszeichnung, Werbeanbringung – an. Die Lösung dieses Dilemmas besteht in der Vermietung von Regalflächen. Die Warengruppe »Leuchtmittel« etwa, die Artikel wie Glühbirnen, Halogenstrahler und Leuchtstoffröhren enthält, wird von einem Regalgroßhändler beigesteuert, der in diesem Falle (in der Praxis sind viele unterschiedliche Vertragsausgestaltungen anzutreffen) die Ware auf Kommissionsbasis bereitstellt, die Regale selbst auffüllt, Verkaufsdisplays und andere Werbemittel anbringt und die Preisauszeichnung vornimmt. Der Verkaufserlös für diese Artikel steht dem Regalgroßhändler zu; der Baumarkt ist prozentual beteiligt.

Ein weiteres Outsourcing-Beispiel mit Bezug auf Serviceleistungen beinhaltet Abschnitt 9.6.4.3.

### 9.6.4.2 Warenlieferung durch »Just-in-Time«

Ebenso wie das Outsourcing, entstammt auch der Begriff der »Just-in-Time-Belieferung« der Produktionswirtschaft. In Abschnitt 7.5.2, wurden die Funktion und die Vorteile dieser einsatzsynchronen Beschaffung bereits ausführlich dargestellt. Im Vertrieb können ähnliche Mechanismen angetroffen werden, wenn auch in diesen Fällen der Begriff des »Einsatzes« durch den des »Abverkaufes« (eine im Handel gebräuchliche Wortschöpfung, mit der die Größenordnung »verkaufte Stückzahl im Betrachtungszeitraum« umschrieben wird) zu ersetzen ist.

Der Waschmaschinenhersteller aus den vorangegangenen Beispielen sieht einen wesentlichen Wettbewerbsvorteil in einem hohen Distributionsgrad: Dem Kunden, der eine Waschmaschine kaufen möchte, soll die Lieferung des gewünschten Modells binnen 24 Stunden zugesichert werden können. In der Vergangenheit scheiterte die Verwirklichung dieses Zieles häufig daran, dass die Vertriebszentren nicht in der Lage waren, die Einzelhändler vor Ort umgehend zu beliefern, weil sie aufgrund eines herstellerseitig unflexiblen Belieferungssystems oft die gewünschten Geräte selbst nicht am Lager hatten. Seitdem die Belieferung der Vertriebszentren auf Basis deren automatisch weitergemeldeter Abverkaufszahlen aus einem neu errichteten Hochregallager am Produktionsstandort heraus erfolgt, konnte der Servicegrad erheblich gesteigert werden, obwohl die Lagerkapazitäten bei den Einzelhändlern nicht vergrößert wurden: Größere Händler, etwa überregional bedeutende Möbelgeschäfte mit umfangreicher Küchenausstellung, sind direkt in das EDV-gestützte Warenwirtschaftssystem des Herstellers eingebunden und erhalten umgehenden Ersatz für Lagerabgänge, und die (das Gros stellenden) örtlichen Fachgeschäfte werden bei telefonischem Bestellungseingang bis 14.00 Uhr am nächsten Tag beliefert. Je nach Vereinbarung kann die Lieferung auch direkt an den Kunden erfolgen.

Diese Lieferstrategie setzt Kooperationsbeziehungen im Sinne einer »abgestimmten Partnerschaft« voraus (s. o.).

### 9.6.4.3 Neue Kommunikationsmedien im Vertrieb

Wie in allen Lebensbereichen erlangen die neuen Kommunikationsmedien auch im Vertrieb immer größere Bedeutung. Ihr Einsatz verändert über Jahrzehnte gewachsene Strukturen bisweilen binnen kürzester Frist in dramatischer Form. Einige Beispiele sollen im Folgenden aufgegriffen werden.

## 9.6.4.3.1 Service- und Bestell-Hotline

Die telefonisch rund um die Uhr erreichbare Benutzerunterstützung ist ein wesentliches Verkaufsargument bei technischen Geräten und Computer-Software. Diese Leistung kann aber im Allgemeinen nicht vom örtlichen Handel erbracht werden und wird daher herstellerseitig angeboten. Wer das Service-Telefon anruft, hat aber meist keinen Mitarbeiter des Herstellerbetriebs am anderen Ende, sondern einen beauftragten selbstständigen Betrieb, ein sogenanntes **Call-Center**. Gleiches gilt fast überall bei telefonischer Bestellung im Versandhandel.

*Beispiel:*
*Call-Center sind ein weiteres Beispiel für Outsourcing: Viele große Versandhäuser, aber auch Versicherungen und andere Unternehmen, die mit einer Vielzahl von Kundenanfragen konfrontiert sind, haben die Entgegennahme von eingehenden Anrufen (»**inbound calls**«) an externe Unternehmen übertragen, die die Standardfälle in vordefinierter Art und Weise bearbeiten, sodass nur wenige, als wirklich wichtig oder außergewöhnlich eingestufte Anliegen tatsächlich zum eigentlichen Adressaten durchdringen. Call-Center übernehmen aber teilweise auch die aktive Akquise, indem sie Kunden oder Gewinnspielteilnehmer usw., die ein Interesse an weiteren Informationen bekundet haben, anrufen (»**outbound calls**«) und ihnen Beratung oder Verkaufsanbahnung anbieten.*

## 9.6.4.3.2 Online-Marketing

Die Präsenz in externen Netzen ist für viele Unternehmen heute schon ebenso selbstverständlich wie der Eintrag ins Telefonbuch. Marketing »online« kann erfolgen über:

**World Wide Web:** Unternehmen präsentieren ihr Leistungsspektrum im wichtigsten und meistgenutzten, weil »multimedialen« (Texte, Bilder, Bildfolgen und Töne übermittelnden) Teil des Internet auf einer eigenen Website und bieten potenziellen Kunden neben Informationen auch Möglichkeiten zur Kontaktaufnahme, zur Anforderung weiterführenden Materials oder sogar zur Warenbestellung. In manchen Bereichen haben Unternehmen, die ausschließlich über das Internet vermarkten, bereits beträchtliche Marktanteile erobert, z. B. im Buchhandel. Wesentlich für den Erfolg der Website, der an der Zahl der Zugriffe, Anfragen und Bestellungen gemessen werden kann, ist der »**Domain-Name**«, die Adresse, unter der das Angebot gefunden werden kann.

*Die neu gegründete »Freezy Tiefkühlgerichte GmbH« hat sich schon vor Aufnahme der Geschäftstätigkeit die Web-Adresse **www.freezy.de** gesichert, indem sie einen Internet Service Provider beauftragt hat, diesen Namen für sie registrieren zu lassen. Da »freezy.de« noch verfügbar war, hat die im Falle der Endung .de (für Deutschland) für die Namensvergabe zuständige, 1996 gegründete Genossenschaft **DENIC eG** Domain Verwaltungs- und Betriebsgesellschaft in Frankfurt die Eintragung entsprechend vorgenommen. Diese Adresse wird nur einmal vergeben. Freezy möchte künftig auf einer Website Produkte vorstellen, Gewinnspiele veranstalten und Anregungen von Verbrauchern entgegennehmen. Die Website programmiert ein von Freezy beauftragter professioneller Web-Designer; die Bereitstellung des Internet»auftritts« für den Aufruf durch Nutzer aus aller Welt erfolgt bei demselben Provider, der auch die Namensregistrierung betrieben hat. Dieser Provider stellt Rechner mit hoher Festplattenkapazität bereit und legt die freezy-Website gegen Zahlung eines Entgelts neben vielen anderen Präsentationen anderer Kunden auf einer dieser Festplatten ab. Gleichzeitig stellt er Fa. Freezy mehrere E-Mail-Adressen zur Verfügung, über die die Kundenrückmeldungen, Bestellungen, Gewinnspielteilnahmen usw. entgegengenommen werden können.*

**E-Mail:** Im Gegensatz zum multimedialen WWW sind E-Mails reine Textnachrichten. Auch wer keine eigene Internet-Präsenz unterhält und das Internet nicht nutzt, aber auf andere

Weise – etwa über einen Online-Dienst – »online« ist, hat in der Regel eine E-Mail-Adresse. Folglich können über E-Mail wesentlich mehr Kunden erreicht werden als über die Internet-Präsenz. In vielen Betrieben haben verschiedene Mitarbeiter eigene E-Mail-Adressen, und ihre elektronische Post wird unmittelbar in ihrer persönlichen **Mailbox** abgelegt. Damit bietet E-Mail eine sehr direkte und persönliche Möglichkeit der Zielpersonenansprache. Es ist zwar möglich, dieselbe E-Mail an mehrere Empfänger gleichzeitig zu versenden, aber Mailbox-Besitzer reagieren auf unerbetene Werbung (im Internet-Jargon »**spam**«, »**bulk-mail**« oder »**junk-mail**« genannt) eher ungehalten, und außerdem ist das in Deutschland geltende Verbot des Sendens nicht gewünschter Werbung via E-Mail oder Fax zu beachten. Internetnutzer, die regelmäßig Informationen zu einem bestimmten Thema erhalten oder austauschen möchten, können sich in entsprechende **Mailing-Listen** eintragen.

**Online-Dienste:** Die in Deutschland verbreitetsten Online-Dienste sind America Online (AOL) und T-Online. Es handelt sich hierbei um kommerzielle Dienste, die ihren Mitgliedern die Möglichkeit zur Hinterlegung von Homepages (eigenen Online-Präsentationen im Stil von Websites, jedoch mit eingeschränktem Speicherplatz), zum geschützten Datenaustausch (etwa beim Home-Banking), moderierte Diskussionsforen, aber auch den Zugang zum Internet anbieten. Die Zahl der hier erreichbaren Personen ist wesentlich geringer als die der Internetnutzer; andererseits ermöglichen die einheitlichen Eingangsseiten dieser Dienste die Platzierung von Werbung, die an dieser Stelle auch von vielen Benutzern wahrgenommen (allerdings häufig auch als besonders lästig empfunden) wird.

### 9.6.4.3.3 E-Commerce und virtuelle Marktplätze

Die Grenze zwischen E-Commerce und dem oben beschriebenen Online-Marketing ist nur sehr schwer zu ziehen, denn mittlerweile wird dieser Begriff für verschiedene (und nur teilweise dem Marketing zurechenbare) Aktivitäten sowohl im Bereich **B2B** (»**Business-to-Business**«, elektronischer Handel zwischen Unternehmen) als auch im Bereich **B2C** (»**Business-to-Customer**«, elektronischer Handel mit Kunden) verwendet. Im Internet-Handel bildet sich derzeit mit den sogenannten »virtuellen Marktplätzen« eine Sonderform heraus, die sich anschickt, die Geschäftsbeziehungen der Unternehmen untereinander in gravierender Weise zu verändern.

*Ende Februar 2000 meldete die Presse die Gründung einer E-Commerce-Firma durch die Automobilkonzerne DaimlerChrysler, Ford und General Motors, die damit das Ziel verfolgen, ihren Einkauf über das Internet abzuwickeln. Entstehen soll dabei ein virtueller Marktplatz für Autoteile. Im Kern ist geplant, dass die Konzerne ihren Bedarf an bestimmten Zulieferteilen auf diesem Marktplatz anmelden und Zulieferfirmen die Möglichkeit geben, offene Angebote abzugeben und sich bis zu einer Zuschlagsfrist gegenseitig zu unterbieten. Durch diese »umgekehrte Auktion« sollen erhebliche Preisvorteile erzielt werden. Angesichts der fatalen Auswirkungen dieser Marktmachtausnutzung der Konzerne auf kleine und mittelständische Zulieferbetriebe ist jedoch zur Zeit noch ungewiss, ob dieses und ähnliche Projekte nicht am Einspruch von Kartellbehörden und Wettbewerbsschützern auf nationaler und internationaler Ebene scheitern werden.*

### 9.6.4.4 Die Problematik von Umweltschutz und Verpackung

In Kapitel 8, Abschnitt 8.7, wurde bereits auf den durch Rechtsvorschriften (vor allem die Verpackungsverordnung) geregelten Umgang mit Verpackungen eingegangen. Im Bereich des Marketing interessieren vor allem diejenigen Verpackungen, die der Kunde »zu Gesicht bekommt«. Zu unterscheiden sind hier die Produkt- oder **Grundverpackung**, die das Produkt direkt umgibt und häufig zu dessen Schutz oder Aufbewahrung bis zum endgültigen Verbrauch des Produktes an diesem verbleiben muss, und die **Außenverpackung**, die die

Grundverpackung umgibt und häufig um der besseren Stapelbarkeit willen, wegen der optischen Wirkung oder als Fläche für die Produktbeschreibung benötigt wird, die der Käufer aber spätestens zuhause entfernt und wegwirft.

Von der Verpackung gehen wesentliche Kaufanreize aus. Diese werden vor allem im Konsumbereich angesichts der Fülle nahezu gleicher Produkte und der weiten Verbreitung der Selbstbedienung immer wichtiger. Dementsprechend wird dem Verpackungsdesign eine immer größere Aufmerksamkeit gewidmet. Dabei darf die durchaus kritische Haltung vieler Konsumenten gegenüber der Produktverpackung aber nicht übersehen werden: Richtete sich das Augenmerk der Verbraucher noch vor wenigen Jahren eher auf die Frage, ob durch eine Verpackung ein »Mehr« an Inhalt vorgegaukelt werde (»**Mogelpackung**«), so schlägt sich das in den letzten Jahren deutlich gewachsene Umweltbewusstsein der Konsumenten heute zunehmend in der Ablehnung von Produkten nieder, die in als unsinnig empfundenen Verpackungen angeboten werden. Eine Ursache hierfür ist sicherlich auch in der dem Verbraucher abgeforderten Mülltrennung zu sehen, die ihn zwingt, sich die von ihm mitverursachten »Müllberge« regelmäßig vor Augen zu führen. Viele Unternehmen bieten ihre Produkte inzwischen in Nachfüllpackungen (z. B. Waschmittel), unter Verzicht auf Außenverpackungen (Zahncremetuben ohne Schachtel) oder in besonders umweltverträglicher Form (kompostierbare Verpackungseinsätze anstelle von Styropor, Papier- statt Plastikbehälter) an. Manche Handelsketten verzichten auf den Verkauf von Getränkedosen (für die überdies mehrheitlich **Pfandpflicht** besteht) und auch die **Glas- und PET-Pfandverpackung** feiert eine Wiederauferstehung (z. B. Jogurtgläser).

## 9.7 Verkaufsförderung

### 9.7.1 Wesen und Mittel der Verkaufsförderung

Die Verkaufsförderung (oft synonym als **Sales Promotion** oder **Absatzförderung** bezeichnet) umfasst Maßnahmen, die zum Zwecke der Absatzverbesserung getroffen werden und nicht der üblichen (Media-)-Werbung zuzurechnen sind. Welche Maßnahmen dies sind, ist allerdings in der einschlägigen Literatur eher unscharf definiert. Der Versuch einer Abgrenzung wird im nächsten Abschnitt unternommen.

Die Zielgruppen der Verkaufsförderung können Verbraucher, Handel und/oder das Verkaufspersonal sein (vergl. hierzu auch Abschn. 9.2.1.3.3).

Ein klassisches Beispiel für eine **verbraucherorientierte** verkaufsfördernde Maßnahme ist der kostenlose Probenausschank im Verkaufslokal, der häufig mit einem Angebot des so promovierten Artikels zum Sonderpreis einhergeht. Im weiteren Sinne gehören auch Preisausschreiben oder die Gewährung von Treuerabatten durch Sammelgutscheine zu den verbraucherorientierten Maßnahmen.

**Am Handel orientierte** verkaufsfördernde Maßnahmen sind die Überlassung von Werbematerial (»Displays«) zur Aufstellung im Ladenlokal, der Einsatz von Propagandisten (im Gegensatz zur Probenverteilung und Beratung durch eigenes Personal des Einzelhandels), die Gewährung von Prämien oder die Unterbreitung von Schulungsangeboten.

Verkaufsfördernde Maßnahmen, von denen Motivationsanreize auf das Verkaufspersonal ausgehen sollen (**Verkäufer- oder Außendienstpromotion**), sind Verkaufswettbewerbe um ausgesetzte Prämien (zunehmender Beliebtheit erfreuen sich speziell zusammengestellte Fernreisen, sogenannte »Incentive Tours«) sowie das Angebot von Seminaren, die mit der Verleihung aufwändig gestalteter »Herstellerdiplome« enden.

## 9.7.2 Abgrenzung zwischen Verkaufsförderung und Werbung

Bevor der Begriff der **Verkaufsförderung** bzw. die meist synonym benutzten Begriffe Sales Promotion und Absatzförderung geprägt wurden, gab es schon den Begriff der **Direktwerbung**. Darunter wurden alle Maßnahmen verstanden, die sich unmittelbar an einen Kunden wandten, etwa in Form eines Werbebriefs, eines ins Haus gesandten Kataloges oder eines Vertreterbesuchs. Im letzteren Falle wurde ein wesentliches Element vieler erst später kreierter Sales Promotion-Aktivitäten verwirklicht, nämlich eine Situation zu schaffen bzw. zu nutzen, in der der potenzielle Käufer und das Produkt an einem Ort (dem **POS**, »Point of Sale«, oder **POP**, »Point of Purchase«) direkt zusammentreffen, wie dies etwa der Fall ist, wenn vom Hersteller eingesetzte Propagandisten in einem Supermarkt Verköstigung, Sonderpackungen zu Sonderpreisen, Beratung, Gewinnspiele usw. anbieten, und sich die Kaufhandlung direkt anschließt. Jedoch ist die Verkaufsförderung mit dem Merkmal »Zusammenbringen von Produkt und Konsumenten« auch nicht eindeutig beschrieben, da meist auch Preisausschreiben unter diesem Begriff subsumiert werden.

Einigkeit besteht in der einschlägigen Literatur lediglich darin, dass Aktionen im Rahmen der Verkaufsförderung kurzfristig und unmittelbar angelegt sind.

**Werbung** wendet sich dagegen nicht an bestimmte Personen, sondern wird aufgrund ihrer breiten Streuung – etwa durch Fernsehen und Zeitschriften – und ihres Vorkommens außerhalb von Verkaufsräumen – etwa an Plakatwänden und Omnibussen – von vielen Menschen wahrgenommen. Ihre Wirkung kann sich nicht in einer sofortigen Kaufhandlung ausdrücken; der Effekt der Media-Werbung besteht vielmehr in der – häufig unbemerkt bleibenden, durch Wiederholung und/oder Ansprache verschiedener Eingangskanäle ins Unterbewusstsein einsickernden – Beeinflussung der Zielpersonen, wobei im Nachhinein ein Zusammenhang zwischen einer einzelnen Werbemaßnahme und einer Kaufhandlung kaum abgeleitet werden kann.

Außerdem ist Werbung im Allgemeinen auf Dauer angelegt.

## 9.8 Werbung und Öffentlichkeitsarbeit

### 9.8.1 Kommunikationspolitik

Neben den verkaufsfördernden Maßnahmen sind Werbung und Öffentlichkeitsarbeit **(Public Relations)** Mittel der Kommunikationspolitik, die geeignet sind, Informationen über Produkte von der Unternehmung an die Konsumenten weiterzugeben. Ziel dieser Maßnahmen ist es, potenzielle Verbraucher zum Kauf von Waren oder zur Inanspruchnahme von Dienstleistungen zu bewegen. Bei der Entscheidung für den Einsatz von Werbemitteln und deren Ausgestaltung kommt der Psychologie eine entscheidende Rolle zu. Werbung wird in erster Linie seitens der Produzenten betrieben, die neben der Darstellung bestimmter Produkte stets auch die Selbstdarstellung des gesamten Unternehmens in der Öffentlichkeit im Auge behalten.

Daneben wird sowohl waren- als auch unternehmensorientierte Werbung auch von Handelsunternehmen betrieben.

Als wesentliche **Aufgaben der Werbung** gelten

– die Aufklärung des Verbrauchers zur Verbesserung der Markttransparenz,

- die Hinlenkung eines ohnehin vorhandenen Bedürfnisses auf ein bestimmtes Produkt zwecks Erhöhung des Umsatzes,
- die Weckung/Schaffung neuer Bedürfnisse und
- die Schaffung eines Marken-Images bis hin zur Verwendung des Markennamens als Synonym für die gesamte Gattung.

## 9.8.2 Arten der Werbung

Die einschlägige Literatur trifft eine Vielzahl von Unterscheidungen, zum Beispiel

- hinsichtlich der **Zielgruppen:**
  - **Verbraucherwerbung**, die sich direkt an den Endverbraucher wendet und daher breit gestreut ist. Typische Medien der Verbraucherwerbung sind Rundfunk, Fernsehen, Printmedien;
  - **Händlerwerbung**, die gezielt bestimmte Händlergruppen anspricht und daher häufig in Form von adressierten Anschreiben vorgenommen wird;
- hinsichtlich der **Werbebotschaft:**
  - **Produktwerbung** stellt das beworbene Produkt in den Vordergrund. Eine besondere Form der Produktwerbung ist die Gemeinschaftswerbung;
  - **Firmenwerbung:** Hier wird das werbende Unternehmen herausgestellt; die einzelnen Produkte treten in den Hintergrund (»Wenn's um Geld geht – Sparkasse«);
- hinsichtlich der **Motivationsanreize:**
  - **Informationswerbung** versucht den Konsumenten durch Aufklärung über Produkteigenschaften von der Vorteilhaftigkeit seines Erwerbs zu überzeugen; diese Form der Werbung appelliert an die Ratio des Verbrauchers im Gegensatz zur
  - **Suggestivwerbung:** Hierbei wird weniger der Verstand als vielmehr das Gefühl des potenziellen Käufers angesprochen. Die häufig vorgebrachte Kritik an der Werbung bezieht sich nahezu ausschließlich auf diese Art der Werbung, durch die auf dem Wege der Manipulation psychologische Kaufzwänge erzeugt werden;
- hinsichtlich der **Zahl der Umworbenen:**
  - **Einzelwerbung** wendet sich gezielt an die einzelne Person, etwa durch Werbebriefe oder persönliche (auch telefonische) Ansprache;
  - **Massenwerbung** richtet sich entweder an die breite Öffentlichkeit (Verbraucherwerbung) oder an eine eng umrissene Zielgruppe, z. B. nur an Ärzte oder nur an Familien mit Kleinkindern.
- hinsichtlich der **Zahl der Werbenden:**
  - **Sammelwerbungen** enthalten Werbeaussagen verschiedener Unternehmen, die gemeinsam, jedoch jeweils unter eigenem Namen, auftreten; häufig werden Einweihungen von Betrieben oder Institutionen zum Anlass für eine Sammelwerbung aller an der Errichtung beteiligten Firmen genommen;
  - **Gemeinschaftswerbung** wirbt lediglich für ein Produkt, nicht jedoch für das einzelne produzierende oder vertreibende Unternehmen; ein Beispiel für Gemeinschaftswerbung ist »Aus deutschen Landen frisch auf den Tisch«.

Diese Aufzählung ist keineswegs vollständig, und die getroffenen Abgrenzungen sind auch nicht »verbindlich«: Gerade zur Werbung ist eine Vielzahl von Literatur erschienen, aus der sich eine Fülle abweichender Gliederungen ableiten ließe.

## 9.8.3 Grundsätze korrekter Werbung

Die Werbewirtschaft nimmt für sich in Anspruch, im Wesentlichen den folgenden Grundsätzen zu folgen:

- **Wahrheit:** Im Rahmen der Werbung dürfen einem Produkt keine unzutreffenden Eigenschaften zugeschrieben werden.
- **Klarheit:** Die Werbebotschaft soll sachlich und unmissverständlich vermittelt werden.
- **Wirksamkeit:** Die Werbung soll geeignet sein, die Zielgruppe im positiven Sinne anzusprechen. Die Wirksamkeit einer Werbung hängt wesentlich von psychologischen Faktoren ab.
- **Wirtschaftlichkeit:** Die Kosten einer Werbemaßnahme müssen in einem angemessenen Verhältnis zum mutmaßlichen Werbeerfolg stehen.

In einem Wirtschaftssystem, das von Gewerbefreiheit und freiem Wettbewerb geprägt ist, ist es das selbstverständliche Bestreben eines jeden Produzenten und Händlers, einen möglichst hohen Absatz und einen möglichst hohen Gewinn zu erzielen. Damit der Wettbewerb trotzdem unter lauteren Bedingungen geführt wird, wurden eine Reihe gesetzlicher Vorschriften erlassen. Hierzu gehören der Patentschutz, der Geschmacks- und Gebrauchsmusterschutz, der Markenschutz sowie das Gesetz gegen den unlauteren Wettbewerb (UWG). Hiervon wird in Abschnitt 9.12 die Rede sein.

## 9.8.4 Festlegung des Werbebudgets

Werbung kostet Geld. Die Werbebranche erfreut sich steigender Zuwachsraten. So wurden allein im Jahre 1998 in der Bundesrepublik Deutschland ca. 60 Milliarden DM für Werbung aufgebracht. Am ausgabenfreudigsten waren hierbei die Autoindustrie, die Massenmedien, der Handel, die Unternehmen der Telekommunikation, Süßwarenproduzenten, die Pharmaindustrie, Banken und Sparkassen, Brauereien, Versandhäuser und Versicherungen.

Die oben genannten Kosten der Werbung beinhalten die Ausgaben für die Werbemittelproduktion und die Veröffentlichung der Werbung. Weitere Kosten, die ebenfalls der Werbung zugerechnet werden können, sind Preissubventionen durch die Abgabe beworbener Produkte zu Aktionspreisen und die Kosten des Warenhandling, (besondere Platzierung und Herausstellung der beworbenen Ware, z. B. in speziellen Displays, mit besonderen Plakaten und Etiketten usw.), die in erster Linie im Handel anfallen.

Die Ermittlung der optimalen Höhe der Werbeausgaben ist für viele Unternehmungen ein Problem, da keine einheitlichen Empfehlungen, etwa in Form von Formeln, zu ihrer Berechnung existieren.

Als Richtgrößen für die Bestimmung des Werbeetats kommen in Betracht

- **Umsatz:** Der für die Werbung bereitzustellende Betrag ist ein bestimmter Anteil des Umsatzes, d. h. es wird umso mehr Geld für Werbung ausgegeben, je höher der Umsatz ist. Aus der an früherer Stelle vorgenommenen Betrachtung zum Lebenszyklus von Produkten ergibt sich jedoch unmittelbar, dass diese Vorgehensweise nicht unbedingt sinnvoll ist.
- **Werbebedarf:** Unter Berücksichtigung der Lebensphase eines Produktes werden Absatz- und Werbeziele formuliert und diejenigen Aufwendungen ermittelt, die zur Zielerreichung unerlässlich sind.
- **Branchengewohnheiten:** Aus der Beobachtung der Werbeaktivitäten der Mitbewerber, aber auch aus Betriebsvergleichen können Zahlen über Gepflogenheiten der jeweiligen Branche abgeleitet werden.

Die Details der Werbedurchführung werden schließlich in einem **Werbeplan** festgelegt. Er enthält zum Beispiel die folgenden Überlegungen:

| Frage: | Alternativen: |
|---|---|
| Welche **Zielsetzung** wird mit der Werbung verfolgt? | – Umsatzsicherung<br>– Umsatzsteigerung<br>– Bedarfsweckung<br>– Imagepflege<br>usw. |
| Welche **Wünsche, Neigungen, Instinkte** sollen angesprochen werden? | – Geltungsbedürfnis<br>– Gesundheit<br>– Sicherheit<br>– Schönheit<br>– Jugendlichkeit<br>– Neugier<br>usw. |
| **Wofür** wird geworben? | – Unternehmen<br>– ein Produkt/eine Dienstleistung<br>– mehrere Produkte/Dienstleistungen |
| Wer **konzipiert** die Werbung? | – Produzent<br>– Händler<br>– Werbeagentur |
| **Wann** wird geworben? | – Saison<br>– Wochenanfang/-ende/-mitte<br>– Uhrzeit |
| **Wie lange** wird geworben? | – einmalig<br>– kurzer Zeitraum (1 Tag, wenige Tage)<br>– längerer Zeitraum<br>– unbefristet |
| **Wer wird umworben?** | – Groß-, Einzelhandel<br>– Endverbraucher |
| Welche **Zielgruppe** ist angesprochen? | – Jugend<br>– mittleres Alter<br>– Senioren<br>– einfache Bevölkerung<br>– gehobene Bevölkerung<br>– Frauen<br>– Männer<br>– Eltern<br>– Tierhalter<br>– Sportler<br>usw. |
| **Wo** wird geworben? | – lokal<br>– regional<br>– überregional |
| Mit welchen **Werbemitteln und -trägern** wird geworben? | – Plakate (Fassade, Litfaßsäulen usw.)<br>– Handzettel<br>– Postwurfsendungen<br>– Anzeigen in Tageszeitungen, Magazinen<br>– Hörfunkspots<br>– Werbefilme im Kino, im Fernsehen<br>– Propagandisten<br>usw. |
| Wie hoch ist der **Werbeetat** und wie wird er verteilt? | – Gesamtbetrag<br>– Betrag pro Periode<br>– Betrag je Produkt<br>– Betrag je Geldgeber |
| Wie wird der Werbeerfolg **kontrolliert**? | – anhand des Umsatzes<br>– anhand des Gewinns<br>– mittels Umfragen |

Inhalte eines Werbeplanes

Ein solcher Werbeplan muss langfristig angelegt sein. Als zuverlässige Checkliste ist er jedoch nur geeignet, wenn er sowohl vollständig als auch widerspruchsfrei ist.

### 9.8.5 Werbemittel und Werbeträger

Für die Verbreitung von Werbung steht eine Vielzahl unterschiedlicher Werbemittel zur Verfügung, die die Werbebotschaft über verschiedene Werbeträger in unterschiedlicher Streuung weiterzugeben geeignet sind.

Im Wesentlichen werden folgende Gruppen von Werbemitteln unterschieden:

- **Grafische Werbemittel:** Diese sind Zeitungs- und Zeitschriftenanzeigen, Werbeplakate, spezielle Werbedrucke als Zeitschriftenbeilagen oder Wurf- und Handzettel, Werbeschriftzüge an Häusern oder Fahrzeugen, Lichtwerbung usw.,
- **Werbeveranstaltungen:** Funk- und Fernsehwerbung, Kinowerbung, Vorführungen durch Propagandisten, Modeschauen usw.,
- **Werbeverkaufshilfen:** Werbegeschenke, Proben, Zugaben.

Die genannten Werbemittel werden über verschiedene **Werbeträger** verbreitet. Diese so genannten Werbemedien sind z. B. Zeitungen und Zeitschriften, Fernseher und Radio, Hauswände oder Litfaßsäulen. Die Auswahl des geeigneten Mediums zur Übermittlung der Werbebotschaft erfolgt vor allem nach den Kriterien Reichweite, Kosten, Darstellbarkeit der Werbebotschaft und Kontaktsituation.

**Werbung im Internet**

Die sich verbreitende Werbung im Internet kann keiner der genannten Kategorien eindeutig zugeordnet werden: In ihrer häufigsten Erscheinungsform, dem »Banner«, ähnelt sie zwar einer Zeitungsanzeige, aber durch die Möglichkeit, dass der Benutzer über den mit diesem Banner verbundenen »Link« auf die Website des Werbenden wechseln und dort nähere Informationen einholen kann, wird ein interaktives Element beigefügt, das sich in keinem anderen Medium findet: Der Umworbene wird selbst aktiv, kann entscheiden, welche Werbung er in welchem Maße konsumieren möchte, und kann vielfach über die Netzpräsentation Kontakt zum Werbenden aufnehmen.

*Beispiel:*
*Ein halbes Jahr nach Markteinführung der neuen Tiefkühlmenüs beauftragt die Freezy Tiefkühlkost GmbH eine Internet-Werbeagentur, ein Werbebanner zu entwerfen und auf den Web-Seiten ausgewählter Zeitschriften aus den Themenbereichen Fitness/Wellness/Gesundheit, Lifestyle, Kochen und Ernährung zu platzieren. Für die Erstellung des Werbebanners in der weit verbreiteten Standardgröße von 468 x 60 Pixel verlangt die Agentur 300 €.*

Das Internet-Werbebanner der Freezy GmbH

*Die Zeitschriften verlangen für die Veröffentlichung des Banners zwischen 20 und 30 € pro 1000 Seitenaufrufe (damit ist nicht das aktive Anklicken des Banners gemeint, sondern lediglich das Betrachten einer Seite, auf der sich ein Banner befindet). Die Kampagne soll zunächst über drei Monate laufen, und die Agentur rechnet mit ca. 1 Mio. Einblendungen,*

9 Absatzwirtschaft

*was bedeutet, dass die Seiten, auf denen das Freezy-Banner zu sehen sein wird, insgesamt 1 Mio. mal aufgerufen werden. Bei einem Durchschnittspreis von 25 € je 1000 Seitenaufrufe kostet die Kampagne also 50.000 €. Der Tausender-Kontakt-Preis (TKP, siehe unten) beträgt also 25 €. Erfahrungsgemäß klickt nur jeder 100ste Besucher das Werbebanner an, um von dort auf die Website von Freezy zu geraten. Freezy kann also binnen dieser drei Monate mit 10000 Aufrufen der eigenen Seite aufgrund der Werbemaßnahme rechnen. Da eine Bestellung der Freezy-Produkte über Internet nicht möglich ist, kann der Erfolg der Kampagne nicht unmittelbar nachvollzogen werden.*

*Freezy möchte den Besuchern aber etwas Besonderes bieten. Da gerade die Entscheidung über ein neues Logo ansteht, soll eine Internet-Abstimmung durchgeführt werden, bei der es auch etwas zu gewinnen geben soll. Wer also das Banner oder unmittelbar die Seite www.freezy.de aufruft, kann dort seine Meinung zu den beiden zur Auswahl stehenden Logos abgeben und seine Adresse hinterlassen, um am Preisausschreiben teilzunehmen.*

Die folgende Abbildung zeigt die **Startseite von www.freezy.de**.

Startseite von www.freezy.de

### Reichweite

Das **Streugebiet**, d. h. das Verbreitungsgebiet für die Werbung, wird entsprechend dem Absatzgebiet gewählt. Während für Einzelhändler die Werbung mittels Schaufenster- und Gebäudefrontgestaltung, Postwurfsendungen und Anzeigen in der lokalen Tagespresse hinreichend ist, bedienen sich große Verbrauchermärkte oder überregional wirkende Fachgeschäfte der Werbung in lokalen Radiosendern. Unternehmen mit bundesweitem Vertrieb setzen stattdessen verstärkt Zeitschriften- und Fernsehwerbung ein.

Neben der **räumlichen Reichweite** eines Werbeträgers ist auch die Anzahl der von ihm erreichten Personen **(personelle Reichweite)** und die von ihm angesprochene Zielgruppe **(gruppenspezifische Reichweite)** von Bedeutung.

## 9 Absatzwirtschaft

*Beispiele:*
*Das Absatzgebiet des Gemischtwarenladens von Tante Emma erstreckt sich über wenige Straßenzüge. Sie wirbt lediglich mit selbstgemalten Schaufensterplakaten für Sonderangebote. Hiermit erreicht sie täglich ca. 1000 Personen, denen lediglich das Wohngebiet gemeinsam ist.*

*Der Supermarkt im Ortszentrum ist Einkaufsquelle für die Bevölkerung der ganzen Stadt. Aktuelle Angebote werden einmal wöchentlich durch ganzseitige Inserate in der lokalen Tageszeitung (Auflage: 25.000 Stück) bekanntgemacht.*

*Ein großer Möbelmarkt mit einer Ausstellungsfläche von mehreren tausend Quadratmetern liefert in drei Bundesländern aus. Für ihn wird über lokale und landesweit ausstrahlende Radiosender geworben. Ausgesprochene Jugendsender werden hierbei jedoch nicht in Anspruch genommen.*

*Ein Pharmaunternehmen vertreibt Kosmetika bundesweit. Es wirbt sowohl durch Fernseh- und Hörfunkspots als auch durch Anzeigen in überregional erscheinenden auflagenstarken Frauenzeitschriften.*

Diverse Institutionen und Verbände, aber auch namhafte Verlagshäuser, tragen regelmäßig eine Vielzahl von Daten zusammen, die einem Unternehmen bei der Mediaselektion von großem Nutzen sein können und z. B. soziografische Zielgruppendaten, Werbeaktivitäten in verschiedenen Branchen, Leser- bzw. Nutzerschaft bestimmter Medien, Streubreite und -genauigkeit einzelner Werbeträger, Lesergewohnheiten, Veröffentlichungskosten usw. betreffen.

Beispielhaft seien hier der Zentralverband der deutschen Werbewirtschaft (ZAW), die Informationsgemeinschaft zur Feststellung der Verbreitung von Werbeträgern e.V. (IVW) und die Arbeitsgemeinschaft Media-Analyse e.V. (AG.MA) genannt. Die Verlage erfassen unter anderem Daten über Größe und Zusammensetzung ihres Leserkreises, die Zahl der Leser pro Nummer **(LpN-Wert)** bzw. Exemplar **(LpE-Wert)** bzw. Seite **(LpS-Wert)**.

**Kosten**

Hier ist nach Erstellungs- und Veröffentlichungskosten zu differenzieren. Letztere fallen allerdings stärker ins Gewicht, da ein einmal erstelltes Werbemittel häufiger zum Einsatz kommen wird.

Am preisgünstigsten und zugleich beliebtesten ist die Insertion in lokalen Tageszeitungen. Die Kosten einer Anzeige berechnen sich entweder nach dem Millimeterpreis oder nach Seitenanteilen (1/1-Seite, 1/2-Seite usw.) und können je nach Größe und Auflagenstärke zwischen einigen hundert und mehreren tausend Mark betragen.

Bundesweit verbreitete, sehr auflagenstarke Tageszeitungen (z. B. »Frankfurter Allgemeine«, »Süddeutsche Zeitung«) liegen preislich auf dem Niveau der Publikumszeitschriften, deren Preise für eine ganze Anzeigenseite bei ca. 15.000 € beginnen, durchaus auch sechsstellig sein können und damit denen für einen 30-Sekunden-Werbespot in einem bundesweiten Fernsehsender entsprechen.

Für die Ausstrahlung eines Rundfunk-Werbespots können je nach Sendegebiet und Tageszeit zwischen 500 € und 4.000 €, für die Anmietung einer Großplakatfläche ca. 5 €/Tag veranschlagt werden.

Für Kostenvergleiche bei Printmedien wird häufig der so genannte Tausenderpreis herangezogen. Er drückt die Relation zwischen dem Preis einer Anzeige und der verkauften Auflage aus:

**Tausenderpreis** = Anzeigenpreis x 1000 / verkaufte Auflage.

Da davon auszugehen ist, dass jedes Exemplar von mehreren Personen gelesen wird, interessiert auch der

**Tausend-Leser-Preis** = Anzeige x 1000 / Leser

Wird eine Anzeige im selben Medium mehrfach geschaltet, stellt sich die Frage nach der Zahl der möglichen Kontakte, ausgedrückt durch den

**Tausend-Kontakte-Preis** = Anzeige x 1000 / Kontakte

Analog hierzu können die Kosten der Werbeschaltung in Hörfunk oder Fernsehen durch **Tausend-Hörer-** bzw. **Tausend-Seher-Preise** ausgedrückt werden.

### Darstellung

Plakate, Zeitungs- und Zeitschriftenanzeigen ermöglichen die bildliche Darstellung des beworbenen Gegenstandes. Im Fernsehen kann sogar eine bewegte szenische Darstellung etwa der Anwendung eines Gebrauchsgegenstandes erfolgen. Funk- und Briefwerbung müssen mit verbaler Beschreibung auskommen, was gelegentlich nachteilig sein kann.

*Beispiel:*
*Die Vorzüge eines Haarpflegemittels erschließen sich am besten in der bildlichen Darstellung, also über ein Plakat- oder ein Anzeigenfoto eines frisch frisierten Models. Noch günstiger ist die bewegte Darstellung im Werbefilm, wenn Haltbarkeit und Strapazierfähigkeit des Produktes besonders herausgestellt werden sollen. Es bedarf relativ umständlicher Erklärungen oder Dialoge, um die gleiche Botschaft verbal, etwa über einen Radiospot, abzusetzen.*

Manche Reize können gleichermaßen gut über Auge und Ohr vermittelt werden: So kann die Hörfunkwerbung für ein Bier durchaus genauso wirksam oder wirksamer sein als die entsprechende Fernsehwerbung. Wenn Informationen über unbewegliche Sachen übermittelt werden sollen, ist jedoch häufig die Schriftform am günstigsten, etwa bei der Werbung für Kapitalanlageformen.

### Kontaktsituation

Entscheidend für den Erfolg einer Werbebotschaft ist vielfach, wann und wo sie dem Zielpersonenkreis begegnet: Je nach Gegenstand der Werbung mag die häusliche Situation beim abendlichen Entspannen vor dem Fernseher der wohlwollenden Aufnahme mancher Botschaft förderlicher sein als der frühe Morgen vor Arbeitsantritt, aber auch der umgekehrte Fall ist denkbar.

*Die obengenannte Bierwerbung, in der häuslichen Situation gehört oder gesehen, kann den direkten Griff zum Glas auslösen; frühmorgens im Auto auf der Fahrt zur Arbeit ist dies (glücklicherweise) weniger wahrscheinlich. Dagegen ist eine Urlaubswerbung besonders wirksam in einer ungeliebten Alltagssituation: Was läge näher, als zum morgendlichen Verkehrsstau eine Radiowerbung für eine Reise zu schalten?*

Zum Thema Werbung ist eine Fülle von Literatur erhältlich, die sich vor allem mit den psychologischen Aspekten und der Wirkung von Werbung beschäftigt, auf die an dieser Stelle nicht im einzelnen eingegangen werden soll. Nach einer häufig zitierten Regel, der so genannten »**AIDA-Formel**«, soll Werbung in der folgenden Weise wirken:

– Aufmerksamkeit erregen: **A**ttention!
– Interesse wecken: **I**nterest!
– den Besitzwunsch wecken: **D**esire!
– zur Kaufhandlung führen: **A**ction!

## 9.8.6 Werbeerfolgskontrolle

Zur Beurteilung des Erfolgs einer Werbemaßnahme ist eine systematische Erfolgskontrolle unerlässlich. Sie ist anhand der Zielgröße vorzunehmen, die im Werbeplan ausdrücklich genannt und mit der Werbekampagne verfolgt wurde.

Als Zielgrößen kommen insbesondere der Umsatz und der Bekanntheitsgrad des Produkts/ des Unternehmens in Betracht:

– **Umsatz:** Es liegt nahe, die Relation zwischen Umsatz und Werbeaufwendungen im Zeitverlauf darzustellen. Die Praxis zeigt jedoch regelmäßig, dass größere Abweichungen in den Kurvenverläufen (steigende bzw. fallende Umsätze einerseits, steigende und fallende Werbeausgaben andererseits) auf andere Einflussgrößen zurückzuführen sind, etwa auf verstärkte Marktanstrengungen von Konkurrenten, atypische Witterungsverläufe oder veränderte wirtschaftliche oder politische Rahmenbedingungen.

– **Bekanntheitsgrad:** Durch Befragungen wird ermittelt, wie viele Testpersonen ein bestimmtes Produkt oder ein bestimmtes Unternehmen kennen. Die Ergebnisse solcher Umfragen, vor allem beim Vergleich mit älteren Befragungsergebnissen, lassen Rückschlüsse auf den Wirkungsgrad der Werbung zu.

Häufig wird zwischen gestützten und ungestützten Umfragen unterschieden. Bei **ungestützten Umfragen** wird der Testperson keine Hilfe seitens des Interviewers angeboten; die Frage lautet etwa »Welche Zigarettenmarken kennen Sie?«.

Bei **gestützten Umfragen** wird dagegen eine Reihe von möglichen Antworten angeboten, aus denen zutreffende Antworten auszuwählen sind; so wird dem Testkandidaten etwa eine Liste mit zehn Namen von Zigarettensorten vorgelegt, aus denen er die ihm bekannten Namen aussuchen soll.

Die Auswirkungen der Werbung zeigen sich häufig nicht nur am beworbenen Produkt bzw. Artikel; vielmehr sind Wechselwirkungen mit anderen Produkten bzw. Artikeln denkbar. Wechselwirkungen ergeben sich häufig im Handel zwischen verschiedenen Artikeln eines Sortiments: Zugleich mit dem Umsatz eines beworbenen Artikels steigt der Umsatz eines Komplementärgutes (d. h. eines Artikels, der den beworbenen Artikel ergänzt). Der Umsatz eines Substitutionsgutes wird dagegen gebremst.

*Beispiel:*
*In einem Supermarkt wird weißer Rum in einer Werbeaktion verbilligt angeboten. Zugleich steigt der Umsatz von Colagetränken. Der Umsatz braunen Rums entwickelt sich gleichzeitig rückläufig.*

## 9.8.7 Public Relations

Die Öffentlichkeitsarbeit eines Unternehmens beschränkt sich nicht allein auf die Werbung für Produkte, sondern erstreckt sich darüber hinaus auf die Darstellung des Unternehmens an sich in der Öffentlichkeit. Die produktunabhängige Öffentlichkeitsarbeit wird allgemein als Public Relations bezeichnet. Ihre Ziele sind Imageverbesserung oder -pflege, Verständniswerbung und Vertrauensbildung.

*Ein Unternehmen der chemischen Industrie, das im Kreuzfeuer der öffentlichen Diskussion um den Umweltschutz steht, stiftet der benachbarten Gemeinde ein Messfahrzeug zur mobilen Luftdatenerfassung und erzeugt oder festigt damit das Vertrauen der Bevölkerung in die Einhaltung der Emissionsbestimmungen.*

*Ein Stromversorgungsunternehmen, das Einwände von Bürgerinitiativen gegen den geplanten Bau eines Kernkraftwerks befürchtet, startet eine Anzeigenkampagne, in der dar-*

*gelegt wird, dass nur so die Stilllegung mehrerer überalterter, die Umwelt stark belastender Kohlekraftwerke möglich ist. Hierdurch wird um Verständnis für die unpopuläre Maßnahme geworben.*

*Eine Handelskette verkündet öffentlich, dass sie ab sofort auf den Verkauf von Getränken in Dosen und Einwegflaschen verzichten und nur noch Pfandflaschen anbieten will. Über die öffentliche Anerkennung dieser Maßnahme wird eine andauernde positive Einstellung der Konsumenten gegenüber dem betreffenden Unternehmen gefördert.*

Weitere PR-Mittel sind unternehmenseigene Informationszentren, Betriebsführungen, Sonderveranstaltungen für die Bevölkerung (»Tag der offenen Tür«), Pressekonferenzen, Filme, Medienauftritte von Firmenvertretern und das (unter 9.8.9 eingehender beschriebene) **Sponsoring**, etwa im Bereich des Sports oder der Kultur. Große Unternehmen beschäftigen PR-Fachleute oder Agenturen, die mit der Gestaltung und Pflege des Unternehmensbildes in der Öffentlichkeit befasst sind.

## 9.8.8 Product Placement

Product Placement ist das gezielte Einbinden von Marken, Produkten und Dienstleistungen in den Handlungsablauf von Spiel- und Fernsehfilmen sowie sonstigen Fernsehsendungen. Weil eine zu offensichtliche Produktwerbung innerhalb einer Spielhandlung den Unwillen der Zuschauer erregen würde, soll der **Eindruck der Zufälligkeit** erzeugt werden: Der Protagonist des Spielfilms raucht eine bestimmte Zigarettenmarke; seine Kinder essen gerade bestimmte Cornflakes, seine Partnerin trägt eine bestimmte Armbanduhr; der Talkshowgast kommt wie zufällig auf sein neuestes Buch zu sprechen. Product Placement tritt häufig in Verbindung mit Sponsoring auf.

## 9.8.9 Sponsoring

Sponsoring ist kein uneigennütziges Mäzenatentum, sondern eine auf Leistung und Gegenleistung angelegte Unterstützung. Häufigste Form ist der Tausch »Sponsorengelder gegen Publicity«: Veranstaltungen (in neuerer Zeit auch Fernsehsendungen), gemeinnützige Einrichtungen oder einzelne Personen mit hohem Bekanntheits- und Beliebtheitsgrad werden mit Geld oder Sachmitteln unterstützt. Im Gegenzug weisen die Unterstützten auf den Sponsor hin. Praktisch geschieht dies durch die Übertragung von Werberechten, je nach Sachlage auch von Ausrüsterrechten, Servicerechten, Verwertungsrechten oder sonstigen Rechten. Aus Sicht des Sponsors wird damit ein positiver »**Imagetransfer**« angestrebt. Neben dem Urtyp des Sponsorings, dem Sport-Sponsoring, haben sich inzwischen zahlreiche weitere Formen herausgebildet, z. B. das Kultur-, Öko- Sozio-, Wissenschafts-, Medien- und Internet-Sponsoring.

## 9.9 Verkauf

Im Folgenden wird überblicksartig auf die Aktivitäten der Absatzdurchführung eingegangen, also auf diejenigen betrieblichen Tätigkeiten, die ein Sachbearbeiter der Verkaufsabteilung ausführen und diejenigen Bedingungen und Gegebenheiten, die er kennen und beachten muss.

## 9.9.1 Auftragseinholung und -bearbeitung

Jede eingehende bzw. mit Hilfe der vorstehend vorgestellten Helfer (vgl. Abschn. 9.6.1.2 - 9.6.1.3) und Aktivitäten eingeholte Bestellung ist ein **Auftrag**, der zunächst geprüft und anschließend schriftlich bestätigt wird. Die Überprüfung umfasst die in früheren bzw. folgenden Abschnitten gesondert dargestellten Aktivitäten

– Bonitätsprüfung,

– Prüfung der Lieferbereitschaft und

– Festlegung der Lieferzeit.

Mit der schriftlichen Bestätigung erfolgt die Vergabe einer Auftragsnummer und – meist EDV-mäßige – Erfassung der Auftragsdaten (Bestellmenge und -artikel, Kunden, Eingangsdatum, Lieferfrist usw.).

## 9.9.2 Bonitätsprüfung

Üblicherweise erfolgt die Auslieferung bestellter Ware bzw. die Ausführung von Dienstleistungsaufträgen vor der Zahlung durch den Kunden, was einer **Kreditgewährung** gleichkommt. Da jede Krediteinräumung mit einem Verlustrisiko behaftet ist, muss der Annahme eines Auftrages die Prüfung der Kreditwürdigkeit des Kunden, auch Bonitätsprüfung genannt, vorangehen.

Anhaltspunkte für die Zahlungsfähigkeit eines Altkunden ergeben sich aus der Abwicklung früher getätigter Geschäfte. Handelt es sich um einen Neukunden, so kann versucht werden, Auskünfte über Geschäftsfreunde oder gewerbliche Auskunfteien einzuholen. Auskünfte allgemeiner Art können über die Kammern erteilt werden.

Aufschlüsse über die Vermögensverhältnisse und die Realisierung von Ansprüchen im Insolvenzfalle kann die Einsicht in öffentliche Register (Handelsregister, Güterrechtsregister, evtl. Grundbuch) geben. Dagegen ist die Erlangung detaillierter Auskünfte über Banken und Sparkassen ebensowenig möglich wie die Einsichtnahme in die (nichtöffentlichen) Protestlisten, in denen Wechselproteste registriert werden.

Die Gewährung von Lieferantenkrediten ist ein bewährtes Mittel der Absatzförderung. Wie bereits erwähnt (vgl. Abschn. 9.5.2.2), sind diese Kredite, verglichen mit marktüblichen Darlehenskonditionen, jedoch relativ teuer.

Auf die zur Sicherung von Warenkrediten häufig benutzten Instrumente des **Eigentumsvorbehalts**, **erweiterten Eigentumsvorbehalts** und **Wechselziehung** wurde ebenfalls bereits in Abschnitt 9.5.2.2 eingegangen.

## 9.9.3 Lieferbereitschaft und Lieferzeit

In Abschnitt 9.6.2 wurde bereits ausführlich auf die Lieferbereitschaft eingegangen. Daher erfolgt hier keine weitere Behandlung dieses Aspekts.

Eine bestimmte Lieferzeit bedarf der Vereinbarung; ansonsten gilt nach § 271 BGB, dass der Lieferer sofort liefern muss bzw. der Käufer sofortige Lieferung verlangen kann.

## 9.9.4 Kundendienst

Im Rahmen der Absatzdurchführung werden häufig (meist freiwillige) Leistungen erbracht, die

- **vor** Auftragserteilung den Kaufanreiz erhöhen sollen, z. B. Beratung, Lieferung zur Probe, auftragsunabhängige Erarbeitung von Problemlösungen;
- **nach** dem Kauf Kundenzufriedenheit und -treue bewirken sollen, z. B. die Einräumung von Umtauschrechten, Nachbetreuung, Gewährleistungen und Reparaturservice.

Häufig herstellerseitig angebotene »**After-Sales**«-Kundendienstleistungen sind Schulungen für Abnehmer bzw. deren Mitarbeiter, Reparatur- und Wartungsdienste, die Unterhaltung von »Hotlines« und Modernisierungs- und Erweiterungsangebote zu Sonderkonditionen (»Support«, »Engineering«).

Auch der Handel unterbreitet Kundendienstangebote nach dem Kauf, vor allem

- Warenlieferung,
- Umtauschabwicklung,
- Reparaturabwicklung,
- Änderungsdienst und
- Kreditgewährung.

Entscheidungen bezüglich des vorzuhaltenden Kundendienstangebotes betreffen vorrangig die

- **Kosten:** Werden die Leistungen kostenlos oder gegen Entgelt erbracht?
- **Qualität:** Wie soll das Informationsmaterial beschaffen sein; welche Qualifikation muss das Beratungspersonal haben?
- **Auswahlkriterien (»Selektion«):** Erstrecken sich die Leistungen auf das Gesamtangebot oder auf nur auf bestimmte Artikel; werden sie in jedem Falle oder nur ab einem bestimmten Einkaufswert erbracht?
- **Menge:** Wieviel Beratungs- und Reparaturpersonal, wieviele Lieferfahrzeuge sollen vorgehalten werden; innerhalb welcher Fristen sind Umtausch bzw. kostenfreie Reparaturen möglich?
- **Differenzierung nach Märkten:** Ist der Service international einheitlich oder von Land zu Land unterschiedlich?

## 9.10 Absatzkontrolle

### 9.10.1 Ergebniskontrolle

Voraussetzung für den zielgerechten Einsatz von Marketinginstrumenten ist die kurzfristige Erkenntnis der Notwendigkeit korrigierender Eingriffe in das Marktgeschehen. Diese Notwendigkeit ergibt sich aus Abweichungen zwischen geplantem und tatsächlich getätigtem Absatz, der deshalb der Kontrolle in kurzen Abständen bedarf. Diese ergebnisorientierte **Abweichungskontrolle** erstreckt sich im Einzelnen auf

- die **Entwicklung des Umsatzes** im unternehmensinternen Zeitvergleich wie auch im Betriebsvergleich sowie auf die Entwicklung des Marktanteils und
- die **Umsatzstruktur**, d. h. die Verteilung des Umsatzes auf die verschiedenen Produktgruppen und Produkte.

9 Absatzwirtschaft

Weitere Kontrollen beziehen sich auf die Entwicklung der Aufwendungen für Werbung, Public Relations, Sales Promotion, Absatzhelfer usw.

## 9.10.2 Marketing-Audit

In Buch 1, Abschnitt 3.4.2.3, wurde bereits eine Reihe von wiederholt durchzuführenden und einem Standard-Procedere folgenden Revisionen unter dem Begriff des Audits abgehandelt. Im Rahmen des Marketing-Audits, das eine unternehmensinterne Maßnahme darstellt, werden Marketingziele, -konzepte und -strategien regelmäßig vor dem Hintergrund der aktuellen Marketing-Umwelt hinterfragt. Ergibt sich dabei, dass bisher verfolgte Ziele und angewandte Strategien nicht mehr »passen«, werden Ursachen und Folgerungen, die sich daraus ergeben, ermittelt und dementsprechend Maßnahmen getroffen, die geeignet sind, dem Unternehmen eine Adaption (vgl. Buch 1, Abschn. 3.1.2.2.5) zu ermöglichen.

## 9.11 Verbraucherschutz

Unter Verbraucherschutz wird der Schutz des privaten Endverbrauchers verstanden. Er ist notwendig, um zwischen Verbraucher und Anbieter ein Gleichgewicht der Kräfte herzustellen und zu erhalten. Zum Verbraucherschutz gehören die Informationsmöglichkeiten des Verbrauchers sowie die Stärkung seiner Position durch gesetzliche Regelungen.

### 9.11.1 Verbraucherinformation und Verbraucherberatung

Damit der Verbraucher seine Aufgabe als Konsument im Wirtschaftsprozess erfüllen kann, benötigt er die Möglichkeit sich zu informieren. Diese Möglichkeit wird durch verschiedene Organisationen geboten.

Die **Arbeitsgemeinschaft der Verbraucherverbände** ist der Dachverband verschiedener verbraucherschützender Mitgliedsorganisationen.

Nach ihrer Satzung hat die Arbeitsgemeinschaft der Verbraucherverbände die Aufgabe, in der Öffentlichkeit umfassend die Interessen und Rechte der Verbraucher zu vertreten. Insbesondere gehören dazu der Schutz der wirtschaftlichen Interessen und der Gesundheit der Verbraucher sowie der Schutz der Umwelt. Weiteres satzungsmäßig erklärtes Ziel ist es, durch Verbraucherinformation, Verbraucherberatung und Verbraucherbildung die Selbsthilfe der Verbraucher zu stützen und zu fördern.

Die **Verbraucherzentralen** sind Mitglieder der Arbeitsgemeinschaft der Verbraucherverbände. Bundesweit gibt es rund 350 Beratungsstellen, deren allgemeine Zielsetzung die Stärkung des Verbrauchers ist.

Verbraucherzentralen werden in folgendem Umfang tätig:

– Vertretung verbraucherpolitischer Interessen,

– Einsatz für verbesserten Verbraucherschutz (z. B. durch Stellungnahmen zu Gesetzesentwürfen),

- Kontrolle und Durchsetzung bestehender gesetzlicher Regelungen,
- Aufklärung des Verbrauchers über seine Rechte,
- Unterstützung bei Konsumentscheidungen durch Beratung und Information,
- Herausgabe umfangreichen Informationsmaterials.

Die Palette der Beratungsthemen orientiert sich am Verbraucher. Herausgebildet haben sich folgende **Schwerpunkte:**

- Ernährungsberatung,
- Energieberatung,
- Rechtsberatung,
- Reklamationsberatung,
- Produktberatung,
- Kreditberatung,
- Versicherungsberatung,
- Umweltberatung.

Eine weitere Einrichtung zur Stärkung der Position des Verbrauchers ist der **Verbraucherschutzverein**. Er wurde von der Arbeitsgemeinschaft der Verbraucherverbände und den Verbraucherzentralen gegründet. Der satzungsmäßig verankerte Zweck des Verbraucherschutzvereins besteht darin, die Interessen der Verbraucher durch Aufklärung und Beratung wahrzunehmen und zu fördern.

Der Verbraucherschutzverein wird auch rechtsberatend tätig und bekämpft Verstöße gegen das Gesetz gegen den unlauteren Wettbewerb (UWG) sowie Verstöße gegen die Regelungen der Allgemeinen Geschäftsbedingungen (§§ 305 ff BGB).

Die **Stiftung Warentest** ist ein Institut, das vergleichend Waren und Dienstleistungen untersucht. Sie wurde 1964 von der Bundesregierung gegründet. Nach ihrer Satzung hat sie die Aufgabe, die Öffentlichkeit über objektivierbare Merkmale von Waren und Dienstleistungen zu informieren.

Weiteres Ziel der Stiftung Warentest ist die Aufklärung des Verbrauchers über Möglichkeiten und Techniken der optimalen privaten Haushaltsführung. Die Ergebnisse der Untersuchungen veröffentlicht die Stiftung Warentest insbesondere durch die Zeitschriften »Test« und »Finanztest« sowie im Fernsehen.

## 9.11.2 Verbraucherschutz – gesetzliche Regelungen

Die Stellung des Verbrauchers wird durch verschiedene gesetzliche Regelungen gestärkt, von denen die meisten an anderer Stelle in diesem Buch behandelt werden. Im Folgenden wird zusammenfassend ein Überblick über die rechtlichen Grundlagen des Verbraucherschutzes gegeben.

- **Schutz vor defekten und gefährlichen Produkten:** Vorschriften hierzu betreffen bzw. befinden sich in folgenden Rechtsvorschriften:
    - **Produkthaftung** des Herstellers nach dem ProdHaftG (vergl. Buch 1, Abschn. 3.7.3)
    - **deliktische** Produkthaftung gemäß § 823 BGB (vergl. Abschn. 7.9.3.2),
    - **Produktsicherheit**
        - nach dem Geräte- und Produktsicherheitsgesetz (vergl. Abschn. 7.9.3.1),
        - nach Lebensmittelrecht und
        - nach Arzneimittelrecht;

9 Absatzwirtschaft

- **Schutz vor unlauterer Werbung:** UWG (vergl. Abschn. 9.12.1.2);
- **Schutz vor unlauteren Geschäftsbedingungen:** (vergl. Abschn. 10.2.2.5) §§ 305 ff BGB;
- **Schutz des Käufers:** §§ 437 ff. BGB (vergl. Abschn. 10.2.3.1.3) und §§ 474 ff BGB (vergl. Abschn. 10.2.3.1.4);
- **Schutz des Kreditnehmers:** §§ 499 ff BGB (vergl. Abschn. 10.2.3.1.6).

Grundlage des **Lebensmittelrechts** bildet das Lebensmittel- und Bedarfsgegenständegesetz (LMBG). Ziel des LMBG ist der Schutz des Verbrauchers vor Gesundheitsgefahren und Täuschungen. Es verbietet die Herstellung und Behandlung von Lebensmitteln und Bedarfsgegenständen, deren Verzehr oder Gebrauch gesundheitsschädigend sein könnte; weiter verbietet das LMBG, Lebensmittel in irreführender Art in den Verkehr zu bringen sowie für Tabakwaren in Rundfunk und Fernsehen zu werben.

Den Mittelpunkt des **Arzneimittelrechts** bildet das Arzneimittelgesetz (AMG). Ziel des AMG ist, eine optimale Arzneimittelsicherheit zu erreichen. Das AMG verbietet das Inverkehrbringen bedenklicher Arzneimittel, schreibt bestimmte Angaben auf Packungen und Packungsbeilagen vor und statuiert die Zulassungspflicht für Arzneimittel.

## 9.12 Weitere Rechtsgrundlagen

### 9.12.1 Wettbewerbsrecht

Unser wirtschaftliches Leben beruht auf der Garantie eines freien Wettbewerbs, der im Rahmen eines marktwirtschaftlichen Systems entscheidend für die Preisentwicklung und Preisgestaltung verantwortlich ist. Da ein funktionierender Wettbewerb aber auf den wirtschaftlichen Kampf der Mitbewerber abstellt, neigt mancher dazu, das Gebiet des fairen Wettbewerbs zu verlassen und den Konkurrenten mit unlauteren Mitteln gegenüberzutreten. Es ist Aufgabe des Wettbewerbsrechts, derartige Verfehlungen zu verhindern und den fairen Wettbewerber vor unbilligen Benachteiligungen zu schützen. Aber auch der Verbraucher ist Schutzobjekt des Wettbewerbsrechts; denn ein funktionierender Wettbewerb garantiert eine nach marktwirtschaftlichen Regeln erwünschte Kokurrenzsituation, die durchweg zu einer verbraucherfreundlichen Angebots- und Preisgestaltung führt.

Der Sicherung eines fairen Wettbewerbs dient das Gesetz gegen den unlauteren Wettbewerb (**UWG**) und das Gesetz gegen Wettbewerbsbeschränkungen (**GWB**), auch Kartellgesetz genannt.

Ebenfalls der Wettbewerbssicherung dienten das Rabattgesetz und die Zugabeverordnung, die im Juli 2001 aufgehoben wurden (vgl. Abschn. 9.5.2.1). Ziel der Aufhebung war die Modernisierung des Zugabe- und Rabattrechts, da die bis dahin bestehende Rechtslage nicht mehr den Bedürfnissen der Verbraucher noch denen der Wirtschaft entsprach.

#### 9.12.1.1 Gesetz gegen Wettbewerbsbeschränkungen (GWB)

Unser Wirtschaftssystem ist marktwirtschaftlich organisiert. Es funktioniert nur, wenn jedem Gewerbetreibenden der freie Zugang zum Markt gewährt wird, sodass sich durch Angebot und Nachfrage ein Wettbewerb entwickeln kann.

Damit dieser erforderliche Wettbewerb nicht unterlaufen wird, indem sich z. B. Anbieter oder Nachfrager zu abgestimmtem Verhalten verabreden oder einzelne Unternehmen wegen ihres großen Marktanteils ihre wirtschaftliche Macht zum Nachteil des Wettbewerbs missbrauchen, wurde eine entsprechende Regelung geschaffen.

Das Gesetz gegen Wettbewerbsbeschränkungen (GWB) ist allgemein bekannt unter dem Namen **Kartellgesetz** und wurde in 2005 novelliert. Nach diesem Gesetz ist der Staat berechtigt, gegen jene vorzugehen, die den freien Wettbewerb gefährden oder außer Kraft setzen. Über die Einhaltung der im Kartellgesetz festgelegten Normen wacht das Bundeskartellamt mit Sitz in Bonn. Diese Behörde ist berechtigt, bei Verstößen Bußgelder in Millionenhöhe zu verhängen und erzielte Gewinne abzuschöpfen. Weiterhin gehört es zu ihrer Aufgabe, von vornherein eine Zusammenschlusskontrolle von marktbeherrschenden Unternehmen vorzunehmen und dann zu verbieten, wenn durch den Zusammenschluss Nachteile für den Wettbewerb absehbar sind.

Nach dem GWB sind grundsätzlich Verträge, Beschlüsse oder aufeinander abgestimmte Verhaltensweisen unzulässig, die darauf abzielen, den Wettbewerb zu verhindern, einzuschränken oder zu verfälschen.

Von diesem generellen Verbot macht das GWB jedoch in den Bereichen **Ausnahmen**, in denen das beabsichtigte Kartell nicht zum Schaden eines funktionierenden Wettbewerbs erfolgt (z. B. im Rahmen so genannter Konditionenkartelle, in denen einheitliche Geschäfts-, Liefer- und Zahlungsbedingungen vereinbart werden). Ebenso sind Normungskartelle zulässig, deren Inhalt auf einheitliche Benutzung von Industrienormen abstellt.

Stets verboten ist wettbewerbsbeschränkendes oder diskriminierendes Verhalten. So dürfen sich Unternehmen nicht zusammenschließen, um durch abgestimmtes Verhalten einen unliebsamen Konkurrenten aus dem Markt zu werfen. Genauso ist es verboten, Konkurrenten über Liefer- oder Bezugssperren zu behindern, auch dürfen marktbeherrschende Unternehmen nicht ohne sachlichen Grund andere Unternehmen, die mit ihnen in Geschäftsbeziehung stehen, ungleich behandeln.

### 9.12.1.2 Gesetz gegen den unlauteren Wettbewerb (UWG)

Das Gesetz gegen den unlauteren Wettbewerb, kurz UWG genannt, hat die Aufgabe, das Verhalten der Konkurrenten auf dem Markt zu regeln. Es schützt Mitbewerber, Verbraucher und sonstige Marktteilnehmer vor unlauterem Wettbewerb sowie das Interesse der Allgemeinheit an einem unverfälschten Wettbewerb (§ 1 UWG).

Gemäß § 3 UWG sind im geschäftlichen Verkehr alle Handlungen zu Zwecken des Wettbewerbs verboten, die geeignet sind, den Wettbewerb nicht nur unerheblich zu beeinträchtigen. Diese Formulierung ist naturgemäß unbestimmt. Der Gesetzgeber hat bei der im Juli 2004 erfolgten Novellierung des UWG beispielhaft aufgeführt, was unlauterer Wettbewerb ist (§ 4 UWG), was unter irreführender Werbung verstanden werden muss (§ 5 UWG) und wann vergleichende Werbung unlauter ist (§ 6 UWG).

Daneben gibt es im neuen UWG auch Regelungen, die sich mit unzumutbaren Belästigungen von Marktteilnehmern befassen (§ 7 UWG). Insbesondere ist hier der Problemkreis der unerlaubten, aufgedrängten Werbung geregelt.

#### 9.12.1.2.1 Beispiele unlauteren Wettbewerbs

In § 4 UWG nennt das Gesetz Beispiele unlauteren Wettbewerbs. Diese Beispiele sind nicht abschließend, sondern können durch die Rechtsprechung erweitert werden.

Gemäß § 4 UWG wirbt u. a. **unlauter**, wer

– Wettbewerbshandlungen vornimmt, die geeignet sind, die **Entscheidungsfreiheit** durch unangemessenen, unsachlichen Einfluss der Verbraucher und Marktteilnehmer zu beeinträchtigen;
– Wettbewerbshandlungen vornimmt, die geeignet sind, **Ängste** oder **Zwangslagen** von Verbrauchern oder die geschäftliche Unerfahrenheit insbesondere von Kindern oder Jugendlichen auszunutzen;
– den Wettbewerbscharakter von Wettbewerbshandlungen **verschleiert;**
– die Bedingungen für verkaufsfördernde Maßnahmen wie Preisnachlässe oder Zugaben **mehrdeutig** angibt;
– die Teilnahme an **Preisausschreiben** vom Erwerb einer Ware abhängig macht oder die Teilnahmebedingungen eines Preisausschreibens mit Werbecharakter nicht eindeutig angibt;
– Mitbewerber gezielt **behindert** oder deren Waren, Dienstleistungen oder Unternehmen **verunglimpft**.

### 9.12.1.2.2 Irreführende Werbung

Nach § 5 UWG gilt irreführende Werbung als unlauter und ist damit unzulässig. Als irreführend wird z. B. Werbung mit der Herabsetzung eines Preises vermutet, wenn dieser nur für eine unangemessen kurze Zeit gilt (§ 5 Abs. 4 UWG). Auch das Bewerben einer Ware, die in nicht angemessener Menge vorgehalten wird, ist irreführend (§ 5 Abs. 5 UWG).

Ob eine Werbung irreführend ist, wird unter Berücksichtigung aller ihrer Bestandteile beurteilt:

Betrachtet werden dabei insbesondere die Angaben über die Ware oder Dienstleistung, wie z. B. Verfügbarkeit, Art, Ausführung, Verwendungsmöglichkeit, Menge etc. Es sind aber auch in der Person des Werbenden liegende Merkmale, wie seine Befähigung oder Auszeichnungen für das Vorliegen einer irreführenden Werbung, von Bedeutung.

Ob auch das **Verschweigen** einer Tatsache irreführend ist, hängt von deren Bedeutung für die Entscheidung zum Vertragsschluss nach der Verkehrsauffassung ab und davon, ob das Verschweigen geeignet ist, die Entscheidung zum Vertragsschluss zu beeinflussen.

### 9.12.1.2.3 Vergleichende Werbung

Vergleichende Werbung liegt vor, wenn die Ware oder Dienstleistung eines **Mitbewerbers** erkennbar gemacht wird. Wann diese Form der Werbung unlauter ist, bestimmt § 6 UWG.

**Unlauter** ist der Wettbewerb z. B. dann, wenn sich der Vergleich nicht auf Waren für den gleichen Bedarf oder Zweck bezieht oder aber nicht objektiv auf wesentliche, nachprüfbare Eigenschaften der Ware gerichtet ist. Außerdem darf der Vergleich nicht zu einer Verwechslung zwischen dem Werbenden und einem Mitbewerber führen.

Verunglimpfende Vergleiche oder solche, die die Wertschätzung des von einem Mitbewerber verwendeten Kennzeichens ausnutzen, sind ebenfalls nicht zulässig.

Falls sich der Vergleich auf ein Angebot mit besonderen Bedingungen bezieht, müssen diese dargestellt werden, beispielsweise der Zeitpunkt des Beginns und des Endes eines Angebotes oder der Hinweis auf die eingeschränkte Verfügbarkeit einer Ware (z. B. Angebot nur gültig, solange Ware vorrätig).

### 9.12.1.2.4 Unzumutbare Belästigungen

Unzumutbare Belästigungen stellen eine Form des unlauteren Wettbewerbs im Sinne von § 3 UWG dar. Gemäß § 7 UWG sind unzumutbare Belästigungen insbesondere dann anzunehmen, wenn Werbung zugestellt wird, obwohl erkennbar ist, dass der Empfänger diese Werbung nicht wünscht oder wenn sonstige Werbung (telefonisch, per E-Mail oder Fax) ohne Einwilligung des Adressaten erfolgt (§ 7 Abs. 2 UWG).

Erleichterungen hiervon ergeben sich aus § 7 Abs. 3 UWG: So ist z. B. eine Werbung »unter Verwendung elektronischer Post« zulässig, wenn ein Kunde der Verwendung nicht widersprochen hat.

### 9.12.1.2.5 Rechtsfolgen von Wettbewerbsverstößen

Nach § 8 UWG kann derjenige, der unlauter wirbt, auf **Beseitigung** und **Unterlassung** in Anspruch genommen werden. Dieser Anspruch kann geltend gemacht werden von jedem Mitbewerber, Industrie- und Handelskammern, Handwerkskammern sowie sonstigen rechtsfähigen Verbänden zur Förderung gewerblicher oder selbstständiger beruflicher Interessen.

Neben dem Unterlassungsanspruch ergibt sich für die Mitbewerber aus § 9 UWG ein Anspruch auf Ersatz des durch den unlauteren Wettbewerbs entstandenen **Schadens**. Zudem kann verlangt werden, dass der durch den unlauteren Wettbewerb **erzielte Gewinn** an den Bundeshaushalt herausgegeben wird (§ 10 UWG).

**Strafbare** Werbung wird gemäß § 16 UWG mit Freiheitsstrafe bis zu zwei Jahren oder Geldstrafe geahndet. Strafbar ist insbesondere Werbung, die an einen größeren Personenkreis gerichtet mit irreführenden Angaben wirbt, um den Anschein eines besonders günstigen Angebots hervorzurufen.

## 9.12.2 Außenwirtschaftsrecht

Die Bundesrepublik Deutschland ist ein Exportland. Neben einem Güter- und Dienstleistungsangebot, das qualitativ und preislich auch auf dem internationalen Markt konkurrenzfähig ist, ist ein rechtlicher Rahmen unerlässlich, der eine möglichst reibungsverlustfreie Abwicklung des Außenhandels ermöglicht. Im Folgenden soll dieses Außenwirtschaftsrecht in seinen Grundzügen dargestellt werden.

### 9.12.2.1 Risiken und rechtlicher Rahmen des Außenhandels

Grundsätzlich ist die Ausfuhr von Waren aus Deutschland zulässig. Dies ergibt sich nicht allein aus den Art. 12 und 14 des Grundgesetzes (Berufsfreiheit/Eigentumsschutz), sondern laut § 1 des **Außenwirtschaftsgesetzes (AWG)** sind alle Geschäfte mit dem Ausland uneingeschränkt zulässig, sofern sie nicht ausdrücklich Beschränkungen unterworfen sind. Diese ergeben sich im Wesentlichen aus dem AWG selbst, der **Außenwirtschaftsverordnung (AWV)** und verschiedenen **Verordnungen und Richtlinien der Europäischen Union**. Außerdem können Verbote oder Genehmigungspflichten von der Bundesregierung per Rechtsverordnung erlassen werden. Außenhandelsgeschäfte, die ohnehin mit höheren wirtschaftlichen Risiken belastet sind als Inlandsgeschäfte, müssen also zusätzlich daraufhin überprüft werden, ob sie in Einklang mit dem geltenden Recht durchgeführt werden können.

Vor Annahme eines Auftrages aus dem Ausland muss der Exporteur prüfen, ob für das angeforderte Gut ein zwingendes **Ausfuhrverbot** besteht oder eine **Genehmigung** eingeholt werden muss. Dies zu beurteilen ist insofern schwierig, als Ausfuhrbeschränkungen aufgrund politischer Veränderungen und Krisensituationen kurzfristig auf dem Verordnungswege ergehen können.

Ein Unternehmen, das am Außenwirtschaftsverkehr teilnimmt, ist daher verpflichtet, sich mit dem geltenden Recht vertraut zu machen und diese Kenntnisse auf dem aktuellen Stand zu halten. Die im Rechtssinne verantwortliche Geschäftsleitung eines Unternehmens, die für bestimmte Exportgeschäfte verpflichtet ist, einen **Ausfuhrverantwortlichen** aus ihren eigenen Reihen (Vorstands-, Geschäftsführungsmitglied, vertretungsberechtigter Gesellschafter) zu stellen, muss also eine entsprechende Organisation schaffen. Kompetente Mitarbeiter und laufende Information und Weiterbildung sind unerlässlich, zumal gemäß § 134 BGB ein Rechtsgeschäft, das unter Missachtung geltenden Rechts getätigt wird, im Zweifelsfalle nichtig und die Forderung aus einer widerrechtlich vorgenommenen Lieferung ohne Rechtsbestand ist.

Für die rechtliche Bewertung eines Exportgeschäftes ist der Zeitpunkt des Vertragsschlusses maßgeblich. Wenn sich nach Vertragsschluss, aber vor Abwicklung des Geschäfts die Rechtslage ändert und die Ausfuhr in das betreffende Land verboten wird **(Embargo)**, liegt eine Unmöglichkeit der Leistungserbringung gemäß § 323 BGB vor. Hat der exportwillige Unternehmer bereits mit der Fertigung des für die Ausfuhr bestimmten Gutes begonnen, kann er daher auch in diesem Falle in der Regel keine Zahlung verlangen.

### 9.12.2.2 Außenwirtschaftsgesetz und Außenwirtschaftsverordnung

Das **Außenwirtschaftsgesetz (AWG)** nennt selbst kaum konkrete Beschränkungen und Verbote, sondern ist ein Ermächtigungsgesetz für den Verordnungsgeber. Es gilt:

– Rechtsgeschäfte (Exportverträge) und Handlungen (Warenversendung) können beschränkt werden. Die Beschränkung kann in der Einführung der Erfordernis einer Genehmigung (Verbot mit Erlaubnisvorbehalt) oder in einer generellen Untersagung bestehen (§ 2 AWG).

– Beschränkungen sind auf das Maß zu begrenzen, das zur Erreichung des angestrebten Zwecks notwendig ist, und aufzuheben, sobald die Gründe entfallen sind.

– In die Freiheit der wirtschaftlichen Betätigung soll so wenig wie möglich eingegriffen werden.

– In die Abwicklung abgeschlossener Verträge darf nur eingegriffen werden, wenn der vom Verordnungsgeber angestrebte Zweck ansonsten erheblich gefährdet würde.

Der Erlass von ausfuhrbeschränkenden Rechtsverordnungen ist möglich, wenn

– die Bundesrepublik aufgrund zwischenstaatlicher Vereinbarungen gehalten ist, Beschränkungen des Exportes vorzunehmen (§ 5 AWG). Solche zwischenstaatlichen Vereinbarungen sind vornehmlich EU-Richt**linien**, da diese in nationales Recht umzusetzen sind. EU-Rechts**verordnungen** haben dagegen in den EU-Mitgliedsstaaten unmittelbare rechtliche Geltung. Ein Beispiel hierfür ist das in 1990 von der EG verhängte Embargo gegen Kuwait und Irak.

– sie nötig sind, um die Sicherheit der Bundesrepublik zu gewährleisten, eine Störung des friedlichen Zusammenlebens der Völker zu vermeiden oder um zu verhüten, dass die auswärtigen Beziehungen der Bundesrepublik erheblich gestört werden (§ 7 AWG). Diese Vorschrift zielt auf die Ausfuhr von Waffen, Munition und Kriegsgerät sowie Gegenständen, die bei deren Entwicklung, Erzeugung und Einsatz von Nutzen sind.

Die auf Basis des AWG erlassenen Rechtsverordnungen gehen in die **Außenwirtschaftsverordnung (AWV)** ein, die somit eine sich fortlaufend verändernde Sammlung darstellt. Neuregelungen werden im **Bundesanzeiger** veröffentlicht.

Derzeit (Stand 01.02.2004; Quelle: Bundesamt für Wirtschaft und Ausfuhrkontrolle) bestehen **keine Totalembargos**.

**Teilembargos** betreffen z. B. den Irak, Kongo, Myanmar, Sierra Leone, Simbabwe, Somalia und den Sudan. Gegen weitere Länder bestehen Embargos aufgrund von Beschlüssen internationaler Organisationen (UNO, EU, OSZE).

Ansonsten gibt es ein komplexes Regelwerk von Genehmigungspflichten in den §§ 5 ff AWV bezüglich bestimmter Ausfuhren in bestimmte Länder, das in Zusammenhang mit den im Anhang der AWV enthaltenen Ausfuhr- und Länderlisten zu beachten ist.

Beim Deutschen Industrie- und Handelskammertag (DIHK) können »Prüf- und Entscheidungshilfen des DIHK für Embargowaren« angefordert werden, die das AWG und die AWV im Wortlaut enthalten.

**Sensitive Ausfuhren** umfassen nicht nur Waren, sondern auch Fertigungsunterlagen, und sind in **Anlage AL** zur AWV in gegliedert in:

    A    Waffen, Munition und Rüstungsmaterial
    B    Sonstige Güter
    C    Dual-Use-Güter, z. B.
           – kerntechnische Materialien und Anlagen,
           – Chemikalien,
           – Mikroorganismen,
           – Toxine u. a. m.

Sie bedürfen – mit wenigen Ausnahmen – der Genehmigung des **Bundesausfuhramtes** in Eschborn.

Ausfuhrbeschränkungen beziehen sich also nicht nur auf das Produkt selbst, sondern auf seinen Verwendungszweck, der vom Exporteur oft nicht eindeutig geklärt werden kann. Ausschlaggebend für die Genehmigungspflicht ist die Kenntnis des militärischen Verwendungszwecks durch Personen, die das Unternehmen rechtswirksam vertreten dürfen. Den Nachweis dieser Kenntnis zu führen ist naturgemäß schwierig.

Bestehen beim Exporteur Zweifel hinsichtlich einer Genehmigungspflicht, kann er beim Bundesausfuhramt eine **Negativbescheinigung** beantragen, die ein Jahr gültig bleibt, sofern keine Rechtsänderung eintritt.

# 10 Recht

## 10.1 Einführung in das Recht

Damit die Menschen mit ihren unterschiedlichen Interessen und Ansichten einvernehmlich in einer Gesellschaft leben können, bedarf es einer Regelung, die das Leben in der Gemeinschaft möglich macht, ohne dass die unterschiedlichen Interessen und Ansichten gewaltsam aufeinander prallen.

Diese Ordnungsfunktion wird durch die Einrichtung einer für alle Bürger eines Landes geltenden **Rechtsordnung** erreicht. Die dafür erforderlichen Gesetze werden durch den Staat erlassen. Er besitzt dafür einen so genannten Gesetzgebungsanspruch.

In einer Rechtsordnung werden aber nicht nur die Verhältnisse der Bürger untereinander geregelt, sondern das gesamte gesellschaftliche Leben. Dazu gehört z. B. die verbindliche Ordnung der Gesellschaften und Gemeinschaften, die von Bürgern gegründet werden können, aber auch die Ordnung zwischen Staat und Gemeinden, die Stellung der Familie und die Rechte und Pflichten des Bürgers gegenüber dem Staat.

Damit das gesellschaftliche Zusammenleben möglichst störungsfrei abläuft, muss die Rechtsordnung so gestaltet sein, dass ihre Einhaltung gewährleistet ist. Dies geschieht durch die Aufstellung von Verboten und Geboten. Bei deren Erlass ist es Aufgabe des Staates, die geschichtlich gewachsenen Überzeugungen, was gerecht oder ungerecht sei, zu berücksichtigen. Ebenso sind Änderungen der moralischen und ethischen Grundanschauungen in bestehende und zukünftige Ge- und Verbote einzuarbeiten.

Bedingt durch dieses Vorgehen stellt sich eine Rechtsordnung als ein **Ordnungssystem** dar, das sich laufend in der Anpassung und Weiterentwicklung befindet und befinden muss, um seiner Aufgabe gerecht zu werden. Diese Anpassung und Weiterentwicklung geschieht jedoch nicht parallel zu gesellschaftlichen Änderungen, sondern findet grundsätzlich erst zeitversetzt ihre Berücksichtigung, da man bei Beginn eines gesellschaftlichen Wandels bzw. der Veränderung der Anschauungen in einer Gesellschaft noch nicht weiß, ob sich letztendlich eine Veränderung langfristig einstellt. Dies wiederum hat zur Folge, dass für manchen Bürger die Rechtsordnung veraltet und nicht zeitgemäß wirkt.

Das Gesetz bzw. die Gesetzgebung hat also die Aufgabe, bewährte Erfahrungen und Rechtsüberzeugungen zu bewahren und sich gleichzeitig für Neuerungen bereitzuhalten. Dass dies nicht immer in der gewünschten Form erfolgt, liegt weniger am System als an der Unzulänglichkeit der Menschen, die hierfür verantwortlich sind. Darüber hinaus ist es auch leichter, sich auf Altbewährtem auszuruhen, als neuen Entwicklungen Platz zu machen.

### 10.1.1 Grundlagen und Aufbau der Rechtsordnung

Die Rechtsordnung, die in unserer Gesellschaft existiert, erfasst nicht nur jeden Lebensbereich sondern es ist sogar Aufgabe des Staates, sie so zu gestalten, dass rechtsfreie Räume gar nicht erst entstehen. Im Rahmen dieser Rechtsordnung werden die Regelungsbereiche erst einmal grob nach **öffentlichem** und **privatem** Recht unterteilt.

Zum öffentlichen Recht gehört u. a. das Staats- und Verfassungsrecht. Hier wird das grundsätzliche Verhältnis Staat/Bürger festgelegt, insbesondere, welche Schutzrechte dem Bürger gegenüber dem Staat zustehen.

Ein weiterer sehr großer Bereich des öffentlichen Rechts wird durch das Verwaltungsrecht eingenommen. Auch hier geht es um das Verhältnis Staat/Bürger. Das Verwaltungsrecht setzt die für die Wahrnehmung öffentlicher Aufgaben erforderlichen Gebote und Verbote um. Der Bürger muss sich den Verboten unterwerfen, wenn er sich nicht Sanktionen der Verwaltung aussetzen will. So muss er Steuern zahlen, sein Gewerbe anmelden, eine Baugenehmigung einreichen, wenn er ein Gebäude errichten will, oder den Wehrdienst ableisten. Andererseits ist er berechtigt, staatliche Hilfe in Anspruch zu nehmen, wenn er die gesetzlichen Voraussetzungen dafür erfüllt.

Das öffentliche Recht zeichnet sich im Ergebnis durch ein **Über-/Unterordnungsverhältnis** aus, das zwischen Staat und Bürger besteht und hat die Belange der Gesellschaft durchzusetzen.

Im privaten Recht ist dieses Über- und Unterordnungsverhältnis nicht zu finden, hier stehen sich die Bürger vielmehr **gleichberechtigt** gegenüber. So gehören u. a. zum privaten Recht das bürgerliche Recht, das Handelsrecht, das Gesellschaftsrecht und das Arbeitsrecht. Niemand muss in diesen Bereichen tätig werden; es ist freigestellt, Verträge zu schließen oder eine Firma zu gründen.

Öffentliches Recht und Privatrecht haben gemeinsam, dass man sich Rechtsvorschriften bedient. Eine Rechtsvorschrift beinhaltet einen **Tatbestand**, der auf eine Vielzahl von Lebenssachverhalten passt. Dieser Tatbestand ist mit einer **Rechtsfolge** verbunden. Liegt also ein Lebenssachverhalt vor, der sich mit dem in der Rechtsvorschrift abstrakt beschriebenen Tatbestand deckt, so tritt die in der Rechtsvorschrift bestimmte Rechtsfolge ein.

Verpflichtet sich also jemand, gegen Zahlung eines bestimmten Preises eine bestimmte Ware an einen anderen zu liefern, und der andere verpflichtet sich, den gewünschten Preis zu zahlen, dann liegt ein Kaufvertrag vor. Der Kaufvertrag ist im BGB in §§ 433 ff geregelt. § 433 BGB knüpft an den Tatbestand des Kaufvertrages die Rechtsfolge, dass der Verkäufer verpflichtet ist, die Sache dem Käufer zu übergeben und ihm das Eigentum daran zu verschaffen, während der Käufer verpflichtet ist, den vereinbarten Kaufpreis zu zahlen und die gekaufte Sache abzunehmen.

Liegt also der Tatbestand des Kaufvertrages vor, so ergeben sich für beide Vertragspartner **Verpflichtungen** und **Ansprüche**, die sie einzuhalten haben bzw. geltend machen können.

Hält eine der Parteien ihre Verpflichtung nicht ein, kann der Anspruchsinhaber gerichtlich vorgehen und seine Rechte zwangsweise durchsetzen (vergl. hierzu noch ausführlich Abschn. 10.3).

## 10.1.2 Verfassungsprinzipien und Grundrechte

### 10.1.2.1 Verfassungsprinzipien

Die Bundesrepublik Deutschland ist ein Staat mit einer **demokratischen Grundordnung**. Kennzeichen dieser demokratischen Grundordnung ist die Aufteilung der Staatsgewalt in drei Bereiche, die scharf voneinander getrennt sind, damit eine gegenseitige oder einseitige Einflussnahme vermieden wird. Man bezeichnet dies als **Gewaltenteilung**.

Zu den drei Teilbereichen gehört die **Legislative** – die gesetzgebende Gewalt –, die durch die Parlamente sowohl auf Bundes- als auch auf Landesebene tätig ist. Neben der Legislative steht die **Exekutive** – die ausführende Gewalt – also die Gewalt, die die Gesetze ausführt, die beschlossen wurden. Der dritte Teilbereich ist die **Judikative** – die rechtsprechende Gewalt –, die die rechtmäßige Umsetzung der Gesetze zu überprüfen hat.

Die Bundesrepublik Deutschland zeichnet sich aber nicht nur dadurch aus, dass in ihr das Prinzip der Gewaltenteilung gilt; sie ist darüber hinaus ein sozialer Rechtsstaat, der bundesstaatlich gegliedert ist.

Die **bundesstaatliche Aufgliederung** besagt, dass die Staatsmacht aufgeteilt wird zwischen dem Bund und den einzelnen Bundesstaaten (Hamburg, Schleswig-Holstein, Bremen, Niedersachsen, Nordrhein-Westfalen, Hessen, Rheinland-Pfalz, Saarland, Baden-Württemberg, Bayern, Berlin, Mecklenburg-Vorpommern, Brandenburg, Sachsen-Anhalt, Sachsen, Thüringen) und auch auf diese Weise ein Machtmissbrauch verhindert wird.

Das Gebot des **Sozialstaates** verpflichtet den Staat u. a., dafür zu sorgen, dass jedem Bürger bei gleichen Voraussetzungen eine Chancengleichheit für seine persönliche und wirtschaftliche Entwicklung eingeräumt wird. Um dies zu gewährleisten, ist der Staat berechtigt, Einschränkungen der Rechte anderer herbeizuführen.

Das Prinzip der **Rechtsstaatlichkeit** gewährleistet jedem das Recht auf richterliches Gehör, er darf also ohne seine Darstellung bzw. Gegendarstellung nicht verurteilt werden. Damit verbunden ist der Anspruch auf »seinen« gesetzlichen Richter, d. h. auf einen Richter, der aufgrund bestimmter gesetzlicher Auswahlkriterien sein Amt erhalten hat. Weiterhin gewährleistet das Rechtsstaatsprinzip die Unabhängigkeit der Richter, die nur dem Gesetz unterworfen sind und in der Ausübung ihres Amtes nicht behindert werden dürfen.

### 10.1.2.2 Grundrechte

Als demokratischer Staat besitzt die Bundesrepublik eine Verfassung – das Grundgesetz –, die nicht nur die oben aufgeführten Verfassungsprinzipien garantiert, sondern dem einzelnen Bürger im Rahmen der Grundrechte zusätzliche Schutzrechte einräumt. Durch diese Schutzrechte wird dem einzelnen Bürger ein Freiraum geschaffen, der vor staatlichen Eingriffen besonders geschützt ist. Geregelt sind diese Grundrechte in den Artikeln (Art.) 1 bis 19 Grundgesetz (GG).

So ist es oberste staatliche Pflicht, die Würde des Menschen zu achten und zu schützen **(Art. 1 GG)**; die freie Entfaltung der Persönlichkeit zu gewährleisten, soweit dadurch die Ausübung der Rechte anderer nicht verletzt werden; das Leben und die körperliche Unversehrtheit zu schützen und die Freiheit der Person nur einzuschränken, wenn ein Gesetz dies zulässt **(Art. 2 GG)**.

Weiterhin ist garantiert, dass alle Menschen vor dem Gesetz gleich sind und weder wegen ihres Geschlechts noch wegen ihrer Herkunft, Rasse oder Religionszugehörigkeit benachteiligt werden dürfen **(Art. 3 GG)**. Die Religionsfreiheit und die Möglichkeit zur Verweigerung des Kriegsdienstes werden zugesichert **(Art. 4 GG)**, genauso wie das Recht auf freie Meinungsäußerung in Wort und Schrift **(Art. 5 GG)**. Ehe und Familie genießen besonderen staatlichen Schutz **(Art. 6 GG)**. Die schulische Erziehung steht unter der Aufsicht des Staates. Sie erfolgt in der Regel in staatlichen Schulen. Die Teilnahme am Schulunterricht ist für schulpflichtige Kinder zwingend vorgeschrieben **(Art. 7 GG)**.

Allen Deutschen steht das Recht zu, sich friedlich zu versammeln, wobei die Versammlungsfreiheit unter freiem Himmel durch ein Gesetz eingeschränkt werden kann **(Art. 8 GG)**. Neben der Versammlungsfreiheit dürfen alle Deutschen Vereine, Gesellschaften, Parteien und Gewerkschaften gründen, soweit sie sich nicht gegen die verfassungsmäßige Ordnung wenden **(Art. 9 GG)**. Weiterhin wird das Brief-, Post- und Fernmeldegeheimnis gewährleistet, das jedoch durch ein Gesetz eingeschränkt werden darf **(Art. 10 GG)**.

Jedem Deutschen wird durch das Grundgesetz garantiert, dass er sich uneingeschränkt an jedem Ort innerhalb Deutschlands aufhalten darf und seinen Wohnsitz frei bestimmen kann. Eine Einschränkung dieser Freiheitsrechte ist jedoch durch ein Gesetz möglich, wenn bestimmte Sachverhalte vorliegen (wie zum Beispiel Naturkatastrophen oder Seuchen – **Art. 11 GG**).

Jeder Deutsche hat das Recht, seinen Beruf, Arbeitsplatz und Ausbildungsplatz frei zu wählen. Ein Anrecht auf Arbeit gibt es jedoch nicht **(Art. 12 GG)**.

Das Grundgesetz verpflichtet prinzipiell jeden Mann, der das 18. Lebensjahr vollendet hat, zum Wehrdienst. Aus Gewissensgründen kann jedoch der Wehrdienst verweigert werden. Statt dessen ist aber ein Ersatzdienst abzuleisten. Männer, die weder den Wehrdienst noch den Ersatzdienst abgeleistet haben, können im Verteidigungsfalle zu zivilen Diensten herangezogen werden. In bestimmten Grenzen ist darüber hinaus auch eine Dienstverpflichtung von Frauen im zivilen und militärischen Gesundheitswesen zulässig **(Art. 12 a GG)**. Ein Urteil des Europäischen Gerichtshofes von Januar 2000 gesteht Frauen auch das Recht auf den Dienst an der Waffe zu.

Die Wohnung eines jeden Bürgers ist geschützt. Sie darf nur auf Grund eines richterlichen Beschlusses (oder wenn Gefahr in Verzug ist) durchsucht werden **(Art. 13 GG)**.

Das Eigentum sowie das Erbrecht sind geschützt und dürfen nur durch ein Gesetz eingeschränkt werden. Bei Enteignungen ist stets eine Entschädigung zu zahlen **(Art. 14 GG)**.

Die Eigentümer von Grund und Boden, Naturschätzen und Produktionsmitteln können enteignet werden; eine Entschädigung ist auch hier zwingend vorgeschrieben **(Art. 15 GG)**.

Kein Deutscher darf gegen seinen Willen ausgebürgert oder an das Ausland ausgeliefert werden **(Art. 16 GG)**. Auch Menschen ohne den Besitz der deutschen Staatsbürgerschaft dürfen nicht des Landes verwiesen werden, wenn sie die Voraussetzungen für politisch Verfolgte erfüllen und das Recht auf Asyl in Anspruch nehmen können **(Art. 16 a GG)**.

Jedem Bürger steht das grundgesetzlich garantierte Recht zu, sich mit Bitten und Beschwerden an staatliche Stellen oder direkt an die Volksvertreter zu wenden. Dieses Recht wird auch als Petitionsrecht bezeichnet **(Art. 17 GG)**.

Auf Bürger, die ihrer Wehrpflicht oder einem Ersatzdienst nachgehen, findet das Grundgesetz gleichermaßen Anwendung. Es ist jedoch dem Gesetzgeber vorbehalten, Gesetze zu erlassen, die während dieser Dienstzeiten das Recht, seine Meinung in Wort, Schrift und Bild frei zu äußern und zu verbreiten, die Versammlungsfreiheit und das Petitionsrecht einschränken können. Weiterhin dürfen Gesetze, die der Verteidigung dienen oder zum Schutze der Zivilbevölkerung erlassen werden, das Grundrecht auf Freizügigkeit und den besonderen Schutz der Wohnung einschränken **(Art. 17 a GG)**.

Bürger, die die Rechte der freien Meinungsäußerung, die Lehrfreiheit, Versammlungsfreiheit und Vereinigungsfreiheit sowie das Brief-, Post- und Fernmeldegeheimnis, das Eigentums- oder Asylrecht zum Kampf gegen die freiheitliche demokratische Grundordnung missbrauchen, verwirken diese Grundrechte. Ob eine Verwirkung vorliegt, ist durch das Bundesverfassungsgericht festzustellen. Da nur die oben aufgeführten Grundrechte verwirkt werden können, behalten alle anderen Grundrechte für den Betroffenen weiterhin Geltung, sodass niemand rechtlos ist **(Art. 18 GG)**.

Die Gesamtheit der Grundrechte gilt nicht nur für natürliche Personen, sondern, soweit eine Anwendung möglich ist, auch für juristische Personen.

Darf ein Grundrecht durch ein Gesetz eingeschränkt werden, so muss der Gesetzgeber berücksichtigen, dass das Grundrecht nicht in seinem Wesensgehalt angetastet wird. Auch darf die Einschränkung nicht dazu dienen, einen Einzelfall zu regeln, sondern muss allgemeine Geltung haben. Bürgern, die durch die öffentliche Gewalt in ihren Rechten verletzt werden, garantiert das Grundgesetz gerichtlichen Schutz **(Art. 19 GG)**.

## 10.2 Bürgerliches Gesetzbuch

Das Bürgerliche Gesetzbuch – kurz BGB genannt – ist ein Gesetzeswerk, das maßgeblich die dem Privatrecht zugewiesenen Rechtsbereiche regelt. Es ist aber nur ein Ausschnitt aus der Gesamtheit der in unserer Gesellschaft geltenden Privatrechtsnormen.

Aufgeteilt ist das BGB in **fünf Bücher**:

Im ersten Buch sind allgemeine Grundsätze und Definitionen geregelt, die für alle folgenden Bücher Geltung haben. Aus diesem Grund sind sie im **Allgemeinen Teil** des BGB zusammengefasst.

So ist beispielsweise im Allgemeinen Teil definiert, was eine Sache ist, wann Verjährung eingewendet werden kann oder welche Voraussetzungen erfüllt sein müssen, damit es zu einem wirksamen Vertragsabschluss kommt.

Im zweiten Buch des BGB – dem **Recht der Schuldverhältnisse** – geht es um die rechtlichen Beziehungen zwischen Personen. Hier findet man die verschiedensten Vertragsformen geregelt, oder wann ein Schuldner in Verzug gerät und wann ein Schuldverhältnis erlischt, aber auch, wie eine Bürgschaft zustande kommt oder wie man eine Forderung überträgt.

Im dritten Buch – dem **Sachenrecht** – werden die Beziehungen von Personen zu Sachen bestimmt. In diesem Bereich ist z. B. geregelt, wie man Eigentum erlangt oder überträgt oder welche Rechte mit dem Eigentum an einer Sache verbunden sind. Gleiches ist geregelt für den Besitz an einer Sache. Außerdem regelt das Sachenrecht die verschiedenen Belastungsmöglichkeiten von Eigentum, wie etwa durch Bestellung einer Hypothek an einem Grundstück oder Verpfändung einer beweglichen Sache.

Im vierten Buch des BGB – dem **Familienrecht** – werden familiäre Rechtsverhältnisse geregelt, wie Ehe, Scheidung, Verwandschaft und Vormundschaft.

Im fünften Buch des BGB – dem **Erbrecht** – geht es um die Rechtsnachfolge am Vermögen eines Menschen nach dessen Tod.

### 10.2.1 Grundsätze des Vertragsrechts

Unsere Rechtsordnung gewährt jedem Bürger das Recht der **Vertragsfreiheit**, d. h. jeder ist berechtigt, im Rahmen der gesetzlichen Bestimmungen die Beziehungen zu anderen Personen frei zu gestalten. Als Gestaltungsmittel wird im Wesentlichen die Form des Vertrages benutzt.

Durch die Freiheit, Verträge abzuschließen, hat der Bürger nicht nur die Möglichkeit, individuell deren Inhalt zu bestimmen, sondern er kann auch fast jeden an ihn herangetragenen Vertrag ablehnen.

Sinn und Zweck eines Vertragsabschlusses ist es, für die Vertragsparteien eine verbindliche, im Rahmen unserer Rechtsordnung durchsetzbare Vereinbarung zu treffen. Ein einmal abgeschlossener Vertrag muss grundsätzlich eingehalten werden bis zu dessen Erfüllung (vergl. Abschn. 10.2.2.3.1).

Das BGB enthält keine Definition des Vertrages. Aus den §§ 145 ff BGB ergibt sich jedoch, dass ein Vertrag aus zwei oder mehreren inhaltlich übereinstimmenden Willenserklärungen bestehen muss.

### 10.2.1.1 Antrag und Annahme

Zum Abschluss eines Vertrages bedarf es einer Erklärung, die den Vertragsabschluss einleitet (Antrag oder Angebot) und der Erklärung, die auf das Angebot eingeht (Annahme).

Der Vertrag ist jedoch nur dann abgeschlossen, wenn der Antrag des Vertragspartners **voll inhaltlich** akzeptiert wird.

#### 10.2.1.1.1 Der Antrag

Ein Vertrag kommt nur zustande, wenn Antrag und Annahme **wirksam** erfolgt sind. Wirksam ist ein Antrag immer dann, wenn er so formuliert ist, dass der Adressat nur noch zuzustimmen braucht. Das Angebot muss also eine genaue Bestimmung dessen enthalten, **was** angeboten wird (sämtliche Vertragsbedingungen, wie z. B. Lieferzeit, sind hierzu aber nicht erforderlich).

Kein verbindliches Angebot sind z. B. die Zusendung von Preislisten oder die Auslage im Schaufenster sowie Anzeigen in der Zeitung. Sie sind »Aufforderungen zur Abgabe eines Angebotes«. Es ist dann Sache des unverbindlich Anbietenden, ob er das Angebot des Interessenten auch tatsächlich annimmt. Damit ein Vertrag geschlossen werden kann, muss das Angebot also **verbindlich** sein.

Grundsätzlich ist mit Abgabe des Angebots der Anbietende hieran gebunden. Es besteht aber die Möglichkeit, die Gebundenheit an das Angebot ausdrücklich auszuschließen. Dies geschieht durch die zusätzliche Benutzung von Freizeichnungsklauseln wie z. B. »freibleibend«, »ohne Obligo« oder »Zwischenverkauf vorbehalten«.

Erhält ein Anbieter auf ein Angebot mit Freizeichnungsklausel einen Antrag auf Abschluss, muss er den Antrag unverzüglich ablehnen, wenn er den Vertragsabschluss nicht (mehr) wünscht, weil z. B. die Ware zwischenzeitlich verkauft worden ist. Lehnt er nicht unverzüglich ab, wird er so behandelt, als habe er angenommen.

#### 10.2.1.1.2 Die Annahme

Damit das Angebot wirksam angenommen werden kann, muss es beim Empfänger **zugegangen** sein; das ist dann der Fall, wenn es in den Machtbereich (Geschäft oder z. B. Briefkasten) des Empfängers gelangt ist und dieser damit Kenntnis von dem Angebot nehmen konnte.

Das zugegangene Angebot ist angenommen, wenn der Empfänger erklärt, dass er das Angebot **uneingeschränkt annimmt** und diese Erklärung rechtzeitig beim Anbieter eintrifft.

Ob die Annahme **fristgerecht** erfolgt ist, hängt von der Art des Zuganges ab bzw. davon, ob der Anbieter eine bestimmte Frist gesetzt hat. Ist eine bestimmte Frist gesetzt, so kann eine wirksame Annahme nur innerhalb dieser erfolgen.

Sonst gilt: Erfolgte des Angebot schriftlich, so wird dem Empfänger eine angemessene Überlegungsfrist eingeräumt und er kann dann das Angebot schriftlich annehmen. Er ist aber auch berechtigt, eine schnellere Übermittlungsart zu wählen, zum Beispiel die Annahme per Telefon oder Telefax. Es kommt darauf an, wann die Antwort erwartet werden durfte.

Erfolgt die Annahme zu spät, wird sie wie ein neues Angebot behandelt. Der ursprüngliche Anbieter kann dieses Angebot annehmen, wenn er es wünscht.

Sind der Anbieter und der Empfänger anwesend, so kann der Empfänger das Angebot nur annehmen, wenn er diesem sofort zustimmt (§ 147 BGB).

## 10.2.1.2 Die Willenserklärung

Will jemand ein bestimmtes Rechtsgeschäft herbeiführen, muss er eine entsprechende Erklärung nach außen hin abgeben; die Erklärung bezeichnet man als Willenserklärung. Liegt sie vor, so stellt sich die Frage, ob sie auch wirksam ist. Ihre Unwirksamkeit kann (z. B. durch fehlende Geschäftsfähigkeit eines oder gar beider Vertragspartner) einen Vertragsabschluss verhindern.

Jede rechtsverbindliche Willenserklärung setzt sich zusammen aus einem Handlungswillen und aus einem Erklärungswillen. **Handlungswille** beinhaltet das Bewusstsein, tatsächlich eine bestimmte Handlung vornehmen zu wollen, während der **Erklärungswille** das Bewusstsein beinhaltet, eine Erklärung ganz bestimmten Inhalts abzugeben, die eine ganz bestimmte Rechtsfolge bewirkt. Aus diesem Grund ist nicht jede Erklärung, die jemand abgibt, eine Willenserklärung im Sinne des BGB, da viele Erklärungen, die erfolgen, nicht auf die Herbeiführung einer bestimmten Rechtsfolge abzielen.

Wie ein verbindliche Willenserklärung geäußert werden muss, schreibt das Gesetz nicht vor, sodass die Willenserklärung in beliebiger Form abgegeben werden darf. So kann sie durch das gesprochene oder geschriebene Wort erfolgen, aber auch durch Zeichen und Gebärden (wie z. B. »mit dem Kopf nicken«).

Willenserklärungen bedürfen zu ihrer Wirksamkeit des Zuganges, sie sind also **empfangsbedürftig**. Bei der rechtlichen Würdigung der Willenserklärung kommt es darauf an, wie der Empfänger diese verstehen kann und nicht, wie der Erklärende sie verstanden haben möchte.

*Beispiel:*
*Bestellt der Käufer schriftlich beim Verkäufer 1 Gros Glühbirnen und geht fälschlicherweise davon aus, dass 1 Gros gleich 12 Stück sind, so ist der Vertrag zwischen den Parteien nicht über 12 Glühbirnen, sondern über 144 Glühbirnen zustandegekommen, weil die Bezeichnung 1 Gros objektiv 144 Stück bedeutet.*

Unter besonderen Voraussetzungen kann sogar das Schweigen einer Partei eine Willenserklärung darstellen; diese Fälle sind jedoch ausdrücklich im Gesetz geregelt, wie z. B. in §§ 416, 516 BGB. Auch für die besondere Gruppe der Kaufleute, deren Recht im Handelsgesetzbuch (HGB) geregelt ist, gibt es Fälle, bei denen das Schweigen als zustimmende Willenserklärung angesehen wird (z. B. dann, wenn zwischen den Parteien ein kaufmännisches Bestätigungsschreiben ausgetauscht wurde). Grundsätzlich stellt Schweigen im Rechtsverkehr aber keine Handlung mit Rechtswillen dar.

## 10.2.1.3 Rechts- und Geschäftsfähigkeit

### 10.2.1.3.1 Rechtsfähigkeit

Unsere Rechtsordnung unterscheidet zwischen **natürlichen Personen** und **juristischen Personen**. Unter natürlichen Personen versteht man den Menschen, juristische Personen sind Rechtsgebilde, die den natürlichen Personen grundsätzlich gleichgestellt sind. Zu ihnen gehören z. B. Aktiengesellschaften oder eingetragene Vereine.

Natürliche Personen erlangen ihre Rechtsfähigkeit, also die Fähigkeit, Träger von Rechten und Pflichten zu sein, mit der Vollendung ihrer Geburt (§ 1 BGB). Die Rechtsfähigkeit endet mit dem Tod des Menschen.

Juristische Personen erlangen ihre Rechtsfähigkeit mit Eintragung in das für sie vorgesehene Register, z. B. Handelsregister oder Vereinsregister. Die Rechtsfähigkeit der juristischen Person endet mit der Löschung im Register.

### 10.2.1.3.2 Geschäftsfähigkeit

Geschäftsfähigkeit ist die Fähigkeit, Rechtsgeschäfte in eigenem Namen rechtsverbindlich vorzunehmen. Gemäß § 2 BGB ist die Geschäftsfähigkeit an die Vollendung des 18. Lebensjahres gebunden. Kinder bis zum 7. Lebensjahr sind nicht geschäftsfähig (§ 104 BGB).

Nach Vollendung des 7. bis zum 18. Lebensjahr ist der Mensch beschränkt geschäftsfähig, d. h. der gesetzliche Vertreter (Eltern oder Vormund) müssen grundsätzlich einwilligen (§ 107 BGB). Diese Regelung dient insbesondere dem Schutz des Minderjährigen, der durchweg geschäftlich unerfahren ist.

Schließt ein Minderjähriger ohne Einwilligung seines gesetzlichen Vertreters ein Rechtsgeschäft ab, so ist dies nicht von Anfang an nichtig, sondern nur schwebend unwirksam. Der gesetzliche Vertreter kann durch Genehmigung (d. h. nachträgliche Zustimmung) seine Wirksamkeit herbeiführen (§§ 108, 184 BGB).

Erteilt dagegen der gesetzliche Vertreter seine Zustimmung nicht, so ist das Rechtsgeschäft von Anfang an unwirksam (§ 108 BGB).

Von diesem Grundsatz gibt es z. B. die Ausnahme, dass der Minderjährige den abgeschlossenen Vertrag sofort mit Mitteln erfüllt, die ihm im Rahmen seines Taschengeldes zur Verfügung gestellt wurden (§ 110 BGB, »Taschengeldparagraph«).

Besonderheiten gelten außerdem für Dienst- und Arbeitsverhältnisse (§ 113 BGB).

### 10.2.1.4 Stellvertretung und Vollmacht

Grundsätzlich wird eine Erklärung, die jemand abgibt, ihm als seine eigene Erklärung zugeordnet.

Die Folge dieser Bindung an den Erklärenden führte eigentlich dazu, dass derjenige, der eine Erklärung abgeben möchte, dies auch nur höchstpersönlich kann. Dieser Grundsatz ist jedoch mit den Erfordernissen einer modernen Gesellschaft nicht vereinbar, da es in den vielfältigen Bereichen des wirtschaftlichen Lebens notwendig ist, dass auch Erklärungen in fremdem Namen abgegeben werden können (so zum Beispiel die erziehungsberechtigten Eltern für ihre noch minderjährigen Kinder oder der Angestellte für den Geschäftsinhaber – »Stellvertretung«).

#### 10.2.1.4.1 Innen- und Außenverhältnis

Das Rechtsverhältnis zwischen dem Stellvertreter und dem Dritten bezeichnet man als **Außenverhältnis**, das Rechtsverhältnis zwischen dem Vertreter und dem Vertretenen als **Innenverhältnis**.

Das Innenverhältnis beruht häufig auf einem Arbeitsvertrag oder einem Auftrag. Die Rechtsgrundlage für das Außenverhältnis ist die erteilte Vollmacht; bei der gesetzlichen Vertretung ergibt sich die Grundlage aus dem jeweiligen Gesetz (z. B. Vertretung des Kindes durch die Eltern, § 1629 BGB).

Abzugrenzen vom Vertreter ist der **Bote**. Während der Vertreter eine eigene Willenserklärung in fremdem Namen abgibt, wird vom Boten eine fremde Willenserklärung nur weitergeleitet. In diesem Falle wird der Geschäftsherr direkt verpflichtet und nicht (wie beim Vertreter) über dessen Willenserklärung.

Die Abgrenzung zwischen Vertreter und Bote ist nicht einfach, da auch Vertreter oft eine feste »Marschroute« mit auf den Weg bekommen. Gleichwohl ist die Abgrenzung wichtig, da auf den Boten die Regeln über die Vertretung keine Anwendung finden.

Um als Stellvertreter für jemand anderen, nämlich für den Vertretenen, wirksam auftreten zu können, bedarf es einer entsprechenden **Vollmacht**. Die Erteilung der Vollmacht ist in der Regel an keine besondere Form gebunden. Sie kann mündlich, schriftlich oder durch öffentliche Bekanntmachung erteilt werden. Sie ist kein Vertrag, sondern eine einseitige Erklärung des Vertretenen, der sie jederzeit widerrufen kann (vergl. § 167 BGB).

Das Handelsrecht sieht besondere Vertretungsformen vor, nämlich die Prokura und die Handlungsvollmacht (vergl. Buch 1, Abschn. 1.10.3).

### 10.2.1.4.2 Voraussetzungen für eine wirksame Stellvertretung

Gemäß § 164 BGB sind Willenserklärungen, die jemand innerhalb der ihm erteilten Vollmacht im Namen des Vertretenen abgibt, für diesen unmittelbar wirksam. Es wird also nicht der Vertreter rechtlich gebunden, sondern **nur** der Vertretene.

Gleiches gilt auch, wenn jemand zum Empfang von Willenserklärungen bevollmächtigt wird: Die Willenserklärung gilt als zugegangen und wirkt unmittelbar gegenüber dem Vertretenen, wenn der Vertreter sie erhalten hat. Es spielt dabei keine Rolle, ob der Vertreter diese Erklärung sofort weitergeleitet hat oder nicht.

Grundsätzlich ist eine Vertretung bei allen Rechtsgeschäften möglich. Eine Ausnahme bilden nur die so genannten höchstpersönlichen Rechtsgeschäfte, bei denen das Gesetz ausdrücklich eine Stellvertretung ausschließt, so zum Beispiel bei der Eheschließung und bei der Errichtung eines Testamentes.

Für eine wirksame Stellvertretung ist es erforderlich, dass der Vertreter im Namen des Vertretenen handelt, was nach außen hin erkennbar sein muss, damit die Wirkung des Rechtsgeschäfts in der Person des Vertretenen eintritt. Dies kann entweder ausdrücklich geschehen oder sich aus den Umständen ergeben. Gibt sich der Vertreter nicht als solcher zu erkennen oder ist er als solcher nicht erkennbar, tritt die Rechtsfolge seines Handelns allerdings nicht in der Person des Vertretenen sondern bei ihm selbst ein.

Eine besondere Rolle spielen die Geschäfte des täglichen Lebens im Rahmen des Vertretungsrechts. Bei diesen Geschäften ist es dem Geschäftspartner gleichgültig, mit wem er das Geschäft abschließt. Es treten dementsprechend die Rechtsfolgen bei demjenigen ein, für den das Geschäft geschlossen wurde, auch wenn nicht erkennbar war, in wessen Namen gehandelt wurde (**»Geschäft, an wen es angeht«**).

Für eine wirksame Stellvertretung muss der Vertreter die entsprechende Vertretungsmacht (Vollmacht) erhalten haben und diese muss noch zum Zeitpunkt der Abgabe der Erklärung bestehen. Darüber hinaus muss die Handlung des Vertreters auch durch den Inhalt der Vollmacht **abgedeckt** sein.

Schließt also ein Vertreter einen Vertrag für den Vertretenen und überschreitet er dabei seine Vertretungsmacht, so ist der Vertrag nicht verbindlich für den Vertretenen. Dieser hat jedoch ein Wahlrecht: Er kann den Vertrag gegen sich gelten lassen oder nicht. Lehnt er die Geltung ab, so ist er endgültig nicht gebunden. Das hat zur Folge, dass der Vertragspartner vom »Vertreter ohne Vertretungsmacht« nach seiner Wahl Erfüllung des Vertrages verlangen kann oder Schadensersatz (§ 179 Abs. 1 BGB).

Der Schadensersatzanspruch des Vertragspartners ist auf den Ersatz des so genannten »Vertrauensschadens« beschränkt, wenn der Vertreter den Mangel seiner Vertretungsmacht nicht kannte (§ 179 Abs. 2 BGB). Bei der Geltendmachung des Vertrauensschadens ist der Vertragspartner so zu stellen, als seien Erklärungen nicht abgegeben worden; einen Anspruch auf entgangenen Gewinn gibt es also nicht.

## 10.2.1.5 Verjährung

Das Recht, von jemandem ein Tun oder Unterlassen zu verlangen – also ein **Anspruch** – unterliegt nach § 194 BGB der Verjährung. Die Wirkung der Verjährung besteht darin, dass der Schuldner nach deren Eintritt das Recht hat, die Leistung zu verweigern (§ 214 BGB).

Der Grund für diese Regelung liegt in dem Bestreben des Gesetzgebers, Rechtssicherheit herbeizuführen. Nach Ablauf der Verjährungsfrist besteht einerseits die Annahme, dass der Schuldner nicht mehr mit einer Inanspruchnahme durch den Gläubiger zu rechnen braucht und dass sich andererseits die Beweissituation durch das Verstreichen der Zeit maßgebend verschlechtert hat.

Die Verlängerung oder Verkürzung der Verjährung durch die Parteien ist grundsätzlich möglich. § 202 BGB macht von diesem Grundsatz zwei Ausnahmen:

– Bei einer Haftung wegen Vorsatzes kann die Verjährung nicht durch Parteivereinbarung erleichtert werden.
– Eine Verlängerung der Verjährung über eine Verjährungsfrist von dreißig Jahren hinaus ist unzulässig.

### 10.2.1.5.1 Dreijährige Verjährungsfrist

Die **regelmäßige** Verjährungsfrist beträgt nach § 195 BGB drei Jahre. Diese Frist gilt für alle Ansprüche, für die der Gesetzgeber keine abweichende Regelung getroffen hat. Abweichende Regelungen gibt es z. B. im Kauf- und Werkvertragsrecht (vergl. Abschn. 10.2.1.5.4).

Die regelmäßige Verjährung beginnt gemäß § 199 BGB mit dem Schluss des Jahres zu laufen, in dem der Anspruch entstanden ist **und** der Schuldner Kenntnis von den Anspruch begründenden Umständen sowie von der Person des Gläubigers hat (dies gilt auch, falls dem Gläubiger aufgrund grober Fahrlässigkeit diese Kenntnis fehlt).

### 10.2.1.5.2 Zehnjährige Verjährungsfrist

Die zehnjährige Verjährungsfrist gilt nach § 196 BGB für Rechte an einem **Grundstück**, z. B.

– Ansprüche auf Übereignung eines Grundstückes,
– Ansprüche auf Begründung, Übertragung oder Aufhebung eines Rechts an einem Grundstück oder auf Änderung des Inhalts eines solchen Rechts,
– Ansprüche auf die Gegenleistung.

Für den Beginn dieser Verjährungsfrist ist § 200 BGB maßgebend, der den Beginn aller Verjährungsfristen regelt, die nicht regelmäßig sind und für die es keine andere Regelung gibt. Danach beginnt die Verjährung schlicht mit der Entstehung des Anspruchs.

### 10.2.1.5.3 Dreißigjährige Verjährungsfrist

Die dreißigjährige Verjährungsfrist gilt für folgende Ansprüche:

– Herausgabeansprüche aus **Eigentum** und anderen dinglichen Rechten,
– Ansprüche aus **Familien- und Erbrecht** (ausgenommen von der dreißigjährigen Verjährung sind hier wiederkehrende Leistungen wie z. B. Unterhaltszahlungen, sie unterliegen der regelmäßigen Verjährung),
– so genannte **titulierte Ansprüche** (z. B. rechtskräftig durch Urteil festgestellte Ansprüche oder Ansprüche aus vollstreckbaren Vergleichen).

## 10.2.1.5.4 Abweichende Regelungen

Von den genannten Verjährungsfristen hat der Gesetzgeber einige abweichende Regelungen getroffen.

### Kaufvertrag

Der Anspruch auf Zahlung des Kaufpreises unterliegt der regelmäßigen Verjährung von drei Jahren.

Die Verjährung der Mängelansprüche aus einem Kaufvertrag richtet sich nach § 438 BGB. Danach verjähren sie grundsätzlich in zwei Jahren. In 30 Jahren verjähren die Mängelansprüche, wenn der Mangel in einem dinglichen Recht eines Dritten auf Herausgabe der Kaufsache besteht. In fünf Jahren verjähren Ansprüche wegen eines Mangels bei einem Bauwerk.

Bei dem Verkauf **gebrauchter Sachen** ist eine Verkürzung der Verjährung auf ein Jahr möglich.

Wenn ein Fehler arglistig verschwiegen wurde, beträgt die Verjährungsfrist drei Jahre ab Kenntnis des Fehlers oder grob fahrlässiger Unkenntnis, längstens aber zehn Jahre ab Fälligkeit.

Die Verjährung beginnt mit der Ablieferung der Sache, bei Grundstücken mit der Übergabe.

### Werkvertrag

Im Recht des Werkvertrags gibt es gemäß § 634 a BGB drei unterschiedliche Verjährungsfristen:

In zwei Jahren verjähren Ansprüche für ein Werk, dessen Erfolg in der Herstellung, Wartung oder Veränderung einer Sache oder der Erbringung der hierin verkörperten Planungs- oder Überwachungsleistung besteht. Die Verjährung beginnt mit der Abnahme des Werkes.

Eine dreijährige Verjährungsfrist gilt für Werkverträge über die Erstellung von nicht körperlichen Sachen, z. B. Software. Die Verjährung beginnt mit der Kenntnis der anspruchsbegründenden Umstände und der Person des Schuldners.

Ebenfalls nach drei Jahren verjähren Ansprüche aus einem Werkvertrag beim arglistigen Verschweigen eines Mangels. Maßgebend für den Beginn der Verjährung sind die Kenntnis der Arglist und der Person des Täuschenden.

Für **Bauwerke** und Werke, deren Erfolg in der Erbringung von Planungs- und Überwachungsleistungen für Bauwerke liegt, gilt eine Verjährungsfrist von fünf Jahren. Die Verjährung beginnt mit der Abnahme des Bauwerks.

### Schadensersatzansprüche

Schadensersatzansprüche wegen der Verletzung des Lebens, des Körpers, der Gesundheit oder der Freiheit verjähren ohne Rücksicht auf Entstehung und Kenntnis innerhalb von 30 Jahren ab dem schadensauslösenden Ereignis (§ 199 Abs. 3 BGB).

Sonstige Schadensersatzansprüche verjähren – ebenfalls unabhängig von der Kenntnis des Schuldners – entweder in 10 Jahren ab Entstehung oder in 30 Jahren ab Schadensauslösung. Maßgeblich ist die früher endende Frist.

Auf die nachfolgende Übersicht wird aufmerksam gemacht.

| Regelmäßige Verjährung | § 195 BGB | 3 Jahre |
|---|---|---|
| Rechte an Grundstücken | § 196 BGB | 10 Jahre |
| Herausgabeansprüche aus dinglichen Rechten | § 197 BGB | 30 Jahre |
| Ansprüche aus Familien- und Erbrecht | § 197 BGB | 30 Jahre |
| Titulierte Ansprüche | § 197 BGB | 30 Jahre |
| Kaufvertrag (Mängelansprüche) | § 438 BGB | 2 Jahre, 5 oder 10 Jahre; Sonderfälle: 1 Jahr oder 3 Jahre |
| Werkvertrag | § 634 a BGB | 2 Jahre, 3 Jahre oder 5 Jahre |
| Schadensersatz | 199 Abs. 2 BGB | 30 Jahre oder 10 Jahre |

Übersicht über die Verjährungsfristen

### 10.2.1.5.5 Hemmung und Neubeginn der Verjährung

In den §§ 203 ff BGB nennt das Gesetz verschiedene Tatbestände, bei deren Vorliegen die Verjährung **gehemmt** wird. Der Zeitraum, während dessen die Verjährung gehemmt ist, wird nicht in die Verjährungsfrist eingerechnet.

Die Verjährung wird beispielsweise durch Rechtsverfolgung (Klageerhebung, Zustellung eines Mahnbescheides) oder ein Leistungsverweigerungsrecht des Schuldners gehemmt.

Der **Neubeginn** der Verjährung richtet sich nach § 212 BGB. Die Verjährung beginnt erneut, wenn der Schuldner dem Gläubiger gegenüber den Anspruch anerkennt, z. B. durch Abschlagszahlungen oder bei Vornahme oder Beantragung einer gerichtlichen oder behördlichen Vollstreckungsmaßnahme.

### 10.2.1.5.6 Verjährung vor der Schuldrechtsreform

Durch die zum 01.01.02 in Kraft getretene Schuldrechtsreform (zur Reform vergl. Abschn. 10.2.2) wurden die Vorschriften über die Verjährung geändert, wie in den Abschnitten 10.2.1.5.1 – 10.2.1.5.5 ersichtlich.

**Bis zum 31.12.01** galten folgende Verjährungsfristen:

– Die regelmäßige Verjährungsfrist betrug dreißig Jahre (§ 195 BGB alte Fassung).

– Nach vier Jahren verjährten Ansprüche von Kaufleuten, Fabrikanten, Handwerkern, Land- und Forstwirten, wenn die Leistungen für den Gewerbebetrieb des Schuldners erfolgten (§ 196 Abs. 2 BGB alte Fassung. Die vierjährige Verjährungsfrist galt auch für rückständige Zinsen sowie Rückstände von Miet- und Pachtzins, sofern sie nicht aus gewerbsmäßiger Vermietung beweglicher Sachen stammten (§ 197 BGB alte Fassung).

– Schadensersatzansprüche verjährten in drei Jahren (§ 852 BGB alte Fassung).

– Nach zwei Jahren verjährten Ansprüche von Kaufleuten, Fabrikanten, Handwerkern, Ärzten, Rechtsanwälten u.a., wenn die Leistungen an Privatpersonen erfolgten (§ 196 Abs. 1 BGB alte Fassung).

– Für Gewährleistungsansprüche aus Kaufverträgen galt eine Verjährungsfrist von sechs Monaten.

Diese Aufzählung ist nicht abschließend, da es in vielen Bereichen Spezialregelungen gab.

Beginn der Verjährung war nach altem Recht grundsätzlich die Entstehung des Anspruchs. Nur bei der 4- und 2-jährigen Verjährung begann die Frist mit dem Ende des Kalenderjahres, in dem der Anspruch entstand.

Für die Ansprüche, die vor dem Inkrafttreten der Schuldrechtsreform zum 01.01.02 entstanden waren, gibt es eine **Überleitungsvorschrift zum Verjährungsrecht** (Art. 229 § 6 EGBGB). Danach gilt Folgendes:

Die Vorschriften des BGB in der nun geltenden Fassung finden Anwendung auf die zum 01.01.02 bestehenden **noch nicht verjährten** Ansprüche.

Ist die Verjährungsfrist nach nun geltendem Recht länger als die, die nach dem BGB in der alten Fassung gegolten hätte, gilt die alte Fassung. Das heißt, eine Verlängerung der Verjährungsfrist durch die Reform des Verjährungsrechts gibt es **nicht**.

Ist die Verjährungsfrist nach neuem Recht kürzer, so wird diese kürzere Frist von dem 01.01.02 an berechnet. Falls jedoch die Frist nach altem Recht vor dieser nach neuem Recht berechneten Frist abgelaufen war, gilt die alte Frist, da es auch insoweit nicht zu einer Verlängerung der Verjährung aufgrund der Rechtsänderung kommen soll.

## 10.2.2 Schuldrecht

Das Schuldrecht – genauer gesagt das Recht der Schuldverhältnisse – wird im 2. Buch des BGB geregelt.

Von einem Schuldverhältnis spricht man immer dann, wenn eine Partei aufgrund eines Rechtsverhältnisses von einer anderen Partei eine Leistung verlangen kann. Diese Berechtigung bezeichnet man auch als Anspruch. Ohne eine so genannte **Anspruchsgrundlage** kann niemand von jemand anderem eine Leistung oder Handlung verlangen.

Schließen die Parteien z. B. einen Kaufvertrag, so beinhaltet dieser Vertrag den Anspruch des Käufers auf Übereignung des Kaufgegenstandes sowie den Anspruch des Verkäufers auf Zahlung des Kaufpreises.

Das Recht der Schuldverhältnisse im BGB ist in zwei Abschnitte aufgeteilt, nämlich in den Allgemeinen Teil und den Besonderen Teil.

Im Allgemeinen Teil sind jene Bereiche geregelt, die für sämtliche gesetzlich vorgesehenen Schuldverhältnisse allgemeine Gültigkeit haben. Dazu gehören z. B. die Bestimmungen über die Erfüllung von Verträgen, welche Folgen eine verspätete Leistung (Verzug) für den Schuldner hat oder wann die Voraussetzungen für die Aufrechnung mit einer Forderung gegeben sind.

Im Besonderen Teil des Schuldrechts werden die einzelnen Schuldverhältnisse behandelt und die Rechtsfolgen bestimmt, die sich aus dem Abschluss eines bestimmten Vertrages ergeben, einschließlich Mängelgewährleistung u. a.

Neben den Regelungen über den Kaufvertrag sind im Besonderen Teil der Miet-, Pacht-, Dienst- und Darlehensvertrag enthalten, ebenso wie die Bestimmungen über den Werkvertrag, die Bürgschaft, die ungerechtfertigte Bereicherung und die unerlaubten Handlungen.

Das Schuldrecht wurde zum 01.01.2002 durch die **Schuldrechtsreform** wesentlich geändert. Anlass für die Schuldrechtsreform war die Verpflichtung Deutschlands, drei EU-Richtlinien in deutsches Recht umzusetzen.

Es handelte sich dabei um folgende Richtlinien:

- Verbrauchsgüterkaufrichtlinie (1999/44/EG vom 25.05.1999),
- Zahlungsverzugsrichtlinie (2000/35/EG vom 29.06.2000),
- E-Commerce-Richtlinie (2000/31/EG vom 08.06.2000).

Neben der Umsetzung dieser Richtlinien stellte die Schuldrechtsreform auch eine **Modernisierung** des Schuldrechts dar, die in den betroffenen Bereichen lange notwendig gewesen war.

Das Verjährungsrecht barg Wertungswidersprüche und wies kein nachvollziehbares System mehr auf.

Im Recht der Leistungsstörungen (vergl. Abschn. 10.2.2.4), das bei Vertragsverletzungen Anwendung findet, spiegelte sich nicht mehr der tatsächliche Rechtszustand wieder. Verschiedene Rechtsinstitute waren durch Rechtsprechung und Lehre entwickelt worden, die das Leistungsstörungsrecht maßgebend prägten, aber keinen Ausdruck im BGB fanden.

Das Recht über Kauf- und Werkverträge musste strukturell verändert werden, um der Zielsetzung der Verbrauchsgüterrichtlinie gerecht zu werden.

Schließlich wurden mit der Schuldrechtsreform auch Verbraucherschutzgesetze in das BGB **integriert**, die zuvor in Sondergesetzen niedergelegt waren (z. B. das Gesetz zur Regelung Allgemeiner Geschäftsbedingungen, das Gesetz über Fernabsatzverträge oder das Verbraucherkreditgesetz).

### 10.2.2.1 Leistungsort und Leistungszeit

#### 10.2.2.1.1 Leistungsort

Der Leistungsort ist der Ort, wo die vertraglich geschuldete Leistung zu erbringen ist. Die Bestimmung des Leistungsortes ist wichtig für die Frage, ob der Schuldner seine Leistung richtig erbracht hat und damit von seiner Verpflichtung frei geworden ist. Hat der Schuldner die Leistung am falschen Ort erbracht, ist er nicht von seiner Verpflichtung befreit. Er muss gegebenenfalls erneut leisten.

Wenn die Vertragsparteien keinen Ort bestimmt haben und sich auch aus den Umständen des Vertrages nichts ergibt, so bestimmt § 269 BGB, dass der Leistungsort dort ist, wo der Schuldner zur Zeit der Entstehung des Schuldverhältnisses seinen Wohnsitz hatte.

Gehört der Vertragsabschluss zum Gewerbebetrieb des Schuldners, so ist der Leistungsort der Sitz des Gewerbebetriebs.

Nach dieser Regelung muss der Gläubiger die Leistung beim Schuldner abholen; daher bezeichnet man diese Schuld auch als **Holschuld**. Ist hingegen der Schuldner aus dem Vertrag verpflichtet, die Leistung bei dem Gläubiger zu erbringen, liegt eine **Bringschuld** vor. Daneben gibt es noch die so genannte **Schickschuld**, bei der der Leistungsort zwar beim Schuldner liegt, die Parteien aber vereinbart haben, dass der Schuldner die Leistung an einen bestimmten Ort sendet. Die Unterscheidung dieser Schuldformen ist maßgebend für die Frage, zu wessen Lasten eventuelle Schäden beim Transport gehen, wer also das **Transportrisiko** trägt.

Bei einer Bringschuld liegt dieses Risiko beim Schuldner. Falls die geschuldete Leistung unterwegs zerstört wird, kann der Gläubiger noch immer die Leistung verlangen. Bei der Schickschuld hingegen trägt der Gläubiger das Risiko des Transportes. Der Schuldner hat alles seinerseits Erforderliche getan, wenn er die Leistung auf den Weg gebracht hat.

**Geldschulden** sind grundsätzlich Schickschulden, allerdings mit der Besonderheit, dass der Schuldner die Gefahr der Übersendung trägt.

### 10.2.2.1.2 Leistungszeit

Unter Leistungszeit wird der Zeitpunkt für die Erbringung der vertraglich vereinbarten Leistung verstanden. Der Schuldner muss die geschuldete Leistung zur rechten Zeit erfüllen, um sich von seiner vertraglichen Verbindlichkeit zu befreien.

Der Gläubiger kann vor der Leistungszeit die Leistung nicht verlangen; die Leistung ist noch nicht **fällig**. Aber der Schuldner darf sie vorher erbringen, wenn dies dem Erfolg des Rechtsgeschäfts nicht zuwider läuft (§ 271 BGB); die Leistung ist **erfüllbar**.

Falls die Parteien nichts vereinbart haben, kann der Gläubiger die Leistung sofort verlangen und der Schuldner sie sofort erbringen.

### 10.2.2.2 Stück- und Gattungsschulden

Gegenstand eines Schuldverhältnisses kann jede Art von Leistung sein. Die Vertragsparteien können die Leistung dabei genau beschreiben oder nur der Art nach festlegen.

Wird von den Vertragsparteien der Leistungsgegenstand genau beschrieben, bezieht sich also ihr Vertrag auf eine ganz bestimmte konkrete Sache, wie z. B. auf einen Gebrauchtwagen oder ein antikes Möbelstück, dann spricht man von einer so genannten **Stückschuld**.

Durch die genaue Festlegung des Leistungsgegenstandes kann der Schuldner seinen Vertrag nur erfüllen, wenn er genau diese spezielle Leistung erbringt. Wird die Stückschuld nach Vertragsabschluss, aber vor Überbringung beschädigt oder zerstört, so kann der Vertrag nicht mehr ordnungsgemäß erfüllt werden.

Ganz anders ist die Rechtslage bei der Vereinbarung einer **Gattungsschuld**: denn hier wird nicht eine konkrete Sache zum Leistungsgegenstand gemacht, sondern eben nur die Gattung bezeichnet, aus der die Sache geliefert werden soll. Dem Empfänger der Leistung kommt es nicht darauf an, eine vorher konkret bestimmte Sache zu erhalten, sondern nur eine solche »von mittlerer Art und Güte« aus der Gattung.

Diese Art der Leistungsbestimmung kommt in unserem Wirtschaftsleben am häufigsten vor. So tätigt der Großhändler einen typischen Gattungskauf, wenn er eine bestimmte Partie Fernseher aus Japan erwirbt, oder die Privatperson beim Einzelhändler einen Fernseher Marke »XY Super Color« in der Farbe Silber bestellt.

Anders ist die Lage, wenn z. B. die Privatperson aus der Vielzahl der ihr vorgeführten Geräte ein ganz bestimmtes auswählt oder der Großhändler eine ganz bestimmte Partie mit genauer Serien-Nummer erwerben möchte. In diesen Fällen liegt keine Gattungsschuld sondern von vornherein eine Stückschuld vor.

Da bei der Gattungsschuld nicht bestimmte Sachen geschuldet werden, wird die Gattungsschuld rechtlich anders behandelt als die Stückschuld. Bedingt dadurch, dass nur irgendeine Sache aus einer bestimmten Warengattung geschuldet wird, steht bei Vertragsabschluss nicht fest, welche konkrete Sache tatsächlich geliefert wird. In dem Moment, wo der Schuldner allerdings aus seinem Warenlager die bestellte Ware zur Abholung durch den Gläubiger zusammenstellt (Holschuld), tritt eine **Konkretisierung** ein und aus der einstigen Gattungsschuld wird eine Stückschuld.

Geht die Ware jetzt unter, wird sie zum Beispiel durch ein Feuer zerstört, dann ist der Schuldner von seiner primären Leistungspflicht befreit. Hat weder der Schuldner noch der Gläubiger den Untergang zu vertreten, so ist nicht nur der Schuldner von seiner Leistungspflicht befreit, sondern auch der Gläubiger von seiner Zahlungspflicht. Ist dagegen durch eine Handlung des Schuldners die Sache untergegangen, macht er sich schadensersatzpflichtig. Ist der Untergang auf ein Verhalten des Gläubigers zurückzuführen, bleibt seine Zahlungspflicht bestehen, obwohl die Ware nicht mehr geliefert werden kann.

Haben die Vertragsparteien eine Gattungsschuld vereinbart und hat sich der Schuldner zusätzlich zur Lieferung aus der Warengattung an den Gläubiger verpflichtet (Bringschuld), dann tritt die vertragliche Erfüllung erst ein, wenn die Ware ordnungsgemäß beim Gläubiger abgeliefert wird. Geht die Ware vor der Anlieferung unter, dann trifft den Schuldner (abweichend von der Regelung bei der Stückschuld) eine **Beschaffungspflicht**, d. h. er muss »aus der Gattung leisten«. Dabei spielt es keine Rolle, ob **er** diese Warenart selbst noch auf Lager hat oder nicht. Er ist verpflichtet, sich anderweitig mit neuer Ware einzudecken. Selbst wenn die Beschaffungskosten zwischenzeitlich erheblich höher geworden sind, geht dies voll zu seinen Lasten.

Die Vereinbarung einer Gattungsschuld führt wegen der Beschaffungspflicht zu einer zusätzlichen Belastung des Schuldners. Diese Belastung kann aber dadurch gemildert werden, dass der Schuldner sich bei Vertragsabschluss einschränkt und sich z. B. nur zur Lieferung der in seinem Lager befindlichen Warengattung verpflichtet. Man bezeichnet diese Art der Gattungsschuld auch als **Vorratsschuld**.

### 10.2.2.3 Erfüllung und Aufrechnung

#### 10.2.2.3.1 Erfüllung

Ein Vertrag ist immer dann erfüllt, wenn der Schuldner dem Gläubiger die richtige Leistung am richtigen Ort zur richtigen Zeit erbringt. Liegen diese Voraussetzungen vor, dann **erlischt** die vertraglich eingegangene Verpflichtung des Schuldners durch **Erfüllung** (§ 362 BGB).

Werden die oben aufgeführten Anforderungen dagegen nur teilweise erbracht, so tritt keine Erfüllung ein und der Gläubiger kann die Leistung (Teilleistung) ablehnen. Dadurch gerät er nicht in Annahmeverzug (Gläubigerverzug). Der Schuldner dagegen gerät in Verzug (Schuldnerverzug) und muss für einen möglichen Verzugsschaden haften (zum Verzug vergl. Abschn. 10.2.2.4.3).

Liefert der Schuldner eine andere Sache als vertraglich vereinbart, so erlischt das Schuldverhältnis nur, wenn der Gläubiger mit dieser Lieferung einverstanden ist, sie »**an Erfüllungs statt**« annimmt (§ 364 BGB).

*Beispiel:*
*Liefert der Fruchtgroßhändler statt der bestellten 100 Kisten Orangen 100 Kisten Clementinen an seinen Einzelhändler, dann kann dieser die Abnahme ablehnen mit dem Hinweis darauf, dass dies keine vertragsgemäße Erfüllung sei, und Lieferung von 100 Kisten Apfelsinen weiterhin verlangen. Er kann aber auch die Clementinen an Erfüllungs Statt annehmen. Dann ist der Vertrag, der eigentlich über Orangen lautete, durch die Leistung von Clementinen erledigt.*

#### 10.2.2.3.2 Aufrechnung

Unter einer Aufrechnung versteht man die wechselseitige Tilgung von Forderungen, die sich gegenüberstehen.

Eine Aufrechnung kann jedoch nur wirksam vorgenommen werden, wenn eine so genannte **Aufrechnungslage** besteht. Diese ist dann gegeben, wenn die wechselseitigen Forderungen, die gegeneinander aufgerechnet werden sollen, gegenseitig, gültig und fällig sind (vergl. §§ 387 ff BGB).

Die geforderte Voraussetzung der Gegenseitigkeit besagt, dass die beiderseitigen Forderungen auf denselben Gegenstand gerichtet sein müssen. Üblicherweise wäre dies Geld, es können aber auch andere Sachen sein wie z. B. bestimmte Rohstoffe oder Waren. Entscheidend ist allein, dass die Vertragsparteien gegeneinander Forderungen haben, bei denen der Forderungsgegenstand von gleicher Art ist.

Darüber hinaus müssen die Forderungen, die sich gegenüberstehen, gültig sein, d. h. die Forderung, mit der aufgerechnet werden soll, muss rechtswirksam bestehen. Der Forderungsgegner darf also keine Berechtigung haben, die Forderung zurückzuweisen, weil sie z. B. bereits verjährt ist oder wegen Anfechtung des Vertrages gar nicht mehr besteht.

Selbst gültige und gegenseitige Forderungen sind jedoch dann nicht aufrechenbar, wenn sie nicht zur selben Zeit fällig sind. Die Partei, die die Aufrechnung erklären möchte, muss also die Einlösung ihrer Forderung zum selben Zeitpunkt wie der andere Forderungsinhaber verlangen können.

Eine Aufrechnung erfolgt weiter nur dann, wenn sie ausdrücklich erklärt wird. Sie ist einseitige, empfangsbedürftige Willenserklärung.

Liegen die oben genannten Voraussetzungen für eine Aufrechnung vor und erfolgt eine entsprechende Aufrechnungserklärung, dann sind die Forderungen **in der Höhe**, in der sie sich deckungsgleich gegenüberstanden, erloschen.

*Ein Automobilwerk hat seiner Zulieferfirma 60 Dienstwagen geliefert; der Kaufpreis beträgt 240.000 €. Die Zulieferfirma, die das Automobilwerk im selben Zeitraum mit Bremsanlagen beliefert, hat eine Forderung in Höhe von 360.000 €. Durch Erklärung kann das Automobilwerk mit seiner Forderung gegen die Forderung der Zulieferfirma in Höhe von 240.000 € aufrechnen. Mit der Aufrechnung werden die Forderungen, die sich in der Höhe decken, rückwirkend getilgt. Hier sind dies 240.000 €. Die Restforderung der Zulieferfirma in Höhe von 120.000 € bleibt* **als Saldo** *bestehen.*

### 10.2.2.4 Leistungsstörungen – Verletzung von Vertragspflichten

Eine Leistungsstörung liegt vor, wenn eine der Vertragsparteien die ihr obliegenden Pflichten verletzt, indem sie schlecht, gar nicht oder verspätet leistet. Je nach Pflichtverletzung greifen die Vorschriften über Schlechtleistung, Unmöglichkeit oder Verzug. Die Rechtsfolgen aus dem Recht der Leistungsstörungen können in der mangelfreien Erfüllung z. B. durch Nachbesserung, im Ersatz etwa entstandener Schäden oder aber in der Auflösung des Vertrages bestehen.

Neben der Haftung aus dem Recht der Leistungsstörungen kann sich eine weitere Haftung bei Fehlerhaftigkeit eines Produktes auch aus dem **Produkthaftungsgesetz** oder aus **§ 823 BGB** ergeben (zu den Einzelheiten der Produkthaftung vergl. Abschn. 3.7.3, zur deliktischen Haftung nach § 823 BGB vergl. Abschn. 7.9.3.2).

#### 10.2.2.4.1 Nicht- oder Schlechtleistung

Erbringt der Schuldner die von ihm geschuldete Leistung nicht oder mangelhaft, so verletzt er dadurch seine vertraglichen Pflichten und der Gläubiger hat folgende Möglichkeiten:

Der Gläubiger kann »**einfachen**« **Schadensersatz** verlangen (§ 280 Abs. 1 BGB), wenn der Schuldner für die Verletzung der vertraglichen Pflicht verantwortlich ist.

Die Verantwortlichkeit für einen Umstand, das so genannte **Verschulden**, ergibt sich aus § 276 BGB. Danach hat der Schuldner Vorsatz und Fahrlässigkeit zu vertreten. Fahrlässig handelt, wer die typischerweise erforderliche Sorgfalt außer Acht lässt.

Damit der Gläubiger **Schadensersatz statt der Leistung** verlangen kann, müssen zu der verschuldeten Pflichtverletzung noch weitere Voraussetzungen erfüllt sein (§ 281 BGB). Der Gläubiger muss dem Schuldner eine angemessen lange Frist zur Nacherfüllung gesetzt haben, die erfolglos verstrichen ist. Falls der Schuldner die Erfüllung verweigert oder die Leistung unmöglich ist, braucht keine Frist bestimmt zu werden.

Der Gläubiger kann **von dem Vertrag zurücktreten** (§ 323 BGB), wenn er dem Schuldner eine angemessen lange Frist zur Nacherfüllung gesetzt hat und diese Frist abgelaufen ist. Die Fristsetzung ist auch hier entbehrlich, wenn der Schuldner die Erfüllung verweigert.

Zu beachten ist, dass die Möglichkeit des Rücktritts **nicht** vom Verschulden des Schuldners abhängt. Der Gläubiger kann also auch vom Vertrag zurücktreten, wenn der Schuldner nicht für die Schlechtleistung verantwortlich ist.

Das Verhältnis von Schadensersatz und Rücktritt regelt § 324 BGB. Danach kann der Gläubiger noch immer Schadensersatz verlangen, auch wenn er vom Vertrag zurückgetreten ist.

Das Recht des Kaufvertrags und des Werkvertrags enthält für die Fälle der mangelhaften Leistung **besondere Gewährleistungsvorschriften** (vergl. Abschn. 10.2.3.1.2 und 10.2.3.2.1).

### 10.2.2.4.2 Unmöglichkeit

Eine Leistung ist unmöglich, wenn sie nicht erbracht werden kann.

Die Rechtsfolge der Unmöglichkeit besteht darin, dass der Schuldner von seiner Leistungspflicht frei wird (§ 275 BGB). Diese Rechtsfolge ist zwingend logisch, da ein Erfüllungsanspruch des Gläubigers auf eine unmögliche Leistung ins Leere geht. Der Gläubiger hat die Möglichkeit, vom Vertrag zurückzutreten, wenn der Schuldner aufgrund von Unmöglichkeit von der Leistungspflicht frei wurde (§ 323 Abs. 5 BGB).

Die Frage, ob der Gläubiger Schadensersatz verlangen kann oder ob der Anspruch des Schuldners auf die Gegenleistung erhalten bleibt, richtet sich danach, wer die Unmöglichkeit **zu vertreten** hat (zum Begriff des Vertretenmüssens s. o.).

Hat der Schuldner die Unmöglichkeit zu vertreten, kann der Gläubiger Schadensersatz verlangen. Beruht die Unmöglichkeit auf einem Vertretenmüssen des Gläubigers, so kann der Schuldner die Gegenleistung verlangen (§ 326 Abs. 2 BGB), obwohl er selbst nicht mehr zur Leistung verpflichtet ist.

*Beispiel:*
*Verkäufer V verkauft an den Kunden K einen Gebrauchtwagen. Sie vereinbaren, dass V das Auto noch zum TÜV bringen wird und K es am nächsten Tag abholen kann. Auf der Fahrt zum TÜV erleidet der Wagen durch einen Unfall einen Totalschaden.*

*Durch den Totalschaden ist die Leistung des Wagens durch V unmöglich. Er ist also von der Leistungspflicht befreit. Hat V den Unfall verschuldet, kann K von ihm Schadensersatz verlangen. Ist zufälligerweise K der Unfallgegner und trägt er allein die Schuld an dem Unfall, behält V den Anspruch auf Kaufpreiszahlung.*

### 10.2.2.4.3 Verzug

Erbringt der Schuldner seine Leistung nicht zum vereinbarten Zeitpunkt, gerät er in Verzug, wenn er die Nichtleistung zu vertreten hat. Falls die Parteien keinen Zeitpunkt vereinbart haben, gerät der Schuldner durch eine Mahnung des Gläubigers in Verzug.

Bei **Geldschulden** tritt 30 Tage nach Fälligkeit und Zugang der Rechnung bei dem Schuldner Verzug ein (§ 286 Abs. 3 BGB).

Der Gläubiger kann aufgrund des Verzugs Schadensersatz oder Schadensersatz statt der Leistung verlangen sowie vom Vertrag zurücktreten. Die Rechte des Gläubigers sind also dieselben wie bei der Schlecht- oder Nichtleistung (s.o.).

Eine Geldschuld ist während des Verzuges zu verzinsen (§ 288 BGB). Wenn Verbraucher (zum Begriff des Verbrauchers vergl. Abschn. 10.2.2.6) an dem Rechtsgeschäft beteiligt sind, beträgt der Verzugszinssatz für das Jahr fünf Prozentpunkte über dem Basiszinssatz; ist keine der Vertragsparteien Verbraucher, beträgt der Zinssatz acht Prozentpunkte über dem Basiszinssatz.

Während des Verzuges hat der Schuldner eine **erhöhte Verantwortlichkeit** zu tragen. Er haftet für jede Fahrlässigkeit. Hinsichtlich der geschuldeten Leistung haftet er darüber hinaus auch für Zufall.

*Beispiel:*
*Der Galerist G veräußert ein Bild an den Kunstliebhaber K. Sie vereinbaren, dass K das Ausstellungsstück am gleichen Abend nach der Ausstellung abholen soll. G vergisst, dass K kommen wollte und geht früher nach Haus. K steht vor verschlossener Tür. In der Nacht werden alle Bilder gestohlen.*

*K kann von G Schadensersatz verlangen, da G sich in Verzug befindet. Daher haftet G auch für den Diebstahl des Bildes, auch wenn die Ausstellungsräume ordnungsgemäß gesichert waren.*

### 10.2.2.4.4 Gläubigerverzug

Bietet der Schuldner seine Leistung vertragsgerecht an, nimmt der Gläubiger diese Leistung aber nicht ab, so gerät er in **Annahmeverzug** (§ 293 BGB).

Während des Annahmeverzuges ist der Schuldner nicht mehr für jede Beeinträchtigung des Leistungsgegenstandes verantwortlich, sondern er hat nur noch Vorsatz und grobe Fahrlässigkeit zu vertreten.

Die Leistungsgefahr geht also vom Schuldner auf den Gläubiger über (§ 300 BGB). Entstehen dem Schuldner durch den Annahmeverzug Kosten für die Aufbewahrung, so hat der Gläubiger diese Aufwendungen zu ersetzen.

*Der Lieferant liefert vereinbarungsgemäß am 01.01.2002 um 12:00 Uhr kalte Platten für einen Empfang. Der Besteller hat jedoch vergessen, die kurzfristige Änderung der Lieferadresse mitzuteilen. Daher werden die Platten nicht abgenommen. Auf der Rückfahrt in das Geschäft fällt die Kühlanlage in dem Transporter aus, und die Platten verderben. Der Besteller muss die Platten bezahlen, da durch den Annahmeverzug die Leistungsgefahr auf ihn übergegangen ist und er für den zufälligen Untergang der kalten Platten selbst verantwortlich ist.*

### 10.2.2.4.5 Verletzung von Nebenpflichten und rechtsgeschäftsähnlichen Schuldverhältnissen

Die Möglichkeit, Schadensersatz zu verlangen, besteht auch bei der Verletzung von Nebenpflichten. **Nebenpflichten** sind die Pflichten einer Vertragspartei, die nicht auf die Erbringung der geschuldeten Leistung zielen, sondern auf deren Vorbereitung, Unterstützung, Sicherung und vollständige Durchführung gerichtet sind.

*Beispiel:*
*Wenn Malermeister M die Wohnung eines Auftraggebers renovieren soll, bestehen als Nebenpflichten beispielsweise, dass M bei Ausführung der Arbeiten nicht die Möbel seines Auftraggebers beschädigt und dass M seine Lehrlinge überwacht.*

Auch die Verletzung von Pflichten aus einem **rechtsgeschäftsähnlichen Schuldverhältnis** führt zu Schadensersatzansprüchen. Diese rechtsgeschäftsähnlichen Schuldverhältnisse können sich aus der Aufnahme von Vertragsverhandlungen, durch Vertragsanbahnungen oder durch ähnliche geschäftliche Kontakte ergeben (§ 311 Abs. 2 BGB).

*Jemand betritt einen Supermarkt, um etwas zu kaufen, stolpert über nachlässig verlegten Bodenbelag und bricht sich das Bein. Der potenzielle Kunde kann aus dem vorvertraglichen Schuldverhältnis Schadensersatz verlangen.*

### 10.2.2.5 Allgemeine Geschäftsbedingungen

Das Vertragsrecht des BGB enthält überwiegend rechtliche Regelungen, die den Parteien die Freiheit lassen, ihre vertraglichen Beziehungen inhaltlich weiter auszugestalten. Im Rahmen dieser Vertragsfreiheit haben sich allgemeine Geschäftsbedingungen **(AGB)** entwickelt, auch bekannt als das »Kleingedruckte«.

Durch AGB werden die Ausgestaltung und Abwicklung von Verträgen standarisiert und rationalisiert. Für den Verwender hat die Einbeziehung seiner AGB in den Vertrag den Vorteil, dass bei Vertragsabschluss Verhandlungen über Gewährleistungsfristen, Zahlungsbedingungen, Haftung usw. vermieden werden.

Um eine unangemessene Abwälzung vertraglicher Risiken zu Lasten des Vertragspartners seitens des Verwenders der AGB zu vermeiden, war 1976 das AGB-Gesetz in Kraft getreten, das seit dem 01.01.2002 (Schuldrechtsreform, s.o.) in das BGB integriert ist.

§§ 305 – 310 BGB bestimmen, **ob** AGB vorliegen, wie sie in Verträge **einbezogen** werden müssen und ob sie **inhaltlich wirksam** sind.

Nach § 305 BGB liegen AGB nur dann vor, wenn es sich um Vertragsbedingungen handelt, die für eine Vielzahl von Verträgen **vorformuliert** sind. Dabei müssen sie nicht vom Verwender vorformuliert sein, sondern können auch von Dritten stammen, wie z. B. bei der Verwendung eines Standard-Mietvertrages.

Diese Vertragsbedingungen müssen von der einen Vertragspartei der anderen Vertragspartei **bei Abschluss des Vertrages gestellt** werden. Das bedeutet, dass der Verwender die Einbeziehung der Bedingungen einseitig und diskussionslos fordert. Es handelt sich also nicht um AGB, wenn beide Parteien übereinstimmend die Einbeziehung gleicher Bedingungen, z. B. der Verdingungsordnung für Bauleistungen (VOB), wünschen.

Wenn beide Parteien übereinstimmend die Einbeziehung bestimmter Vertragsbedingungen wünschen, werden diese Vertragsbestandteil, ohne AGB zu sein. Damit scheidet eine inhaltliche Überprüfbarkeit dieser Bedingungen nach den Vorschriften über AGB aus.

Keine AGB sind Vertragsbedingungen, die von den Parteien im Einzelnen ausgehandelt wurden. Ein Aushandeln liegt vor, wenn der Verwender seine AGB ernsthaft zur Disposition des Vertragspartners stellt und ihm die Möglichkeit zur Änderung von Klauseln zwecks Wahrung dessen eigener Interessen einräumt.

Für die **Einbeziehung** der AGB in den Vertrag ist es notwendig, dass der Verwender ausdrücklich auf die AGB hinweist und der anderen Vertragspartei die Möglichkeit verschafft, in zumutbarer Weise von deren Inhalt Kenntnis zu nehmen. Der Hinweis des Verwenders kann dadurch erfolgen, dass er die AGB auf der Rückseite des Vertrages abdruckt oder für jedermann zugänglich in seinen Geschäftsräumen aushängt.

Für die **inhaltliche Wirksamkeit** der AGB ist maßgebend, ob sie den Vertragspartner des Verwenders entgegen den Geboten von Treu und Glauben unangemessen benachteiligen (§ 307 BGB) – Generalklausel.

Eine unangemessene Benachteiligung kann darin bestehen, dass eine Bestimmung unverständlich ist, dass sie mit wesentlichen Grundgedanken einer gesetzlichen Regelung, die durch die AGB geändert wurde, nicht vereinbar ist oder dass wesentliche Rechte und Pflichten, die in der Natur eines Vertrages liegen, dermaßen eingeschränkt werden, dass eine Erreichung des Vertragszwecks gefährdet wird.

Die Inhaltskontrolle ist das **Kernstück** der Vorschriften über die AGB. Sie schränkt die Gestaltungsfreiheit beim Verfassen von AGB erheblich ein. Dadurch wird ein Ausgleich für den Vertragspartner dafür geschaffen, dass ihm durch die Verwendung von AGB die Möglichkeit genommen ist, durch Verhandlungen seine vertraglichen Interessen durchzusetzen.

Die Generalklausel der treuwidrigen Benachteiligung wird in §§ 308, 309 BGB inhaltlich konkretisiert. Unwirksam sind beispielsweise der Ausschluss des Wahlrechts zwischen Nachbesserung oder Ersatzlieferung oder eine Verkürzung der Verjährungsfristen unter ein Jahr beim Kauf- oder Werkvertrag.

Die Rechtsfolge bei Nichteinbeziehung, Unwirksamkeit der AGB oder einzelner Klauseln ergibt sich aus § 306 BGB. Danach bleibt der Vertrag im Übrigen wirksam. An die Stelle der AGB oder der unwirksamen Klauseln tritt die gesetzliche Regelung. Dies gilt jedoch nicht, wenn ein Festhalten am Vertrag für eine Vertragspartei eine unzumutbare Härte bedeuten würde.

### 10.2.2.6 Fernabsatzverträge

Für die Vertriebsform des Fernabsatzes enthält das BGB besondere Regeln, die dem **Verbraucherschutz** Rechnung tragen.

Erst seit dem 01.01.02 sind die Vorschriften über den Fernabsatz in das BGB integriert. Zuvor waren sie im Gesetz über Fernabsatzverträge geregelt gewesen.

Als Fernabsatzverträge definiert das Gesetz Verträge über Warenlieferung oder Dienstleistung, die zwischen Unternehmer und Verbraucher unter ausschließlicher Verwendung von Fernkommunikationsmitteln zustande kommen (§ 312 b BGB). Dies gilt nicht, wenn der Vertragsschluss nicht im Rahmen eines für den Fernabsatz organisierten Vertriebssystems erfolgt.

**Verbraucher** im Sinne des BGB ist jede natürliche Person, die ein Rechtsgeschäft abschließt, das weder zu ihrer gewerblichen noch zu ihrer selbstständigen beruflichen Tätigkeit gehört (§ 13 BGB). Als **Unternehmer** hingegen gilt nach § 14 BGB jede natürliche oder juristische Person, die mit dem Abschluss des Rechtsgeschäfts ihr Gewerbe oder selbstständige berufliche Tätigkeit ausübt.

Der Schutz des Verbrauchers findet darin Ausdruck, dass er Fernabsatzverträge innerhalb von zwei Wochen ohne Angaben von Gründen widerrufen kann.

Zudem treffen den Unternehmer umfassende Unterrichtungspflichten (vergl. § 312 c BGB).

Für den **elektronischen Geschäftsverkehr** gelten darüber hinaus weitere rechtliche und technische Vorgaben (vergl. § 312 e BGB):

So muss der Unternehmer u. a. dem Kunden den Zugang dessen Bestellung unverzüglich elektronisch bestätigen und ihm die Vertragsbestimmungen sowie die AGB so zugänglich machen, dass der Kunde sie bei Vertragsschluss abrufen und speichern kann.

## 10.2.3 Besondere Verträge

Einzelne Vertragsarten sind im besonderen Schuldrecht rechtlich ausgestaltet, z. B. Kaufvertrag, Schenkungsvertrag, Mietvertrag oder Werkvertrag. Diese rechtliche Gestaltung verschiedener Verträge stellt für die Parteien aber kein zwingendes Recht dar. Aufgrund der aus § 311 BGB folgenden Vertragsfreiheit können Vertragsparteien von den gesetzlichen Regelungen abweichen, sie durch individuelle Vereinbarungen abändern oder Verträge eigener Art abschließen, wie beispielsweise Franchising-Verträge.

Soweit die Vertragsparteien den Vertrag nicht oder nur teilweise individuell gestaltet haben, gelten die Vorschriften des BGB.

Im Folgenden werden aufgrund ihrer wirtschaftlichen Bedeutung Kauf-, Werk- und Werklieferungsvertrag behandelt, so wie sie im BGB geregelt sind.

### 10.2.3.1 Kaufvertrag

Der Kaufvertrag ist in den §§ 433 ff BGB geregelt. Danach verpflichtet sich der Verkäufer, eine bestimmte Ware oder ein Recht dem Käufer zu verschaffen und ihm daran das Eigentum zu übertragen; der Käufer hingegen verpflichtet sich, den vereinbarten Kaufpreis zu zahlen und den Kaufgegenstand abzunehmen. Für Kaufleute gelten ergänzend die Vorschriften des Handelsgesetzbuches (HGB).

#### 10.2.3.1.1 Gegenstand und Form des Kaufvertrages

Gegenstand eines Kaufvertrages können Sachen, Rechte und sonstige Gegenstände sein (§ 433 i.V.m. § 453 BGB). Sachen sind körperliche Gegenstände; veräußerbare Rechte sind beispielsweise Nutzungsrechte oder Forderungen; sonstige Gegenstände sind z. B. nichtkörperliche Dinge wie Elektrizität.

Grundsätzlich ist ein Kaufvertrag an keine bestimmte Form gebunden. Kaufverträge können mündlich, schriftlich oder durch anerkannte Handelsbräuche (z. B. Handschlag) geschlossen werden. Aus Gründen der Beweisbarkeit ist aber bei Rechtsgeschäften von Bedeutung stets die Schriftform zu empfehlen.

In Sonderfällen schreibt das Gesetz eine Form für den Kaufvertrag vor. Beispielsweise muss der Kaufvertrag über ein Grundstück schriftlich abgefasst und notariell beurkundet werden (§ 311 b BGB).

#### 10.2.3.1.2 Pflichten und Rechte des Verkäufers

Nach § 433 BGB ist der Verkäufer verpflichtet, dem Käufer die Sache zu übergeben und ihm das Eigentum an ihr zu verschaffen. Übergabe ist dabei nicht wörtlich zu verstehen, sondern bedeutet, dass der Verkäufer dem Käufer den Besitz an der Sache einräumen muss. Ist der Käufer bereits im Besitz der Sache, bedarf es nur noch der Übereignung.

Der Verkäufer muss den Kaufgegenstand frei von Rechts- und Sachmängeln übergeben. Maßgebender Zeitpunkt für die Mängelfreiheit der Sache ist der so genannte Gefahrübergang, also der Zeitpunkt in dem die Gefahr des Untergangs oder der Beschädigung der Sache auf den Käufer übergeht. Grundsätzlich geht diese Gefahr mit der Übergabe der Sache auf den Käufer über.

Etwas anderes gilt, wenn der Verkäufer auf Verlangen des Käufers die Sache an einen anderen Ort als den Erfüllungsort versendet (**Versendungskauf**). Dann geht die Gefahr auf den Käufer über, sobald die Sache an den Spediteur, Frachtführer oder die zur Versendung bestimmte Person ausgeliefert ist (§ 447 BGB), es sei denn, es handelte sich um einen Verbrauchsgüterkauf (§ 474 Abs. 2 BGB).

Ein **Rechtsmangel** (§ 435 BGB) liegt vor, wenn Dritte in Bezug auf die Sache Rechte gegen den Käufer geltend machen können, die nicht Gegenstand des Kaufvertrages waren. Ist die verkaufte Sache z. B. vermietet, liegt ein Rechtsmangel vor, wenn die Miete durch den Dritten nicht im Kaufvertrag berücksichtigt wurde.

Ein **Sachmangel** ist eine Abweichung des »Ist-Zustandes« von dem »Soll-Zustand« unter Berücksichtigung des Parteiwillens. Nach § 434 BGB liegt in folgenden Fällen ein Sachmangel vor:

– Die Sache hat nicht die von den Parteien vereinbarte Beschaffenheit.
– Falls die Parteien über die Beschaffenheit nichts vereinbart haben, ist maßgebend ob sich die Sache für die vertraglich vorausgesetzte Verwendung eignet.
– Die Sache eignet sich nicht für die gewöhnliche Verwendung und weist nicht die Beschaffenheit auf, die bei Sachen der gleichen Art üblich ist und die der Käufer nach der Art der Sache erwarten kann.
  Zur Beschaffenheit der Sache gehören insbesondere auch Eigenschaften, die der Käufer nach öffentlichen Äußerungen des Verkäufers (oder des Herstellers) z. B. aufgrund von Werbung erwartet.
– Die Montageanleitung ist mangelhaft oder die vereinbarte Montage durch den Verkäufer (oder seinen Erfüllungsgehilfen) wurde unsachgemäß durchgeführt.
– Der Verkäufer liefert eine andere Sache oder eine zu geringe Menge.

#### 10.2.3.1.3 Pflichten und Rechte des Käufers

Der Käufer ist aus dem Kaufvertrag verpflichtet, den vereinbarten Kaufpreis zu zahlen und die gekaufte Sache abzunehmen. Nimmt der Käufer die Sache nicht zum vereinbarten Zeitpunkt ab, gerät er in Annahmeverzug. Der Verkäufer kann dann einen Verzugsschaden geltend machen, z. B. Kosten für die Lagerung der Sache.

Die Rechte des Käufers im Falle eines Rechts- oder Sachmangels ergeben sich aus § 437 BGB und bestehen aus zwei Schritten.

Im ersten Schritt kann der Käufer **Nacherfüllung** gemäß § 439 BGB verlangen. Als Nacherfüllung kommen entweder die Beseitigung des Mangels oder die Lieferung einer mangelfreien Sache in Betracht. Falls die vom Käufer gewählte Art der Nacherfüllung für den Verkäufer mit unverhältnismäßig hohen Kosten verbunden ist, kann der Verkäufer diese Art der Nacherfüllung verweigern. Dann ist der Käufer auf die andere Art der Nacherfüllung beschränkt.

Nach erfolglosem Ablauf einer Frist zur Nacherfüllung hat der Käufer im zweiten Schritt folgende Möglichkeiten:

Er kann **vom Vertrag zurücktreten** oder den Kaufpreis nach Maßgabe von § 441 BGB mindern. Außerdem kann der Käufer **Schadensersatz** oder den **Ersatz vergeblicher Aufwendungen** verlangen.

Grundsätzlich bedürfen diese Rechte des Käufers des erfolglosen Ablaufs einer Frist zur Nacherfüllung. Diese Frist ist bei Kaufverträgen nach § 440 BGB aber dann entbehrlich, wenn der Verkäufer die Nacherfüllung verweigert oder die Nacherfüllung fehlgeschlagen ist. Die Nachbesserung gilt nach dem zweiten erfolglosen Versuch als fehlgeschlagen. Die Frist ist weiter dann entbehrlich, wenn die Nacherfüllung unzumutbar oder unmöglich ist.

Die Mängelansprüche des Käufers verjähren nach Maßgabe des § 438 BGB (vergl. im Einzelnen dazu Abschn. 10.2.1.5.4 ).

### 10.2.3.1.4 Verbrauchsgüterkauf

Die Vorschriften über den Verbrauchsgüterkauf wurden im Zuge der Schuldrechtsreform zur Umsetzung der EU-Richtlinie über den Verbrauchsgüterkauf in das BGB eingefügt. Sie dienen der Stärkung der Rechtsposition des Verbrauchers gegenüber dem Unternehmer und ergänzen die Regelungen über den Kaufvertrag (vergl. §§ 474 ff BGB).

Ein Verbrauchsgüterkauf liegt vor, wenn ein Verbraucher von einem Unternehmer eine bewegliche Sache kauft (zum Begriff des Verbrauchers und des Unternehmers vergl. Abschn. 10.2.2.6).

Für den Verbrauchsgüterkauf gelten folgende Verbraucherschutzregeln, von denen **nicht abgewichen** werden darf:

Die Vorschriften über die Grundregeln des Kaufvertrages sowie der Mängelgewährleistung können nicht durch Vereinbarung zwischen Unternehmer und Verbraucher zu Lasten des Verbraucher geändert werden (§ 475 Abs. 1 BGB). So kann z. B. der Unternehmer nicht die Mängelgewährleistung ausschließen.

Die Verjährung der Mängelansprüche kann nicht unter zwei Jahre (bei gebrauchten Sachen unter ein Jahr) gesenkt werden.

Falls die Sache innerhalb von sechs Monaten nach Übergabe einen Mangel aufweist, besteht zu Gunsten des Verbrauchers die Vermutung, dass die Sache bereits im Zeitpunkt der Übergabe mangelhaft war (§ 476 BGB). Damit liegt die Beweislast beim Unternehmer, der darlegen (und beweisen) muss, dass die Sache bei Übergabe mangelfrei war.

Schließlich enthält § 478 BGB Sonderbestimmungen für Garantieerklärungen, die zu einer größeren Transparenz dieser Erklärungen führen sollen.

Wenn der Unternehmer eine neu hergestellte Sache verkauft hat, richtet sich der Rückgriff des Unternehmers gegen seinen Lieferanten nach § 478 BGB.

### 10.2.3.1.5 Besondere Arten des Kaufvertrages

Unterscheidung nach der Art, Beschaffenheit und Güte der Ware:

– **Stückkauf**: Kaufgegenstand ist eine nicht vertretbare Sache, z. B. ein Modellkleid.

– **Gattungskauf**: Kaufgegenstand ist eine vertretbare Sache, z. B. ein Konfektionskleid.

– **Kauf nach Besicht**: Der Käufer kann die Ware vor Vertragsabschluss besichtigen und etwaige Mängel erkennen, z. B. Kauf eines Gebrauchtwagens.

– **Kauf zur Probe**: Endgültiger Kauf, bei dem der Käufer dem Verkäufer zu erkennen gibt, später weitere Bestellungen aufgeben zu wollen, wenn die gelieferte Probe seinen Erwartungen entspricht. Eine rechtliche Verpflichtung zu späteren Käufen wird durch den Kauf zur Probe nicht begründet.

– **Kauf nach Probe (oder nach Muster)**: Endgültiger Kauf aufgrund bereits bezogener Waren (Muster). Die später gekaufte Ware muss der Probe (Muster) entsprechen, unwesentliche Abweichungen müssen aber geduldet werden.

– **Kauf auf Probe**: Kauf mit Rückgaberecht innerhalb einer vereinbarten Frist, wenn die Ware den Erwartungen des Käufers nicht entspricht. Haben die Parteien keine Frist vereinbart, gilt nach § 455 BGB eine angemessene Frist. Die Ablehnung der Ware muss vom Käufer innerhalb der Frist ausdrücklich erklärt werden. Schweigen des Käufers gilt als Billigung.

– **Kauf mit Umtauschrecht**: Der Käufer kann verlangen, dass an Stelle der gekauften Sache eine andere gleichen Wertes tritt, wenn die Sache nachträglich nicht gefällt, z. B. Kauf eines Geschenks.

- **Typenkauf**: Der Kauf erfolgt aufgrund einer Type, also aufgrund einer durch eine Güteklasse bezeichneten Durchschnittsqualität.
- **Bestimmungskauf (Spezifikationskauf)**: Kaufvertrag über eine genau festgelegte Gesamtmenge einer Gattungsware, wobei der Käufer das Recht hat, innerhalb einer vereinbarten Frist die zu liefernde Ware nach Maß, Form oder Farbe näher zu spezifizieren. Meist werden für die Gesamtmenge ein Grundpreis sowie Zuschläge für die Ausführungsarten vereinbart.

Unterscheidung nach der Lieferzeit:

- **Sofortkauf**: Die Lieferung hat unmittelbar nach der Bestellung zu erfolgen (»Lieferung sofort«).
- **Terminkauf**: Die Lieferung erfolgt zu einem vereinbarten Termin oder innerhalb einer vereinbarten Frist (»Lieferung Ende August; Lieferung innerhalb zweier Monate; Lieferung ein Monat nach Auftragseingang«).
- **Fixkauf**: Die Lieferung muss an oder bis zu einem bestimmten Zeitpunkt erfolgen (»Lieferung am 20. Mai fix; Lieferung bis 20. Januar fix«). Wichtig ist dies z. B. bei Hochzeitskarten, Büfett zu einer Ladeneröffnung oder sonstigen terminabhängigen Artikeln. Der Kaufvertrag steht und fällt mit dem vereinbarten Leistungszeitpunkt.
- **Kauf auf Abruf**: Der Zeitpunkt der Lieferung wird vom Käufer bestimmt. Er ruft die Ware ab, z. B. beim Kauf von Fliesen für einen Hausbau.
- **Teillieferungskauf**: Die Lieferung erfolgt in Teilmengen. Dies kann sowohl ein Kauf auf Abruf sein als auch ein Zeitkauf, bei dem z. B. monatliche Teilmengen geliefert werden.

Unterscheidung nach dem Zahlungszeitpunkt:

- **Kauf gegen Vorauszahlung**: Die Zahlung erfolgt vor der Lieferung.
- **Barkauf**: Ware gegen Geld.
- **Ziel- oder Kreditkauf**: Die Zahlung erfolgt nach einer vereinbarten Zeit nach der Lieferung.
- **Ratenkauf**: Die Zahlung erfolgt in Teilbeträgen zu bestimmten Zeitpunkten vor, bei oder nach der Lieferung.

Unterscheidung nach dem Erfüllungsort:

- **Versendungskauf**: Verkäufer und Käufer befinden sich an verschiedenen Orten. Erfüllungsort ist der Ort des Verkäufers, der aber auf Verlangen des Käufers die Ware an einen anderen Ort versendet.
- **Fernkauf**: Verkäufer und Käufer befinden sich an verschiedenen Orten. Als Erfüllungsort für die Übergabe der Ware ist aber ein anderer Ort als der Ort des Verkäufers vereinbart.
- **Platzkauf**: Verkäufer und Käufer befinden sich an verschiedenen Stellen des selben Ortes; Ausgangs- und Endpunkt der Lieferung sind soweit voneinander entfernt, dass eine Versendung erforderlich ist. Meist wird bei Versendungen innerhalb des selben Ortes die Adresse des Käufers als Erfüllungsort vereinbart.
- **Handkauf**: Verkäufer und Käufer befinden sich am selben Ort, die Ware wird im Geschäft des Verkäufers gekauft und auch dort übergeben.

Eine Besonderheit, die im Großhandel häufiger vorkommt, ist das so genannte **Streckengeschäft**, bei dem Fracht-, Verlade- und Lagerkosten eingespart werden können.

*Beispiel:*
*Ein Stahlgroßhändler bestellt bei einem Stahlwerk eine größere Menge an Baustahl, die von seinem Kunden, einem Bauunternehmen, benötigt wird. Er veranlasst die Lieferung unmittelbar ab Werk an den Kunden zu den Bedingungen des Lieferers. Der Großhändler hat nur vermittelnde Funktion. Der Kaufvertrag wird dann direkt zwischen Hersteller und Großhandelskunden geschlossen. Im Übrigen gelten die Bedingungen, die zwischen dem Großhändler und seinem Kunden vereinbart wurden.*

### 10.2.3.1.6 Zahlungsvereinbarungen bei Kaufverträgen

Zahlungsvereinbarungen können rechtlich unterschiedlich ausgestaltet werden.

Ist für die Kaufpreiszahlung im Vertrag nichts vereinbart, besteht die Zahlungspflicht mit Abschluss des Vertrages. Solange keine Vorleistungspflicht des Käufers vereinbart wurde, kann er die Zahlung bis zur Bewirkung der Gegenleistung verweigern (§ 320 BGB).

Die Vereinbarung einer Vorleistung kann z. B. durch den Zusatz »Kasse gegen Dokumente« erfolgen. Das bedeutet, dass der Käufer den Kaufpreis gegen Vorlage der Frachtdokumente zu erbringen hat.

**Rabatte**

Rabatte sind Preisnachlässe für Waren und Leistungen, die aus absatzpolitischen Gründen gegenüber verschiedenen Abnehmerkreisen gewährt werden. Die Arten der Rabatte lassen sich nach dem Grund der Rabattvergabe oder nach dem Zeitpunkt der Rabattvergabe unterscheiden, z. B. Mengenrabatt, Treuerabatt, Rabatt bei Sofortzahlung.

Bis zur Aufhebung des Rabattgesetzes und der Zugabeverordnung im Juli 2001 durften Rabatte und Zugaben nur in bestimmten Ausnahmefällen gewährt werden, um für den Käufer Preisklarheit sicher zu stellen.

Beispielsweise war **Skonto** eine Sonderform des Rabattes, die nur bei Barzahlung oder bei einer Zahlung innerhalb einer vereinbarten Zahlungsfrist gewährt werden durfte. An den Endverbraucher gewährt, durften Barzahlungsrabatte 3% nicht überschreiten.

Seit Aufhebung der beiden Gesetze ist die Gewährung von Rabatten und Zugaben grundsätzlich erlaubt und frei aushandelbar. Die maßgebende Grenze wird durch das Gesetz gegen den unlauteren Wettbewerb gesetzt. So dürfen marktbeherrschende Unternehmen Rabatte und Zugaben nicht so einsetzen, dass dadurch Wettbewerber und andere Marktteilnehmer behindert oder diskriminiert werden.

**Zahlungsaufschübe und sonstige Finanzierungshilfen**

Für Zahlungsaufschübe oder sonstige Finanzierungshilfen, die ein Unternehmer einem Verbraucher gewährt, enthalten §§ 499 ff BGB besondere **Verbraucherschutzvorschriften,** die einer unangemessenen Belastung des Verbrauchers aufgrund wirtschaftlicher Unerfahrenheit oder Unterlegenheit vorbeugen sollen.

Dieselbe Schutzrichtung verfolgte zuvor das Abzahlungsgesetz, das 1991 durch das Verbraucherkreditgesetz ersetzt wurde. Mit der Schuldrechtsreform wurde das Verbraucherkreditgesetz in das BGB integriert.

Verträge für **Teilzahlungsgeschäfte** müssen schriftlich abgeschlossen werden und Angaben über den Barzahlungspreis, den Teilzahlungspreis, die genauen Zahlungsmodalitäten, den effektiven Jahreszins, die Kosten einer in diesem Zusammenhang geschlossenen Versicherung und die Vereinbarung eines Eigentumsvorbehaltes oder einer anderen zu bestellenden Sicherheit enthalten (§ 502 BGB). Verstöße gegen diese Vorschrift führen zur Nichtigkeit des Teilzahlungsvertrages.

Der Verbraucher kann den Teilzahlungsvertrag innerhalb von zwei Wochen ohne Angabe von Gründen widerrufen. Das Rücktrittsrecht des Unternehmers wegen Zahlungsverzuges ist eingeschränkt. Erst ein Verzug des Verbrauchers mit mindestens zwei aufeinanderfolgenden Teilzahlungen und der erfolglose Ablauf einer Nachfristsetzung mit Gesamtfälligkeitsstellung ermöglichen den Rücktritt des Unternehmers.

### 10.2.3.2 Werkvertrag und Werklieferungsvertrag

#### 10.2.3.2.1 Werkvertrag

Durch einen Werkvertrag (§§ 631 ff BGB) verpflichtet sich der Unternehmer zur **Herstellung eines Werkes**, der Besteller zur Entrichtung der dafür vereinbarten Vergütung (**Werklohn**).

Bei dem zu erstellenden Werk kann es sich um die Herstellung einer Sache (Bau eines Hauses) oder um die Veränderung einer Sache (Lackierung eines Autos) han- deln. Gegenstand eines Werkvertrages kann aber auch jede andere erfolgsabhängige Leistung sein, die durch Arbeit oder Dienstleistung erbracht werden kann, wie beispielsweise die Entwicklung bestimmter Software.

In Abgrenzung zum Dienstvertrag, bei dem nur die Dienstleistung an sich geschuldet wird, ist der Werkvertrag **erfolgsabhängig**. Zu seiner Erfüllung muss also der vereinbarte Erfolg eintreten.

Der Werklohn ist bei der Abnahme des Werkes zu zahlen. Die **Abnahme** ist die Erklärung des Bestellers, dass das Werk die vertragsmäßig geschuldete Leistung darstelle; sie ist eine Hauptleistungspflicht. Der Besteller darf wegen nur unwesentlicher Mängel die Abnahme nicht verweigern.

Die Abnahme kann auch durch die **Fertigstellungsbescheinigung** eines Gutachters ersetzt werden.

Der Unternehmer hat dem Besteller das Werk frei von Rechts- und Sachmängeln zu verschaffen (§ 633 BGB). Die Definition von Rechts- und Sachmängeln erfolgt durch das Gesetz in § 633 BGB und ist ähnlich wie beim Kaufvertrag.

Danach liegen **Rechtsmängel** vor, wenn Dritte in Bezug auf das Werk Rechte gegen den Besteller geltend machen können. **Sachmängel** sind zu bejahen, wenn das Werk nicht die von den Parteien vereinbarte Beschaffenheit hat. Bei fehlender Vereinbarung über die Beschaffenheit ist die Eignung für die vertraglich vorausgesetzte oder die gewöhnliche Verwendung maßgebend. Einem Sachmangel steht es gleich, wenn der Unternehmer ein anderes Werk oder das Werk in zu geringer Menge liefert.

Die Rechte des Bestellers bei Mängeln ergeben sich aus § 634 BGB. Sie bestehen wie beim Kaufvertrag in zwei Schritten.

Im ersten Schritt kann der Besteller **Nacherfüllung** verlangen. Der Unternehmer hat die Wahl, ob er den Mangel beseitigt oder ein neues Werk herstellt. Ist die Nacherfüllung unmöglich oder mit unverhältnismäßig hohen Kosten verbunden, kann der Unternehmer die Nacherfüllung verweigern.

Nach erfolglosem Verstreichen einer angemessenen Nachfrist zur Nacherfüllung kann der Besteller vom **Vertrag zurücktreten**, den Werklohn **mindern** oder **Schadensersatz** oder den **Ersatz vergeblicher Aufwendungen** verlangen.

Zudem ist der Besteller nach § 637 BGB berechtigt, den Mangel selbst zu beseitigen und vom Unternehmer die dafür erforderlichen Aufwendungen zu verlangen (**Selbstvornahme**).

Der Nachfrist bedarf es nicht, wenn der Unternehmer die Nacherfüllung endgültig verweigert hat, wenn die Nacherfüllung unmöglich oder unzumutbar ist oder wenn sich aus der Abwägung der Interessen der Vertragsparteien Gründe ergeben, die eine sofortige Geltendmachung der übrigen Mängelansprüche rechtfertigen.

Die Verjährung der Mängelansprüche richtet sich nach § 634 a BGB (vgl. im Einzelnen dazu Abschn. 10.2.1.5).

**Mitwirkung des Bestellers**

Es kann vorkommen, dass bei einem Werkvertrag die Mitwirkung des Bestellers erforderlich ist. Kommt der Besteller dieser Mitwirkungspflicht nicht nach, gerät er in Verzug und der Unternehmer kann eine angemessene Entschädigung verlangen.

Holt der Besteller innerhalb einer vom Unternehmer gesetzten Frist die erforderliche Mitwirkung nicht nach, kann der Unternehmer den Vertrag kündigen.

**Kündigungsrecht des Bestellers**

Der Besteller kann bis zur Vollendung des Werkes den Werkvertrag jederzeit kündigen. Allerdings behält der Unternehmer seinen Anspruch auf den Werklohn.

Der Unternehmer muss sich jedoch auf den Werklohn das anrechnen lassen, was er infolge der Aufhebung des Vertrages an Aufwendungen erspart oder durch anderweitige Verwendung seiner Arbeitskraft erwirbt.

**Kostenanschlag**

Ein Kosten(vor)anschlag dient der besseren Kalkulierbarkeit eines Werkvertrages. Er ist im Zweifel kostenlos. Falls ein Kostenanschlag vergütungspflichtig sein soll, muss dies vertraglich vereinbart werden. Ebenso muss vertraglich geregelt sein, ob die Vergütung für einen Kostenanschlag auf den Werklohn angerechnet werden soll, wenn der Werkvertrag zustande kommt.

Ist dem Werkvertrag ein Kostenanschlag zugrunde gelegt und ist eine wesentliche Überschreitung des Anschlags zu erwarten, hat der Unternehmer dies dem Besteller unverzüglich anzuzeigen. Kündigt der Besteller darauf den Werkvertrag, kann der Unternehmer einen der geleisteten Arbeit entsprechenden Teil der Vergütung und Ersatz der Auslagen verlangen, die nicht in der Vergütung enthalten sind.

### 10.2.3.2.2 Werklieferungsvertrag

Der Werklieferungsvertrag ist eine Sonderform des Werkvertrages, auf den die Regelungen des Kaufrechts Anwendung finden. Ein Werklieferungsvertrag liegt vor, wenn der Unternehmer die Lieferung beweglicher Sachen schuldet, die er herstellen oder erzeugen wird (§ 651 BGB).

Wenn es sich um die Herstellung oder Erzeugung nicht vertretbarer Sachen handelt, finden zusätzlich zum Kaufrecht die Vorschriften über die Mängelansprüche aus dem Werkvertragrecht Anwendung.

Nicht vertretbare Sachen sind Gegenstände, die nicht nach Zahl, Maß, oder Gewicht bestimmt werden (Umkehr aus § 91 BGB ).

Zu beachten ist, dass durch die Verweisung auf das Kaufrecht bei Werklieferungsverträgen auch die **Vorschriften über den Verbrauchsgüterkauf** angewendet werden.

## 10.2.3.3 Kreditsicherheiten

### 10.2.3.3.1 Eigentumsvorbehalt

Üblicherweise ist der Verkäufer durch den Abschluss eines Kaufvertrages verpflichtet, dem Käufer den Kaufgegenstand zu übergeben und ihm das Eigentum daran zu verschaffen. Grundsätzlich ist der Verkäufer aber berechtigt, seine Leistung zurückzuhalten, bis der Käufer seinerseits seine vertragliche Pflicht, nämlich die Zahlung des Kaufpreises, erfüllt hat. Es gilt der Grundsatz »Ware gegen Geld – Zug um Zug«.

Dies entspricht jedoch in vielen Fällen nicht den Vorstellungen des Käufers, weil er zwar den Kaufgegenstand sofort erhalten möchte, aber nicht in der Lage ist, sofort den Kaufpreis zu zahlen.

Der Verkäufer wiederum möchte zwar gern den Kaufgegenstand veräußern. Durch die Übereignung des Kaufgegenstandes verliert er jedoch sein Eigentum; stattdessen steht ihm nur ein schuldrechtlicher Anspruch gegenüber dem Käufer auf Zahlung zu, der vielleicht wegen Zahlungsunfähigkeit nicht realisierbar ist. Leistet also der Verkäufer ohne Weiteres vor, so ist dies für ihn grundsätzlich ein riskantes Geschäft.

Um dieses Risiko einzuschränken, gibt es die Möglichkeit, einen Kaufvertrag unter **Eigentumsvorbehalt** abzuschließen, soweit es sich um eine bewegliche Sache handelt. Dies besagt, dass der Verkäufer sich verpflichtet, den Kaufgegenstand sofort zu übergeben, jedoch mit der Einschränkung, dass das Eigentum auf den Käufer erst dann übergehen soll, wenn dieser den gesamten Kaufpreis gezahlt hat. Es wird also ein Vertrag mit einer **aufschiebenden Bedingung** abgeschlossen. Bei Eintritt der Bedingung, nämlich vollständiger Bezahlung des Kaufpreises, tritt die Übereignung automatisch ein (§ 449 BGB).

Der Vorteil dieser Regelung liegt darin, dass der Verkäufer sein Eigentumsrecht vorerst nicht verliert und gleichzeitig einen Anspruch auf Zahlung des Kaufpreises hat. Wird der Kaufpreis nicht bezahlt, so kann er seine Eigentumsrechte geltend machen und den Kaufgegenstand herausverlangen.

Der Verkäufer ist außerdem dadurch abgesichert, dass Gläubiger des Käufers den Kaufgegenstand nicht pfänden können, da dieser wegen des Eigentumsvorbehaltes schuldnerfremd ist und Gläubiger generell nur schuldnereigene Sachen pfänden dürfen.

Der Nachteil dieser Regelung liegt darin, dass der Eigentumsvorbehalt nur zwischen Verkäufer und Käufer gilt. Verkauft also der Käufer den Kaufgegenstand weiter an einen (gutgläubigen) Dritten, wirkt der vereinbarte Eigentumsvorbehalt nicht mehr. Dem Verkäufer steht in einer solchen Situation nur noch der Anspruch auf Zahlung des Kaufpreises zur Verfügung.

Dieser »einfache« Eigentumsvorbehalt ist daher unbefriedigend, wenn z. B. von vornherein feststeht, dass der Käufer beabsichtigt, die Sache in seinem Ladengeschäft weiter zu veräußern. Aus diesem Grund vereinbaren Verkäufer und Käufer häufig einen so genannten **verlängerten Eigentumsvorbehalt**. Danach wird nicht nur das Eigentum an dem Kaufgegenstand bedingt übertragen, sondern der Käufer (und Weiterverkäufer) tritt gleichzeitig seine Forderung aus dem Verkaufserlös an den ursprünglichen Verkäufer ab.

Üblicherweise zieht bei einer derartigen Vereinbarung der Käufer gleichwohl den Verkaufserlös ein, damit nach außen niemandem bekannt wird, dass er zur Kaufpreiszahlung nicht in der Lage war. Er muss jedoch das vereinnahmte Geld sofort an den Verkäufer abführen.

Der Verkäufer ist trotz des verlängerten Eigentumsvorbehaltes aber dann nicht genügend gesichert, wenn der Käufer den Kaufgegenstand nicht gleich weiterverkauft, sondern durch Verarbeitung oder Bearbeitung zu einer neuen Sache werden lässt. In diesem Fall wird der Käufer kraft Gesetzes Eigentümer des bearbeiteten bzw. verarbeiteten Kaufgegenstandes.

Um auch hier eine Sicherung für den Verkäufer einzubauen, kann im Kaufvertrag eine so genannte **Verarbeitungsklausel** vereinbart werden. Danach verarbeitet der Käufer den Kaufgegenstand **für** den Verkäufer, sodass dieser als Hersteller nach § 950 BGB Eigentümer der neuen Sache wird.

#### 10.2.3.3.2 Pfandrecht

Durch das Pfandrecht an einer beweglichen Sache zur Sicherung einer Forderung wird der Pfandgläubiger berechtigt, das Pfandobjekt zu verwerten, wenn seine Forderung zum vereinbarten Zeitpunkt nicht eingelöst wird (§ 1204 BGB). Die Verwertung geschieht üblicherweise durch Versteigerung. Die **Versteigerung** darf erst durchgeführt werden, wenn sie dem Eigentümer gegenüber angekündigt worden ist. Hat das Pfandobjekt einen Markt- oder Börsenpreis (Wertpapier), darf eine Verwertung im freihändigen Verkauf vorgenommen werden (§ 1221 BGB).

Neben den vertraglich vereinbarten Pfandrechten gibt es diverse Pfandrechte, die **kraft Gesetzes** entstehen. Dazu gehört z. B. das Vermieter-Pfandrecht, das Pfandrecht des Werkunternehmers und das Pfandrecht des Lagerhalters.

Das rechtsgeschäftliche Pfandrecht an einer beweglichen Sache entsteht durch eine entsprechende vertragliche Vereinbarung und **Übergabe** des Pfandobjektes (§ 1205 BGB). Durch die Übergabe erlangt der Gläubiger Besitz am Pfandobjekt (und Besitzverschaffung ist **zwingende Voraussetzung** für die Entstehung des Pfandrechtes).

Das Pfandrecht erlischt, wenn der Schuldner dem Pfandgläubiger die mit dem Pfandrecht verbundene Forderung bezahlt hat.

#### 10.2.3.3.3 Sicherungsübereignung

Eine Sicherungsübereignung von Gütern, die der Schuldner (Käufer) besitzt, ist ein weiteres und verbreitetes Instrument, um eine Forderung des Gläubigers (Verkäufers) abzusichern. Sie ist eine Abrede mit dem Inhalt, das Sicherungsgut nur für den Fall zu verwerten, dass der Schuldner seinen vertraglichen Pflichten aus dem Hauptgeschäft nicht nachkommt und z. B. im Kreditgewerbe weit verbreitet.

Um eine wirksame Sicherungsübereignung durchzuführen, muss an Stelle der Übergabe ein so genanntes **Besitzkonstitut** vereinbart werden, in dem das zu übereignende Sicherungsgut zunächst genau beschrieben sein muss. Der Schuldner (Sicherungsgeber) muss gegenüber dem Gläubiger (Sicherungsnehmer) erklären, dass das Eigentum an den Gläubiger übergeht, während der Gläubiger dem Schuldner gleichzeitig den unmittelbaren Besitz am Sicherungsgut einräumt.

#### 10.2.3.3.4 Bürgschaft

Die Bürgschaft ist ein Vertrag, der zwischen dem Bürgen und dem Gläubiger eines Dritten geschlossen wird (§ 765 BGB). Durch das Bürgschaftsversprechen verpflichtet sich der Bürge, für die Verbindlichkeit des Dritten (des **Hauptschuldners**) einzustehen, wenn dieser zahlungsunfähig wird.

Die Bürgschaft kann die gesamte Forderung erfassen; es besteht aber auch die Möglichkeit, eine Höchstgrenze festzulegen. Eine weitere Einschränkung ist die zeitliche Befristung: Mit Ablauf der vereinbarten Zeit erlischt die Bürgschaft.

Bedingt durch dieses für den Bürgen risikoreiche Rechtsgeschäft verlangt der Gesetzgeber, dass die Bürgschaft **schriftlich** zu erklären ist. Eine Ausnahme gibt es nur für Kaufleute, die auch **mündliche** Bürgschaftserklärungen im Rahmen ihrer kaufmännischen Tätigkeit abgeben können (§ 350 HGB).

Da die Bürgschaftserklärung zur Sicherung einer Forderung abgegeben wird, ist für ihren Bestand zwingende Voraussetzung, dass die **Hauptverbindlichkeit**, für die gebürgt werden soll, auch von Bestand ist. Wird zum Beispiel der abgeschlossene Kaufvertrag, für dessen Kaufpreis eine Bürgschaftserklärung abgegeben wurde, wirksam angefochten, so ist automatisch das Bürgschaftsversprechen gegenstandslos.

Der Gläubiger des Hauptschuldners ist nur dann berechtigt, den Bürgen in Anspruch zu nehmen, wenn er nachweist, dass er versucht hat, durch eine Zwangsvollstreckung beim Hauptschuldner an sein Geld zu kommen und die Zwangsvollstreckung erfolglos geblieben ist.

Versucht der Gläubiger, ohne vorherige Zwangsvollstreckung gegen den Bürgen vorzugehen, so kann der Bürge gemäß § 771 BGB die **Einrede der Vorausklage** erheben und die Zahlung verweigern.

Von dieser Regelung gibt es Ausnahmen: Verzichtet der Bürge in seiner Bürgschaftserklärung z. B. ausdrücklich auf die Einrede der Vorausklage, darf der Gläubiger ohne den Nachweis der Zahlungsunfähigkeit des Hauptschuldners sofort gegen den Bürgen vorgehen (§ 773 BGB). Diese Art der Bürgschaft bezeichnet man als **selbstschuldnerische Bürgschaft**, weil der Bürge neben dem Hauptschuldner wie ein Schuldner in Anspruch genommen werden darf. Ist der Bürge Vollkaufmann und erfolgt die Bürgschaftserklärung im Rahmen seines Handelsgeschäfts, so ist die Einrede der Vorausklage stets ohne besondere Vereinbarung ausgeschlossen (§ 349 HGB).

Jedem Bürgen stehen sonst alle Einreden zu, die auch der Hauptschuldner erheben kann. So darf sich der Bürge auf die Verjährung der Hauptforderung berufen, die Einrede des nichterfüllten Vertrages erheben oder ein Zurückhaltungsrecht geltend machen.

Hat der Bürge an den Gläubiger zahlen müssen, so geht kraft Gesetzes die Forderung des Gläubigers auf ihn über: Der Bürge kann dann vom Hauptschuldner Ausgleich verlangen (§ 774 BGB).

### 10.2.4 Grundlegende Bestimmungen des Sachenrechts

Gegenstand des Sachenrechts sind die Beziehungen zwischen Personen und Sachen. Da die Rechtsbeziehungen zu Sachen geregelt werden, spricht man auch vom **dinglichen Recht**. Ein besonderes Kennzeichen des dinglichen Rechts ist sein Absolutheitscharakter, d. h. es gilt gegenüber jedermann.

Zu den dinglichen Rechten gehören das **Eigentum** und der **Besitz**, wobei das Eigentum das höchste Recht ist, das man an einer Sache erlangen kann. Aus der Eigentumsgarantie unserer Rechtsordnung ( vergl. Abschn. 10.1.2.2) ergibt sich dessen zentrale Stellung im Sachenrecht. So ist dort genau geregelt, wie Eigentum an beweglichen und unbeweglichen Sachen begründet wird, wie man es rechtswirksam überträgt, belastet oder aufhebt.

Als Eigentümer einer Sache ist man berechtigt, mit dieser nach Belieben zu verfahren, vorausgesetzt, durch die Ausübung werden Rechte anderer nicht verletzt. So kann der Eigentümer einer Sache grundsätzlich vom Besitzer die Herausgabe verlangen. Hat der Besitzer jedoch ein Recht zum Besitz, z. B. aufgrund eines bestehenden Mietvertrages, dann ist er nicht verpflichtet, dem Eigentümer die Sache herauszugeben. Veräußert der Eigentümer die Sache während eines laufenden Mietvertrages, so bleibt der Mietvertrag von der Eigentumsübertragung unberührt (»Kauf bricht nicht Miete«). Wird der Eigentümer einer Sache in der Ausübung seines Eigentumsrechts gestört, hat er das Recht, von dem Störer die Beseitigung bzw. Unterlassung der Störung zu verlangen.

### 10.2.4.1 Belastungen des Eigentums

Dazu gehören z. B. die Vereinbarungen über die Bestellung einer **Hypothek** oder **Grundschuld** an einem Grundstück. Sowohl die Hypothek als auch die Grundschuld dienen regelmäßig der Sicherung einer Forderung. Der Forderungsinhaber ist berechtigt, das Grundstück für den Fall zu verwerten, dass der Grundstückseigentümer seiner Zahlungspflicht nicht nachkommt. Die Hypothek und die Grundschuld werden in das Grundbuch eingetragen.

Neben dieser Belastungsmöglichkeit eines Grundstücks bestehen noch weitere durch die Bestellung von **Grunddienstbarkeiten** (Nutzungseinschränkung des Grundstückes für bestimmte Zwecke) und **Nießbrauch** (z. B. persönliche Nutzung eines Grundstücks auf Lebenszeit).

Außer den unbeweglichen Sachen (Immobilien) können auch bewegliche Sachen vom Eigentümer dazu benutzt werden, eine bestehende Forderung zusätzlich abzusichern. Diese Art der Forderungssicherung geschieht durch die Vereinbarung eines Pfandrechtes oder die Sicherungsübereignung (vergl. Abschn. 10.2.3.3.2 und 10.2.3.3.3).

Werden Sachen, die unterschiedlichen Eigentümern gehören, verarbeitet oder verbunden, so regelt das Sachenrecht auch hier die sich ergebenden Folgen (vergl. §§ 948, 947 BGB und Abschn. 10.2.3.1.1).

### 10.2.4.2 Besitz, Erwerb und Verlust des Eigentums an beweglichen Sachen und Grundstücken

#### 10.2.4.2.1 Besitz

Als Besitzer einer Sache wird derjenige bezeichnet, der die **tatsächliche Gewalt** über die Sache hat. Erforderlich ist nicht, dass der Besitzer die Sache ständig bei sich trägt. Es genügt die **Möglichkeit**, den Besitz auszuüben. Wer also sein Auto auf einem Parkplatz abstellt und sich entfernt, verliert dadurch nicht den Besitz.

Die Besitz**lage** gibt jedoch keine Auskunft darüber, ob der Besitzer auch **berechtigt** ist zum Besitz. Selbst der Dieb, der eine Sache gestohlen hat, ist Besitzer dieser Sache. Das Gesetz vermutet aber, dass grundsätzlich der Besitzer einer Sache auch gleichzeitig Eigentümer dieser Sache ist.

Fällt Besitz und Eigentum auseinander, so muss der Eigentümer nachweisen, dass er einen Herausgabeanspruch gegenüber dem Besitzer hat. Wurde der Besitz z. B. auf Grund eines Mietvertrages eingeräumt, so hat der Eigentümer gegen den Mieter erst am Ende der Mietzeit einen Herausgabeanspruch.

#### 10.2.4.2.2 Erwerb und Verlust des Eigentums an beweglichen Sachen

Der Erwerb des Eigentums an einer beweglichen Sache erfolgt durch Übergabe der Sache an den Erwerber, wobei sich Verkäufer und Erwerber gleichzeitig darüber einig sein müssen, dass das Eigentum übergehen soll (»Einigung und Übergabe«). Ist der Erwerber bereits im Besitz der Sache, so genügt die Einigung. Will dagegen der alte Eigentümer im Besitz der Sache bleiben, so kann die Übergabe durch ein Rechtsverhältnis (z. B. Mietvertrag) ersetzt werden. Dadurch erhält der neue Eigentümer den mittelbaren Besitz an der Sache. Man bezeichnet dieses vereinbarte Rechtsverhältnis auch als **Besitzkonstitut**.

Ist der Verkäufer einer Sache nicht Eigentümer, so ist eine Eigentumsübertragung durch ihn möglich, wenn er vom Eigentümer dazu bevollmächtigt wurde. Liegt die Bevollmächtigung nicht vor, ist selbst dann eine Eigentumsübertragung durch ihn möglich, wenn der Erwerber in **gutem Glauben** war (er ging davon aus, dass der Veräußerer Eigentümer war).

Eine Eigentumsübertragung ist nur dann nicht möglich, wenn dem Eigentümer das Eigentum abhanden gekommen war (z. B. durch Diebstahl). Der gute Glaube des Erwerbers hilft dann nicht.

Zu den Voraussetzungen der Eigentumsübertragung einschließlich des gutgläubigen Erwerbs im Einzelnen: siehe §§ 929–936 BGB.

#### 10.2.4.2.3 Erwerb und Verlust des Eigentums an Grundstücken

Die Übertragung des Eigentums an Grundstücken erfolgt durch einen zwingend vorgeschriebenen schriftlichen Vertrag, der **notariell beurkundet** sein muss (§ 311 b BGB).

Die Übertragung erfolgt durch Einigung des Verkäufers mit dem Erwerber vor dem Notar, wobei beide Parteien anwesend bzw. formgerecht vertreten sein müssen. Die erfolgte Einigung bezeichnet man auch als **Auflassung**. Das Eigentum geht über, wenn nach der Auflassungserklärung die Eintragung in das Grundbuch vorgenommen wird.

## 10.3 Verfahrens- und Vollstreckungsrecht

Unsere Rechtsordnung gewährt jedem Bürger die Möglichkeit, über den **Rechtsweg** seine Rechte geltend zu machen. Dieser Grundsatz gilt nicht nur für den Bereich des Zivilrechts, sondern für alle rechtsstaatlich geregelten Gebiete. Jeder Gerichtszweig hat sein eigenes Verfahrensrecht, das auf die besonderen Belange des jeweiligen Rechtsgebiets Rücksicht nimmt.

### 10.3.1 Die Gerichtsbarkeit

Unter Gerichtsbarkeit im Allgemeinen versteht man das verfassungsrechtlich garantierte Monopol des Staates zur Ausübung der Gerichtsbarkeit. Hauptbestandteil der Gerichtsbarkeit ist die **Rechtsprechung**. Sie gliedert sich in die verschiedenen Gerichtszweige auf Bundes- und auf Landesebene.

Der Geltungsbereich der Rechtsprechung beschränkt sich auf das Gebiet der Bundesrepublik Deutschland. Über Rechtshilfeabkommen mit anderen Staaten ist es jedoch möglich, deutsches Recht zum Teil auch im Ausland durchzusetzen. Innerhalb Deutschlands unterliegt jeder Bewohner der hiesigen Gerichtsbarkeit, unabhängig davon, ob er die deutsche Staatsangehörigkeit besitzt oder nicht.

Für Streitigkeiten aus dem Privatrecht sind die Zivilgerichte als Teil der »**ordentlichen Gerichtsbarkeit**« zuständig. Es gibt einen Instanzenzug, d. h. zur Durchsetzung eines Anspruches muss das sachlich, funktional und örtlich zuständige Gericht angesprochen werden.

Zur ordentlichen Gerichtsbarkeit gehören weiter die Strafgerichte.

Zur »**besonderen Gerichtsbarkeit**« zählen Arbeits-, Verwaltungs-, Finanz- und Sozialgerichte.

## 10.3.2 Klage

Der Inhaber eines Rechts kann dieses nicht immer ohne Druck ausüben bzw. durchsetzen. Da in einem Rechtsstaat die eigenmächtige, gewaltsame Durchsetzung unzulässig ist, muss der Rechtsinhaber in der Regel mittels einer Klage vor dem zuständigen Gericht sein Recht geltend machen. Die Klage ist eine **Prozesshandlung**, durch die der Kläger beim Gericht um Rechtsschutz gegenüber dem Beklagten nachsucht.

Umgekehrt ist es das garantierte Recht jedes Beklagten, sich mit allen prozessual zulässigen Mitteln gegen die Ansprüche des Klägers zu verteidigen.

## 10.3.3 Zivilprozessverfahren

Das Verfahren vor den ordentlichen Gerichten, die über bürgerliche Rechtsstreitigkeiten entscheiden, bezeichnet man als Zivilprozess. Wie dieser ordnungsgemäß durchzuführen ist, regelt die **Zivilprozessordnung (ZPO)**.

Damit ein Zivilprozess in Gang gesetzt wird, muss der Rechtsuchende (Kläger) beim örtlich und sachlich zuständigen Gericht eine Klage einreichen. **Örtlich** zuständig ist grundsätzlich das Gericht, wo der Beklagte seinen Wohnsitz/Firmensitz hat. Unter juristischen Personen und Kaufleuten ist es auch zulässig, die örtliche Zuständigkeit durch eine Gerichtsstandsvereinbarung abweichend von dieser Regelung festzulegen.

Die **sachliche** Zuständigkeit ergibt sich aus der Art des Streitgegenstandes, der gerichtlich geklärt werden soll, d. h. aus dem Wert der Sache oder dem besonderen Rechtsbereich (wie z. B. Streitigkeiten aus dem Familienrecht oder Wohnraum-Mietsachen).

Da die Zivilgerichte keinen gesetzlichen Auftrag haben, das Vorliegen von Tatsachen von sich aus zu ermitteln, muss der Rechtsuchende diese innerhalb seiner Klage selbst beibringen.

Inhaltlich muss eine Klage die Parteien (Kläger/Beklagter) genau bezeichnen und den **Klageantrag** enthalten, also das Begehren des Klägers. Dieses Begehren kann sich auf eine Leistung (z. B. Zahlungsverlangen), eine Feststellung (z. B. Bestehen eines Vertragsverhältnisses) oder auf die Gestaltung einer bestimmten Rechtsbeziehung beziehen. Das Begehren ist zu begründen und zwar so ausführlich wie nur möglich, da vor den Zivilgerichten der so genannte **Verhandlungsgrundsatz** gilt. Dieser besagt, dass das Gericht nur über jene Tatsachen verhandeln darf, die von den Parteien vorgetragen werden, und Tatsachen die nicht vorgetragen wurden, auch nicht zur Grundlage der Gerichtsentscheidung (Urteil oder Beschluss) gemacht werden dürfen. Vorgetragene Tatsachen, die nicht von der Gegenseite bestritten werden, gelten als wahr. Wird eine für die Entscheidung erhebliche und vorgetragene Tatsache bestritten, so ist das Gericht zur **Beweiserhebung** verpflichtet (z. B. durch Urkunden, Zeugen, Ortsbesichtigung).

Da Richter jedoch nicht nur »richtiges« Recht sprechen, regelt die ZPO auch, wie man sich gegen Fehlurteile wehren kann, nämlich dadurch, dass man Rechtsmittel einlegt. Das Rechtsmittel im Zivilprozess, das sich gegen ein erstinstanzliches Urteil wendet, heißt **Berufung**, dasjenige das sich gegen das Berufungsurteil wendet, **Revision**.

Das Zivilprozessverfahren kennt **drei Instanzen**. Es stehen hierfür vier Gerichte zur Verfügung, nämlich Amtsgericht, Landgericht, Oberlandesgericht und der Bundesgerichtshof. Welche Gerichte im speziellen Fall zur Entscheidung herangezogen werden können, hängt ab von der Eingangsinstanz. Diese kann sowohl das Amtsgericht als auch das Landgericht sein. Abhängig ist dies vom Wert des Streitgegenstandes. Bei einem Streitwert bis zu 5.000 € sind die Amtsgerichte Eingangsinstanz, darüber die Landgerichte. Für Mietstreitigkeiten ist das Amtsgericht grundsätzlich Eingangsinstanz, gleiches gilt für Familienrechtssachen.

Ist das Amtsgericht Eingangsinstanz, dann ist gegen das Urteil Berufung grundsätzlich vor dem Landgericht einzulegen, soweit nicht die Zuständigkeit des Oberlandesgerichts begründet ist. Dies ist z. B. bei Berufungen in Familiensachen der Fall. Darüber hinaus kann durch die Gesetzgebung der einzelnen Bundesländer eine Zuständigkeit des Oberlandesgerichts für Berufungen begründet werden (vergl. § 119 Gerichtsverfassungsgesetz).

Muss die Klage aufgrund ihres Streitwertes dagegen beim Landgericht eingereicht werden, ist Berufungsinstanz das Oberlandesgericht und der Bundesgerichtshof die Revisionsinstanz.

Die Revision eines Urteils findet jedoch nur statt, wenn sie vom Berufungs- oder Revisionsgericht zugelassen wurde. Diese Zulassung muss erfolgen, wenn die Rechtssache grundsätzliche Bedeutung hat, sie der Rechtsfortbildung oder der Sicherung einer einheitlichen Rechtsprechung dient. Im Revisionsverfahren werden -anders als im Berufungsverfahren- keine Tatsachen mehr geprüft, sondern es erfolgt nur die Überprüfung des Berufungsurteils in rechtlicher Hinsicht.

## 10.3.4  Mahnverfahren

Kommt der Schuldner seiner Zahlungspflicht nicht nach, steht der Gläubiger vor der Frage, wie er seinem Zahlungsanspruch Nachdruck verschaffen kann. Er könnte z. B. den Schuldner durch ein Mahnschreiben nachhaltig an seine Zahlungspflicht erinnern und bei Erfolglosigkeit Klage beim zuständigen Gericht einreichen.

Ist dem Gläubiger bekannt, dass der Schuldner die Forderung dem Grunde und der Höhe nach nicht bestreitet, bietet sich als rasche und kostengünstige Möglichkeit das **gerichtliche Mahnverfahren** an (§§ 688 ff ZPO).

Dieses Verfahren hat vielfältige Vorteile gegenüber der Klage vor Gericht: So verschafft es dem Gläubiger bei widerspruchsloser Durchführung schnell einen »Titel«, d. h. eine gerichtliche Urkunde, mit der er seinen Anspruch zwangsweise durchsetzen kann. Schneller als das streitige Gerichtsverfahren ist das Mahnverfahren deshalb, weil eine mündliche Verhandlung nicht stattfindet. Auch fallen weniger Kosten an als bei einer Klage. Das gerichtliche Mahnverfahren wird eingeleitet, indem der Gläubiger einen Antrag auf Erlass eines **Mahnbescheides** stellt.

Unabhängig von der Streithöhe ist der Antrag auf Erlass eines Mahnbescheides beim Amtsgericht **am Wohnsitz des Gläubigers** einzureichen. Der Gläubiger kann den Antrag selbst, also ohne anwaltliche Vertretung stellen. Mit Antragstellung erfolgt eine Unterbrechung der Verjährungsfrist für die Forderung (übrigens ein ganz erheblicher Vorteil gegenüber der außergerichtlichen Mahnung, bei der es zu keiner Unterbrechung der Verjährung kommt).

Ist der Antrag auf Erlass eines Mahnbescheides bei Gericht eingegangen, kommt es nicht zu einer Überprüfung, ob die Forderung des Antragstellers auch tatsächlich besteht, sondern es werden nur die für das gerichtliche Mahnverfahren erforderlichen Formalien geprüft. Der Anspruch darf insbesondere nicht von einer Gegenleistung abhängig sein. Für Kreditgeber ist zu beachten, dass die verlangten Zinsen einen Höchstsatz (12% über dem Basiszinssatz der EZB bei Vertragsabschluss) nicht übersteigen dürfen.

Dem Antragsgegner steht ein Widerspruchsrecht zu, das er binnen zwei Wochen geltend machen muss. Wird rechtzeitig Widerspruch eingelegt, wird das Mahnverfahren in ein normales, »streitiges« Gerichtsverfahren übergeleitet (siehe Abschn. 10.3.3).

Wird kein Widerspruch eingelegt, so kann der Antragsteller nach Ablauf von zwei Wochen einen Antrag auf Erlass eines **Vollstreckungsbescheides** stellen.

Gegen den Vollstreckungsbescheid kann der Antragsgegner wieder binnen 2 Wochen Einspruch einlegen. Erfolgt der Einspruch, geht das Verfahren in das streitige Gerichtsverfahren über. Legt dagegen der Anspruchsgegner keinen rechtzeitigen Einspruch ein, wird der Vollstreckungsbescheid rechtskräftig. Der Antragsteller kann jetzt, z. B. mit Hilfe eines Gerichtsvollziehers, aus dem Vollstreckungsbescheid als »Titel« vollstrecken.

## 10.3.5 Einzel- und Gesamtvollstreckung
### 10.3.5.1 Einzelvollstreckung

Erlangt der Gläubiger/Kläger im Mahnverfahren einen Vollstreckungsbescheid oder in einem Prozess ein vollstreckbares Urteil, das ihm einen Rechtsanspruch auf einen bestimmten Geldbetrag oder auf Herausgabe einer bestimmten Sache gegenüber dem Schuldner/Beklagten zuspricht (Titel), so ist er häufig noch lange nicht am Ziel: Weigert sich der Schuldner zu leisten, muss der Gläubiger im Wege der **Zwangsvollstreckung** vorgehen.

Geht es um die Vollstreckung in ein Grundstück, so kann der Gläubiger mit seiner titulierten Forderung beim Vollstreckungsgericht einen entsprechenden Antrag z. B. auf Eintragung einer **Zwangshypothek** einreichen. Das Vollstreckungsgericht führt auf Antrag auch die eventuell darauf folgende **Zwangsversteigerung** durch.

Soll in das bewegliche Vermögen des Schuldners vollstreckt werden, so ist der Gerichtsvollzieher mit der Durchführung (**Pfändung**) zu beauftragen. Der Gerichtsvollzieher darf beim Schuldner nicht sämtliches Hab und Gut wegpfänden, sondern nur solche Sachen mit dem Pfandsiegel belegen, die für den Schuldner nicht zum menschenwürdigen Dasein erforderlich sind, z. B. Schmuck, altes Ölgemälde, Perserteppich, Pelzmantel, goldene Uhr. Radio, Fernseher, Kücheneinrichtung, Arbeitsgeräte, Bett und Bekleidung sind **unpfändbar**. Das Arbeitseinkommen des Schuldners kann ebenfalls (durch das **Vollstreckungsgericht**) gepfändet werden, allerdings nur in gesetzlich festgelegtem Umfang.

Der Pfändungsschutz soll den Schuldner vor völliger Verarmung schützen und so verhindern, dass er staatliche Fürsorge in Anspruch nehmen muss. Die Befriedigung des Gläubigers erfolgt durch Auskehrung des Erlöses nach Versteigerung des Pfandgutes. Selbstverständlich nimmt der Gerichtsvollzieher vorgefundenes Bargeld an sich. Gepfändetes Arbeitseinkommen wird an den Gläubiger überwiesen.

Will der Schuldner sich gegen die Vollstreckung wehren, muss er dies in einem besonderen Klageverfahren, der so genannten **Vollstreckungsgegenklage** tun, bei der aber nicht die Sache völlig neu verhandelt wird, sondern nur ganz bestimmte Einwendungen zugelassen sind.

### 10.3.5.2 Gesamtvollstreckung – Insolvenzverfahren

Im Gegensatz zur Einzelvollstreckung dient die Gesamtvollstreckung nicht der Befriedigung eines bestimmten Gläubigers, sondern der gleichmäßigen Befriedigung aller Gläubiger aus dem gesamten Vermögen des Schuldners. Die Gesamtvollstreckung ist in der **Insolvenzordnung** (InsO) geregelt, die am 01.01.1999 in Kraft trat.

Um die gemeinschaftliche Befriedigung der Gläubiger zu erreichen, bietet die Insolvenzordnung verschiedene Wege an. In dem eigentlichen Insolvenzverfahren wird das Vermögen des Schuldners verwertet und der Erlös an die Gläubiger verteilt. Es besteht jedoch auch die Möglichkeit, mit dem Insolvenzplanverfahren eine Regelung zu schaffen, die z. B. den Erhalt eines Unternehmens zum Ziel haben kann und so die Befriedigung der Gläubiger eher erreicht.

# 10 Recht

Über die Gläubigerbefriedigung hinaus gibt die Insolvenzordnung dem Schuldner die Gelegenheit, sich von seinen verbleibenden Verbindlichkeiten zu befreien (Verbraucherinsolvenzverfahren und Restschuldbefreiung).

## Insolvenzverfahren (§§ 11-216 InsO)

Das Insolvenzverfahren muss durch einen Antrag beim zuständigen Amtsgericht eingeleitet werden. Den Antrag kann ein Gläubiger stellen oder der Schuldner selbst. Ein Insolvenzverfahren kann über das Vermögen jeder natürlichen und jeder juristischen Person eröffnet werden. Die Eröffnung ist auch zulässig über das Vermögen von Gesellschaften ohne eigene Rechtspersönlichkeit (z. B. OHG, KG, GbR).

Die Eröffnung des Insolvenzverfahrens setzt voraus, dass ein **Eröffnungsgrund** gegeben ist. Es genügt nicht, dass der Gläubiger gegen den Schuldner eine fällige Forderung hat, sondern der Schuldner muss zahlungsunfähig oder überschuldet sein. **Zahlungsunfähig** (gilt für natürliche und juristische Personen) ist man im insolvenzrechtlichen Sinne, wenn man nicht nur vorübergehend unfähig ist, seine laufenden Verbindlichkeiten zu erfüllen. Von einer **Überschuldung** (gilt nur für juristische Personen) spricht man, wenn die Passiva größer sind als die Aktiva.

Das Insolvenzgericht hat diese Voraussetzungen zu prüfen. Bevor es jedoch das Insolvenzverfahren eröffnet, prüft es außerdem, ob wenigstens so viel Geld (»Masse«) vorhanden ist, dass die Verfahrenskosten an sich gedeckt sind. Ist dies nicht der Fall, wird der Insolvenzantrag »mangels Masse« abgewiesen.

Ist genügend Geld für die Durchführung vorhanden, wird das Verfahren eröffnet und vom Gericht ein **Insolvenzverwalter** bestellt. Aufgabe des Insolvenzverwalters ist es, das gesamte Vermögen des Schuldners in Besitz zu nehmen und zu »versilbern«. Da nicht alle Dinge, die ein Schuldner im Besitz hat, auch dessen Eigentum sind, muss der Insolvenzverwalter diese Gegenstände auf Antrag aussondern oder absondern.

Nach Abwicklung des Verfahrens erhalten die Gläubiger von der verbliebenen Masse eine so genannte **Quote** ihrer Forderung.

## Insolvenzplanverfahren (§§ 217-269 InsO)

Von diesem Insolvenzverfahren abweichend kann die Befriedigung der Gläubiger in einem Insolvenzplan geregelt werden. Diesen Plan kann der Schuldner bereits mit dem Antrag auf Eröffnung des Insolvenzverfahrens oder später der Insolvenzverwalter dem Insolvenzgericht vorlegen.

Der Insolvenzplan besteht aus einem **darstellenden** Teil, in dem die Maßnahmen beschrieben werden, die nach Eröffnung des Insolvenzverfahrens getroffen werden sollen oder getroffen wurden und aus einem **gestaltenden** Teil, der festlegt, wie die Rechtsstellung der Beteiligten geregelt wird.

Das Insolvenzgericht prüft den Plan auf formelle Mängel und offensichtliche Erfolgsaussichten und bestimmt dann einen Termin, in dem die Gläubiger den Plan erörtern und über ihn abstimmen. Nach erfolgter Annahme wird dessen Erfüllung durch den Insolvenzverwalter überwacht.

## Verbraucherinsolvenz- und sonstige Kleinverfahren (§§ 304-314 InsO)

Ziel des Verbraucherinsolvenzverfahrens ist die **Schuldenbereinigung**. Es gilt für Schuldner, die natürliche Personen sind und keine selbstständige wirtschaftliche Tätigkeit ausgeübt haben. Hat ein Schuldner doch eine solche Tätigkeit ausgeübt, steht ihm das Verbraucherinsolvenzverfahren nur offen, wenn gegen ihn keine Forderungen aus Arbeitsverhältnissen bestehen und er zum Zeitpunkt des Antrags auf Eröffnung des Verfahrens weniger als zwanzig Gläubiger hat.

# 10 Recht

Mit dem Antrag auf Eröffnung des Insolvenzverfahrens muss der Schuldner einreichen:

- Eine Bescheinigung, aus der sich ergibt, dass er eine außergerichtliche Einigung mit seinen Gläubigern innerhalb der letzten sechs Monate vor dem Eröffnungsantrag erfolglos versucht hat (diese Bescheinigung kann z. B. von der **Schuldnerberatung** ausgestellt werden);
- einen Antrag auf Erteilung von Restschuldbefreiung oder die Erklärung, dass dieser Antrag nicht gestellt werden soll;
- ein Verzeichnis des vorhandenen Vermögens und des Einkommens;
- ein Verzeichnis der Gläubiger und der gegen den Schuldner gerichteten Forderungen;
- einen Schuldenbereinigungsplan.

Das Insolvenzgericht stellt den Gläubigern das Vermögensverzeichnis, das Verzeichnis der Gläubiger und Forderungen sowie den Schuldenbereinigungsplan zu mit der Aufforderung, zum Schuldenbereinigungsplan Stellung zu nehmen.

Bestehen gegen diesen keine Einwendungen, gilt er als angenommen. Falls die Kopf- und Summenmehrheit der Gläubiger zustimmt, wird die Zustimmung durch das Insolvenzgericht bestätigt. Kann die Bestätigung nicht erfolgen, nimmt das Gericht das Insolvenzverfahren wieder auf.

Aus dem Schuldenbereinigungsplan kann wie aus einem gerichtlichen Vergleich **vollstreckt** werden.

### Restschuldbefreiung (§§ 286-303 InsO)

Wenn der Schuldner eine natürliche Person ist, kann er im Wege der Restschuldbefreiung von seinen im Insolvenzverfahren nicht erfüllten Verbindlichkeiten gegenüber den Insolvenzgläubigern befreit werden.

Den Antrag auf Restschuldbefreiung kann der Schuldner schon mit dem Eröffnungsantrag zum Insolvenzverfahren stellen. Zugleich tritt der Schuldner seine pfändbaren Forderungen aus einem Dienstverhältnis oder an deren Stelle tretende laufende Bezüge **für die Dauer von sechs Jahren** an einen vom Gericht zu bestimmenden Treuhänder ab.

Wenn das Insolvenzgericht über den Antrag auf Restschuldbefreiung positiv entschieden hat, verteilt der Treuhänder einmal jährlich die Beträge, die er durch die Abtretung vom Schuldner erlangt, an die Insolvenzgläubiger.

Während der sechsjährigen Laufzeit muss der Schuldner gesetzlich definierte Obliegenheiten erfüllen, z. B. muss er eine angemessene Erwerbstätigkeit ausüben oder sich darum bemühen.

Nach Ablauf der sechs Jahre kann das Gericht die Restschuldbefreiung aussprechen. Sie wirkt gegen alle Insolvenzgläubiger, d. h. auch zu Lasten derer, die ihre Forderungen nicht angemeldet haben.

## 10.3.6 Verfahren zur Sicherung von Wechsel- und Scheckansprüchen

### 10.3.6.1 Wechselansprüche

Der Wechsel ist eine Anweisung auf Zahlung einer festgelegten Geldsumme. Er wird überwiegend als Kreditschöpfungsmittel benutzt. Unter Bezugnahme auf das zu Grunde liegende Rechtsgeschäft kennt man Warenwechsel, Finanzwechsel und das Bankakzept.

Je nach Anzahl der Wechselbeteiligten unterscheidet man weiter den gezogenen Wechsel und den Solawechsel. Beim **gezogenen Wechsel** weist der Aussteller den Akzeptanten des Wechsels an, bei Fälligkeit an einen Dritten oder dessen Order zu zahlen. Der eigene oder **Solawechsel** stellt ein Zahlungsversprechen des Ausstellers dar.

Jeder Wechsel beinhaltet die verbindliche Zusage der Wechselschuldner, dass der Wechsel nach Ablauf einer vereinbarten Zeit eingelöst wird. Der Inhaber der Wechselurkunde kann diese an andere Personen weiter übertragen, um sich selbst Mittel zu verschaffen; diese Weitergabe bezeichnet man als **indossieren**.

Unter bestimmten Voraussetzungen kann der Wechsel auch einer Bank vor Fälligkeit übertragen werden; diesen Vorgang nennt man **diskontieren** (unter Abzug des Diskontsatzes/Basiszinssatzes und weiterer Gebühren erhält der Wechselgläubiger daraufhin sofort Bargeld).

Wenn der Wechselschuldner am Verfallstag nicht zahlt, stellt sich für den Wechselgläubiger die Frage, wie er an sein Geld kommt, insbesondere, ob für ihn die Möglichkeit besteht, auch andere am Wechselgeschäft Beteiligte in **Regress** zu nehmen. Diese Möglichkeit ist grundsätzlich gegeben, da jeder, der den Wechsel durch Indossament weitergegeben hat, vom Wechselgläubiger in Anspruch genommen werden kann (gleiches gilt für den Aussteller des Wechsels).

Der Wechselgläubiger kann diesen Personenkreis jedoch nur in Anspruch nehmen, wenn der Wechsel vorher mangels Zahlung zu **Protest** gegangen ist. Um den Protest durchzuführen, muss der Wechselgläubiger den Wechsel einem Protestbeamten (Notar oder Gerichtsbeamter) aushändigen und den Protestauftrag erteilen. Über den Protest wird eine **Protesturkunde** erstellt; diese Urkunde wird mit dem Wechsel verbunden.

Durch den Wechselprotest hat der Wechselinhaber jedoch noch keinen vollstreckbaren Titel. Diesen erhält er erst, wenn er einen so genannten **Wechselprozess** führt. Der Wechselprozess ist ein Gerichtsverfahren, das schnell zu einer Entscheidung führt, da es dem Wechselschuldner verwehrt ist, Einwendungen vorzutragen, die mit dem Grundgeschäft selbst zu tun haben. Es wird in diesem Verfahren nur geprüft, ob die formalen Voraussetzungen vorliegen (Unterschrift vom Wechselschuldner auf dem Wechsel z. B.). Trifft dies zu, wird der Klage des Wechselgläubigers ohne Weiteres stattgegeben.

Das Urteil ist vorläufig vollstreckbar. In einem Nachverfahren kann der Wechselschuldner jedoch die Gründe für seine Zahlungsverweigerung vortragen und das im Wechselprozess ergangene Urteil wieder aufheben lassen, wenn festgestellt wird, dass er auf Grund berechtigter Einwände im Zusammenhang mit dem Grundgeschäft die Zahlung verweigern durfte.

### 10.3.6.2 Scheckansprüche

Im bargeldlosen Zahlungsverkehr benutzt man auch im Zeitalter des »Electronic Banking« noch vielfach den Scheck zur Abwicklung von Zahlungsverpflichtungen. Im Gegensatz zum Wechsel ist der Scheck eine Zahlungsanweisung des Ausstellers **an seine Bank**, dem Inhaber des Schecks eine bestimmte Geldsumme zu zahlen.

Zuweilen kommt es auch bei der Hingabe eines Schecks zu Störungen, nämlich dann, wenn der Aussteller keine Deckung mehr auf dem Konto hat. Eine Ausnahme galt für Euroschecks, bei denen sich die Banken ausdrücklich zur Einlösung auch ohne Deckung verpflichtet hatten, allerdings nur bis zu einer Höhe von 400 DM pro Scheck und nur bei gleichzeitiger Benutzung der zugehörigen Scheckkarte. Diese Regelung wurde mit der Einführung des Euro **abgeschafft**.

Der Scheckinhaber kann bei Nichteinlösung des Schecks einen **Scheckprozess** führen. Dieser entspricht in seinem Ablauf dem Wechselprozess, ist also ein summarisches und schnelles Verfahren.

# 11 Arbeitsmethodik

## 11.1 Die Bedeutung der Arbeitsmethodik oder »Lernen zu lernen«

Die Lernpsychologie, die »Lehre vom Lernen«, definierte das Lernen lange Zeit als »Aneignung von Kenntnissen« und damit als reine »Kopfarbeit«. Lernen galt als Gedächtnisleistung, und der Lernprozess bestand in der bloßen Übernahme verbal dargebotener Informationen. Aus dieser Anschauung erklärt sich die traditionelle Form des Unterrichts als Vortragsveranstaltung, in der ein »Wissender« den (noch) Unwissenden sein Wissen darbietet mit der Zielsetzung, dass sich dieses in den Köpfen seines Auditoriums dauerhaft festsetzen möge.

Spätestens seit den Versuchen des russischen Physiologen PAWLOW ist jedoch nachgewiesen, dass Lernen mehr ist als bewusstes und gezieltes Aufnehmen von Informationen. Das berühmte Experiment mit dem Hund, der solange sein Futter unter gleichzeitigem Läuten einer Glocke dargeboten bekam, bis er auf das alleinige Anschlagen der Glocke mit Speichelfluss reagierte, verdeutlicht den Lernprozess vielmehr als eine Verkettung von Reizen (Glockenton) und Reaktionen (Speicheln). Die Lernpsychologie bezeichnet diesen Vorgang der erlernten Verknüpfung von Reizen und Reaktionen als »**Konditionierung**«. In diesem Sinne erzeugt Lernen eine dauerhafte Verhaltensänderung aufgrund von Erfahrungen, die auf vielfältige Art erworben und gefestigt werden können. Lernprozesse vollziehen sich häufig unbewusst und unbeabsichtigt, sehr oft auch gegen den Willen des Lernenden oder des Lehrenden. Sie erstrecken sich sowohl auf motorische Fertigkeiten als auch auf soziale Verhaltensmuster, auf abstrakte, theoretische Informationen ebenso wie auf – gute oder schlechte – Angewohnheiten.

Gegenstand der folgenden Betrachtungen sollen Methoden des gewollten, zielorientierten Lernens sein, das in unserer modernen Gesellschaft, die von Lernpsychologen gern als »learning society« (so MCCLUSKY 1971) bezeichnet wird, für jedes Lebensalter von besonderer Bedeutung ist. Galt früher die Anschauung, dass das Lernen für das Leben im Kindes- und Jugendalter stattfinde und spätere Lebensphasen vom einmal Gelernten profitieren könnten, so hat sich heute die Erkenntnis der Notwendigkeit des **lebenslangen Lernens** durchgesetzt. Ursache hierfür ist der in unserer Industriegesellschaft beschleunigte technische und soziale Fortschritt und die hierdurch notwendige Anpassung an geänderte Lebens- und Arbeitsbedingungen.

Die lange von der Lernpsychologie vertretene These, wonach die Lernfähigkeit eines Menschen allein vom Lebensalter abhänge und mit zunehmendem Alter mehr und mehr abhanden komme, ist inzwischen abgelöst von der Erkenntnis, dass auch soziale Faktoren wie Herkunft, Bildung und Berufsausübung einen erheblichen Einfluss auf den Lernerfolg des erwachsenen Menschen ausüben. Jedoch bestehen den Untersuchungen der Lernforschung zufolge zwischen dem Lernen im Kindesalter und dem Lernen des erwachsenen Menschen erhebliche Unterschiede:

– Mit zunehmendem Lebensalter geht die Fähigkeit, sinnlose Lerninhalte zu behalten, zurück, während die Lernleistungen bei sinnvollem (d. h. durch Einsicht erfassbarem) Material altersunabhängig sind.

– Die Auffassungsgabe ist beim jüngeren Menschen ausgeprägter als bei höherem Lebensalter. Das Tempo der Lernstoff-Darbietung muss daher in der Erwachsenenbildung im Vergleich zur Unterweisung Jugendlicher zurückgenommen werden.

- Ältere Lernende benötigen meist mehr Wiederholungen des Lerninhaltes zu dessen Beherrschung als jüngere Menschen.
- Lerndefizite älterer Menschen erklären sich häufig aus fehlender Lerntechnik (z. B. wird die Verknüpfung von Lerninhalten durch »Eselsbrücken« mit steigendem Alter abgelegt).

Besonders aus dem letztgenannten Aspekt ergibt sich für den erwachsenen Lernenden die Notwendigkeit, sich vor der Hinwendung zum eigentlichen Lernstoff mit der Technik des Lernens auseinanderzusetzen, gewissermaßen also »das Lernen zu lernen«. Hilfen hierzu bieten die von der modernen Lernpsychologie entwickelten und empirisch erforschten Methoden, Informationen zu sammeln, lerngerecht aufzubereiten und zu verarbeiten.

Von diesen Techniken der Arbeitsmethodik, aber auch von denjenigen der **Gliederung** und schriftlichen **Wiedergabe** eines Sachverhalts sowie von den speziellen Aspekten der **Gruppenarbeit** soll im Folgenden die Rede sein. Ein gesonderter Abschnitt ist den Grundlagen der **Sprech- und Redetechnik** gewidmet.

Im Mittelpunkt aller Betrachtungen steht der Mensch in der Lernsituation.

## 11.2 Aufnahme und Verarbeitung von Lerninformationen

Lernen ist, im Nachhinein betrachtet, nur dann geglückt, wenn die aufgenommene Information zu einem späteren Zeitpunkt aus dem Gedächtnis abgerufen und richtig wiedergegeben werden kann. Voraussetzung hierfür ist eine systematische und gründliche Verarbeitung des Lernstoffes. Selbstverständlich ist es äußerst sachdienlich, wenn der Lernende dem Lernstoff Interesse abgewinnen kann; auch ist es erforderlich, dass die aufzunehmende Information nicht nur »eingepaukt«, also auswendig gelernt, sondern vor allem verstanden wird. Interesse und Begreifen allein genügen jedoch nicht; vielmehr bedarf es der Anwendung verschiedener Techniken bei der richtigen **Verarbeitung** der Lerninhalte.

Im Folgenden einige Vorschläge zum »richtigen« Lernen:

- **Lernzeit planen:** Nahezu jeder kennt aus der Schulzeit das Gefühl der Ohnmacht, das einen Examenskandidaten vor der Prüfung angesichts einer unüberschaubaren Fülle an unbewältigtem Lernstoff befällt. Unbestritten ist ein kontinuierliches Lernen vorteilhafter und stressfreier als jeder Gewaltakt. Hilfreich ist ein Terminkalender (am besten als Wandkalender), in den alle anstehenden Prüfungstermine, aber auch alle diejenigen Termine, an denen ein Lernen wegen anderweitiger Verpflichtungen unmöglich ist, eingetragen werden. Mit seiner Hilfe lassen sich Lernaktivitäten auf längere Zeiträume verteilen und so auf Prüfungs- oder Klausurtermine abstimmen, dass Engpässe und Versäumnisse vermieden werden.

  Auch die einzelnen Lerntage wollen geplant sein: Viele Menschen ermüden, wenn sie sich stundenlang mit der gleichen Thematik beschäftigen. Vor Klausuren wird dies kaum zu vermeiden sein, aber in prüfungsfreien Zeiten empfiehlt es sich, Abwechslung in den Lernalltag zu bringen. Es ist günstig, sich für jeden Lernabschnitt mehrere, möglichst nicht ähnliche Fächer vorzunehmen und sich für jedes Fach ein **Etappenziel** zu setzen. Dieses kann in der Lösung einer bestimmten Aufgabe, dem aufmerksamen Lesen eines Abschnittes oder in der wiederholenden Kontrolle bereits gelernter Inhalte (Vokabeln, Paragraphen) bestehen. Am Anfang sollte ein Fach stehen, das dem Lernenden Spaß bereitet. Zwischendurch sind unbedingt Pausen einzulegen.

- **Vorbereitung des Lernens:** Häufig wird Lernzeit, die gerade dem erwachsenen, in vielerlei Verpflichtungen eingebundenen Lernenden alles andere als unbegrenzt zur Verfügung steht, mit dem Zusammensuchen der notwendigen Arbeits- und Hilfsmittel vertan. Optimal ist ein fester Arbeitsplatz, der nicht ständig geräumt und wieder hergerichtet werden muss und an dem die ständig benötigten Arbeitsmittel – Schreib- und Zeichengeräte, Taschenrechner, Lehrbücher, Gesetzeswerke etc. – griffbereit lagern.
- **Ordnungsmittel nutzen:** Es ist ratsam, für jedes Lernfach einen Aktenordner anzulegen oder, bei Nutzung eines Ordners für verschiedene Themenbereiche, Trennblätter anzulegen und Lernmaterialien nicht chronologisch, sondern nach Fachgebieten getrennt abzulegen. Aufzeichnungen sollten nicht als »Sammlung fliegender Blätter« angelegt werden, sondern von vornherein – etwa beim Mitschreiben von Vorlesungen – in gebundenen Heften oder Ringbüchern erfolgen. Für sogenannte »Faktenfächer«, wie Rechtskunde, Geografie oder Geschichte, empfiehlt sich das Arbeiten mit Karteikarten.
- **Verschiedene Lernwege und unterschiedliche Medien nutzen:** Alle Sinnesorgane sind geeignet, Lerninhalte aufzunehmen. Wenn es auch unbestritten ausgesprochen festgelegte »Lerntypen« gibt, also Menschen, die am besten entweder über das Gehör, das Sehen oder das Nachahmen lernen können, so gilt in der Lerntheorie doch die Regel, dass der Lernstoff umso besser behalten wird, je mehr Lernwege benutzt wurden. Mögliche Lernwege zur Nachbereitung eines Lernstoffes sind z. B. die folgenden:
    - **Das konzentrierte Lesen**, das Sehen und Handeln vereinigt. Aktives Lesen beschränkt sich nicht auf das bloße Durchlesen eines Textes, sondern beinhaltet
        - das Unterstreichen oder Markieren wichtiger Textpassagen;
        - die Formulierung von Fragen zum gelesenen Text, deren Beantwortung ggf. das nochmalige, aufmerksame Lesen erfordert;
        - die Anfertigung von Zusammenfassungen in eigenen Worten (wichtig auch im Hinblick auf künftige Wiederholungen, denn nichts versteht der Lesende besser als eigene Formulierungen!);
        - das Herausschreiben von Fakten (Paragraphen, Formeln, Daten etc.), die in eine Kartei aufgenommen werden können.
    - **Die Aufnahme über das Gehör** durch lautes Vorlesen von Texten, wobei der Effekt häufig größer ist, wenn der Lernende selbst laut rezitiert, statt sich den Text vorlesen zu lassen. Viele Schüler schwören auf die Methode, Lerninhalte auf Band zu sprechen und immer wieder abzuhören. Diese Methode führt jedoch häufig zum unfreiwilligen Auswendiglernen und ist immer dann mit Vorsicht zu genießen, wenn der Lernstoff später nicht im Zusammenhang wiedergegeben werden soll, sondern nach Einzelaspekten gefragt wird – in Prüfungssituationen ist meist nicht die Zeit gegeben »Litaneien herunterzubeten«.
    - **Die Aufnahme über das Handeln,** die sich überall anbietet, wo der Lerngegenstand im Wortsinne »begreifbar« ist, also gegenständlichen Charakter aufweist oder der Lerninhalt selbst eine motorische Fähigkeit darstellt. Während das Nachvollziehen von Sachverhalten im technischen und handwerklichen Bereich im Allgemeinen einfach und unerlässlich ist, entzieht sich die abstrakte Theorie des Kaufmanns meist jeder gegenständlichen Darstellung und somit der Möglichkeit, Versuche durchzuführen. Hilfreich ist hier jedoch häufig die Anfertigung von Skizzen und Tabellen. Auch das oben im Abschnitt über konzentriertes Lesen beschriebene schriftliche Zusammenfassen von Texten mit eigenen Worten stellt ein gedächtnisförderndes Handeln dar.
- **Verfügbare Informationsquellen nutzen:** Das Lehrbuch sollte keineswegs einziges Lernmedium sein; vielmehr sollten andere Informationsquellen herangezogen werden. Diese sind nicht nur Sachbücher, sondern auch Artikel aus (Fach-)Zeitschriften, Mit-

schnitte aus Radio- oder Fernsehsendungen oder Filme, die in öffentlichen Bildstellen (bei der Gemeinde oder dem Landkreis zu erfragen) entliehen werden können. Fachpublikationen weisen häufig über Fußnoten auf sachverwandte Veröffentlichungen hin, aus denen wiederum auf gleichem Wege, gewissermaßen im »Schneeballsystem«, Hinweise auf weitere Quellen entnommen werden können (zum **Internet** siehe Abschn. 11.8).

- **Gedächtnisbrücken bauen:** Manche Lerninhalte entziehen sich trotz vorhandenen Grundverständnisses der dauerhaften Speicherung. Hilfreich ist hier häufig die Nutzung sog. Memotechniken, im Volksmund besser als »Eselsbrücken« bekannt.

Wie schon erwähnt, stellen diese Lerntips keine erschöpfende Aufzählung dar, sondern lediglich eine Anregung, die Problematik des Lernens bewusst wahrzunehmen, vielleicht aber auch eine Ermunterung, nach anfänglichen Startschwierigkeiten nicht zu kapitulieren, sondern gezielt veränderte Verhaltensmuster für ein auf die individuellen Bedürfnisse optimal abgestimmtes Lernverhalten zu entwickeln.

## 11.3 Protokoll- und Berichtstechnik

### 11.3.1 Das Protokoll

Wird ein Lehrstoff in der Form der Vorlesung dargebracht, so ist die Anfertigung einer Niederschrift, eines Protokolls, unerlässlich. Die Beherrschung der unterschiedlichen Protokolltechniken ist jedoch auch in anderen Situationen von Nutzen, in denen es gilt, Sachverhalte zu dokumentieren (z. B. Gerichtsverhandlungen, Vertragsabschlüsse) oder Informationen festzuhalten bzw. weiterzugeben (z. B. Aktennotizen, Mitteilungen für Nichtanwesende).

Zu unterscheiden sind

- das **wörtliche Protokoll,** dessen Anfertigung die Beherrschung der Stenografie erfordert: Diese Protokollform findet nur dort Anwendung, wo einerseits das Festhalten jedes einzelnen gesprochenen Wortes gefordert ist, andererseits der Einsatz von Tonbandgeräten nicht gewünscht wird (z. B. bei Gerichtsverhandlungen);

- das **Ergebnis-** oder **Beschlussprotokoll,** das lediglich das Resultat einer Verhandlung oder Sitzung sowie Abstimmungsergebnisse festhält;

- das **Verhandlungs-** oder **Verlaufsprotokoll,** das neben den Resultaten auch den Verlauf von Gesprächen, jedoch nicht den Wortlaut sämtlicher Äußerungen, festhält: Diese Form wird häufig gewünscht, wenn den Beschlussfassungen etwaige Meinungsverschiedenheiten vorangehen;

- das **Kurzprotokoll** als Kurzform des Verhandlungsprotokolls, das die wesentlichen Argumente, jedoch nicht in chronologischer Folge der Wortbeiträge, wiedergibt.

Es empfiehlt sich, eine einheitliche äußere Form für Protokolle einzuhalten. Im Protokollkopf sind zunächst Thema, Referent(en), Datum, Ort, Uhrzeit, ggf. Teilnehmer (bei Sitzungen) sowie die Tagesordnung aufzuführen. Der eigentliche Text schließt unmittelbar an die Tagesordnung an.

Die Anfertigung eines Protokolls verlangt vom Protokollanten u. a. ein geübtes Kurzzeitgedächtnis sowie die Fähigkeit, Wesentliches zu erkennen und Unwesentliches wegzulassen. Werden Protokolle nicht für den Eigengebrauch (Notiz für eigene Akten, Mitschrift einer Lehrveranstaltung), sondern als Dokumentations-, Informations- und Beweismittel angefertigt, so kommen natürlich weitere Anforderungen hinzu.

Die einschlägige Literatur, besonders zur Sekretariatskunde, enthält hilfreiche Hinweise zur Anfertigung von Stichwort-Mitschriften unter Verwendung von Symbolen zur Herstellung von Gedankenverbindungen.

### 11.3.2 Der Bericht

Anders als das Protokoll ist der Bericht keine Mitschrift einer mündlichen Verhandlung, sondern eine schriftliche Zusammenstellung von Fakten nach Sammlung und Auswertung verschiedener Informationsquellen. Berichte fallen z. B. an als

– Arbeitsberichte an Vorgesetzte oder Auftraggeber,
– Unfallberichte für Versicherungen,
– amtliche (Zwischen-)bescheide auf Bürgereingaben und -anfragen.

Berichte müssen

– die wesentlichen Informationen enthalten,
– auf einen bestimmten Adressaten abgestimmt sein,
– dabei berücksichtigen, ob dieser Fachmann oder Laie ist,
– sinnvoll gegliedert, knapp und klar formuliert sein,
– objektiv sein.

Im Bericht verbietet sich die Verwendung wörtlicher Rede sowie der Gebrauch von Füllwörtern (»eigentlich, natürlich, schließlich« usw.). Dagegen empfiehlt sich, wann immer möglich, die Verwendung der Passivform. Auch zur Anfertigung von Berichten bietet die Literatur, wieder zum Themenkreis Sekretariatskunde, zahlreiche Hinweise und Beispiele.

## 11.4 Darstellungs- und Gliederungstechniken

Zum Lernen gehört auch die Wiedergabe des Gelernten. Steht am Ende des Lernprozesses eine Prüfung, so wird häufig die schriftliche Abhandlung eines Themas verlangt, deren Abfassung nur in Ausnahmefällen, etwa bei Diplomarbeiten oder Dissertationen, langfristig vorbereitet werden kann. Standardsituation ist vielmehr die Vorgabe eines wenige Stunden umfassenden Zeitraumes, innerhalb dessen zu einem zuvor nicht bekannten Thema ein **Aufsatz** verfasst werden soll.

Die wenigsten Menschen – und dies gilt für Jugendliche ebenso wie für Erwachsene – sind imstande, ohne jede Vorbereitung eine Abhandlung niederzuschreiben, die alle sachwesentlichen Fakten enthält und zugleich eine klare Gliederung (den »roten Faden«) erkennen lässt. Daher sollten der Niederschrift einige Überlegungen und Vorbereitungen vorangehen.

– **Ideen sammeln:** Vor der Niederschrift sollte der Verfasser alle wichtigen Stichworte, die ihm zum Thema einfallen, zunächst ungeordnet aufschreiben. Sind alle für das Thema wichtigen Aspekte aufgedeckt, werden diese Stichworte in eine Ordnung gebracht: Zusammengehörende Begriffe werden einander zugeordnet, die hieraus resultierenden Gruppen werden in eine Reihenfolge gebracht, in der sie auch im Aufsatz abgehandelt werden sollen.

– **Gliederung aufstellen:** Dies fällt leichter, wenn die Ideensammlung vorweg stattgefunden hat. Entlang eines Grobgerüsts »Einleitung – Hauptteil – Schluss« werden Überschriften für einzelne Textabschnitte formuliert. Der Verfasser sollte während des Schreibens immer wieder Text und Gliederung vergleichen. Nur so ist gewährleistet, dass man entlang des roten Fadens arbeitet und das Thema nicht verfehlt.

- **Stil durchhalten:** Der Verfasser sollte sich vor Inangriffnahme der Ausformulierung überlegen, welcher Stil für das gestellte Thema angebracht ist, und sich darauf konzentrieren, den einmal gewählten Stil durchzuhalten. Ein Stilbruch, also etwa ein Wechsel vom lockeren Erzählstil zum trockenen Dozieren, irritiert den Leser und lässt ihn »den Faden verlieren«.

Äußere Form und Gliederung einer schriftlichen Abhandlung hängen vom Zweck, der Situation, dem Adressaten und zahlreichen anderen Faktoren ab, sodass hier keine pauschale und allumfassende Empfehlung abgegeben werden kann. Soweit einem Text eine Gliederung, evtl. in Form eines Inhaltsverzeichnisses, vorangestellt wird, kommen jedoch einige elementare Einordnungsvorschriften zur Anwendung. Die folgende Aufzählung enthält Gliederungsregeln, die für wissenschaftliche Arbeiten maßgeblich sind und sogar deren Beurteilung beeinflussen.

Gliederungen verwenden die **Dezimalklassifikation** (wie auch in diesem Buch) oder eines der in folgender Kurzübersicht dargestellten **Buchstaben-Ziffern-Systeme.**

| System: | Dezimal | Buchstaben-Ziffern-Systeme | | | |
|---|---|---|---|---|---|
| Stufe: | | I. | II. | III. | IV. |
| 1 | 1. | 1. Teil | 1. Abschnitt | A. | I. |
| 2 | 1.1 | 1. Abschnitt | A. | I. | A. |
| 2 | 1.2 | 2. Abschnitt | B. | II. | B. |
| 3 | 1.2.1 | A. | I. | 1. | 1. |
| 4 | 1.2.1.1 | I. | 1. | a) | a) |
| 5 | 1.2.1.1.1 | 1. | a) | aa) | (1) |

Das am einfachsten zu durchschauende und logischste System ist das der Dezimalklassifikation. Wenn es 1. gibt, muss es auch 2. geben; kommt 1.1 vor, so muss zumindest auch 1.2 vorhanden sein. Inhaltsverzeichnisse sind mit der Angabe der Seitenzahlen zu versehen; fehlen diese, so liegt eine Gliederung vor. Materiell gliedern sich alle Ausführungen in eine Einleitung, einen Hauptteil und einen Schluss; Letztere sind jedoch keinesfalls mit den Worten »Hauptteil« und »Schluss« zu überschreiben. Auch verwandte Begriffe wie »Schlussbemerkungen«, »Schlussbetrachtungen« oder »Ausleitung« sind nicht zulässig. Die Einleitung dagegen darf »Einleitung« heißen!

## 11.5 Lernen in der Gruppe

In der Schule wie auch in der Erwachsenenbildung findet der überwiegende Unterricht in der Gruppe statt. Gruppen zeichnen sich u. a. dadurch aus, dass

- zwischen den ihr angehörenden Individuen Wechselwirkungen auftreten (können),
- ihr Bestand über die Dauer des flüchtigen Augenblicks hinausgeht,
- die Gruppenmitglieder Interessen oder Ziele, aber auch Normvorstellungen teilen,
- den Gruppenmitgliedern soziale Rollen zuwachsen, die sich im Laufe des Gruppenlebens herausbilden,
- ein System organisatorischer Regeln entsteht, nach denen Tätigkeiten ausgeübt und Mittel eingesetzt werden, die der Erreichung des Gruppenziels dienlich sein sollen.

Auf die Wechselwirkungen zwischen Gruppe und Individuum, auf Rollenfunktionen und Kommunikationsregeln in der Gruppe, soll an dieser Stelle nicht eingegangen werden, da diese Aspekte Gegenstand umfangreicher Betrachtungen im arbeitspädagogischen Bereich sind; vielmehr sei hier die Lehrform der Gruppenarbeit insbesondere in der **Erwachsenenbildung** betrachtet.

Die **pädagogischen Ziele** der Gruppenarbeit sind

- die Förderung der Selbstständigkeit der Lernenden,
- die Steigerung der Lernmotivation,
- die Bereicherung der Lerntechnik und -methodik,
- die Förderung sozialer Verhaltensweisen (»Schlüsselqualifikationen«), d. h.
- Koordination, Kooperation und Kommunikation auszubilden.

Ihre **Durchführung** erfordert die Beachtung gruppenpsychologischer Effekte, besonders durch den Dozenten:

- In jeder zielorientierten, **formellen** Gruppe bilden sich im Zeitablauf informelle Beziehungen. Bei der Bildung von Arbeitsgruppen innerhalb der Gesamtgruppe können diese Beziehungen beachtet werden, etwa indem formelle und **informelle** Kleingruppen miteinander in Deckung gebracht werden oder genau dieses vermieden wird. Die Frage, ob informelle Beziehungen dem Lernziel förderlich oder abträglich sind, kann kaum pauschal beantwortet werden.

- **Kleingruppen** neigen zur Herausbildung eines Zusammengehörigkeitsbewusstseins (»Wir-Gefühl«), das in der Beziehung zu Mitgliedern anderer Kleingruppen störend wirken kann. Der Dozent hat die Wahl, die Gruppenzusammensetzungen zu variieren oder an der einmal gewählten Zuordnung festzuhalten.

- Gruppen üben **Zwänge** in Form einer »sozialen Kontrolle« auf ihre einzelnen Mitglieder aus. Teilnehmer, die den Erwartungen der Gruppe nicht gerecht werden, drohen, zu Außenseitern zu avancieren und hierdurch hinsichtlich ihrer eigenen Zielerreichung auf der Strecke zu bleiben.

Gruppenarbeit vollzieht sich in drei verschiedenen Phasen.

**1. Phase: Themenstellung und Arbeitsanweisung**
Vor dem Plenum (der Gesamtgruppe) wird das Problem benannt und die Aufgabe, die in die Kleingruppen delegiert werden soll, in Form einer präzisen Anweisung formuliert. Anschließend erfolgt die Einteilung der Arbeitsgruppen.

**2. Phase: Lösungsfindung in Kleingruppen**
Die Kleingruppe identifiziert und diskutiert Fakten und Zusammenhänge und formuliert ein vorläufiges Arbeitsergebnis.

**3. Phase: Ergebnissicherung**
Die Kleingruppen präsentieren ihre Arbeitsergebnisse im Plenum. Sofern alle Gruppen mit der gleichen Aufgabe befasst waren (**konkurrierendes** im Gegensatz zum **arbeitsteiligen** Verfahren), finden Vergleiche und hieraus resultierende Ergänzungen, Korrekturen und kritische Äußerungen statt. Es wird versucht, ein gemeinsames Ergebnis als Problemlösung zu verabschieden.

Dabei ist Gruppenarbeit keineswegs ein »Selbstgänger«; vielmehr erfordert sie eine gründliche Vorbereitung durch den Dozenten hinsichtlich der einzusetzenden Arbeitsmittel und -techniken, aber auch hinsichtlich der Gruppenzusammensetzung, sowie das Gespür, eventuell einzugreifen oder auch die eigene Person in den Hintergrund treten zu lassen.

Zum Thema »Gruppen« sei ergänzend auf Abschnitt 6.5.2 sowie Abschnitte 3.3.2.5 und 3.3.3.1 in Buch 1 verwiesen.

## 11.6 Methoden der Problemanalyse und Entscheidungsfindung

Auch die Methoden der Problemanalyse und Entscheidungsfindung gehören zu den Techniken der Arbeitsmethodik. Es sei an dieser Stelle verwiesen auf die in Buch 1, Kapitel 3 dargestellten Analysetechniken, ferner die Planungs- und Steuerungsmethoden des Operations Research sowie die Wertanalyse.

## 11.7 Grundlagen der Sprech- und Redetechnik

### 11.7.1 Rhetorik

Sobald mindestens zwei Menschen zusammen sind, findet **Kommunikation** statt. Diese besteht nicht zwangsläufig im Austausch von sprachlichen Äußerungen, sondern beinhaltet auch die Körpersprache, also Körperhaltung, Mimik, Gestik, Blickkontakte und weitere »sprachlose« Verhaltensweisen. Das Handwerkszeug der Kommunikation ist die Rhetorik, die als Teilgebiet der Stilistik die Lehre von der guten und wirkungsvollen Rede darstellt.

Rhetorische Fähigkeiten kommen nicht nur dem Lernenden in seiner Rolle als Schüler oder Studenten zugute, sondern sind in nahezu jeder Situation, sowohl im Arbeits- als auch im Privatleben, von Nutzen. Daher soll im Folgenden auf elementare rhetorische Techniken eingegangen werden.

Zweck einer jeden Rede ist es, die Zuhörer zu **überzeugen** und zu **fesseln**. Ob dies gelingt, hängt nicht nur vom Wortlaut des Vortrages ab, sondern in ebenso starkem Maße vom Verhalten des Vortragenden. Für die meisten Menschen ist die Situation des Redners, nämlich im Stehen vor einer Gruppe von Personen zu sprechen, unangenehm. Dies drückt sich vielfach in Nervositätsgesten, leiser oder sich überschlagender Stimme und in einer verkrampften Körperhaltung aus. All diese Erscheinungen sind zwar menschlich verständlich, aber kaum günstig, wenn die Zuhörerschaft durch den Vortrag von einer Sache überzeugt werden soll. Außerdem lenken sie die Aufmerksamkeit der Zuhörer vom Inhalt des Vortrages in unerwünschter Weise auf die Person des Vortragenden. Eine schwer verständliche Artikulation strapaziert zudem die Konzentration der Zuhörer in einem Übermaße – geistiges »Abschalten« ist die Folge.

Ein ungeübter Redner sollte sich durch Atem- und Artikulationsübungen, wie sie in der einschlägigen Literatur beschrieben oder in speziellen Rhetorikkursen zu erlernen sind, auf seinen »Auftritt« vorbereiten. Eine Korrektur der eigenen Stimmführung setzt jedoch voraus, dass sich der Redner seiner stimmlichen Probleme bewusst ist. Dieses Bewusstsein erlangt er am besten mit Hilfe anderer Personen, die ihn auf Mängel im Vortrag hinweisen (z. B. Teilnehmer an einem Rhetorikkurs) oder auch mittels Tonband- oder Videoaufnahmen, die sich auch für Fortschrittskontrollen hervorragend eignen. Filmaufnahmen haben darüber hinaus den Vorteil, dem Redner die eigene Körpersprache bewusst und damit korrigierfähig zu machen.

Einige Ratschläge für (angehende) Redner:

– Zu Beginn des Vortrages sollte eine sichere und feste **Redeposition** (beidbeiniger Stand mit leicht gegrätschten Beinen, erhobener Kopf, gerade Haltung) eingenommen werden, da am Anfang die Nervosität des Redners am größten ist. Ist das erste Lampenfieber überwunden, kann die Position gewechselt, z. B. können auch – wenn weder Stehpult noch Mikrophon vorhanden sind – einige Schritte gegangen werden. Die Unsicherheit zu Beginn eines Vortrages kann dadurch gemindert werden, dass sich der Redner vor Beginn den Raum anschaut und die Lichtverhältnisse sowie die Mikrofone überprüft.

- Ein von den Betroffenen gefürchtetes Unsicherheitszeichen ist das **Rotwerden**. Leider gibt es hiergegen kein Patentrezept, aber den Trost, dass es mit wachsender Redepraxis meist verschwindet. Oft ist das subjektive Empfinden, einen unübersehbar roten Kopf zu haben, ohnehin überzogen; die Zuschauer nehmen allenfalls ein leichtes Erröten wahr.

- Die **Sprache** muss hinreichend laut und verständlich artikuliert sein. Echte Stimmprobleme, wie Heiserkeit oder pfeifender Atem, bedürfen der ärztlichen Behandlung. Sprech-Unarten, etwa das Verschlucken von Wortendungen, können dagegen – z. B. durch Tonband-Training – abgebaut werden.

- **Gestik**, also »Reden mit den Händen«, kann das gesprochene Wort wirkungsvoll unterstreichen, aber auch das Gegenteil bewirken. Ratschläge, wo der Redende seine Hände während des Vortrages lassen soll, können kaum pauschal erteilt werden. Es empfiehlt sich, die Gestik – wie überhaupt die gesamte Körperhaltung – per Videoaufzeichnung zu kontrollieren, um vor allem unerwünschte Nervositätsgesten wie Hantieren mit dem Kugelschreiber oder dem Ehering zu erkennen und zu vermeiden.

- Die Wirkung des Gesagten ist größer, wenn der Redner **Blickkontakt** zum Auditorium hält. Blickkontakt zum Publikum vermittelt dem Kontaktpartner das Gefühl, persönlich angesprochen und beachtet zu werden. Für den Redner bietet der direkte Blickkontakt die Chance, Reaktionen der Zuhörer wahrzunehmen. Bei Reden vor größerem Publikum bleibt der Blickkontakt zwangsläufig auf die ersten Reihen beschränkt. Dennoch sollte auch den weiter hinten Sitzenden durch Hineinschauen in die Menge das Gefühl gegeben werden, dass sie angesprochen sind. In jedem Falle verliert ein Redner, der bevorzugt nach unten, an die Decke oder aus dem Fenster starrt, auf Dauer mindestens die Aufmerksamkeit, wahrscheinlich aber auch die Sympathie der Zuhörerschaft.

## 11.7.2 Die Vorbereitung einer Rede

Welcher Vorbereitung eine Rede bedarf, hängt vom Anlass, vom Thema und von der Zuhörerschaft ab. Wenn im Folgenden von Reden oder Vorträgen die Rede ist, so sind damit **Sachvorträge** gemeint, die die Darstellung eines Themas zum Gegenstand und die Information oder Überzeugung der Zuhörer zum Ziel haben und damit der inhaltlichen Vorbereitung bedürfen. Das hier Dargestellte ist jedoch grundsätzlich auch auf andere Ansprachen (z. B. Jubiläums- und Begrüßungsrede, Geburtstags-Laudatio) anwendbar.

Reden kommen umso besser an, je mehr sie auf das jeweilige Publikum »maßgeschneidert« sind. Der erste Schritt bei der Vorbereitung einer Rede ist daher die **Zielgruppenanalyse,** die z. B. Bildungsstand, gesellschaftliche und berufliche Position sowie Vorkenntnisse der Zuhörer hinterfragt und daraus Interessenlage und Erwartungen abzuleiten versucht. Wer als Referent eingeladen ist, einen Vortrag vor unbekanntem Auditorium zu halten, sollte Informationen über die zu erwartende Zuhörerschaft vom Veranstalter abfordern. Die Festlegung des Vortragsinhalts kann erst erfolgen, wenn die Zielgruppenanalyse abgeschlossen ist.

Am Anfang der inhaltlichen Vorbereitung steht die Frage, warum die Rede überhaupt gehalten, welches **Anliegen** verfolgt werden soll. Dieses Anliegen, knapp formuliert, sollte während der sich anschließenden Stoffsammlung ständig im Blickfeld des sich Vorbereitenden liegen, um nicht in Vergessenheit zu geraten. Anschließend werden alle Gedanken zum Thema – Fakten, Fragen, Probleme, für die spezielle Zuhörerschaft besonders interessante Aspekte, überhaupt alles, was dem zukünftigen Redner zur Sache einfällt – zunächst in willkürlicher Reihenfolge notiert. Diese Notizen lassen sich anschließend am einfachsten ordnen, wenn sie auf einzelnen Zetteln vorgenommen wurden.

Die Ordnung der **Notizen** erfolgt entlang einer Gliederung, die etwa, wenn im Vortrag ein Problem beleuchtet und Lösungen präsentiert werden sollen, wie folgt aussehen kann (angelehnt an FEY):

– Sachverhalts- oder Problemschilderung,
– Analyse des Problems und Zielsetzung der Lösung,
– Vorstellung der Lösungsmöglichkeiten,
– Überprüfung verschiedener Lösungen,
– Vorstellung der Hauptlösung im Detail unter besonderer Herausstellung ihrer Vorteile,
– abschließende Zusammenfassung.

Sind die Stichworte aus der Stoffsammlung in diese Gliederung eingestellt, so kann die Ausformulierung der Rede in Angriff genommen werden. Dies kann schriftlich erfolgen; häufig klingen schriftliche Manuskripte, wenn sie abgelesen werden, jedoch wenig lebendig. Wenn es also nicht unbedingt auf jedes einzelne Wort ankommt, sollte anstelle einer Manuskriptrede eine lediglich durch **Stichworte** gestützte Rede gehalten werden. Bei längeren Vorträgen und komplexer Themenstellung wird kein Zuhörer ernsthaft einen freien Vortrag erwarten. Deshalb ist es legitim, das Konzept nicht nur in der Hand zu halten oder offen auf dem Rednerpult abzulegen, sondern auch hineinzuschauen. Viele Ratgeber empfehlen, die Stichworte auf mehrfarbigen Kartonkarten zu notieren, damit abgearbeitete Punkte zur Seite gelegt werden können und die Chance kurzfristiger Variationen erhalten bleibt.

Größtes Problem der meisten Redner sind **Einleitung** und **Schluss** der Rede. Gemäß der Volksweisheit, dass der erste Eindruck entscheidend sei und der letzte Eindruck bleibe, kommt diesen beiden Phasen größte Bedeutung zu. Günstig ist ein Redeeinstieg, der die Zuhörerschaft auflockert und günstig einstimmt, etwa ein persönlicher Erlebnisbericht oder eine ins Thema führende Anekdote. Die Aufmerksamkeit der Zuhörer ist ebenfalls gesichert, wenn am Beginn des Vortrages eine provozierende These steht. In jedem Fall soll die Einleitung einen Ausblick auf die im Hauptteil erörterten Aspekte des Themas bieten. Notwendige Vorreden, wie etwa die Begrüßung von Ehrengästen, sollten so kurz wie möglich ausfallen und ohne pathetische Floskeln auskommen.

Der Schluss sollte unbedingt dazu genutzt werden, die Grundgedanken des vorangegangenen Vortrages **zusammenzufassen**. Viele Themenstellungen lassen auch einen Ausblick auf die Zukunft zu. Wann immer es das Thema zulässt, sollte der letzte Satz kurz und plakativ ausfallen und etwa ein Fazit, ein Motto oder eine Aufforderung zum Handeln enthalten. Ungünstig sind Schlusssätze, die den Schluss ankündigen. Auch die Anbringung von Dankesfloskeln ist nicht unumstritten. Wegen seiner besonderen Bedeutung sollte der Schlussteil, ebenso wie die Einleitung, schriftlich ausformuliert werden.

## 11.8 Neue Medien

In den letzten Jahren haben elektronische, **computergestützte** Medien an Bedeutung gewonnen. Der Computer – insbesondere ist hier der PC, der Personal Computer, gemeint – kann zum einen als Hilfsmittel bei der Erstellung von Lernunterlagen dienen; zum anderen hält der Markt eine Fülle von **Lernsoftware** bereit, die zur Aneignung oder Vertiefung von Lerninhalten genutzt werden kann. Vorreiter waren hier die Schulbuchverlage, die Lernprogramme für alle Schüleralters- und Klassenstufen und nahezu alle Unterrichtsfächer in ihr Angebot aufnahmen.

Für den Bereich der Erwachsenenbildung sind vor allem Programme zum Erlernen von Fremdsprachen erhältlich (der Bereich der Wirtschaftslehre ist dagegen, zumindest in Bezug auf Programme für den häuslichen, privaten Gebrauch, noch nicht zufriedenstellend mit Angeboten abgedeckt). Die Auslieferung der Programme erfolgt hauptsächlich noch auf **CD-ROM**.

Eine Alternative zum häuslichen Lernen am Computer bieten Weiterbildungsinstitutionen, die Lernzentren für »**Computer Based Training**« (CBT) eingerichtet haben. Hier ist es meist möglich, nach einer Einweisung in die Bedienung der technischen Geräte und die Nutzung der Mediathek die vorhandenen Geräte und Programme bei individueller Zeiteinteilung zu nutzen. Auch hier stehen Fremdsprachen meist im Vordergrund, aber inzwischen werden auch Themenbereiche aus der Betriebswirtschaftslehre, vor allem aus dem Rechnungswesen, angeboten. Einige Zentren bieten den Zugang auch »online« vom häuslichen PC aus an, wobei – bisweilen im Stil von Videokonferenzen unter Einsatz von Kameras, Mikrofonen und Lautsprechern – bei auftretenden Lernschwierigkeiten Kontakt mit den Dozenten oder Kommilitonen im Lernzentrum aufgenommen werden kann. Allerdings ist die Nutzung solcher Systeme derzeit noch mit erheblichem Anschaffungsaufwand und – verglichen mit dem Besuch »herkömmlicher« Lehrgänge – meist mit hohen Kosten verbunden.

Wer über ein Modem oder eine ISDN-Steckkarte einen Online-Zugang nutzen kann, findet eine Flut von Informationen im **Internet**. So genannte »Suchmaschinen«, mit deren Hilfe das World Wide Web anhand von Stichwörtern nach Informationen »durchforstet« werden kann, ermöglichen eine umfangreiche Informationsbeschaffung.

Die gezielte Suche im Internet erbringt oft hunderte Hinweise. Aber Achtung: Viele Anbieter belassen Seiten mit veralteten Daten im Netz, und man sollte sich immer vergegenwärtigen, dass jedermann – ob seriös und kompetent oder nicht – im Internet publizieren kann und sich entsprechend viel Unsinn im Netz findet.

Einige Weiterbildungseinrichtungen, vor allem Universitäten, bieten bereits »virtuelle Hörsäle« (»E-Learning«) an, und es ist damit zu rechnen, dass diese Angebote in den nächsten Jahren erheblich ausgeweitet werden. Bisher ist uns allerdings noch keine Möglichkeit bekannt, einen Lehrgang zur Vorbereitung auf die Prüfung zum »Geprüften Industriefachwirt« am häuslichen PC zu absolvieren, und es ist auch fraglich, ob ein solches Vorhaben erfolgreich sein kann.

# Literaturverzeichnis

Ackermann, K.-F. (Hrsg.): Die kundenorientierte Personalabteilung, Wiesbaden 1998
Ahlert, D., Becker, J., Kenning, P., Schütte, R. (Hrsg.): Internet & Co. im Handel, Berlin 2000
Al-Radhi, M., Heuer, J.: Total Productive Maintenance: Konzept, Umsetzung, Erfahrung, München, Wien 1995
Arnold, Dieter, et al.: Handbuch Logistik, Berlin 2002
Arnold, R.: Das Santiago-Prinzip, Köln 2000
Aufhauser, R., Brunhöber, H., Igl, P.: Arbeitssicherheitsgesetz, Kommentar, Baden-Baden 1997
Berlit, W.: Das neue Markenrecht, München 2000
Bichler, S., Dörr. D.: Personalwirtschaft, Einführung mit Beispielen aus SAP R/3 HR, München, Wien 1999
Blanchard, K./Carew, D./Parisi-Carew, E.: Der 01-Minuten-Manager, Reinbek bei Hamburg 2002
Brändel, O.: Technische Schutzrechte, Heidelberg 1995
Brecht, U.: Die Materialwirtschaft industrieller Unternehmen, Berlin 1993
Birker, K., Voss, R.: Handelsmarketing, Berlin 2000
Bomsdorf, E.: Deskriptive Statistik, Lohmar 1999
Bossel, H.: Umweltwissen, Berlin, Heidelberg 1994
Brecht, U.: Die Materialwirtschaft industrieller Unternehmen, Berlin 1993
Brox, H.: Grundrisse des Rechts: Das besondere Schuldrecht, München 1992
Claus, G., Ebner, H.: Grundlagen der Statistik, Für Psychologen, Pädagogen und Soziologen, Frankfurt/Main 1979
Cournot, A.: Untersuchungen über die mathematischen Grundlagen der Theorie des Reichtums, Jena 1924
Czychowsk, M.: Wasserhaushaltsgesetz, Kommentar, München 1998
Däumler, K.-D. et al.: Deckungsbeitragsrechung, Herne, Berlin 2000
Däumler, K.-D.: Grundlagen der Investitions- und Wirtschaftlichkeitsrechnung, Berlin 2000
Decker, F.: Teamworking, München 1998
Decker, F., Decker, A.: Ausgelernt gibt's nicht, Würzburg 1998
Derschka, P.: Praxishandbuch Personal, Loseblattsammlung, Bonn 1997
Deyhle, A.: Controller-Handbuch, Gauting bei München 2003
Dogan, D.I.: Strategisches Management in der Logistik, Frankfurt/Main 1994
Ehrmann, H.: Logistik, Ludwigshafen 1999
Eisele, W.: Technik des betrieblichen Rechnungswesens, München 1993
Fey, G.: Vorbereiten eines Vortrages, aber mit System, Didacticum 6/1989
Fickert, R., Hässig, K.: Megatrends der Materialwirtschaft, in: SVME-Schriftenreihe 8, Aarau 1992
Fitting, K. et al.: Betriebsverfassungsgesetz, 2004
Fisher, R./Ury, W.: Das Harvard-Konzept, Frankfurt/Main 2003
Fröhlich, W.: Personalführung, München 1990
Füsser, K.: Modernes Management, München 1997
Fuller, G.: Win-Win-Management – Führen mit Gewinn, Landsberg/Lech 2000
Gabler Kompakt Lexikon Wirtschaft, Wiesbaden 2001
Gabler Wirtschaftslexikon, Wiesbaden 2001
Gamber, P.: Konflikte und Aggressionen im Betrieb, Landsberg am Lech 1992
Gaul, D., Bartenbach, K.: Handbuch des gewerblichen Rechtsschutzes, Köln 1999
Gerstenberg, E., Buddeberg, M.: Geschmacksmustergesetz, Kommentar, Heidelberg 1996
Goleman, D.: EQ. Emotionale Intelligenz, München 2003
Goleman, D./Boyatzis, R./McKee, A.: Emotionale Führung, München 2002
Grupp, B.: Materialwirtschaft mit EDV im Mittel- und Kleinbetrieb, Renningen 1994
Gutenberg, E.: Grundlagen der Betriebswirtschaftslehre, Bd. 1: Die Produktion, Bd. 2: Der Absatz, Berlin, Heidelberg, New York 1979
Haas, H., Muthers, H.: Mitarbeiter als (Mit-)Unternehmer, Offenbach 1996
Haberstock, L.: Kostenrechnung I - Einführung, Hamburg 1987
Hansel, J., Lomnitz, G.: Projektleiter-Praxis, Berlin, Heidelberg 2003
Hartmann, H.: Materialwirtschaft, Gernsbach 2002

## Literaturverzeichnis

Henselder-Ludwig, R.: Verpackungsverordnung 1998, Köln 1999
Hettlich, R.: Die Produkthaftung, Stuttgart 1992
Holl: Controlling – Das Unternehmen mit Zahlen führen, Loseblattsammlung, Kissing 1990
Isermann, H.: Logistik, Beschaffung, Produktion, Distribution, Landsberg/Lech 1994
Jaeger, G., Laudel, H.: Transportmanagement, Lehrbuch Fachkunde, Hamburg 2003
Jehle, E. et al.: Produktionswirtschaft. Eine Einführung mit Anwendungen und Kontrollfragen, Heidelberg 1999
Kahle, E.: Produktion, München, Wien 1991
Kallwass, W.: Privatrecht, Köln 1992
Katzenbach, J.R./Smith, D.K.: Teams, Frankfurt/Main 2003
Kittner, M.: Arbeits- und Sozialordnung, Frankfurt/Main 2000
Klaus, P. (Hrsg.): Gabler Lexikon Logistik, Management logistischer Netzwerke und Flüsse, Wiesbaden 2000
Klis, N.: Marketingstrategie und Vertriebspraxis, Sindelfingen, Wien 1985
Kloepfer, M.: Umweltrecht, München 1998
Klose, B.: Projektabwicklung, Wien 2002
Knittner, M., Piper, R.: Arbeitsschutzgesetz, Kommentar, 1997
Konturenstudie der Zeitungs-Marketing-Gesellschaft (ZMG), Frankfurt/Main, zitiert nach: »Vom Schnäppchenjäger zum Einkaufsmuffel«, Dithmarscher Landeszeitung v. 8.4.2000
Kosiol, E.: Kostenrechnung der Unternehmung, Wiesbaden 1979
Kosiol, E.: Kosten- und Leistungsrechnung: Grundlagen, Verfahren, Anwendungen, Berlin, New York 1979
Kotler, P., Bliemel, F.: Marketing-Management, Stuttgart 1995
Krüger, W.: Organisation der Unternehmung, Stuttgart 2004
Lettau, H.-G.: Grundwissen Marketing, München 1993
Lippe, P.v.d.: Deskriptive Statistik, München 1999
Lynch, D., Kordis, P.: DelphinStrategien. Managementstrategien in chaotischen Systemen, Langenbieber 1998
Maier-Mannhart, H. (Hrsg.): Lean Management - Unternehmen im Umbruch, München, Landsberg am Lech 1994
Malorny, Chr.: Total Quality Management umsetzen, Stuttgart 2002
McCarthy, E. J.: Basic Marketing: A Managerial Approach, Homewood 1981
Meffert, H.: Marketing, Wiesbaden 2000
Mehrmann, E., Wirtz, Th.: Personalmanagement, Düsseldorf, Wien 1992
Milling, P.M., Maier, F. H., Hasenpusch, J.: Total Productive Maintenance – An International Analysis of Inplementation and Performance, in: Forschungsberichte der Fakultät für Betriebswirtschaftslehre der Universität Mannheim, Nr. 9805, abgerufen über Internet: iswww.bwl.uni-mannheim.de/lehrstuhl/publikationen/tpm.pdf
Müglich, A.: Das neue Transportrecht, Köln 1999
Nakane, Y.: Lean production - a japanese solution, in: Tagungsband 18, Deutscher Kongreß für Materialwirtschaft, Einkauf und Logistik, Wiesbaden 1992
Oechsler, W.A.: Personal und Arbeit, München, Wien 2000
Oeldorf, G., Olfert, K. (Hrsg.): Materialwirtschaft, Ludwigshafen 2002
Olfert, K,: Personalwirtschaft, Ludwigshafen 2003
Pfohl, H.-Chr., Gareis, K.: Die Rolle der Logistik in der Anlaufphase, in: Zeitschrift für Betriebswirtschaft: ZfB, Bd. 70, Wiesbaden 2000
Pfohl, H.-Chr., Integrative Management und Logistikkonzepte, in: Festschrift für Prof. Dr. H.-C. Pfohl zum 60. Geburtstag, Wiesbaden 2002
Pfohl, H.-Chr.: Logistiksysteme, Betriebswirtschaftliche Grundlagen, Berlin 2000
Pfohl, H.-Chr.: Supply Chain Management, Logistik Plus?, Deutsche Gesellschaft für Logistik, Berlin 2000
Pfohl, H.-Ch.: Logistiksysteme, Darmstadt 1995
Pircher-Friedrich, A.M.: Sinn-orientierte Führung in Dienstleistungsunternehmen, Augsburg 2004
Plüskow, J.v.: Das Personalhandbuch, Landsberg am Lech 1998
Schäfer, E.: Grundlagen der Marktforschung, Marktuntersuchung und Marktbeobachtung, Stuttgart 1978
Schmidt, E.-H. et. al.: Der Industriemeister, Hamburg 2004

# Literaturverzeichnis

Schneider, Zindel, Lötzerich, Münscher: Spezielle Betriebswirtschaftslehre der Industrie, Darmstadt 2001
Schumacher, D.: Qualitätssicherung, Bedeutung und Methoden in Produktion und Beschaffung, Hamburg 1995
Schwarze, J.: Grundlagen der Statistik, Herne 1996
Schweitzer, M. et al.: Systeme der Kostenrechnung, Landsberg 1986
Seiwert, L.J./Gay, F.: Das 1 x 1 der Persönlichkeit, Offenbach 2004
Senge, P.: Die fünfte Disziplin, Stuttgart 2003
Staehle, W.H.: Management, München 1999
Stahlmann: Umweltorientierte Materialwirtschaft, Wiesbaden 1988
Statistisches Bundesamt Deutschland: Amtliche Statistik, www.destatis.de
Steinbuch, P.A., Olfert, K. (Hrsg.): Fertigungswirtschaft, Ludwigshafen 1995
Tempelmeier, H. (Hrsg.): Handbuch der Logistik, Berlin 2002
Theis, H.-J.: Handelsmarketing. Analyse- und Planungskonzepte für den Einzelhandel, Frankfurt/Main 1999
Wagner, K.W. [Hrsg.]: PQM – Prozessorientiertes Qualitätsmanagement, München, Wien 2001
Weber, R.: Zeitgemäße Materialwirtschaft mit Lagerhaltung, Ehningen 1992
Weis, Chr.: Marketing, Ludwigshafen 1995
Wittmann, W.: Unternehmung und unvollkommene Information, Köln/Opladen 1959
Wöhe, G.: Einführung in die Allgemeine Betriebswirtschaftslehre, München 2000
Wunderer, R.: Führung und Zusammenarbeit, Neuwied/Kriftel 2002
Wunderer, R., Gerig, V., Hauser, R. (Hrsg.): Qualitätsorientiertes Personalmanagement, München, Wien 1997

# Stichwortverzeichnis

| | |
|---|---|
| **A**BC-Belegungsstrategie | 290 |
| ABC-Methode | 248 ff |
| Abfallbeseitigung, -verwertung | 304 |
| Abfallvermeidung, -verminderung | 303 |
| Abfindung | 155 |
| Abfindungsanspruch | 148 |
| Abgabebereitschaft des Lagers | 221 |
| Abgestimmte Partnerschaft | 334, 336 |
| Abmahnung | 94 |
| Abruf-Rahmenverträge | 251 |
| Absatz, direkter, - indirekter | 328 |
| Absatzförderung | 339 |
| Absatzform | 327 |
| Absatzhelfer | 328 f |
| Absatzkanal | 332 |
| Absatzkontrolle | 351 |
| Absatzmethoden | 327 ff |
| Absatzorgane | 328 |
| Absatzorientierung | 164 |
| Absatzstrategie | 327 |
| Absatzwege | 328 |
| Absatzwirtschaft | 305 ff |
| Abschlussprüfung | 151 |
| Abschöpfungsstrategie | 324 |
| Abschreibungsmethoden | 34 |
| Abverkauf | 336 |
| Abweichungskontrolle | 351 |
| Abzugskapital | 35 |
| Adoptionsprozess | 320 |
| After-Sales-Kundendienstleistung | 351 |
| AGB | 326, 380 |
| AGB-Politik | 312 |
| Agentur für Arbeit | 130 |
| AIDA-Formel | 347 |
| Akkordlohn | 105 |
| Aktionsprogramm | 310 |
| Allowable Costs | 50 |
| Altersversorgung, betriebliche | 133 ff |
| Altfahrzeuge | 187 |
| Amtsautorität | 117 |
| Analogschätzung | 240 |
| Analytische Arbeitsbewertung | 103 |
| Analytische Methode | 99, 199 |
| Analytische Verfahren | 179, 224 |
| Anbauverfahren | 41 |
| Anderskosten | 24 |
| Änderungskündigung | 95 |
| Andler'sche Losgrößenformel | 246 |
| Angebotsauswahl | 278 |
| Angebotsvergleichsübersicht | 278 |
| Anlagenauftrag | 164 |
| Anlagenüberwachung | 190 f |
| Anlagenwagnis | 37 |
| Annahme | 366 |
| Annahmeverzug | 379 |
| Anpassungsfortbildung | 128 |
| Anschaffungspreis | 32 |
| Anspruch | 370 |
| Anspruchssicherung | 136 |
| Antrag | 366 |
| Äquivalenzziffernrechnung | 47 |
| Arbeitgeberkündigung | 94 |
| Arbeitnehmer-Entsendegesetz (AEntG) | 152 |
| Arbeitnehmererfindungen | 212 |
| Arbeitnehmerschutzrecht | 148 |
| Arbeitnehmervertreter | 143 |
| Arbeitsablaufstudien | 198 |
| Arbeitsbewertung | 199 |
| Arbeitsbewertungsverfahren, analytisches | 103 |
| Arbeitsdirektor | 144 |
| Arbeitsentgelt | 102 |
| Arbeitsfolgeplanung | 183 f |
| Arbeitsförderung | 146 |
| Arbeitsgericht | 95 |
| Arbeitsgerichtsbarkeit | 158 |
| Arbeitsgestaltung | 173 ff |
| Arbeitskampf | 152 |
| Arbeitslosenversicherung | 106 |
| Arbeitsmarkt, externer, - interner | 85 |
| Arbeitsmethodik | 401 ff |
| Arbeitsmittel, Gestaltung der | 175 |
| Arbeitsordnung | 140 |
| Arbeitspädagogik | 174 |
| Arbeitspflicht | 92 |
| Arbeitsphysiologie | 174 |
| Arbeitspläne | 184 |
| Arbeitsplanung | 164 |
| Arbeitsplatzbewertung | 102 |
| Arbeitsplatzgestaltung | 174 |
| Arbeitsplatzgrenzwert (AGW) | 218 |
| Arbeitsplatzschutz | 149 |
| Arbeitsplatzschutzgesetz | 95, 145 |
| Arbeitsplatzteilung | 91 |
| Arbeitspsychologie | 174 |
| Arbeitsrecht, kollektives | 152 |
| Arbeitsschutz | 297 |
| Arbeitsschutzgesetz (ArbSchG) | 215 f |
| Arbeitssicherheit, Fachkräfte für | 150 |
| Arbeitssicherheitsgesetz (ASiG) | 150, 217 |
| Arbeitsstättenverordnung (ArbStättV) | 150, 217 |
| Arbeitsstrukturierung | 176 |
| Arbeitsteilung | 186 |
| Arbeitsüberwachung | 181 |

## Stichwortverzeichnis

| | | | |
|---|---|---|---|
| Arbeitsverhältnis | 91 ff | BCG-Matrix | 308 |
| Arbeitsverhältnis im Konzern | 91 | Bedarfsanalyse | 221 ff |
| Arbeitsverteilung | 181 | Bedarfsarten | 222 f |
| Arbeitsvertrag | 145 | Bedarfsauflösung, analytische | 229 ff |
| Arbeitsvertragsabschluss | 91 | Bedarfsauflösung, synthetische | 229, 232 |
| Arbeitsvertragsrecht | 144 | Bedarfsermittlung | 221 ff |
| Arbeitswertanalyse | 199 | Bedarfsermittlung, deterministische | 224 |
| Arbeitswertstudien | 199 f | Bedarfsermittlung, stochastische | 233 |
| Arbeitswissenschaften | 174 | Bedarfsforschung | 313 |
| Arbeitszeitgesetz (ArbZG) | 150 | Bedarfsservice | 256 |
| Arithmetischer Mittelwert | 235 | Bedürfnispyramide | 109 |
| Artikel | 321 | Beförderungen | 98 |
| Artteilung | 186 | Befragung | 315 |
| Arzneimittelrecht | 354 | Befristet Beschäftigte | 91 |
| Assessment Center | 89 | Befundrechnung | 292 |
| Attributprüfung | 196 | Bekanntheit, notorische | 207 |
| Auditing | 272 | Belästigungen, unzumutbare | 357 |
| Aufgabenanalyse | 82 | Belege | 185 |
| Aufgabensynthese | 82 | Belegungszeit | 197 |
| Auflassung | 393 | Belegwesenplanung | 185 |
| Aufrechnung | 376 | Belieferungskonzepte | 275 |
| Aufschiebende Bedingungen | 389 | Beobachtung | 315 |
| Aufsichtsrat | 143, 156 | Bereitstellungsplanung | 180 |
| Aufstiegsfortbildung | 128 | Bereitstellungsprinzipien | 192 |
| Auftragsgesteuerte | | Bereitstellungsstückliste | 225 |
| Dispositionsverfahren | 240 | Bereitstellungssystem | 180 |
| Auftragsneustrukturierung | 177 | Bericht | 405 |
| Auftragsvergabe | 280 | Berichtswesen | 57 |
| Auftragsvorbereitung | 164 | Berufsbildungsgesetz (BBiG) | 151 |
| Auftragszeit | 197 | Berufsbildungsrecht | 148 |
| Aufwand | 24 | Berufsgenossenschaft | 106, 150 |
| Ausbildungsordnung | 151 | Berufsrückkehrer | 85 |
| Ausführungszeit | 197 | Berufung | 394 |
| Ausfuhrverbot | 358 | Berufungsinstanz | 395 |
| Ausgleichszahlungen | 155 | Beschaffung | 262 ff |
| Auslöseschwelle | 220 | Beschaffungsform | 272 |
| Außengroßhandlung | 331 | Beschaffungskommunikation | 268 |
| Außenverhältnis | 368 | Beschaffungskonditionen, -preise | 267 |
| Außenverpackung | 338 | Beschaffungskosten | 180 |
| Außenwirtschaftsgesetz (AWG) | 357 ff | Beschaffungsmarketing | 267 f |
| Außenwirtschaftsrecht | 357 | Beschaffungsmarkt | 264 ff |
| Außenwirtschaftsverordnung (AWV) | 357 ff | Beschaffungsmarktanalyse | 270 |
| Aussperrung | 153 | Beschaffungsmarktbeobachtung | 270 |
| Auswahlverfahren | 179 | Beschaffungsmarktforschung | 268 ff |
| Auszubildende | 85, 149 | Beschaffungspflicht | 376 |
| Automatisierte Produktion | 173 | Beschaffungspolitik | 270 |
| Autonome Instandhaltung | 182 | Beschaffungsquellen | 272 |
| Autoritärer Führungsstil | 118 | Beschaffungsregion | 272 |
| Autorität | 117 f | Beschaffungsstrategie | 271 |
| | | Beschaffungsweg | 192 |
| **B**2B, B2C | 338 | Beschäftigungsverbot | 149 |
| BAB (Betriebsabrechnungsbogen) | 39 | Beschlussprotokoll | 404 |
| Barkauf | 385 | Beschlussverfahren | 158 |
| Barzahlungsrabatt | 325 | Besitz | 390 ff |
| Baukastenstücklisten | 227 | Besitzkonstitut | 390, 392 |
| Baukastensystem | 186 | Besondere Gerichtsbarkeit | 393 |
| Baukastenverwendungsnachweis | 232 | Beständewagnis | 37 |

# Stichwortverzeichnis

| | |
|---|---|
| Bestandsbewertung | 294 |
| Bestandsführung | 291 |
| Bestandskontrolle | 256 |
| Bestandsüberwachung | 293 |
| Bestätigungsschreiben, kaufmännisches | 280 |
| Bestellbestätigung | 282 |
| Bestellkosten | 245 |
| Bestellmenge, optimale | 244 ff |
| Bestellmengenrechnung | 240 ff |
| Bestellpunktverfahren | 241 |
| Bestellrechnung | 240 ff |
| Bestellrhythmusverfahren | 243 |
| Bestellung | 280 |
| Bestimmungskauf | 385 |
| Beteiligungslohn | 105 |
| Betriebliche Altersversorgung | 133 |
| Betriebliche Gesundheitsvorsorge | 137 |
| Betrieblicher Unfallschutz | 137 |
| Betriebliches Bildungswesen | 128 |
| Betriebliches Sozialwesen | 132 |
| Betriebsabrechnungsbogen (BAB) | 39 |
| Betriebsänderungen | 154 |
| Betriebsärzte | 150, 217 |
| Betriebserfolg | 51 |
| Betriebsmittelausführungszeit, -rüstzeit | 197 |
| Betriebsmittelbereitstellung | 180 |
| Betriebsmittelkosten | 33 |
| Betriebsmittelplanung | 191 |
| Betriebsnotwendiges Kapital, - Vermögen | 35 |
| Betriebsordnung | 140 |
| Betriebsrat | 95 |
| Betriebsrat, Rechte | 156 |
| Betriebsrenten | 77 |
| Betriebsrentengesetz | 133 |
| Betriebsstoffe | 192, 331 |
| Betriebsvereinbarung | 102, 140 |
| Betriebsverfassungsgesetz | 139 ff, 155, 174 |
| Betriebsversammlung | 140 |
| Beurteilungsgespräch | 98 |
| Beurteilungsgrundsätze | 99 |
| Beweiserhebung | 394 |
| Bewerberauswahl | 87 |
| Bewerbungsbögen | 88 |
| Bewerbungsunterlagen | 88 |
| Bezeichnung, geschäftliche | 208 |
| Bildschirmarbeitsverordnung | 175 |
| Bildungsbedarfe | 96 |
| Bildungswesen, betriebliches | 128 |
| Binnengroßhandlung | 331 |
| Bonitätsprüfung | 350 |
| Bote | 368 |
| Branchenkonzept | 307 |
| Break-even-Point | 63 |
| Bringschuld | 374 |
| Bringsystem | 180 |
| Bruttobedarf | 223, 230, 232 |
| Bruttoentgelt | 106 |
| Bruttopersonalbedarf | 75 |
| Bundesagentur für Arbeit | 85 |
| Bundesarbeitsgericht | 158 |
| Bundesdatenschutzgesetz (BDSG) | 78 |
| Bundesurlaubsgesetz | 145 |
| Bürgerliches Gesetzbuch (BGB) | 365 |
| Bürgschaft | 390 f |
| Bürokratischer Führungsstil | 118 |
| Business-to-Business, -to-Customer | 338 |
| **C**AD/CAM | 172, 189 |
| Cafeteria-System | 81, 138 |
| Call-Center | 337 |
| Cash-and-Carry-Großhandlung | 331 |
| CE-Kennzeichnung | 214 |
| CEMT | 295 |
| Chancen- und Gefahrenanalyse | 308 |
| Charge, -fertigung | 169 |
| Checkliste | 280 |
| Checklistverfahren | 100 |
| CIM | 172, 189 |
| CMR | 295 |
| Computer Based Training (CBT) | 411 |
| Container | 289 |
| Controlling | 56 |
| Corporate Identity (C.I.) | 72 |
| Courtage | 330 |
| **D**arstellungstechniken | 405 f |
| Datenschutz | 78 |
| Deckungsbeitrag | 59 |
| Deckungsbeitragsrechnung | 60 ff |
| Degressive Abschreibung | 34 |
| Delegierender Führungsstil | 121 |
| Deliktische Produkthaftung | 214 |
| Demoskopische Marktforschung | 315 |
| DENIC | 337 |
| Design for Assembly | 187 |
| Desk Research | 269, 315 |
| Deterministische Bedarfsermittlung | 224 |
| Diensterfindungen | 212 |
| Differenzen-Quotienten-Verfahren | 63 |
| Diffusion | 320 |
| Dilemma der Ablaufplanung | 176 |
| Dingliches Recht | 391 |
| Direct Costing | 57, 60 |
| Direktbelieferung | 275 |
| Direkter Absatz | 328 |
| Direktversicherung | 134 |
| Direktwerbung | 340 |
| Direktzusage | 133 |
| Dirigierender Führungsstil | 120 |
| Discounthaus | 331 |
| Diskontieren | 399 |
| Dispatching | 181 |
| Disposition | 255 ff |
| Dispositionsstückliste | 225 |

## Stichwortverzeichnis

| | | | |
|---|---|---|---|
| Dispositionsstufenverfahren | 230 | Engagement | 119 |
| Dispositionsverfahren | 240 f | Engpassorientierung | 164 |
| Distribution, akquisitorische | 332 | Engpassprodukte | 271 |
| Distributionsgrad | 332 | Entgeltabrechnung | 106 f |
| Distributionslogistik | 332 | Entgeltformen | 101 ff |
| Distributionspolitik | 312 | Entgeltfortzahlungsgesetz | 145 |
| Distributionsstufe | 332 | Entgeltpolitik | 102 ff |
| Diversifikation | 322 f | Entgeltzahlungspflicht | 93 |
| Divisionskalkulation | 46 | Entlassungen | 96, 98 |
| Divisionsrechnung | 45 | Entnahmeüberwachung | 293 |
| DNC-System | 172 | Entsorgung | 259, 303 f |
| Domain | 337 | Entsorgungsfunktion | 256 |
| Drei-Säulen-Konzept | 135 | Entwicklungsauftrag | 164 |
| Drifting Costs | 50 | Entwicklungsstand | 120 |
| Duales System | 128 | Entwicklungswagnis | 37 |
| Duales System Deutschland | 300 | Erbrecht | 365 |
| Durchlaufzeit, Minimierung | 179, 200 | Erfindung | 203 |
| Durchschnittspreise | 33 | Erfindung, freie | 212 |
| Durchschnittsprinzip | 44, 49 | Erfolg | 60 |
| Durchschnittswertmethode | 36 | Erfolgsbeteiligung | 106 |
| Dynamische Wertregel | 179 | Erfüllungsort | 281, 376 |
| | | Ergebnisprognose | 311 |
| **E**-Commerce | 338 | Ergebnisprotokoll | 280, 404 |
| EFQM | 80 ff | Ergonomie | 173 ff |
| Eigenlager | 285 | Erklärungswille | 367 |
| Eigentum | 391 | Ersatzteilstückliste | 225 |
| Eigentümlichkeit | 210 | Erstausbildung | 96 |
| Eigentumserwerb, -verlust | 392 | Ertrag | 25 |
| Eigentumsvorbehalt, - verlängerter | 327, 389 | Erwachsenenbildung | 407 |
| Eignungstest | 89 | Erzwungene Verteilung | 100 |
| Eingangsüberwachung | 293 | Europäisches Betriebsräte-Gesetz | |
| Eingeschosslager | 287 | (EBRG) | 139 |
| Einigungsstelle | 141, 155 | Exekutive | 362 |
| Einkauf | 255, 257 | Experiment | 316 |
| Einkaufsabwicklung | 270, 277 ff | Exponentielle Glättung | 236 |
| Einkaufsauftrag | 164 | Extrinsische Motivation | 111 |
| Einkaufsgenossenschaften | 332 | | |
| Einkaufskommission | 329 | **F**achautorität | 118 |
| Einkaufsorganisation | 270 | Fachgeschäft | 331 |
| Einkaufsverträge, besondere | 281 | Fachgroßhandlung | 331 |
| Ein-Produkt-Betrieb | 186 | Fachkräfte für Arbeitssicherheit | 150, 217 |
| Einrede der Vorausklage | 391 | Familienrecht | 365 |
| Einsatzsynchrone Beschaffung | 193 | Fehlerberechnung | 237 |
| Einstandspreis | 244 | Fehlermöglichkeits- und -einfluss-Analyse | |
| Einstufung | 100 | (FMEA) | 182 |
| Einzelbeschaffung im Bedarfsfall | 192, 273 | Fehlmengenkosten | 180, 221, 254 |
| Einzelfertigung | 168 | Feinterminierung | 177 |
| Einzelhandel | 331 | Fernabsatzverträge | 381 |
| Einzelkosten | 30, 106 | Fernkauf | 385 |
| Einzelvollstreckung | 396 | Fertigkeitentest | 89 |
| Einzelwerbung | 341 | Fertigstellungsbescheinigung | 387 |
| E-Learning | 411 | Fertigungsablaufplanung | 183 |
| Elektronischer Geschäftsverkehr | 381 | Fertigungsauftrag | 164 |
| Elternzeit | 149 | Fertigungsinseln | 171 |
| E-Mail | 337 | Fertigungskontrolle | 194 f |
| Embargo | 358 | Fertigungskosten | 48 |
| Endkostenstellen | 39 | Fertigungslöhne | 31 |

| | | | |
|---|---:|---|---:|
| Fertigungsplanung | 159 ff, 164 | Gantt-Diagramm | 178 |
| Fertigungsprogrammplanung | 163 ff | Garantie | 196 |
| Fertigungssicherung | 181 f | Gattungskauf | 384 |
| Fertigungssteuerung | 176 ff | Gattungsschuld | 375 |
| Fertigungsstückliste | 165 | Gauß'sche Normalverteilung | 238 |
| Fertigungsstufen | 227 | Gebietsspediteur | 276 |
| Fertigungsstufenverfahren | 230 | Gebrauchsmusterschutz | 204, 342 |
| Fertigungsteam | 113 | Gebrauchte Sachen | 371 |
| Fertigungstiefe | 188 | Gefahrstoffe | 218 f |
| Fertigungsüberwachung | 181 | Gefahrstoffverordnung (GefStoffV) | 150, 218 ff |
| Fertigungsverfahren, Einteilung | 167 | Geldschulden | 374, 379 |
| Fertigungsversorgung | 191 ff | Gemeinkosten | 30, 106 |
| Fertigungswagnis | 37 | Gemeinkostenverteilung | 40 |
| Festplatzsystem | 290 | Gemeinkostenzuschlagssatz | 40 |
| FFS (Flexibles Fertigungssystem) | 172 | Gemeinschaftswerbung | 341 |
| Field Research | 269, 315 | Gemischtfertigung | 170 |
| Fifo-Prinzip | 288 | Gemischtwarengroßhandlung | 331 |
| Finanzziele | 309 | Genfer Schema | 199 |
| Firmenwerbung | 341 | Geografische Herkunftsangabe | 209 |
| First come first serve | 179 | Geräte- und Produktsicherheitsgesetz | |
| Fixe Kosten | 27, 106 | (GPSG) | 213 |
| Fixkauf | 385 | Gerichtsbarkeit | 393 |
| Fixum | 328 | Gesamtaufwand, -kosten | 25 |
| Flexible Fertigung | 172 | Gesamtbetriebsrat | 139 |
| Flexibles Fertigungssystem (FFS) | 172 | Gesamtdeckungsbeitrag | 65 |
| Fließbandarbeit | 113, 171 | Gesamtkostenverfahren | 45, 51 |
| Fließfertigung | 171, 178 | Gesamtstückliste | 225 |
| Fluktuation | 74 | Gesamtvollstreckung | 396 |
| Flurförderzeuge | 297 | Geschäftliche Bezeichnung | 208 |
| Flussprinzip | 170 | Geschäftsfähigkeit | 368 |
| Förderhilfsmittel | 297 | Geschlossene Lager | 287 |
| Fördermittel | 296 | Geschmacksmusterschutz | 209 f, 342 |
| Förderung, soziale | 146 | Geschützte Rechtsgüter | 214 |
| Formierungsprozess | 113, 115 | Gesetz gegen den unlauteren | |
| Forming | 115 | Wettbewerb (UWG) | 342, 354 f |
| Fort- und Weiterbildung | 96 | Gesetz gegen Wettbewerbs- | |
| Fortschreibungsmethode, -rechnung | 292 | beschränkungen (GWB) | 354 f |
| Fortschrittskontrolle | 311 | Gesprächsverlauf | 90 |
| Frachtmakler | 329 | Gestaltungsbezogene Lager | 287 |
| Frachtführer | 299 | Gesundheitsvorsorge, betriebliche | 137 |
| Fraktale Fabrik | 177 | Gewährleistung | 196 |
| Freiplatzsystem | 290 | Gewährleistungsvorschriften | 378 |
| Fremdbedarfsliste | 165 | Gewaltenteilung | 362 |
| Fremdleistungen, technische | 35 | Gewerbeaufsichtsämter | 150 |
| Fremdleistungskosten | 35 | Gewerkschaft | 144 |
| Friedensfunktion | 154 | Gewichtetes gleitendes Mittel | 236 |
| Friedenspflicht | 153 | Gewinnschwelle | 63 |
| Führung durch Zielvereinbarung (MbO) | 81 | Gewinnschwellenanalyse | 63 |
| Führungsaufgaben | 122 | Glättung, exponentielle | 236 |
| Führungsgrundsätze | 122 | Gläubigerverzug | 379 |
| Führungskomponente (EFQM) | 81 | Gleichungsverfahren | 42 |
| Führungskultur | 116 | Gleitender Mittelwert | 236 |
| Führungsstil | 117 ff | Gliederungstechniken | 405 f |
| Führungsverhalten | 107 | Global Sourcing | 264, 267, 272 |
| Funktionen des Handels | 330 | Globalisierung | 69 |
| Funktionsorientierte Lagerart | 284 | Gozinto-Verfahren | 232 |
| Funktionsrabatt | 325 | Gratifikationen | 93 |

## Stichwortverzeichnis

| | | | |
|---|---|---|---|
| Grenzkosten | 66 | Holschuld | 374 |
| Grenzplankostenrechnung | 57 | Holsystem | 180 |
| Grenzüberschreitender Güterverkehr | 295 | Hotline | 337 |
| Grobterminierung | 177 | Humanisierung der Arbeitswelt | 174 |
| Großhandel | 331 | Human-Relations-Bewegung | 117 |
| Großserienfertigung | 168, 274 | Hypothek | 392 |
| Grunddienstbarkeiten | 392 | | |
| Grundentgelt | 106 | Ideenbeurteilung | 318 |
| Grundkosten | 25 | Identifikationsbereitschaft | 116 |
| Grundrechte | 363 f | Indirekter Absatz | 328 |
| Grundsätze korrekter Werbung | 342 | Individualarbeitsrecht | 144 |
| Grundschuld | 392 | Indossieren | 399 |
| Grundstücke | 393 | Information | 124 ff |
| Grundverpackung | 338 | Informationsplanung | 185 |
| Grüner Punkt | 300 | Informationsprozesse | 125 |
| Gruppen | 112 ff, 406 f | Informationsrechte des Betriebsrats | 156 |
| Gruppenarbeit | 113, 171, 407 | Informationswerbung | 341 |
| Gruppenauswahlmethoden | 89 | Informelle Gruppen | 113 |
| Gruppendiskussion, führerlose | 89 | Innenverhältnis | 368 |
| Gruppenfertigung | 170 | Innovation | 163 |
| GS-Zeichen | 214 | Innovationsfähigkeit | 116 |
| Guter Glaube | 393 | Inselfertigung | 171 |
| Güterkraftverkehr, | | Insolvenzfall | 155 |
| grenzüberschreitender | 295 | Insolvenz | 396 ff |
| Güterverkehrssystem | 297 | Inspection instruction, - plan, - schedule, | |
| Güteverfahren | 151 | - specification | 196 |
| Güteverhandlung | 158 | Inspektion | 190 |
| | | Instandhaltung, autonome, - vorbeugende | 182 |
| Halboffene Lager | 287 | Instandhaltung, -setzung | 190 |
| Handarbeit | 172 | Instanzen | 394 |
| Handel | 330 ff | Integrationsamt | 149 |
| Handelsmakler | 299, 329 | Integrierte Materialwirtschaft | 263 |
| Handelssortiment | 321 | Intelligenztest | 89 |
| Handelsvertreter | 299, 328 | Internet-Werbung | 344 |
| Handkauf | 385 | Intrinsische Motivation | 111 |
| Händlerwerbung | 341 | Intuitivschätzung | 240 |
| Handlungsbevollmächtigter | 328 | Inventurmethode | 32, 292 |
| Handlungswille | 367 | Inverkehrbringen | 214, 218 |
| Harzburger Modell | 122 | Irreführende Werbung | 356 |
| Haßloch | 316 | ISO 9000ff | 80, 283 |
| Hauptkostenstellen | 39 | Istkostenrechnung | 52 |
| Hauptkostenträger | 45 | | |
| Hauptlager | 283 | Jahresurlaub | 93 |
| Headhunting | 85 | Job Enlargement, - Enrichment, | |
| Hebelprodukte | 271 | - Rotation | 171, 174 |
| Hemmung der Verjährung | 372 | Job Enrichment | 78 |
| Herkunftsangabe, geografische | 209 | Job Rotation | 78 |
| Hersteller-Händler-Beziehung | 333 f | Jobsharing | 145 f |
| Herstellkosten | 48 | Jobsharing-Verträge | 91 |
| Hilfskostenstellen | 39 | Judikative | 362 |
| Hilfskostenträger | 45 | Jugend- und Auszubildendenvertretung | 140 |
| Hilfslager | 283 | Jugendarbeitsschutzgesetz (JArbSchG) | 148 |
| Hilfslöhne | 31 | Juristische Personen | 367 |
| Hilfsstoffe | 192, 331 | Just-in-Time (JIT) 172, 188, 193, 251, 274, 336 | |
| Hochregallager | 288 | | |
| Höchstbestandsstrategie | 243 | Kaizen | 189 |
| Holprinzip | 291 | Kalkulationsmethoden | 50 |

## Stichwortverzeichnis

| | |
|---|---|
| Kalkulationsschema | 244 |
| Kalkulatorische Kosten | 24, 35 |
| Kanban | 180, 291 |
| Kapazitätsabstimmung | 178 |
| Kapazitätsengpässe | 66 |
| Kapazitätsorientierte variable Arbeitszeit (KAPOVAZ) | 91, 145 |
| Kapital, betriebsnotwendiges | 35 |
| Kapitalbindung | 221 |
| Kapitalerhaltung, substantielle | 33 |
| Kapitalkosten | 35 |
| Kartellgesetz | 324, 355 |
| Kauf auf Abruf | 282, 385 |
| Kauf auf/nach/zur Probe | 281, 384 |
| Kauf en bloc | 281 |
| Kauf gegen Vorauszahlung | 385 |
| Kauf mit Umtauschrecht | 384 |
| Kauf nach Besicht | 384 |
| Käufermärkte | 305 |
| Käufermerkmale, -typen | 313 f |
| Kaufmännisches Bestätigungsschreiben | 280 |
| Kaufvertrag | 213, 371 ff, 382 ff |
| Kausalität | 214 |
| Kennzahlen der Lagerhaltung | 294 |
| Kennzahlen des Transports | 302 f |
| Kennziffern des Lagers | 256f |
| KER (kurzfristige Erfolgsrechnung) | 26, 45 |
| Ketten (Handel) | 332 |
| Klage | 394 |
| Klageantrag | 394 |
| Kleinserienfertigung | 168 |
| Koalitionsfreiheit | 151 f |
| Kollektivarbeitsrecht | 144, 152 |
| Ko-Marketing, programmatisches | 334 |
| Kombinierte Systeme der Materialbereitstellung | 180 |
| Kommissionär | 329 |
| Kommittenten | 329 |
| Kommunikation | 124 ff |
| Kommunikationsfähigkeit | 116 |
| Kommunikationsmedien | 336 |
| Kommunikationspolitik | 312 |
| Kommunikationsstruktur | 126 |
| Kompetenz | 120 |
| Komplexer Mensch | 117 |
| Konditionen | 326 |
| Konditionierung | 401 |
| Konfliktfähigkeit | 116 |
| Konkurrenzforschung | 313 f |
| Konsignationslager | 251, 285 |
| Konsignationslagervertrag | 282 |
| Konstruktionsstückliste | 161, 225 |
| Konstruktionszeichnung | 161 |
| Kontierungsrichtlinien | 30 |
| Kontinuierlicher Verbesserungsprozess (KVP) | 189 |
| Kontrahierungspolitik | 312 |
| Konzernbetriebsrat | 139 |
| Kooperation, lockere | 334 |
| Kooperative Selbstqualifikation | 131 |
| Kooperativer Führungsstil | 118 |
| Kosten, fixe, - sprungfixe | 27 |
| Kosten, kalkulatorische | 24 |
| Kosten, variable | 28 f |
| Kostenartenplan | 30 |
| Kostenartenrechnung | 26 |
| Kostenartenverfahren | 41 |
| Kostenauflösung | 62 |
| Kostenkontrolle | 41, 56 |
| Kostenplanung | 55 |
| Kostenrechnung | 23 |
| Kostenspaltung | 62 |
| Kostenstellenausgleichsverfahren | 42 |
| Kostenstellenplan | 39 |
| Kostenstellenrechnung | 26, 37 |
| Kostenstellenumlageverfahren | 41 |
| Kostentheorie | 29 |
| Kostenträgerrechnung | 26, 44 ff |
| Kostenträgerstückrechnung | 45 ff |
| Kostenträgerzeitrechnung | 51 |
| Kostentragfähigkeitsprinzip | 44 |
| Kostenverläufe | 29 |
| KOZ-Regel | 179 |
| Krankenversicherung | 106, 146 |
| Kreativität | 116 |
| Kreativitätsmethoden | 317 |
| Kreativitätspotenziale | 252 |
| Kreditkauf | 385 |
| Kreditsicherheiten | 389 |
| Kreislaufwirtschaft | 303 |
| Kritische Vorfälle, Methode | 100 |
| Kulanz | 196 |
| Kundendienst | 351 |
| Kündigungsschutz | 94 ff, 146 ff |
| Kündigungsschutzverfahren | 158 |
| Kuppelprodukt | 48, 169 |
| Kurzfristige Erfolgsrechnung (KER) | 26, 45 |
| Kurzprotokoll | 404 |
| KVP (Kontinuierlicher Verbesserungsprozess) | 82 |
| Ladegeräte | 289 |
| Ladengeschäft | 331 |
| Lagerarten | 284 ff |
| Lagerbestand | 294 |
| Lagerbestand, durchschnittlicher | 257 |
| Lagerdauer | 257, 294 |
| Lagereinrichtung | 288 f |
| Lagergestaltung | 285 ff |
| Lagerhaltungskennzahlen | 294 |
| Lagerhaltungskosten | 245 |
| Lagerhilfsgeräte | 289 |
| Lagerkostensatz | 245 |
| Lagerordnung | 289 |

## Stichwortverzeichnis

| | | | |
|---|---|---|---|
| Lagerreichweite | 257 | Makler | 329 |
| Lagerstufen | 275 | Management-by-Commitments | 124 |
| Lagerstufenorientierte Lagerart | 284 | Management-by-Delegation (MbD) | 122 |
| Lagerumschlagshäufigkeit | 294 | Management-by-Objectives (MbO) | 122 f |
| Lagerung | 256 | Mängelrüge | 213 |
| Lagerverwaltung | 290 | Markengesetz | 206 |
| Lagerwirtschaft | 258, 283 ff | Markenschutz | 206 ff, 342 |
| Landesarbeitsgerichte | 158 | Marketing | 305 ff |
| Laufbahnpläne | 84 | Marketing-Audit | 352 |
| Lean Management | 69, 113, 172, 189 | Marketing-Begriff | 305 |
| Lean Production | 172, 188, 191, 194 | Marketinginstrumente | 311 |
| Lebensmittelrecht | 354 | Marketing-Konzept | 307 |
| Lebenszyklus | 319 f | Marketing-Management | 306 |
| Leerkosten | 28 | Marketing-Mix | 307, 311 |
| Legislative | 362 | Marketing-Plan | 308 |
| Leistung | 26 | Marketing-Strategie | 310 |
| Leistungsabschreibung | 34 | Marktanalyse | 315 |
| Leistungsindex | 311 | Marktbeobachtung | 315 |
| Leistungslohn | 105 | Marktdurchdringungsstrategie | 310 |
| Leistungsort | 374 | Markteinführung | 320 |
| Leistungsstörungen | 377 | Markteintritt | 161 |
| Leistungstest | 89 | Marktentwicklungsstrategie | 310 |
| Leistungsverrechnung | 41 | Markterkundung | 315 |
| Leistungszeit | 375 | Marktformen | 265 |
| Leistungszulagen | 106 | Marktforschung | 312 ff |
| Leitbild | 72 | Marktkonzept | 307 ff |
| Leitende Angestellte | 139, 154 | Marktprognose | 315 |
| Leitungsaufgaben | 122 | Marktsättigung | 321 |
| Lernsoftware | 410 | Marktseitenverhältnis | 265 |
| Liefer- und Zahlungsbedingungen | 278 | Marktstrategie | 307 ff |
| Lieferantenauswahl | 192 | Marktstrukturen | 265 |
| Lieferantenpolitik | 271 | Markttest | 316, 319 |
| Lieferbereitschaft | 332, 350 | Marktwachstum | 320 |
| Lieferbereitschaftsgrad | 192, 252, 256 | Marktziele | 309 |
| Lieferungsbedingungen | 326 | Maschine | 173 |
| Lieferzeit | 278, 350, 385 | Maschinenbelegungsplanung | 178 |
| Lineare Abschreibung | 34 | Maschinenfähigkeitsuntersuchung | 182 |
| Linienfertigung | 170 | Maschinenfolgegantt | 178 |
| Liquidität | 266 | Massenfertigung | 169, 274 |
| Lizenz | 211 | Massenwerbung | 341 |
| Local Buying | 251 | Materialbedarfsarten | 222 |
| Lockere Kooperation | 334 | Materialbedarfsplanung | 192 |
| Logistik | 256, 263 | Materialbereitstellung | 180 |
| Logistikdienstleister | 277, 299 | Materialeingang | 290 |
| Lohngerechtigkeit | 102 | Materialkosten | 32, 48 |
| Lohngruppenverfahren | 103 f, 199 f | Materialorientierte Lagerart | 284 |
| Lohnkosten | 106 | Materialrechnung, laufende | 292 |
| Lohnsteuern | 106 | Materialumschlag | 294 |
| Losgrößenformel nach Andler | 246 | Materialverbrauch | 32 |
| LpE-, LpN-, LpS-Wert | 346 | Materialwirtschaft | 221 ff |
| | | Mathematische Methode (Kostenauflösung) | 63 |
| **M**ahnbescheid | 395 | Mechanisierte Produktion | 173 |
| Mahnverfahren | 395 | Mehrgeschoßlager | 288 |
| Mailbox | 338 | Mengenproblem der Produktionswirtschaft | 159 |
| Mailing-Listen | 338 | Mengenrabatt | 325 |
| MAK-Wert | 218 | Mengenstückliste | 225 |
| Make-or-Buy-Entscheidung | 188, 192, 267 | Mengenteilung | 186 |

| | |
|---|---|
| Menschenbilder | 116 |
| Methode der kritischen Vorfälle | 100 |
| Miete, kalkulatorische | 35 |
| Mikromarkttest | 316 |
| Minderjährige | 368 |
| Mindestarbeitsbedingungen, Gesetz über die Festsetzung von (MindArbBedG) | 151 |
| Mission | 72 |
| Mitarbeiterbeurteilung | 122 |
| Mitarbeiterförderung | 97 |
| Mitarbeiterführung | 116 |
| Mitarbeitergespräch | 122 |
| Mitarbeitergruppen | 88 |
| Mitarbeiterorientierung | 81 |
| Mitarbeiterpotenziale | 96 |
| Mitarbeiterzufriedenheit | 82 |
| Mitbestimmung, betriebliche | 139 ff, 154 ff |
| Mitbestimmung, überbetriebliche | 156 |
| Mittelwertbildung | 235 |
| Mitwirkungsrechte des Betriebsrats | 156 |
| Modular Sourcing | 264, 272 |
| Mogelpackung | 339 |
| Monopol | 265 |
| Montanmitbestimmte Konzerne | 144 |
| Montan-Mitbestimmungsgesetz (MontanMitbestG) | 157 |
| Motivationstheorien | 109 ff |
| MTM (Methods Time Measurement) | 198 |
| Muster | 209, 384 |
| Mutterschutzgesetz | 94, 149, 175 |
| | |
| **N**acherfüllung | 383, 387 |
| Nachfolgepläne | 84 |
| Nachfolgeplanung | 97 |
| Nachkalkulation | 50 |
| Nachweisgesetz, -pflicht | 91 |
| Nachwuchskräfteförderung | 97 |
| Natürliche Personen | 367 |
| Nebenkostenträger | 45 |
| Nebenlager | 283 |
| Nebenpflichten | 379 |
| Negativbescheinigung | 359 |
| Nettobedarf | 223, 230 |
| Nettobedarfsrechnung | 232 f |
| Nettobetriebsgewinn | 61 |
| Nettoeinstandspreis | 244, 278 |
| Nettoentgelt | 106 |
| Nettoerlös | 61 |
| Nettopersonalbedarf | 75 |
| Netzplantechnik | 186 |
| Neubeginn der Verjährung | 372 |
| Neuheit | 210 |
| Nichtleistung | 377 |
| Nießbrauch | 392 |
| Normalkostenrechnung | 52 |
| Normalleistung | 92 |
| Normalverteilung | 238 |

| | |
|---|---|
| Normalverteilungskurve | 100 |
| Norming | 115 |
| Normung | 186 |
| Notorische Bekanntheit | 207 |
| Null-Verfahren | 41 |
| Nutzkosten | 28 |
| Nutzungsdauer | 34 |
| | |
| **O**bhutshaftung | 299 |
| Objektgruppen | 287 |
| Offene Lager | 287 |
| Öffentlichkeitsarbeit | 340 ff |
| Ökologie | 201 ff |
| Ökoskopische Marktforschung | 315 |
| Oligopol | 265 |
| Online-Marketing | 337 |
| Opportunitätskosten | 31, 35 |
| Optimale Bestellmenge | 244 ff, 246 |
| Optimales Produktionsprogramm | 65 |
| Optimierungsproblematik der Materialwirtschaft | 221 |
| Ordentliche Gerichtsbarkeit | 393 |
| Outsourcing | 69, 188, 194, 334 f |
| | |
| **P**aarvergleich | 100 |
| Packmittel | 289, 300 ff |
| Paletten, -regale | 289 |
| Panelforschung | 316 |
| Parallelentwicklung | 161 |
| Partie, -fertigung | 169 |
| Partnerschaft, abgestimmte | 334, 336 |
| Partnerschaft, lockere | 334 |
| Patentgesetz (PatG) | 202 |
| Patentschutz | 202 ff, 342 |
| Patriarchalischer Führungsstil | 118 |
| Penetrationspreis, -strategie | 324 |
| Pensionsfonds, -kasse | 134 f |
| Pensions-Sicherungs-Fonds auf Gegenseitigkeit (PSV a.G.) | 133 |
| Performing | 115 |
| Personalabbau | 95 |
| Personalanpassungen | 95 f |
| Personalbedarfsplanung | 73 ff |
| Personalberater | 85 |
| Personalbereitstellung | 181 |
| Personalbeschaffung | 85 ff |
| Personalbeurteilung | 96 ff |
| Personal-Controlling | 74, 78 |
| Personaldisposition | 189 |
| Personaleinsatzplanung | 74 |
| Personalentwicklung | 96 ff |
| Personalfragebogen | 99 |
| Personalkosten | 31 |
| Personalkostenplanung | 74 |
| Personalplanung | 73 ff |
| Personalpolitik | 69 ff |
| Personalrabatt | 325 |

## Stichwortverzeichnis

| | | | |
|---|---|---|---|
| Personalvertretungsgesetz | 155 | Produktionssynchrone Beschaffung | 274 |
| Personalwirtschaft | 69 ff | Produktionstechnik | 172 f |
| Personen, juristische, - natürliche | 367 | Produktionstypen | 167 |
| Persönlichkeitstest | 89 | Produktionsverbindungshandel | 331 |
| Pfandrecht | 390 | Produktionswirtschaft | 159 ff |
| Pfändung | 396 | Produktkonzept | 319 |
| Pfandverpackung | 339 | Produktleistung | 311 |
| Pflegeversicherung | 106, 146 | Produktlinie | 322 |
| Planerlös | 167 | Produktmodifikation | 317 f |
| Planfortschrittskontrollen | 311 | Produktpositionierungs-Diagramm | 308 f |
| Plangesteuerte Dispositionsverfahren | 241 | Produktprogramm | 322 |
| Plankostenrechnung | 53 ff | Produktreife | 321 |
| Planzeitermittlung | 198 | Produktsicherheit | 213, 353 |
| Planziele | 309 | Produkttest | 316 |
| Platzkauf | 385 | Produktvariation | 160, 163, 318 |
| Point of Purchase (POP) | 340 | Produktverbesserung | 163 |
| Point of Sale (POS) | 310, 340 | Produktverfall | 321 |
| Politik & Strategie (EFQM) | 81 | Produktwerbung | 341 |
| Polypolistische Konkurrenz | 265 | Profit-Center | 306 |
| Portfolio Management | 308 | Programm- und Sortimentsgestaltung | 321 |
| Portfolioanalyse | 271 | Programmatisches Ko-Marketing | 334 |
| Prämienlohn | 105 | Programmplanung | 163 f |
| Präsentationsrabatt | 325 | Programmtiefe | 322 |
| Preisbeobachtung | 267 | Projektgruppen | 114 |
| Preisdifferenzierung | 323 ff | Projektmanagement | 161 |
| Preisempfehlungen | 324 | Projektorganisation | 114 |
| Preisgestaltung | 323 ff | Promotion | 339 |
| Preispolitik | 312, 323 | Promotionspreise | 324 |
| Preispräsentation, psychologische | 325 | Protest (Wechsel) | 399 |
| Preisuntergrenze | 67 | Protokoll | 280, 404 |
| Preisvergleiche | 267 | Prototyp | 319 |
| Primärbedarf | 223 | Prozesse (EFQM) | 82 |
| Primäre Marktforschung | 269 | Prozessfähigkeitsuntersuchung | 182 |
| Primärforschung | 315 | Prozesskostenrechnung | 43 |
| Primärkostenstellen | 39 | Prüfablaufplan, -anweisung, -plan, | |
| Prioritätsregeln | 179 | -spezifikation | 196 |
| Product Placement | 349 | Prüfmethoden | 196 |
| Produkt- und Sortimentspolitik | 312, 317 ff | Prüfpunkte | 182 |
| Produktausführung | 322 | Psychologische Preispräsentation | 325 |
| Produktdifferenzierung | 317 | Public Relations | 340, 348 |
| Produktdiversifikation | 163 | Pull-Prinzip | 291 |
| Produkte, Bedeutung | 271 | Pull-Strategie | 310 |
| Produkteigenschaften | 160 | Push-Strategie | 310 |
| Produkteinführung | 320 | | |
| Produktentwicklung | 318 | **Q**ualität | 266 |
| Produktfeld, -linie | 163 | Qualitätsannahmegrenze | 278 |
| Produktforschung | 160 ff, 163 | Qualitätsattest | 283 |
| Produktgestaltung | 317 | Qualitätsaudit | 193 |
| Produkthaftung | 197, 353 | Qualitätskontrolle | 283 |
| Produkthaftungsgesetz | | Qualitätslenkung | 196 |
| (ProdHaftG) | 213, 353 | Qualitätsplanung | 194, 196 |
| Produktidee | 163, 317 | Qualitätsprüfung, statistische | 196 |
| Produktinnovation | 317 | Qualitätsrevision | 196 |
| Produktionsfaktoren | 179 | Qualitätssicherung | 194 |
| Produktionsorganisation | 169 ff | Qualitätssicherungssystem | 193 |
| Produktionsprogramm, optimales | 65 | Qualitätssteuerung | 196 |
| Produktionsprogrammtiefe | 322 | Qualitätsüberwachung | 196 |

## Stichwortverzeichnis

| | | | |
|---|---|---|---|
| Qualitätszirkel | 116 | **S**achenrecht | 365, 391 |
| Quality control, - surveillance | 196 | Sachmangel | 383, 387 |
| Quotenverfahren | 269 | Sales Promotion | 339 |
| | | Sammelwerbung | 341 |
| **R**abatte | 325, 386 | Schadensersatz | 369, 371, 377 |
| Rabattpolitik | 312 | Schätzung, subjektive | 240 |
| Rack Jobber | 331, 335 | Scheck | 399 |
| Rahmenverträge | 251, 282 | Scheduling | 178 |
| Randomverfahren | 269 | Scheinselbstständige | 335 |
| Rangfolgeverfahren | 103 f, 199 f | Schichtarbeit | 106 |
| Rangordnungsverfahren | 99 | Schickschuld | 374 |
| Rangreihenverfahren | 103 f, 199 f | Schiffsmakler | 329 |
| Ratenkauf | 385 | Schlechtleistung | 377 |
| Rationalisierung | 186 | Schlüsselqualifikation | 108, 129, 172 |
| Reagibilitätsgrad | 28 | Schuldenbereinigung | 397 |
| Rechtsfähigkeit | 367 | Schuldnerberatung | 398 |
| Rechtsgüter, geschützte | 214 | Schuldrecht | 373 ff |
| Rechtsmangel | 383, 387 | Schuldrechtsreform | 373 |
| Rechtsordnung | 361 | Schuldverhältnisse | 365 |
| Rechtsprechung | 393 | Schwerbehinderte Menschen | 95, 149, 156 |
| Rechtsschutz für Erzeugnisse | 202 | Scientific Management | 174 |
| Rechtsstaatlichkeit | 363 | Sekundärbedarf | 223 |
| Recycling | 300 | Sekundärforschung | 269, 315 |
| REFA-Methodenlehre | 198 | Selbstbedienung | 331 |
| REFA-Standardprogramm | | Selbsteintritt | 329 |
| (Planzeitermittlung) | 198 | Selbstkosten | 48 |
| REFA-Studien | 75, 187 | Selbstschuldnerische Bürgschaft | 391 |
| REFA-Verband | 198 | Selbstversicherungsprämie | 37 |
| Referenzpunkt | 243 | Selbstvornahme | 387 |
| Regale | 289 | Sender-Empfänger-Modell | 126 |
| Regalgroßhändler | 331, 335 | Sensitive Ausfuhren | 359 |
| Regelkreis | 189 | Serienfertigung | 168 |
| Regionalprinzip | 306 | Servicebereitschaft | 332 |
| Regress | 399 | Servicegrad | 221, 252 |
| Regressionsanalyse | 63 | Sicherheitsbestand | 242, 253 |
| Reichweite | 345 | Sicherheitsingenieure | 217 |
| Reihung | 199 | Sicherheitskoeffizient | 294 |
| Reisender | 328 | Sicherheitszeit | 254 |
| Relaunch | 318 | Sicherungsübereignung | 390 |
| Relevante Kosten | 65 | Simulationsverfahren | 179 |
| Rentabilität | 266 | Simultaneous Engineering | 161 |
| Rentenversicherung | 106, 146 | Single-Sourcing | 193, 264, 267 |
| Reporting | 57 | Situationsanalyse | 308 |
| Reservierungskosten | 180 | Situativer Führungsstil | 119 |
| Restschuldbefreiung | 398 | Skimming-Pricing | 324 |
| Restwertrechnung | 49 | Skonto | 281, 325 f, 386 |
| Restwertverzinsung | 36 | Skontraktionsmethode | 292 |
| Retrograde Methode | 292 f | Sofortkauf | 385 |
| Return on Investment (ROI) | 260 | Solawechsel | 399 |
| Revision | 394 | Sonderangebote | 324 |
| Riester-Reform | 133 | Sonderrabatt | 325 |
| Ringspediteur | 276 | Sorten | 321 |
| Rohstoffe | 192, 331 | Sortenfertigung | 168 |
| Rolle (in der Gruppe) | 112 | Sortiment | 321 |
| Rückrechnungsmethode | 32, 292 f | Sortimentsgroßhandlung | 331 |
| Rückrufaktion | 197 | Sozialauswahlkriterium | 147 |
| Rüstzeit | 197 | Soziale Vorsorge | 146 |

# Stichwortverzeichnis

| | |
|---|---|
| Sozialeinrichtungen | 133 |
| Sozialgesetzbuch | 146, 149 |
| Sozialleistungen | 106, 132 |
| Sozialplan | 154 |
| Sozialpolitik | 132 |
| Sozialstaat | 363 |
| Sozialversicherungsträger | 106, 146 |
| Sozialwesen, betriebliches | 132 |
| Sozio-technisches System | 69 |
| Spam | 338 |
| Spediteur | 298 |
| Speditionskonzepte | 275 |
| Speditionslager | 285 |
| Spesen | 328 |
| Spezialgeschäft | 331 |
| Spezialgroßhandel | 331 |
| Spezialisierung | 186 |
| Speziallager | 287 |
| Spezifikationskauf | 281 f, 385 |
| Sponsoring | 349 |
| Sprech- und Redetechnik | 408 |
| Sprecherausschussgesetz (SprAuG) | 139, 154 |
| Sprungfixe Kosten | 27 |
| Standardabweichung | 237 |
| Standardkosten | 50 |
| Standort | 278 |
| Standortbezogene Lager | 286 |
| Statistische Qualitätsprüfung | 196, 283 |
| Statistisch-grafische Kostenauflösung | 63 |
| Status | 113 |
| Stellenanzeige | 86 |
| Stellenausschreibung | 86 |
| Stellenbeschreibung | 82 ff |
| Stellenplan | 84 |
| Stellungssuche | 148 |
| Stellvertretung | 368 f |
| Stetigfördermittel | 297 |
| Steuern, Erfassung | 36 |
| Stichprobe, permanente | 316 |
| Stichprobenerhebung | 269 |
| Stichprobenprüfung | 283 |
| Stichprobenverfahren | 316 |
| Stiftung Warentest | 353 |
| Stochastische Bedarfsermittlung | 233 |
| Stock out costs | 254 |
| Storetest | 316 |
| Storming | 115 |
| Störung | 182 |
| Strafbare Werbung | 357 |
| Straßenfertigung | 170 |
| Strategische Geschäftseinheiten | 306 |
| Strategische Produkte | 271 |
| Streckengeschäft | 385 |
| Streckengroßhändler | 331 |
| Streik, wilder | 153 |
| Streikgeld | 153 |
| Streugebiet | 345 |
| Streupunktdiagramm | 63 |
| Strukturproblem der Produktionswirtschaft | 159 |
| Strukturstückliste | 226 |
| Strukturteileverwendungsnachweis | 232 |
| Stückkauf | 384 |
| Stücklisten | 223, 225 |
| Stücklistenerstellung | 165 |
| Stücklohn | 106 |
| Stückschuld | 375 |
| Stückservice | 256 |
| Stückzeitermittlung | 198 |
| Stufenbezogene Lager | 286 |
| Stufen-Divisionsrechnung | 46 |
| Stufenwertzahlverfahren | 103 f, 199 f |
| Stufung | 199 |
| Subjektive Schätzung | 240 |
| Substitutionsmaterialien | 267 |
| Substraktionsmethode | 49 |
| Suchmaschinen | 411 |
| Suggestivwerbung | 341 |
| Sukzessivliefervertrag | 282 |
| Summarische Methode | 99, 103, 199 |
| Supermarkt | 331 |
| Supervision | 181 |
| Synthetische Bedarfsauflösung | 229, 232 |
| Synthetische Verfahren | 224 |
| Systeme vorbestimmter Zeiten | 198 |
| Tagespreis | 33 |
| Taktabstimmung | 200 |
| Target costing | 50 |
| Tarifautonomie | 151, 153 |
| Tariferhöhung | 154 |
| Tarifverträge | 102 |
| Tarifvertragsgesetz (TVG) | 153 |
| Tausend(er)-Kontakt(e)-Preis (TKP) | 345, 347 |
| Tausenderpreis | 346 |
| Tausend-Hörer/Seher/Leser-Preis | 347 |
| Taylorismus | 116 |
| Teamarbeit | 113 ff |
| Teamentwicklung | 115 |
| Technische Dienste | 190 |
| Teilautonome Arbeitsgruppen (TA) | 114 |
| Teilebereitstellungsliste | 165 |
| Teilefamilien | 186 |
| Teilembargo | 359 |
| Teileverwendungsnachweis | 228 |
| Teilkostenrechnung | 59 |
| Teillieferungskauf | 385 |
| Teilzahlungsgeschäft | 386 |
| Teilzeit- und Befristungsgesetz (TzBfG) | 145 |
| Teilzeitarbeit | 91, 145 |
| Tele-Arbeit | 91 |
| Tendenzbetriebe | 139 |
| Terminkauf | 385 |
| Terminplanung | 177 |

# Stichwortverzeichnis

| | | | |
|---|---|---|---|
| Tertiärbedarf | 223 | Unzumutbare Belästigungen | 357 |
| Testmarkt | 316, 319 | Urteilsverfahren | 158 |
| Tests (Bewerberauswahl) | 89 | | |
| Time-cost-Tradeoff | 161 | **V**alue Administration, - Analysis, - Control, | |
| Time-to-Market | 161 | - Engineering, - Management | 252 |
| TIR-Verfahren | 295 | Variable Kosten | 28 f, 106 |
| Total Productive Maintenance (TPM) | 182, 190 | Variablenprüfung | 196 |
| Total Quality Management (TQM) | 80 | Variantenfertigung | 168, 177 |
| Totalembargo | 359 | Variation | 317 |
| Tragfähigkeitsprinzip | 49 | Variatormethode | 54 |
| Trainierender Führungsstil | 121 | Verarbeitungsklausel | 390 |
| Training into-the-Job, - off-the-Job, | | Verbesserungsvorschläge | 213 |
| - on-the-Job | 129 | Verbraucher | 381 |
| Transport | 256, 258 | Verbraucherinsolvenzverfahren | 397 |
| Transportaufgaben | 295 | Verbrauchermarkt | 331 |
| Transportkosten | 302 | Verbraucherschutz | 213, 352 f, 381 |
| Transportmittel | 296 ff | Verbraucherwerbung | 341 |
| Transportplanung | 185 | Verbraucherzentralen | 352 |
| Transportrisiko | 374 | Verbrauchsgesteuerte | |
| Transportstruktur | 276 | Dispositionsverfahren | 241 |
| Transportunternehmen | 299 | Verbrauchsgüterkauf | 384, 388 |
| Transportverpackungen | 300 | Verbrauchsverläufe | 234 f |
| Transportwesen | 295 ff | Verdingungsordnung für Bauleistungen | |
| Trend | 234 | (VOB) | 380 |
| Treppenverfahren | 42 | Verfahrensrecht | 393 f |
| Treuerabatt | 325 | Verfügbarkeitsüberwachung | 293 |
| TRK-Wert | 218 | Vergleichende Werbung | 356 |
| Typenkauf | 384 | Vergütungssonderformen | 105 |
| Typung | 186 | Verhandlungsgrundsatz | 394 |
| | | Verhandlungsprotokoll | 404 |
| **Ü**berbetriebliche Ausbildung | 128 | Verjährung | 370 |
| Überschuldung | 397 | Verjährungsfristen | 370, 372 |
| Überstunden | 85 | Verkauf | 349 |
| Umfragen, gestützte, - ungestützte | 348 | Verkaufsförderung | 339 |
| Umlageverfahren | 145 | Verkaufskommission | 329 |
| Umsatzkostenverfahren | 45, 51 | Verkaufsverpackungen | 300 |
| Umschlagshäufigkeit | 257 | Verkehrsgeltung | 207 |
| Umschulungspläne | 129 | Verkehrsmittel | 296 ff |
| Umtauschrecht | 384 | Verlaufsprotokoll | 280, 404 |
| Umverpackungen | 300 | Vermittler | 298 |
| Umweltschutz | 338 | Verpackung | 300 ff, 338 |
| Umweltschutzauflagen | 201 | Verpackungsmaschinen, -technik | 302 |
| Unfallschutz, betrieblicher | 137 | Verrechnungspreise | 33 |
| Unfallversicherung | 106, 146 | Versandauftrag | 164 |
| Unkritische Produkte | 271 | Versandhaus | 332 |
| Unlautere Werbung | 354 | Verschulden | 215, 377 |
| Unmöglichkeit | 378 | Verschweigen | 356 |
| Unstetigförderer | 297 | Versendungskauf | 382, 385 |
| Unternehmensberater | 85 | Versetzungen | 85, 98 |
| Unternehmenskennzeichen | 208 | Versicherungsmakler | 329 |
| Unternehmenskultur | 71, 128 | Versorgungskonzepte | 273 |
| Unternehmensphilosophie | 71, 96 | Versteigerung | 390 |
| Unternehmensplanspiel | 89 | Vertragsfreiheit | 365 |
| Unternehmensziele | 96 | Vertragspolitik | 270 |
| Unternehmer | 381 | Vertragsrecht | 304, 365 |
| Unterstützender Führungsstil | 121 | Vertrauensperson | 156 |
| Unterstützungskasse | 134 | Vertrauensschaden | 369 |

## Stichwortverzeichnis

| | | | |
|---|---|---|---|
| Vertreter | 368 | Werkstattfertigung | 170, 178 |
| Vertriebssysteme | 327 | Werkstoffe | 192 |
| Vertriebswagnis | 37 | Werktechnik | 190 |
| Verursachungsprinzip | 44 | Werktitel | 208 |
| Verzug | 378 | Werkvertrag | 371, 387 |
| Vier P´s | 311 | Wertanalyse | 251 |
| Virtuelle Marktplätze | 338 | Werte | 111 |
| Visuelle Prüfung | 196 | Wertpapiermakler | 329 |
| Vollautomation | 173 | Wettbewerbsrecht | 354 ff |
| Vollerhebung | 316 | WF (Work Factor) | 198 |
| Vollkostenrechnung | 52, 58 | Wiederverkäuferrabatt | 325 |
| Vollmacht | 368 f | Wiederverwertung | 303 f |
| Vollprüfung | 283 | Wilder Streik | 153 |
| Vollstreckungsrecht | 393 ff | Willenserklärung | 366 |
| Vorauszahlung | 385 | Wirtschaftlichkeitsanalyse | 319 |
| Vorgabezeiten | 198 ff | World Wide Web (WWW) | 337 |
| Vorgangskostenrechnung | 38 | | |
| Vorkalkulation | 50, 167 | **X**YZ-Methode | 251 |
| Vorkostenstellen | 39 | | |
| Vorratsbeschaffung | 274 | **Z**ahlungsbedingungen | 326 |
| Vorratshaltung | 192 | Zahlungsvereinbarungen | 386 |
| Vorratspolitik | 252 ff | Zeichen | 206 |
| Vorratsschuld | 376 | Zeitarbeitskräfte | 85 |
| Vorratswirtschaft | 258 | Zeiterfassungs- und Abrechnungssysteme | 77 |
| Vorstellungsgespräch | 88 | Zeitlohn | 104, 106 |
| Vorstellungsgespräch, freies, - situatives, - standardisiertes, - strukturiertes | 90 | Zeitrabatt | 325 |
| | | Zeitstudien | 198 |
| | | Zeitverträge | 85 |
| **W**AA-Regel | 179 | Zeitwirtschaft | 197 ff |
| Wagnisse | 37 | Zeugnis, einfaches, - qualifiziertes | 148 |
| Wahrheit (Werbung) | 342 | Zieleinkaufspreis | 244 |
| Warengruppen | 321 | Zielkauf | 385 |
| Warenhaus | 331 | Zielkostenkalkulation | 50 |
| Warenmakler | 329 | Zielvereinbarung | 122 |
| Wartung | 190 | Zivilmakler | 330 |
| Wechsel | 398 | Zivilprozessordnung (ZPO) | 394 |
| Weisungsrecht | 92 | Zivilprozessverfahren | 394 |
| Weiterbildung, berufliche | 128 | Zolllager | 285 |
| Weiterbildungsdateien | 130 | Zollverschlusslager | 285 |
| Werbebudgets | 342 | Zulagen | 106 |
| Werbeerfolgskontrolle | 348 | Zurechnungsverfahren | 45 |
| Werbeetat | 342 | Zusatzaufträge | 66 |
| Werbemittel | 344 | Zusatzkosten | 25 |
| Werbeplan | 343 | Zuschlagskalkulation, -rechnung | 45, 47 f |
| Werbeträger | 344 | Zwangshypothek | 396 |
| Werbeveranstaltungen | 344 | Zwangslauffertigung | 171 |
| Werbeverkaufshilfen | 344 | Zwangslizenz | 211 |
| Werbung | 340 ff | Zwangsvollstreckung | 396 |
| Werkauftrag | 164, 177 | Zwangswahlverfahren | 100 |
| Werklieferungsvertrag | 371, 387 f | Zweckaufwand | 24 |
| Werklohn | 387 | Zwischenkalkulation | 50 |

# Der Weg nach oben beginnt bereits auf Seite eins.

Wer heute in der Berufswelt bestehen will, baut am besten auf eine solide Ausbildung – und sorgt mit gezielter Weiterbildung dafür, auch morgen noch auf dem neuesten Wissensstand zu sein. Der FELDHAUS VERLAG mit seinem umfassenden Angebot ist dabei der richtige Partner.

## Unsere Titel auf einen Blick:

**Kenntnisse des Ausbilders (AEVO)**
- Die Ausbilder-Eignung
- Der Berufsausbilder
- Handlungsfeld Ausbildung

**Praxis der betrieblichen Ausbildung**
- Der Ausbilder vor Ort
- Ausbildung rationell und zuverlässig planen
- Objektives Beurteilen von Auszubildenden
- Betriebliche Beurteilung von Auszubildenden
- Die Auswahl von Auszubildenden
- Rhetorik und Kinesik für Ausbilder
- Prüfungen – ein Lotteriespiel?
- Fallstudien
- Schlüsselqualifikationen
- It's time for team
- Situation – Handlung – Persönlichkeit
- Zukunft der Berufsausbildung in Europa
- Assessment – Voraussetzung für erfolgreiche Teilhabe am Arbeitsleben
- Aufmerksamkeitsdefizit, Hyperaktivität, Teilleistungsstörungen
- Innenansichten, Berufliche Rehabilitation, Außenansichten
- Karrieren statt Barrieren – Integration im Wandel

**Gastgewerbe**
- Ausbildungsprogramm Gastgewerbe
- Französisch für das Gastgewerbe

**Außenhandel**
- Verkehrslehre
- Repetitorium Betriebslehre

**Reiseverkehrskaufleute**
- Stadt, Land, Fluss

**Spedition, Transportwesen**
- Transportmanagement

**Büroberufe**
- Betriebliches Rechnungswesen
- Management im Chefsekretariat

**Fremdsprachen**
- Handelskorrespondenzen für Französisch, Spanisch, Italienisch, Englisch, Japanisch
- Französisch für das Gastgewerbe
- Español Actual (Umgangssprache Spanisch)
- Umgangssprache Japanisch

**Berufliche Weiterbildung**
- Berufliche Weiterbildung – Richtig vorbereitet zum Erfolg
- Der Industriemeister
- Mathematik und Statistik
- Physik und Chemie
- Wirtschaftsmathematik und Statistik
- Volkswirtschaft und Betriebswirtschaft
- Der Handwerksmeister
- Rechnungswesen der Handwerksbetriebe
- Qualitätssicherung
- Der Industriefachwirt
- Der Technische Betriebswirt
- Personalfachkauffrau/Personalfachkaufmann
- Management im Chefsekretariat
- Business Talk

**Ausbildungsnachweise (Berichtshefte)**
- für alle Berufe

**Ordnungsmittel**
- Ausbildungsordnungen und -rahmenpläne

**Formulare**
- für die Berufsausbildung

**Testverfahren**
- Grundwissen-Test für Auszubildende

## Alles für Ausbildung und Aufstieg!

FELDHAUS VERLAG
22122 Hamburg
www.feldhaus-verlag.de

Telefon 040 679430-0
Fax 040 67943030
post@feldhaus-verlag.de